EARTH

SPACE NEWS
LAB
XINHUA NEWS AGENCY

CHINA

CHINA FROM OUTER SPACE

How to Experience
如何使用

Step 1： Download the ScienceReality App．

步骤 1：扫描二维码，下载**通晓** App。

Step 2： Tap the "60万米高空看中国"section on ScienceReality,
scan the "SPACE NEWS" image marker
on the left side of this page.

步骤 2：打开通晓App，点击"60万米高空看中国"选项，
扫描左侧"SPACE NEWS"图案。

Step 3： Enjoy EARTH, with augmented reality.

步骤 3：开启增强现实体验。

万米高空看中国

CHINA FROM OUTER SPACE

刘思扬 主编

新华社卫星新闻实验室 编著

江苏凤凰科学技术出版社
Phoenix Science Press
·南京·

图书在版编目（CIP）数据

60万米高空看中国 / 刘思扬主编 . — 南京：江苏凤凰科学技术出版社，2020.10（2021.1重印）
ISBN 978-7-5713-1440-8

Ⅰ.①6　Ⅱ.①刘　Ⅲ.①中国—概况—图集　Ⅳ.①K92-64

中国版本图书馆CIP数据核字（2020）第187508号

60万米高空看中国

主　　　编	刘思扬		
编　　　著	新华社卫星新闻实验室	特邀编辑	赵纪军　李蒙蒙
项目策划	萧喆　左晓红	责任校对	杜秋宁
责任编辑	唐仪　吴梦琪	责任监制	刘文洋
	傅昕　朱昊	封面设计	赵清
助理编辑	汤碧莲　张润	内文设计	向婷

出版发行	江苏凤凰科学技术出版社
出版社地址	南京市湖南路1号A楼，邮编：210009
出版社网址	http://www.pspress.cn
印　　　刷	南京新世纪联盟印务有限公司

制　　　作	浙江视燃数字科技有限公司　北京观动科技有限公司
统　　　筹	趣想国　北京壹舍文化传播有限公司
卫星技术指导	中国资源卫星应用中心
卫星数据来源	高景一号、高分一号、高分二号、资源三号等对地观测卫星

开　　　本	889 mm × 1 194 mm　1/16
印　　　张	38.5
字　　　数	400 000
版　　　次	2020年10月第1版
印　　　次	2021年1月第2次印刷

标准书号	ISBN 978-7-5713-1440-8
审图号	GS(2020)5710号
定　　　价	228.00元

本书地图由中国地图出版社授权使用
图书如有印装质量问题，可随时向我社出版科调换。

《60万米高空看中国》编辑委员会

主　编	刘思扬
编　委	汪金福　陈凯星　周　亮　贺大为　钟昊熹 魏　骅　程　婧　丁新珂　宋　强　李梦婷 傅　梅
执行主编	钟昊熹　魏　骅　肖东雁　丁新珂
编　者 （排名不分先后）	肖东雁　刘　旭　王加华　刘　云　黄文娟 郑维宽　僧海霞　邱平伟　陈庆江　尹弘兵 吴轶群　徐　冉　吴朋飞　胡天舒　罗艳春 张慧芝　姜建国　李　嘎　王　晗　黄忠鑫 李大海　罗　凯　霍仁龙　江伟涛　刘仁军 程　瑛　管紫璇　向　婷　王洪波　李　伟 杨海挺　曹洪刚　陈　冰　周　妮　刘晨曦 王　芸　孙　涛　耿　金　康勇卫
编　务	原兴伟　梁华军　韩以诺　甄　珍　陈靖东 陈亚楠　许怡琴

从 60 万米高空
看见的中国是什么样子？

2019 年
在新中国成立 70 周年之际
新华社首创卫星新闻全新报道样式
从太空逐次探究各个省份波澜壮阔的发展史诗

在这些卫星图上
凝视
可以发现寻梦路上步履匆匆的你我
远观
可以看见巍峨的山脉高峰
奔流的大江大河

中华儿女用不懈奋斗的汗水
书写历史长卷
雕刻城市乡村
绘就了这幅磅礴的画卷

我们共同生活的这个美丽国家
她的每一寸肌肤
每一丝变化
都可以从这里捕捉

那些震撼人心的画面
我们身在其中
却从未见过

——新华社卫星新闻实验室

目录

让我们从这里开始,以卫星为「眼」,从清晨第一缕阳光照进中国的地方,从北到南,由东往西,看懂新中国70余年来的宏阔变迁。

CHINA FROM OUTER SPACE

No.01 黑龙江
北国好风光·尽在黑龙江

它是展翅飞翔的"黑天鹅",也是清晨第一缕阳光照进中国的地方。穿云俯瞰黑龙江大地,大界江、大森林、大湿地、大冰雪、大粮仓,黑龙江大气磅礴中带着热情豪放。

014

No.02 吉林
白山松水·黑土丰田

风光壮丽、物产丰饶的大吉林,四季分明,美不胜收。巍巍长白山,见证着黑土地70余年沧桑巨变;浩浩松花江水,聆听着时代进步的强音。

028

No.03 辽宁
辽河安宁地·振兴新航程

南濒蔚蓝大海,北衔黑土平原,这里是辽宁,中国重要的老工业基地,共和国"工业长子"。它承载过被掠夺的痛苦,奉献过辉煌与荣耀,经历了转型后的震荡与迷茫,如今正以重生昂扬的姿态,砥砺前行。

050

No.04 内蒙古
万里北疆·绿色长城

从60万米高空俯瞰,内蒙古犹如一匹骏马,奔腾在祖国的北部边疆。70余年来,草原人像爱护眼睛一样爱护这片土地,沙漠之城变身大漠绿洲,死亡之海披上生态蓝装,茫茫沙地长出中国草都……

064

No. 05 冀
河北
慷慨燕赵 · 大好河山

西倚太行之巍巍，东临渤海之滔滔，怀抱京津大地，坐拥万顷沃土，尽享物产丰饶，这就是河北。这里有惊艳世界的"中国绿"，更有承载千年大计的未来之城，书写着时代发展的新传奇。

086

No. 07 津
天津
一条河的过往 · 一座城的开放

东临渤海，北依燕山，兼平原之秀美，得山水之滋润。海河五大支流奔涌而来，汇聚于此。以海河为轴线，从60万米高空俯瞰津沽大地，中西合璧，古今相融，水拍河岸，潮起潮落，城市自然，生机勃勃。

130

No. 09 皖
安徽
江淮大地 · 人杰地灵

凌空俯瞰江淮大地，这里是人文中国的精粹之地，也是创新中国的先行之地。400年前，这里缔造出"无徽不成商"的徽商传奇；40多年前，又掀开了中国农村改革的大幕。今天，安徽再立改革创新、联通世界的新潮头。

166

No. 06 京
北京
祖国的心脏 · 团结的象征

108

从60万米高空俯瞰，都与城，在这里和谐共生。北京，深藏着中国独一无二的城市"密码"。它见证了中华文明的源远流长，写就了千年历史的恢弘篇章。这个正在追求高质量发展的大国之都，也必将见证新的发展奇迹。

No. 08 鲁
山东
向海而生 · 挺进深蓝

142

这里有山的巍峨豪迈，也有海的灵秀之姿。孔孟故里，厚德载物。从一池五彩斑斓的海盐，到一条串起千亿级产业的小海带；从乘"峰"破浪的青青之岛，到深入海底的"蓝鲸1号"……山东半岛，向海而生，挺进深蓝！

No. 10 苏
江苏
山水钟灵秀 · 最忆是江南

190

海陆相邻，跨江滨海；水网如织，湖荡如珠；江河湖海齐聚之地，天下恐怕更无他处。在这里，十朝都会，如今正站在新时代的新起点上；在这里，2 500年的文化名城，正不断解锁中国与时俱进、繁荣发展的密码。

沪 11
上海
海纳百川 · 奋楫争先

城市格局大开大阖，城市天际大厦林立，城市精神大气谦和。在这里，可穿越百年，洞观历史巨变，也可触碰全球科技，感受时代脉搏。背靠长江水，面向太平洋，领中国开放风气之先，开放、创新、包容已成为上海最鲜明的品格。

208

闽 13
福建
山海相交 · 潮涌八闽

武夷山脉，九曲溪间，云雾缭绕，群峰连绵；古田会址，身姿庄重，拨云见日，指引方向；永定土楼，宏大沧桑，聚族而居，敦亲睦邻；国际港口，远海码头，港通天下，扬帆远航；平潭海峡，跨海大桥，世界之最，联结八方。

238

赣 15
江西
红色江西 · 绿色崛起

火红、古朴、翠绿，汇成赣鄱大地。红色革命，星星之火汇聚燎原之势；古色古香，一炉窑火传承千年技艺；翠绿如珠，奇峰飞瀑渲染锦绣山河。红色江西，绿色崛起，风景这边独好！

266

256

台 14
台湾
状似芭蕉貌似岛 · 兰花蝴蝶鱼米乡

这里有溪壑纵横的阿里山，也有珊瑚礁林棋布的垦丁；这里有樱花漫布的日月潭，也有簟状石、烛台石、棋盘石绵延罗列的野柳地质公园；这里有飞鱼滑翔的兰屿，也有远山一脉青葱、稻田与大海相接的东西海岸。

284

粤 16
广东
珠江起风帆 · 改革再出发

曾经，这里响起中国改革开放第一声"开山炮"；如今，这里正建设中国特色社会主义先行示范区。中国的"硅谷"在这里，中国外贸的晴雨表在这里。它见证过国家民族的百年沉浮，更将亲历粤港澳大湾区崛起的时代盛景。

222

浙 12
浙江
初心似锦照红船 · 之江潮起正扬帆

巍巍数千年，这里是中华文明重要肇始地；南湖水泱泱，这里是中国革命红船起航地；钱塘潮浩浩，这里是中国改革开放先行地。忆江南，最忆是杭州，干在实处，走在前列，勇立潮头。

N_澳. 17
澳门
"莲"成一家·引以为"澳"

从卫星看澳门，盛世莲花，冉冉升腾；耀眼夺目；建筑民居，鳞次栉比特色鲜明；跨海大桥，水陆相接联通两岸；观光高塔，遍览繁华风光无限。莲花宝地，魅力澳门，东西文化共融，传统现代交织！

300

N_琼. 19
海南
碧海连天远·琼崖尽是春

"南海明珠"神秘而富饶，"琼岛绿肺"生机勃勃，"外交小镇"闻名亚洲，"海南名片"享誉世界。这就是海南，一个正在诠释奇迹的地方。

322

N_湘. 21
湖南
一湖三湘四水情·芙蓉国里尽朝晖

三千奇峰八百秀水，伟人故里英雄辈出，魅力古镇旖旎多姿，衡山奇俊绵延不绝。八百里洞庭重获新生，三城协同正引领开放崛起。"问苍茫大地，谁主沉浮"，三湘儿女，正逐浪前行。

356

342

N_桂. 20
广西
江海合鸣·壮美广西

一湾相挽十一国，良性互动东中西。从60万米高空俯瞰广西，既有密布的水系，也有广阔的大海、绵长的边境线。漓江、灵渠塑造了桂林山水，百里柳江见证着柳城巨变，左江、右江已打开世界之窗……

372

312

N_港. 18
香港
融通人文·亲近山水

维港两岸的天星小轮，摆渡着香港百年岁月，见证着香江奇迹。金紫荆广场上，五星红旗与紫荆花区旗迎风高高飘扬，祖国和香港，母子连心，同舟共济，共同守护着这个家园，努力创造更美好的明天。

N_鄂. 22
湖北
临江而兴·因水而灵

从60万米高空俯瞰长江，犹如一条巨龙横贯神州东西。地处"龙腰"的湖北拥有最长干线1 061千米，在历次跨水、驯水、护水、调水过程中演绎着不同时代的人与江河的交响。

豫 23
河南
中部崛起·正当时

大河之南，天地之中，皇皇华夏，岁月悠悠。这里是中国历史文化的缩影，新中国考古第一铲从这里挥起；这里是新中国建设的精神高地，人工天河，奔流至今；这里是中部崛起的门户，一张覆盖逾7亿人的两小时高铁网，米字形走八方。

396

陕 25
陕西
一岭分南北·一城通古今

泱泱中华，耀耀三秦。徜徉八百里关中，阅尽千年周礼秦风汉韵盛唐；革命圣地延安，成为中国共产党人的精神家园。滔滔黄河，贯穿十里龙槽；巍峨秦岭，界定祖国南北。从60万米高空看陕西，穿越大历史，领略新时代。

434

甘 27
甘肃
交响丝路·如意甘肃

这是一片神奇的土地，从60万米高空俯瞰，三大高原在这里交会，多种地形地貌在这里融合。祁连山下，骏马奔腾，卷沙万重；千年走廊，诗意敦煌，灿烂文明；七彩丹霞，色如渥丹；大漠酒泉，星辰所向。交响丝路上，如意甘肃，也在追梦。

464

448

宁 26
宁夏
塞上江南·神奇宁夏

沙为河骨，河为沙魂，西北雄奇与江南秀美，相依相偎；千年古灌与高原"湿"岛、西夏王朝与丝路关道相伴相生。人、沙、水和谐，河、湖、田如画，这是塞上江南，这是大漠绿洲，这就是神奇宁夏。

414

482

晋 24
山西
表里山河壮美·文化源远流长

这里人称表里山河，这里地上文物众多，这里打响了能源革命，这里红色基因代代相传。从60万米高空看山西，黄河长城，深情相握；平遥古城，人影如织；三晋大地，让人着迷。

新 28
新疆
同心筑梦映天山·咱们新疆好地方

它是丝路古道上的明珠，也是"一带一路"的核心区域。高山湖泊，天山天池，"人间仙境"喀纳斯，"空中草原"那拉提，地质奇观可可托海……浩瀚的沙漠、壮美的雪山以及秀丽的草原在这里遥相呼应，无不令人心驰神往。

No. 29 青 青海
山宗水源·青海不远

它是万山之祖，莽昆仑，阅尽人间春色；它是万水之源，长江发源于此，黄河发源于此，澜沧江也发源于此。这里江河众多，湖泊密布，处处孕育着生命，流淌着温柔与神奇。

502

No. 30 川 四川
一眼望川·生生不息

从第一级阶梯迈向第二级阶梯，山是它巍峨雄伟的身姿；从青藏高原奔流而下，水是它豪迈多情的语言。这里的天路十八弯，这里的九寨依然在；这里的新城映天地，这里的水利誉全球。九天开出一成都，万户千门入画图……

524

No. 31 渝 重庆
两江奔流处·山水魔幻城

山即是城，城即是山。长江、嘉陵江、乌江，江河纵横；大巴山、巫山、大娄山，山山环绕。逢山开路，遇水架桥，在这座城市，桥梁如同一根根主动脉，实现着山水城市的互联互通。这就是重庆，魔幻的山城，流动的盛宴。

544

No. 32 黔 贵州
天地对视·一眼万"年"

天下山峰何其多，惟有此处峰成林。这里是世界三叠纪古生物王国，这里有世界最大苗族聚居村寨；这里的特殊地形成就了"中国数谷"，这里的特殊地形也成就了"中国天眼"。坐拥大国重器，后发赶超闯新路，多彩贵州换了新颜。

560

No. 33 滇 云南
草木竞秀·彩韵云南

这里高山巍峨、大江奔腾，物种丰富、色彩斑斓，人称"彩云之南"。从60万米高空俯瞰，莹白、湖蓝、碧绿、明黄、绯红……如同打翻了的调色盘，向世人诠释着浓郁的风情，展现着世代雕刻的坝上杰作与守望千年的农耕文明。

574

No. 34 藏 西藏
世界屋脊·人间奇迹

在这座依旧剧烈变化的年轻高原上，纯洁、清澈的河水滋养了下游沿岸长达几千年的灿烂文明；万年之峰，耸立在离蓝天最近的地方，见证着世界之巅的决战；大美阿里正注视着崛起的高原新城；天上的"路"与地上的"路"，让世界屋脊山不再高，路不再漫长。

590

N黑.01

CHINA FROM OUTER SPACE
北国好风光·尽在黑龙江

自然保护区面积：791.6
占辖区面积比重 16.7%

耕地面积：1 586.6

2017年　　　　　2018年

黑龙江省在中国的位置示意图　　　　黑龙江省耕地、森林及自然保护区概况

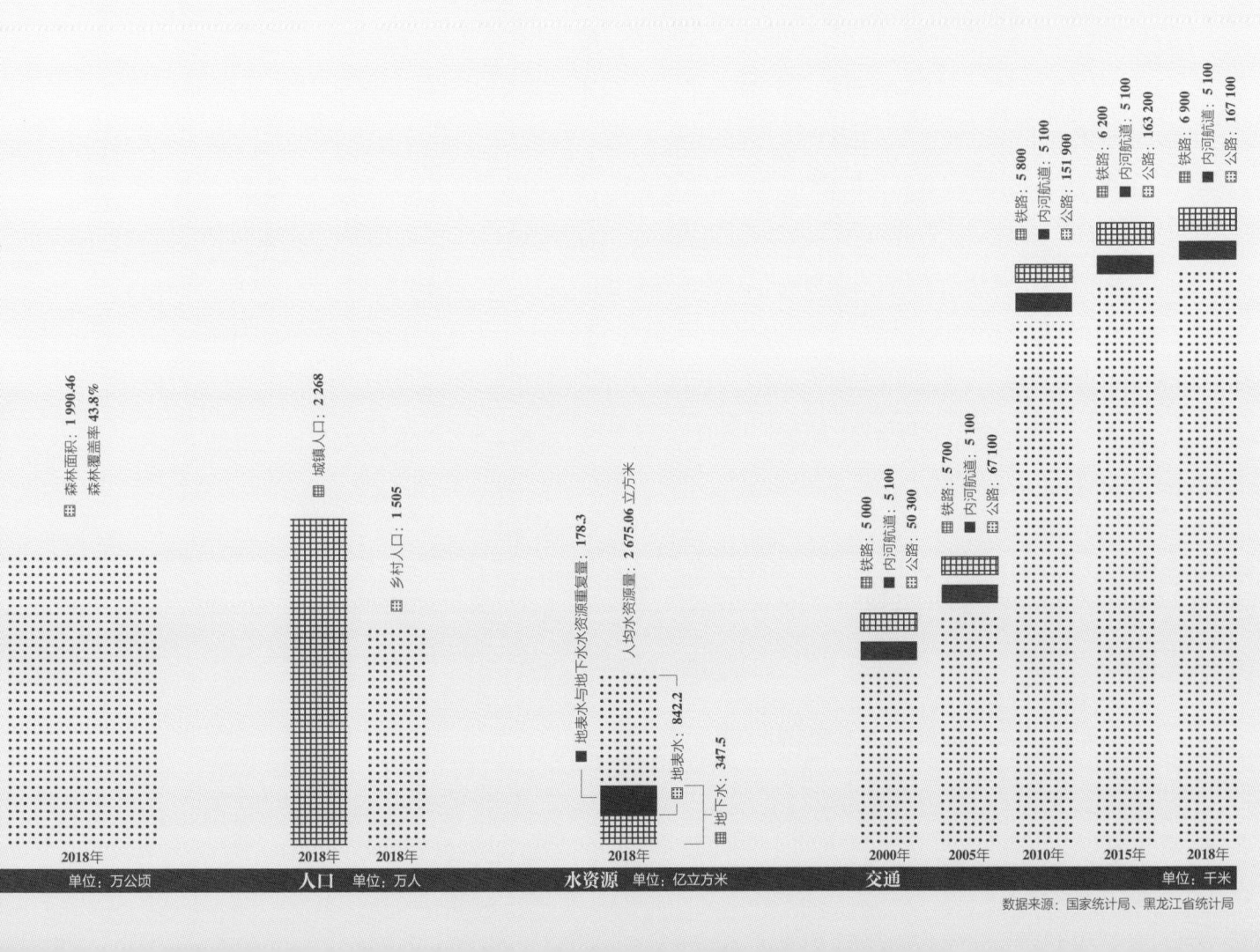

黑龙江省，以一条边境大江命名的地方，地处中国最北方、最东方，是清晨第一缕阳光照进中国的地方，四季分明，景如油画。冬天，它是冰雪的童话世界，千里冰封，万里雪飘；夏天，它是清凉的避暑天堂，林海翻涌，百湖环绕。

穿云俯瞰黑龙江大地，亚洲大河黑龙江自西向东奔流，它的支流乌苏里江由南往北，构成了中国东北地区两条重要的中俄边界线，也勾勒出黑龙江省这只"天鹅"的背部轮廓。在乌苏里江西岸，长白山脉的北延支脉完达山，从天鹅尾部一直延伸到天鹅腿部。而长白山的另外两条支脉老爷岭和张广才岭，就像天鹅的两只脚，稳稳地落在吉林省背上。构成天鹅腹部的，是中国最大的平原——东北平原的一部分。再往西，就是黑龙江省与内蒙古自治区的界河嫩江以及大兴安岭。大兴安岭从天鹅的前胸，一直延伸到天鹅的头部。这就是山水环绕的"天鹅明珠"——黑龙江省。

黑龙江作为省份名称是从清代光绪末期开始的，但它的历史却要追溯到距今2万多年前的旧石器时代。如果穿越到那时，在今天哈尔滨市西南地区的阎家岗，你不仅能遇见当时的"哈尔滨人"，还能和他们一起追逐猛犸象和披毛犀。如果再穿越回距今7 000—5 000年前的新石器时代，在今天齐齐哈尔市的昂昂溪区，你还能走进一个北方的半坡氏族村落，经受北方渔猎文化的洗礼。

到了唐代，东北的靺鞨粟末部强大起来，首领大祚荣建立的政权获得唐朝诏令，升格为国，立都上京龙泉府（位于今黑龙江省牡丹江下辖市宁安），号称"海东盛国"。1115年，完颜阿骨打开创了大金王朝，至金太宗时终结了辽朝和北宋的统治。更重要的是，金朝奠定了中国北方的疆域。此后历经几百年，直到清王朝灭亡前夕的1907年，黑龙江才正式设省。但清政府时期的黑龙江省与今天的黑龙江省地域上不完全一致。今天的黑龙江省坐拥神州北极大兴安岭地区、哈尔滨、齐齐哈尔、牡丹江、大庆、鹤岗、鸡西、佳木斯以及双鸭山、伊春、七台河、黑河、绥化等13个地级行政区。70余年来，大庆精神、铁人精神、北大荒精神……在这里因信仰而启航；一代代中华儿女在这里创造出无数个"中国第一"。它是中国的大粮仓，黑土龙腾，沃野千里；它还是中国的老工业基地，挺起了新中国的"工业脊梁"。

右页图为黑龙江省地形及主要水系分布示意图
黑龙江省的山地面积占全省面积的一半以上，水域（含湿地）面积占全省面积的近十分之一，又拥有松嫩平原、三江平原等广大面积的草原区，耕地面积更是位居全国第一。因此，黑龙江省的地貌特征，又被形象地概括为"五山一水一草三分田"。

图 例
● 省级行政中心
◎ 地级市行政中心
1:5 500 000

注：大兴安岭地区行政公署驻内蒙古自治区加格达奇

大界江大森林

中国最北的省份是黑龙江省；黑龙江省最北的地级行政区是位于"天鹅"头部的大兴安岭地区；大兴安岭地区最北的村落是位于漠河市的北极村。

距今7 000万年至300万年前，新生代的一次造山运动——喜马拉雅运动，使大兴安岭地区出现了黑龙江断裂带。烟波浩渺、一泻千里的黄金水道黑龙江，不仅孕育了这座古老的北极村落，也和新中国一起成就着它"神州北极"的赫赫威名。

70余年前，这里人迹罕至。如今，它是无数国人"找北"的方向。它早已不再是追寻界江飞雪的浪漫之所，也不再是追寻极光的开眼之地。于国人来说，它俨然是一种烙印在祖国鸡冠上的象征，是迷茫时找寻"航向"的坐标。

在北极村西侧，黑龙江省与内蒙古自治区相接的地方，有个洛古河村。发源于大兴安岭西侧的额尔古纳河与发源于蒙古国的石勒喀河，在这里汇合后，以"黑龙江"为名，绕过北极村，蜿蜒东流，仿若坠入人间的银河，镶嵌在一片葱郁碧色之中。而历经冰封岁月的大兴安岭地区，虽无高耸入云的山峰，也无壁立千仞的峡谷，却在巍巍兴安岭的茫茫山岭间，蕴藏着中国最大的国有林区，筑牢了东北亚绿色生态与国家生态安全屏障。从过去的木材基地到今天的生态走廊，虎归山林见证着中国发展理念和发展方式70余年的巨变。

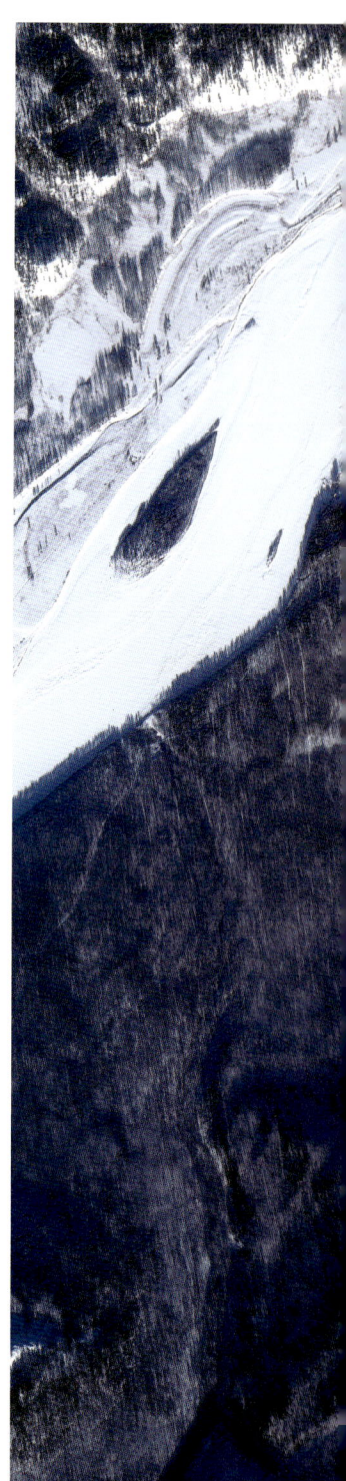

右页图为从60万米高空俯瞰黑龙江省大兴安岭地区漠河北极村
图中居民点即是拥有"神州北极"之称的边陲小村镇——漠河北极村。绕过北极村的白色环带，正是冰封期的黑龙江。

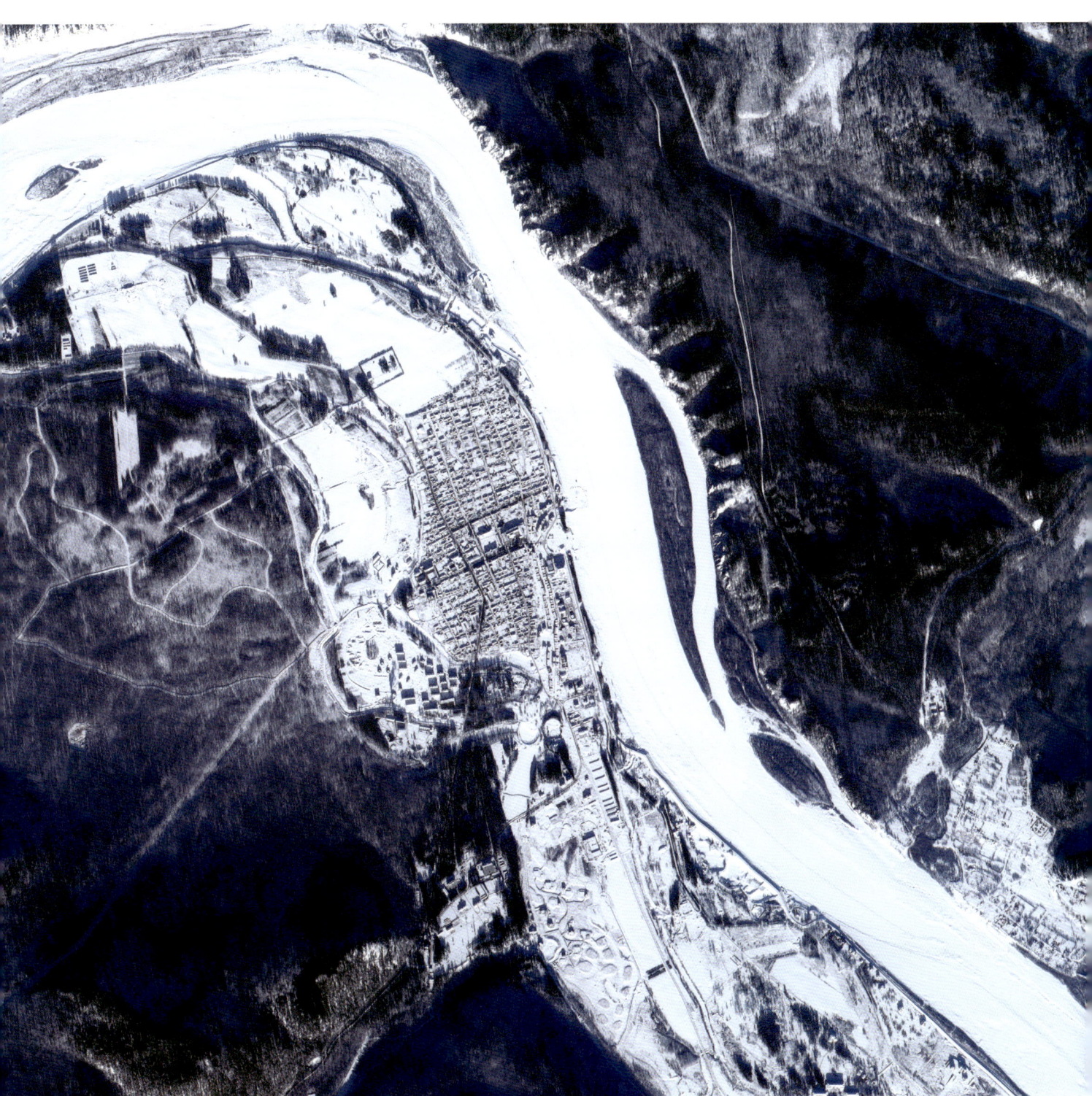

从60万米高空俯瞰大兴安岭地区"龙江第一湾"

亚洲大河黑龙江,自洛古河村蜿蜒东流1 800多千米后,与南来的支流乌苏里江汇合,流入俄罗斯境内,最后注入鄂霍次克海的鞑靼海峡。

大湿地

"瑶台珠帘坠九重,化作幽蓝湿地中。长风吹皱龙湖水,早有苇芽吐新缨。"黑龙江省的土地上不仅有大界江、大森林,还分布着大片湿地,最具代表性的是扎龙湿地。出大兴安岭地区往南,沿嫩江河道可直抵黑龙江省西南部的齐齐哈尔。扎龙湿地就位于这里。

鹤鸣阵阵入云霄,扎龙是丹顶鹤的故乡。这里湖泊沼泽星罗棋布,溪流河道蜿蜒迂回,苇草繁茂,淤泥松软,水禽食物丰沛,是丹顶鹤栖息繁殖的天然温床。中华人民共和国成立之初,这里栖息的丹顶鹤大约只有140只,如今人鹤共舞,在水一方,这里已然拥有世界上最多的丹顶鹤种群。

左图是位于齐齐哈尔市与大庆市之间的扎龙湿地 新华社记者 王凯/摄

上图是两只丹顶鹤在扎龙湿地内栖息的画面 新华社记者 王凯/摄

大冰雪

乘着丹顶鹤的歌声，南下的滔滔嫩江与北上的松花江汇合后，蜿蜒转向东北，斜穿黑龙江省会哈尔滨。

早在2万多年前，哈尔滨就有人类活动。但因地处松花江干流，水灾难以治理，又遍布沼泽，相当长一段时间，这里只不过是一片荒芜的沃野。直到大金王朝建立，哈尔滨才形成了众多古城堡和村寨。清朝时，作为清王朝发祥地的哈尔滨终于完成了从荒芜平原到村落型城镇、从城镇到城市的过渡。19世纪末，随着中东铁路第一根枕木落下，大量资金和人口涌入，被快速国际化的哈尔滨也迅速成为一座华洋杂集的都市。翻开哈尔滨的历史，有过屈辱的血泪，更有奋起的抗争。这里历经风霜雨雪，依然血性硬朗，风情万种。

每年冬天，冰雪几乎填满了哈尔滨人的休闲时光。冰雪大世界中楼梯是冰，墙壁是冰，栏杆是冰，一座座宫殿城堡也是冰。目之所及，除了人就是冰。在这里，随处可见的冰雪被打造成了令人叹为观止的艺术品，也融进人们的日常生活。每年1月5日开幕的冰雪节，更将人们的热情推向高潮。这是中国第一个以冰雪活动为内容的国际性节日，持续1个月。一个个响亮的冰雪文化品牌，用实力证明哈尔滨"冰城"的名号绝非浪得虚名。

而在哈尔滨东侧，冬季的牡丹江同样滴水成冰，镜泊湖银装素裹，挑战着人类的极限。80多年前，东北抗日联军在这里曾直面生存极限，在天寒地冻、饥寒交迫，以及日伪的疯狂围剿中点燃民族不屈的红色火种。14年艰苦卓绝的悲壮斗争，烈士们前仆后继，抛头颅、洒鲜血，终于迎来了民族独立和复兴的希望。

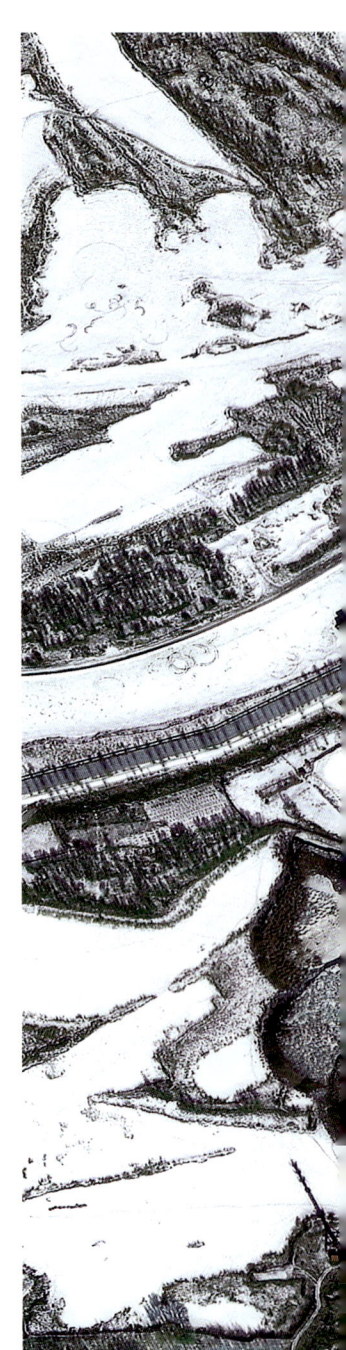

从60万米高空俯瞰哈尔滨冰雪大世界
创始于1999年的哈尔滨冰雪大世界，创造性地呈现了作为城市文化符号的冰雪艺术，也打开了哈尔滨转型发展的其中一道大门。

肆 大粮仓

大界江、大森林、大湿地、大冰雪、大湖泊、大粮仓，黑龙江省大气磅礴中带着热情豪放。历代"闯关东"的人们敢试敢闯，从此根植黑土地上；"保护生态，留一张白纸"，黑龙江省在中国生态文明建设中坚守责任与担当。乌苏里江水长又长，70余年话不尽沧桑。曾经万古苍莽的北大荒，如今是让中国人端牢饭碗的中华大粮仓。

由于历史上人口稀少，加上原始的黑土地遍布洼地，难以治理，黑龙江省一直缺少开发，大部分地区保持了原有的自然荒芜状态。清朝末年，随着大量移民"闯关东"，大量土地得到初步开垦。新中国成立以来，国家对"北大荒"进行有组织地开发，大批国有农场随之建立起来。今天的黑龙江省已经成为中国重要的商品粮基地，是名副其实的"北大仓"。

"北大荒在哪儿"是很多人脑海深处的第一个疑问。它从来不是一个地标，而是一片广大的区域。嫩江千里南下和松花江合流，形成松嫩平原。松花江又从哈尔滨穿城而过，九曲十折，与奔流东进的黑龙江汇合后，在祖国的东北角与南来的乌苏里江三江合流，形成三江平原。北大荒指的就是嫩江流域、松花江沿江平原与三江平原构成的广大"荒芜"地区。

人们赞美拓荒者，歌颂拓荒牛，更颂扬在艰苦跋涉中取得辉煌业绩的北大荒精神。20世纪50年代初，我国10万转业官兵在东北三江平原的亘古荒原上开创了"向地球开战，向荒原要粮"的伟大壮举。半个多世纪以来，几代拓荒人承受了难以想象的艰难困苦，战天斗地，百折不挠，在祖国边陲那曾经荒芜凄凉的土地上，"艰苦奋斗、勇于开拓、顾全大局、无私奉献"，树立起北大荒精神，用青春和智慧征服了这片桀骜不驯的黑土地，实现了从北大荒到北大仓的历史性巨变。

2019年，黑龙江省粮食总产量超千亿斤，居全国之首，蝉联中国第一产粮省的宝座。国人每九碗饭，就有一碗来自黑龙江。秋天满眼金色稻浪，万亩大地飘香，农业供给侧结构性改革正带给这片土地更高质量的发展。黑龙江省，中国照进第一缕晨光的地方，乘着"一带一路"的东风，正不断拓展中国最北自贸区的"朋友圈"，走在新时代全面振兴、全方位振兴的大路上。

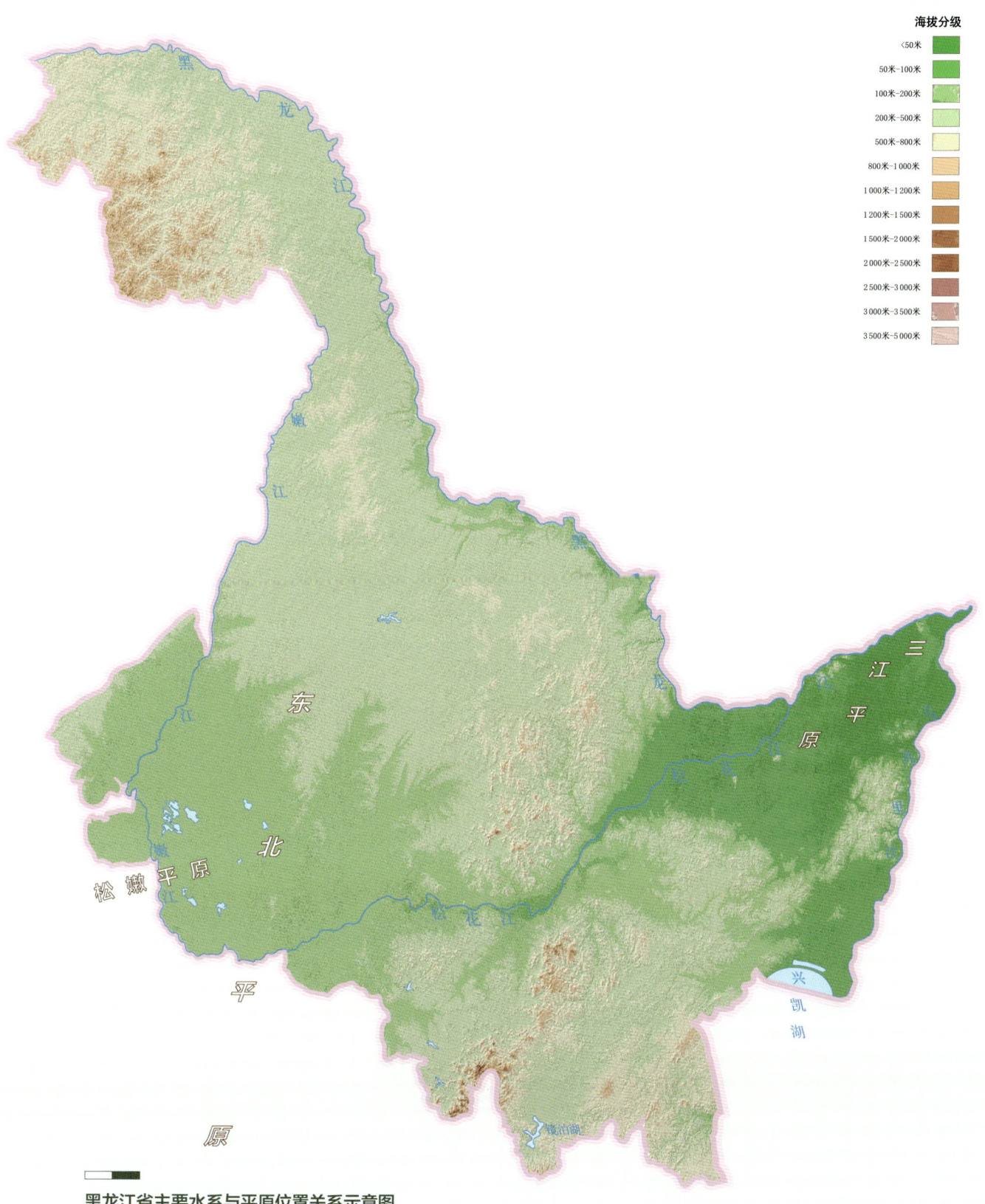

黑龙江省主要水系与平原位置关系示意图

N 吉.02

CHINA FROM OUTER SPACE

白山松水 · 黑土丰田

自然保护区面积：254.09
占辖区面积比重 13.56%

耕地面积：698.87

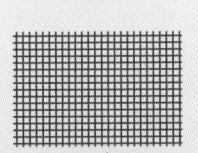

2018年　　2018年

吉林省在中国的位置示意图 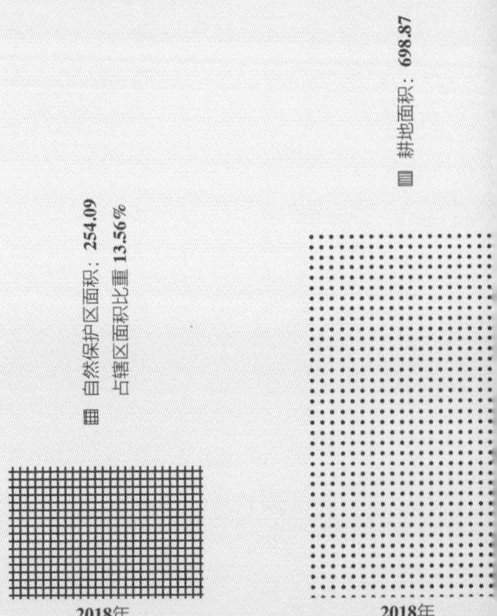　　吉林省耕地、森林及自然保护区概况

JILIN 吉林

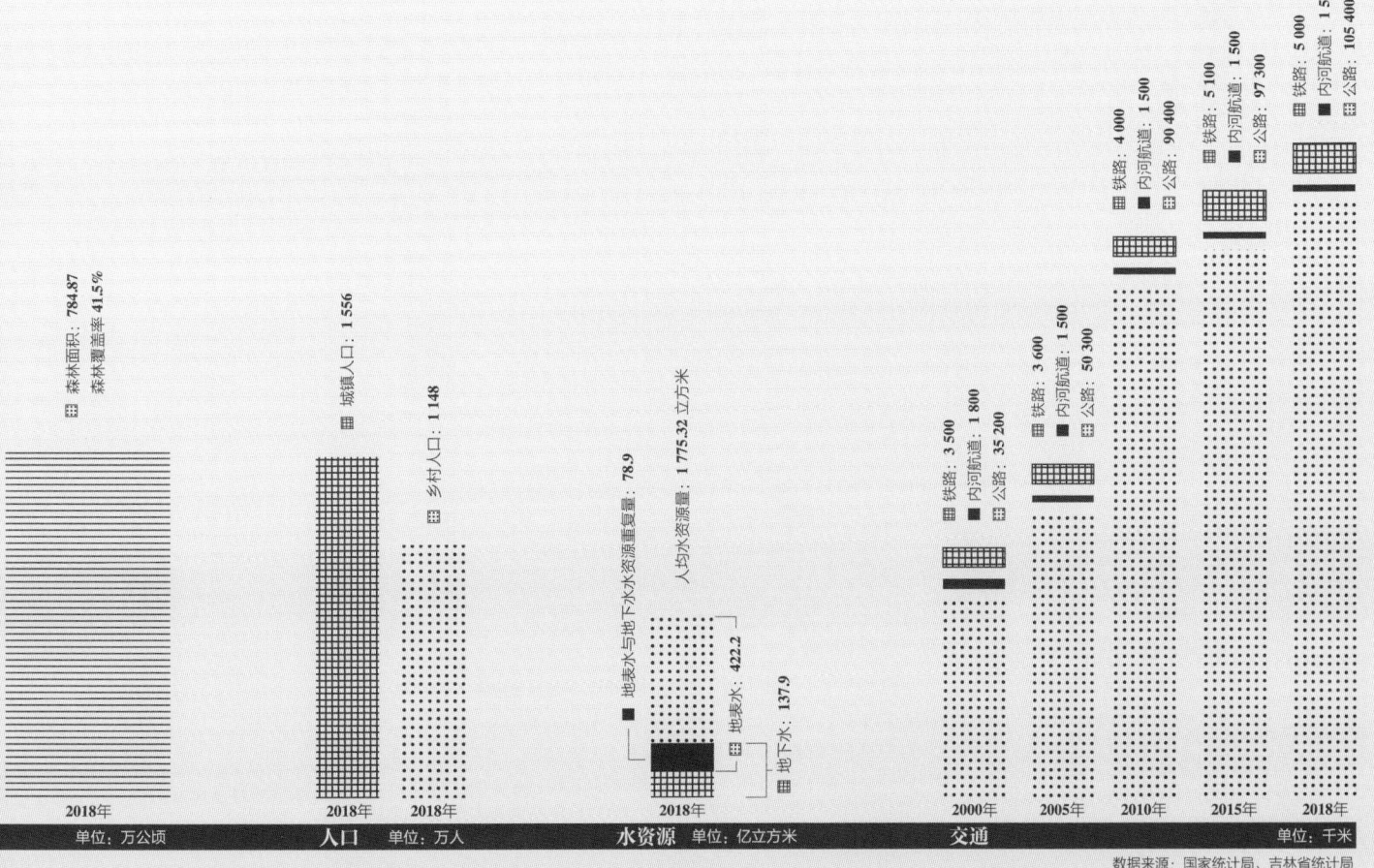

在中国的众多省市中，只有一个地方省市同名，它就是吉林。

吉林省的省名来源于清代的吉林城。"吉林"是满语"吉林乌拉"的简称。"吉林"原本的意思是"沿着"，"乌拉"指的是"大川"，"吉林乌拉"就是沿着松花江的城市。清康熙十二年（1673），清政府在一座船厂的基础上创建了吉林乌拉城，而这座船厂是顺治皇帝在位时，设立在温德河入江口的，温德河流入的正是松花江。这就是沿着松花江的城市——"吉林乌拉"的由来。

吉林建省，是在吉林城创建200多年后。清光绪三十三年（1907），光绪皇帝发布谕旨，设立吉林省。相比于黄河流域的中原地区，吉林城镇的形成晚了太多。从秦汉时期到清末鸦片战争时期，在2 000多年的时间里，整个吉林省的人口数量始终徘徊在10万到40多万之间。此后又历经重重劫难，直到中华人民共和国成立，才得到真正的大发展，也才有了今天长春、吉林、松原、白城、四平、辽源、通化、白山和延边朝鲜族自治州这8地级市1自治州，常住人口2 600多万的吉林省。

风光壮丽、物产丰饶的吉林省，春有百花秋望月，夏有凉风冬听雪。从60万米高空俯瞰吉林省，四季分明，美不胜收。

右页图为吉林省地形及主要水系分布示意图
吉林省是一个内陆边境近海省份，北接黑龙江省，西与内蒙古自治区相连，南邻辽宁省，东与俄罗斯接壤，东南隔图们江、鸭绿江与朝鲜相望。
注：延吉是延边朝鲜族自治州的首府。

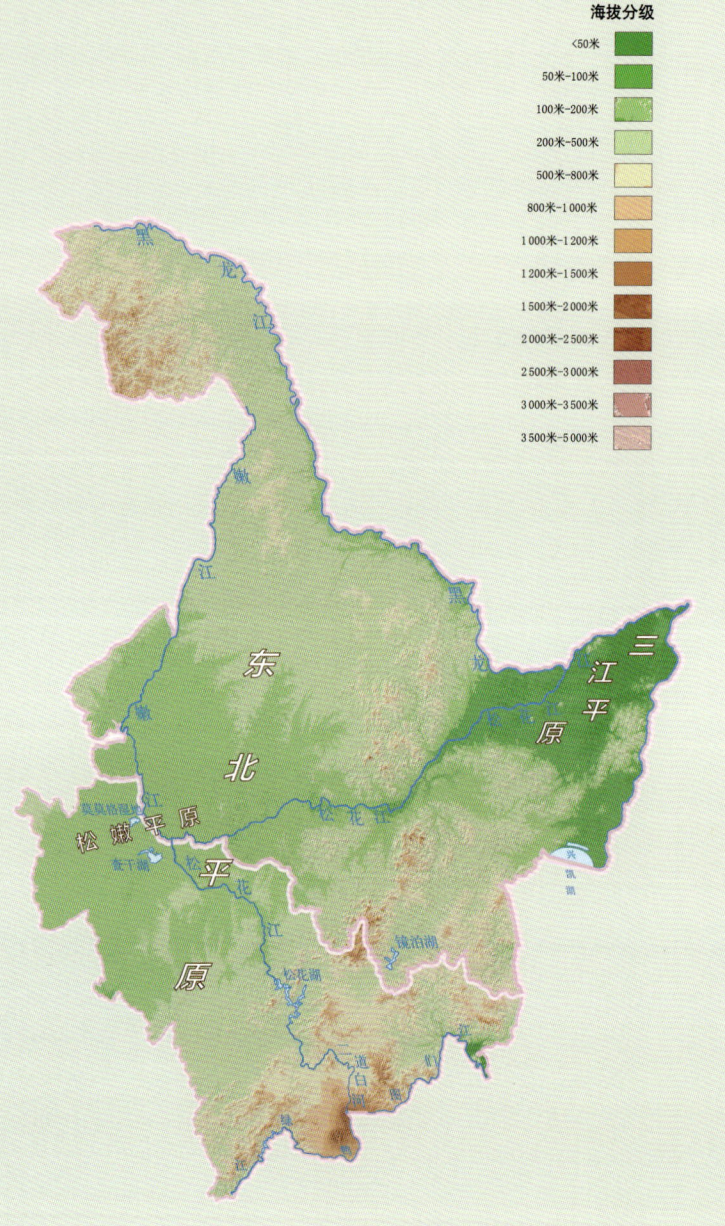

松花江与黑龙江省、吉林省位置关系示意图

从地图上看，吉林省与黑龙江省山水相连、一脉相承。历经亿万年才形成的长白山脉，纵贯黑龙江省、吉林省东部地区，发育出一座座山川，一条条大江，松花江、鸭绿江、图们江、牡丹江等都源于它的恩赐。"九·一八事变"后，一句"我的家在东北松花江上"，唱出了当时国民心头的悲苦，也唱出了对失去的故乡和亲人的思恋，更唱出了松花江与东北大地天然的联结。从图上看，浩浩荡荡的松花江出天池后一路奔西，过吉林，进松原，与北来的嫩江汇合后，转身东流，斜穿哈尔滨，淌过整个黑龙江省，塑造了黑土蒸腾、沃野千里的松嫩平原和三江平原。

吉林省公主岭市

中国"黄金玉米带"上的"黄金带"

吉林省地形3D混合示意图

莫莫格湿地
白鹤东部种群迁徙的必经之地

查干湖
这里存续着蒙古族最原始的捕鱼方式

松花湖
这里有22℃的夏天

吉林市万昌镇
世界"黄金水稻带"核心区

大黑山
吉林省地形大致以大黑山为界，大黑山以东为山地，大黑山以西为平原

长白山天池（白头山天池）
中国海拔最高、积水最深、面积最大的火山口湖

壹 春·稻田绿

谷雨前后，暮春时节，天地都湿漉漉的，沉睡了一冬的天地开始了喧闹与忙碌。松嫩平原上，"隆隆"的马达声不绝于耳，大型农机从黑土地上驶过，播种下丰收的期盼。黑土地是大自然对吉林的馈赠，这里地处东北平原腹地，黑土地有机质含量高，全省粮食产量的80%都产自黑土区。吉林市的万昌镇就位于这里，它是世界"黄金水稻带"的核心区，更有"中国粳稻贡米之乡"的美誉，镇内粳稻种植面积现居全国乡镇水稻种植面积第二位。

吉林市的这片土地，是长白山山脉向松嫩平原过渡的丘陵地带，森林覆盖率高，又得益于松花江、松花湖、红石湖、白山湖等"一江三湖"的滋养，灌区水质甘洌如泉，拥有粳稻生长的原生态环境。而且这里昼夜温差大，夏季温热、湿润多雨，秋季凉爽、短促，有利于农作物养分的积累。天时地利人和，让这里产出的大米洁白晶莹、香气四溢、黏性大、口感佳，深受人们喜爱。清康熙二十一年（1682），康熙皇帝东巡至吉林，曾作诗盛赞："山连江城清水停，稻花香遍百里营。粗碗白饭仙家味，在之禾中享安宁。"

如今，以"万昌大米"为依托的万昌镇，已然成为观察吉林现代农业的一面镜子。

从60万米高空俯瞰世界"黄金水稻带"核心区——吉林市万昌镇
万昌镇正好处在长春市和吉林市中间，被"一库双河"团团抱住。图中左上方水域为石头口门水库，左侧河流为松花江较大的一条支流饮马河，右侧河流为饮马河的支流岔路河。岔路河在石头口门水库汇入饮马河后，饮马河一路向北，长驱直入松花江。从60万米高空俯瞰万昌镇的稻田，阡陌纵横，田畴整齐，翠绿的稻浪一眼望不到边，让人如同置身于大草原中。

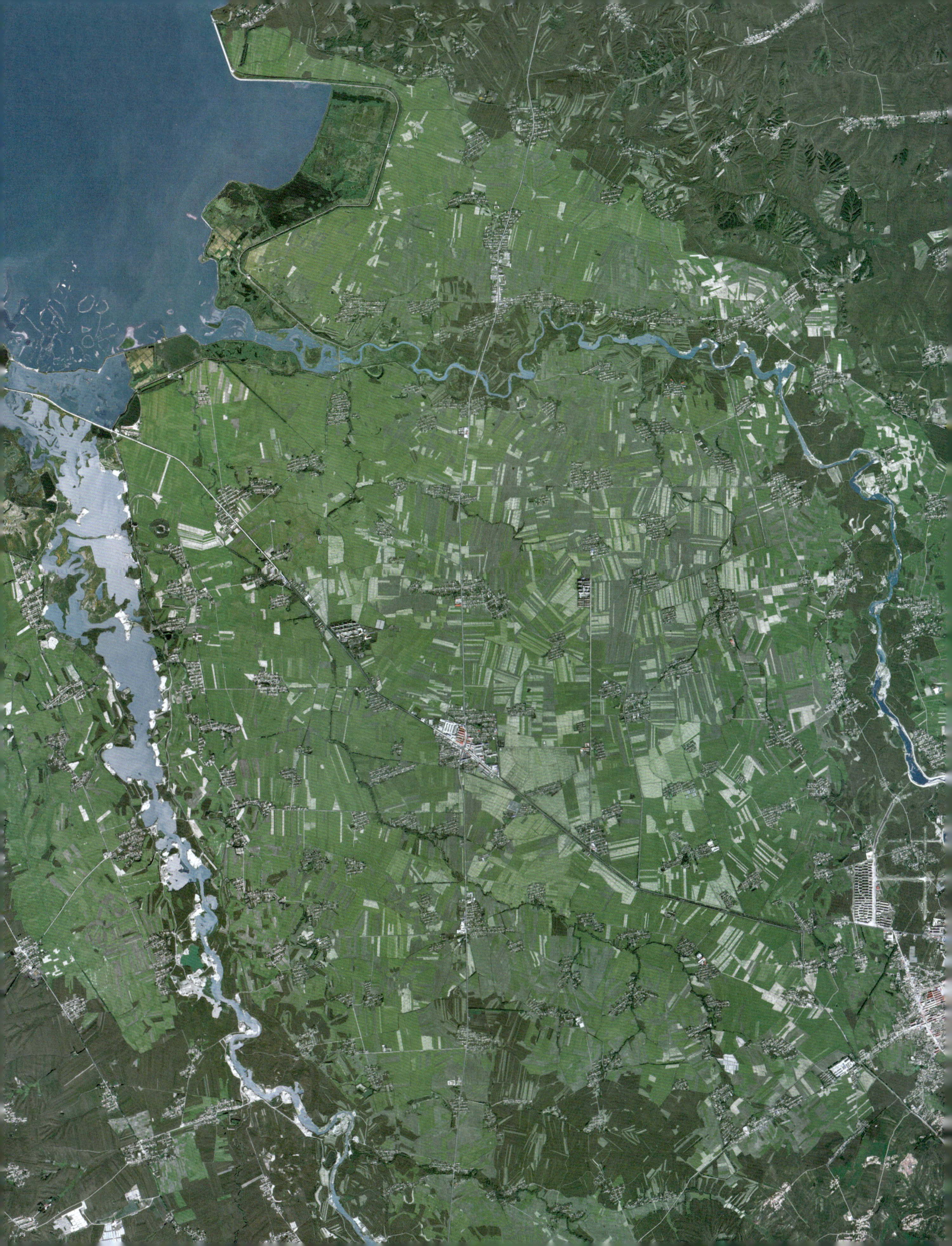

稻田绿是吉林春天的模样，鹤舞人间也是吉林春天的模样。

从万昌镇往西北300多千米，有一座"候鸟机场"，那就是吉林省白城市镇赉县的莫莫格湿地。它不仅是世界候鸟迁徙途中的重要"驿站"，更是世界濒危物种白鹤东部种群迁徙的必经之地。

目前，全世界共有9条候鸟迁徙路线，它们几乎涉及全球所有的重要湿地。9条路线中，"东亚—澳大利亚"线路是白鹤的"专属通道"——全球仅存的3 500多只白鹤中，有近90%每年要经这条线路迁徙。每逢春夏之交，陆续北归的白鹤都要在这条线路上的"候鸟机场"——莫莫格湿地停歇休养。

镇赉县也因此被中国野生动物保护协会誉为"中国白鹤之乡"。但在莫莫格湿地，白鹤并不是唯一活跃的族群，它们身边还舞动着丹顶鹤、蓑羽鹤、灰鹤、白头鹤、白枕鹤、沙丘鹤等6类家族成员，加之莫莫格国家级自然保护区管理局人工繁育和救护的鹤群，每年候鸟北归高峰时期都会让这处迁徙驿站呈现出"鹤舞人间"的盛景。

春 秋
夏 冬

从60万米高空俯瞰吉林省白城市莫莫格湿地四季变换的景象

莫莫格湿地是嫩江、洮儿河等一江三河长期作用形成的，湿地内泡沼、湖泊星罗棋布。历史时期，由于气候变化以及围垦、过度放牧等人为或历史因素，莫莫格湿地逐步恶化。20世纪90年代开始，国家逐步兴建莫莫格湿地嫩江引水工程、人造湿地工程等开发治理工程，发展绿色环保型农业，牢牢守住莫莫格湿地的生命线，重现昔日苇塘百里互通、草美鱼旺、雁舞鹤歌的湿地盛景。

贰 夏·湖山翠

"青山环绕如画屏,一城山色半城江"是吉林市的真实写意。

松花江穿城而过,松花湖上碧波荡漾。夏季,这里却只有22℃。

吉祥天佑、林碧水秀的松花湖是吉林市丰满水电站大坝合龙后,在松花江流入吉林市区的丰满峡谷拦江形成的大型人工河谷水库,呈狭长形,两岸地形复杂,沟汊和港湾众多。

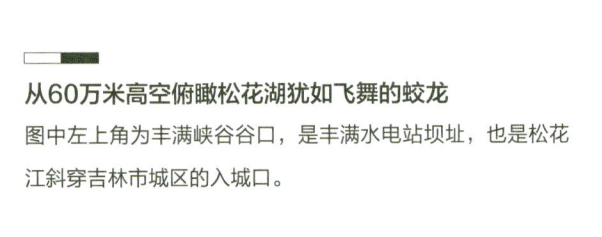

从60万米高空俯瞰松花湖犹如飞舞的蛟龙
图中左上角为丰满峡谷谷口,是丰满水电站坝址,也是松花江斜穿吉林市城区的入城口。

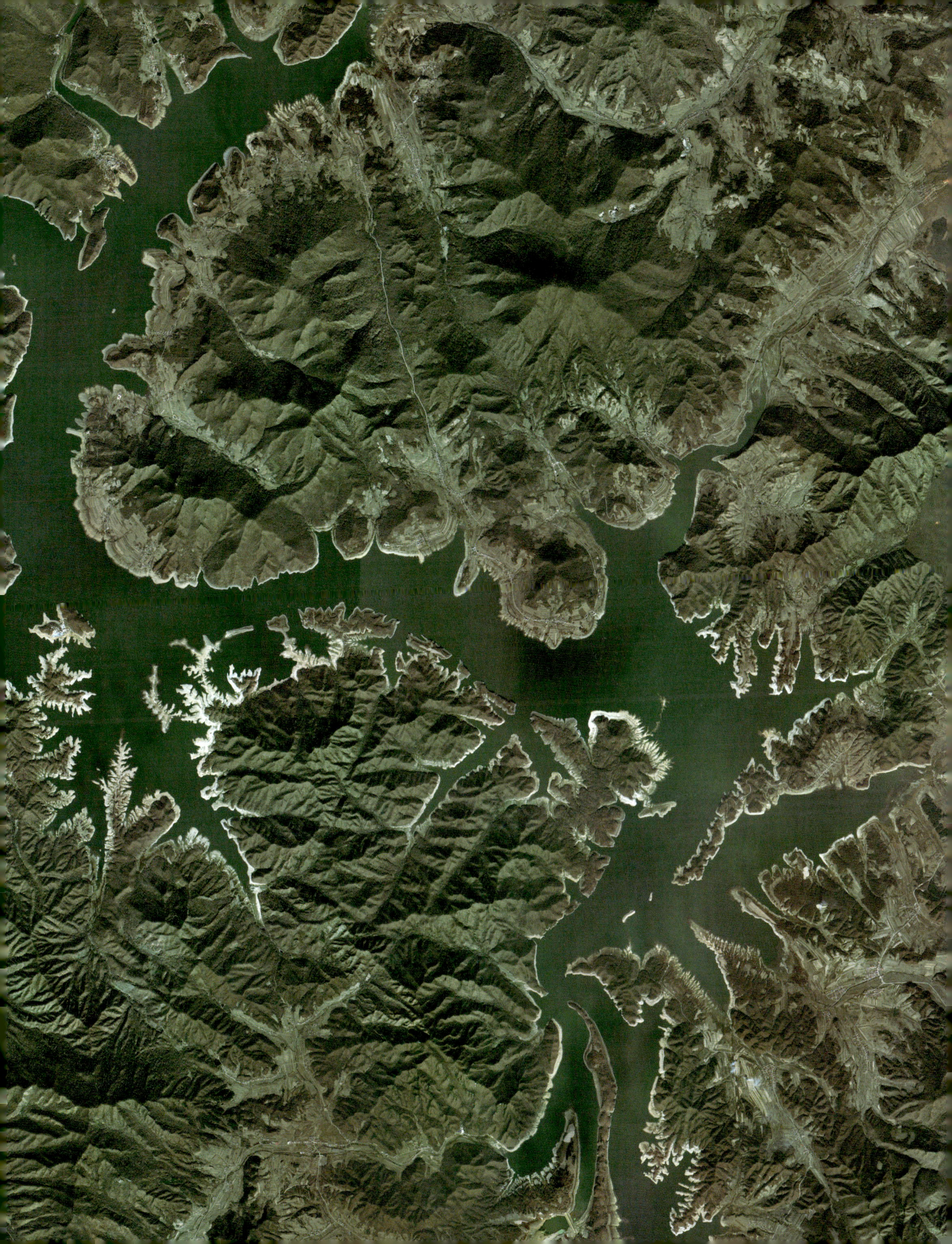

丰满水电站始建于1937年，1943年第一台机组发电。在日本侵略者扶植的傀儡政权伪满洲国的残暴奴役下，6 000多名劳工葬身于此。直至日本侵略者投降时，大坝也未完工，留下一个烂摊子。

中华人民共和国成立后，组织建设者对电站进行改造、加固、扩建，1953年工程基本完成。丰满水电站累计向全国输送了2 000余名水电人才，被誉为"中国水电之母""水电摇篮"，还曾被印在1953年版的伍角人民币上。

如今，走过近80年历史的老坝已经拆除完毕，其下游120米处，一座新坝已经落成，首台机组于2019年9月20日投产发电。从屈辱到荣光，丰满水电站矗立在松花江上，见证着国家走向富强。

这是1941年拍摄的建设中的丰满大坝（资料照片/来源：新华社）

图中左侧为丰满水电站原大坝，右侧为拍摄时正在建设的新大坝（2018年11月8日无人机航拍） 新华社记者 张楠/摄

有着近80年历史的电站老坝体逐渐呈现出防洪能力不足、混凝土强度低等问题，不仅无法正常发挥作用，还严重威胁到下游沿江人民群众的生命和财产安全。2012年10月29日，丰满水电站全面治理（重建）工程正式开工。2018年12月12日10时58分，丰满水电站原大坝进入爆破工序，开始拆除。如今，新坝已经完工，旧坝也完成了拆除工程。多年来一直困扰着人们的重大安全隐患彻底消除。

这是丰满大坝新坝落成后的效果图。从图中可以看到，旧坝没有完全拆除，而是在左右岸保留了部分坝体作为重要遗址（图片来源：新华社）

叁 秋·玉米金

丰沛的雨水、近3 000小时的年日照，以及肥沃的黑土地，赐予了秋天的吉林黄金般的颜色。这颜色是大自然的，也是丰收的玉米的。

玉米本是墨西哥高原的杰作，今天却走遍了全世界，从南纬40度的红土地到北纬50度的黑土地，无处不在，更形成了世界闻名的中国、美国和乌克兰三大"黄金玉米带"。

中国的"黄金玉米带"覆盖了黑龙江省南部、内蒙古自治区东部以及吉林省大部，地处东北平原腹地的吉林也因白山松水孕育的吉地，成为中国"黄金玉米带"的核心。在长春、四平、松原、白城、辽源、吉林等6市22县域内，广布玉米的身影。寒露前后，这里的人们就会将这片金色从田野搬进院落，摆在晒场上，收进仓廪里。

广袤的东北平原，肥沃的黑土地，地处享誉世界的"黄金玉米带"和"黄金水稻带"，让吉林成为中国的产粮大省，更成为享誉世界的"粮仓"。

从60万米高空俯瞰吉林省公主岭市玉米田景色
公主岭是"黄金玉米带"的"黄金带"，素有"中国黄金玉米第一城"的美誉。

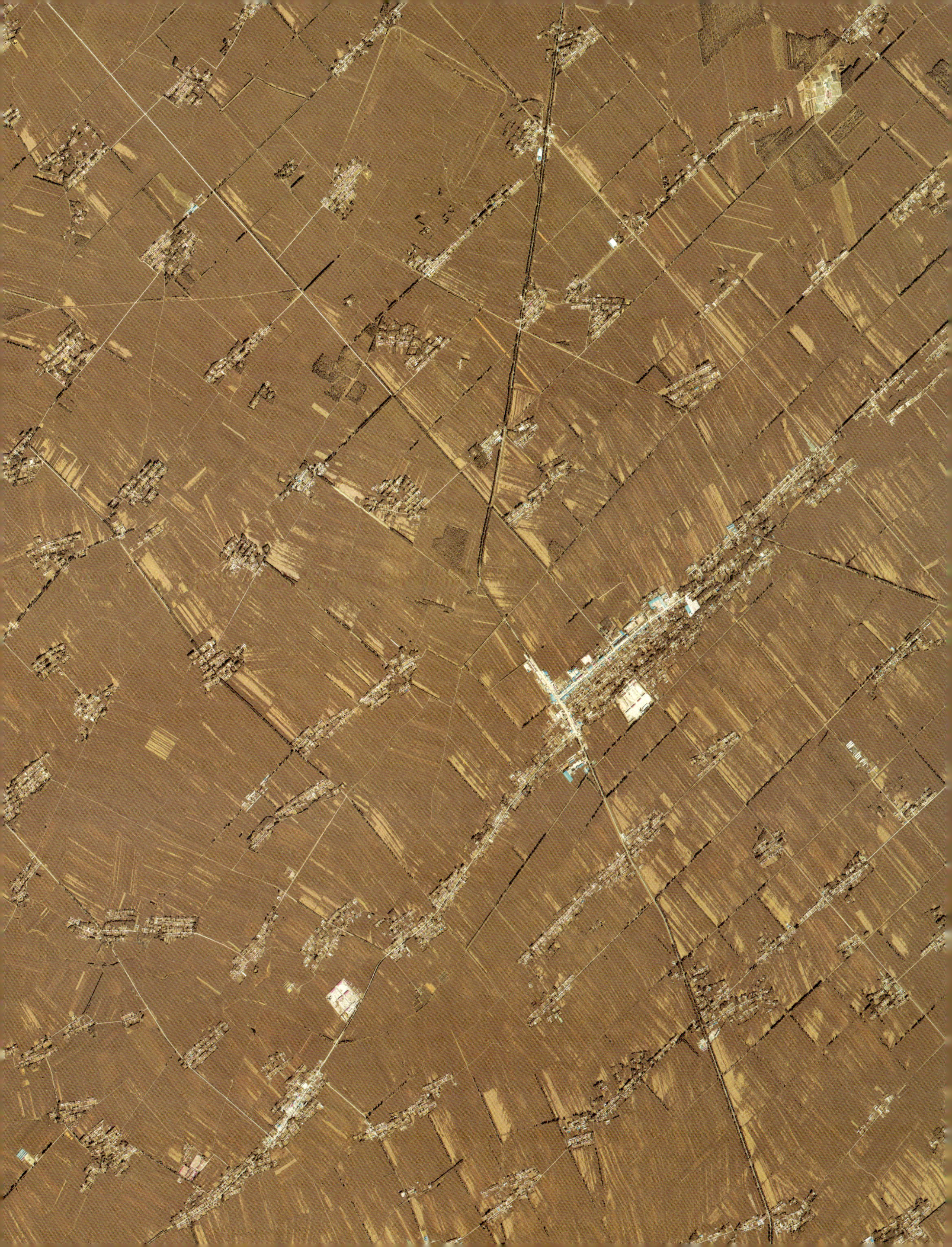

肆 冬·冰雪白

作为吉林省绝美风光的源头，长白山历经亿万年的地壳变迁活动，才形成今天的模样。远在距今2亿年至7 500万年前的中生代以前，长白山就形成了古老的岩层。中生代又经历上亿年的风雨侵蚀，形成一系列山间盆地。到了距今7 000万年至300万年前，随着新生代喜马拉雅造山运动，伴有火山间歇性喷发，长白山地壳发生了一系列断裂、抬升，地下深处的岩浆大量喷出地面，产生长白山最早的火山熔岩，构成了长白山广阔的熔岩台地。

大约200万年前，长白山地壳运动进入一个新的活动时期，火山由原来裂隙式喷发转为中心式喷发，喷出的熔岩和各种碎屑物堆积在火山口四周的熔岩台地上，筑起了以天池为主要火山通道的庞大的火山锥。

16世纪以来，长白山这座休眠火山曾有过三次喷发，一次发生在明朝，两次发生在清朝。明万历二十五年（1597）和清康熙七年（1668）的两次火山喷发，火光冲天，地动山摇。距今最近的一次喷发是在清康熙四十一年（1702）。这次喷发淹没了大面积森林，喷发后的火山口积水就形成了现今中国海拔最高、积水最深、面积最大的火山口湖——长白山天池（白头山天池）。它宛如一枚镶嵌在吉林东端的钻石，在蓝天白云下寂静安然。

上图为长白山局部地形3D混合示意图
注：覆盖在示意图表面的卫星影像摄于冬季。

从60万米高空俯瞰长白山天池（白头山天池）

隆冬时节，火山口天池孕育的江河陆续冰封，唯独流经吉林市区的松花江段雾气氤氲，奔流不息，穿城而过。江边的树枝上雾气凝华成凇，呈现着媲美童话世界的银装盛景。

雾凇俗称树挂，是在严寒季节里，空气中过于饱和的水汽遇冷凝结在树枝、树叶上的白色粒状结构沉积物。形成大面积的雾凇奇观，需要有特殊的自然和人为条件。冬季，吉林市气温在 -20℃以下的天数长达六七十天，而松花江上游丰满水电站的发电用水，载着巨大的热能顺流而下，江水与空气之间产生巨大的温差，大量雾气遇冷后便以霜的形式凝结在粗细不同的树枝上，形成 40—60 毫米厚的雾凇。

每年 12 月下旬到翌年 2 月底，都是吉林市观赏雾凇的最佳时节，最多时一年可出现 60 余次。这时的松花江岸"千树万树琼花开"，把人们带进如诗如画的仙境。

松花江畔的雾凇奇观 新华社记者 蒋林/摄

047

滴水成冰的季节里，雾凇是吉林的特色，马拉绞盘、冰湖腾鱼也是吉林的特色。

在吉林省松原市的查干湖上，渔把头延续着蒙古族最原始的捕鱼方式，铁锥凿眼，马拉绞盘，冰下走网，数不尽的鱼跃出冰面。每年冬至后到春节前，都是查干湖渔民大规模冬捕作业的黄金时间。这一古老的渔猎文化，自辽代起，一直延续至今，已传承千年。

20世纪六七十年代，传统的查干湖冬捕技艺险些失传。由于掠夺式捕捞、天气干旱等原因，在短短几年内，查干湖面积从几百平方千米锐减到几十平方千米，几近干涸。后来，通过引松花江水入湖、保护性捕捞等举措，查干湖逐渐恢复元气。如今，这里湖美鱼肥，生态保护与生态旅游相得益彰。

上图为渔民赶马拉动绞盘，使渔网在冰面下到达既定位置
新华社记者 张楠/摄

右图为古老"渔猎部落"的雪中盛宴 新华社记者 张楠/摄
图为查干湖第十八届冰雪渔猎文化旅游节开幕式现场。

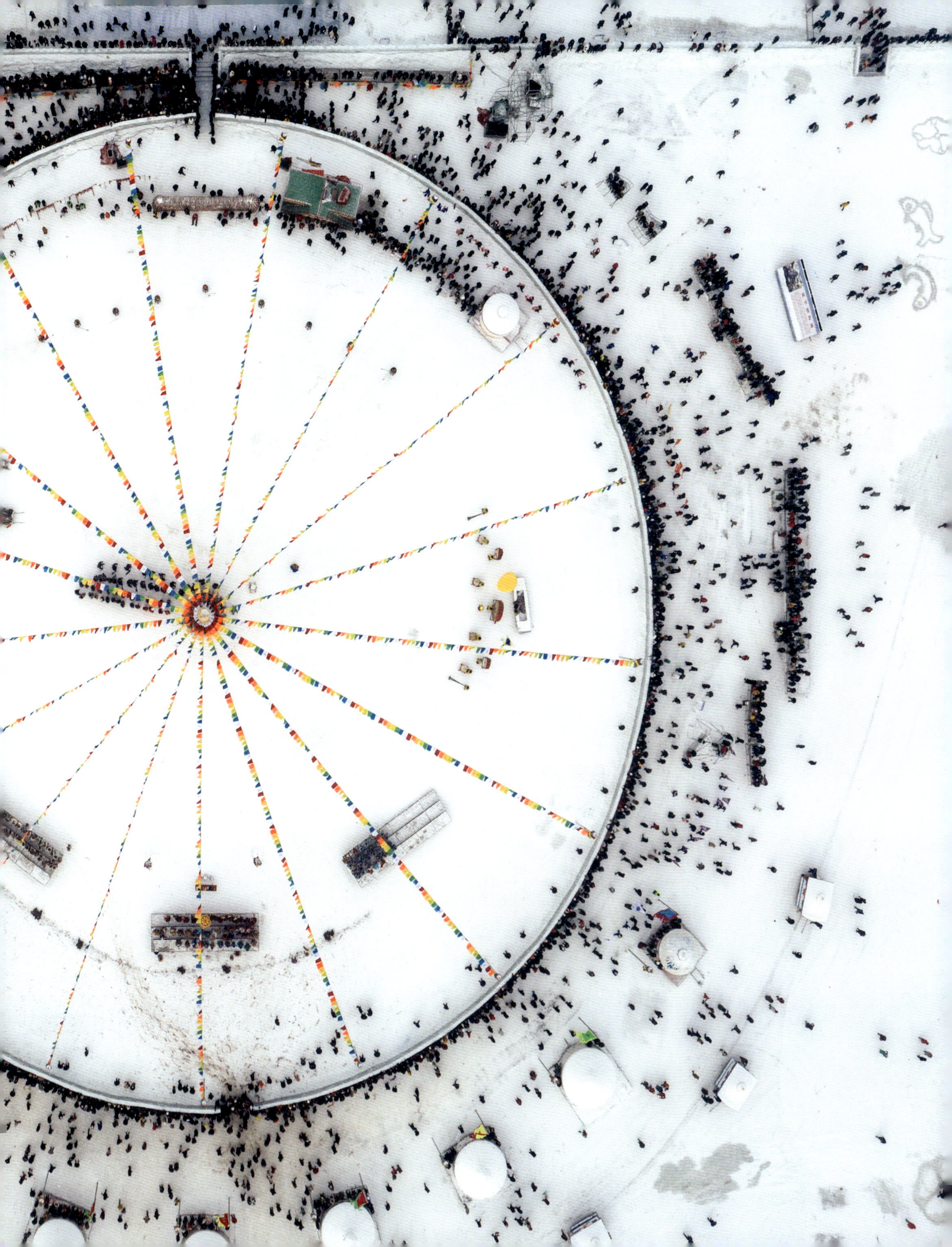

N⒊03

CHINA FROM OUTER SPACE

辽河安宁地·振兴新航程

自然保护区面积：267.3
占辖区面积比重 13.4%

耕地面积：496.81

2017年　　　　2018年

辽宁省在中国的位置示意图　　　　辽宁省耕地、森林及自然保护区概况

LIAONING 辽宁

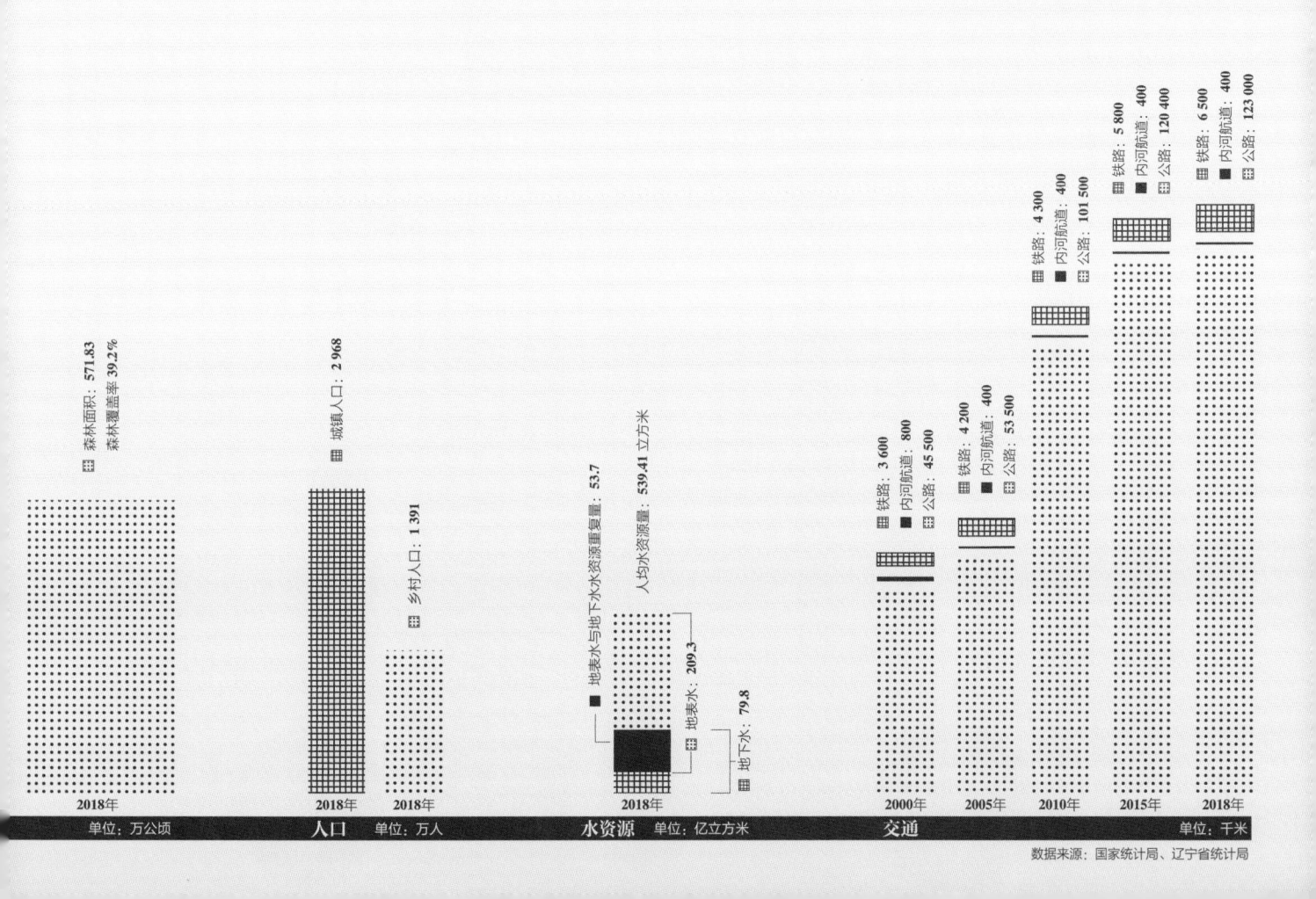

森林面积：571.83
森林覆盖率：39.2%

城镇人口：2 968
乡村人口：1 391

地表水与地下水资源重复量：53.7
人均水资源量：539.41 立方米
地表水：209.3
地下水：79.8

铁路：3 600
内河航道：800
公路：45 500

铁路：4 200
内河航道：400
公路：53 500

铁路：4 300
内河航道：400
公路：101 500

铁路：5 800
内河航道：400
公路：120 400

铁路：6 500
内河航道：400
公路：123 000

2018年　　　2018年　2018年　　2018年　　　2000年　2005年　2010年　2015年　2018年
单位：万公顷　　人口　单位：万人　水资源　单位：亿立方米　　交通　　　　　　　单位：千米

数据来源：国家统计局、辽宁省统计局

这里是辽宁，中国重要的老工业基地，共和国的"工业长子"。新中国第一炉火红的铁水，在这里喷涌而出；新中国第一架喷气式歼击机，从这里直刺苍穹；新中国第一艘万吨巨轮，从这里出海远航……

天辽地宁，这片寄意着"辽河流域永远安宁"的土地，位于东北广袤地区的最南端，是东北地区唯一沿海又沿边的省份。它背靠东北亚大陆，南濒黄海、渤海，辽东半岛斜插在两海之间；东南以鸭绿江为界与朝鲜隔江相望；西南与河北省接壤；西北与内蒙古自治区毗邻；东北与吉林省相接。辽宁自古就是关内关外的交通要道，连通起中原的农耕文明、东北的渔猎文明与蒙古高原上的游牧文明。

公元前305年，燕国大将秦开袭击东胡，迫使东胡人向东北退却一千多里，并据辽河流域设置五郡。自此，辽宁地区基本形成，燕山以北的辽河流域也正式步入开发时代。

如今，广袤的辽沈大地，发展日新月异。繁忙的海港，密布的路网，无缝连接的城市群，以及一座座工厂……无时无刻不在编织着辽宁的未来。

中华人民共和国成立70余年来，曾经的"辽老大"为共和国奉献出辉煌与荣耀，也经历了转型后的震荡与迷茫、振兴后的重生与巨变。而今的辽宁，正以昂扬的姿态，全力开启全面振兴、全方位振兴的新时代。

辽宁省地形及主要水系分布示意图

辽宁省内水系河网密布，水利资源丰富。境内辽河、浑河、太子河、大凌河、小凌河以及绕阳河自东、西、北三个方向往中南部汇集，注入渤海。辽河是中国东北地区南部最大的河流，发源于河北的光头山，是中国七大河流之一，自古就是沟通东北与中原的重要水道。

图 例

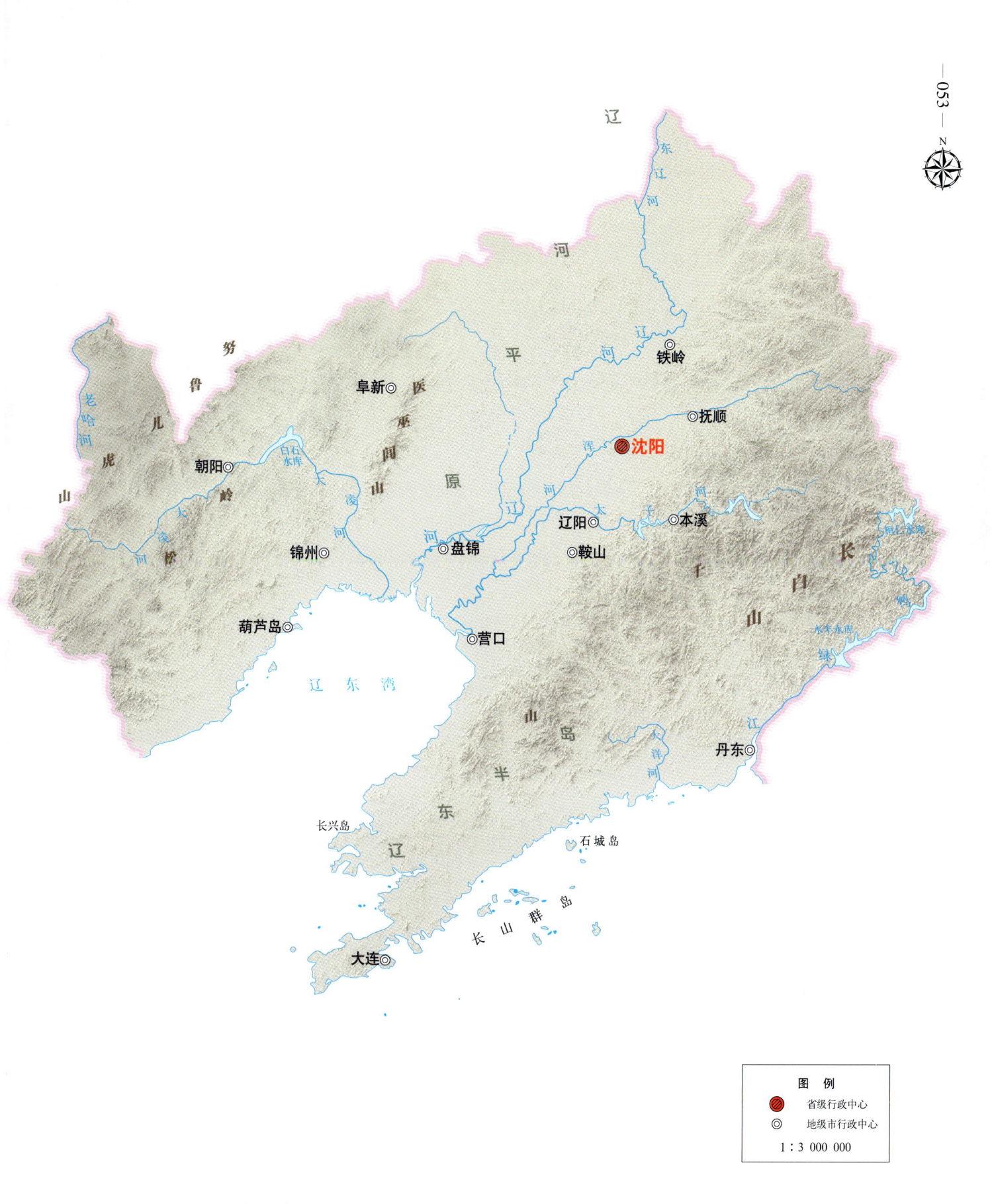

◉ 省级行政中心
◎ 地级市行政中心

1 : 3 000 000

工业历史长廊

时光流转，铁流凝变，这里是沈阳，一座以装备制造业而闻名的城市。

置身沈阳铁西区中国工业博物馆，仿佛穿越中国工业历史长廊，在火热的岁月里，第一台车削普通机床、第一台125万吨挤压机、第一架喷气式飞机……伴随着一次次"第一"，沈阳见证了新中国工业从无到有、从小到大的崛起。

改革开放以后，沈阳这座传统的工业城市经历了举步维艰、负重前行的一段艰难时期，许多工业企业破产、倒闭，许多行业原本的竞争优势逐渐被削弱甚至落到后面。

经过沈阳人艰苦卓绝的努力，特别是进入21世纪以来国家振兴东北老工业基地等战略的实施，沈阳这座老工业城市重新焕发了活力。"脱胎换骨"后的沈阳爆发出巨大能量，从烟囱林立到高楼林立，从工业一柱擎天到多元产业并进，今日沈阳，正在加速产业升级转型，助力中国制造挺起脊梁，以一步步创新发展，续写浴火重生的新传奇。

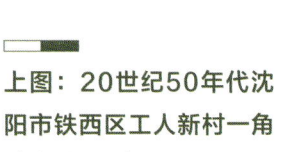

上图：20世纪50年代沈阳市铁西区工人新村一角（资料照片）
下图：2007年6月8日拍摄的沈阳铁西新区 新华社记者 任勇/摄

从诞生了数百个新中国第一、以装备制造业名闻天下的铁西工业区，到近3 000户工业企业停产、半停产的困难地区，再到新世纪的新型装备制造业基地、现代商贸生活服务区，沈阳铁西区早早地走出了一条依靠市场经济重振雄风的发展之路。

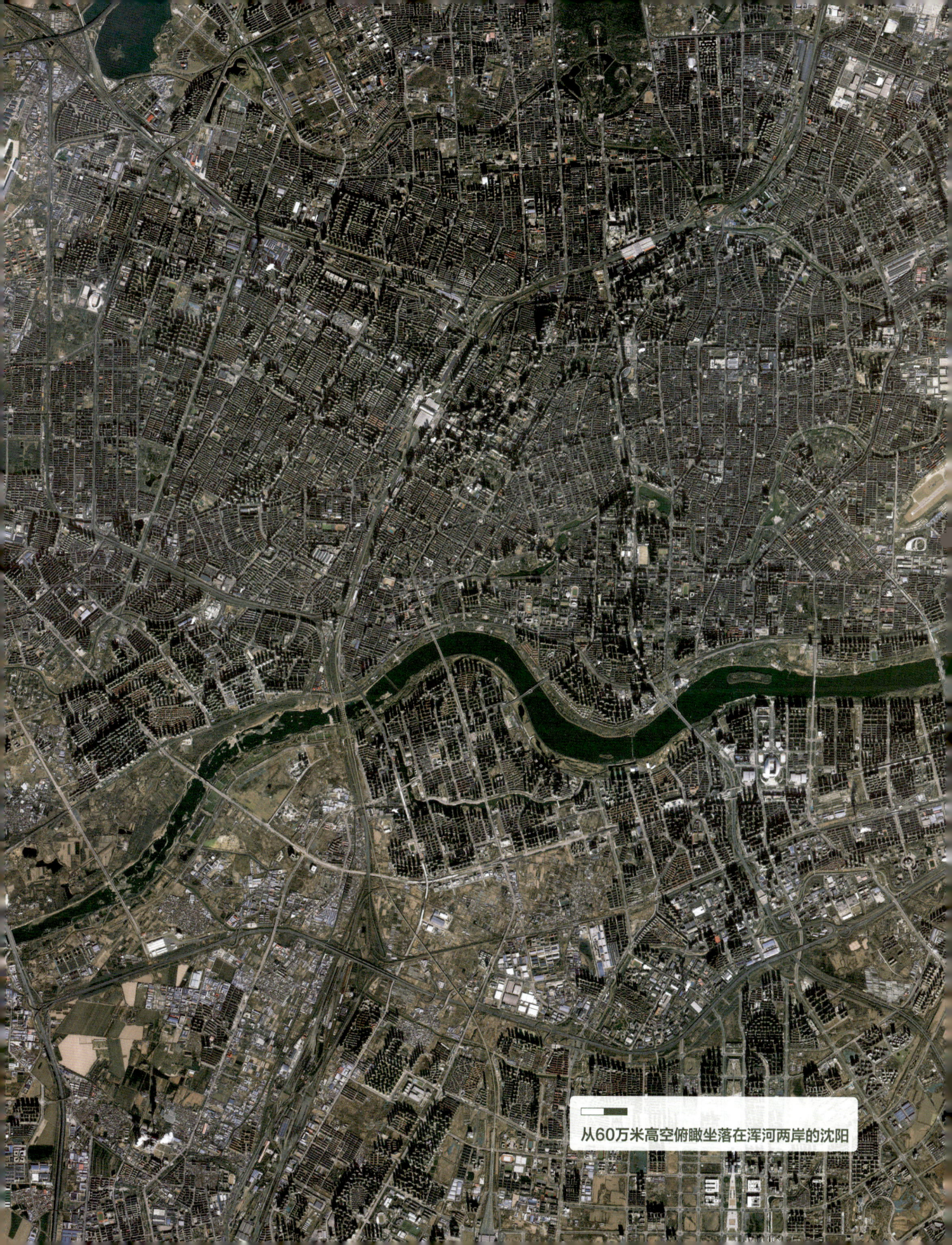

从60万米高空俯瞰坐落在浑河两岸的沈阳

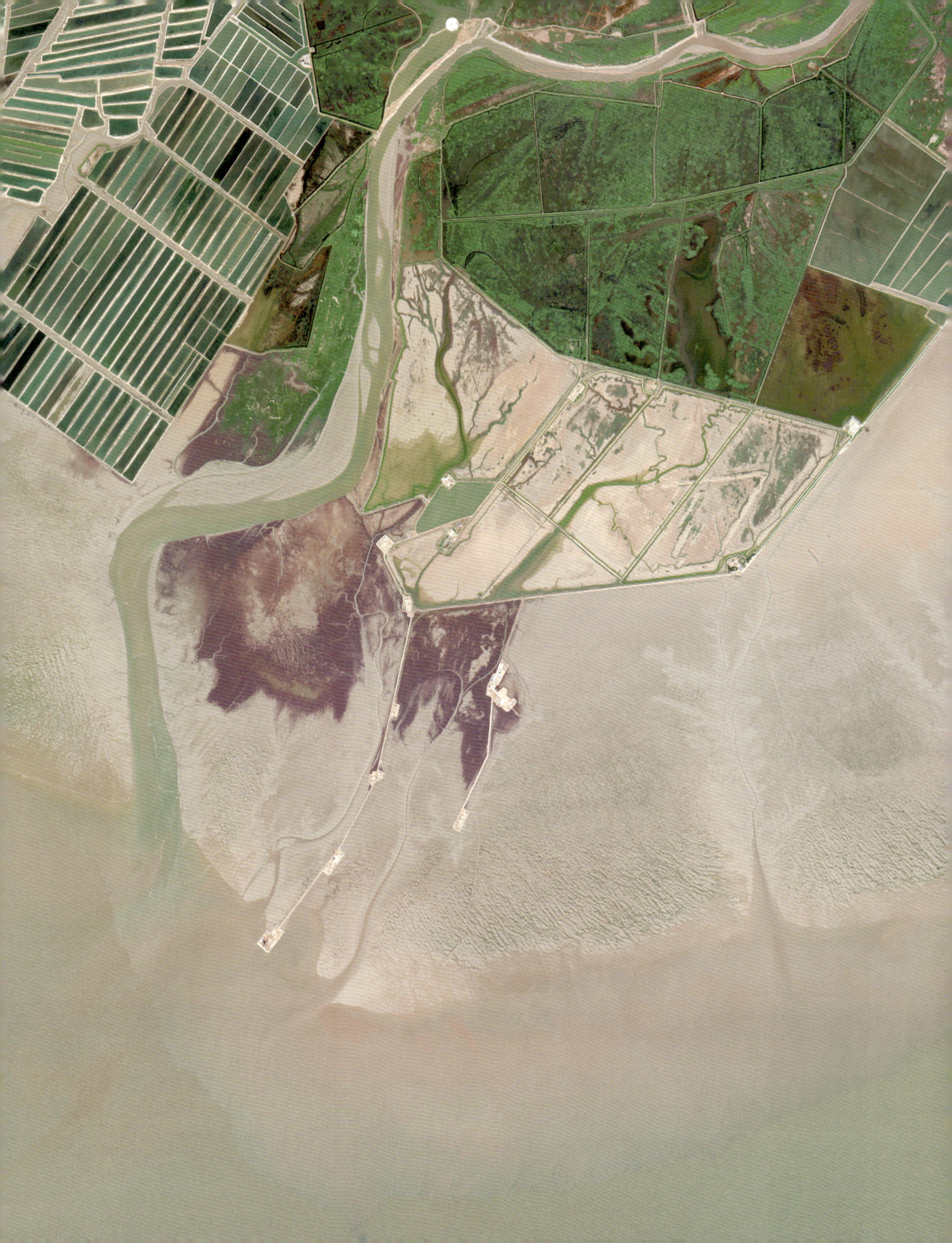

贰　中国红色海岸

　　迷人的红海滩，摇曳的芦苇荡，飞翔的丹顶鹤，这里是辽宁盘锦，辽河入海的地方。辽河源出河北光头山，流经河北、内蒙古、吉林三省（区），进入辽宁境内，又绕过沈阳西北部，一路奔向这里，奔入渤海的怀抱，也孕育了全国最大的滨海芦苇湿地——辽河三角洲湿地。

　　独特的地理环境造就了广袤湿地和连绵苇田，沙与土、盐与碱，在这里有机结合。特殊环境孕育出的碱蓬草盖满整个滩涂。它不要撒种，无需耕耘，在盐碱卤渍里，年复一年地生长。每年4月，碱蓬草长出地面，初为嫩红，渐次转深，入秋后由红变紫。片片碱蓬草，灿若红霞，红毯般遍铺海滩，形成了举世罕见、总面积达20余万亩的辽河三角洲"红海滩"。

　　大自然在这里孕育出的世界奇观，令人叹为观止。但自然和人为因素对它的双重威胁，也曾让这一奇观黯然失色。在东北经济"滚石上山、爬坡过坎"的关键时期，盘锦市以辽河口国家级自然保护区为核心，坚持以退耕还湿、退养还滩来呵护湿地，全面推进核心区缓冲区清理、实验区治理、油田及工矿企业退出，封禁管理生态恢复区，清除废弃油田井场、平台和道路，清理保护区内生产生活设施。经过多年持续生态修复，这里再次成为人间美景、鸟类乐土。

从60万米高空俯瞰辽宁省盘锦市的辽河、大凌河入海口局部景观

盘锦市是东亚至澳大利亚鸟类迁徙路线上的中转站，素有"鹤乡"和"黑嘴鸥之乡"的美誉。

鸟瞰辽宁省盘锦市红海滩风光 新华社记者 杨青/摄

天辽地宁红滩舞,绿水青山入画来。特殊环境孕育出的碱蓬草盖满整个滩涂,一到秋天这里就形成了"红色海岸线"。

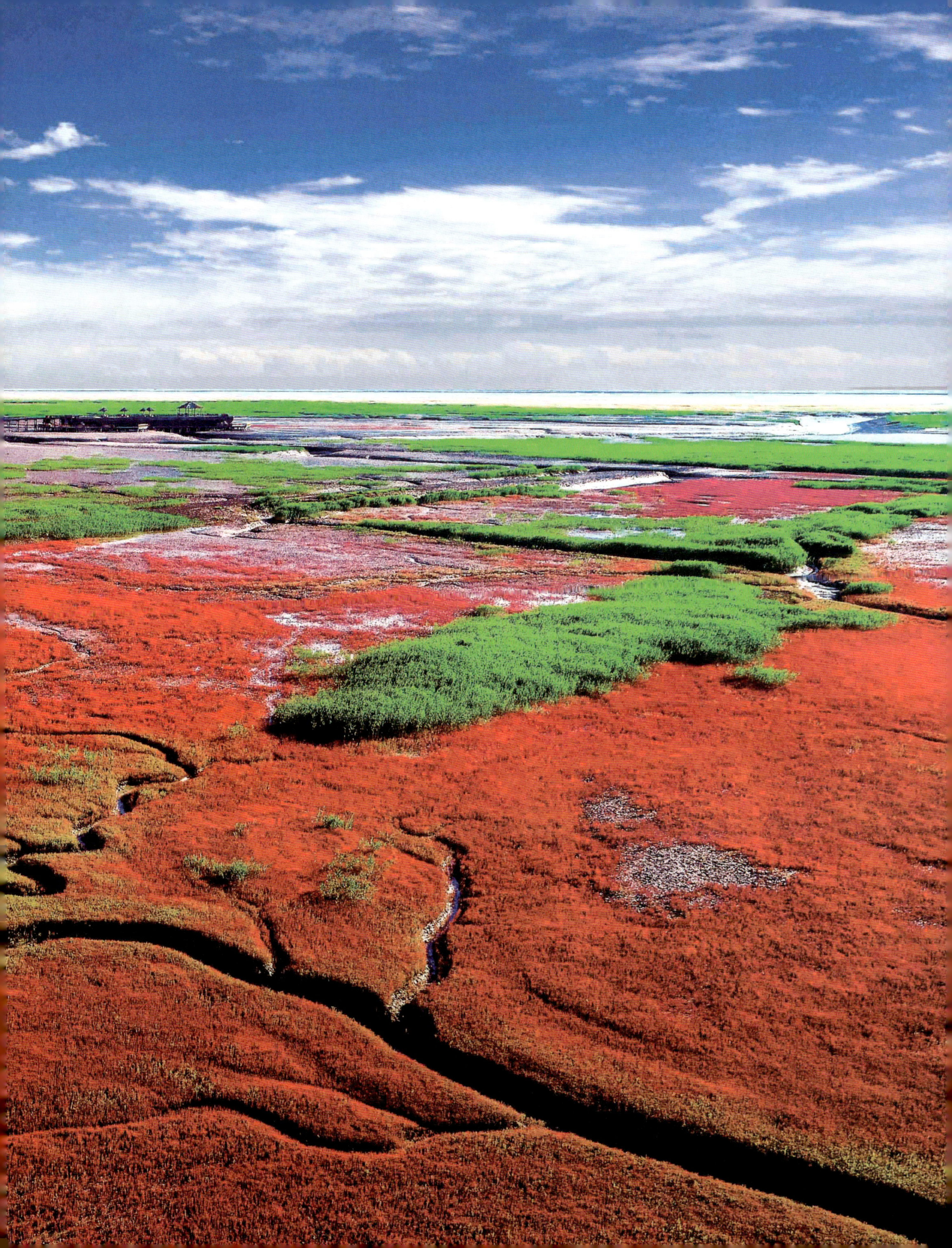

叁 红色东方之城

从渤海越过辽东半岛，一路向东，就是黄海。再沿海岸线一路向北，就能抵达中国大陆海岸线最北端的起点——丹东。

"怀揽鸭绿一江水，背倚长白万重山。"界画陆上边防与万里海疆，丹东都是起笔之处。这座原名"安东"的城市，自设立之初就饱含"东方平安"的希冀。作为中国最大的边境城市和中朝最重要的陆上枢纽，丹东对"和平"与"稳定"的感悟，对"振兴"与"发展"的祈盼，最为热切，也最为深刻。

100多年前，当时人口不足2 000人的小镇"自行开埠通商"。东三省崇山峻岭间那些粗大的原木顺着鸭绿江水，一路浩浩荡荡直通东港出海口。一时间，丹东商号林立、船帆云集，以国际商贸都市的姿态出现在黄海之滨。然而不久之后，丹东进入了漫长的日本占领时期，"出海口"成为"出血口"。经过半个世纪的抗争，这片土地终于迎来了和平的曙光。

改革开放后，一大批明星品牌在丹东成长起来：菊花牌电视机、黄海大客车、东方齐洛瓦冰箱……136种产品产量居全国同类第一，丹东经济总量一度跃升至辽宁省第二位。这一上涨势头在20世纪90年代中后期出现拐点，众多企业由盛转衰，丹东经济总量退至辽宁省第十位左右。

但无论环境怎样变化，丹东人从未放弃过对发展的追求和探索。如今，丹东人又把探索的触角从陆地伸向海洋——由大东港区、浪头港区和海洋红港区组成的丹东港，已成为集散杂货、集装箱、国际客运为一体的多功能国际贸易商港。很长一段时期内，丹东人给自己的定位是"沿边、沿江"，而现在，他们越来越多地将目光投向无垠的大海。

矗立在辽宁丹东鸭绿江畔的抗美援朝纪念塔

鸭绿江上，烽烟已去，断桥犹在。纪念塔巍峨耸立，犹如一座丰碑，传承着伟大的精神，凝聚着不朽的气概。

黄渤海明珠

　　海风习习，巨轮游弋，云帆齐聚，这里是大连。

　　作为东北最大出海口，大连港连续多年跻身中国十大港口之列，也成为中国最大海上客运港。这里的人们说"世界上有多大的船，大连港就有多大的码头"。

　　这座美丽的海滨城市，地处辽东半岛最南端，三面环海，拥有1 906千米的海岸线和水深湾阔、不淤不冻、风平浪静的大连湾与大窑湾。

　　从1899年大连港开埠到现在的百余年间，这座曾经的小渔村一次次华丽转身，日益昂起开放龙头，肩负起率先实现老工业基地全面振兴的重任。

　　中华人民共和国成立70余年来，第一辆大功率内燃机车，第一台海上钻井平台，第一艘航空母舰，都在这里诞生。

　　如今的大连，正在继续奋斗，加速以港兴市，建设东北亚航运中心。

从60万米高空俯瞰大连湾内的大连港局部

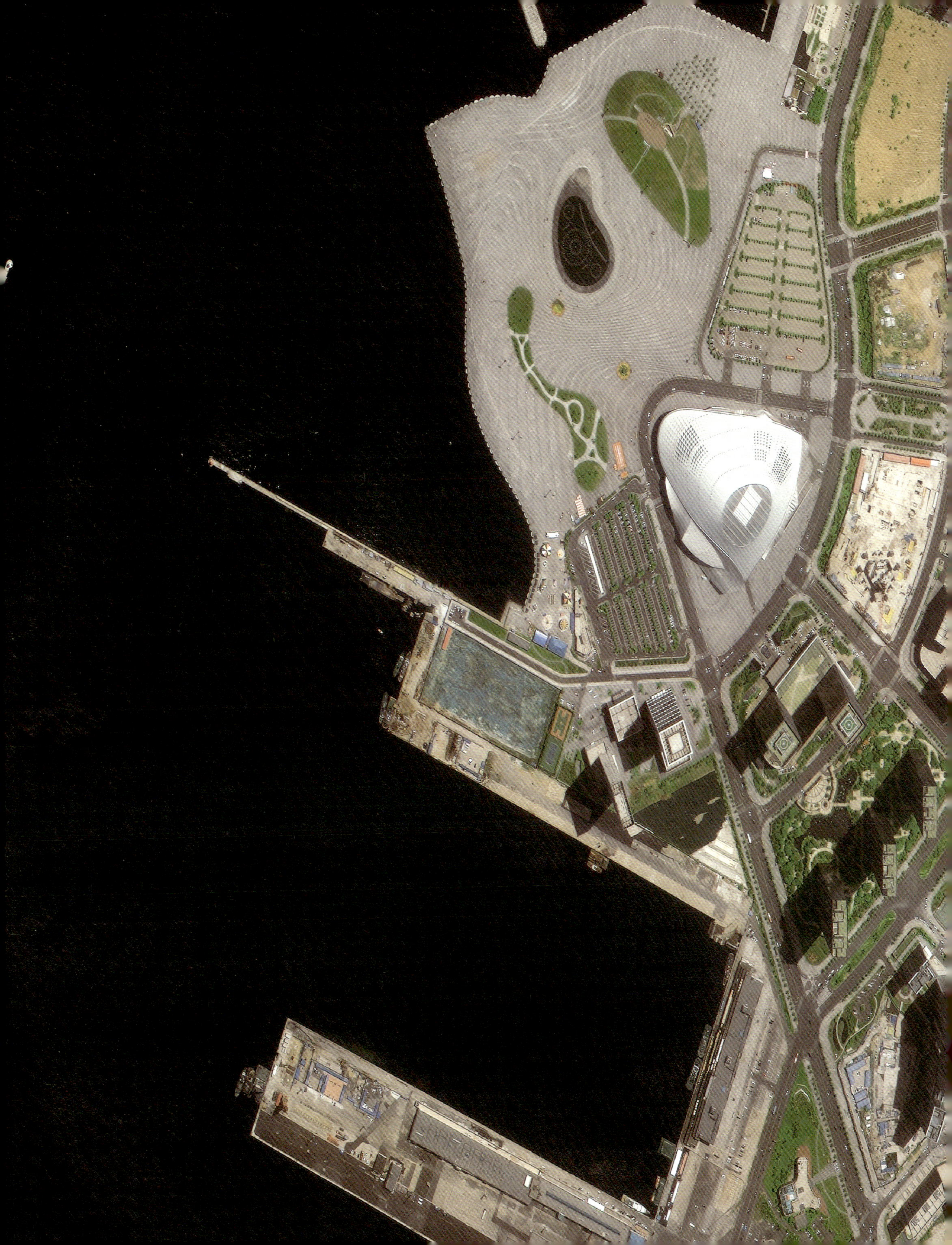

N 内蒙古.04 CHINA FROM OUTER SPACE
万里北疆·绿色长城

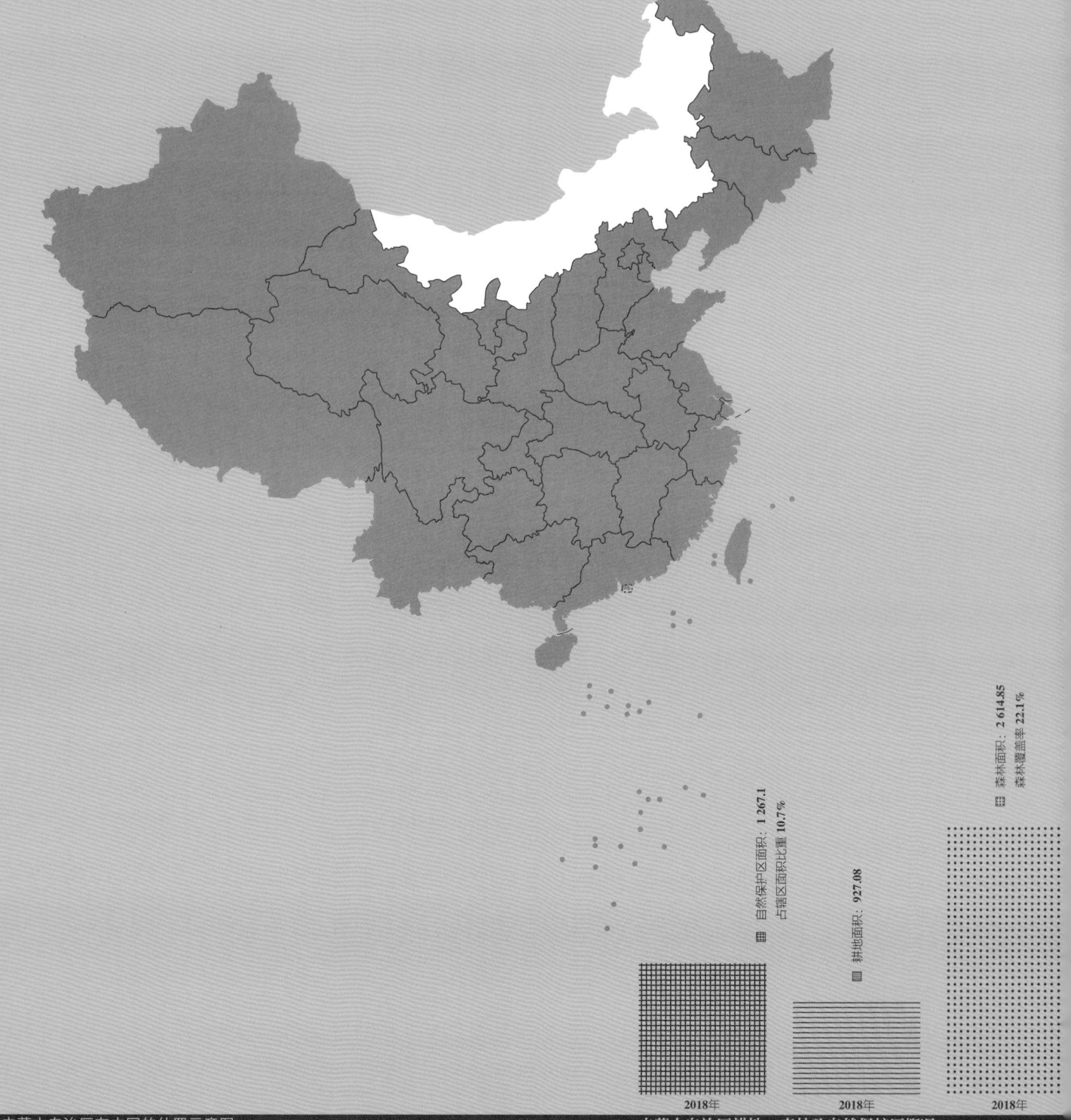

自然保护区面积：1 267.1
占辖区面积比重 10.7%

耕地面积：927.08

森林面积：2 614.85
森林覆盖率 22.1%

2018年　　2018年　　2018年

内蒙古自治区在中国的位置示意图　　内蒙古自治区耕地、森林及自然保护区概况

内蒙古

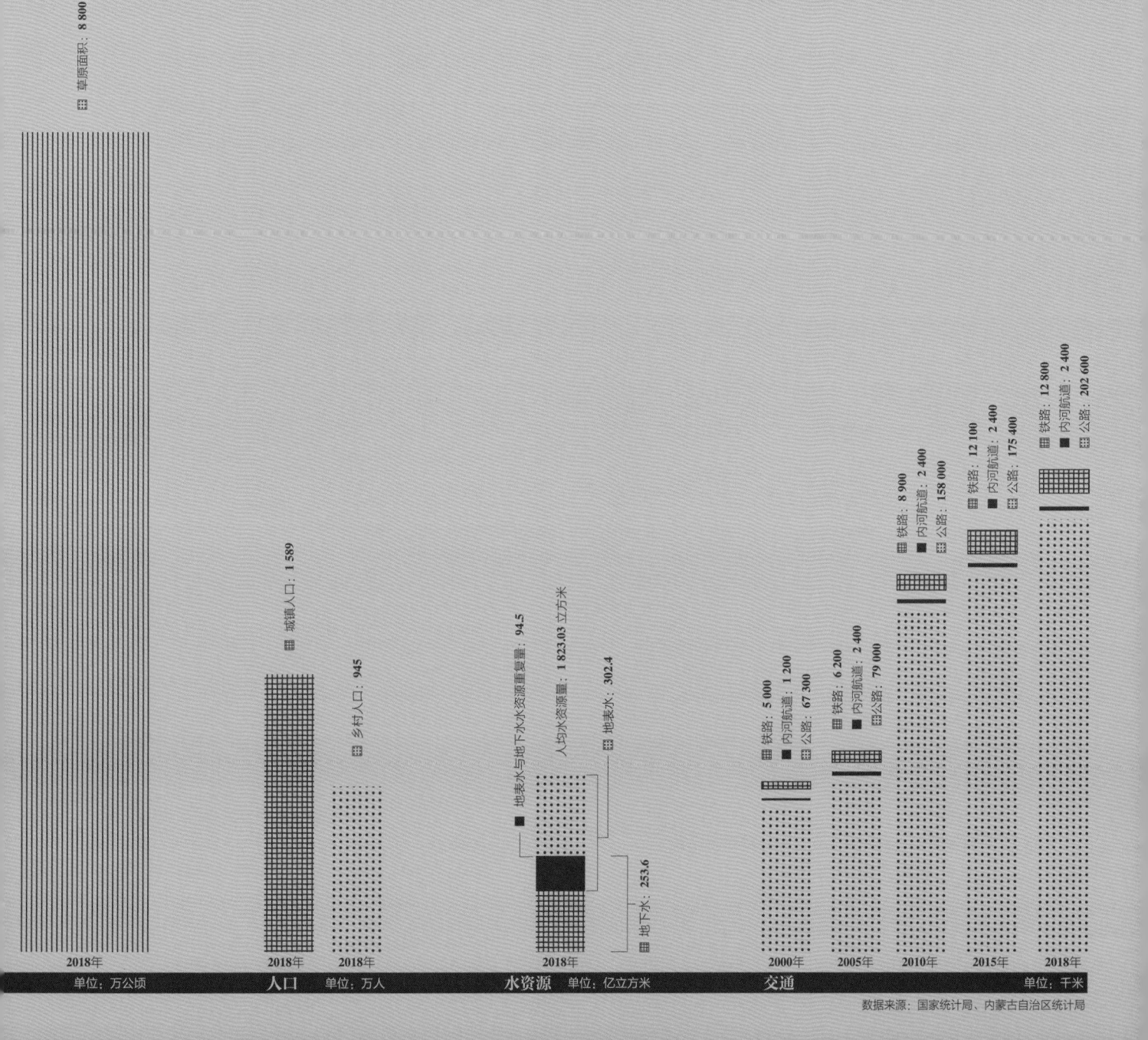

NEIMENGGU

草原面积：8 800

2018年　单位：万公顷

城镇人口：1 589
乡村人口：945

2018年　**人口**　单位：万人

地表水与地下水资源重复量：94.5
人均水资源量：1 823.03 立方米
地表水：302.4
地下水：253.6

2018年　**水资源**　单位：亿立方米

铁路：5 000
内河航道：1 200
公路：67 300
2000年

铁路：6 200
内河航道：2 400
公路：79 000
2005年

铁路：8 900
内河航道：2 400
公路：158 000
2010年

铁路：12 100
内河航道：2 400
公路：175 400
2015年

铁路：12 800
内河航道：2 400
公路：202 600
2018年

交通　单位：千米

数据来源：国家统计局、内蒙古自治区统计局

从距地球60万米高空俯瞰，118.3万平方千米的内蒙古自治区，横跨东北、华北、西北三大区域，犹如一匹骏马，奔腾在祖国的北部边疆。

"敕勒川，阴山下。天似穹庐，笼盖四野。天苍苍，野茫茫，风吹草低见牛羊。"每每提及内蒙古，人们想到的往往是草原、羊群……但内蒙古自东向西分布着森林、草原、耕地、沙地、沙漠，自然景观之丰富超乎想象。

最东端的大兴安岭林区，是我国面积最大的集中连片的国有林区。全长1 200多千米的大兴安岭山脉，平均宽度约200千米，海拔在1 100—1 400米之间，阻挡了来自太平洋的潮湿暖流，是中国半湿润与半干旱区的分界线。自此往西降水量逐渐减少，不适宜树木生长，使高原大部分地区形成草原、荒漠，并在内蒙古东部和中部的南缘产生了农牧交错带。这一带自南向北由以种植业和畜牧业为主，逐步过渡到以放牧业为主。而内蒙古西部被黄河"几"字形套住的河套平原地区，得益于黄河水的常年滋润，土地肥沃，是重要的产粮区，被誉为"塞上江南"。

草原人感念黄河水的滋养，也深怀"九曲黄河万里沙，浪淘风簸自天涯"的忧伤。"山河不语，掩埋了多少人世沧桑。瀚海无情，吹尽了多少徘徊绝望。"乌兰布和沙漠每年向黄河注入约7 700万吨沙，使得黄河河床年均抬高10厘米以上。流经河套平原的黄河早已不堪重负，治沙也就成了草原人生命中最透亮的声响：生命不息，治沙不止。

内蒙古自治区地形及主要水系分布示意图

注：乌兰浩特为兴安盟行政公署驻地。
　　锡林浩特为锡林郭勒盟行政公署驻地。
　　阿拉善左旗为阿拉善盟行政公署驻地。

内蒙古自治区地形图

图　例	
◎	省级行政中心
◉	地级市行政中心
—	盟行政公署驻地
⊙	县级行政中心

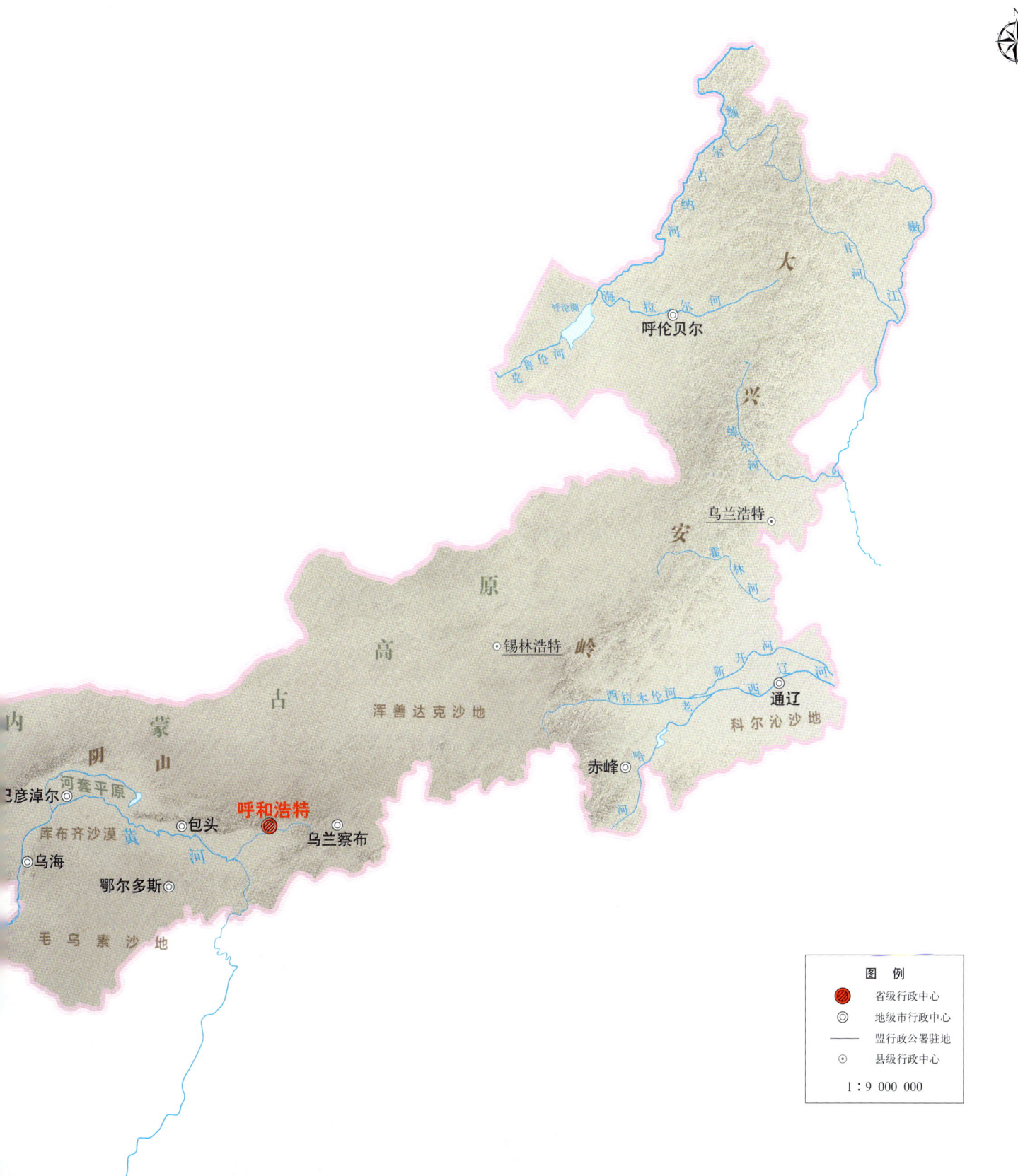

1 : 9 000 000

壹 毛乌素在这里蛰伏

"山高尽秃头,滩地无树林,黄沙滚滚流,十耕九不收。"这是毛乌素沙地给人挥之不去的记忆。毛乌素沙地位于鄂尔多斯高原中部和南部,地跨内蒙古鄂尔多斯市、陕西榆林市和宁夏东部的盐池县,风沙肆虐,土地贫瘠。但近年出土的历代遗址遗迹表明,千年前的毛乌素曾是一片绿洲,广泽清流、水草丰美、牛羊遍野。唐代以来,由于长期遭受战乱破坏、不合理的农垦和过度放牧,毛乌素逐渐退化为不毛之地,目之所及,尽是风沙肆虐的漫漫沙海。中华人民共和国成立前,毛乌素沙地已经越过长城,南侵50多千米。一曲绿洲向沙漠退化的悲歌,在毛乌素哀奏千年。毛乌素人久为风沙所苦,却不知道"苦日子啥时候是个头"。

历史性转变始于20世纪50年代,在国家的支持下,毛乌素人开始了近70年的治沙历程。1978年,中国最大的生态工程——"三北"防护林工程启动,地处祖国大西北的毛乌素沙地成为主战场之一。几十年来,几代治沙人不懈接力,滚滚黄沙已蛰伏在绿油油的植被之下,数百万亩流动沙地重新披上绿装,"沙漠之城"变身"大漠绿洲",为全球荒漠化治理提供了"中国方案"。

毛乌素沙地1984—2016年变迁图
千年时光荏苒,而今毛乌素滚滚黄沙已被绿色植被所缚。但对那些誓将沙漠变绿洲的人们来说,这只是万里长征走完的第一步。

1984年

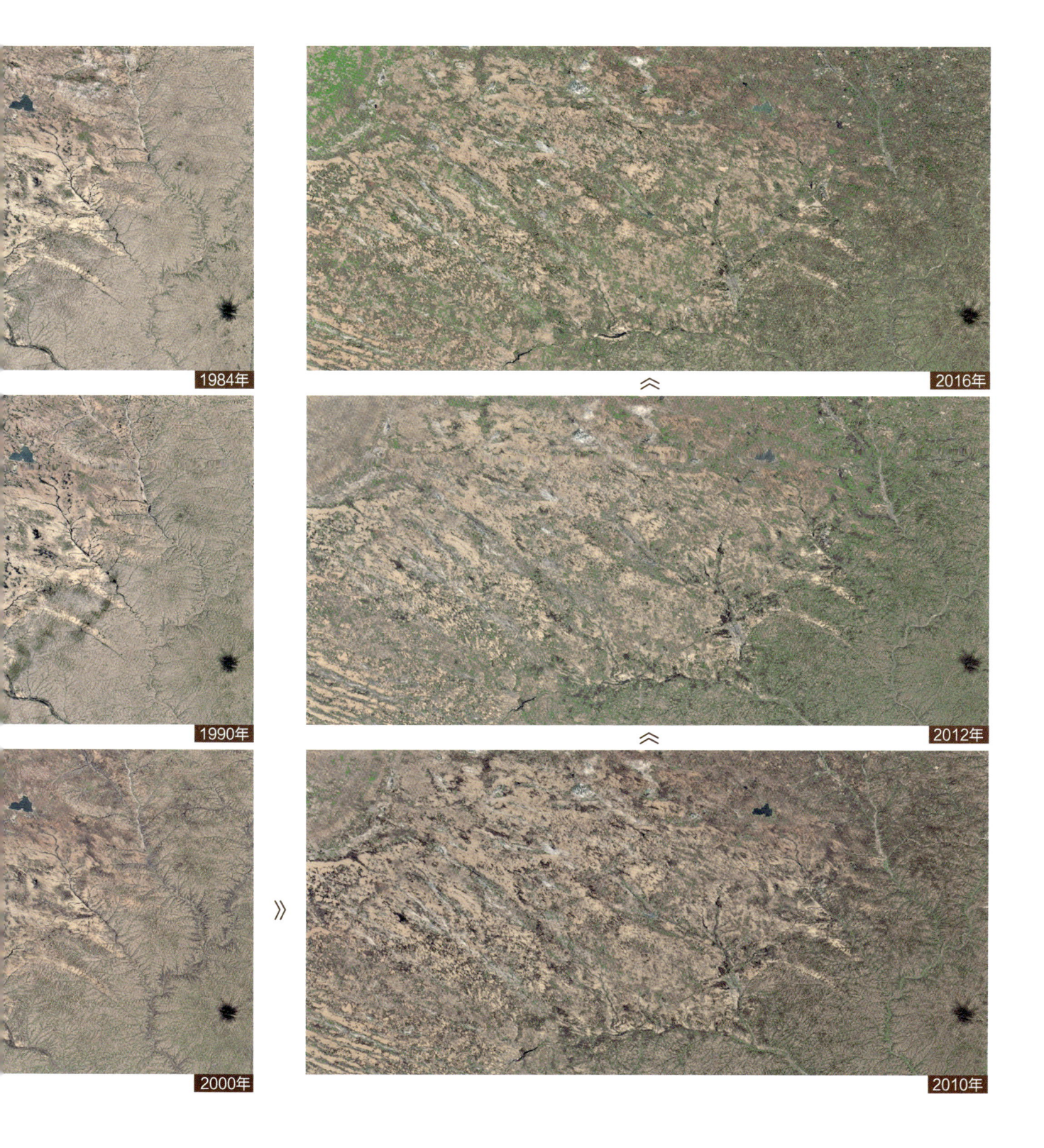

1990年

2000年

2016年

2012年

2010年

这是2020年9月8日在内蒙古鄂尔多斯市乌审旗拍摄的治理后的毛乌素沙地
新华社记者 连振/摄

历史用1 000年把草原、森林变成了荒漠，我们用70年把荒漠变成了现在的样子。但有了绿色并不意味着"沙地"消失了，消失的是流动的沙丘，不是沙地。毛乌素的新绿仍旧脆弱，还存在再次沙化的可能。防沙治沙的第一步已经完成，护沙用沙的第二步正在进行，同时也开始向唤醒沙漠自我生态循环系统的第三步迈进。如果有一天，毛乌素生态系统能够自我循环了，沙地就真的消失了。

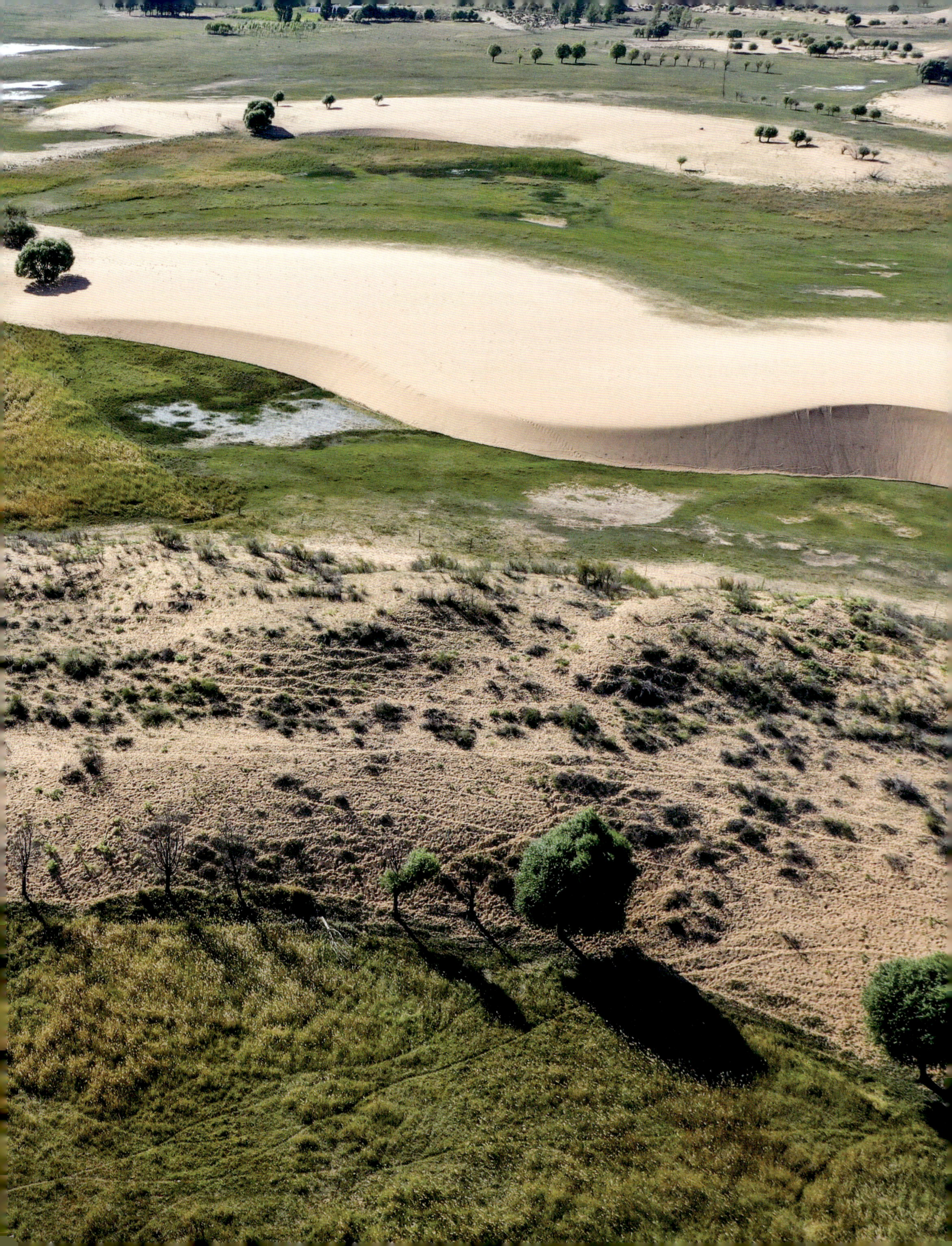

贰 库布齐披上了蓝装

毛乌素沙地往北,鄂尔多斯高原北部,横卧着一条长约400千米的黄色"长龙"。它似弓弦,将滔滔黄河拉出一个大大的"几"字弯。这就是中国第七大沙漠——库布齐沙漠,总面积几乎相当于3个上海市大小,沙漠东部距北京直线距离仅500千米,威胁着首都北京,乃至整个华北的生态安全。曾经,这里寸草不生,风沙肆虐,被称为"死亡之海"。几十年来,库布齐人一代接着一代,书写了一部别样的荒漠化治理史诗。

从60万米高空俯视,在库布齐沙漠腹地,一条沙漠公路隔出了两方天地:一边是连绵起伏的黄色沙丘,另一边竟是以巨型骏马图为标志的"蓝色海洋"。这匹骏马由近20万块蓝色光伏板拼成,一举打破吉尼斯世界纪录。整个"蓝色海洋"则是由178万块光伏板组成的内蒙古最大光伏治沙基地。光伏板不断地将阳光转化为电能,黄芪、黄芩等植物在光伏板的庇护下连片生长,创造性地实现发电和治沙的双赢。巧思的背后,是内蒙古发展思路的转变。内蒙古地大物博,拥有广为人知的"羊煤土气",曾连续多年夺得全国经济增速冠军。如今,草原人民抛开"挖煤卖土"的老思路,开启"二次创业",做好了现代能源经济的大文章。

从60万米高空俯瞰达拉特光伏发电应用领跑基地
位于库布齐沙漠腹地,是世界最大的光伏板图形电站,每年可减少二氧化碳排放量约80万吨。

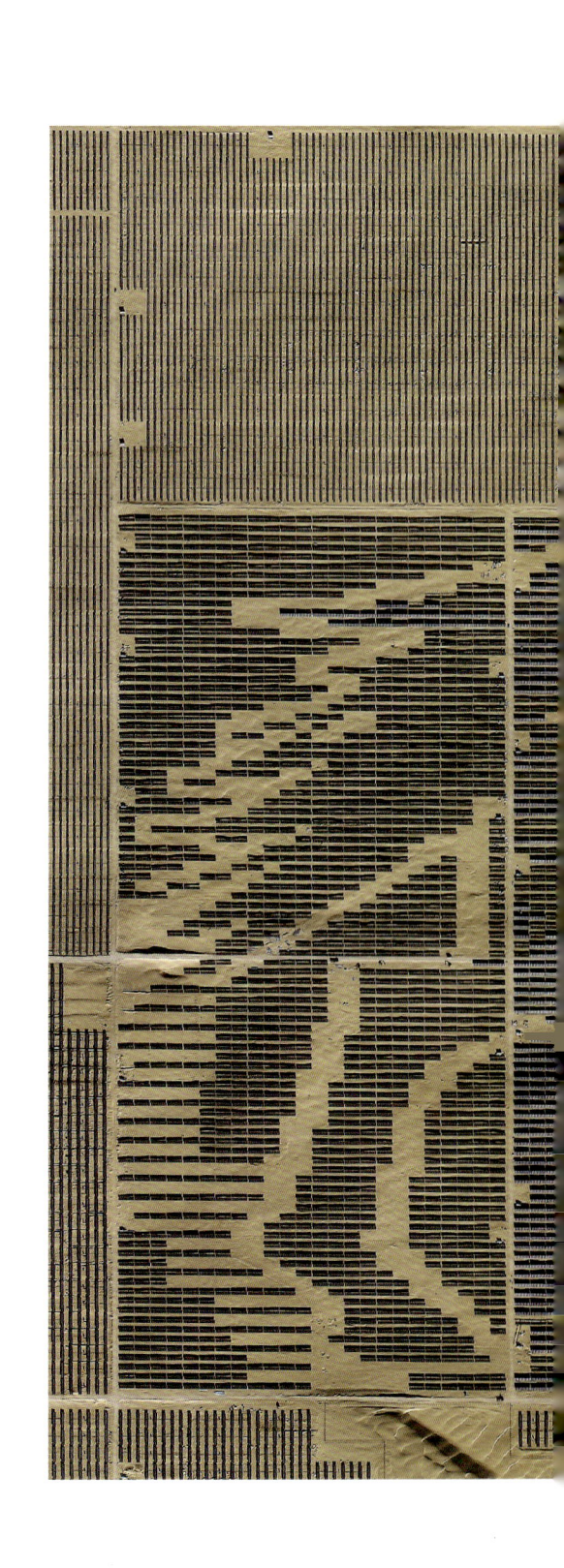

—073—

叁 科尔沁变身苜蓿草都

中国的八大沙漠、四大沙地，从新疆一直延伸到内蒙古，并从西、北、东北三个方向逼近北京。这八大沙漠中，有4个主要分布在内蒙古境内，那就是巴丹吉林沙漠、腾格里沙漠、库布齐沙漠和乌兰布和沙漠。而四大沙地，即毛乌素沙地、浑善达克沙地、科尔沁沙地和呼伦贝尔沙地，几乎都分布在内蒙古境内。

科尔沁沙地的面积最大。它横跨内蒙古、吉林、辽宁三省（区），其中在内蒙古的分布面积最广，超过90%，且主要分布在赤峰市和通辽市之间。赤峰市紧挨着河北省，通辽市则紧挨着吉林省。

1978年，国家在西北、华北北部和东北西部风沙危害、水土流失严重的地区开展"三北"防护林建设，科尔沁沙地的治理也是其中一个重要部分。禁牧、退耕还林还牧、围封和人工种植优良牧草等政策相继实施，此后科尔沁沙地每年绿化面积大于沙化面积约75万亩，使科尔沁沙地在全国四大沙地中率先实现了治理速度大于沙化速度的良性逆转。

昔日茫茫沙海逐渐变为片片绿洲，甚至变身为"中国草都"。百万亩的高效节水灌溉牧草基地上，铺满一个个绿色圆盘，大型机械穿梭其中，现代农牧产业阔步前行，科尔沁沙地上飘起了一片"绿海"。

阿鲁科尔沁旗绍根镇苜蓿草场2008—2018年的变迁
阿鲁科尔沁旗地处我国最大沙地科尔沁沙地西缘，30%为沙化土地，60%为天然草场退化沙化。没种苜蓿之前，这里经常刮沙尘暴。从2011年开始，这里以每年20万亩的面积种植苜蓿草，如今规划种植面积已达到107万亩，是全国最大的集中连片节水灌溉紫花苜蓿种植区。

2008年

2018年

2010年

2016年

2013年

2014年

阿鲁科尔沁旗绍根镇当地企业组织机械收割苜蓿 新华社记者 刘磊/摄

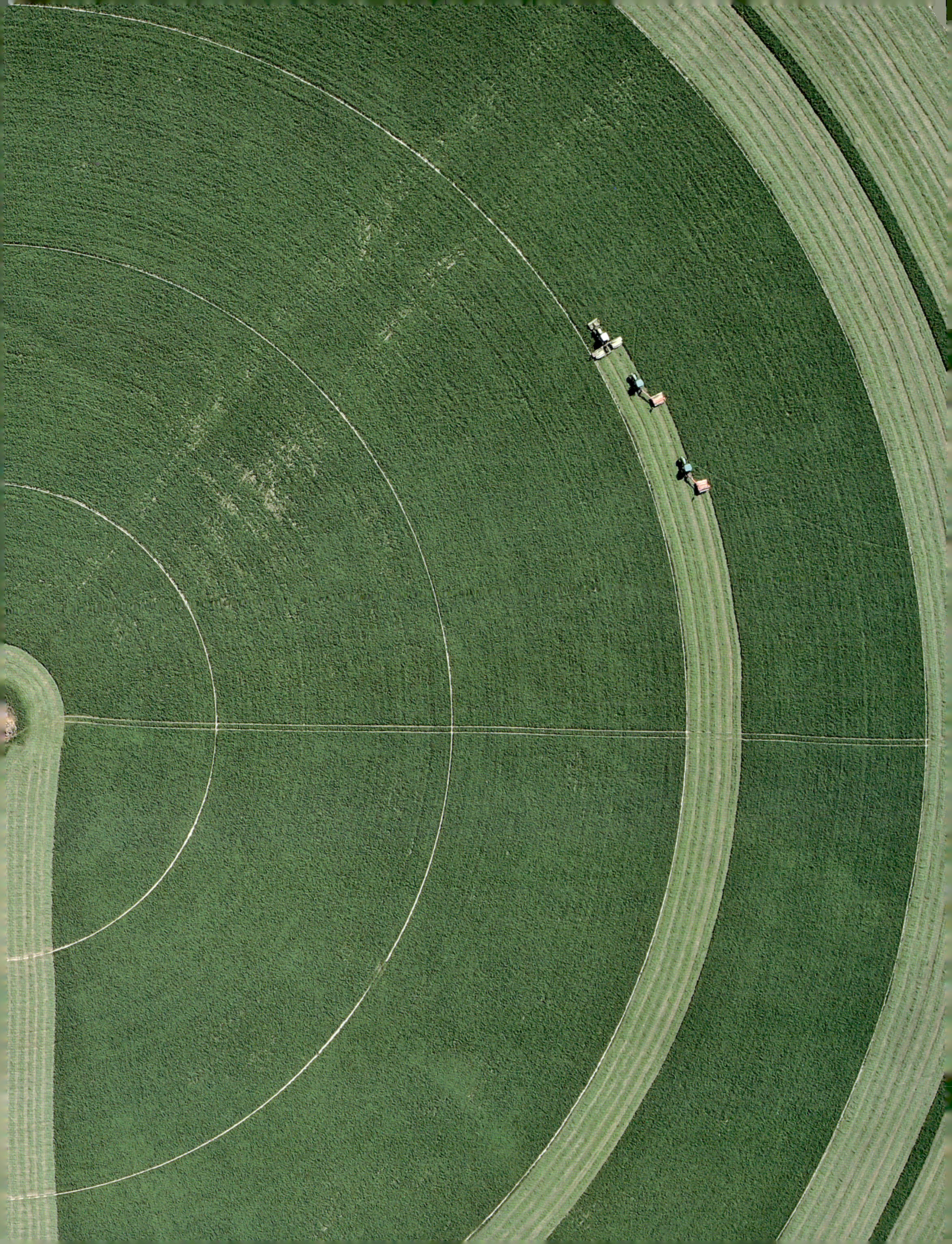

肆 呼伦贝尔重现昔日美景

与中西部不同，内蒙古自治区东部是全区最为湿润的地方，这里有额尔古纳河、根河、海拉尔河等多条河流，有大型湖泊呼伦湖、贝尔湖及多座小型湖泊，充沛的水资源不仅造就了中国保存最好的湿地——额尔古纳湿地；而且以呼伦湖为中心，孕育了中国水草最为丰美的草原——呼伦贝尔草原。在这里，草原、山地、森林、河流、湿地、天池群等丰富的自然空间递次转换，宽广、起伏、神秘、壮阔的景观视野不断变化。

然而在20世纪末，受干旱少雨、鼠虫等自然灾害影响，加之超载放牧、乱开滥采等人为破坏，草原生态沙化退化严重。绿草如海、畜群如云、毡包如扣、河曲流银的草原美景一度受到严重威胁。守住生态红线，就是守住未来和希望。几十年来，内蒙古像保护眼睛一样保护草原，实施中国规模最大的草原保护工程，让全区生态环境显著好转，在祖国正北方构建起一道天然的生态屏障。

呼伦贝尔草原腹地陈巴尔虎旗境内莫日格勒河局部 新华社记者 彭源/摄
随着生态文明建设进入快车道，神州大地天更蓝，山更绿，水更清，我们赖以生存的家园正变得越来越美。

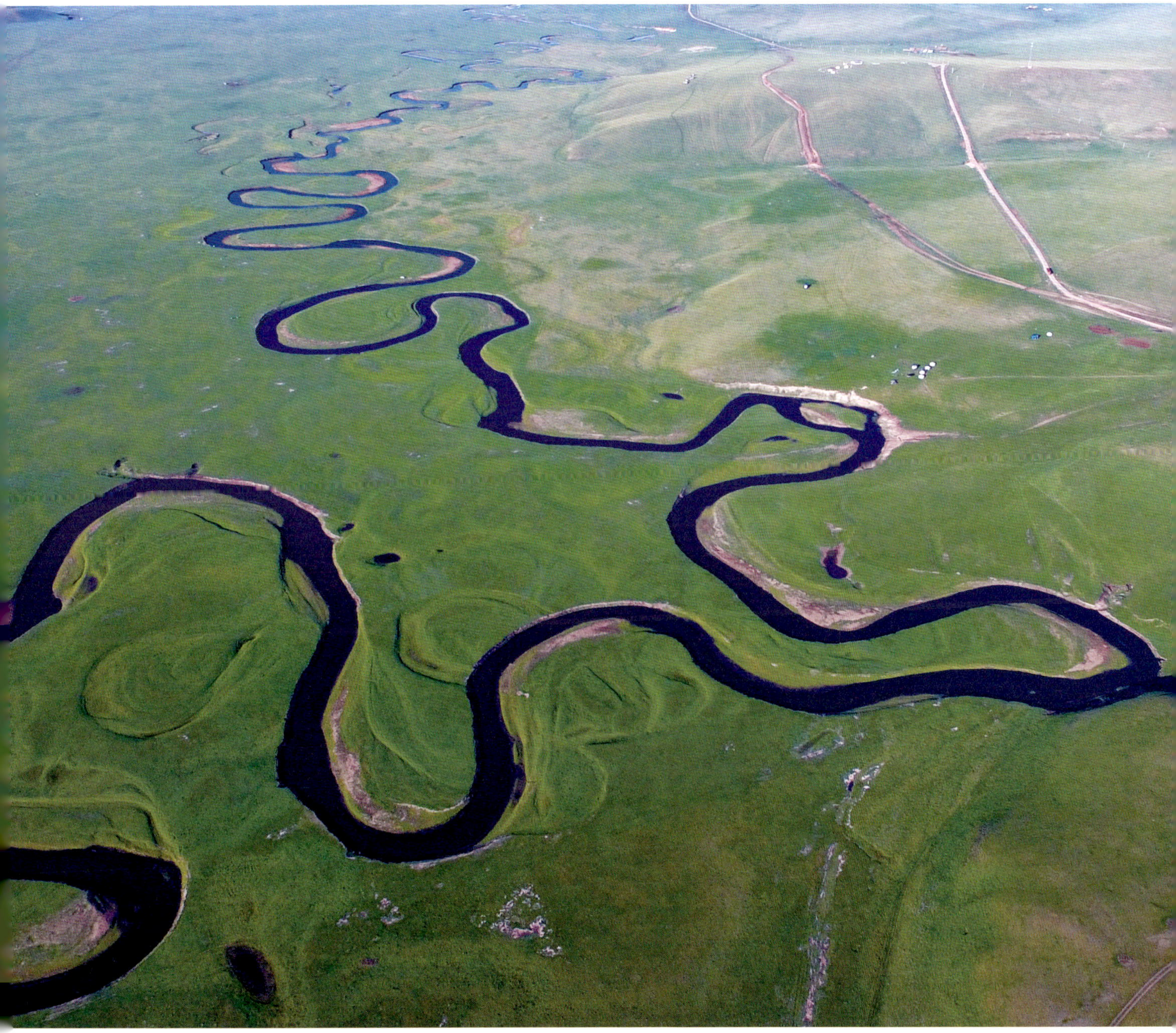

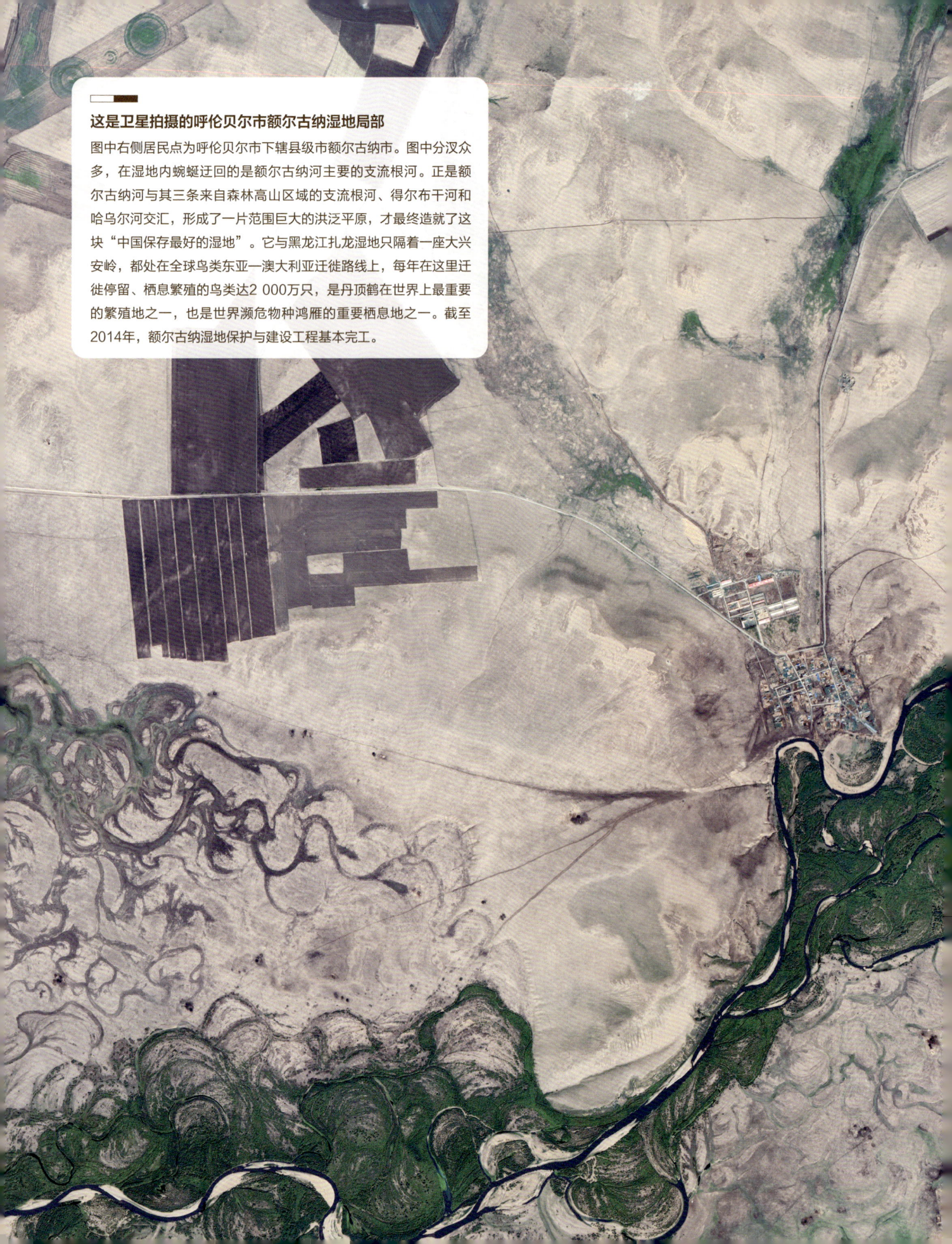

这是卫星拍摄的呼伦贝尔市额尔古纳湿地局部

图中右侧居民点为呼伦贝尔市下辖县级市额尔古纳市。图中分汊众多,在湿地内蜿蜒迂回的是额尔古纳河主要的支流根河。正是额尔古纳河与其三条来自森林高山区域的支流根河、得尔布干河和哈乌尔河交汇,形成了一片范围巨大的洪泛平原,才最终造就了这块"中国保存最好的湿地"。它与黑龙江扎龙湿地只隔着一座大兴安岭,都处在全球鸟类东亚—澳大利亚迁徙路线上,每年在这里迁徙停留、栖息繁殖的鸟类达2 000万只,是丹顶鹤在世界上最重要的繁殖地之一,也是世界濒危物种鸿雁的重要栖息地之一。截至2014年,额尔古纳湿地保护与建设工程基本完工。

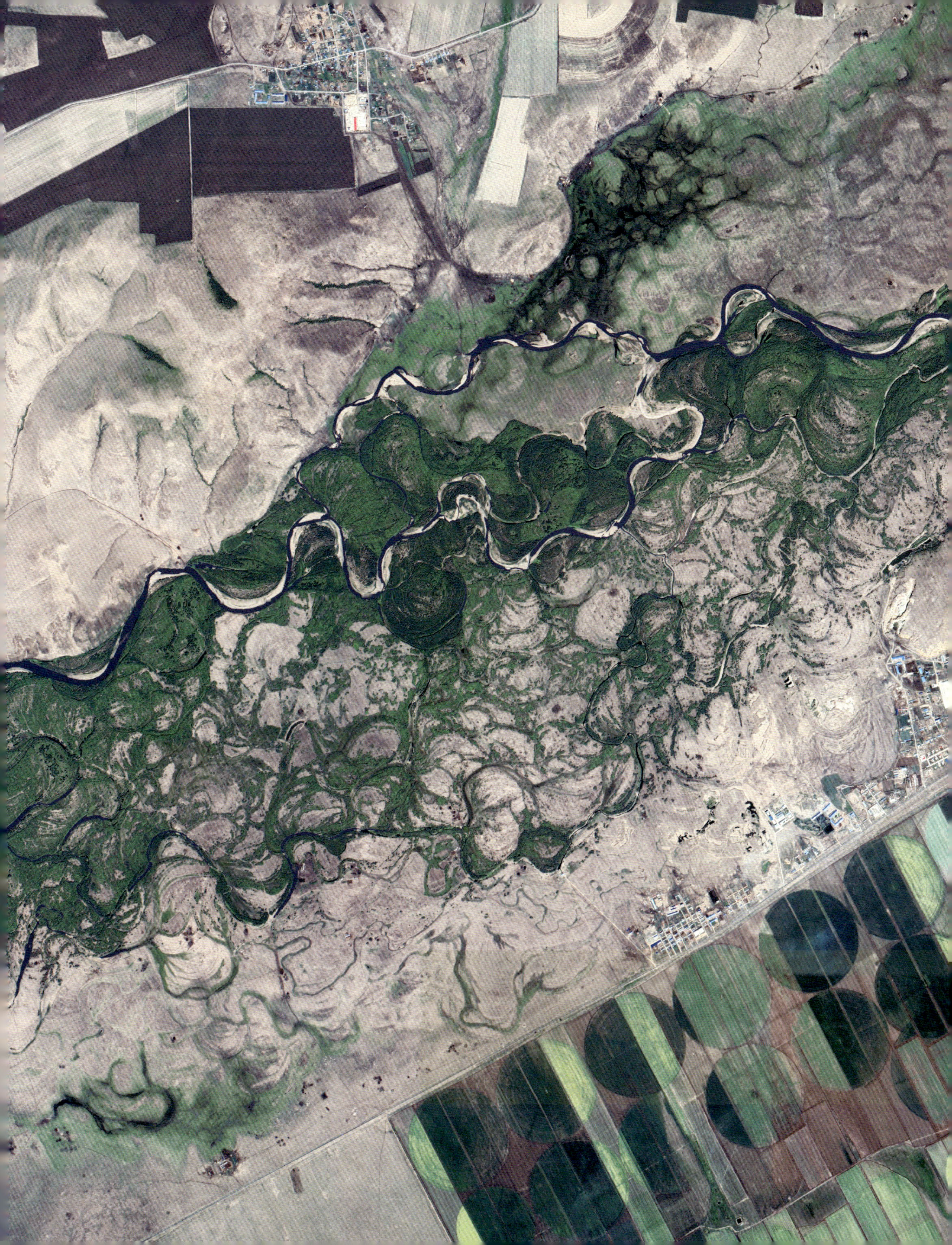

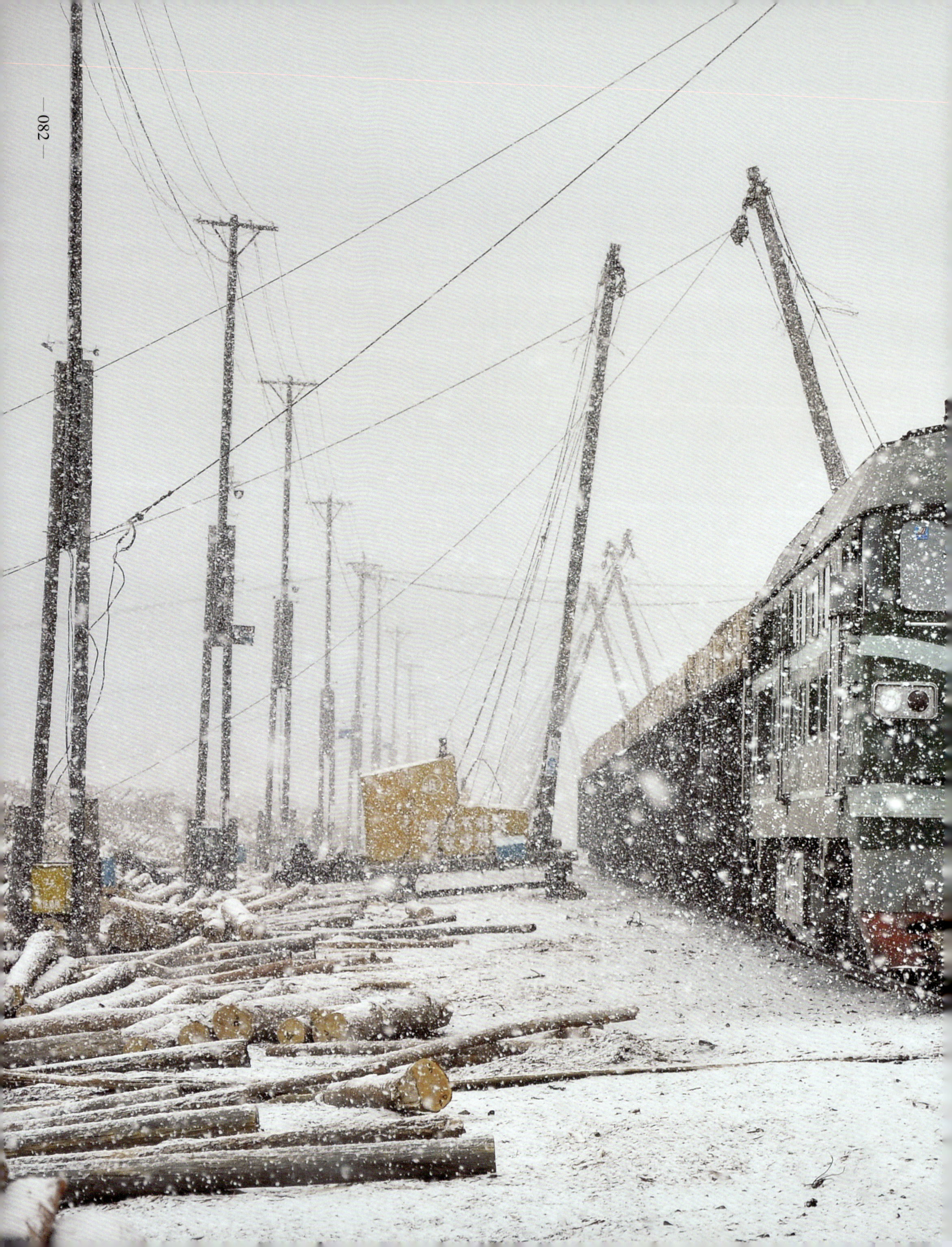

伍 最后的伐木工悄然转型

2015年7月5日，呼伦贝尔开通了一列森林小火车，它从呼伦贝尔市海拉尔区始发，在呼伦贝尔大草原穿越82千米后，一路向北，直至内蒙古大兴安岭原始森林区北麓的满归镇。大兴安岭林区由此往南，跨越呼伦贝尔市、兴安盟、通辽、赤峰等盟市，山峦逶迤、林海连绵、河流密布，是一个令人向往的童话世界。

2015年4月1日，大兴安岭林区全面禁伐，伐木号子不再响起，锯木声不再轰鸣，几代伐木工人扎根兴安林海60多年默默奉献的汗水、足迹和荣誉，也将成为林区永恒的历史记忆。从砍树到护树，生态文明建设的新时代在这里全面开启，放下斧锯的伐木工人们憧憬着停伐转型后的新生活。

最后的伐木工 新华社/发 CICPHOTO 余昌军/摄

图为大兴安岭阿龙山林业局贮木场，一列装满木材的火车在风雪中行驶，执行禁伐前最后的任务。60多年来，在大兴安岭地区的漫长冬季里，伐木工人在零下40多摄氏度的严寒中宿营，遵循着清林、支杆、采伐、集材、检尺、归楞、贮木等一整套严密有序的生产流程。经过几代人艰苦奋斗、无私奉献铸就的伐木经济，将迎来生态建设的新时代，人们更加憧憬转型之后的美好生活。

从60万米高空俯瞰,大兴安岭西南山麓的阿尔山天池犹如蓝宝石镶嵌在林海中
在草原人的倾心呵护下,内蒙古四季皆景,景景醉人,草原、林地、荒漠、山脉,构成了独特丰富的自然风光,吸引越来越多的八方游客,成为无数人心中的诗与远方。

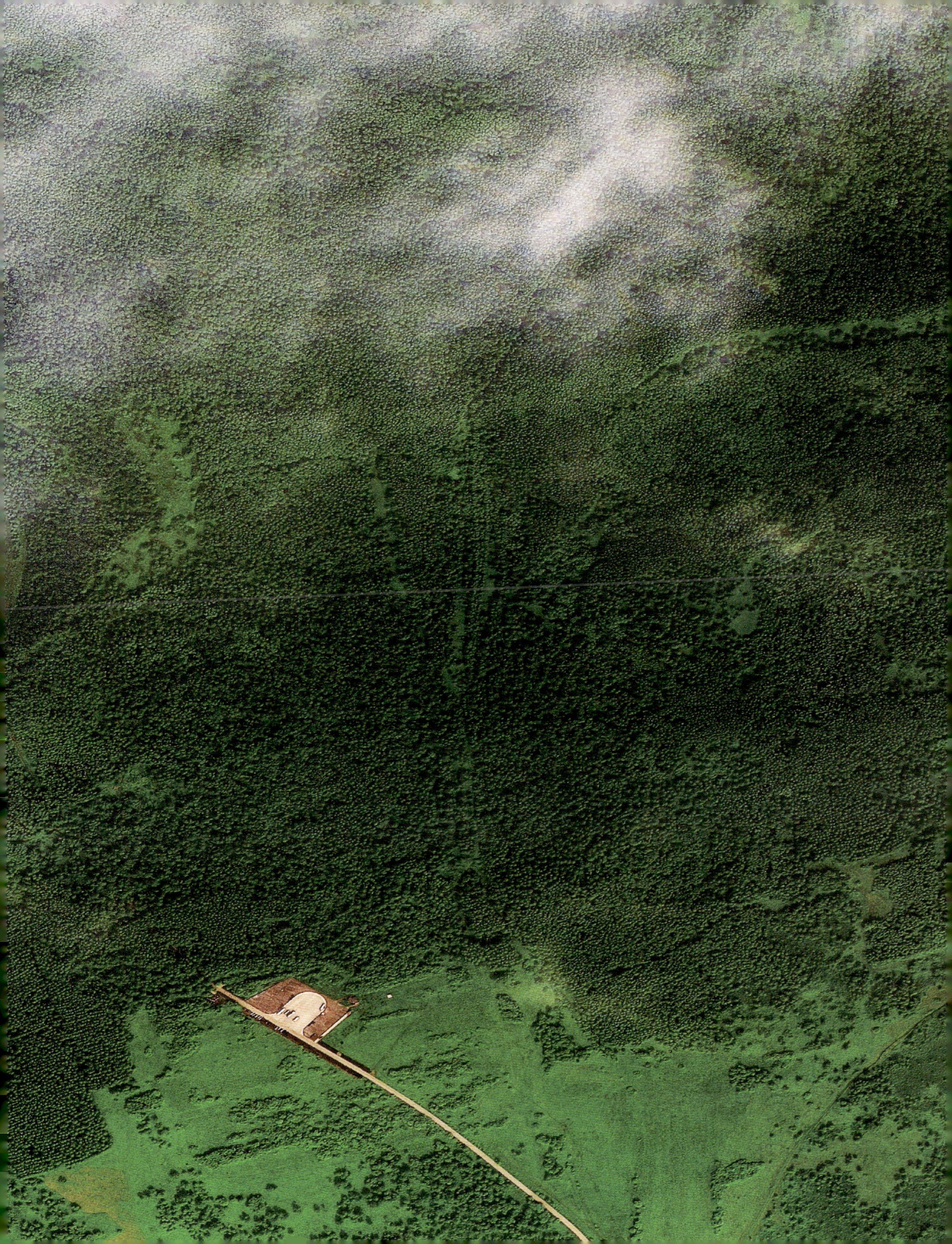

N⁰.05 CHINA FROM OUTER SPACE

慷慨燕赵·大好河山

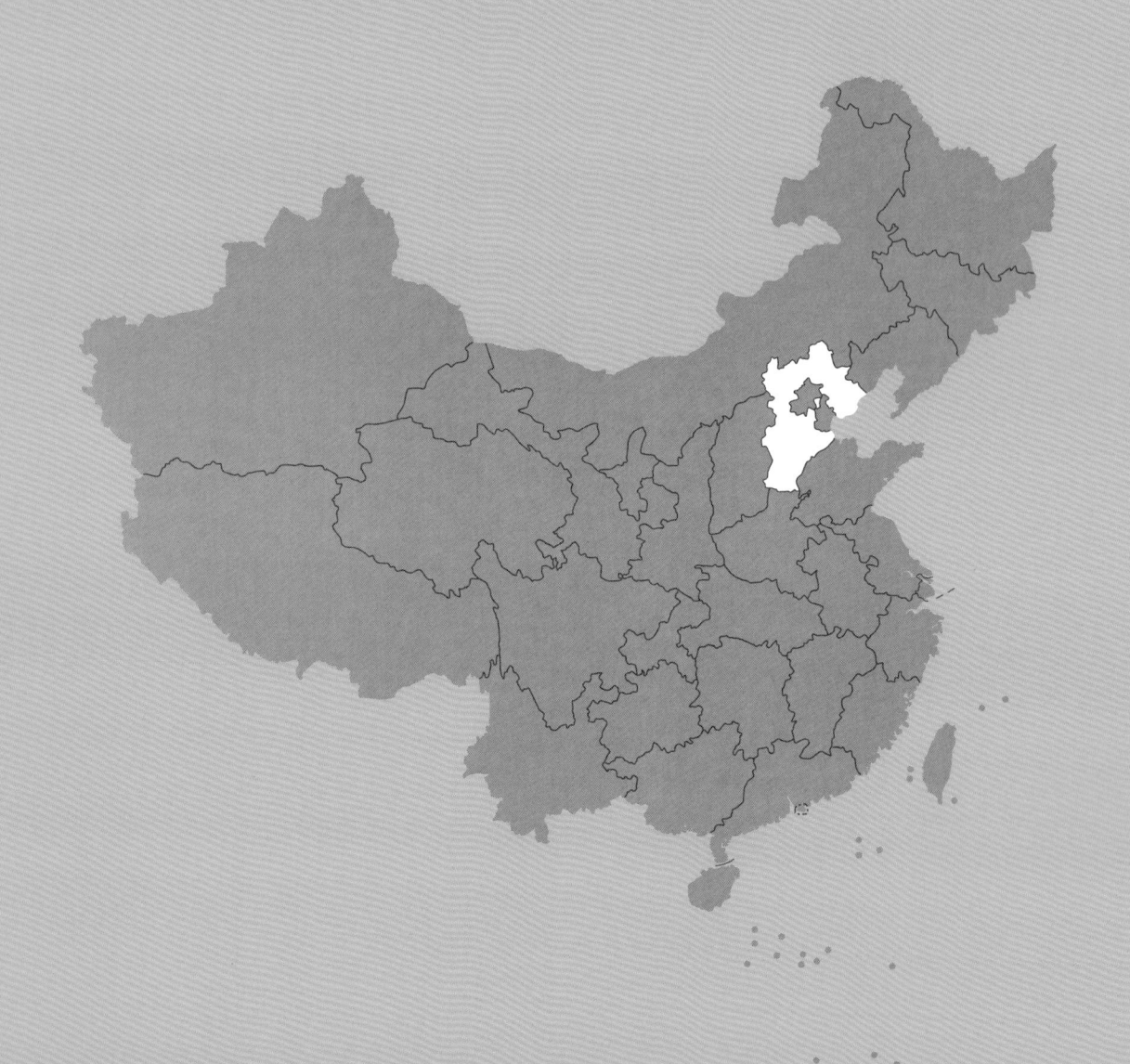

耕地面积：651.89

自然保护区面积：70.9
占辖区面积比重 3.7%

2017年　　　2017年

河北省在中国的位置示意图　　　河北省耕地、森林及自然保护区概况

HEBEI

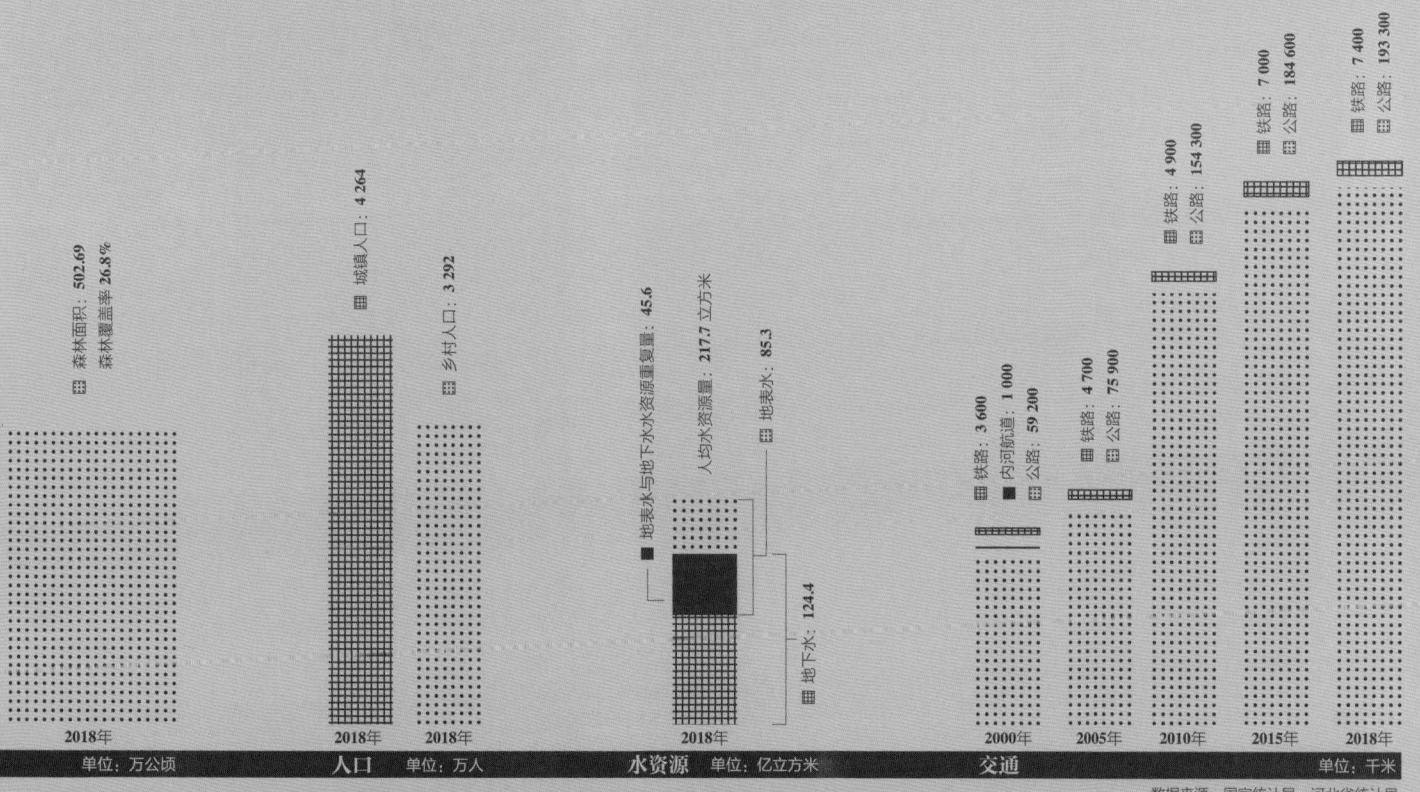

河北

数据来源：国家统计局、河北省统计局

- 森林面积：502.69
- 森林覆盖率：26.8%
- 城镇人口：4 264
- 乡村人口：3 292
- 地表水与地下水资源重复量：45.6
- 人均水资源量：217.7 立方米
- 地表水：85.3
- 地下水：124.4
- 铁路：3 600
- 内河航道：1 000
- 公路：59 200
- 铁路：4 700
- 公路：75 900
- 铁路：4 900
- 公路：154 300
- 铁路：7 000
- 公路：184 600
- 铁路：7 400
- 公路：193 300

2018年 | 2018年 | 2018年 | 2018年 | 2000年 | 2005年 | 2010年 | 2015年 | 2018年

单位：万公顷 | 人口 单位：万人 | 水资源 单位：亿立方米 | 交通 单位：千米

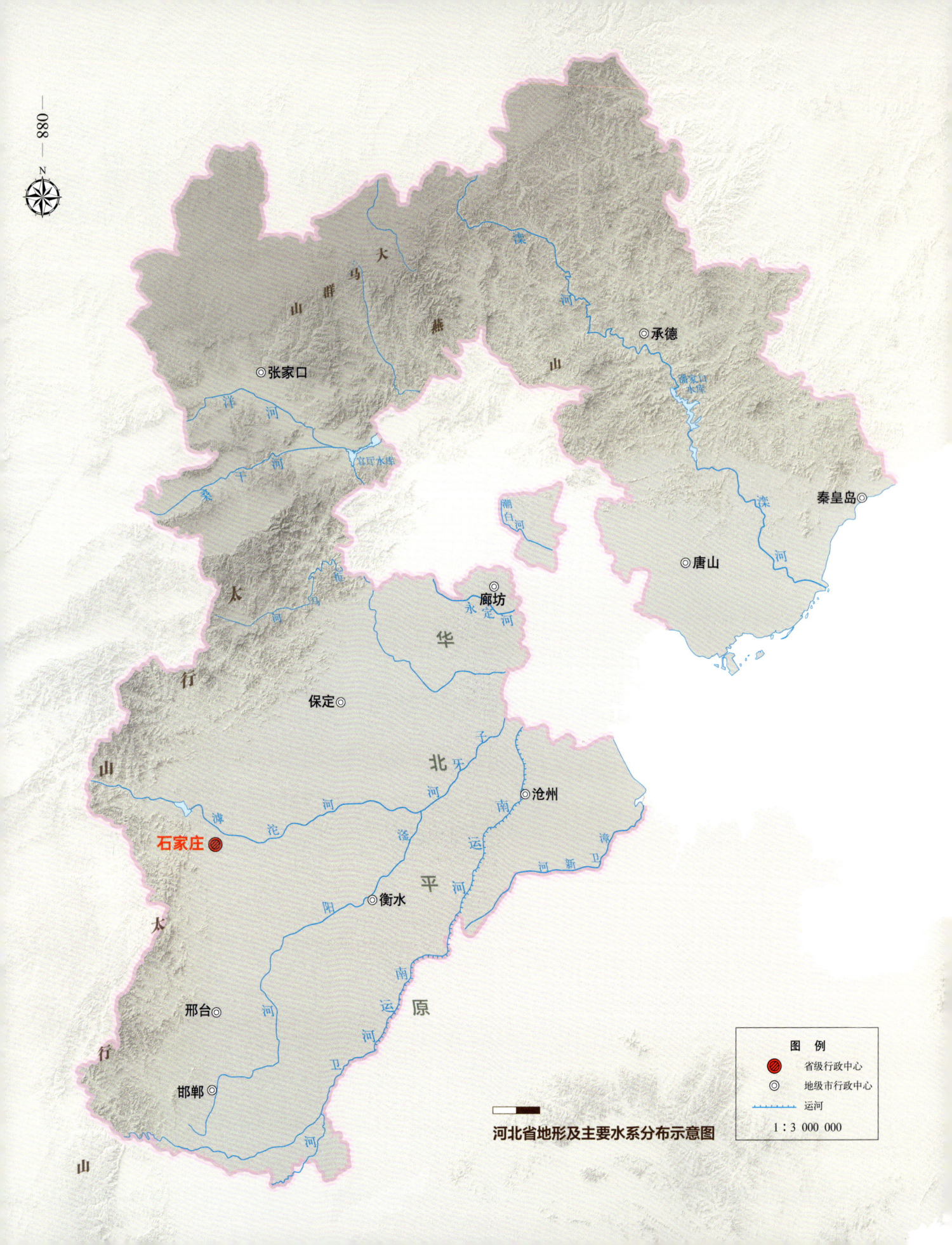

河北省地形及主要水系分布示意图

西倚巍巍太行，东临滔滔渤海，怀抱京津大地，坐拥万顷沃土，尽享丰饶物产。这就是河北，古称冀州，是《尚书·禹贡》记载的九州之一。但比起冀州，人们更加钟爱它的另一个名字——燕赵。

春秋战国时期，今河北省南部有一个诸侯国赵国。赵国以邯郸为都城，疆域包括了部分今河南、山西等地。因此，河北也称燕赵之地，更因"燕赵自古多慷慨悲歌之士"为后人传颂。直到唐贞观元年（627），"河北"才作为区划名称，载入史册。唐太宗"因山川形便，分天下为十道"，以黄河为界，在其南北两侧分别设置河南道、河北道。"河北"指的就是黄河以北。可为什么今天河北境内无黄河呢？这要追溯到明朝时期。

明朝开国皇帝朱元璋为了稳固南京都城，将黄河北岸三府划归河南，将黄河天险消融在河南境内，让河南、河北都没有天险可以作为屏障，以达到抑制两省割据为王、与南京分庭抗礼的目的。河北从此无黄河。此后，明清两朝，河北大部分地区都直接隶属于北京。清朝时，直隶省会就设在今天的保定市。直到1928年，河北才正式称河北省。1949年，中华人民共和国成立，河北沿用河北省的称谓，简称冀。1968年，省会迁至石家庄市。

从60万米高空俯瞰，今天的河北省由被燕山、太行山两条山脉分割的华北平原、内蒙古高原、东北地区三个不同的地理单元组成。其中，燕山山脉东西延伸，位于华北平原的北端，将地处燕山以北的承德和东北地区濒临渤海湾的秦皇岛、唐山揽入怀中；太行山脉南北纵驰，一手牵着太行山脉以西、内蒙古高原边缘的张家口，一手牵着太行山脉以东、华北平原上的邯郸、邢台、石家庄、衡水、保定、廊坊，以及京杭大运河上的沧州。

两山三地组成河北，山海之间，慷慨豪迈。200万年前，古人类在这里繁衍生息，留下文明的印迹；近5 000年前，炎黄逐鹿开华夏，燕赵争胜战鼓催；70余年前，新中国从这里走来。这是一片希望的土地，70余载沧桑巨变，如今面对京津冀协同发展、河北雄安新区规划建设、北京冬奥会筹办等重大机遇，京畿大省正乘风破浪，在"新时代赶考路"上砥砺奋进！

因雪而变的边塞小城

2015年7月31日，北京携手张家口赢得2022年冬奥会举办权。"花开北京，花落崇礼"，作为雪上项目的重要比赛场地，崇礼，这座长城脚下的边塞小城，因雪而变。

张家口北出大境门便是崇礼，距北京只有200余千米，但由于地处内蒙古高原和坝下过渡地带的深山区，特殊的山形地貌形成小气候，崇礼的降雪明显多于周边地区。每年10月中下旬，崇礼就开始降雪，一直持续到来年4月初，存雪期长达150多天，使它长期"雪藏"在大山之中，不被外界所知。20世纪90年代，崇礼还是国家级贫困县。

1996年冬，崇礼第一家滑雪场开门营业。此后，到崇礼滑雪的人越来越多。2003年底，崇礼建成国内首家开放式滑雪场。2010年北京的人均国内生产总值达到1万美元，这是全世界任何一个国家滑雪产业快速发展的一个非常重要的指标。从此，崇礼冰雪产业步入快车道。

超长的存雪期、超长的倾斜状沟坡，天地造化的最佳滑雪场，2022年冬奥会如马良神笔，正对崇礼进行着最惊艳的改造：古杨树奥运村、"雪如意"跳台滑雪场、"冰玉环"观赛台，嵌于皑皑山谷，人雪合一，更显气势非凡。

曾经以金矿、铁矿为支柱产业的崇礼已逐步关停矿山，天更蓝了，地更绿了，山更青了，水更净了。陌上花开，一座"看得见山、望得见水、记得住乡愁"的冰雪小城，开始走出深闺，走向世界。

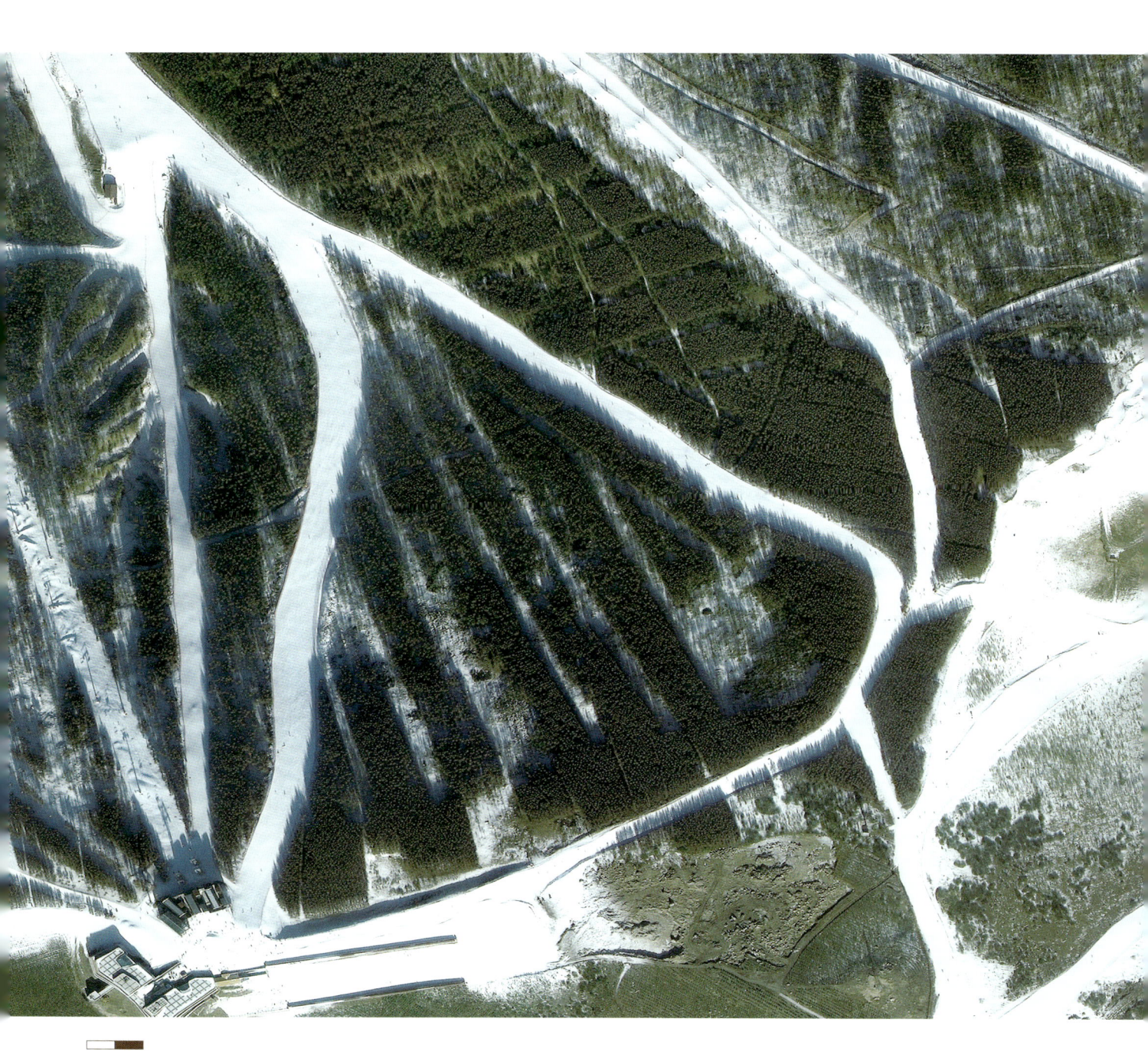

从60万米高空俯瞰张家口市崇礼滑雪场

惊艳世界的"中国绿"

俯瞰地球东经117度、北纬42度附近，一弯深深的绿色，就像展开翅膀的雄鹰，扼守在浑善达克沙地南缘。这就是河的源头、云的故乡、花的世界、林的海洋——塞罕坝。

塞罕坝位于河北省最北端，浑善达克沙地南缘，在辽、金时期被称作"千里松林"，曾是清代"木兰秋狝"的皇家猎苑。20世纪中期，由于过度砍伐和多次山火后，这里变得"飞鸟无栖树，黄沙遮天日"。50多年来，在这片冬季气温低于-40℃的苦寒之地，三代务林人接力，造林面积达112万亩。如果按1米的株距计算，这些树可以绕赤道12圈，是世界上最大的人工林海。

2017年，联合国授予河北塞罕坝林场建设者联合国最高荣誉——"地球卫士奖"。他们摸索出的生态建设模式，赢得了国际社会的尊重，他们用实践证明退化的环境可以修复，给了世界人民以信心。塞罕坝惊艳世界的不仅是"中国绿"，更是守卫地球绿色的自觉。

如今的塞罕坝，色、声、味皆美，山、水、木如画。滦河如带，将塞罕坝和承德、京津联在一起，共享着绿水青山。半个多世纪里"我们一心一意地种树"，是塞罕坝人在"赶考路上"用双手和生命交出的答卷。

右页上图为2018年7月28日拍摄的塞罕坝国家森林公园晨景 新华社/发 刘满仓/摄

右页下图为2018年9月29日拍摄的塞罕坝国家森林公园秋景 新华社/发 潘正光/摄
金秋时节，位于河北省承德市的塞罕坝国家森林公园层林尽染，秋色怡人。

093

"天开海岳"的康养福地

"春入汉关三月雨，风吹秦岛五更潮。"

渤海之滨，山海关内，北戴河旁，秦皇岛"大隐"其间。这是中国唯一与帝号同名的城市。古人用"天开海岳"赞叹自然造化对此地的眷顾。

燕山、渤海掎角之势成就了山海关，"万里长城第一关"也曾是耕牧分界点，关内华北、关外东北，万夫难开。北戴河在山海关的护卫下，人与海鸟信步沙滩，是最佳的康养福地。山海交汇、农牧交融，战争与和平交替，静美与激情在秦皇岛基因中碰撞，形成了极富张力的文化个性。1898年，秦皇岛成为近代第一个自开商埠；1984年，秦皇岛又成为首批沿海开放城市，乘上了改革的"头班车"，还成为中国唯一协办过奥运会和亚运会的地级市。

今天，在这万里长城与碧海金沙交汇的地方，一颗渤海湾畔的明珠正冉冉升起。

从60万米高空俯瞰秦皇岛市山海关

图中沿海岸线北上，第二座伸入大海的建筑为入海石城，因它的形状犹如龙首探入大海，又被称作"老龙头"，是万里长城唯一集山、海、关、城于一体的古代海陆军事防御体系。

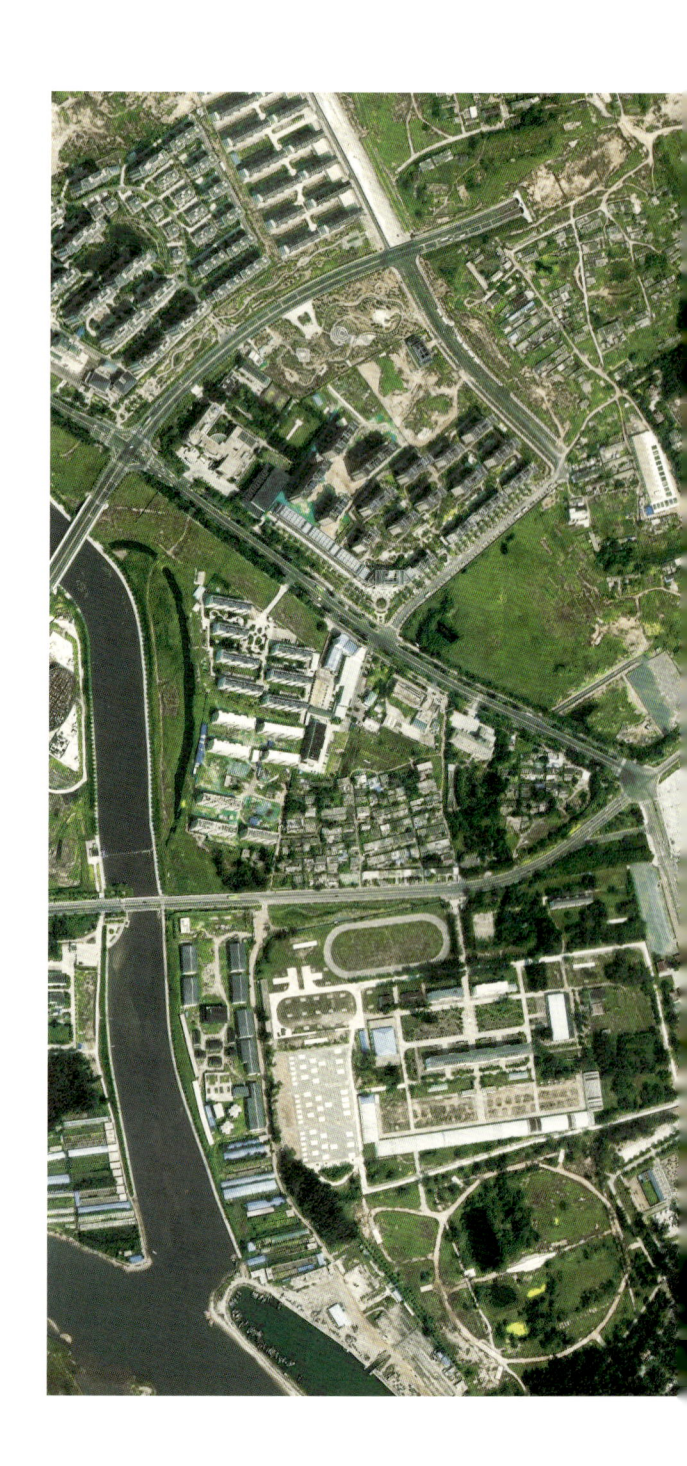

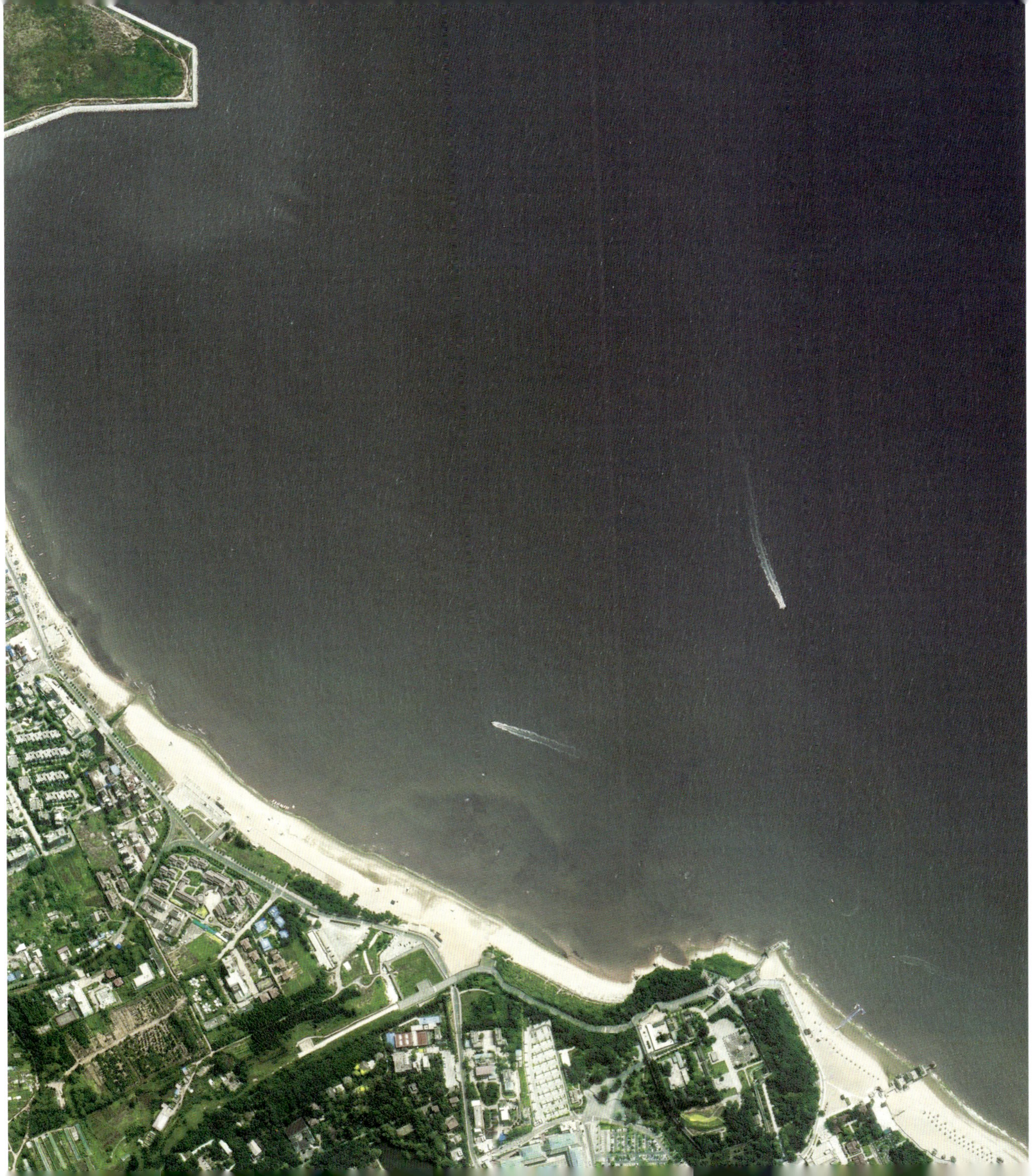

秦皇岛市北戴河沿海湿地"万鸟临海"奇观 新华社记者 杨世尧/摄

北戴河沿海湿地鸟类食物丰富，每年春、秋两季，约有数百万只候鸟南北迁徙经过这里，还有数量可观的夏候鸟和留鸟在本地繁衍生息。

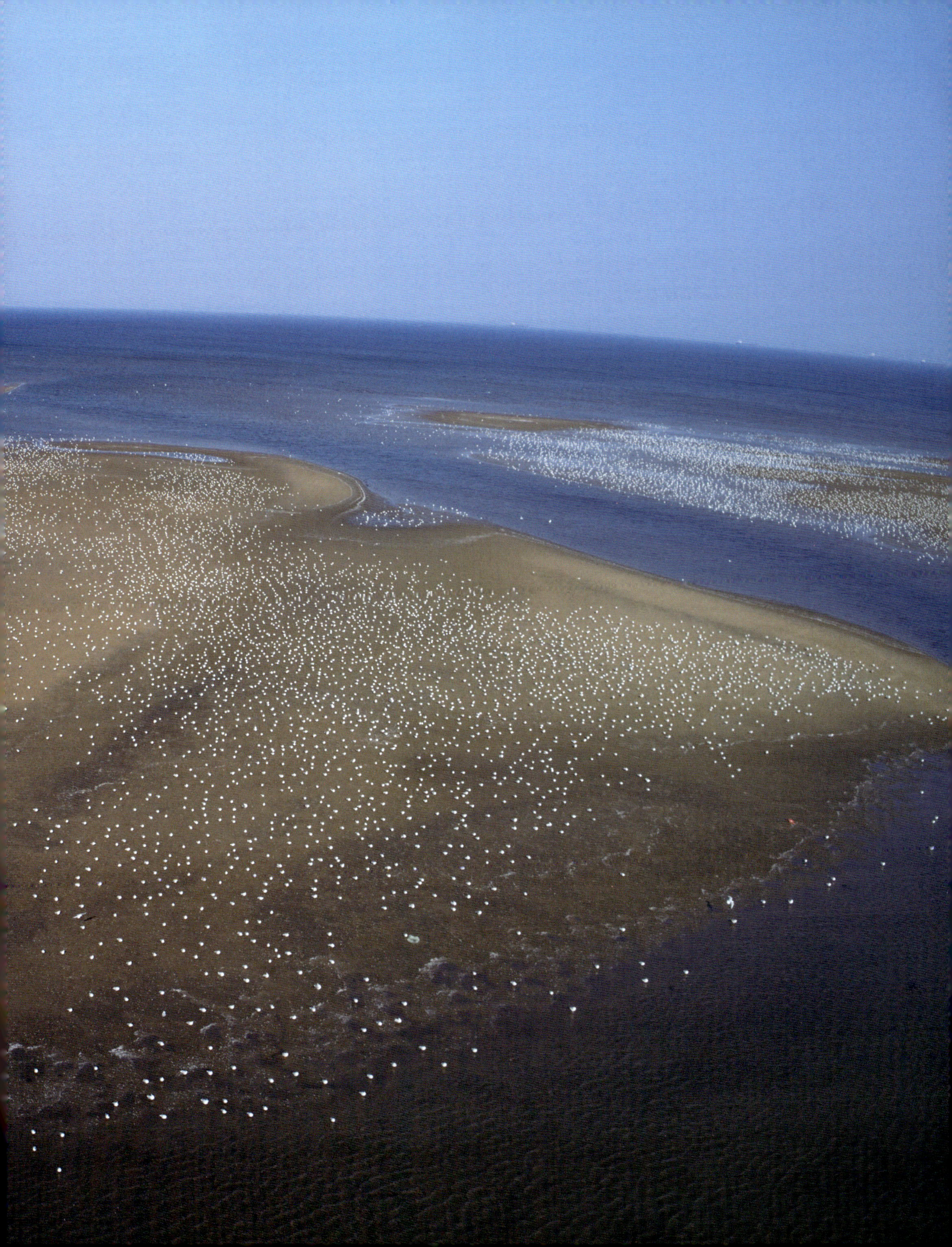

废墟上站起的"新城"

　　1976年7月28日3时42分，河北省唐山市丰南区一带发生里氏7.8级大地震。23秒后，唐山百年城市建设夷为墟土，24万多城乡居民殁于瓦砾。

　　那一刻，生命何其脆弱。转瞬之间，生死两隔；永别亲人，痛何如哉！那一刻，生命又何其坚强！无论是废墟下救出的幸存者，还是带着伤残坚持"活下去"的唐山人，他们直面人生最大的痛楚，用顽强生活告慰逝者，用生命的尊严与努力写下一个个大写的"人"字，刻印在民族记忆深处。

　　40余年来，唐山人靠实干苦干，一砖一瓦打造了文明现代、繁荣美丽的新唐山。从震后仅两个月修复的"抗震"号机车，到今天制造时速487千米的"中国第一速"动车；从渤海湾荒无人烟的曹妃甸小沙岛，到京津冀协同发展的曹妃甸"桥头堡"，唐山人不断交出应对挑战、无愧时代的答卷。在一片废墟中浴火重生、巍然屹立的唐山，是"中国梦"的生动样本，恰如中国从改革开放之后逐渐成长的一个缩影。

右页上图为唐山地震40周年·废墟上站起一座城
黑白照片：大地震后，唐山化为一片废墟（1976年7月28日，常青/摄）；彩色照片：2016年7月9日拍摄的唐山世界园艺博览会南湖景区（新华社记者 杨世尧/摄）。

右页下图为2018年8月15日拍摄的唐山市建设路街景 新华社/发 董钧/摄
一座城市的劫难与重生，包含着无尽悲欢，也见证着无数奋起。从曾被西方媒体预言"将从地球上被抹掉"的满目疮痍，到今天奋翅于冀东沃野的现代化城市，唐山震后40余年的沧桑巨变，镌刻着一座城市凤凰涅槃的发展奇迹，诠释着一个民族和国家百折不挠、坚忍不拔的伟大力量。

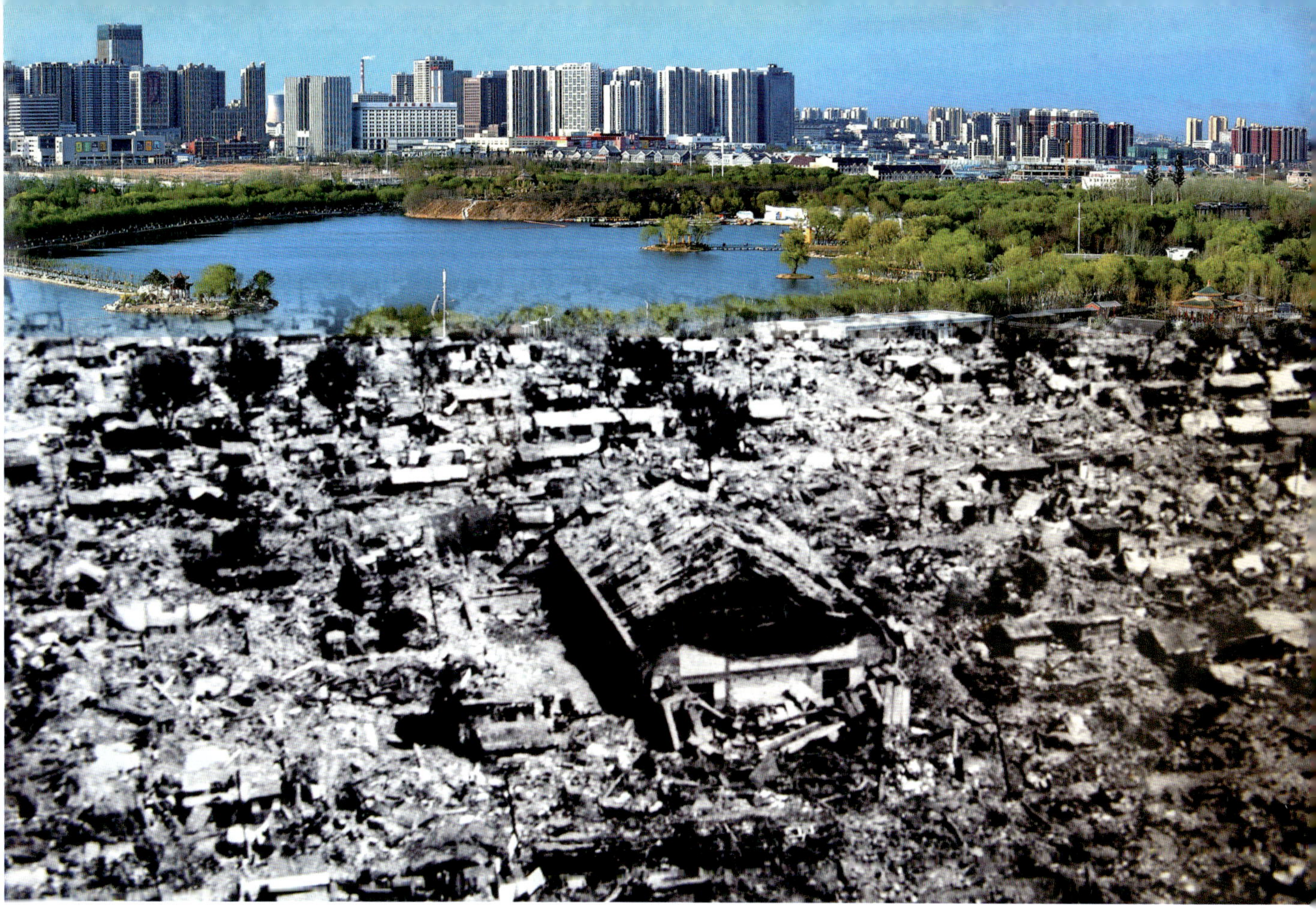

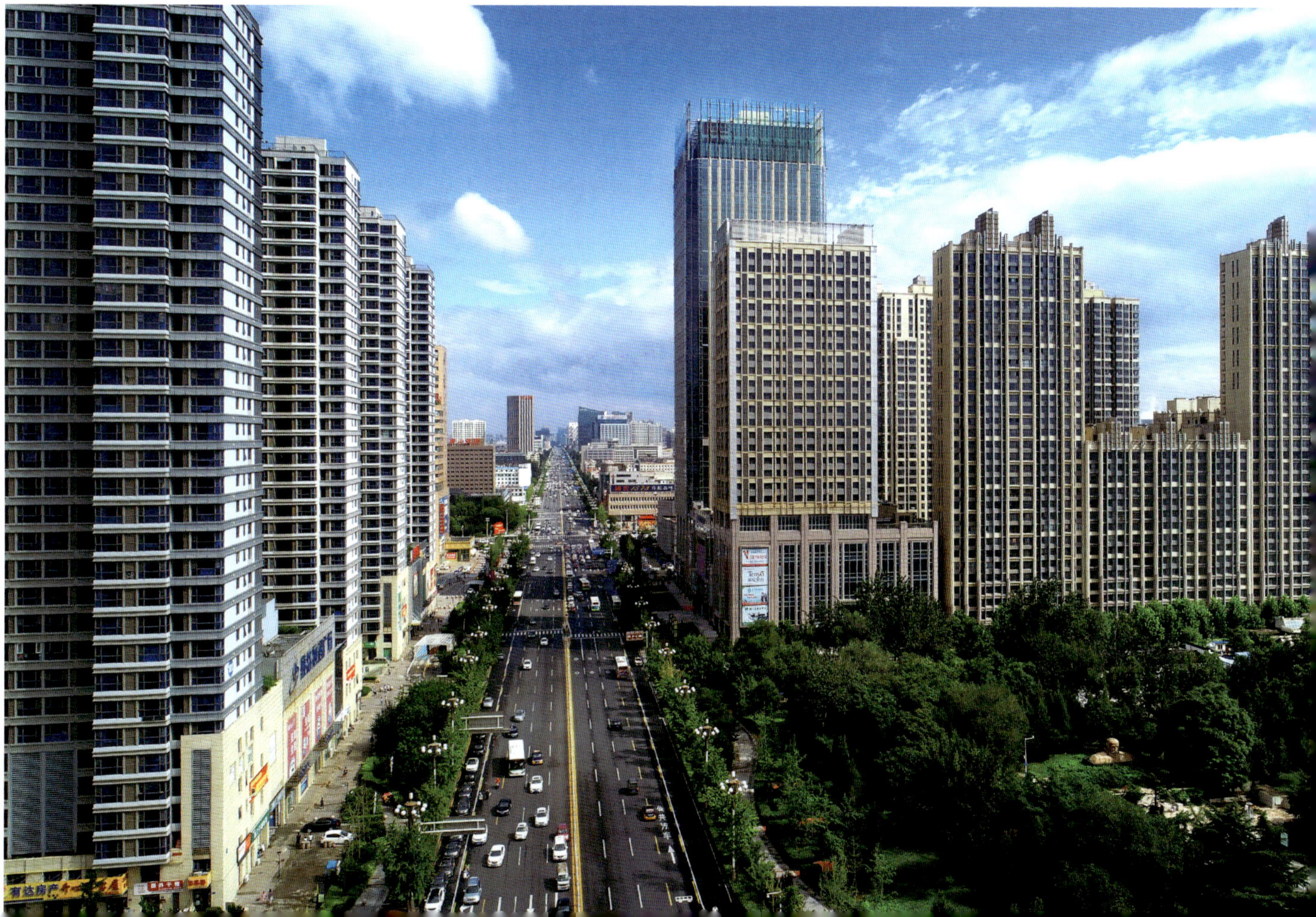

上图为开发初期的曹妃甸岛 新华社/发 闫军/摄于2005年4月21日

右页组图为唐山曹妃甸1988—2018年变迁

在唐山，有一个地方因唐太宗将爱妃葬于此而得名，这就是曹妃甸。它像唐山的鼻子，东向伸入渤海湾，居海冲要道，是唐代以后"转东吴粳稻以给幽燕"的必经之路。

今天，唐山曹妃甸，这个昔日不足4平方千米的小沙岛，已经成为渤海湾开放开发的一片热土。这里水深、港阔，不冻、不淤，是适宜重化工业发展的难得的深水港。面向大海，唐山人正以愚公移山、精卫填海的豪情干劲，进行着史上最大规模的填滩造地。

一座生态、新型、现代滨海城市，承载着国人的"蓝色梦想"正在发育生成。

1988年

2018年

1998年

2011年

2005年

2007年

伍

新中国从这里走来

巍巍太行山下，滔滔滹沱河边，这里是河北西部山区少有的水乡，也是共和国孕育的地方——西柏坡。

1948年5月至1949年3月，中共中央曾在这里办公，领导了解放区的土地改革运动，指挥了辽沈、淮海、平津三大战役。从这个小村庄发出的408封电报，指挥三大战役取得决胜，奠定了全国解放的胜局；毛泽东亲自撰写的新年贺词《将革命进行到底》以新华社社论形式播发，向全国、向世界宣告"中国人民将要在伟大的解放战争中获得最后胜利"，中国革命踏上了新的起点。

道路由来曲折，征途自古艰难。新中国成立70余年来，虽然历经坎坷，但中国共产党以不变的执着和坚韧，一路爬坡过坎，带领着这个古老民族走过了其他国家几百年的现代化发展历程，打破了封建王朝"其兴也勃，其亡也忽"的兴衰周期律，将近代以来的苦难与落后、迷茫和彷徨甩到了身后。

从站起来、富起来到强起来，中华民族从未像今天这样接近民族伟大复兴的梦想。

70余年沧海桑田，山乡巨变。滹沱河上蓄水筑坝，治好了经年水患。岗南水库福泽一方，已成为重要的水源保护地。在红色旅游带动下，在脱贫攻坚的大决战中，贫瘠的"红土地"花为媒，景作桥，拔去了穷根，实现了整体脱贫，向人民交出了"赶考路上"的又一份答卷。

今天，老区平山是环京津、环渤海开放县，"万亩双拥绿化林"正让太行变青山、滹沱变绿水。西柏坡孕育的革命基因，生根于中华民族的精神血脉，世代相传。

西柏坡与滹沱河位置关系示意图

西柏坡,地处太行山麓东部与华北平原交界的河北省石家庄市平山县丘陵地带。

老区人民新生活 新华社记者 杨世尧/摄

这是2019年8月16日无人机拍摄的西柏坡村全景。

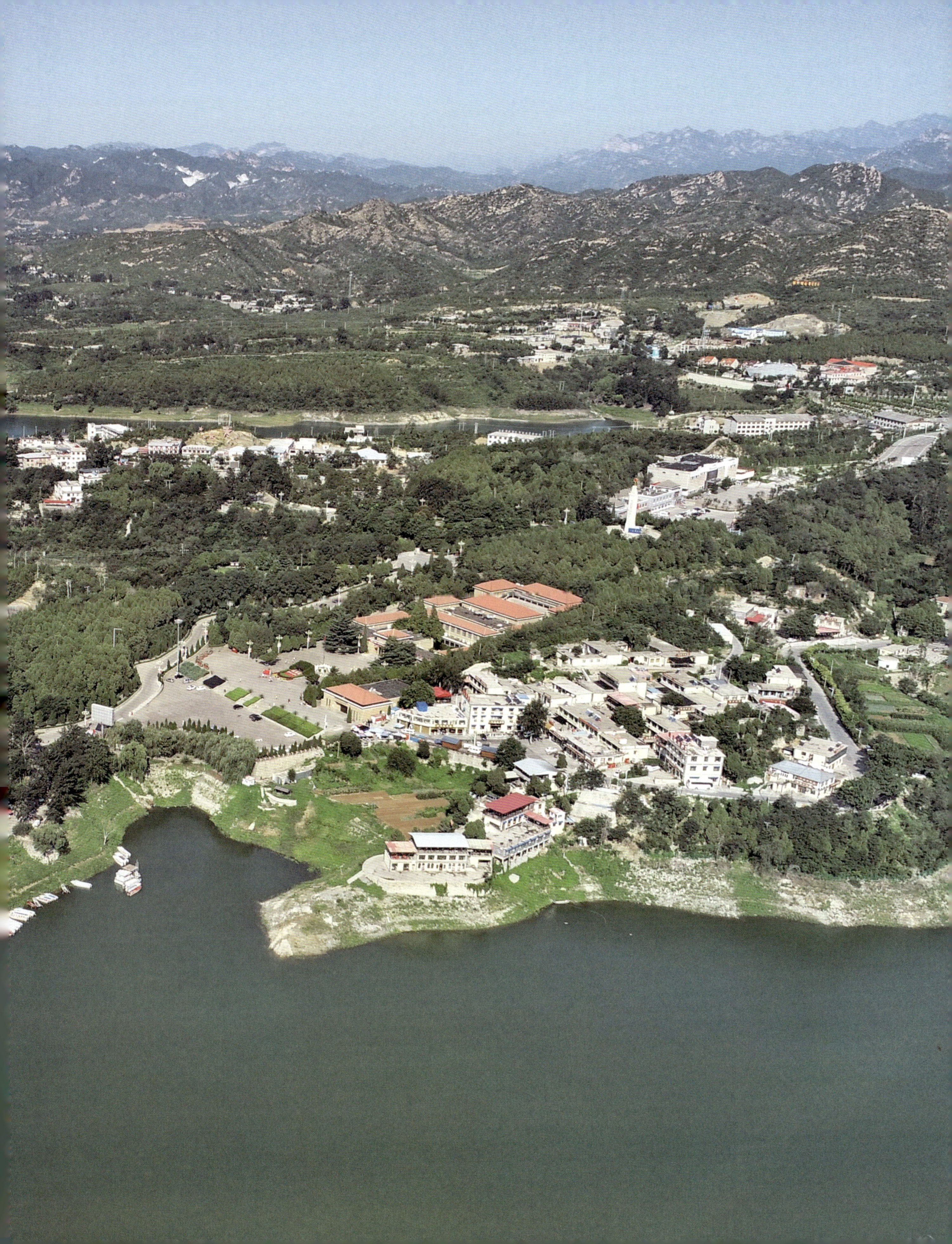

陆 承载千年大计的未来之城

在河北省中部保定和沧州的交界处，九河下梢汇聚成华北之肾——白洋淀。它是华北平原北部最大的内陆淡水湖泊，是在经过由海而湖、由湖而陆的不断演变后形成的洼地湖，因淀水汪洋浩渺，势连天际，得名白洋淀。

2017年4月，白洋淀绿柳婆娑，碧波荡漾，放眼水鸟嬉戏，听闻蛙声一片。"襟带崇墉分淀泊，阑干依斗望京华"——河北安新县白洋淀凉亭上的这副楹联，在2017年的春天里，与位于东北方向100多千米的首都北京，有了不同寻常的关联：中共中央、国务院决定设立河北雄安新区。

这是继深圳经济特区和上海浦东新区之后又一具有全国意义的新区，是千年大计、国家大事。

"80年代看深圳，90年代看浦东，21世纪看雄安"——今天流行的这句新话并非豪言壮语，它是时代的选择，更是历史的承诺。俯瞰中国地图，深圳、浦东和雄安呈梯度而上，分别占据全国南、中、北三个维度，这将合力推动中国实现全局均衡发展，改变经济发展"南强北弱"的状况。

"水乡花县今新邑，北地江南古渥城。"

雄安新区这片具有数千年悠久历史和当代光荣革命传统的大地，将成为大时代背景下中国开拓发展的新支点，必将在推进实施京津冀协同发展大战略中创造时代发展的新传奇。

从60万米高空俯瞰雄安新区市民服务中心

九河下梢,北地西湖,雄韬伟略,长治久安。雄安新区囊括白洋淀整个水域,涉及河北省雄县、容城、安新三县及周边部分区域,与北京、天津构成一个等边三角形,距离北京、天津、石家庄和保定分别约105千米、105千米、155千米、30千米,基本形成与北京、天津、石家庄、保定的半小时通勤圈,同时具备空港优势,距离北京大兴国际机场约55千米。

N京.06

CHINA FROM OUTER SPACE

祖国的心脏·团结的象征

北京市在中国的位置示意图

北京市耕地、森林及自然保护区概况

自然保护区面积：13.5
占辖区面积比重 8.2%
2017年

耕地面积：21.37
2017年

BEIJING

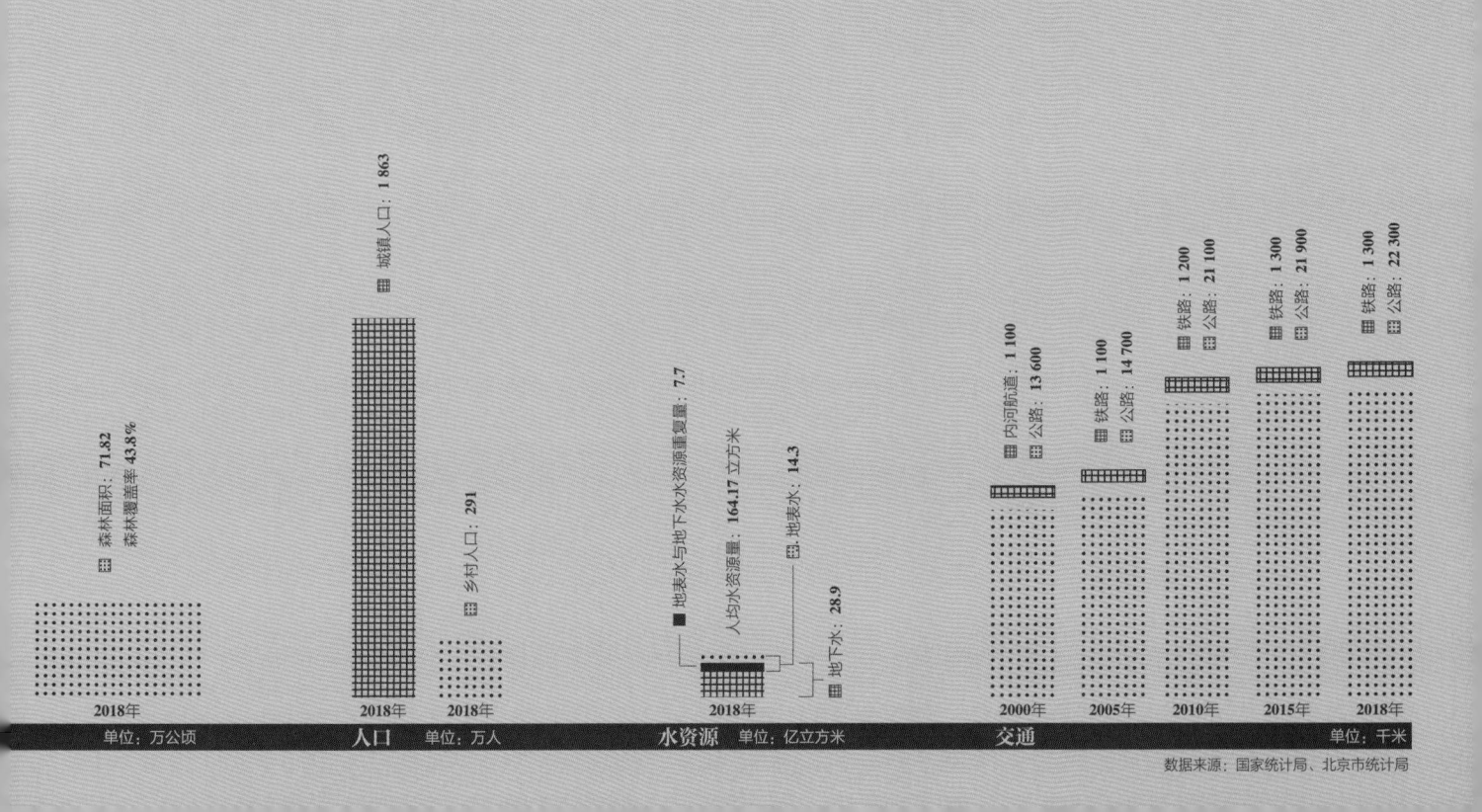

北京

单位：万公顷　　　人口　单位：万人　　　水资源　单位：亿立方米　　　交通　单位：千米

数据来源：国家统计局、北京市统计局

- 森林面积：71.82
- 森林覆盖率：43.8%
- 2018年

- 城镇人口：1 863
- 乡村人口：291
- 2018年

- 地表水与地下水资源重复量：7.7
- 人均水资源量：164.17 立方米
- 地表水：14.3
- 地下水：28.9
- 2018年

- 内河航道：1 100
- 公路：13 600
- 2000年

- 铁路：1 100
- 公路：14 700
- 2005年

- 铁路：1 200
- 公路：21 100
- 2010年

- 铁路：1 300
- 公路：21 900
- 2015年

- 铁路：1 300
- 公路：22 300
- 2018年

每座城市都经历过产生、发展的地理过程，北京也不例外。这座都城是从数千年前的一个小聚落起步，逐渐发展兴盛的。

北京坐落在华北大平原西北角，西部和北部是连绵不断的群山。西部山地南起拒马河，北至关沟，总称西山，属于太行山脉；关沟以东统称军都山，属燕山山脉。东南一带是向海倾斜的低缓平原，地形之势使这里拥有"北京小平原"之称。

100万年前，奔腾的永定河水从晋北高原切穿崇山峻岭，在广阔平坦的华北平原上摆动宣泄，形成了大片的洪积冲积扇，既造就了肥沃的土壤，也留下了大量湖沼和丰富的地下水。这片丰泽膏腴的土地，哺育了北京地区最初的文明，为北京城后来的形成与发展提供了优越的地理空间。

距今70万年前的旧石器时代，北京小平原西部山地留下了北京猿人的足迹。至新石器时代，人们逐渐由山前地带向河流冲积平原区转移，广大平原区开始出现原始居民点。平谷的北埝头和上宅村、昌平的雪山村、房山的镇江营都是这一时期重要的聚落遗址。

距今3 000多年前，周武王灭商后，封召公于燕，封黄帝之后于蓟，于是在北京地区出现了燕、蓟两大诸侯国。燕的都城，位于北京西南房山区琉璃河畔；蓟的都城，位于北京城西南，是今北京城的前身。春秋战国时燕强蓟弱，蓟国为燕国吞并。由于蓟城控扼连接中原的太行山东麓大道、西北居庸关大道、北方古北口大道，以及东北山海关大道的交通枢纽位置，于是燕襄王时"以蓟为国"，蓟城成为燕国国都。

从大的地理形势看，北京以北为400毫米等降水量线，这是古代农耕文明与游牧文明的碰撞带，也是中原与塞外少数民族地区经济、贸易、文化交流的接触带。因此，公元前221年，秦始皇创立了第一个中央集权的封建国家后，燕国故都蓟城，就成为华北平原进入蒙古高原和东北地区的军事重镇。

北京市地形3D混合示意图

西周初分封燕、蓟于北京小平原，秦统一后于此设置蓟县，此后唐为幽州、辽为南京、金为中都，经元大都至明、清北京。

唐朝中期以后，关中基本经济区衰落，长安失去了作为国都的绝对优势，东北边疆的游牧部族崛起，对中原王朝发起了前后相继、势如潮涌的冲击。作为华北与中原门户，北京在全国范围内的意义日益增加，终于代替长安，成为封建社会后半段的全国政治中心。

在全国政治中心从长安到北京的转变过程中，辽南京与金中都是古老的蓟城从北方军事重镇走向全国政治中心的重要过渡。元代开始，北京正式成为大一统王朝的都城所在，此后历经明清、民国直至现在，除明初与民国时期短暂定都南京外，北京始终是全国的政治中心。

随着北京国家都城地位的确立，北京周边水系格局、城镇体系以及北京城市建设都发生了巨大变化。在水系格局上，为解决漕粮进京问题，金代就不断探索在北京与通州之间、北京与西山之间疏浚运河。元代对北京周边水系的改造达到了巅峰，开凿通惠河连接都城与通州，为补充运河水源又设计出白浮瓮山河引水路线，将西山之水引入都城，于是南方漕船可直抵都城核心区域的积水潭。

在城镇体系上，为便于漕粮转运，金代在北京以东设置通州，作为漕运枢纽，从此通州成为舟车辐辏、冠盖交驰的畿辅襟喉、水陆要会。

右图为北京市地形及主要水系分布示意图

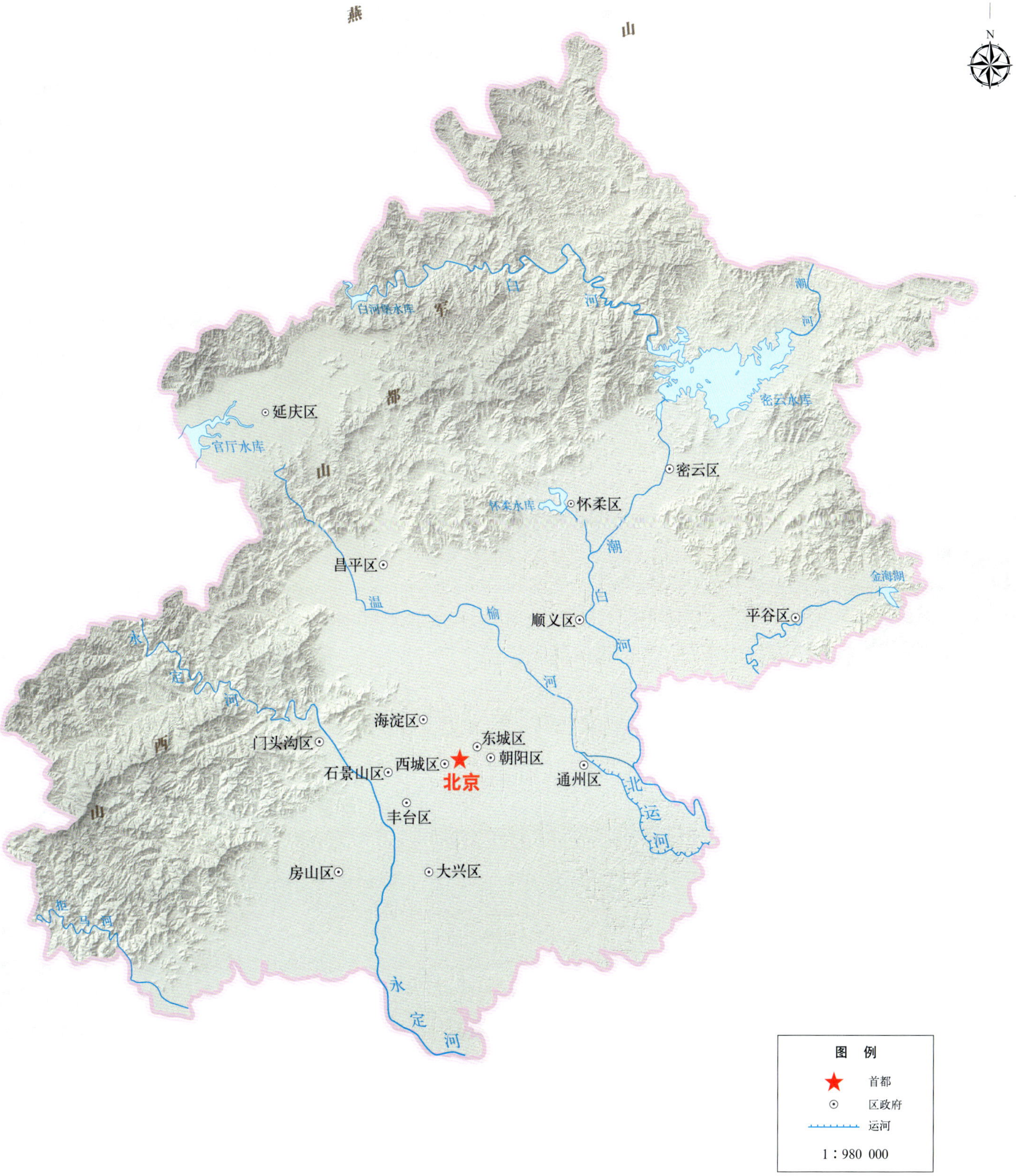
燕
山
军
都
山
西
山
白河堡水库
官厅水库
怀柔水库
密云水库
金海湖
白河
潮河
潮白河
温榆河
永定河
拒马河
北运河
延庆区
密云区
怀柔区
昌平区
平谷区
顺义区
海淀区
门头沟区
东城区
朝阳区
西城区
石景山区
北京
通州区
丰台区
房山区
大兴区
N
图例
首都
区政府
运河
1：980 000

在城市建设上，金末战火之后中都破败衰落，忽必烈于是决定放弃原先以莲花池为主要水源的中都旧城，在东面水源更加充沛、地势更加开阔的高梁水系（汉代永定河故道）上按照《周礼》要求，营建了规模更为庞大、气势恢宏的元大都。在历代都城建设中，元大都可以说是最接近我国古代理想都城的设计方案。外郭城周长 28 600 米，南北略长，呈长方形。除北面开两门外，东西南三面各有三门。城内主要建筑群的布局和安排，基本符合"匠人营国"中前朝后市、左祖右社的礼制要求。

明朝建立后不久，朱元璋发动北伐，攻下元大都，将其改名为北平，并将北城墙向南缩了五里，沿积水潭引水渠南岸另筑新墙，西段在穿过积水潭最狭窄的地方后转向西南，形成了一个斜角。明成祖朱棣即位后，为迁都北京，对北京城进行了大规模改建，从永乐四年（1406）开始，延续 15 年之久。

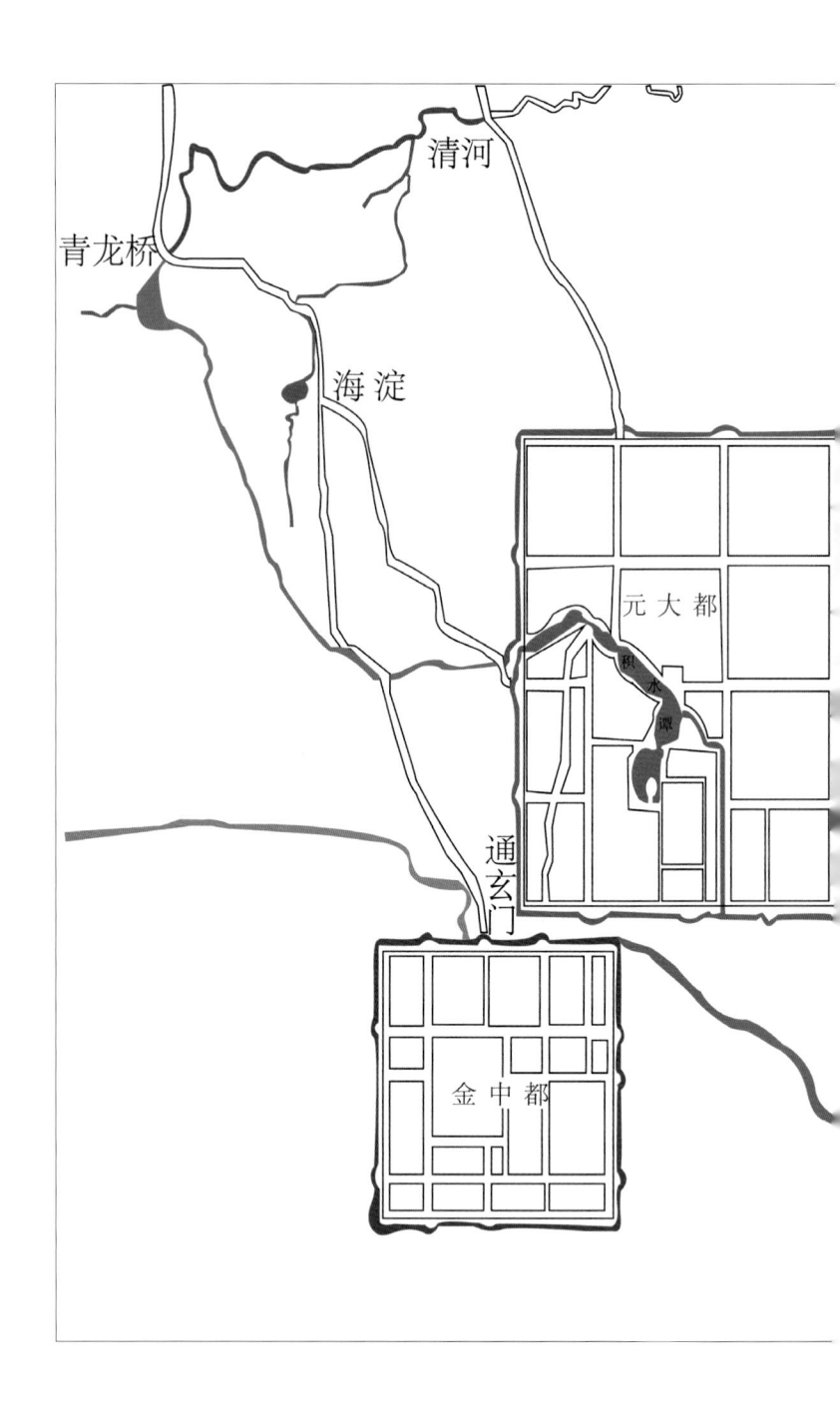

元大都与金中都位置关系示意图
根据侯仁之《北京城的生命印记》插图绘制。

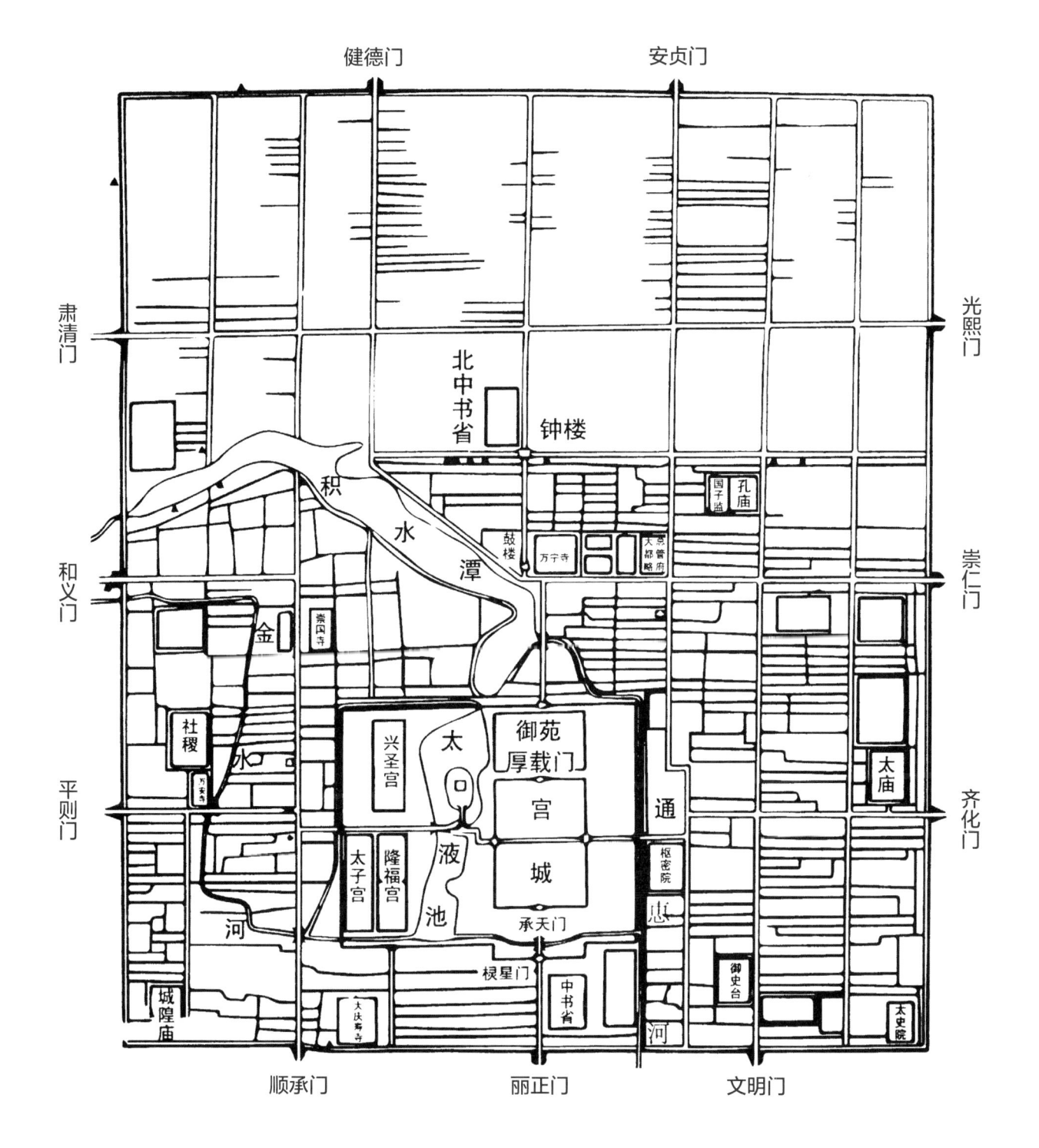

元大都布局示意图

引自侯仁之主编《北京历史地图集》。

明朝在这期间营建的北京城以紫禁城为中心，北面是钟鼓楼，作为全城报时设施；南面是午门，作为宫城正门。午门外左为太庙，右为社稷坛，符合"左祖右社"礼制要求。再往南是皇城正门天安门、皇城前门大明门。两门之间御道两侧有相互对应的朝房，布置朝廷中央机构。大明门向南，为正阳门，嘉靖帝以前出正阳门就到了城外，东西两侧布置着天坛与先农坛，是皇帝祭天和祭祀先农的礼制建筑。

明嘉靖年间为应对蒙古铁骑，保护城外百姓与天坛、先农坛两处重要建筑，明王朝计划修筑外城，后来由于经费紧张，最终仅筑南面一侧，成为北京城垣构筑史的终点，造就了北京城"凸"字形的平面轮廓。外城南门，与正阳门相对，被称为永定门。这样北京城内就出现了一条南起永定门，北达钟鼓楼，中间穿越紫禁城、长达7.8千米的城市中轴线。中轴线的中心为紫禁城，于是紫禁城俨然成为"天之心，地之中"。

中华人民共和国成立后，北纬39度54分19.97秒、东经116度23分29.34秒成为中国的中心，这是天安门广场五星红旗升起的坐标。每天清晨，上万人仰望、见证五星红旗与太阳一同升起。回溯1949年的开国大典，这是中国从站起来、富起来、到强起来的光辉起点。因"都"而立，因"都"而兴，北京见证了中华文明的源远流长，写就了几千年历史的恢宏篇章。这里日新月异，这里的蓝天愈发清湛。都与城，在这里和谐共生。

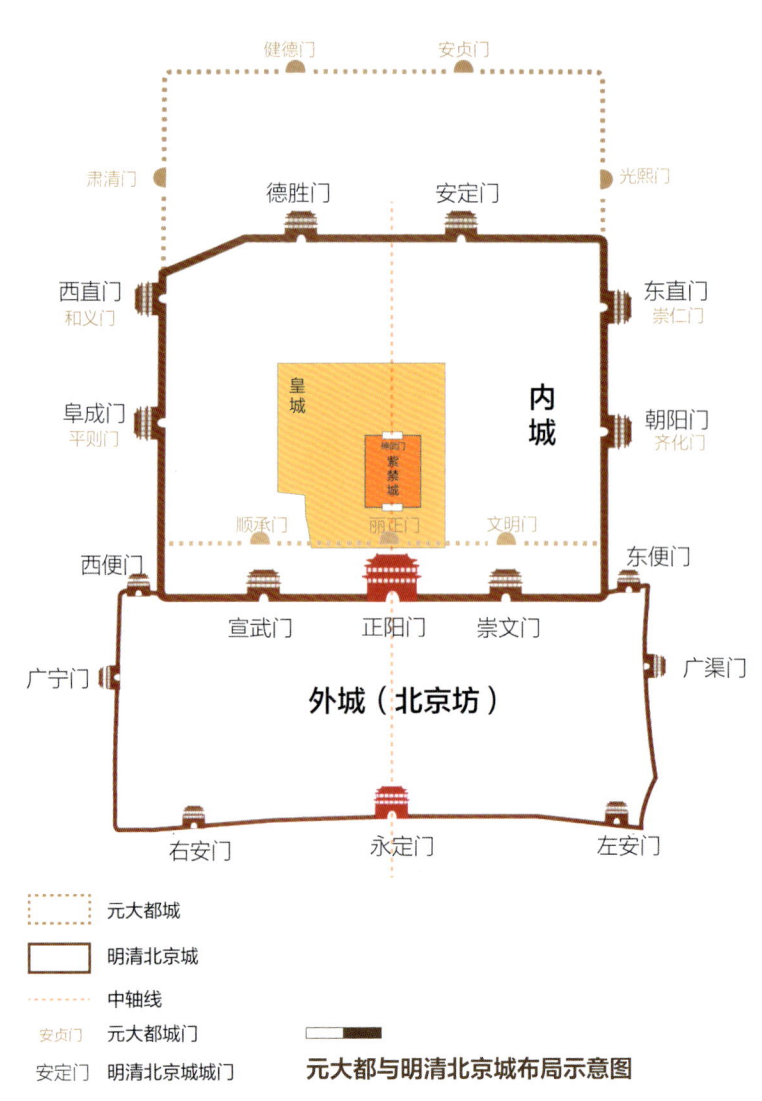

元大都与明清北京城布局示意图

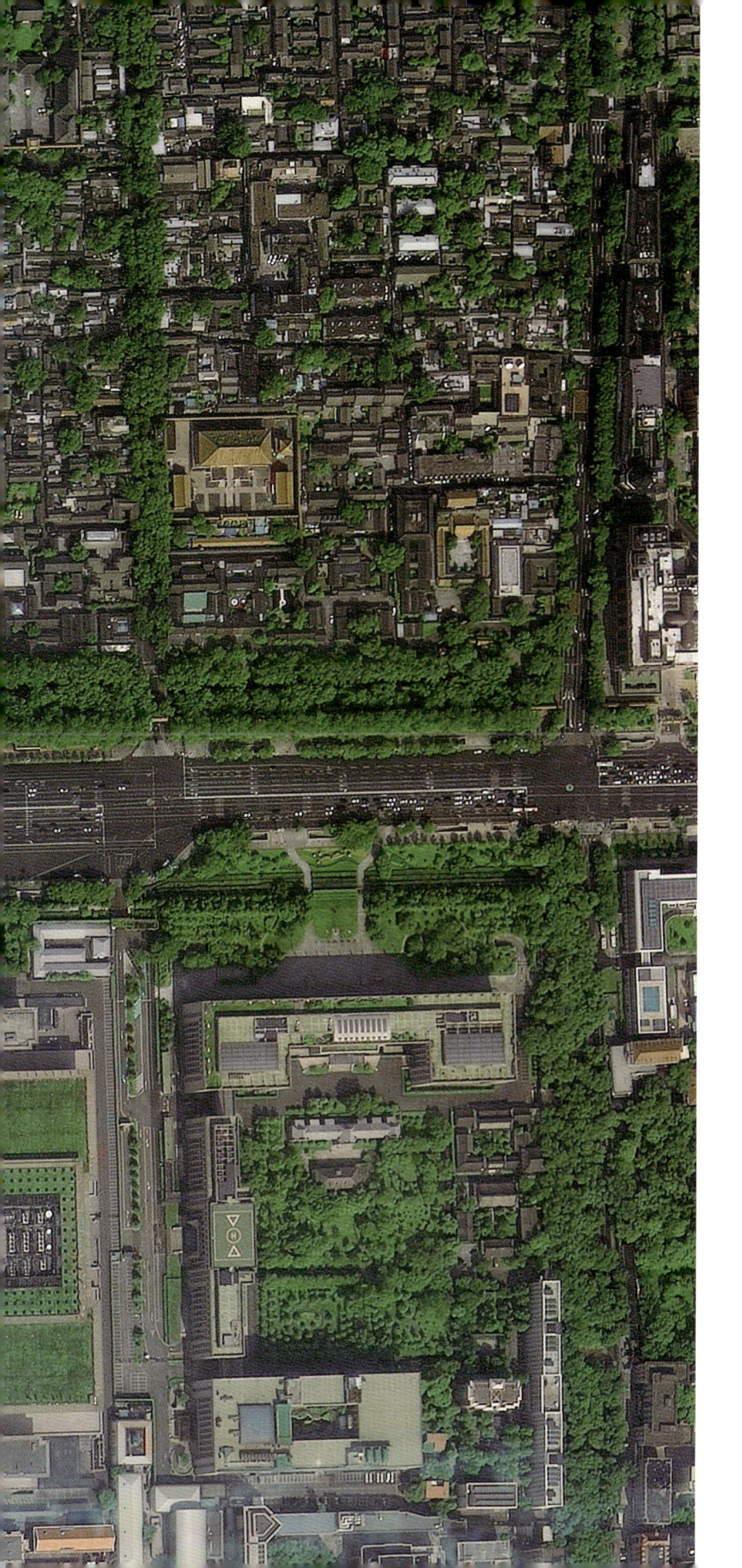

从60万米高空俯瞰位于北京轴心的天安门广场

图中位于广场中央的是人民英雄纪念碑，其西侧是人民大会堂，东侧是中国国家博物馆。

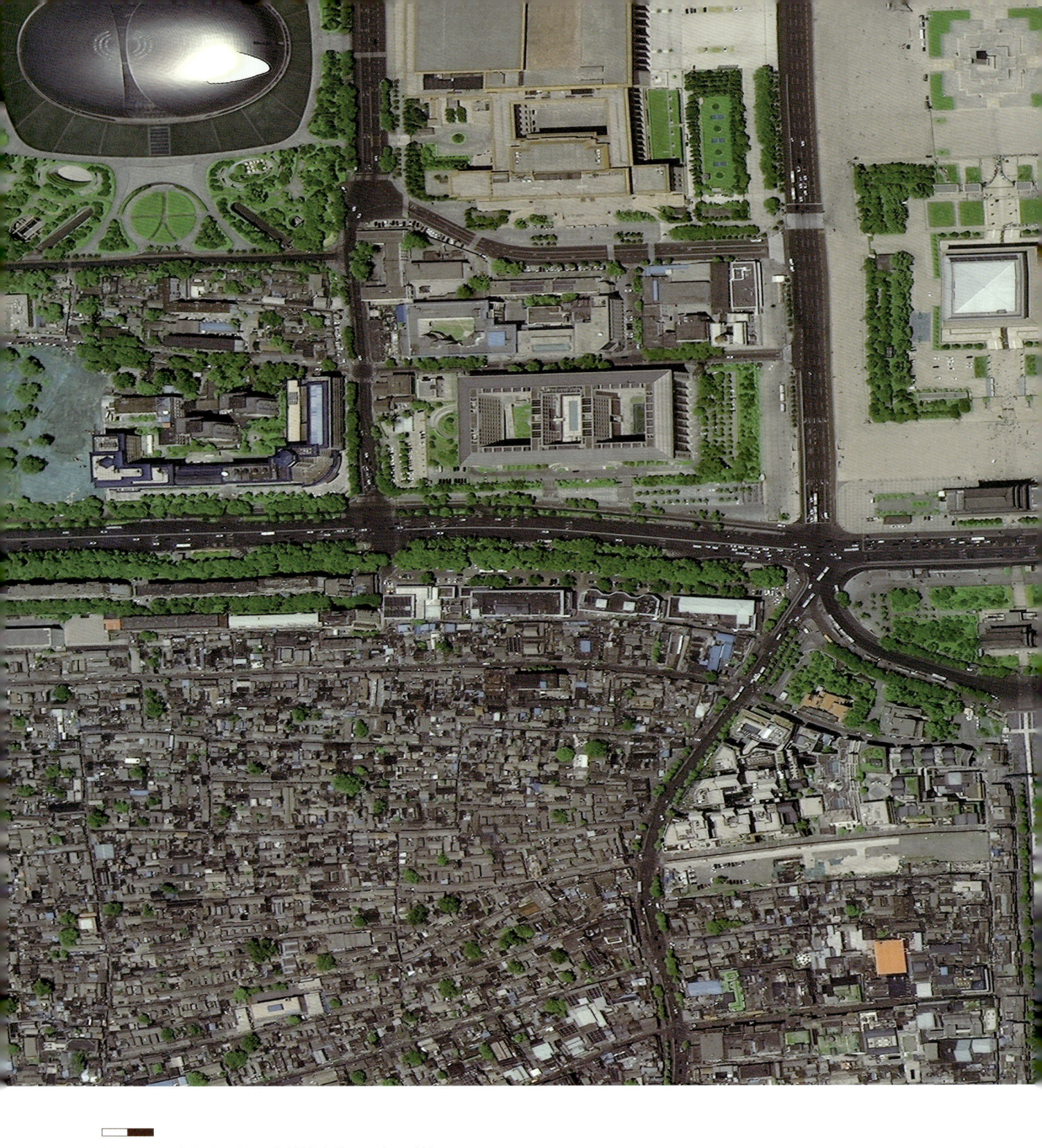

从60万米高空俯瞰位于中轴线上的正阳门和前门

卫星图正中间横穿全图的街道为前门大街，紧邻前门大街北侧的建筑为正阳门，与正阳门隔街相望的建筑为前门。从正阳门往南一直到永定门一带，被称为"北京坊"。这里是北京商贾文化、建筑文化、会馆文化、梨园文化、民俗文化最为集中的区域之一。从元代起，这里就是城南主要商业区。

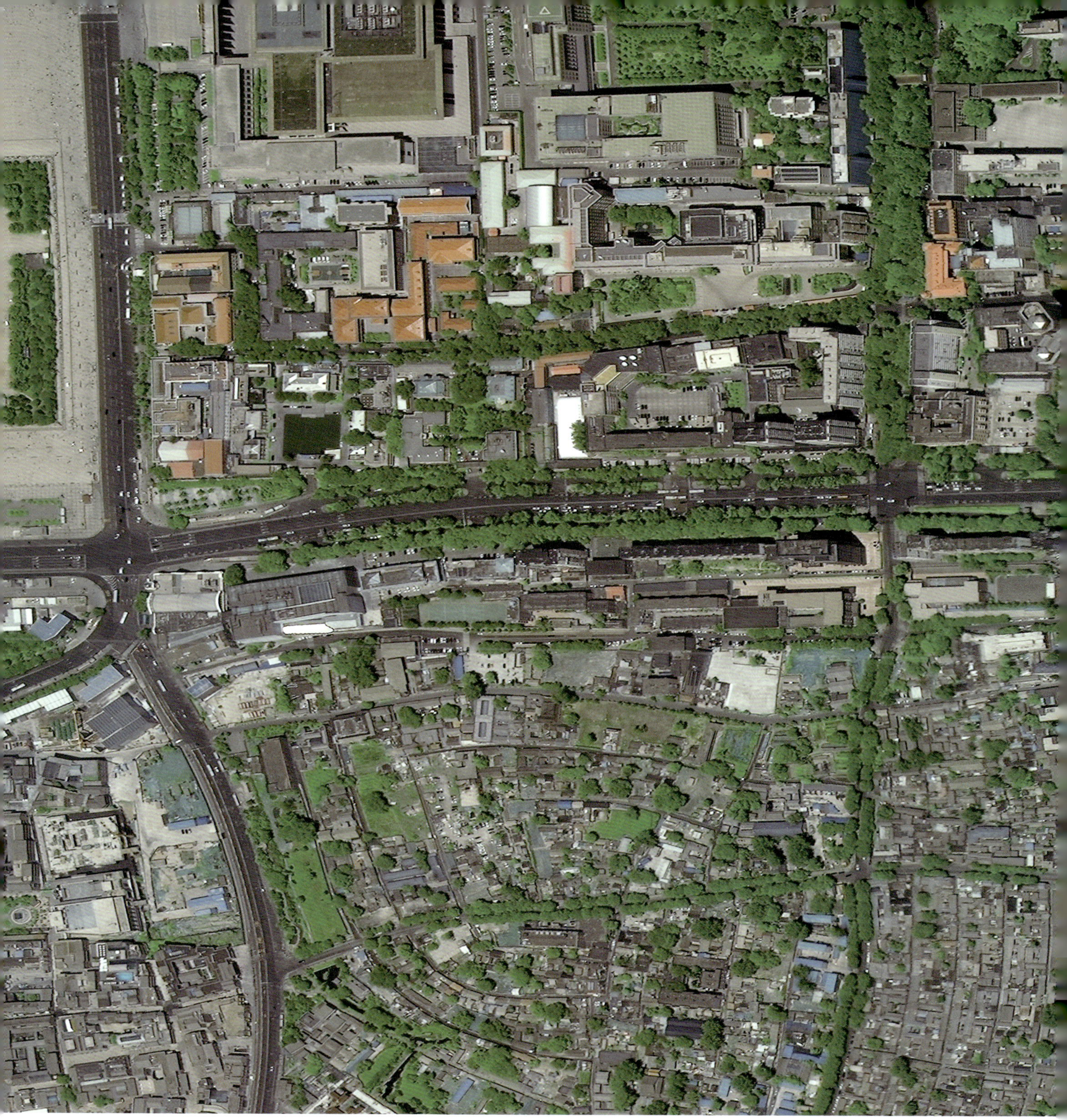

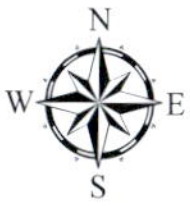
N
W
E
S

2017年3月

2018年4月

从60万米高空俯瞰北京大兴国际机场的建设

2019年2月

这是高分七号卫星北京大兴国际机场真彩融合影像
（获取时间：2019年11月13日　分辨率：0.65米）

北京大兴国际机场与天安门直线距离为46千米，是全球建设规模最大的新建机场。初步统计，大兴机场已经创造了40余项国际、国内第一，技术专利103项，新工法65项，国产化率达98%以上，并且是国内可再生能源利用率最高的机场。

如果说中轴线及其延长线是历史轴和文化轴，长安街及其延长线就是政治轴和发展轴。"神州第一街"的宽度，象征东方大国的宽广胸怀；"神州第一街"的长度是中华民族伟大复兴的见证，"长治久安"的寓意是我们对和平发展的长久期盼。

从天安门一路向西可一览人民大会堂、军事博物馆等部分"首都十大建筑"，还有明清时期就车水马龙的西单。

长安街延长线西端是新首钢园区，这里正上演真正的"冰与火之歌"，曾经存放矿料的工业遗存变身为北京冬奥组委办公地，站在打造新时代首都城市复兴新地标重大节点上，百年首钢敞开大门，共铸它与这座城市的下一个百年辉煌。

在首钢园区东侧不到5千米的地方，是始建于1965年的古城地铁站。1969年，从北京古城站呼啸而出的地铁列车，让中国告别了没有地铁的历史。2018年，北京地铁运送乘客已达到31.16亿人次，地铁总里程数已达到636.8千米，是世界上地铁线网最长的城市之一。

从古城站出发，顺长安街沿线，追逐升起的太阳一路向东，穿过五棵松、军事博物馆、复兴门、西单，就到了天安门。天安门再往东，穿过王府井和建国门，就到了国贸。这里是高楼林立的中央商务区（CBD）。截至2018年11月，驻扎在CBD的外资机构超过10 000家，其中世界500强企业157家，昭示着中国开放之门将越开越大。

而在长安街延长线的东端、千年大运河北首，与河北雄安新区共同组成北京新两翼，规划面积约155平方千米的北京城市副中心——通州，已经拔地而起。

回望来路，北京与时代同脉搏，与国家共奋进，发生了翻天覆地的历史巨变。从60万米高空俯瞰，这里有中国最绚丽的万家灯火，这个正在追求高质量发展的大国之都必将见证新的发展奇迹。

右页图为从60万米高空俯瞰北京长安街及其东西延长线

北京城市副中心通州与河北雄安新区位置关系示意图

从首都区位看，北京城市副中心、雄安新区作为两翼分列北京中心城区的东侧和西南，错位发展，拱卫首都实现新腾跃。从河北区位看，雄安新区和以2022年北京冬奥会为契机推进建设的张北地区，呈现一南一北样式，同样是带动燕赵大地腾飞的两翼。大鹏展翅九万里，构建起京津冀协同发展的新格局。

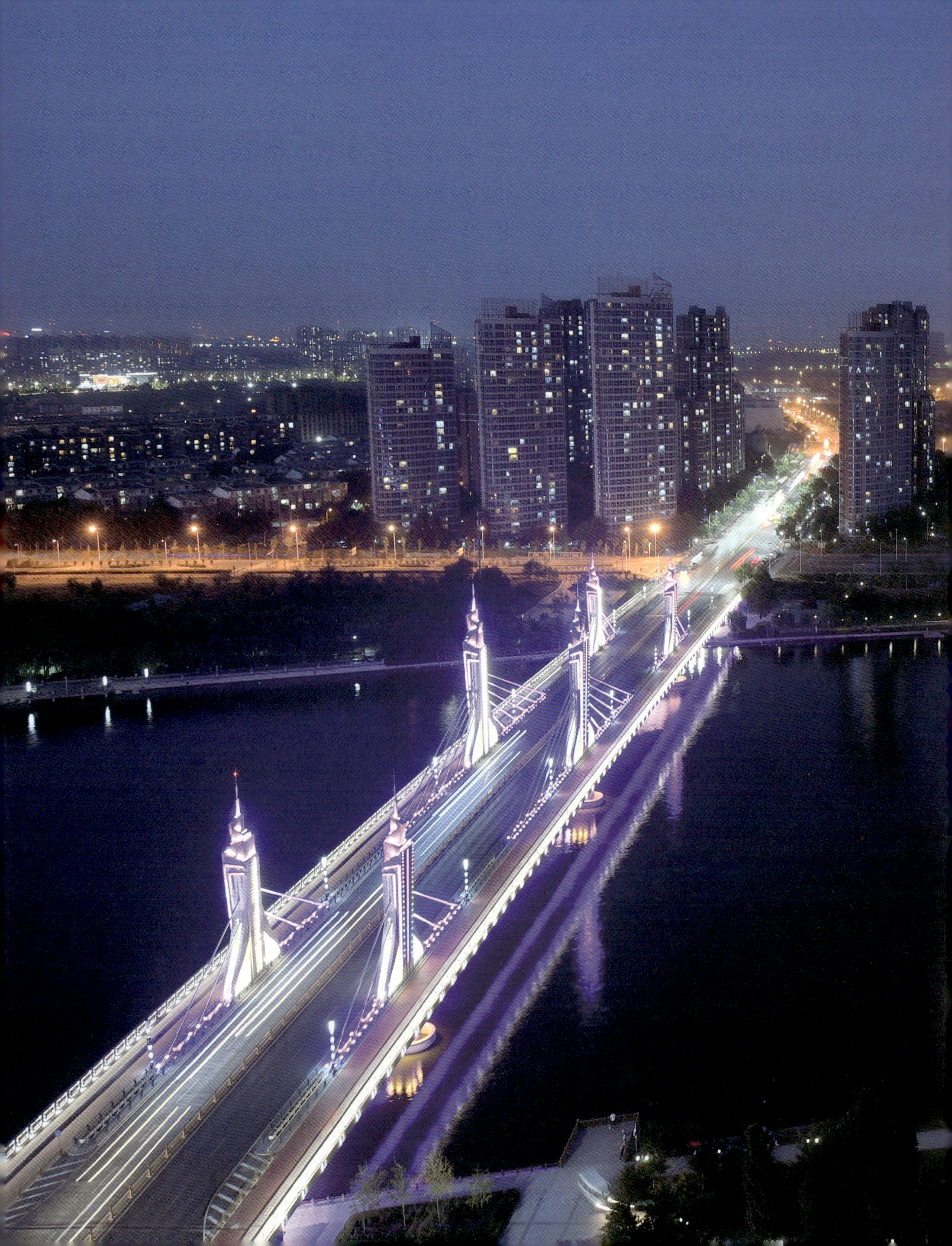

这是京杭大运河通州段上的玉带河桥与铁路桥 新华社记者 金良快/摄

近年来，通过疏挖河道、截污治污，京杭大运河通州段已经成为北京城市副中心重要的防洪、排水兼景观河道。如今泛舟河上，河道两岸鳞次栉比的现代楼宇与绿树成荫的自然生态景观交相辉映，为古老运河勾勒出全新画面。

№.07 CHINA FROM OUTER SPACE

一条河的过往·一座城的开放

天津市在中国的位置示意图

天津市耕地、森林及自然保护区概况

自然保护区面积：9.1
占辖区面积比重 7.6%
2017年

耕地面积：43.68
2017年

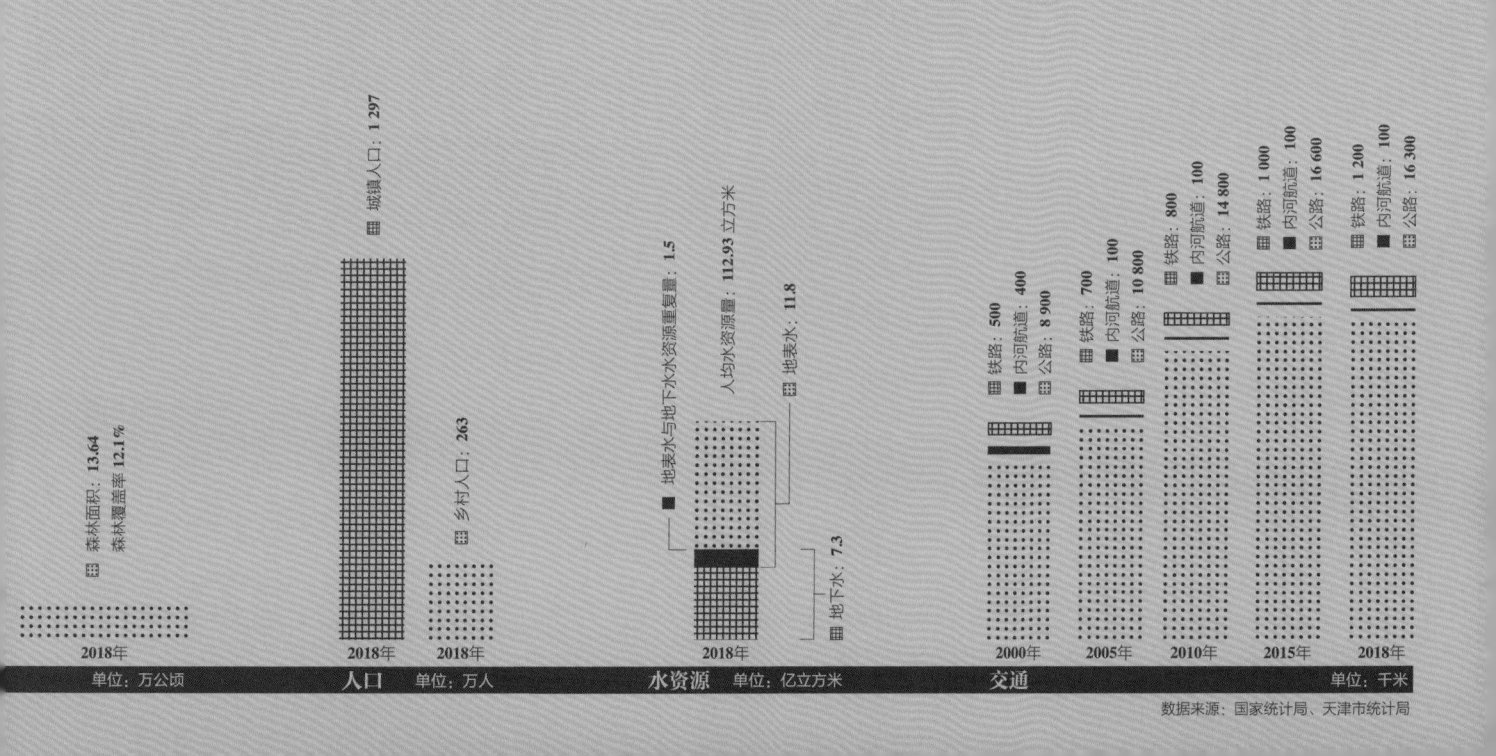

TIANJIN 天津

2018年
- 森林面积：13.64
- 森林覆盖率：12.1%

单位：万公顷

2018年
- 城镇人口：1 297
- 乡村人口：263

人口 单位：万人

2018年
- 地表水与地下水资源重复量：1.5
- 人均水资源量：112.93 立方米
- 地表水：11.8
- 地下水：7.3

水资源 单位：亿立方米

交通

2000年
- 铁路：500
- 内河航道：400
- 公路：8 900

2005年
- 铁路：700
- 内河航道：100
- 公路：10 800

2010年
- 铁路：800
- 内河航道：100
- 公路：14 800

2015年
- 铁路：1 000
- 内河航道：100
- 公路：16 600

2018年
- 铁路：1 200
- 内河航道：100
- 公路：16 300

单位：千米

数据来源：国家统计局、天津市统计局

天津地处燕山以南的华北平原，东临渤海，北依燕山，兼平原之秀美，得山水之滋润。北运河、永定河、大清河、子牙河、南运河五大水系奔涌而来，汇聚于此，沿海河自西向东，从三岔河口顺流而下，贯穿天津城至大沽口汇入渤海湾，流入渤海。

据考古发掘，在以天津津南区巨葛庄为中心、纵贯海河南北的贝壳堤上，战国时期已经有人定居。这意味着古海岸线以西，南运河、子牙河与北运河交汇的三岔河口一带，先秦时期已经淤积成陆地。但由于西汉时期渤海湾发生海侵，沿岸陆地再度成为泽国。东汉末期，海水逐渐退去，海河五大支流汇流入海的局面基本形成，渤海湾西岸的开发也在唐代以后逐渐恢复。

宋辽对峙时期，海河成为界河。北宋在边界设置的军事营垒，推动了海河南岸聚落的早期开发。而海河北岸的三岔河口地区，则随着政治中心的北移，沟通南北的漕运体系不断完善，地理优势逐渐凸显。金代迁都燕京（后改名中都），改凿漕渠，在三岔河口设立直沽寨。元代定都大都，开通惠河以贯通京杭大运河，因"河运弗便"又行海上漕运，在居于集散之地的三岔河口设立了海津镇。朱棣即位后，在南运河与北运河汇合处的直沽设卫筑城，被视为天津这座历史文化名城发展的起点。

随着朱棣迁都北京，以及明后期东北亚海域局势的日趋紧张，海河沿线加强了海防，天津卫也由设立之初的腹里卫所发展成为拱卫京师的沿边卫所。河海交会，成为延续至今天津城市发展的典型特征。清雍正年间，裁天津卫，置天津州，后升直隶州，再后又升为天津府。天津由以屯驻为主的军事据点，开始向拥有完整行政职能的建制城市转变。

中华人民共和国成立后，天津成为四大直辖市之一，并以海河为轴线，逐渐成为今日的"大海马"形版图，成为京津冀都市圈的重要阵地。从60万米高空俯瞰津沽大地，中西合璧，古今相融；水拍河岸，潮起潮落；城市自然，生机勃勃。

右页图为天津市地形及主要水系分布示意图

北运河

子牙河

南运河

左页图为天津市三岔河口地区示意图

天津有句谚语："先有三岔口，后有天津卫。"这里曾是天津最早的水旱码头、最早的商品集散地，故有"天津摇篮"的美称。从这里起，蜿蜒流淌的海河，见证着津城600多年的历史。

右页图为海河上的"天津之眼"摩天轮 新华社记者 岳月伟/摄

从天津三岔河口到渤海湾大沽口，共有近30座桥梁横跨天津海河两岸，形态各异的桥梁形成海河上的一道风景线。坐落于三岔河口永乐桥上的"天津之眼"，跨河而建，桥轮合一，换移着历史的遗迹与现代的繁华。

壹

一条天津母亲河，半部中国近代史

每当清晨第一缕阳光洒向海河河面，波光粼粼，水花漂散，宛如一切的新生，倒映着天津的繁华与秀丽，也孕育了天津文化开放、包容、多元的独特性格。从金、元两个朝代起，随着漕运和海运的发达，各地商人纷纷来到天津，各地商人会馆也相继建立，并见证了外地商帮在天津的兴衰沉浮。伴随商业的繁荣，天津移民人口大量增加，在方言、饮食、曲艺等方面，逐渐形成具有鲜明特征的市井码头地域文化。

"天津之始，本在海河上游；租界后辟，反为旧城门户。"

第二次鸦片战争（1856—1860年）后，清政府被迫与列强签订《北京条约》，增开天津为通商口岸，英、法、美率先在紫竹林地区开辟租界。中日甲午战争（1894—1895年）以及八国联军攻占天津之后，德、日、俄、意、奥、比诸国又相继在海河两岸建立租界，风格各异的建筑，在海河两岸拔地而起。

租界一面扩张着城区面积，一面控制着天津的海洋航运与对外贸易，各国竞相在海河岸边建造租界码头。随着天津火车站迁建到英法租界对岸的老龙头，原本充作水关的老龙头浮桥也被改建为钢质可开合的万国桥（今解放桥）。陆海联运的交通枢纽优势吸引了各国洋行、金融机构纷纷集聚海河沿岸的租界区。

为了保障航道畅通，1897年成立的海河工程局先后五次对海河干流裁弯取直，缩短河道共26.3千米。在这一过程中，英租界工部局将原本抛入深航道中的疏浚泥沙，通过管道吹泥的技术用于填垫租界内的洼地、坑塘。五大道，就是20世纪二三十年代吹填成的。

这里的每一座洋楼背后，都有值得细细品读的故事。风吹海棠，灯影摇曳，暗香浮动，漫步五大道，满眼尽是历史的风韵。

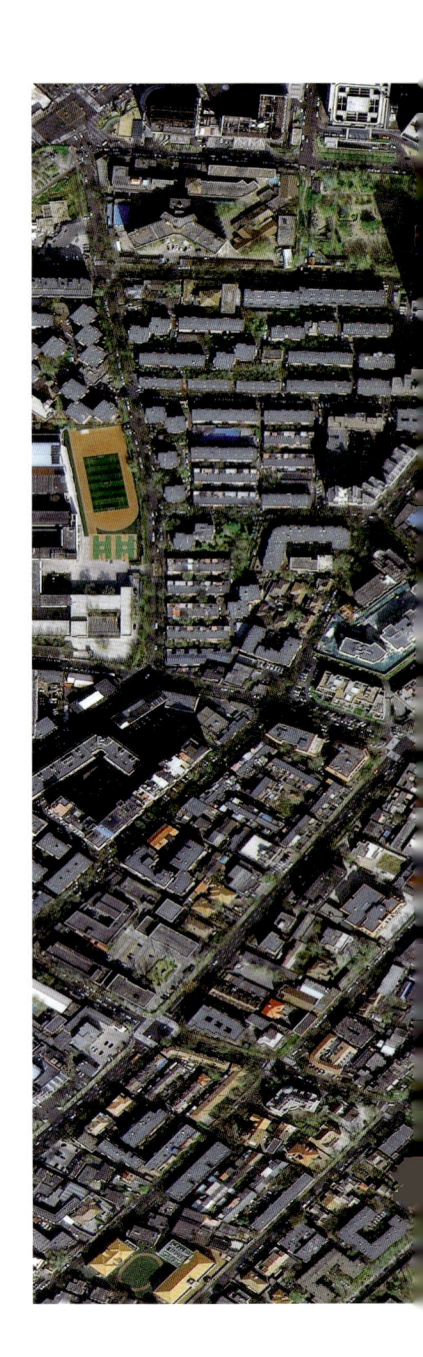

从60万米高空俯瞰天津五大道

著名的五大道现共有23条道路，各式建筑2 000多所，体现欧洲不同历史时期建筑风格的楼房900余所，被列为历史风貌建筑加以保护的小洋楼400余所。"万国建筑博览会"之称由此而来。

盐碱滩上崛起一座活力新城

海河下游、渤海湾畔，天津滨海新区东风激荡，大潮奔涌。

1984年，中国最早一批经济技术开发区在这里诞生。两年后，改革开放总设计师邓小平在这里提笔写下"开发区大有希望"。从那时起，这片曾是盐碱荒滩的土地，便激荡起津沽大地改革开放的最强音。

2009年，国务院批复设立天津市滨海新区。自此，天津滨海新区成为继上海浦东新区之后第二个国家级新区和国家综合配套改革试验区，肩负起改革攻坚"探路者"和深化开放"先遣队"的光荣使命。随后，开发区、保税区、高新区、东疆保税港区、中新天津生态城在这里"五箭齐发"，展现"硬核"实力。

2014年，京津冀协同发展正式上升为重大国家战略。

2015年，"改革棋局"迎来了新的"落子"，中国长江以北首个自贸试验区在这里落地，滨海新区再立潮头。曾经的盐碱荒滩，成为如今的开放"高地"、改革"地标"、创新"沃土"，滨海新区高质量发展"新"潮澎湃。

天津滨海新区2003年和2019年发展对比

2007年10月14日拍摄的中新天津生态城所在地原貌(资料照片)

2018年10月8日拍摄的中新天津生态城新貌 新华社记者 岳月伟/摄

在曾经三分之一是盐碱荒地、三分之一是废弃盐田、三分之一是污染水面的一片"生态禁区",世界首个国家间合作建设的生态城市——中新天津生态城正在崛起。从不毛之地到"未来城市",绿色宜居智慧新城的蓝图一步步变为现实。

早在明清时期，滨海地区就是重要的海防门户与海运枢纽。清乾隆初年全面开放海禁，往返辽宁贩卖米谷的船只，从十数艘渐增至数百艘。

清光绪十四年（1888），唐胥铁路延伸至天津时，在滨海新区的中心区——塘沽建立了车站，"TANGKU"开始成为中国滨海发展版图中的重要一环。

新中国成立后，经过1949年开始的重新恢复与建设，塘沽新港于1952年10月正式开港通航。自1959年起，塘沽新港进入大规模建设时期。1984年，天津成为中国第一批沿海开放城市，由此迎来了高速发展的历史契机。曾经的淤泥质小港，已经建设成为世界上等级最高的人工深水港——天津港。

因港而立，借港而兴，如今位于海河入海口的天津港，是中国唯一拥有三条亚欧大陆桥过境通道的港口。它陆向辐射京津冀和华北、西北等内陆腹地，海向同180多个国家和地区的500多个港口有贸易往来，120多条集装箱班轮航线基本覆盖全球各大港口。

70余年来，曾经创造出"第一辆自行车""第一台电视机""第一块手表""第一架照相机"等若干"新中国第一"的天津，从未停止创新步伐，已成为一座山水万千的毓秀之城，一块东西荟萃的文化瑰宝。

如今，海河河水生生不息，静静流淌。大美津门，抓住协同发展的历史机遇，面朝明天，奔向未来。

上图为2018年8月28日拍摄的天津港
新华社记者 毛振华/摄

右图为1999年9月22日拍摄的天津港
新华社记者 杨宗友/摄

N⒭.08

CHINA FROM OUTER SPACE

向 海 而 生 · 挺 进 深 蓝

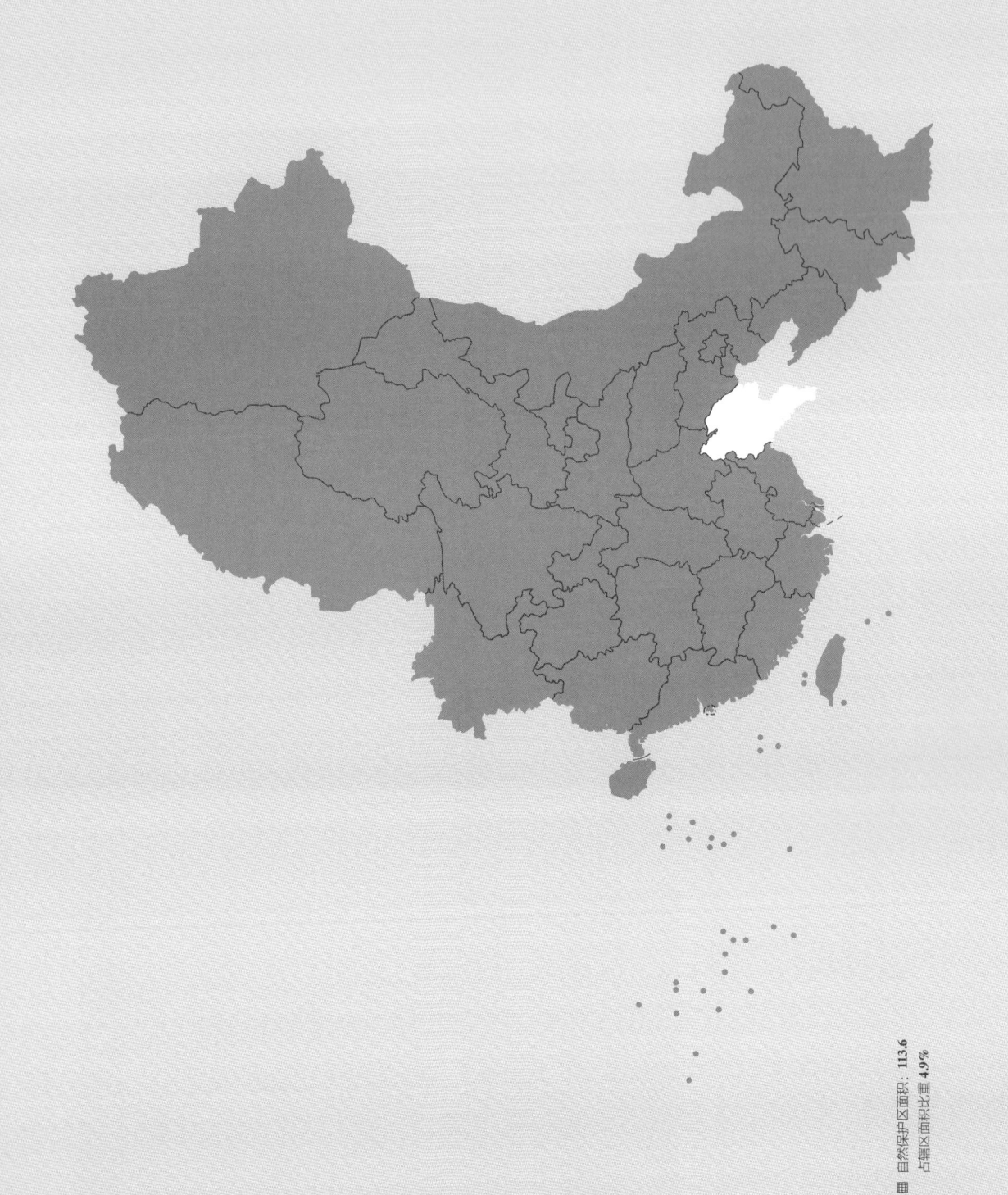

耕地面积：758.98

自然保护区面积：113.6
占辖区面积比重：4.9%

2017年　　2017年

山东省在中国的位置示意图　　山东省耕地、森林及自然保护区概况

SHANDONG

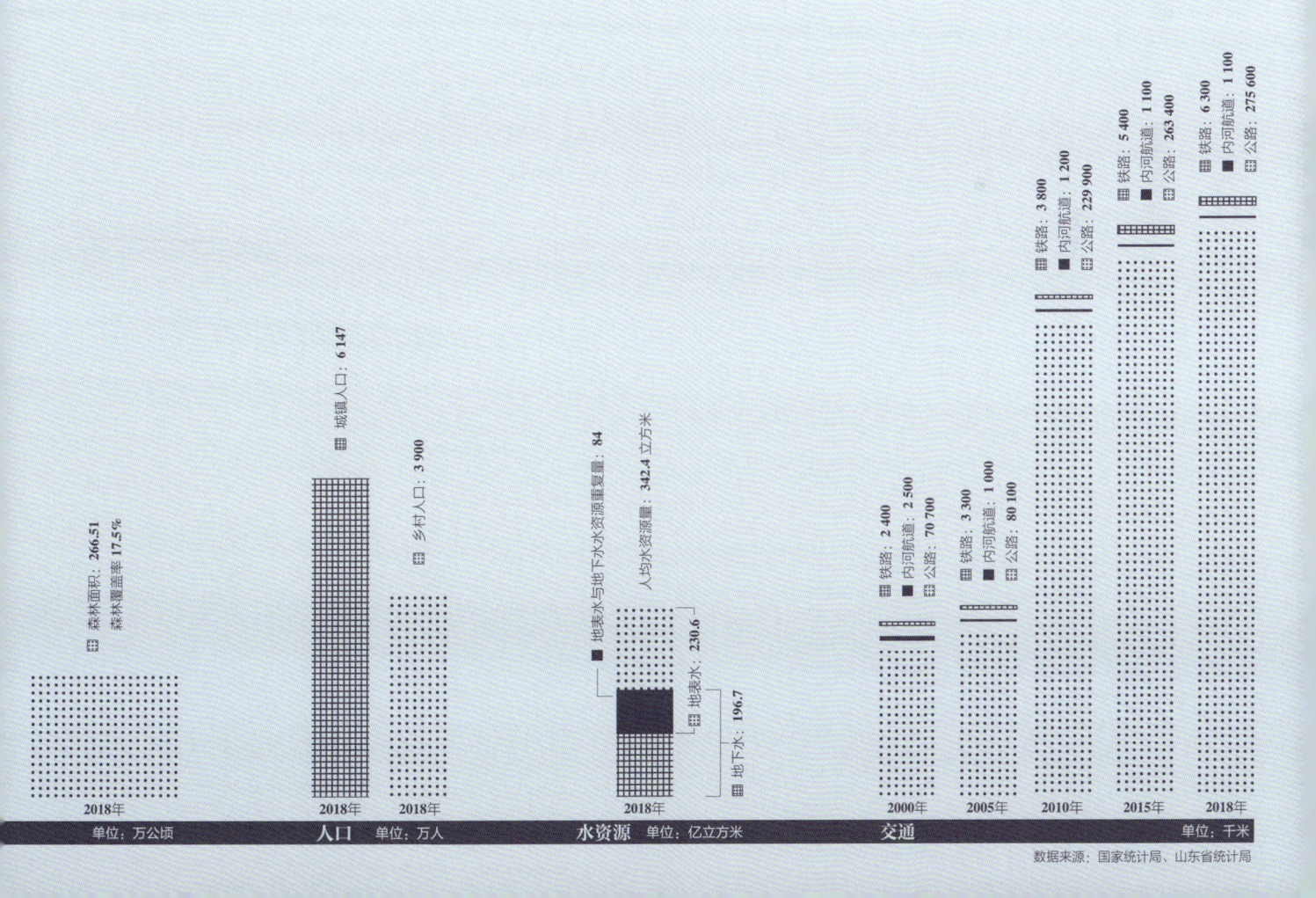

山东

森林面积：266.51
森林覆盖率：17.5%
2018年
单位：万公顷

城镇人口：6 147
乡村人口：3 900
2018年
人口 单位：万人

地表水与地下水资源重复量：84
人均水资源量：342.4立方米
地表水：230.6
地下水：196.7
2018年
水资源 单位：亿立方米

铁路：2 400
内河航道：2 500
公路：70 700
2000年

铁路：3 300
内河航道：1 000
公路：80 100
2005年

铁路：3 800
内河航道：1 200
公路：229 900
2010年

铁路：5 400
内河航道：1 100
公路：263 400
2015年

铁路：6 300
内河航道：1 100
公路：275 600
2018年

交通 单位：千米

数据来源：国家统计局、山东省统计局

"岱宗夫如何，齐鲁青未了。"

距今约3 000万年前，燕山运动中拔地而起的古泰山，在喜马拉雅造山运动的影响下，不断抬升，基本形成今日泰山的轮廓。自那时起，它便开始了雄风盖世的征途，奠定了山东大地中间高四周低的地势格局。泰山以东、以南缓丘起伏，东部是伸向黄海、渤海的山东半岛；泰山以西、以北属于华北平原的一部分，并在黄河的眷顾下，在其入海口一带形成一片冲积平原——黄河三角洲。

"黄河落天走东海，万里写入胸怀间。"发源于青海省巴颜喀拉山脉北麓的黄河，流经青海、四川、甘肃、宁夏、内蒙古、陕西、山西、河南8省区后，横穿山东9市，在山东东营的垦利区注入渤海，境内河道全长628千米。

这就是山东，有山的巍峨豪迈，有河的奔腾壮阔，也有海的灵秀之姿。岱青海蓝，蜿蜒绵长，中华民族灿烂的文明，在这里生生不息。

西周初年，分封天下，周公受封建立鲁国，姜尚受封建立齐国，是先秦时期山东地区面积最大、政权存续时间最长的两个诸侯国。因此，山东也被称为"齐鲁大地"。春秋战国时期，齐鲁大地百家争鸣，涌现出孔子、孟子等众多圣贤名人，数量之众、影响之大，为各地所仅有。自汉武帝"罢黜百家，独尊儒术"后，"孔孟故里"又成了山东的另一个称谓。

"山东"这一名称早在春秋战国时期就已出现，但直到清代，"山东省"才作为一个独立的省级行政区划名称得以确立并沿用至今。新中国成立后，怀抱16个地级市的大山东，历经70余年的奋斗，正在由"大"到"强"转变的道路上阔步向前。

70余载初心不改，齐鲁青未了。

山东省地形及主要水系分布示意图

山东省地形

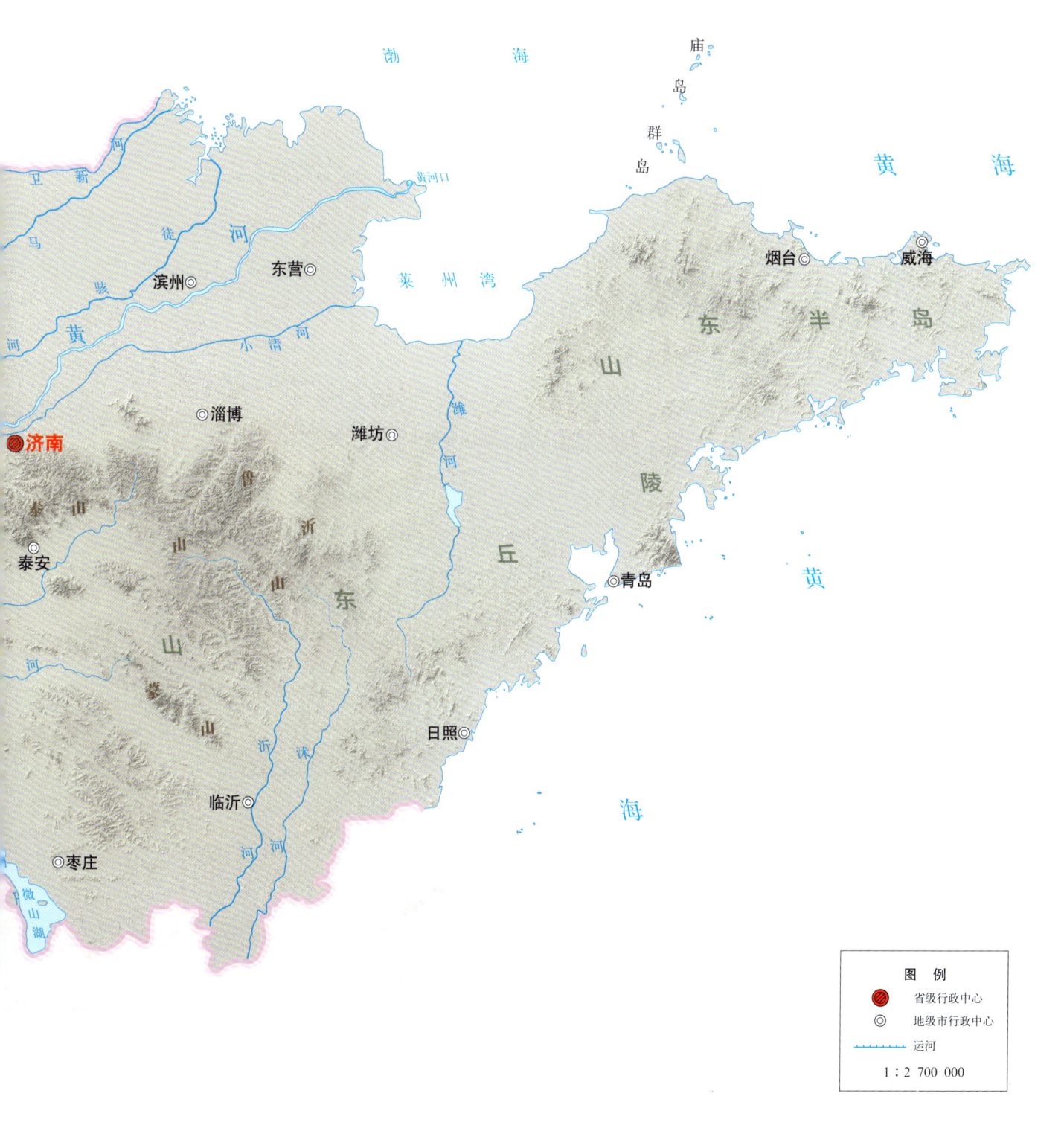

图例	
●	省级行政中心
◎	地级市行政中心
⊢⊢⊢⊢	运河

1 : 2 700 000

泰山双层云海奇观 新华社/发 柳岸/摄

千年泰山、天下泰安。泰山孕育、见证着多姿多彩的中华文明。在这里,拾级而上的挑山工,勇担重任坚持攀登,代表着坚韧的精神,激励着后人奋发图强、勇敢前行。

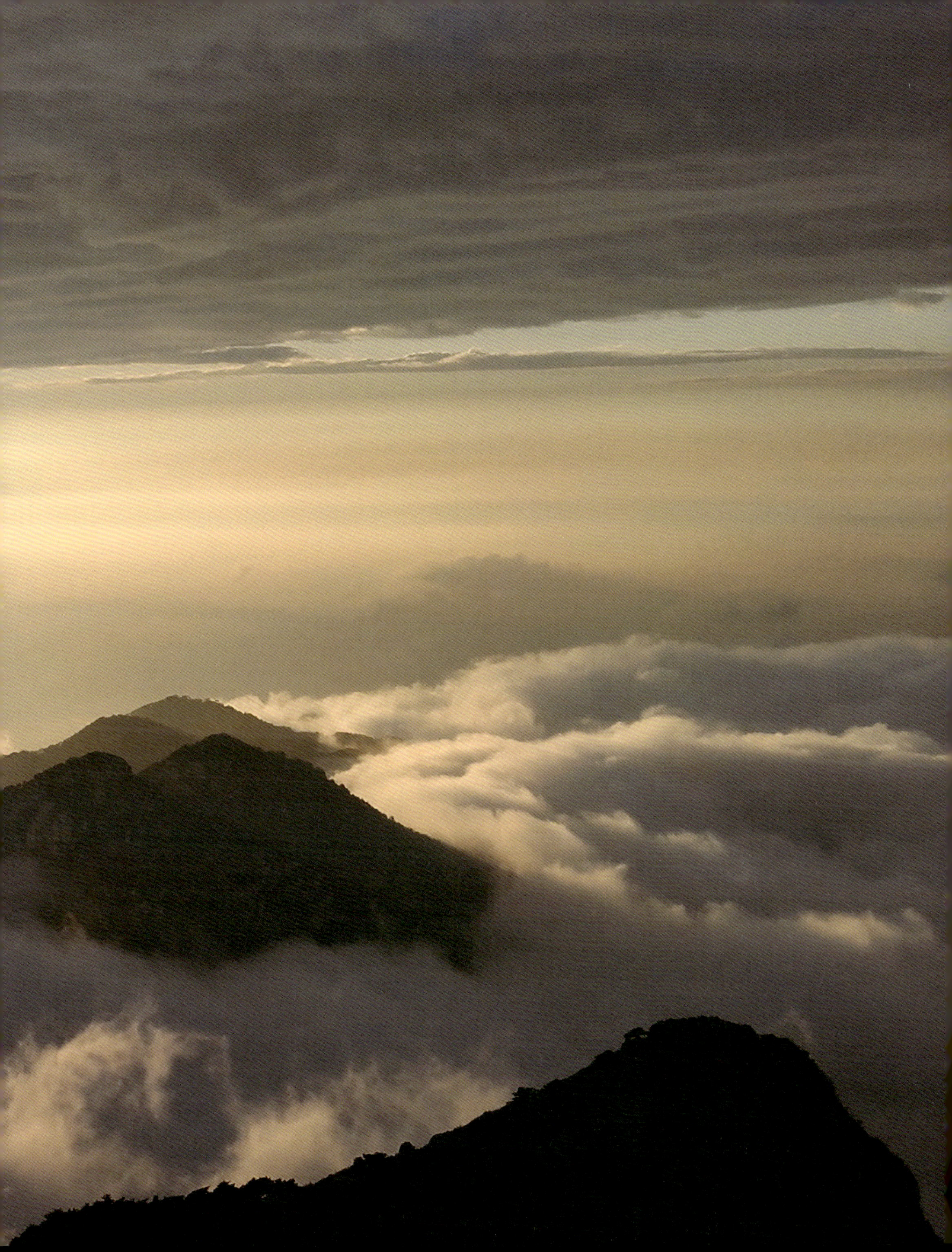

壹

巍巍蒙山，长长沂水

山东是富有革命传统的红色热土。泰山东南闻名遐迩的革命老区沂蒙，人民积极拥军支前，军民水乳交融、生死与共，谱写出抵御外侮和全国解放的慷慨壮歌。

可要说沂蒙山在哪儿，外地人大多说不清楚。与泰山不同，沂蒙山从来不是某一座山的名字，她是沂山沂水和蒙山山脉组成的地理区域总称，主要分布在泰山东南方向的临沂市境内，是四五十万年前沂源猿人生存的地区。整个沂蒙山区较大的山头就有800余座，其中蒙山主峰龟蒙顶是山东第二高峰，素称"岱宗之亚"，地位仅次于泰山。

《孟子·尽心上》曰："孔子登东山而小鲁，登泰山而小天下。"这里的"东山"即是蒙山。

而"沂蒙山"这个名称，则始于党中央对115师东进的电文："要建立沂蒙山抗日根据地。"从那以后，沂蒙山逐渐成为全国重要的根据地之一，享有"华东小延安"的赞誉。它是中国革命的红色热土，也是山东脱贫攻坚的"主战场"，千百个山村星罗棋布，千百年穷困代代相因，千百万干群勠力脱贫。"摘穷帽""拔穷根""挪穷窝"，巍巍蒙山，长长沂水，正见证着八百里山乡彻底斩断"穷根"、走向富裕。

沂蒙山腹地的岱崮地貌 新华社记者 王凯/摄

该地貌在山东省临沂市蒙阴县岱崮镇连绵聚集，是继"丹霞地貌""喀斯特地貌""嶂石岩地貌""张家界地貌"之后的中国第五大造型地貌。2019年，以岱崮地貌景区为核心的沂蒙山地质公园被联合国教科文组织正式授予"世界地质公园"称号。

贰 湿地之城，生态天堂

泰山以南有沂蒙，泰山以西迎黄河。在山东境内驰骋 628 千米的黄河承载着文明，也带来过灾难。历史上的黄河，平均"三年两决口，百年一改道"。据黄河水利委员会统计，3 000 年以来，黄河下游决口泛滥约 1 500 次，较大的改道有二三十次，其中有五六次重大改道。频繁的水患北及海河流域，南达淮河流域，在整个黄淮海平原都留下了黄河的足迹。

在中国共产党领导下的人民治理黄河以来，流淌在齐鲁大地的母亲河不仅为农业灌溉、为干旱地区输水，还滋养着广大齐鲁儿女。沿黄地区还利用黄河水沙资源进行放淤改土，把 2 000 平方千米盐碱涝洼地改造成稳产良田，为齐鲁大地新增了一座重要的商品粮棉基地。

百川东流终究归于浩瀚，在东营黄河入海口，由于泥沙沉积，前些年黄河每年在河口带淤积造陆 20 多平方千米（近来有所减少），被称为"共和国最年轻的土地"。这片黄河三角洲，有着丰富的湿地生态系统资源，水草丛生，候鸟翔集，堪称"生态天堂"。每当红日升起，光照海浪河涛，灿若锦绣。举目望去，奔腾的黄河带着滚滚浊流劈波斩浪，涌入大海深处。阳光下金灿灿的黄河水伸展在湛蓝的海面上，造就了河海交汇的壮丽景象和"黄龙入海"的奇观。

鸟瞰黄河入海的地方 新华社记者 王建华/摄

图为2018年6月24日无人机航拍的东营市垦利区境内黄河两岸,一边是生机勃勃的城市,一边是肥沃的耕地。作为黄河入海的地方,东营市以占地1 530平方千米的黄河三角洲国家级自然保护区为重点,着力打造"湿地之城",如今"湿地之中有城市,城市之中有湿地"。

鸟瞰黄河入海的地方 新华社记者 王建华/摄

图为2018年6月23日无人机航拍的东营市黄河三角洲国家级自然保护区湿地景观。近年来,随着生态修复多种措施实施,湿地生态恢复良好,鸟群数量种类明显增加,黄河三角洲已成为候鸟翔集的"生态天堂"。

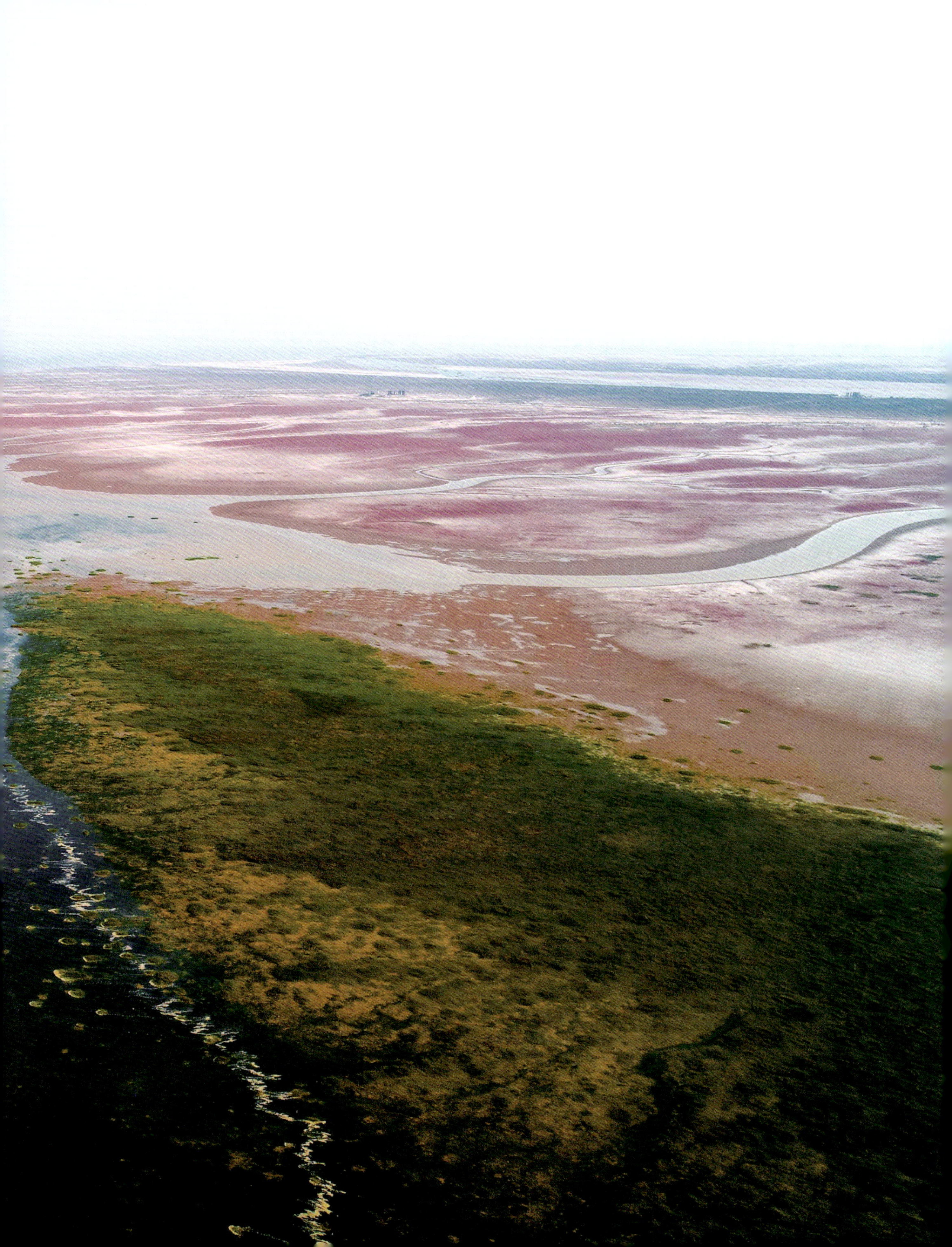

辽东湾

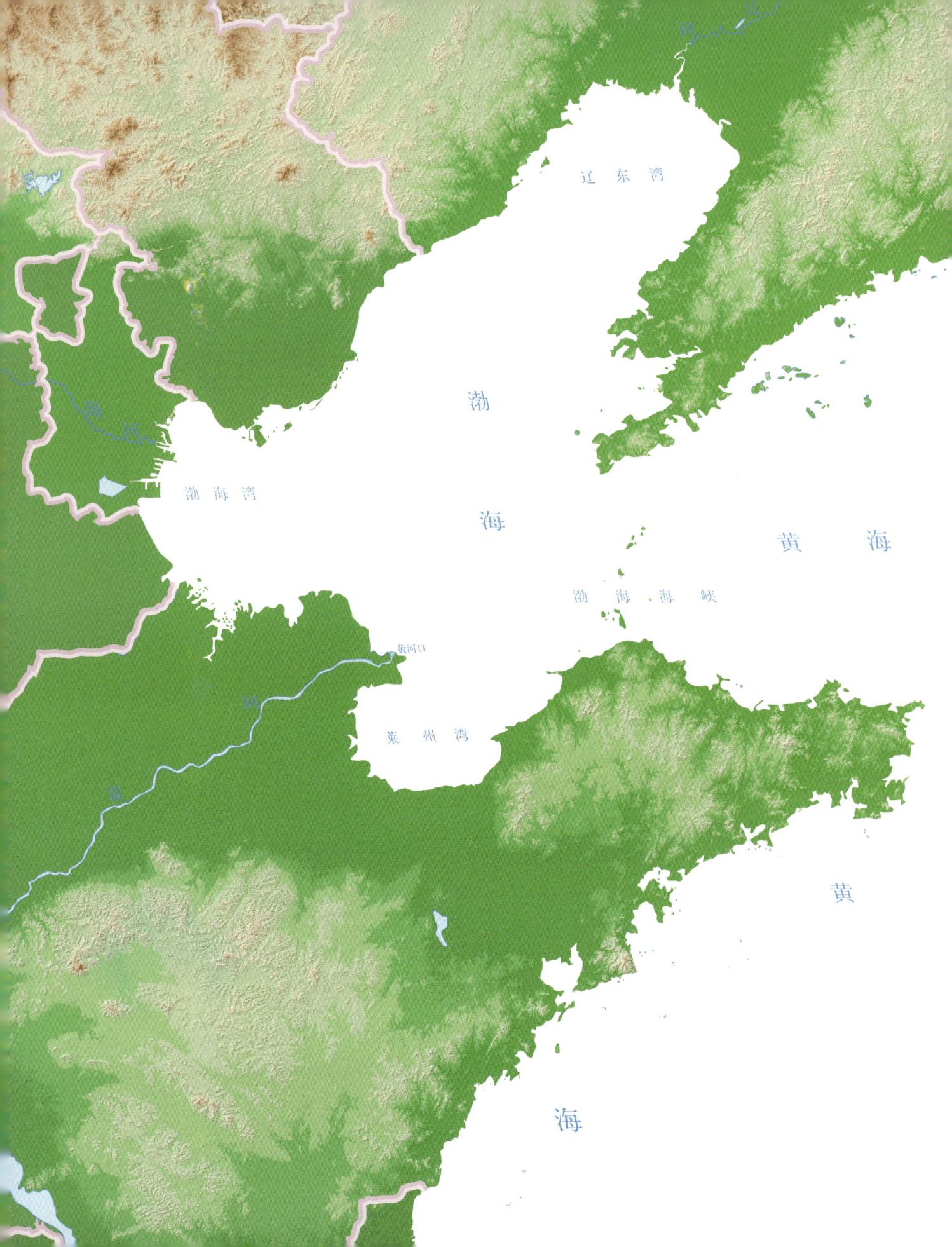

渤 海

渤海湾

黄 海

黄河口

渤海海峡

莱州湾

黄 河

黄

海

叁

向海而生，挺进深蓝

海洋蕴藏着可持续发展的宝贵财富，是高质量发展的战略要地。如果说东营打开了黄河伸向海洋的大门，山东半岛就是齐鲁大地向海而生、挺进深蓝的秘钥。

从左页图上看，山东半岛北、东、南三面环海，与渤海另一头的辽东半岛呈掎角之势，好似渤海门户的哼哈二将，拱卫着渤海最西头、天津身后的首都北京。战争年代，它是抵御外敌的军事要地；和平年代，它是集军事要地、开放前沿与海洋经济示范区于一身的明珠。

这里留下了中国追赶世界的足迹，承载着中华民族深沉的民族情感与执着的复兴追求。

中华人民共和国成立以来，特别是改革开放之后，山东半岛主动融入世界，高扬开放和创新的旗帜，走在山东省乃至全国的前列。从靠海吃海到经略海洋，"百舸争流，奋楫者先"，山东省海洋生产总值连续多年位居全国第二。依海而生，向海图强，海岱齐鲁，芳华正劲。

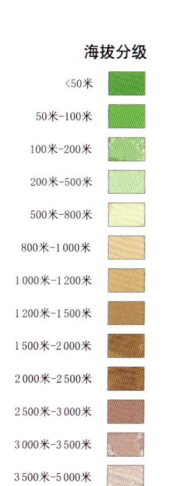

海拔分级
- <50米
- 50米–100米
- 100米–200米
- 200米–500米
- 500米–800米
- 800米–1 000米
- 1 000米–1 200米
- 1 200米–1 500米
- 1 500米–2 000米
- 2 000米–2 500米
- 2 500米–3 000米
- 3 000米–3 500米
- 3 500米–5 000米

左页图为山东半岛与辽东半岛位置关系示意图

山东半岛是人类文明萌生极早的区域，在西汉时代就已经发展起数量庞大的城市群体。今天，山东半岛城市群，正向着2030年建成现代化国家级城市群目标奋进，积极构建济南都市圈、青岛都市圈和烟台威海、东营滨州、济宁枣庄菏泽、临沂日照四个都市区等两圈四区、网络发展的总体格局。

经略海洋:山东半岛夏日"调色板" 新华社/发 李信君/摄

星罗棋布的盐田的水在高温下不断蒸发,浓度变大,呈现出色彩斑斓的独特景象,宛如一张巨大的调色板,将大地装扮得缤纷如画。

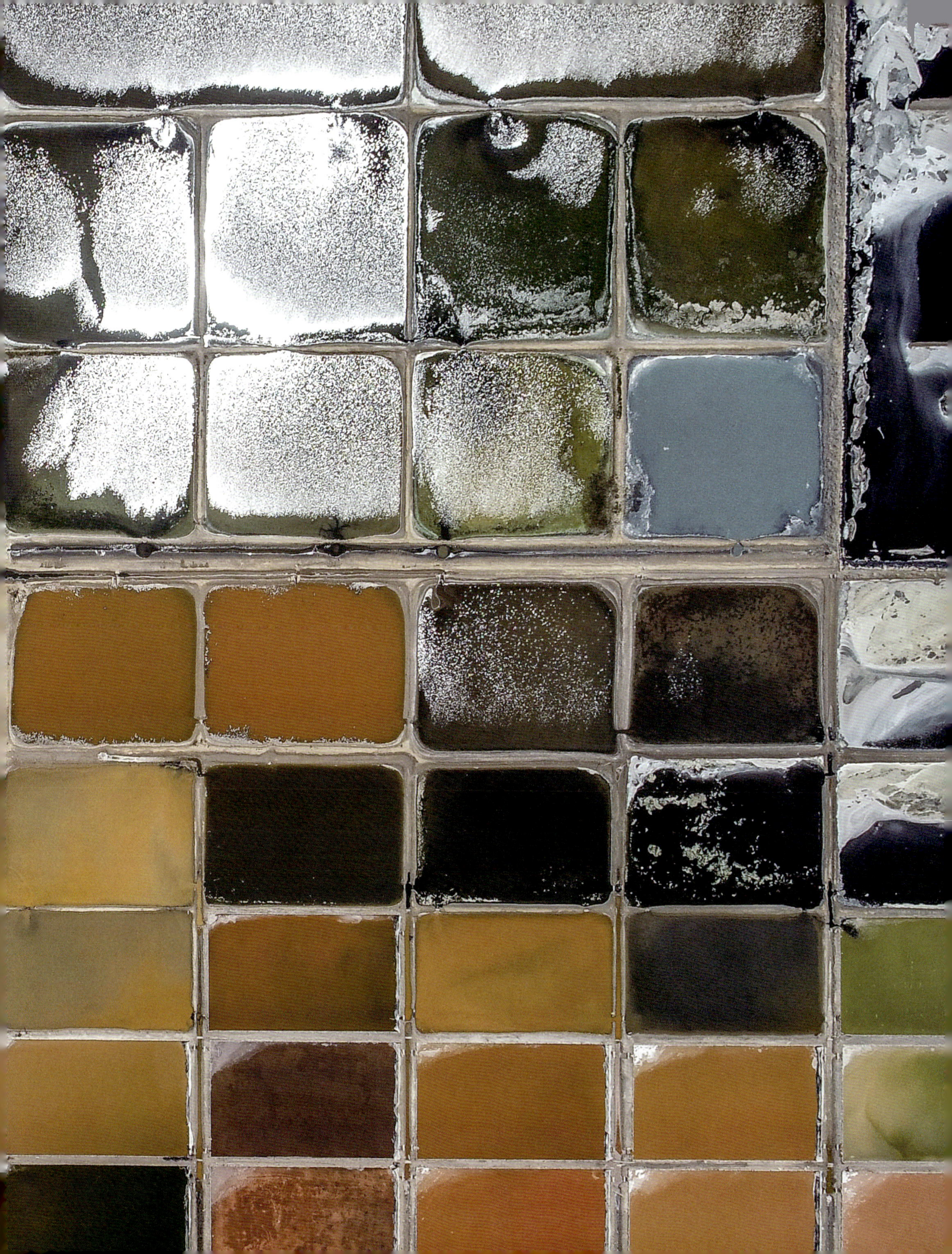

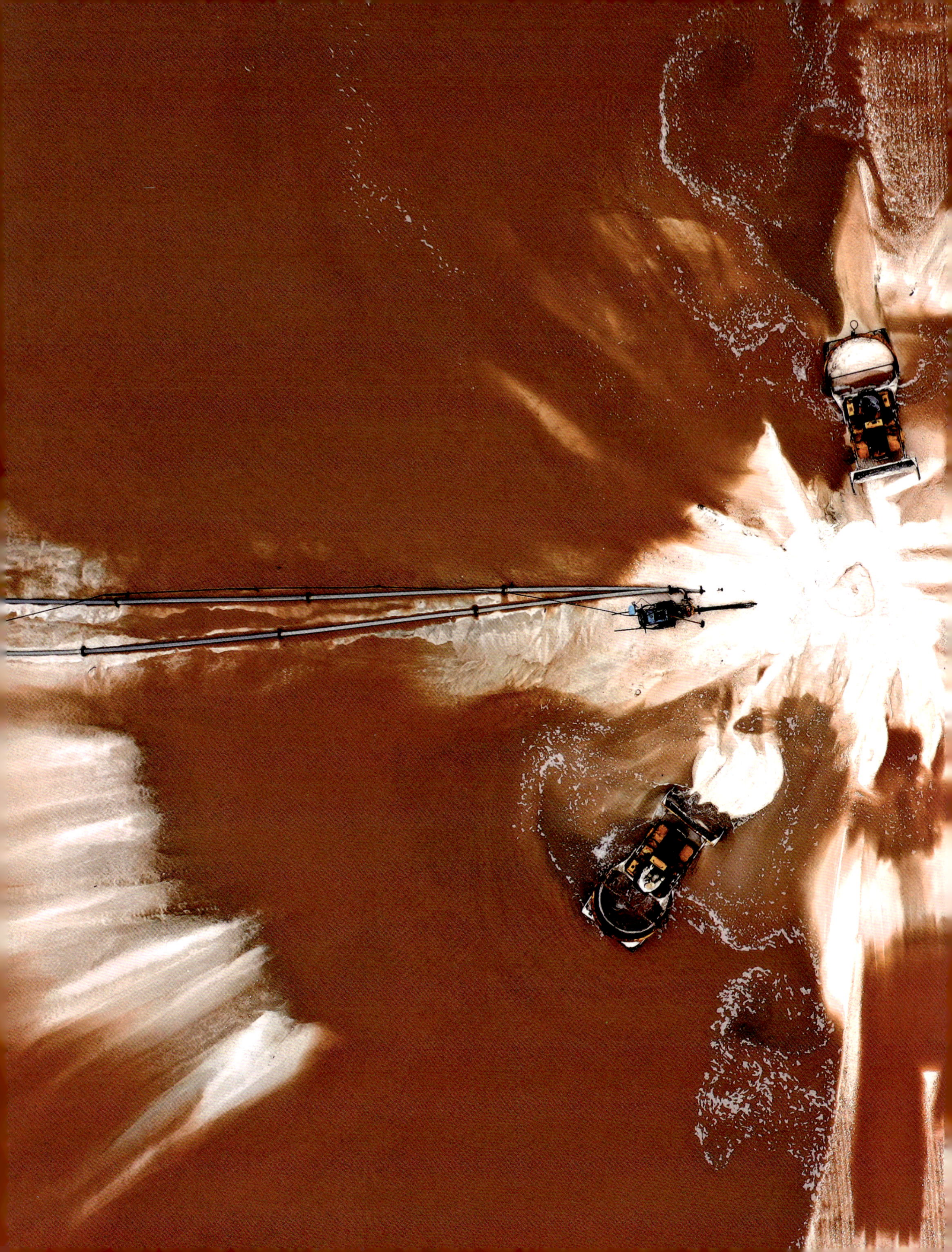

经略海洋：山东半岛滨州鲁北盐场工人在盐田中收获海盐 新华社记者 朱峥/摄

秋天，海盐的收获也有了颜色，这是滨州盐场工人繁忙的季节。作为全国大型优质盐生产基地，滨州努力探索海水"一水多用"，盐雕产品实现3D打印，海盐文化随之兴起。

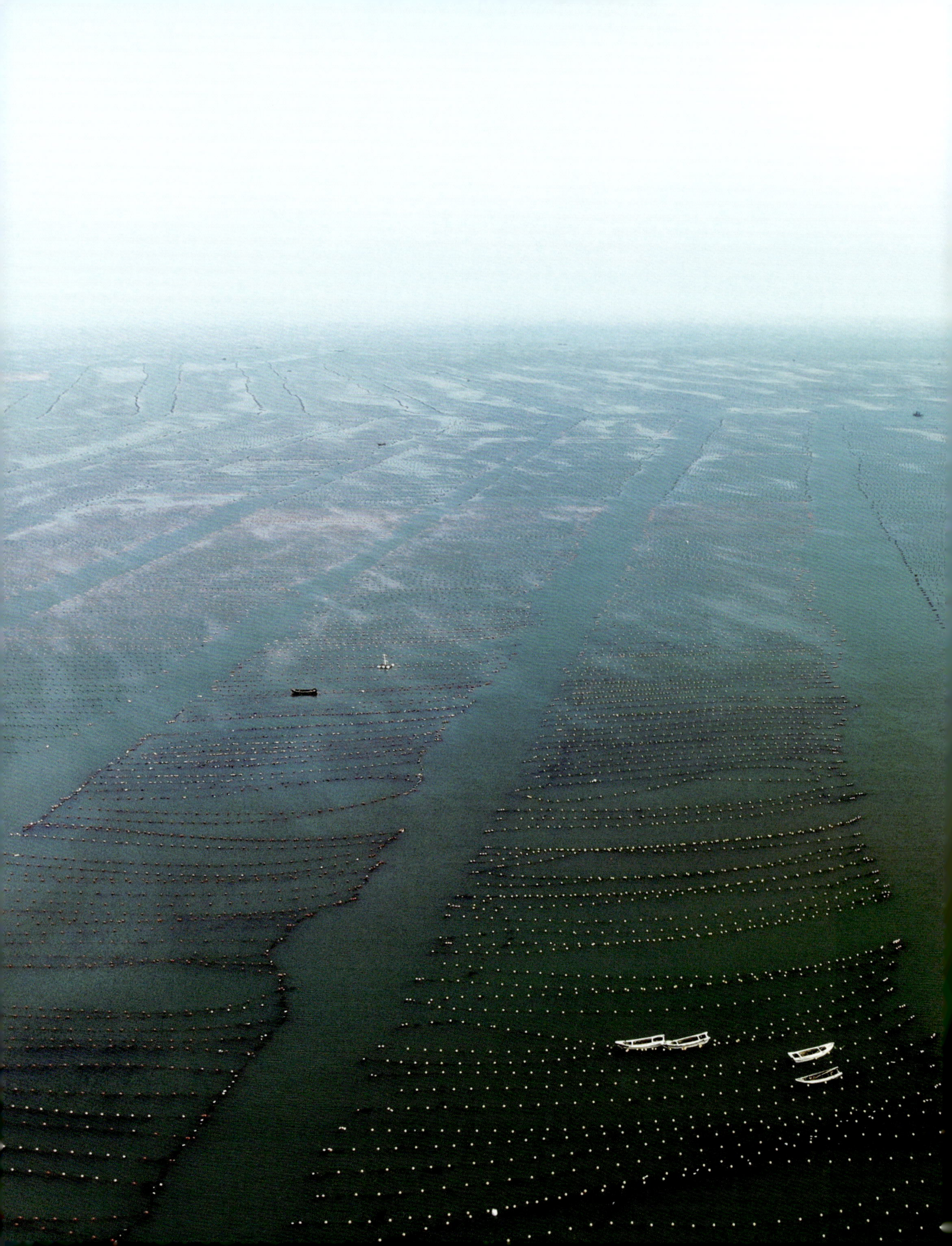

经略海洋:这是威海荣成的一处国家级海洋牧场 新华社记者 王凯/摄

山东半岛东部,北、东、南三面濒临黄海的威海市,一条小海带,串起了"千亿级"产业加工链。今天,全国近半数海带产自威海荣成。利用丰富的海洋资源,荣成开展立体生态养殖,以养兴渔,科技兴海,并将海洋牧场打造为海上乐园,每年吸引游客数万人次。

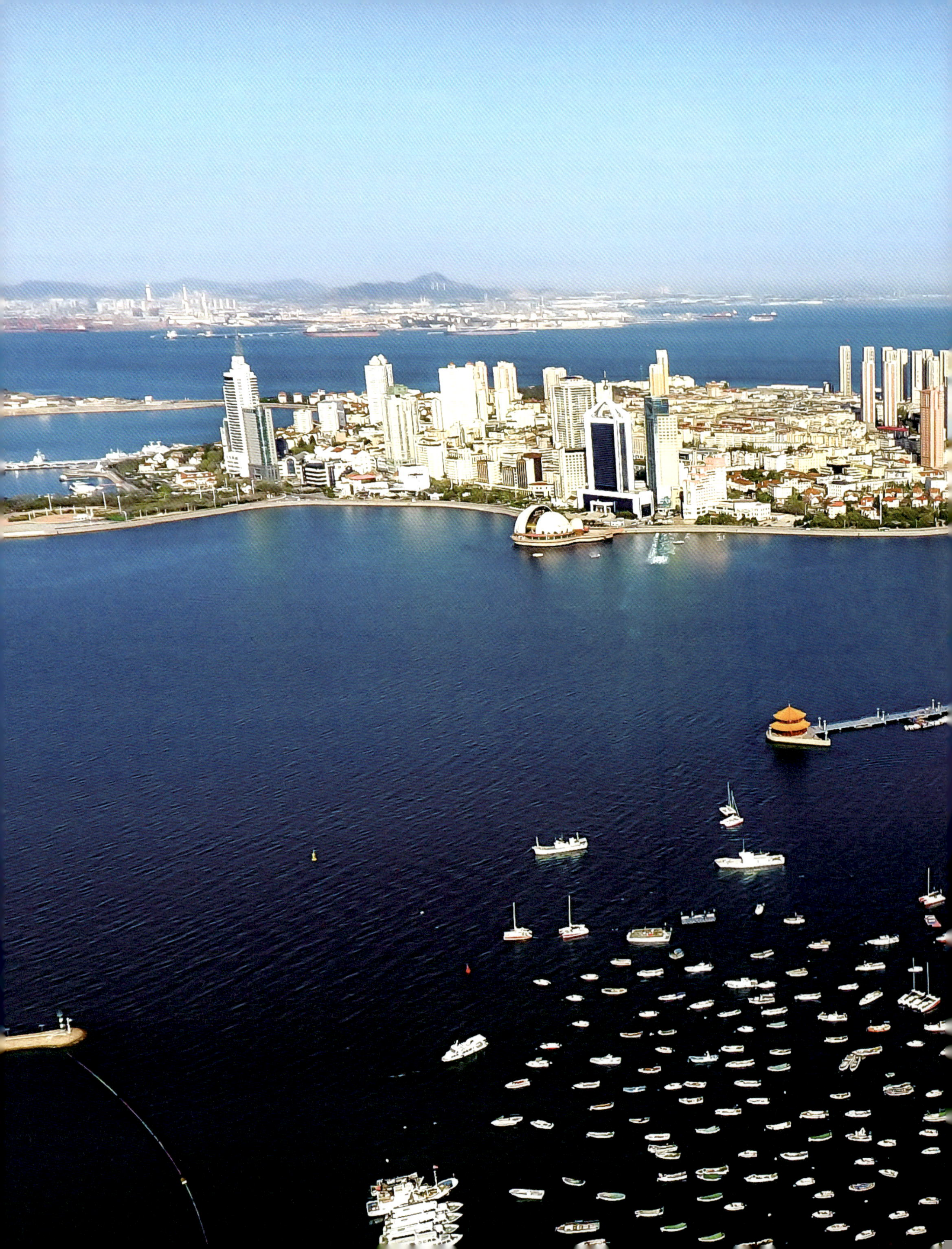

经略海洋：远眺山东半岛青岛湾 新华社记者 王建华/摄

青山连碧海，岛城聚远朋。1 000多年前商贾云集的板桥镇见证着这片商业热土成长为重要的对外开放城市——青岛。它是中国产品外输和进口货物登陆的重要门户，走向世界的青岛啤酒，溢漾着中国扩大对外开放的坚定与豪迈。继2018年上合峰会（上海合作组织成员国元首理事会）成功举办，青青之岛乘"峰"破浪，持续迸发新动能。

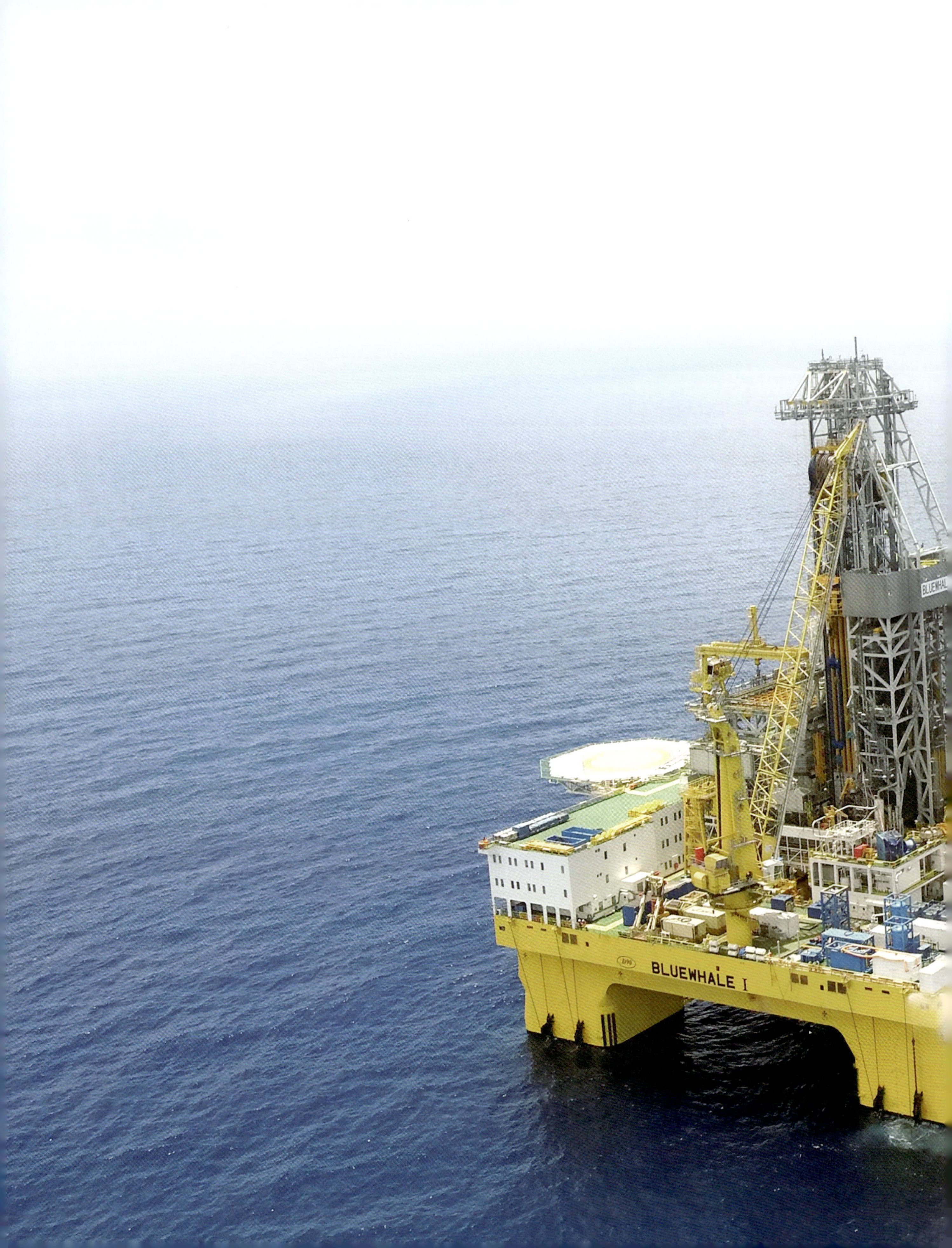
BLUEWHALE I

经略海洋:"蓝鲸1号"在南海试采"可燃冰" 新华社/发(中集集团供图)

念好"海洋经",阔步向深蓝。山东烟台中集来福士海洋工程有限公司建造的半潜式钻井平台——"蓝鲸1号",最大钻井深度超过15 000米,代表海工装备中国深度。2019年,山东省港口集团在青岛正式揭牌,以一流海洋港口为依托,开辟对外合作海上大通道。

No.09 皖

CHINA FROM OUTER SPACE

江淮大地 · 人杰地灵

安徽省在中国的位置示意图

耕地面积：586.68

自然保护区面积：50.6
占辖区面积比重 3.6%

2017年　　2017年

安徽省耕地、森林及自然保护区概况

ANHUI

安徽

森林面积：395.85
森林覆盖率：28.7%
2018年
单位：万公顷

城镇人口：3 459
乡村人口：2 865
2018年
人口 单位：万人

地表水与地下水水资源重复量：134.6
人均水资源源量：1 328.88 立方米
地表水：766.7
地下水：203.7
2018年
水资源 单位：亿立方米

铁路：1 800
内河航道：5 600
公路：44 500
2000年

铁路：2 400
内河航道：5 600
公路：72 800
2005年

铁路：2 900
内河航道：5 600
公路：149 400
2010年

铁路：4 200
内河航道：5 600
公路：186 900
2015年

铁路：4 300
内河航道：5 600
公路：208 800
2018年

交通 单位：千米

数据来源：国家统计局、安徽省统计局

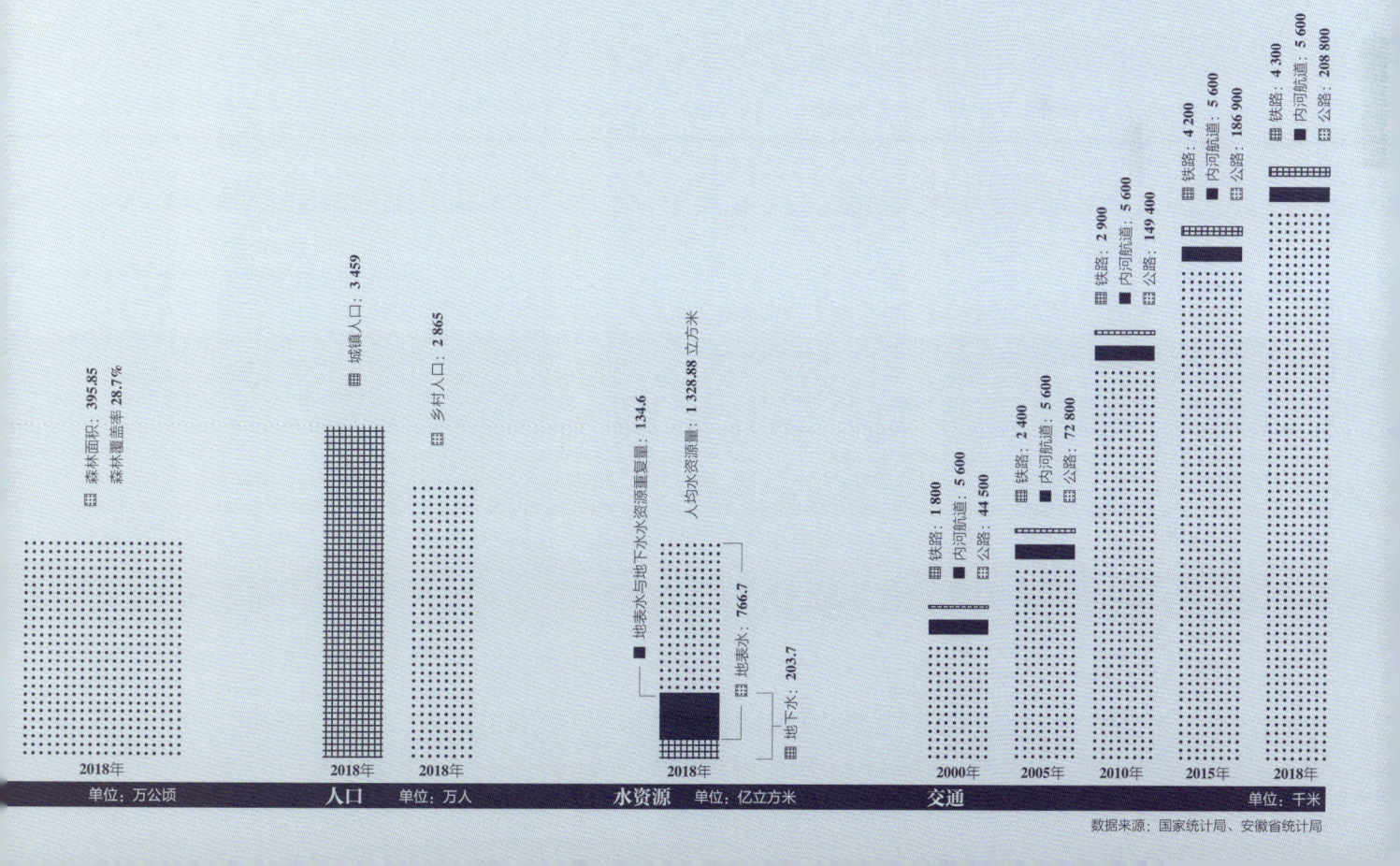

凌空俯瞰江淮大地，地形地貌多姿多彩，山水风光秀甲天下。

然而远在距今19亿年前，安徽南部地区还是一片汪洋，直到距今2亿年前的三叠纪末期，划时代的印支运动终于使海水退出安徽全境。此后亿万年漫漫岁月里，影响遍及我国各地的燕山运动和新生代喜马拉雅造山运动接踵而至，并最终塑造了今日安徽两河两山五地，且西南高、东北低的地形地势格局，深刻地影响着江淮大地。

发源于河南并作为中国南北分界的淮河，以浩浩荡荡之势，自西向东横贯安徽北部，同颍河、涡河等支流一起，冲积形成一片覆盖淮河沿岸及淮河北部广大区域的平原地带——淮北平原。这一区域地势平坦开阔，只在东北部有小面积"岛山"一样的低山丘陵，是安徽乃至全国重要的商品粮基地之一。而雄浑壮阔的万里长江，沿青海、西藏、四川、云南、重庆、湖北、湖南、江西一路奔袭，横贯安徽全境，并在安徽中南部长江沿岸和巢湖附近，孕育出一个土地肥沃、河湖星罗棋布的鱼米之乡——沿江平原。

在淮北平原与沿江平原之间，是西连皖西大别山区的江淮丘陵。与大别山区不同，江淮丘陵地形波状起伏，平均海拔不足300米。而蜿蜒于安徽西部的皖西大别山区，冈峦起伏，群峰突起。主峰天柱山，海拔1 489.8米，是长江、淮河的分水岭。由此横跨长江，便是与整个皖西大别山区隔江对坐的皖南山区。它以黄山为中枢，经亿万年地质营力的雕琢，形成峰林、怪石、洞穴广布，整个花岗岩区峰峦叠翠的地貌奇观。

在这山河之间，第四纪以来适宜的地理气候，提供了人类生存、发展所必需的良好条件，也为这里史前文化的发展和史前文明的出现提供了适宜的土壤。在芜湖繁昌的人字洞里隐藏着中国迄今为止最早的旧石器时代人类活动遗址，距今200万—240万年。在马鞍山和县龙潭洞内，考古学家还发现了距今约30万年旧石器时代的"和县猿人"遗址。进入新石器时代以来，以蚌埠双墩、含山凌家滩、潜山薛家岗和蒙城尉迟寺遗址为代表的安徽史前文化，更成为中国早期南北文化交流、融合、碰撞的核心地带。

右页图为安徽省地形3D混合示意图
在大的地理区位中，淮北平原是华北平原的一部分，沿江平原属于长江中下游平原。

— 169 —

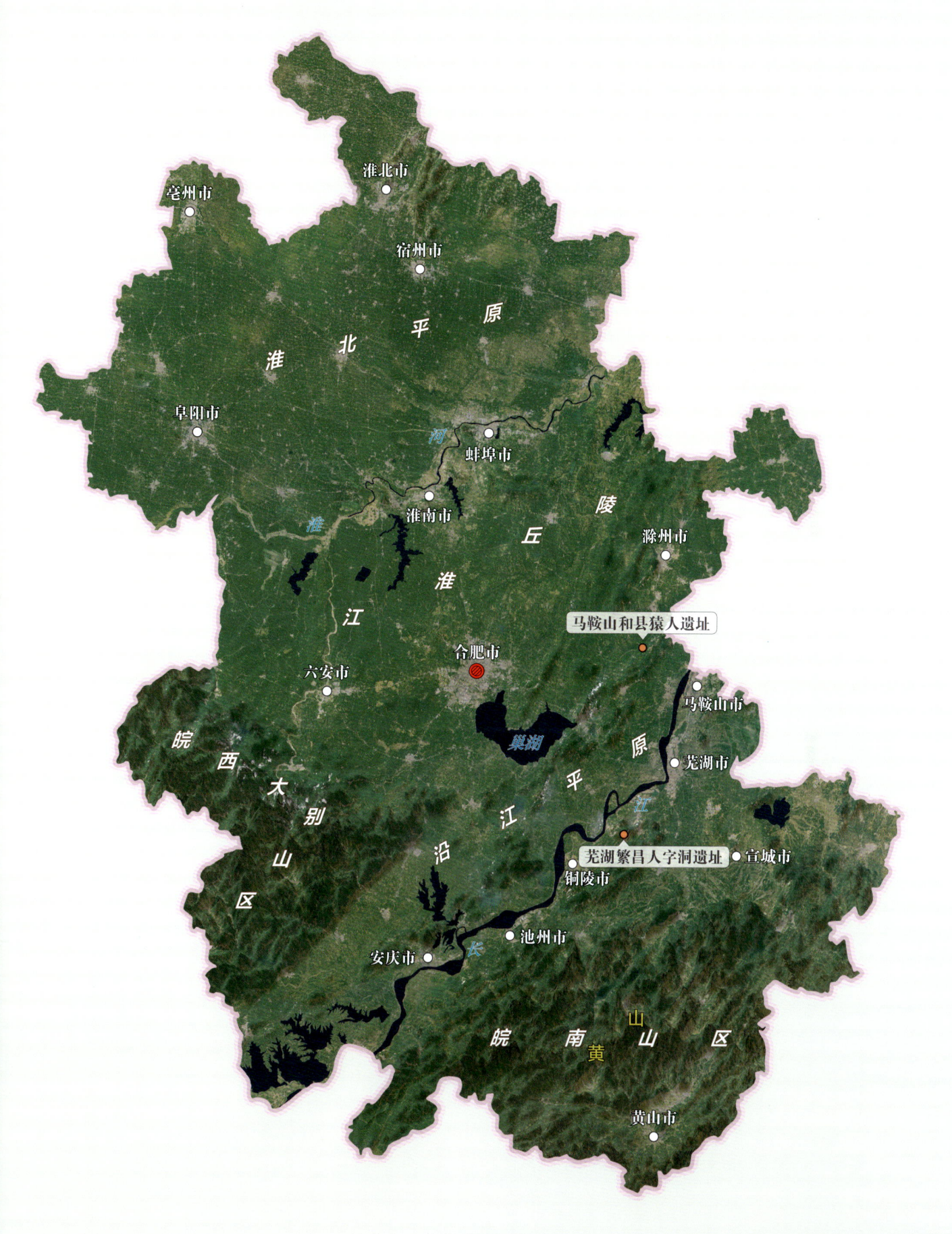

亳州市
淮北市
宿州市
阜阳市
淮河
蚌埠市
淮南市
江淮丘陵
滁州市
马鞍山和县猿人遗址
六安市
合肥市
巢湖
马鞍山市
芜湖市
沿江平原
皖西大别山区
芜湖繁昌人字洞遗址
宣城市
铜陵市
池州市
安庆市
长江
皖南山区
黄山
黄山市

与沧海桑田、积淀深厚的人类文明相比，安徽建省的历史就要短了许多。

安徽正式命名的时间是清康熙六年（1667）。"安"取自安庆，"徽"取自徽州。当时的安徽省共管辖八府五州，安庆府是全省的政治、军事中心，徽州府则因商业和文化著称于世，并以"徽商"之名为世人留下一段长达790年的传奇。

虽然建省的历史较短，但安徽建设、发展的历史却很悠长。据清道光九年（1829）成书的第一部安徽省志《安徽通志》记载："安徽一省五岳有其一，四渎居其二，其他山川无论矣。"五岳和四渎是中华地域认同的标志。长江、淮河和黄河、济水被称作四渎，但现在我们所熟知的五岳却没有一处位于安徽，为何清朝人却这么说呢？原来，五岳是随着中华文明的展布而有所变化的。最早的南岳，并非位于长江以南的湖南衡山，而是位于长江北岸、今安徽省安庆市潜山的天柱山。因为地处古皖国之地，天柱山还有一个别称叫"皖山"，安徽省的简称"皖"正是取自这一古老的称谓。

古老的安徽是"人文中国"的精粹之地，新中国成立70余年来，这里古老的文明精妙传承，艺术创造熠熠生辉。今天，襟江带淮、吴头楚尾、承东启西的安徽，不仅是江浙沪皖长江三角洲地区无缝对接的纵深腹地，更是"创新中国"的先行之地，创新创业热潮涌动，科技"攻尖"与产业"攻坚"硕果连枝。

右页图为安徽省地形及主要水系分布示意图

图 例
◉ 省级行政中心
◎ 地级市行政中心
1:2 500 000

壹

皖南山区：山岳奇秀，徽商从这里走来

皖南山岳奇秀，文化积淀深厚，当地流传着"黄山奇，九华秀，齐云幽"的民谚。"天下第一奇山"的黄山、四大道教名山之一的齐云山和四大佛教名山之一的九华山，在这里三足鼎立。

然而远在距今19亿年以前，包括黄山在内的整个皖南山区都是一片汪洋。后来，黄山南侧地壳在海底继续沉降，并伴随火山喷发。数亿年间，在白浪滔天的海水中沉积了厚逾万米的泥沙物质。到了距今10亿年左右，这里上演了震撼中国南方的晋宁运动，厚逾万米的泥沙物质开始固结形成大陆地壳，地下炽热的花岗岩浆也从黄山南侧的深处上侵。但黄山并未就此平静，在距今4.05亿年左右的地壳运动中上升成为陆地，这是黄山地区在地质历史上首次长时期出露海面。

在经历约5 000万年的相对稳定后，海水卷土重来，黄山地区又重新沉入海平面以下。直到距今2亿年前，划时代的印支运动才使海水全部退出安徽全境。当咸涩的海水退去，黄山这片裸露在大地上的岩石，开始经受漫漫岁月的风雨侵袭和自然剥蚀。印支运动改造了这里的地壳面貌，它不仅使黄山地区再度崛起，同时又重新塑造和雕琢了这里的地质地貌。再后来，在那植被繁茂、恐龙称霸的时代，伴随燕山运动的激化，黄山花岗岩体的胚胎开始在这里孕育，并最终形成了黄山岩体。但直到距今5 000万年至6 000万年前的喜马拉雅造山运动时期，覆盖在黄山花岗岩体上的沉积盖层，才随着山体的抬升逐渐剥落殆尽。黄山终于冲开岁月的掩盖，慢慢露出地表，形成了莲花峰、光明顶和天都峰等花岗岩山峰，并在距今约100万年前，切割形成了高逾千米、翘首云天的花岗岩峰林。

今天，汇聚奇松、怪石、云海、泉瀑"四绝"的黄山，群峰矗立，怪石嶙峋；群峰之间气流分合不定，形成了壮观而瞬息万变的云雾；断崖和悬谷之间处处瀑潭，汤泉清幽；峰畔崖边，松枝向外侧伸展，呈迎客之态。徐霞客曾叹为观止："登黄山，天下无山。"但这并非黄山不变的模样，那永恒的地质伟力，每时每刻都在雕塑着黄山的肌肤，创造着黄山的灵气。

右页图：一场大雨过后，安徽黄山风景区云海弥漫，宛如一幅淡雅的水墨画卷　新华社/发 水从泽/摄

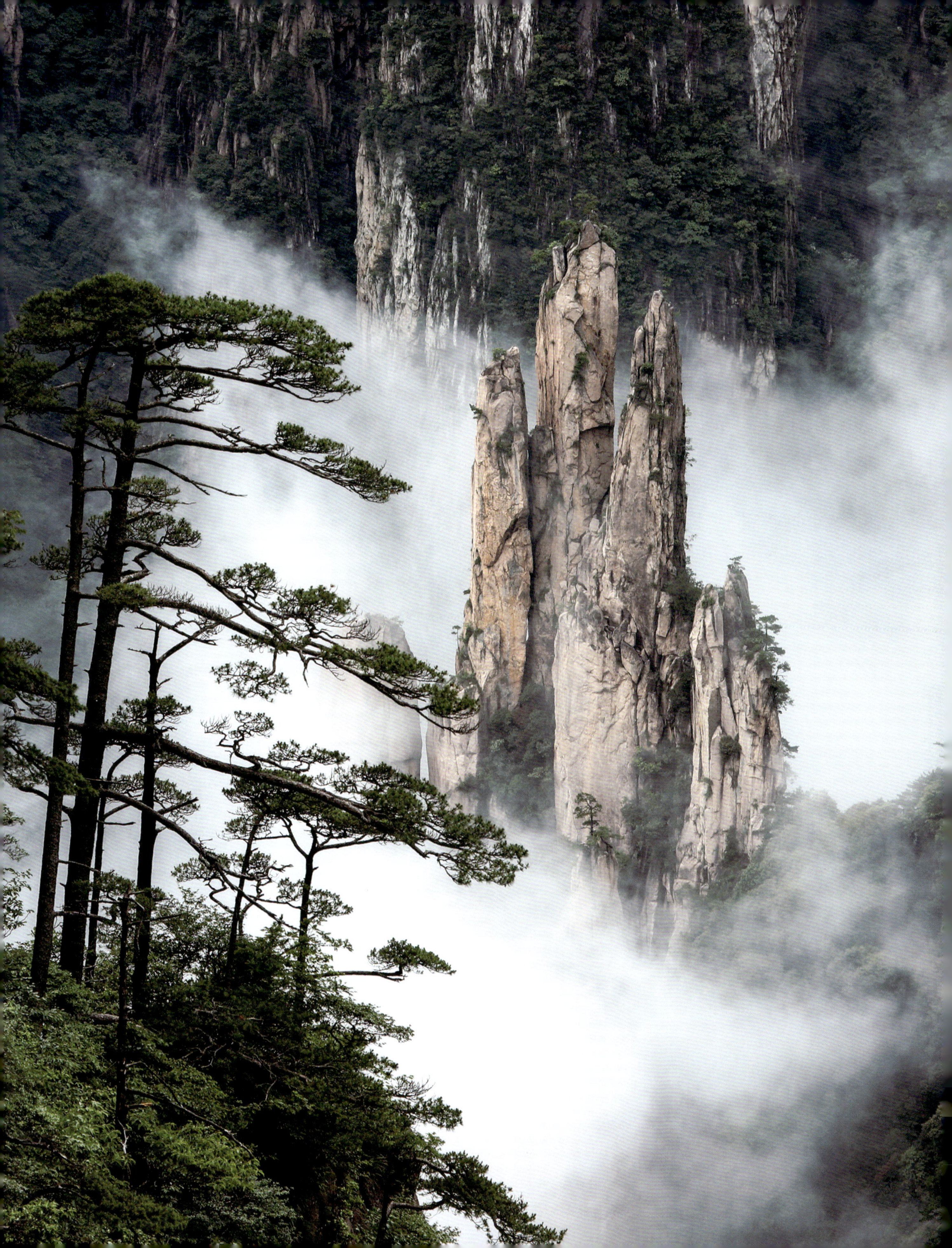

"一生痴绝处，无梦到徽州。"

皖南早已成为许多人梦中的世外桃源。

山峰耸峙、郁郁苍苍的黄山，头顶世界自然遗产、世界文化遗产、世界地质公园三项桂冠，怀抱星罗棋布的徽派建筑古村落，人居与山水和谐共生。

粉墙黛瓦的民居，配上层层昂起的封火山墙，倒映在清澈的湖沼中，极具粉墨山水画的意境。这样的风景是明朝中期以后才出现的。伴随着徽商的崛起，大批商业利润被源源不断地汇回家乡，这方土地的民居面貌焕然一新。

虽说皖南山岭遍布，川谷崎岖，自古便被称为"山限壤隔之地"，但新安江、阊江等水道沟通了钱塘江、京杭大运河和长江，为徽商的登场提供了便利的交通条件。徽商在朝廷授权下掌握了垄断性的盐业，也将皖南山区的经济作物和手工业品长途贩运到四方，成为木材、茶叶、墨、陶器等行业巨头。徽商的活跃，给长江中下游的城镇商业带来了活力，因而民间流传有"无徽不成镇"的说法。

鸟瞰皖南古村 新华社记者 杨世尧/摄

这是2018年5月8日,新华社记者在安徽省黄山市黟县宏村,用无人机记录下的皖南古村之美。

皖西大别山区：一寸山河一寸血，一抔热土一抔魂

大别山，横亘神州大地中央腹地安徽、湖北、河南三省交界处，绵延300余千米。革命战争年代，大别山是一座英雄的山，200多万人民投身革命，近100万人为国捐躯；社会主义建设和改革时期，大别山是一座奋斗的山，昔日贫穷落后的大山沟，如今已是绿色发展的先行者，见证着一场场老区人民波澜壮阔的"反贫困"之战。

2019年，革命老区金寨县正式退出贫困县序列。这座深处大别山腹地的"将军寨"，凝聚着革命的热血，被誉为"红军的摇篮、将军的故乡"。"最后一把米，拿去当军粮；最后一块布，拿去做军装；最后一个儿，送去上战场。"革命战争年代，不足23万人的金寨县是红二十五军和红四方面军的主要发源地，先后组建过11支主力红军队伍，一地走出59位开国将军。在为民族解放、国家独立而斗争的岁月里，10万金寨儿女为国捐躯。满山的红杜鹃下深埋着烈士的忠骨，每年春天，杜鹃花次第开放，层层叠叠，团团簇簇，将青色的大山变成了红色的海洋。

新中国成立后，金寨的反贫困之战，曾让无数人牵肠挂肚：这里是华东地区最闭塞的山区之一，又集山区、库区和老区为一体，是安徽省最典型的一块"贫中之贫、困中之困"的硬骨头。1978年，金寨县贫困人口54万，占总人口的99%，几乎人人贫、户户穷。直到2011年，金寨仍被确定为大别山集中连片特困地区县。但毫不气馁的老区人民，在国家脱贫攻坚决策部署指引下，向着贫困堡垒发起冲锋，在这片红土地上的脱贫战斗中，坚持"红"与"绿"的底色，走出一条"红绿经济"之路。

曾经闭塞的山区如今山门大开，修建了贯穿全县的旅游快速通道和通达镇村的公路，畅通了山乡血脉。当年长满荒草杂树的大山如今山野流翠，一垄垄茶园绿野生金，一片片药材成增收宝库。人不负青山，青山定不负人。70余年沧海桑田，大别山老区巨变，光景越来越好。

安徽省六安市金寨县革命烈士陵园中央，一座高 24 米的金寨县革命烈士纪念塔巍巍而立，塔身正面镌刻着刘伯承元帅亲笔题写的碑铭——燎原星火。

雾飘金寨茶谷 新华社记者 陶明/摄

大别山深处的安徽省六安市金寨县油坊店乡是六安茶谷主题公园的核心地带，层层茶园与周边的湖光山色构成一幅天然画卷。

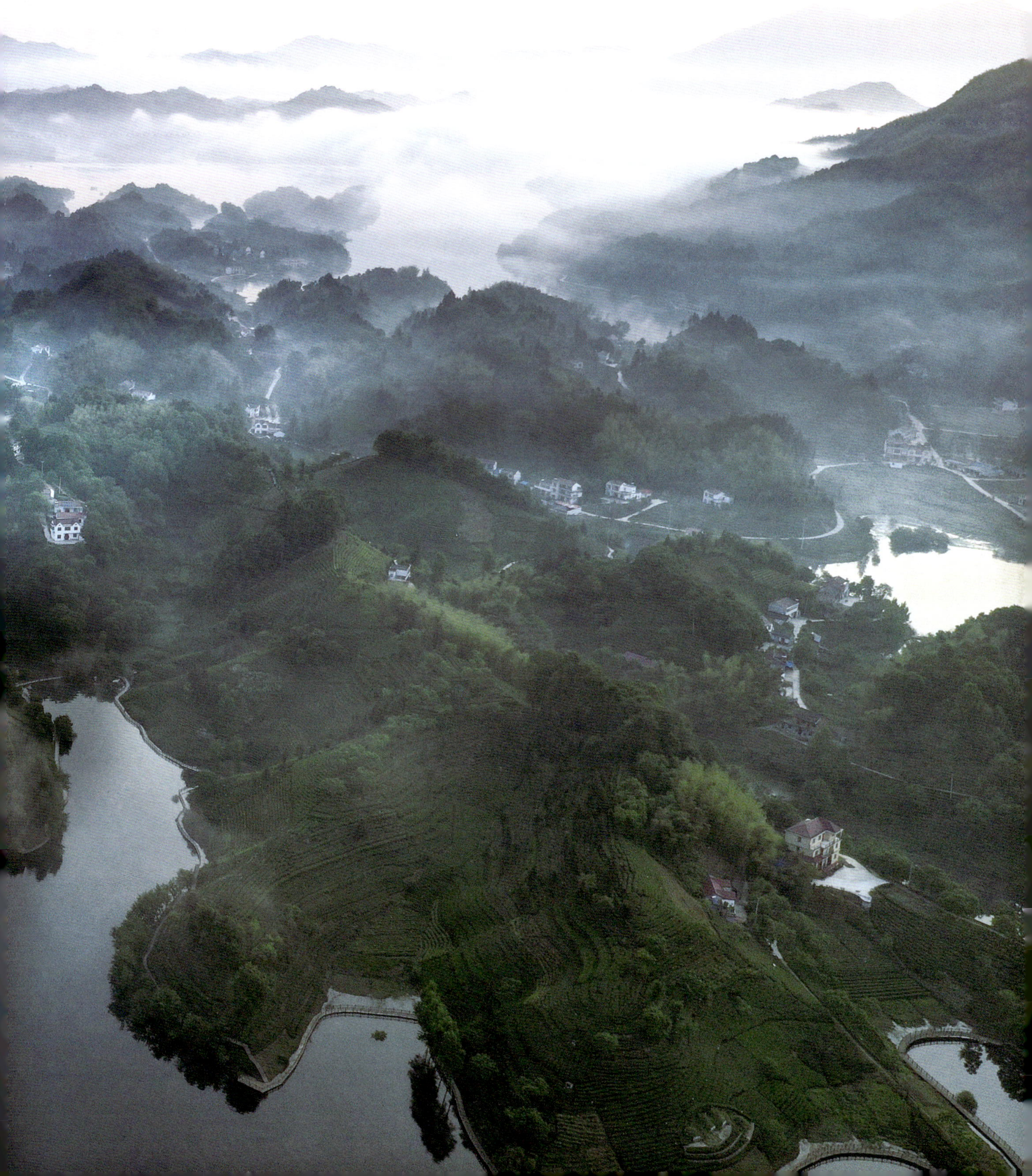

叁 淮北平原：淮水安澜，功在禹上

在淮北平原上，淮河流域是我国重要的粮、棉、油生产基地，在占全国面积不到 3% 的土地上，有近 2 亿亩耕地，养活着占全国总人数近 13% 的人口。

淮河，是一首流淌的诗，绵延不绝，记载着两岸百姓难以言说的恩怨。

淮河，是一首悲伤的歌，如泣如诉，倾诉着多少自然灾害和辛酸苦痛。

淮河，发源于河南省桐柏山区，其干流由西向东，流经河南、安徽、江苏三省，在江苏扬州三江营入长江，全长约 1 000 千米。"走千走万，不如淮河两岸"，曾是千百年来淮河儿女美好生活的生动写照。但历史上黄河多次溃决夺淮，使淮河丧失了入海口，这条河流也就变得桀骜不驯、泛滥成灾。"泥巴凳，泥巴墙，除了泥巴没家当。"这是过去深受水患之苦的沿淮人民生活的真实写照。翻开史册，淮河章章页页全是血泪：

黄河夺淮初期的公元 12—13 世纪，淮河平均每百年发生水灾 35 次；公元 14—15 世纪平均每百年发生水灾 75 次；公元 16 世纪至中华人民共和国成立初期的 450 年间，平均每百年发生水灾 94 次。1950 年、1954 年、1957 年、1975 年、1991 年、2003 年、2007 年等年份发生了较大洪涝灾害，1966 年、1978 年、1988 年、1994 年、2000 年、2009 年等年份发生了较大旱灾……"善治国者，必善治水。"水旱灾害频发，罪不在山水而在治水的力度与举措。1949 年，中华人民共和国成立。淮河，从此翻开了新的一页。

1950 年 10 月 14 日，在新中国百废待举、百业待兴的情况下，中央人民政府政务院召开第一次治淮会议，周恩来总理明确提出"蓄泄兼筹"的治淮方针，并语重心长地告诫建设者："我们今天要做的工作，是大禹以来从未做到的。"1951 年 5 月，毛泽东主席发出"一定要把淮河修好"的伟大号召，为淮河治理翻开了历史性的崭新一页，淮河成为新中国第一条全面、系统治理的大河。

70 年持续治理，淮河两岸儿女历经艰苦奋战，在被称为"最难治理的河流"上筑起了一座又一座治水丰碑，终于实现了淮河洪水入江畅流、归海有路。如今，淮河流域的面貌已经发生了巨大变化，昔日洪流宣泄时哀鸿遍野、民不聊生的景象不再，清凌凌的淮河水灌溉着淮河两岸的万顷良田，滋养着这片土地上的一家一户、一草一木……我们可以告慰周恩来总理：淮水安澜，功在禹上。

上图：淮河下游一处治淮工地 新华社1971年4月13日发 新华社记者 周庆政/摄
下图（左）：治理淮河的第二期工程中，民工在工地施工（资料照片） 新华社/发
下图（右）：民工在安徽润河集蓄洪分水闸工地施工（1951年摄） 新华社/发

从60万米高空俯瞰安徽省淮南市寿县的寿西湖农场

图中河流为淮河。淮河很早就融入了中原农业文明之中,农田生产技术先进。有千年历史的芍陂,位于今天的淮南市寿县,灌溉面积曾高达万顷。隋唐至北宋时期供应首都的漕粮,重要产地之一就是淮河流域,时人称"天下无江淮不能以足用"。

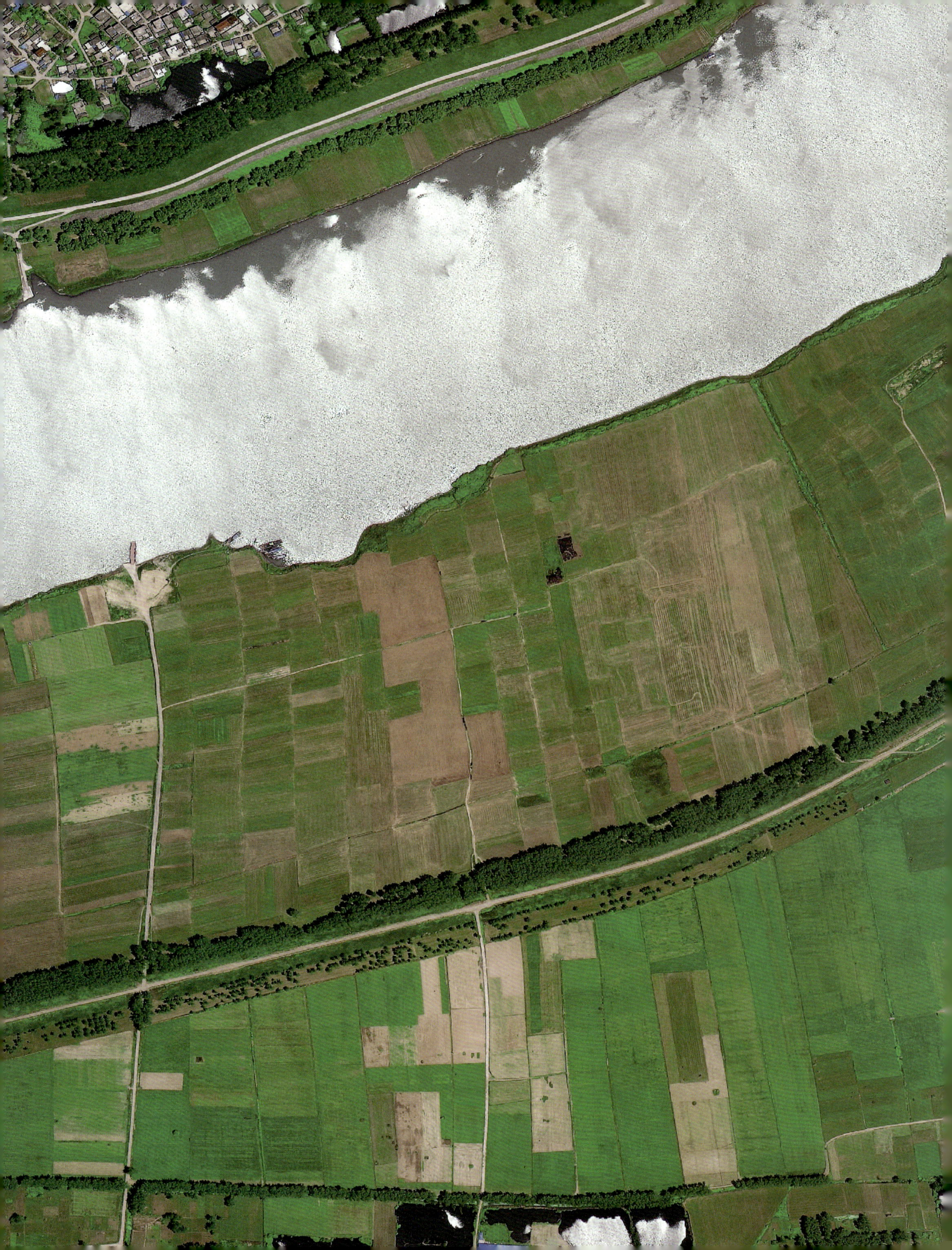

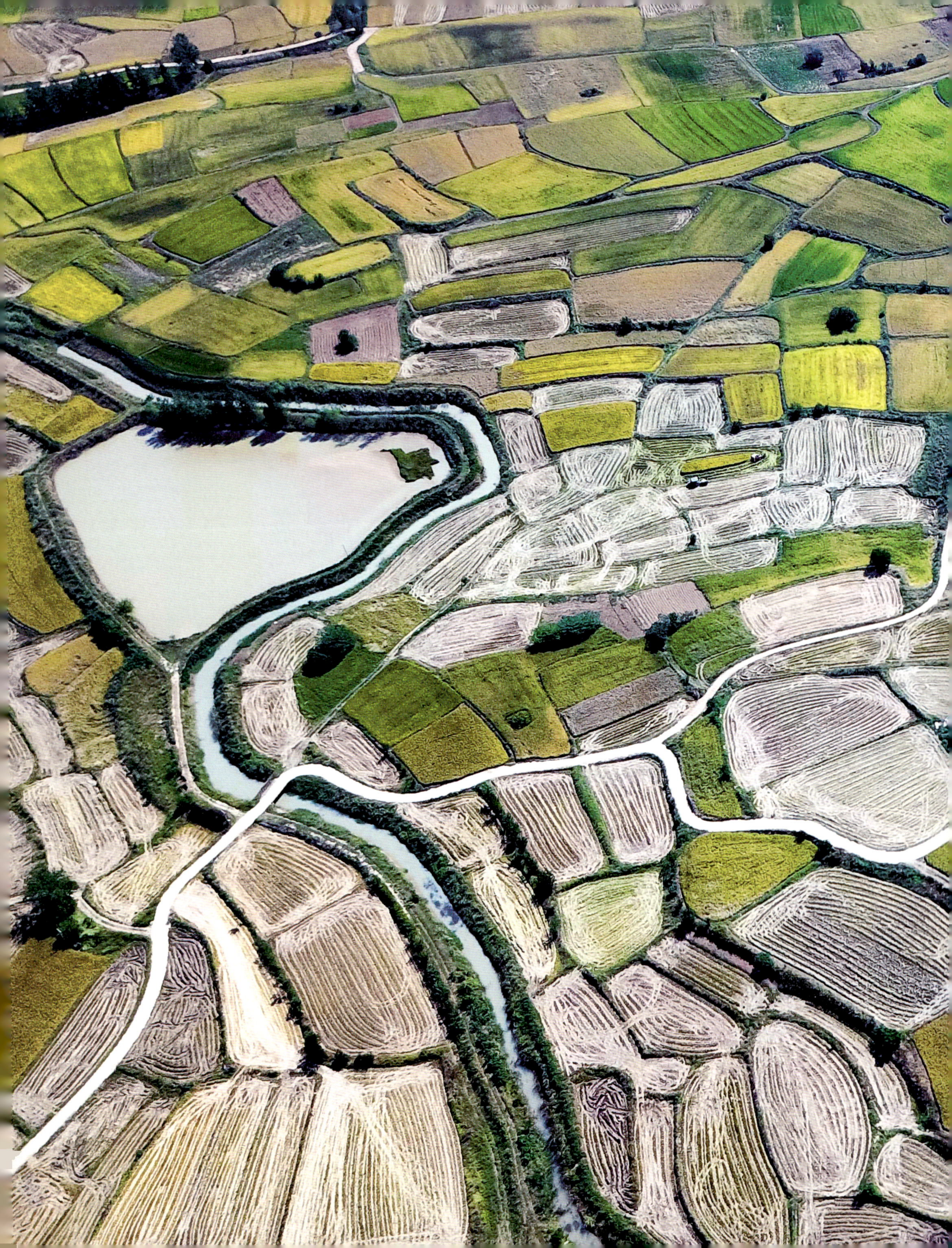

安徽省滁州市凤阳县小岗村的田野景象 新华社记者 张端/摄

敢闯敢试、敢为天下先的精神基因，深植于安徽人心中。400年前安徽商人将贸易拓展到了东南亚和欧洲，缔造出"无徽不成商"的徽商传奇。40多年前，淮河岸边一个普通的小村庄——凤阳县小岗村率先实行"大包干"，一声惊雷掀开中国农村改革的大幕。今天，安徽再立改革创新、联通世界新潮头。皖北大地、淮河两岸麦浪声声。

肆 沿江平原与江淮丘陵：八百里皖江的新起点

长江流经安徽境内的河段，被称为"皖江"，全长约400千米，因而又得名"八百里皖江"。

皖江流域盛产稻米，米粮市场发达。安徽芜湖正是随米市而兴起的港口城市，一度成为中国粮食市场的翘楚，是中国历史上四大米市（芜湖、无锡、九江、沙市）之一。早在北宋时，芜湖即已崭露头角，之后逐渐发展为皖江流域的经济中心城市。史载："芜湖扼中江之冲，南通宣歙（宣城、黄山），北达安庐（安庆、合肥），估客往来，帆樯栉比，皖江巨镇，莫大乎此。"

近代以后，皖江流域的工矿业也有了较大发展，马鞍山、铜陵等城市纷纷崛起。这些城市依靠沿江低山丘陵的铜铁成矿带，以铁、铜、磷、煤等矿著称于世。然而今天，八百里皖江"共抓大保护，不搞大开发"，一个以芜湖、合肥为核心，水清、岸绿、产业优的皖江城市带正在形成。它包括了安庆、池州、铜陵、芜湖、宣城、马鞍山、滁州、合肥8市，以及六安市的金安区和舒城县，总面积超过安徽全省面积的一半。这是八百里皖江新的起点。

而襟江拥湖的省会合肥，无疑是江淮大地上最耀眼的一城。"墨子号"量子卫星从这里"升空"，"人造小太阳"试图在这里破解终极能源之谜，"中国声谷"在这里孕育并占据世界智能语音产业的高地……这里还是全国三座综合性科学中心城市（北京、上海、合肥）之一，已连续两年在"外籍人才眼中最具吸引力的中国城市"评比中高居三甲。

2018年，全球瞩目的"长三角G60科创走廊"从上海经嘉兴、杭州、金华、湖州、苏州，以及安徽的宣城、芜湖，一直延伸到合肥。融入"长三角"，安徽必定迎来更高质量一体化发展的新机遇。

安徽省合肥市1987—2018年变迁
解放前，合肥仅仅是一个县城，1952年正式成为安徽省省会，城市经济快速发展，城区扩张迅猛。2006年开始，合肥又将700多平方千米的巢湖纳入城市之中，生态保护与城市发展有机融合，形成了宏伟的"大湖名城"布局。

1987年

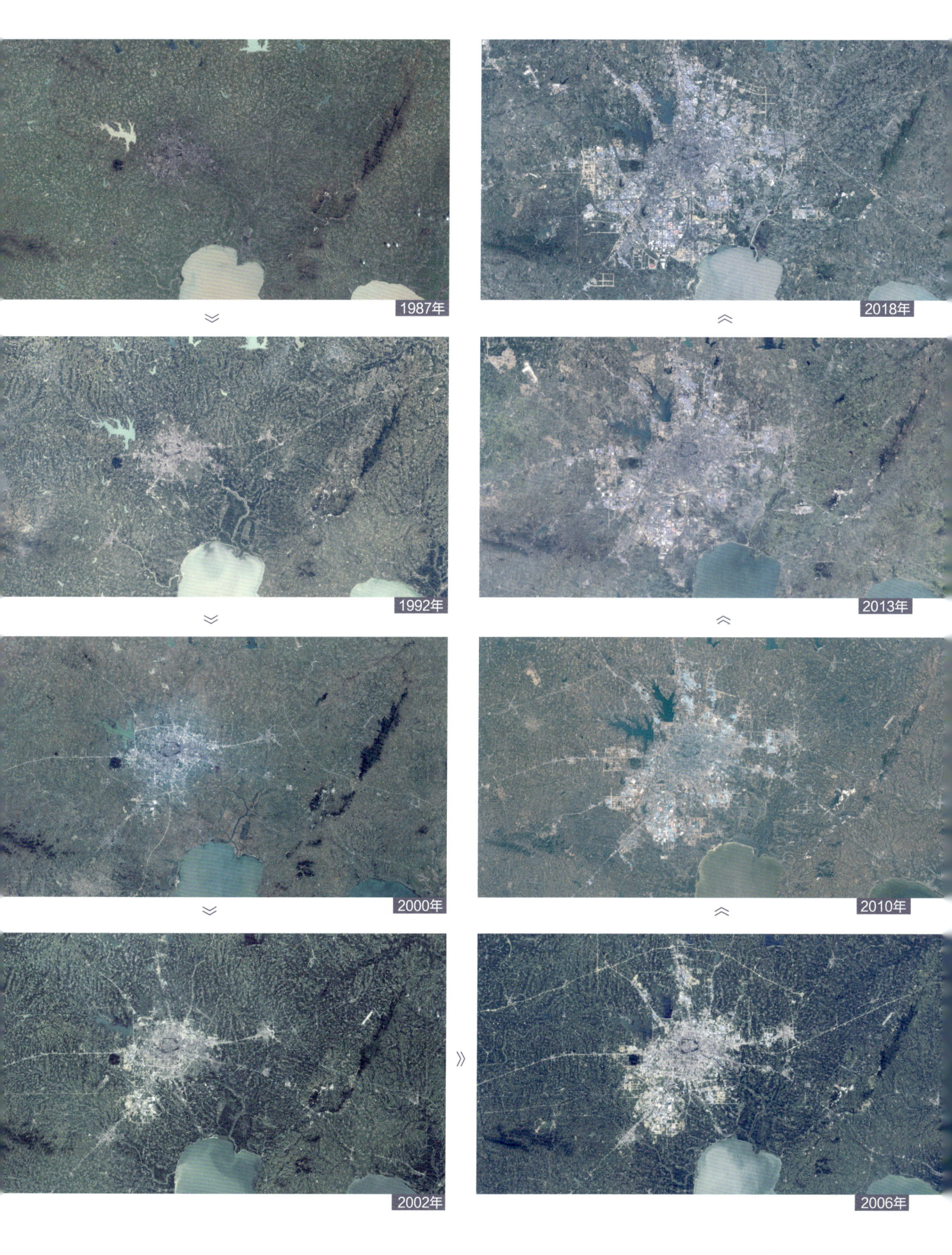

2018年

1992年

2013年

2000年

2010年

2002年

2006年

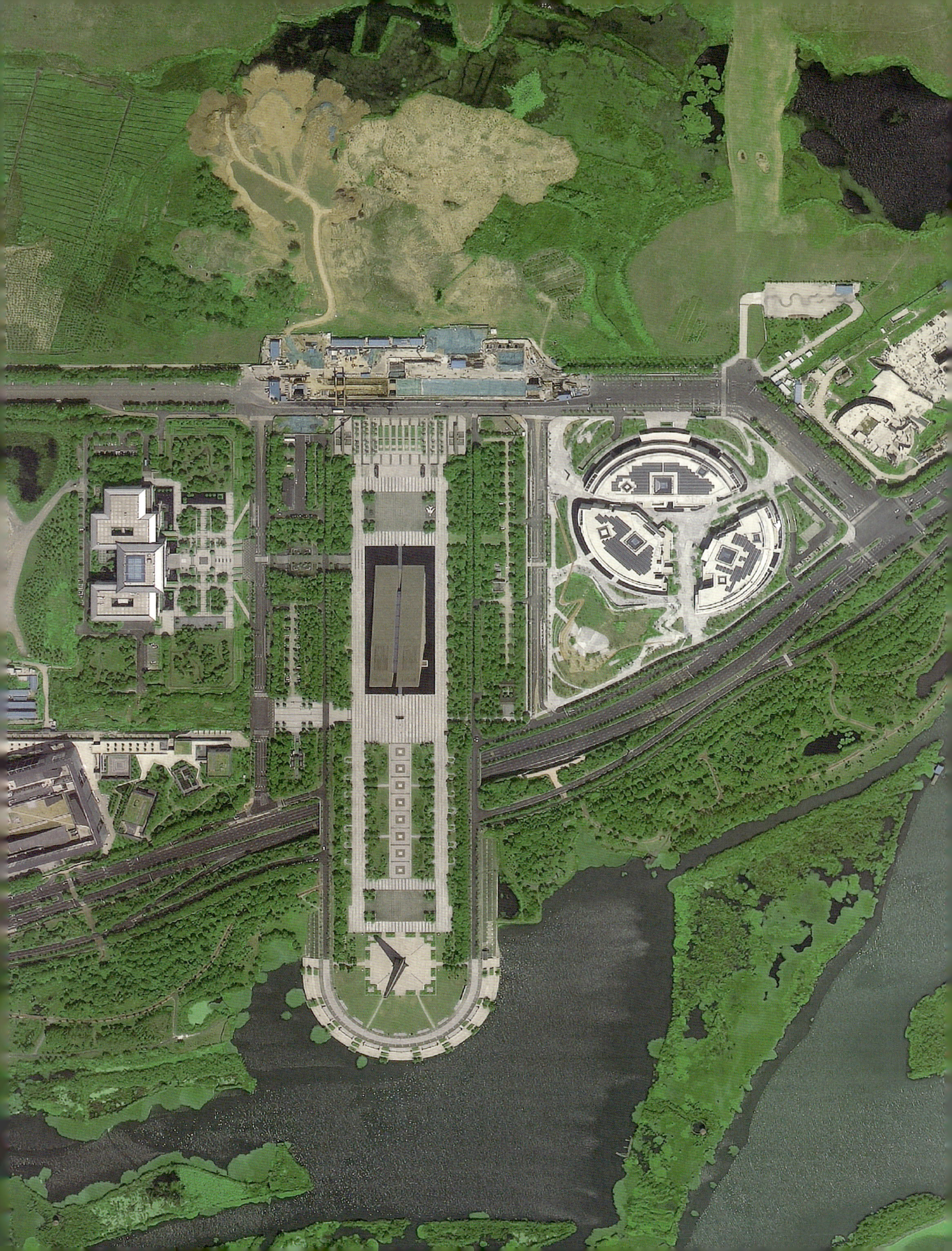

从60万米高空俯瞰位于巢湖畔的安徽创新馆

图中由三大场馆组成的圆形建筑即为2019年4月24日正式开馆运营的安徽创新馆,它是全国首座以创新为主题的场馆,是一座集"成果展示、要素集聚、研发转化"等功能于一体的主题场馆。

No.10

CHINA FROM OUTER SPACE

山水钟灵秀·最忆是江南

耕地面积：457.33

自然保护区面积：53.6
占辖区面积比重：3.8%

2017年　　2017年

江苏省在中国的位置示意图　　江苏省耕地、森林及自然保护区概况

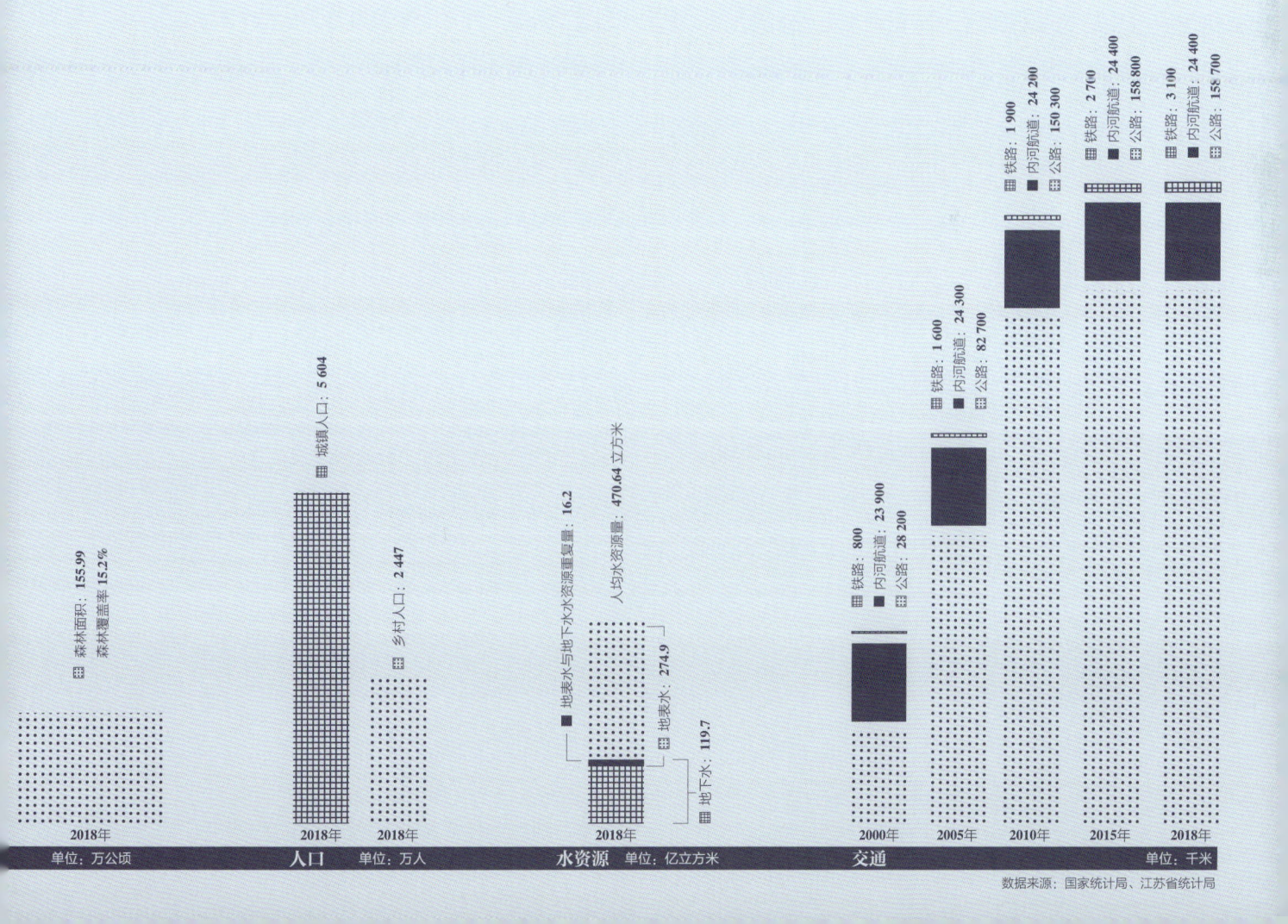

JIANGSU 江苏

森林面积：155.99
森林覆盖率：15.2%

城镇人口：5 604
乡村人口：2 447

地表水与地下水资源重复量：16.2
人均水资源量：470.64 立方米
地表水：274.9
地下水：119.7

铁路：800
内河航道：23 900
公路：28 200

铁路：1 600
内河航道：24 300
公路：82 700

铁路：1 900
内河航道：24 200
公路：150 300

铁路：2 700
内河航道：24 400
公路：158 800

铁路：3 100
内河航道：24 400
公路：158 700

2018年
单位：万公顷

2018年　2018年
人口　单位：万人

2018年
水资源　单位：亿立方米

2000年　2005年　2010年　2015年　2018年
交通　单位：千米

数据来源：国家统计局、江苏省统计局

江苏省境内颇多名山巨泽，平原、水域、丘陵面积比约为7:2:1，一个繁体的"蘇"字，尽显鱼米之乡的奥秘。它西邻安徽，北接山东，东临黄海，南连上海、浙江，海陆相邻，跨江滨海，水网如织，湖荡如珠。江河湖海齐聚之地，天下恐怕更无他处。

自唐宋以来，中国的经济重心地区逐渐从黄河中下游地区转移到了长江中下游地区。加之元明清三代都建都北京，原先唐宋时代以洛阳或开封为中心的南北大运河已经不适用了，需要在东部平原开凿一条直达北京的运道，来满足统一王朝的政治中心和国防前线所需要的包括粮食在内的各种物资。

因此，京杭大运河的漕运及其衍生出来的沿线区域社会经济得到持续发展，中央王朝对于江南地区经济发展的倚重愈发凸显出来。

京杭大运河的江苏段河道纵贯江苏全省，途经徐州、宿迁、淮安、扬州、镇江、常州、无锡、苏州8个地级市，全长718千米，直至今天仍是黄金水道，年运输量超过10条铁路。江苏段运河的修建和通航，使国家政治中心与江南经济中心建立起直接、紧密的联系。同时，在京杭大运河的南北疏通之下，江淮大地（安徽）与江南大地（江苏）逐渐融为一体，江苏省域内经济、文化得以长足发展，大量土地得以精耕细作，地区间商品交换日益繁盛。外加江苏省域内河网水系结构四通八达，城镇逐渐从长江的主要支流向更小的支流上游迈进，呈现出条带状溯源分布的规律，构成流域型城镇分布体系。如苏州市的同里、周庄、盛泽、震泽、木渎、光福等城镇陆续涌现出来，也才使得这些市镇在环太湖流域呈现出今日星罗棋布的分布格局。

在明清时期，封建王朝的政治局面相对稳定，京杭大运河也得到了更为完善的整治，逐渐发挥出它的作用。明宣宗时期（1426—1435），为了解决京师的粮食问题和财政问题，江苏省域内的南京、常州、镇江、淮安、扬州、苏州等地多承担了繁重的漕粮转运事务和税赋征收事务。也正是在这样的经济流转过程中，江苏省域内的经济更加得以繁荣和发展。其中，尤以南京、扬州、苏州最为典型。新中国成立70余年来，在这片水系发达、物产丰饶的土地上，江苏人不断改革创新，奋力追逐现代化目标。

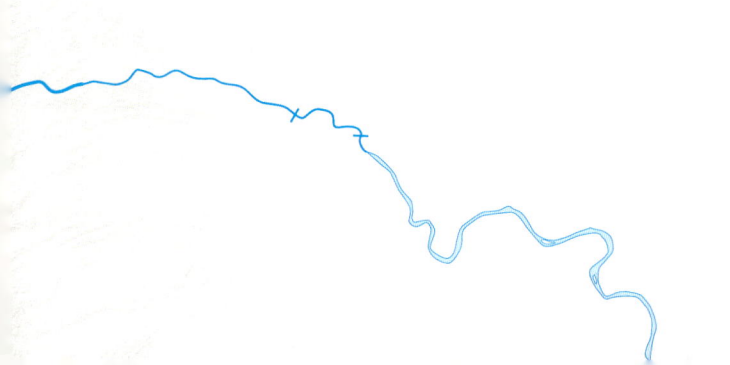

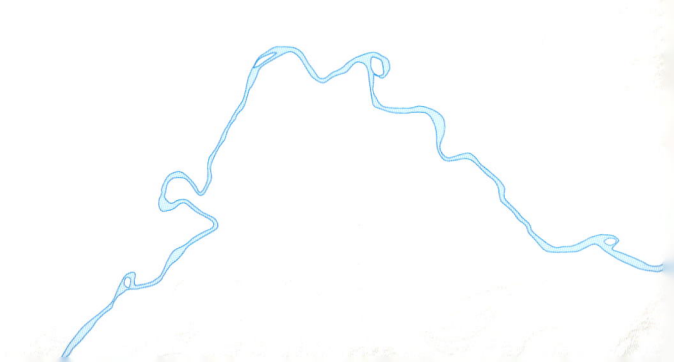

江苏省地形及主要水系分布示意图

江苏境内河网密布，横贯全境的自然水系就有两条，一为长江，一为淮河，且均由安徽入境。淮河出安徽后，受曾经"黄河夺淮入海"的影响，失去了天然的入海通道，汇入洪泽湖后，沿新中国建设的一条现代人工河道流入大海。这条入海水道位于苏北灌溉总渠北侧，与苏北灌溉总渠平行。

从60万米高空俯瞰淮安水上立交

南船北马,千年运河,历史上作为漕运枢纽的淮安,今天仍是水利枢纽,淮河入海水道与京杭大运河就在这里交汇。淮安水上立交曾是亚洲规模最大的水上立交工程,既可满足运河通航,又能保障淮河入海,犹如一本生动的教科书,将人的创造与水的便利展现得淋漓尽致。

淮河入海水道

苏北灌溉总渠

京杭大运河

从60万米高空俯瞰位于江苏省昆山市的周庄古镇

周庄是环太湖流域星罗棋布的众多名镇之一,被誉为"中国第一水乡"。在欸乃声声的船橹上,在灯光水影的古桥上,在历史与现实的交融中,周庄以全域旅游的方式,在长三角的后花园,寻找着传统文化最舒适的打开方式。

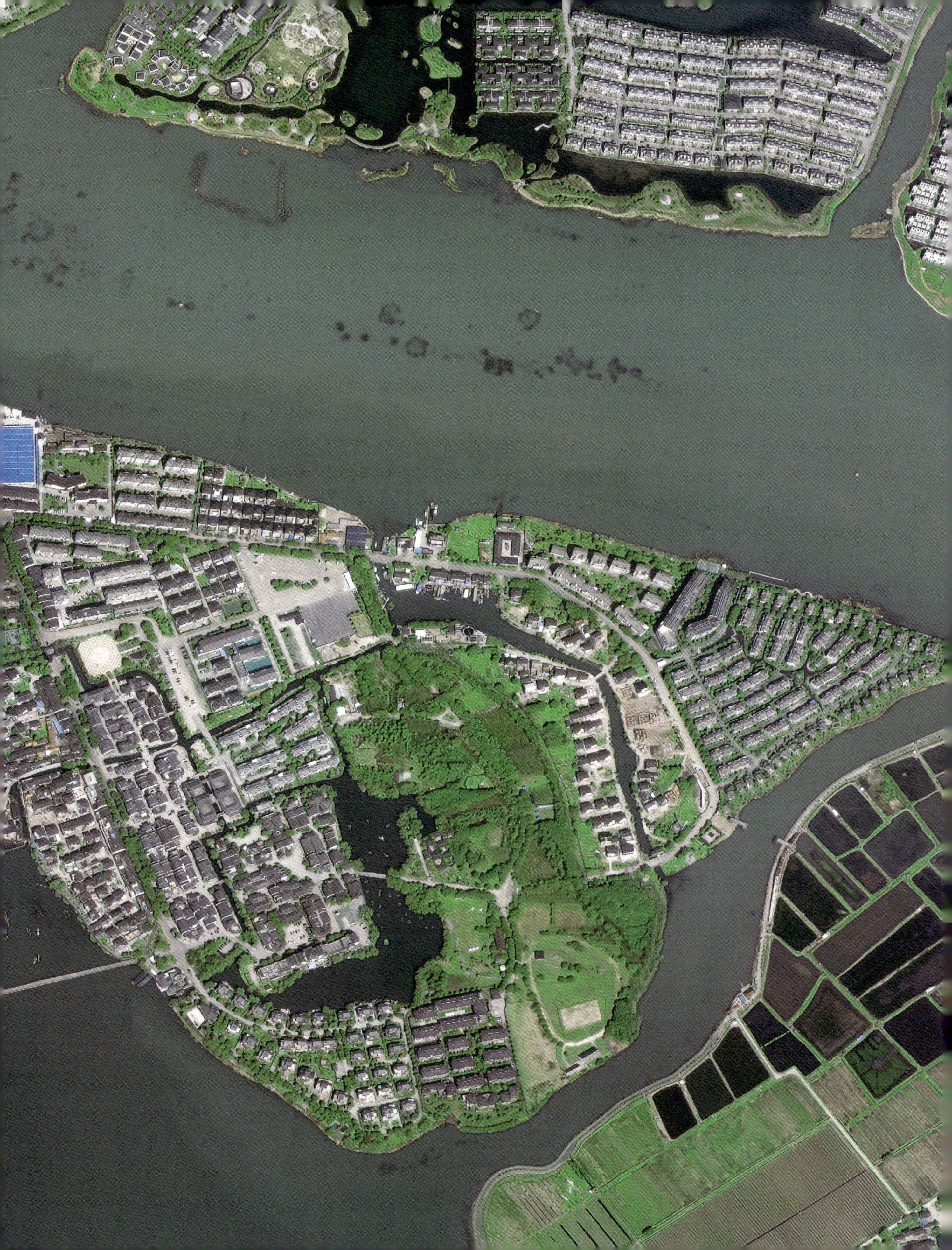

壹

龙盘虎踞，岂止江南

江南佳丽地，金陵帝王州。南京，地处长江下游向北突出的长江弯头，是万里长江入境江苏的"第一站"，早在先秦时期，已是联通大江南北的重要渡口、南北陆路交通的枢纽之地，既有"三山半落青天外，二水中分白鹭洲"的山水形胜，又有"虎踞龙盘今胜昔，天翻地覆慨而慷"的人文历史。

在日新月异的南京城里，有一处时间是"静止"的——长江路292号"总统府"办公室，桌上台历停在1949年4月22日。"定格"这一页历史的，是中国共产党领导的"百万雄师"。每年4月，矗立在长江南岸的渡江胜利纪念碑前，人流络绎不绝。人们用集体纪念的方式，缅怀革命先辈的丰功伟绩，回望那场对全国解放至关重要的胜利之战。在建城史已有2 500年的十朝都会南京，每个地标背后，几乎都能窥见一段救亡图存的探索历程：

紫金山南麓的中山陵，是伟大民主革命先行者孙中山先生的陵寝。1912年1月1日，中华民国临时政府在南京成立，孙中山宣誓就职第一任临时大总统。25年之后南京遭侵华日军屠城，30余万国人用生命记录中华民族史上最黑暗的一页。

中华人民共和国成立以来，南京从市容破败、民生凋敝、百废待兴，到如今的现代化国际性城市，百年求索，终得正道。北望长江对岸，远处高楼鳞次栉比，自被国务院批准为国家级新区后，江北新区发展步入快速通道，昔日被"天堑"阻隔的欠发达片区，如今成为"江南江北双主城"战略中重要一极。

虎踞龙盘，山水相依。一座城市走过百年，南京一直在寻找自己的方向。如今，它已站立在新时代的新起点上。

右页图为南京"江南江北双主城"与长江、秦淮河位置关系示意图

江北新主城

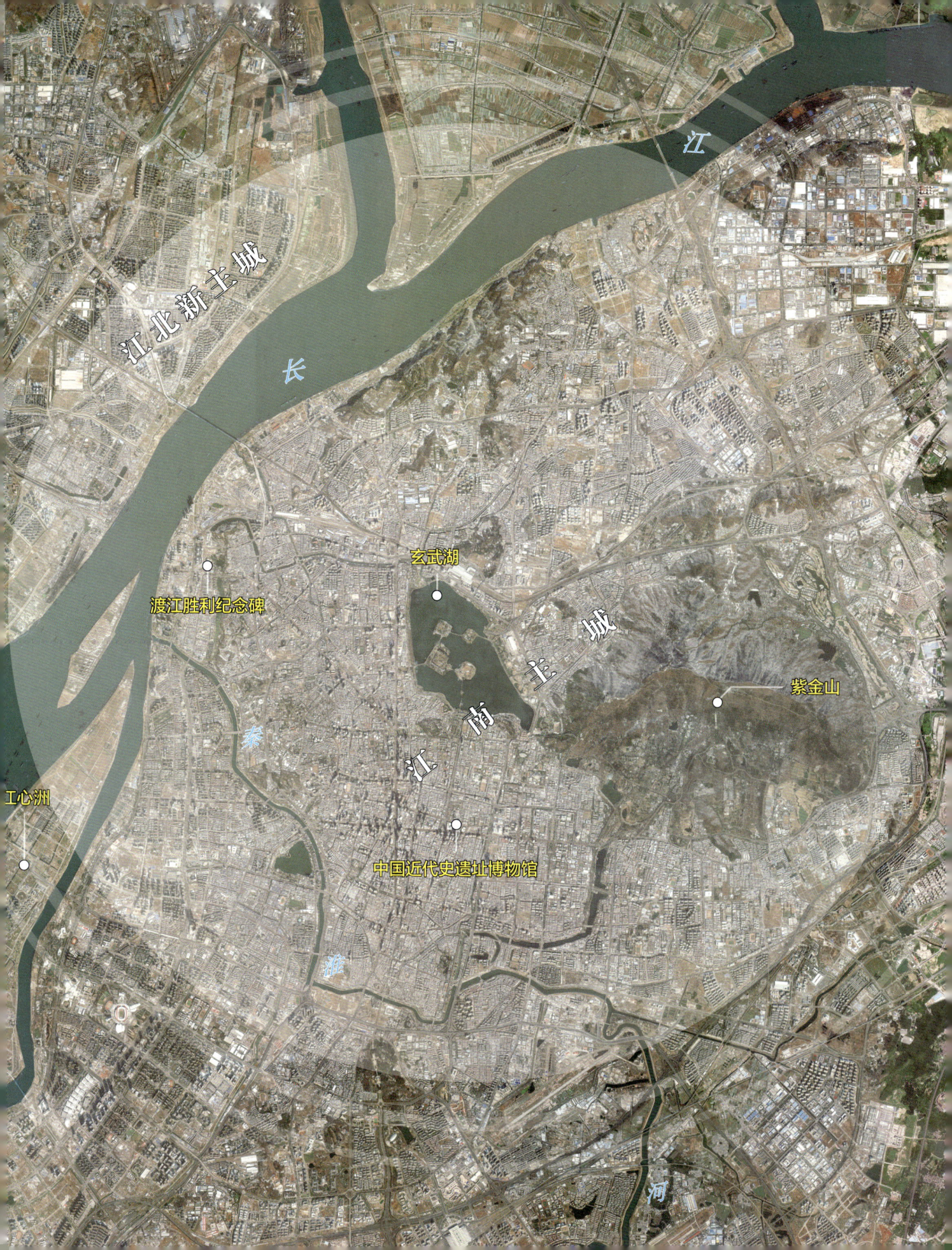

长江

渡江胜利纪念碑

玄武湖

江南主城

紫金山

工心洲

中国近代史遗址博物馆

河

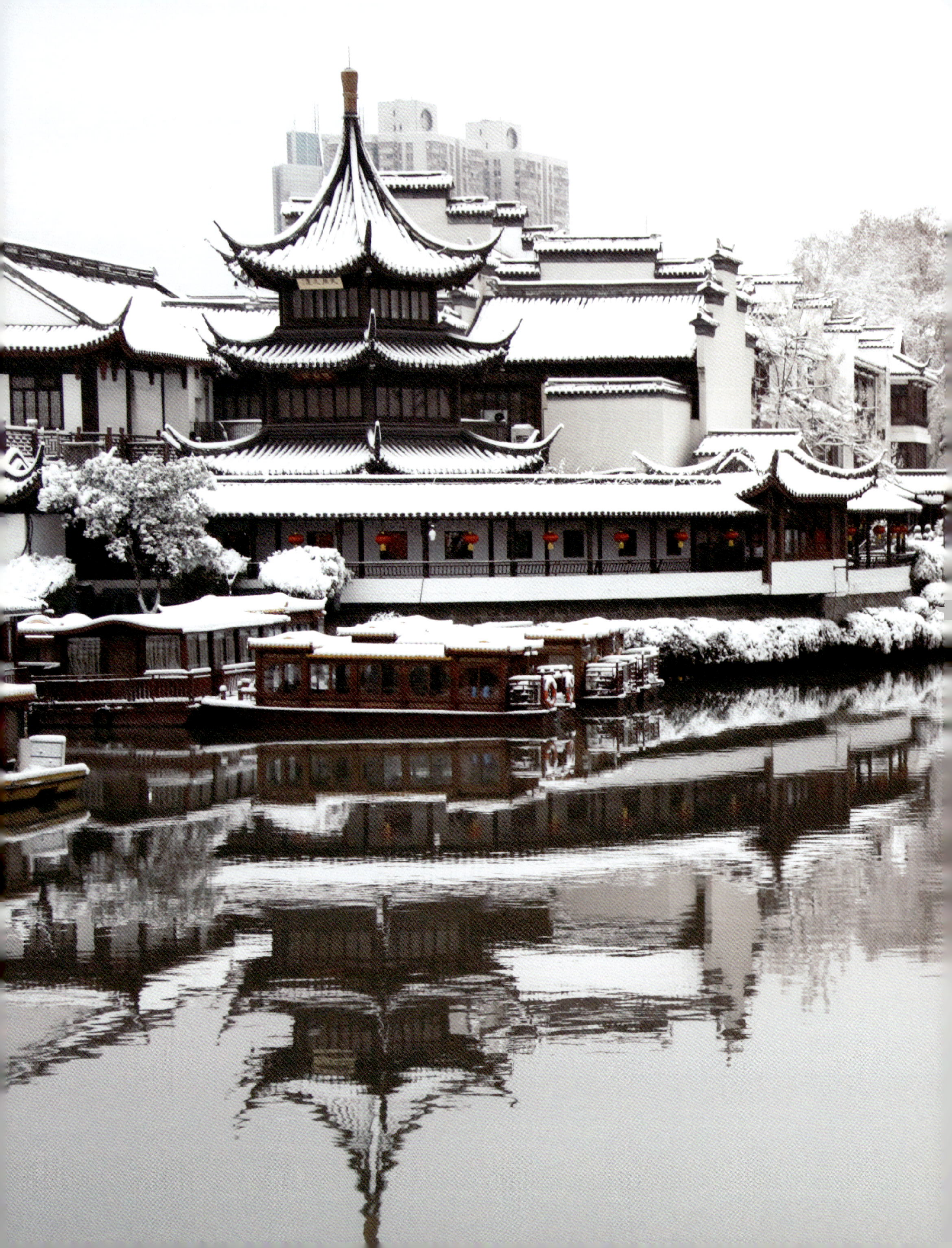

2019年2月8日拍摄的秦淮河畔南京夫子庙景区雪景
新华社/发 孙忠南/摄

"烟笼寒水月笼沙，夜泊秦淮近酒家"，秦淮河是南京的文化血脉，是滋润着南京的"母亲河"，无数经典人文故事，源自这条多姿多彩的河流。秦淮河畔，"文枢天下，道贯古今"的夫子庙是古代江南的文教中心，也是历史上的"中国四大闹市"之一。"朱雀桥边野草花，乌衣巷口夕阳斜"，一盏秦淮灯彩，一碗鸭血粉丝，历经数百年沧桑，如今令人流连忘返。

贰 学习世界，启发中国

长江出南京后，沿镇江、扬州、泰州、常州、无锡，流经苏州。加之苏州东有大海，西有太湖，运河贯通南北，区域内及对外联系都非常便利。如此的便利条件也促使苏州在唐代已为雄州。宋代以来经济重心南移，"苏常熟，天下足"，苏州遂成为全国财货集散、转运和资讯中心，商品经济繁荣。明清时期，苏州地区人口增长十分迅速。人口的日趋增多为苏州社会经济的繁荣提供了基础，而经济作物的引入和广泛种植成为区域经济繁荣的契机。在江南地区，大体上形成了以苏州为核心，各府、州、县城为架构，繁星点缀的市镇群体和市场体系。相应的，苏州也成为政府财赋的重要来源地。明代丘濬潜云："江南财赋之渊薮也，自唐宋以来，国计咸仰于是。"

这座经历了 2 500 多年沧桑的历史文化名城，至今仍然坐落在春秋时期的原址上，小桥流水，温婉宁静，以"人间天堂"著称天下。无怪乎世人都说"苏州，依然是那个苏州"。但同时，苏州，也已然不是那个苏州。

1978 年，当安徽小岗村的 18 位农民在土地承包责任书上按下红手印时，数百千米外的苏南大地（江苏省南部地区简称苏南），一批率先觉醒的农民以过人的勇气和魄力，闯出了一条农村工业化的崭新道路。从苏州、无锡、常州起步，乡镇企业如雨后春笋，一批"明星村"声名鹊起，"苏南模式"由此肇始。

作为改革开放的"试验田"和"排头兵"，16 年后，苏州金鸡湖畔，中国和新加坡合作创办苏州工业园区，成为全国首个开展开放创新综合试验的区域，并历经洼田密布到现代化产业新城的巨变，打造了国际合作的成功典范。小桥流水的苏州，如饥似渴地向世界学习新型工业化、经济国际化、城市现代化，不断学习探索，不断融会贯通，不断传递启示。这里有中国人的虚怀若谷与海纳百川，这里有中国不断与时俱进、繁荣发展的密码。

江苏省苏州市1984—2016年变迁
在发展演进的时间轴上，苏州变化的不仅仅是城市规模，它的经济以产业、结构、效率等一连串阶段性的嬗变，向"新、轻、高"转型。没有轰轰烈烈，没有翻天覆地，在坚守中渐变，在超前规划中梯度布局，既宜居又宜业，既宁静又繁华，历史悠久与创新创业交相辉映，这就是今日苏州。

1984年

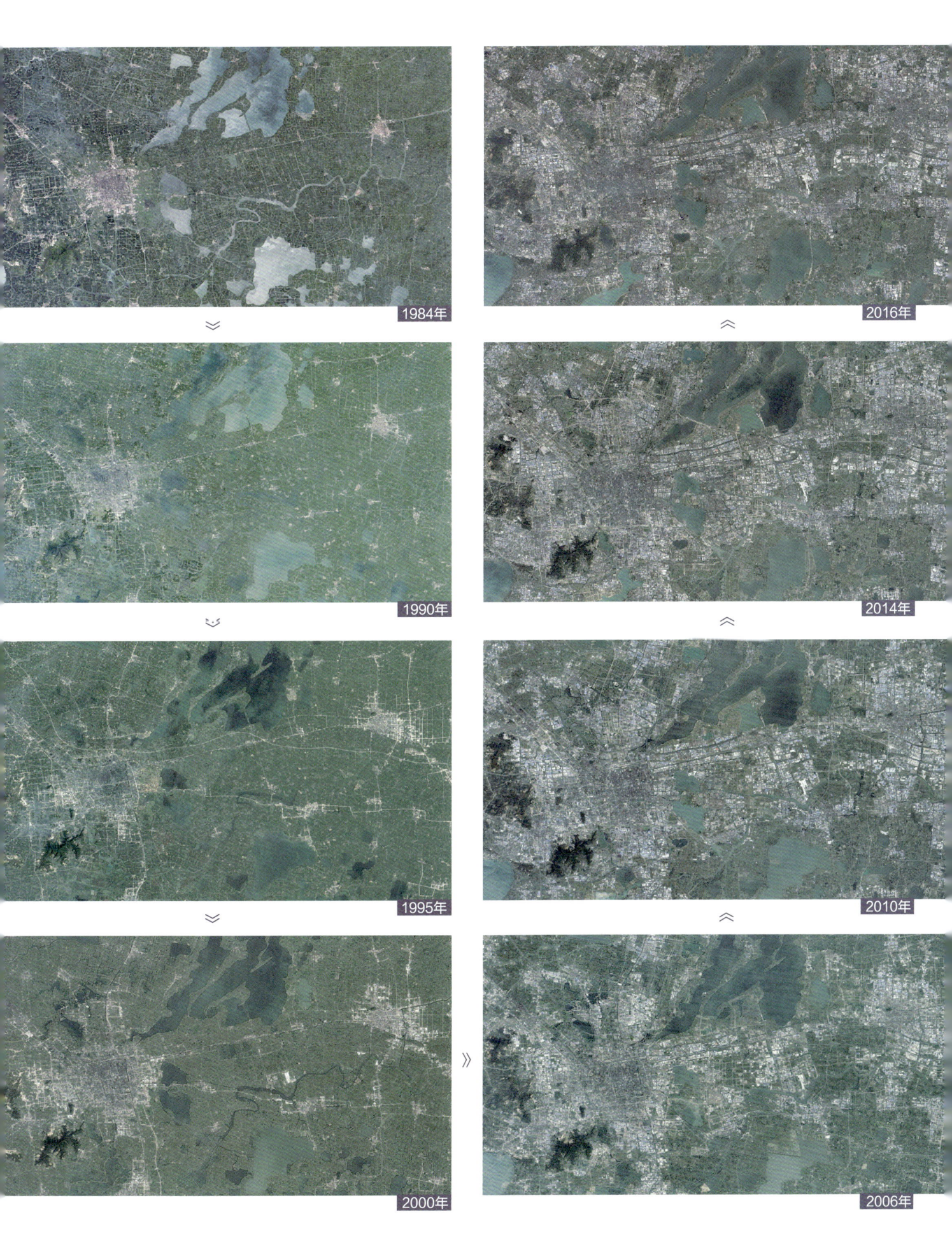

2016年

1990年

2014年

1995年

2010年

2000年

2006年

叁 千年锅底洼，水乡聚宝盆

在江苏省的地图上，有一片形态特殊的水乡。说南北，它夹在长江与淮河之间；论东西，它被黄海和京杭大运河所"裹挟"，这就是里下河。但里下河不是一条河。

这片横跨泰州、盐城等多个市县万余平方千米的湿地平原，是江苏乃至全国的地理低点之一，堪称"洼中之洼"。而泰州代管的省辖县级市兴化，海拔平均高度在3米以下，更被人们称为"锅底洼"。数千年前，这里是长江与淮河泥沙冲积而成的一片潟湖。因东临黄海，滩浅水薄，盐碱茫茫。唐代曾修堤坝防海潮，但此地依然无法耕作，只能晒盐。到北宋年间，捍海堤年久失修，致"风潮翻烂，淹没田产，毁坏亭灶"。

北宋天圣元年（1023），范仲淹力主重修捍海堤，受灾流亡的民户得以重返家园。数十年后，人们又向南继续修筑海堤。从此，自盐城阜宁到南通启东，这条近300千米的海堤，"束内水不致伤盐，防外潮不致伤稼"，被后人统称为"范公堤"予以铭记。近千年里，"范公堤"让里下河实现了人水关系的第一次和谐。人们随后挖泥筑圩、连圩成片，从水中"夺"来了这块来之不易的湿地平原。南宋绍熙五年（1194），黄河决口经泗水入淮水出海，这就是历史上著名的"黄河夺淮入海"。整个淮河水系遭到彻底破坏，苏北淮阴以下入海河道被夷为平地。以后700多年时间里，淮河成了一条举世闻名的"害河"，里下河成了洪水大走廊，大雨大灾，小雨小灾，无雨旱灾。民间形容这里是"洪、涝、旱、碱、淤、潮、卤、渍八害俱全"。

新中国成立后，拉开了共产党人数十年治理淮河、兴修水利的序幕，不仅使得淮河洪水不入里下河，更让里下河真正成了旱涝无虞的鱼米之乡。

从60万米高空俯瞰江苏省泰州市兴化垛田景观

垛田因湖荡沼泽而生,每块面积不大,形态各异,大小不等,四周环水,各不相连,形同海上小岛。兴化垛田更是万岛耸立,千河纵横,可谓天下奇观。

但为发展生产而进行的大规模围垦，也让里下河地区的湖泊面积，迅速从20世纪60年代的1 000多平方千米，缩减到21世纪初的不足60平方千米。湖泊防洪排涝、供水功能丧失，引排通道堵塞。1991年江淮大水，让粮仓再次变成泽国。更严重的是，周边工农业和生活污水直排河湖，里下河水面高差小、流速慢，难以自洁，这个区域某些地方连喝水都成了问题。

进入新时代，生态文明建设被提升到了前所未有的高度。里下河人也越来越清醒地认识到：绿水青山才是金山银山，没有绿水青山连喝一口水都会成为难题。

生存需求倒逼里下河生态转型。这里开始大规模退渔还湖、退圩还湖、限制开发，转向人水和谐的生态新路。几年间，里下河最大的湖泊大纵湖水质已经从劣五类恢复到了三类。大纵湖畔的兴化市，更出现了"油菜花长在垛田上，垛田'浮'在里下河水上"的生态景观。每年4月前后，兴化千垛菜花风景区游人如织，水中菜花芳香扑鼻。"黄萼裳裳绿叶稠，千村欣卜榨新油。"从千百年来旱涝皆灾的苦水之地，到水绿花黄人安宁的梦里水乡，曾被称作"锅底洼"的兴化，如今告别水患，变成国家的米粮仓。

兴化垛田带来人与自然和谐的启示，更蕴藏着农业"接二连三"融合发展的秘密。

2020年3月17日拍摄的兴化千垛景区万亩油菜花 新华社记者 李雨泽/摄

金灿灿的油菜花在水道围成的垛田上形成一片片金黄色的"花海",造就了"河有万湾多碧水,田无一垛不黄花"的壮观景色。

N沪.11

CHINA FROM OUTER SPACE

海 纳 百 川 · 奋 楫 争 先

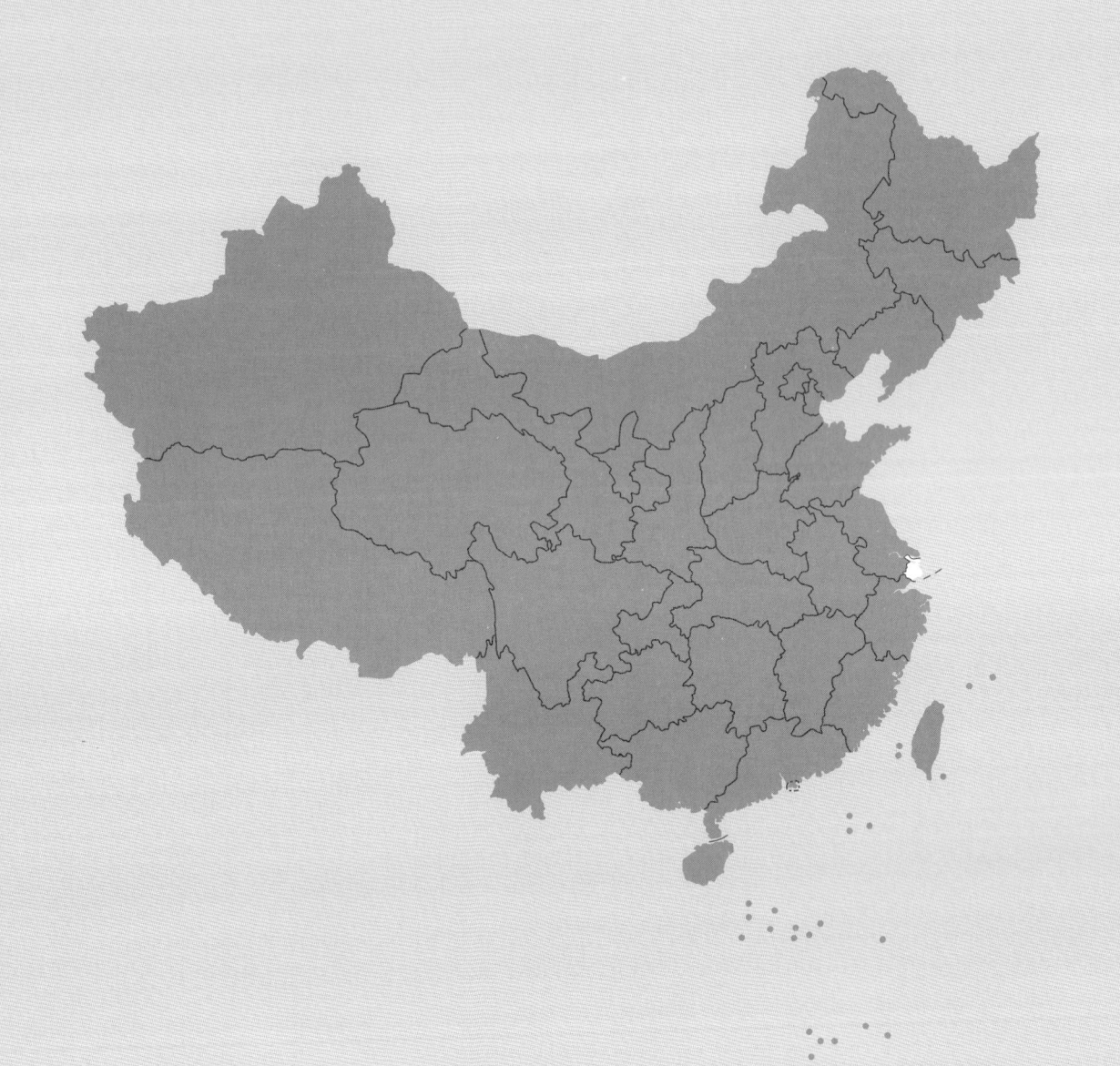

自然保护区面积：13.7
占辖区面积比重：5.3%

耕地面积：19.16

2017   2017

上海市在中国的位置示意图   上海市耕地、森林及自然保护区概况

SHANGHAI 上海

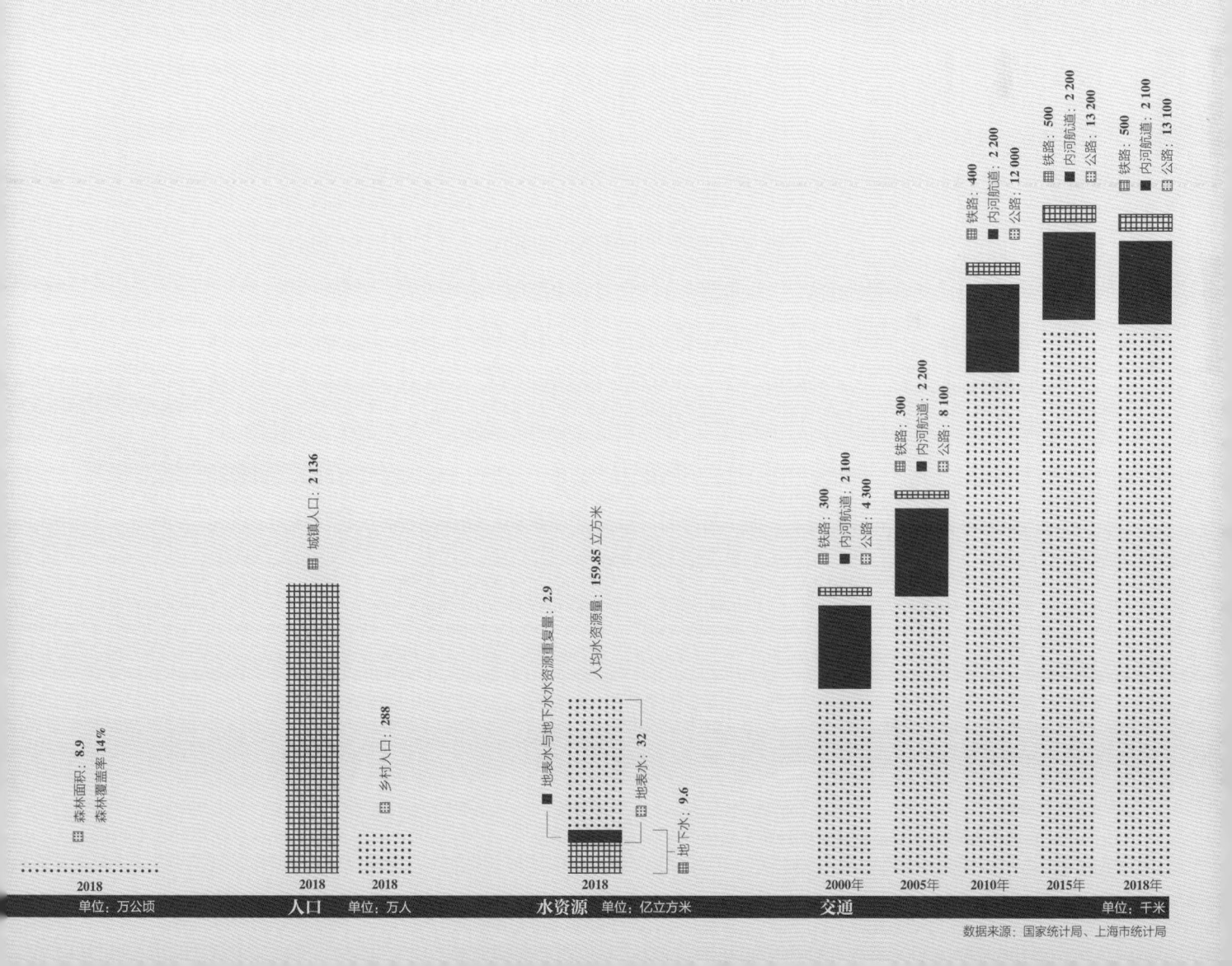

2018
单位：万公顷
- 森林面积：8.9
- 森林覆盖率 14%

2018
人口　单位：万人
- 城镇人口：2 136
- 乡村人口：288

2018
水资源　单位：亿立方米
- 地表水与地下水资源重复量：2.9
- 人均水资源量：159.85 立方米
- 地表水：32
- 地下水：9.6

交通　单位：千米

2000年
- 铁路：300
- 内河航道：2 100
- 公路：4 300

2005年
- 铁路：300
- 内河航道：2 200
- 公路：8 100

2010年
- 铁路：400
- 内河航道：2 200
- 公路：12 000

2015年
- 铁路：500
- 内河航道：2 200
- 公路：13 200

2018年
- 铁路：500
- 内河航道：2 100
- 公路：13 100

数据来源：国家统计局、上海市统计局

从空中俯瞰上海，黄浦江蜿蜒而过，汇入滔滔长江，融入茫茫东海。江河湖海孕育发展热土，浩瀚汪洋连接广阔世界。

从右图观察上海的地形外观，黄浦江穿行的大陆部分像一片桑叶，长江口的崇明岛就是桑叶上的一只蚕宝宝。犹如"蚕宝宝"的崇明岛是中国第三大岛，也是中国最大的河口冲积岛。它自形成以来已有1 300多年历史，至今仍以每年5平方千米的速度增长。而宛如桑叶的大陆部分，水网密布，是著名的江南水乡。"桑叶"上，黄浦江恰如蚕丝织就的新丝带，分外显眼，但它的形成历史却并不遥远。

今天的黄浦江水系形成于15世纪初，在那之前，上海地区最重要的河流是吴淞江，它催生了几乎大半个古代上海。吴淞江古称松江，因流域在古代吴国境内，故称之为"吴淞江"，与东江、娄江共称"太湖三江"，是太湖与大海沟通的三条水道之一。唐代以前，现今上海浦东大部分地区还是一片汪洋，只有西部是湖沼平原。传说这里曾属于战国时期春申君的封地，于是上海就有了"申城"的别称。

吴淞江自西向东，大约就在今天的上海主城区一带入海，入海口这一段水道被称为"沪渎"，这也是上海简称"沪"的由来。随着长江口泥沙持续冲积，海岸线不断东移。宋代的吴淞江下游南岸出现了一条名叫"上海浦"的支流，这条支流只是吴淞江众多支流中的一条，但它名字中的"上海"成了上海地名的源头。一个设有"酒务"的小集市随着港口的逐渐繁荣，由小到大慢慢变成了上海镇、上海市舶司、上海县、上海道，最终成为上海市。

伴随海岸线的东移，吴淞江河道也逐渐淤积，而上海浦却不断发展。到了明代，上海浦终于不再扮演吴淞江水系的配角。在一系列河道工程实施以后，上海浦上承大黄浦，下接范家浜，形成了一条新的大河——黄浦江，直入长江。吴淞江不再直接注入长江，反倒成为黄浦江的支流。黄浦江取代吴淞江，形成新的黄浦江水系。上海的海运入海航道也随之由长江口航道和黄浦江航道共同组成，而上海今日之陆地水网格局，自那时起，已然形成。

右页图为上海市地形及主要水系分布示意图

— 211 —

壹 历经繁华与伤痛的老上海

紧临黄浦江，上海的港口地位日益凸显。清康熙时，将原设在华亭县的江海关移至上海县，雍正时又将管辖苏州、松江两府的苏松道道署从苏州府移驻上海，乾隆时更将当时江苏省管辖的太仓州并入，改称苏松太道，亦称上海道。随着经济地位和行政等级的提升，上海逐渐成为这一地区的中心城市。

1843年，上海正式开埠通商，开启了在东西方文化交流对冲的最前沿，慢慢发展成20世纪初远东第一大都市的征程。1844年，黄浦江西岸的外滩一带，沦为英国租界。它聆听着黄浦江上滔滔江水，见证了上海道不尽的繁华与伤痛。

黄浦江西岸的十六铺码头，是上海外滩最著名的码头，拥有150年历史，曾是远东最大的码头、上海的水上门户。码头背靠的就是上海老城厢，这里是上海传统的核心地区，豫园、文庙以及每条弄堂小巷都有一段说不尽的故事。

而在外滩中段，是上海最繁华的交通大道——南京东路的起点。位于上海黄浦区南京东路20号的和平饭店是上海近代建筑史上第一幢现代派建筑。它拥有上海最早的卫生设备和最早的两部电梯，还有上海最早的屋顶花园。这幢被称为"远东第一楼"的建筑，落成时叫沙逊大厦，也称华懋饭店。它目睹过无数名流的起落，也见证了外滩的风起云涌，更历经战争的炮火侵袭。1956年它正式改称和平饭店。

同为建筑，石库门却是别样的景观。它是上海最有代表性的民居建筑，脱胎于江南民居的住宅形式，产生于19世纪70年代初，通常被认为是上海近代都市文明的象征之一。而在上海市兴业路76号，正是这样一幢沿街砖木结构、一底一楼旧式石库门住宅建筑，见证了一件极具历史意义的大事——中国共产党第一次全国代表大会1921年7月23日至7月30日在其楼下客厅举行。

解放初期的上海十六铺码头（新华社稿，1982年1月6日发，上海港务局提供）

图为中国共产党第一次全国代表大会会址

这是2018年11月1日拍摄的上海外滩夜景 新华社记者 邢广利/摄

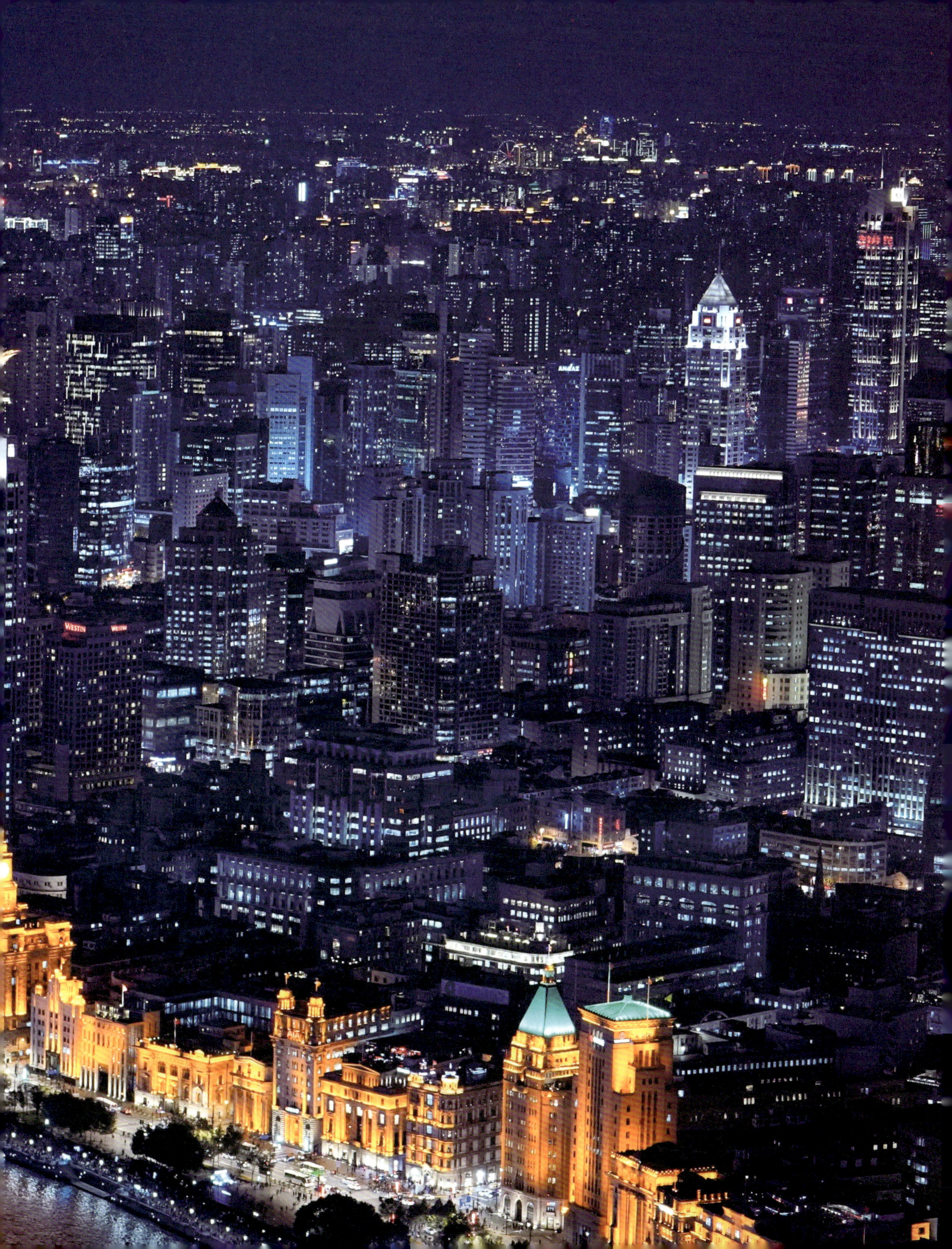
WESTIN
WESTIN

贰 出发！浦东

1949年5月27日，中国人民解放军以摧枯拉朽之势解放上海。从此，帝国主义、封建主义、官僚资本主义在上海的统治彻底结束，历史开启了崭新的篇章。如同上海陆地自西向东的形成过程，黄浦江相隔的浦西和浦东两地也是如此。浦西见证了上海从普通的河边聚落一步步发展壮大，成为世界级的大城市。浦东这块上海年轻的土地，拥有了全新的生命，等来了快速发展的机遇。

1990年，党中央、国务院宣布同意上海加快浦东地区的开发，在浦东建立经济技术开发区，实施某些经济特区政策。从此，浦东成为中国新一轮改革开放的标志，开创了一个辉煌的时代。30年来，这里的每一艘船、每一座桥、每一个地标，都在记录着浦东前进的步伐，见证着浦东如何书写传奇。

浦东的发展虽然比较晚，但后发优势明显，新气象处处可见。与浦西外滩隔岸相望的陆家嘴是近代浦东最早发展起来的地区。陆家嘴因明代大学士陆深而得名，经过几十年的快速发展，已成为中国最具影响力的金融中心之一。1990年12月19日，伴随着一声浑厚的锣声，上海证券交易所正式营业，它给企业搭建了一个全新的融资平台，拉开了中国资本市场发展的大幕。之后，越来越多的金融要素资源在陆家嘴"转角相会"。上海期货交易所、中国金融期货交易所、上海保险交易所、上海钻石交易所等国家级要素市场和金融基础设施落户，使陆家嘴成为国际化水平最高的金融产业高地，可谓"金"字招牌里最亮的星。

2019年，陆家嘴金融城已建成各类商办楼宇285幢，培育的税收亿元楼宇突破100幢，其中税收10亿元以上楼宇20多幢，有2幢税收超50亿元楼宇。也就是说，3幢里就有1幢"亿元楼"。在这里，以新的上海高度——上海中心、环球金融中心、金茂大厦和东方明珠广播电视塔为代表的现代建筑群构成了上海特有的风景线。

右页图为夜色中的上海浦东陆家嘴金融贸易区 新华社记者 方喆/摄

30多年前，陆家嘴是"烂泥渡"，张江是一片农田，临港则是孤悬东海的芦苇滩……如今，而立之年的浦东早已"脱胎换骨"。从蛙声一片的浦东稻田，到高耸云天的大厦森林，令人惊艳的巨变也正是中国改革开放的象征和上海现代化建设的缩影。

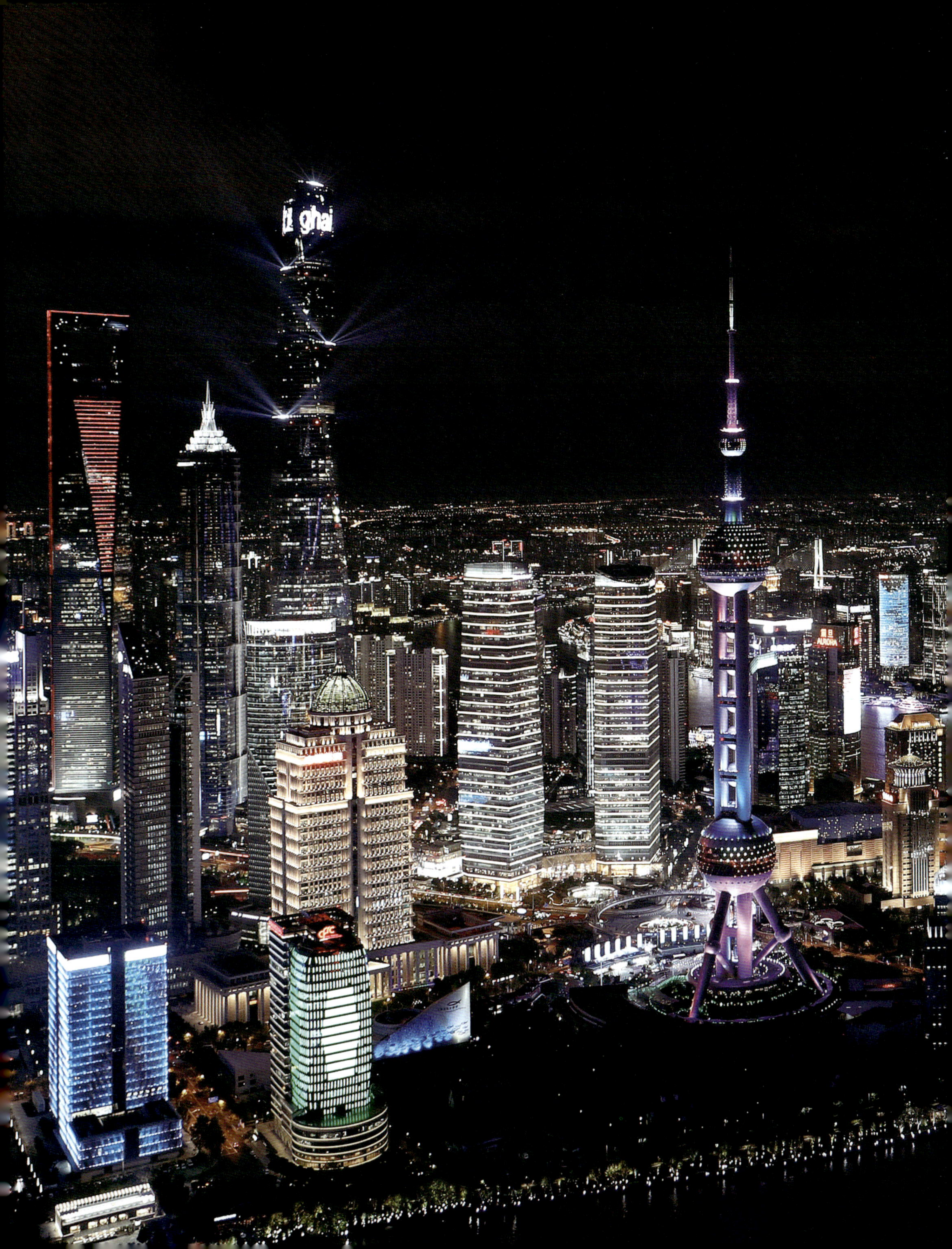

从60万米高空俯瞰黄浦江两岸的外滩与陆家嘴
城市格局大开大阖,城市天际大厦林立,城市精神大气谦和,"大上海",恰如其名。

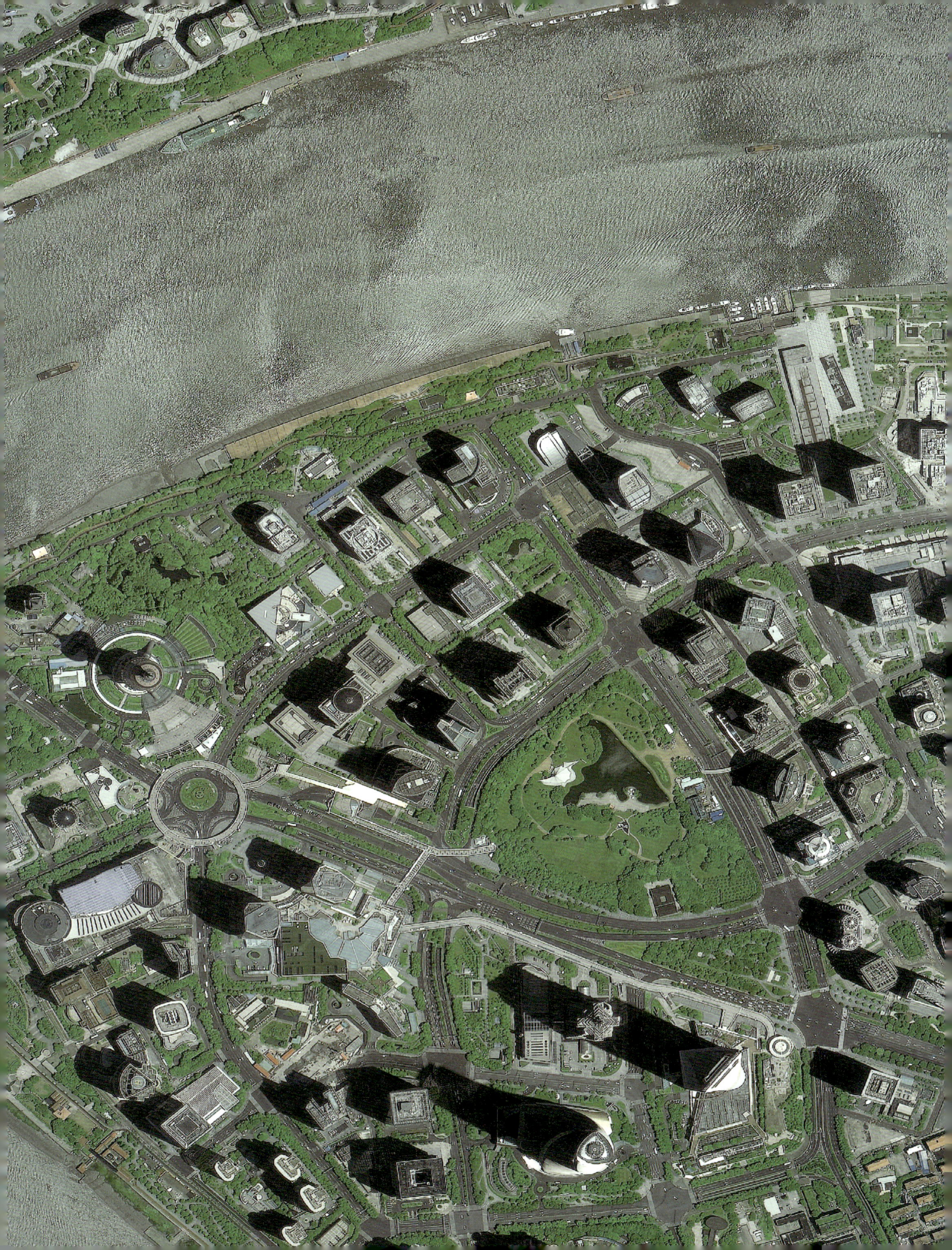

三十正青春，更向潮头立

一块占全国面积约八千分之一的土地，在时间的见证下，迸发出相当于自身体量近百倍的能量。创造这一契机的主角是上海市浦东新区，开启这一奇迹的钥匙是改革开放。

时间定格到2019年，长三角三省一市（江苏省、浙江省、安徽省和上海市），在这里共筑的强劲活跃增长极——中国(上海)自由贸易区临港新片区，揭开面纱。在近120平方千米的土地上，高速公路、铁路纵横，北临浦东国际航空港，南接洋山国际枢纽港，坐拥上海贸易、金融、科技等高端要素集聚优势，背靠长三角广阔腹地，大出大进、大开大阖。这里万事俱备，东风正劲，在深化改革和扩大开放中，开启了建设自由贸易港的伟大探索。

从这里向东是更加广阔的大海，那里有一条上海新丝带——东海大桥，直达位于杭州湾口外的世界最大海岛人工港——洋山深水港。它由大、小洋山数十个岛屿组成，是中国首个在海岛建设的港口，也是距上海最近的深水良港，更是上海国际航运中心的新坐标。这里有全球最大、最先进的集装箱"无人码头"，吊塔林立，舟车穿梭，源源不断输出"中国制造"，集装箱吞吐量连续10年世界第一。上海从长江起步，再从这里起锚，向建设国际航运中心，实现由航运大国向航运强国的转变。洋山深水港作为上海港建设的一个代表，上海将从这里再次出发，继续向东，向着大洋深水的方向迈进。

开放品质，世界眼光，铸就了上海；博采众长，为我所用，绽放了上海。砥砺前行70余载，从远东第一都会到我国最大的工业基地，再到国际经济、金融、贸易、航运和科技创新"五个中心"建设，"大上海"正以开放作楫、创新为帆，朝着卓越的全球城市和社会主义现代化国际大都市的目标奋力迈进。

背靠长江水，面向太平洋，领中国开放风气之先，开放、创新、包容已成为上海最鲜明的品格。这种品格也是新时代中国发展进步的生动写照。

从60万米高空俯瞰上海市浦东新区临港新城的滴水湖
从卫星上看，临港的滴水湖宛如明眸，投射出这片热土上的生机勃勃。

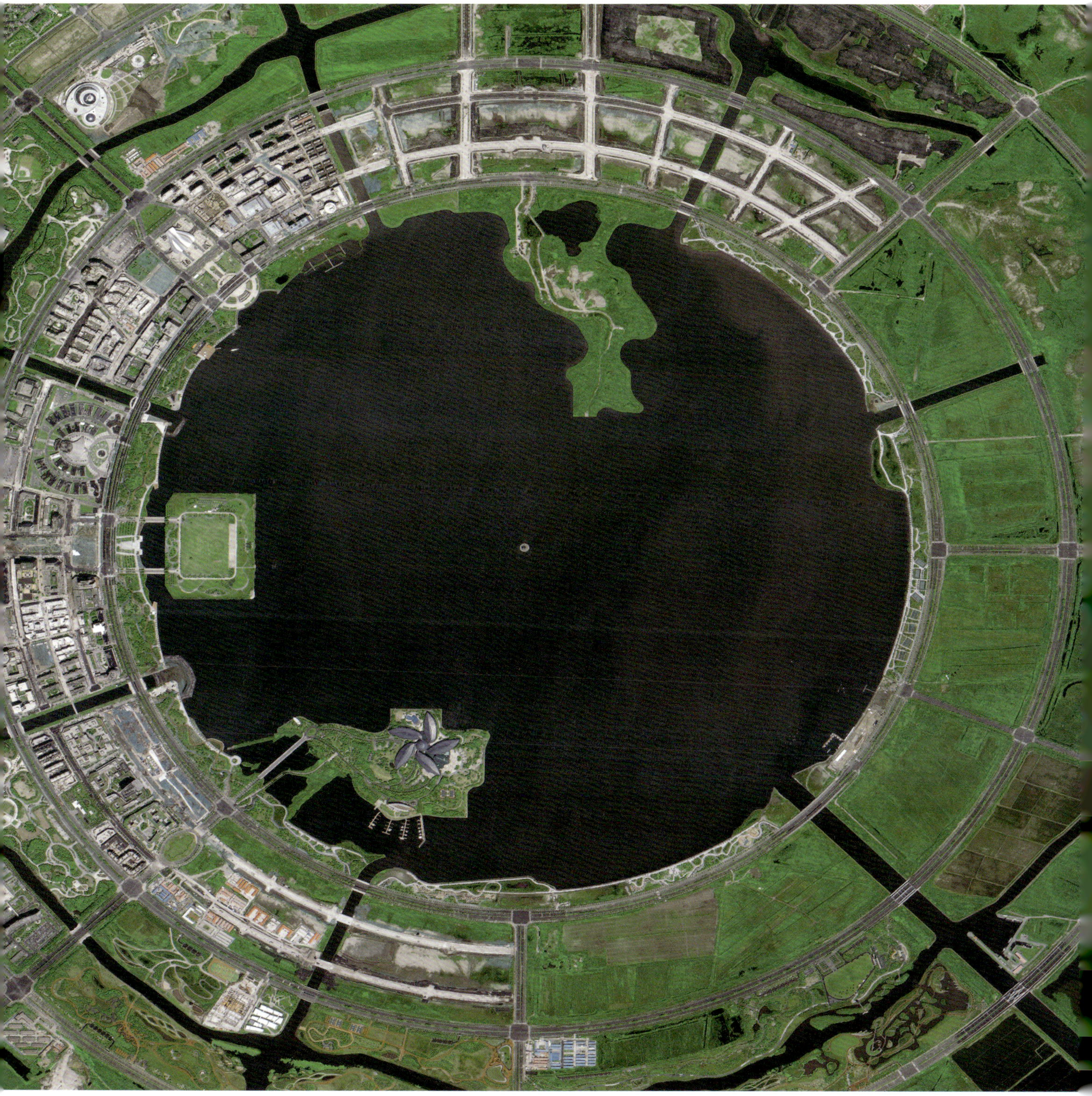

№浙.12

CHINA FROM OUTER SPACE

初 心 似 锦 照 红 船 · 之 江 潮 起 正 扬 帆

浙江省在中国的位置示意图

自然保护区面积：21.2
占辖区面积比重 1.7%
2017年

耕地面积：197.7
2017年

浙江省耕地、森林及自然保护区概况

ZHEJIANG

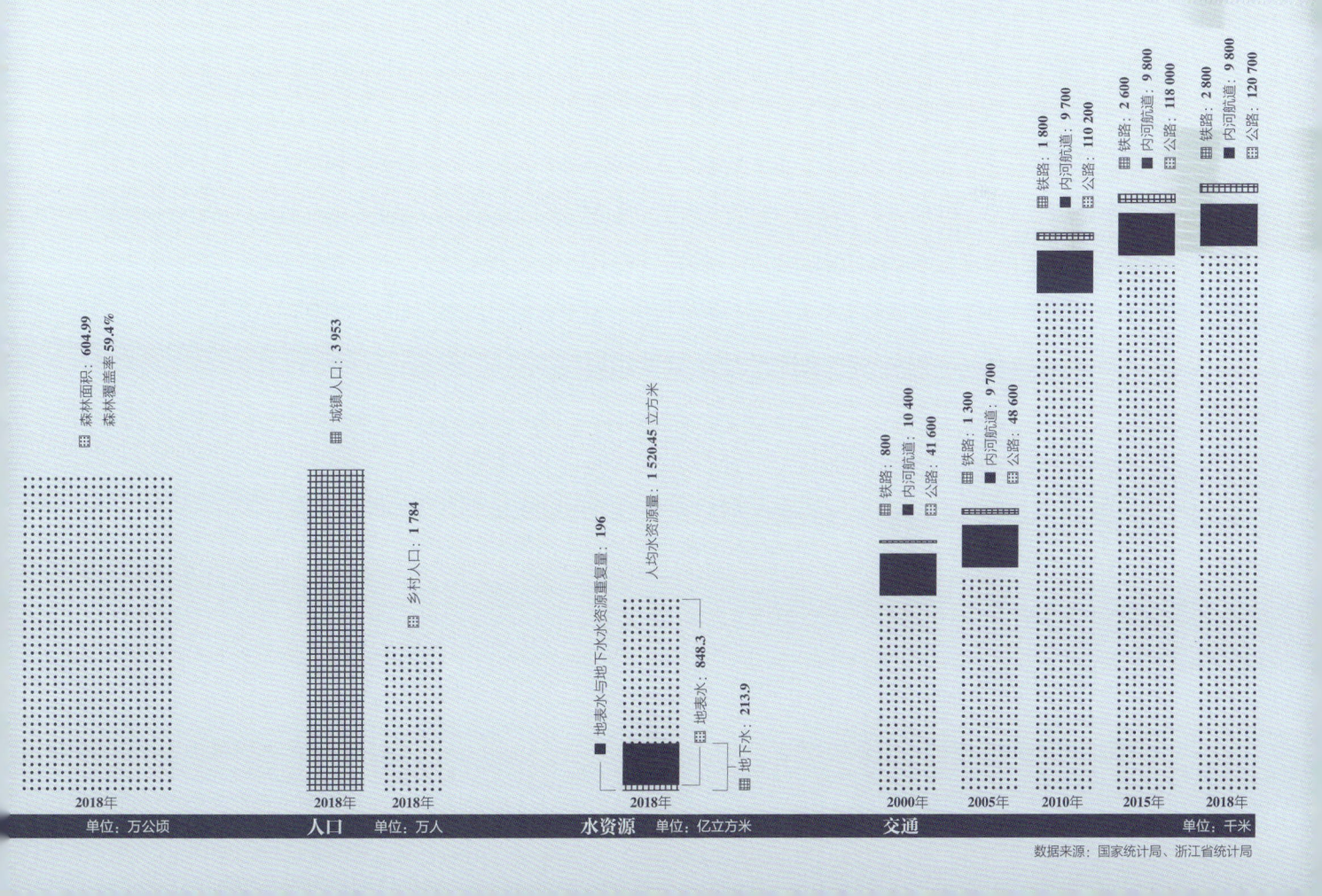

浙江

| | | | | | | | | 铁路：1 800 | 内河航道：9 700 | 公路：110 200 | 铁路：2 600 | 内河航道：9 800 | 公路：118 000 | 铁路：2 800 | 内河航道：9 800 | 公路：120 700 |

| 森林面积：604.99 | 森林覆盖率 59.4% | | 城镇人口：3 953 | 乡村人口：1 784 | | 地表水与地下水水资源重复量：196 | 人均水资源量：1 520.45 立方米 | 地表水：848.3 | 地下水：213.9 | | 铁路：800 | 内河航道：10 400 | 公路：41 600 | 铁路：1 300 | 内河航道：9 700 | 公路：48 600 |

| 2018年 | 2018年 | 2018年 | 2018年 | 2000年 | 2005年 | 2010年 | 2015年 | 2018年 |

| 单位：万公顷 | 人口　单位：万人 | 水资源　单位：亿立方米 | 交通 | 单位：千米 |

数据来源：国家统计局、浙江省统计局

浙江省因省内第一大河流——钱塘江的旧称"浙江"而得名。"浙江"二字在《山海经》《史记》《吴越春秋》等文献中均有记载。司马迁《史记》记载秦始皇统一中国后，出游至钱塘，"临浙江，水波恶，乃西百二十里从狭中渡。上会稽，祭大禹……"郦道元《水经注》名"浙江水"，王国维《浙江考》称"浙、渐为一"，渐江即浙江。"浙"本为曲折之意，南宋地理名著《方舆胜览》载："浙江，取其曲折以为名。"因此，浙江也称"曲江""之江"。

"浙"字蕴含着"百折不挠"，"江"字涌动着"奔腾不息"。巍巍数千年，这里是中华文明重要肇始地；南湖水泱泱，这里是中国革命红船起航地；钱江潮浩浩，这里也是中国改革开放先行地。

在很多人印象中，浙江是一个水乡泽国之地，这种误解主要在于浙北平原的富庶。但其实，浙江是一个多丘陵的山区省，地形以丘陵和山地为主，有"七山一水二分田"之说。地势西南高，东北低，按地形特征可分为：浙北平原、浙南山地、浙西丘陵、浙东丘陵，以及在丘陵山地间错落分布的诸多盆地，当然还有大量的滨海岛屿。地貌构成的多元，造就了浙江丰富多彩的自然景观。

浙江的山，虽称不上高耸入云，却是层峦叠嶂，山水相依，别有风味。省域内天目山、雁荡山、天台山等名山耸立，搭建起浙江地貌景观基本框架。浙江的水，温婉清秀，而不失磅礴壮丽。省域内有独流入海的钱塘江、瓯江等七大水系，以及人工开掘的运河。钱塘江是浙江水流量最大的河流，源于安徽、江西交界处，全长600余千米，河口因受喇叭口地形影响，海潮汹涌。海潮来时，万马奔腾，雪浪翻滚，形成闻名于世的"钱江潮"，被誉为"天下奇观"。省域内的江南运河、浙东运河则是中国古代京杭大运河南端的重要节点，历经千年沧桑，依旧担负着航运、灌溉功能。至于西湖、南湖、东钱湖、鉴湖及千岛湖，或文化气息浓郁，或风光景色冠绝，皆名声在外。

右图为浙江省地形及主要水系分布示意图

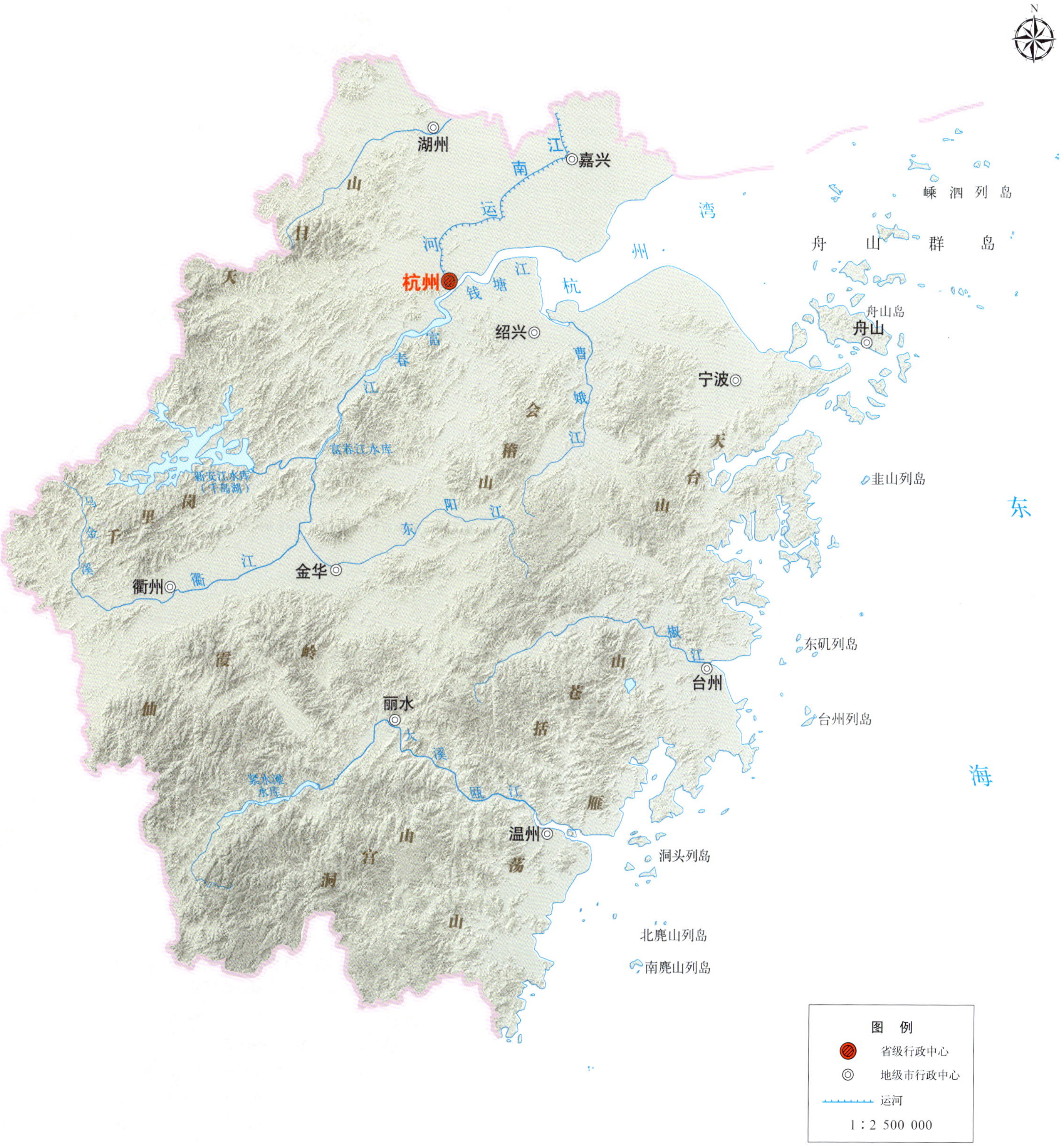
N
湖州
嘉兴
杭州
绍兴
宁波
舟山
金华
衢州
丽水
台州
温州
江南运河
钱塘江
富春江
曹娥江
东阳江
衢江
马金溪
椒江
大溪
瓯江
新安江水库（千岛湖）
富春江水库
紧水滩水库
天目山
千里岗
会稽山
天台山
仙霞岭
括苍山
雁荡山
洞宫山
杭州湾
嵊泗列岛
舟山群岛
舟山岛
韭山列岛
东矶列岛
台州列岛
洞头列岛
北麂山列岛
南麂山列岛
东海
图例
省级行政中心
地级市行政中心
运河
1∶2 500 000

从60万米高空俯瞰钱塘江观潮胜地——海宁盐官

"海阔天空浪若雷,钱塘潮涌自天来。"钱塘江潮被誉为"天下第一潮",是世界自然奇观。在浙江海宁盐官,每年农历八月十八,大潮未至,人潮翻涌。大潮来时,江横白练一线潮,惊涛裂岸万顷涛。

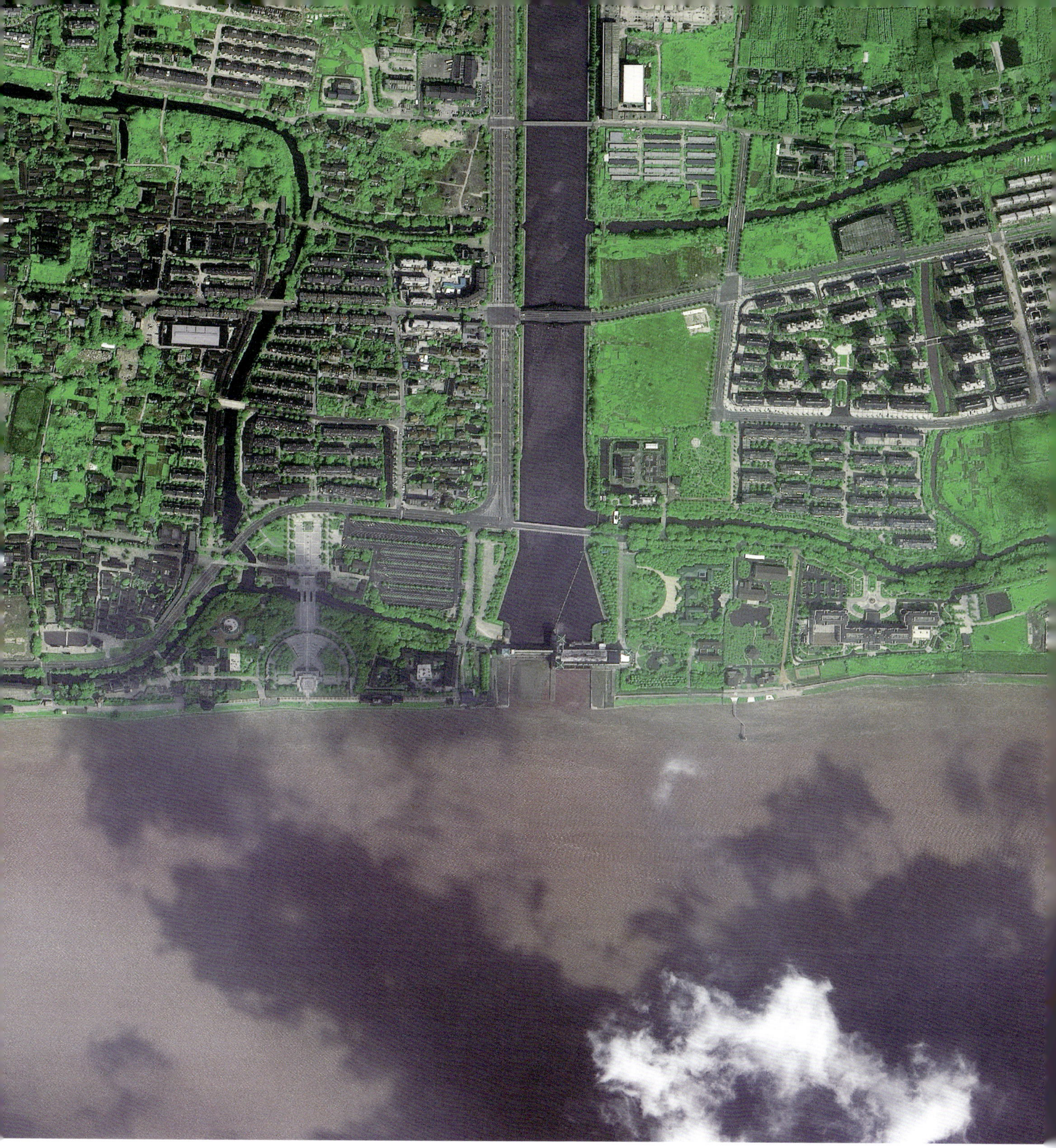

"浙江"作为行政区划名称始自唐代。

唐乾元初年,朝廷分江南东道为浙江东、西二道,以钱塘江为界;北宋设两浙路,南宋分两浙东路和两浙西路;元初设两浙都督府,元至元二十一年(1284)置浙江等处行中书省,简称浙江行省;明代罢行省之名,置浙江等处承宣布政使司;清康熙初年,改承宣布政使司为浙江省,沿用至今。今下辖杭州、宁波、湖州、嘉兴、舟山、绍兴、衢州、金华、台州、温州、丽水11个地级市,自古文化繁荣,文人荟萃,素称"文化之邦"。

杭州萧山"跨湖桥"新石器时代遗址,将浙江文明史提前至8 000年前,此后宁绍平原又诞生了河姆渡文化,杭嘉湖平原又发现了马家浜文化、良渚文化等,文明的血脉源远流长。相传大禹治水,巡视天下,即在浙江绍兴上虞会见天下诸侯,上虞即以此得名。大禹死后葬于绍兴会稽山,绍兴也留下了诸多"禹迹",如百官桥、大禹陵等。春秋时期,越王允常在会稽山以南的诸暨建越国,与吴国以钱塘江为界。后吴越交战,越败于吴,越王勾践卧薪尝胆,十年生聚,十年教训,终灭吴国,一度称霸中原。战国时,越国灭于楚,楚越文化不断交融与互摄。秦统一六国后,建立郡县制,浙江分属会稽、闽中两郡。经两汉、两晋稳步发展,进入隋唐时期,浙江已成为经济、文化较为发达地区。

右页上图是2019年6月23日无人机拍摄的位于浙江省杭州市良渚国家考古遗址公园的宫殿区 新华社记者 黄宗治/摄

右页下图是拼版照片:这是良渚文化遗址出土的黑陶器、玉琮、木屐、玉璧、陶片和漆器(左上起,顺时针方向) 新华社记者 翁忻旸/摄
2019年7月6日,中国良渚古城遗址在阿塞拜疆巴库举行的世界遗产大会上获准列入世界遗产名录。至此,中国世界遗产总数已达55项,位居世界第一。

— 229 —

壹 革命红船在此起航

在浙江省北部，紧邻江苏的太湖之滨，嘉兴、湖州依次错落。地理上，人们习惯将两地同杭州北部合称为杭嘉湖平原。

这里是典型的江南水乡，也是中国古代丝绸业最发达的地区，素有"鱼米之乡""丝绸之府"的美誉。明清时期，这里还形成了桑基鱼塘、桑基圩田等有机生态农业经营模式，是传统中国农业生态系统的典范。水是嘉湖之魂，杭嘉湖平原上水网密布，百姓枕水而居，当地风景优美、文化厚重。划船畅游在嘉兴乌镇、西塘，随处可见小桥、流水、人家，以及历经千年风吹雨打的青石板老街，让人恍若时光倒流。

1921年7月，在上海召开的中国共产党第一次全国代表大会因遭到法租界巡捕袭扰，被迫转移到嘉兴南湖的一艘游船上继续进行，在这里完成了大会议程，宣告了中国共产党诞生。

南湖红船冲破了旧中国的烟雨迷蒙，成为中国革命源头的象征，开启了中国共产党的跨世纪航程。一座山峰的崛起，挺立的是脊梁；一个政党的勃兴，昂扬的是精神。中国共产党始终站在历史和时代发展的潮头，扛起民族复兴的大旗，沿着红船的航向，以开天辟地、敢为人先的首创精神，一路劈波斩浪，不断取得革命、建设和改革开放的伟大胜利，推动中国特色社会主义进入新时代。秀水泱泱，红船依旧；时代变迁，精神永恒。

嘉兴南湖景区内停泊的中共一大纪念船 新华社记者 徐昱/摄
嘉兴南湖烟雨楼下，静泊着承载伟大梦想的红船。1921年，中国共产党带着初心与使命，从这里登上历史舞台。今天的嘉兴是浙江的缩影，创新活力更强劲，城乡区域更协调，对外开放更深入，成果共享更普惠。革命红船起航地，已成为均衡富庶发展先行区。

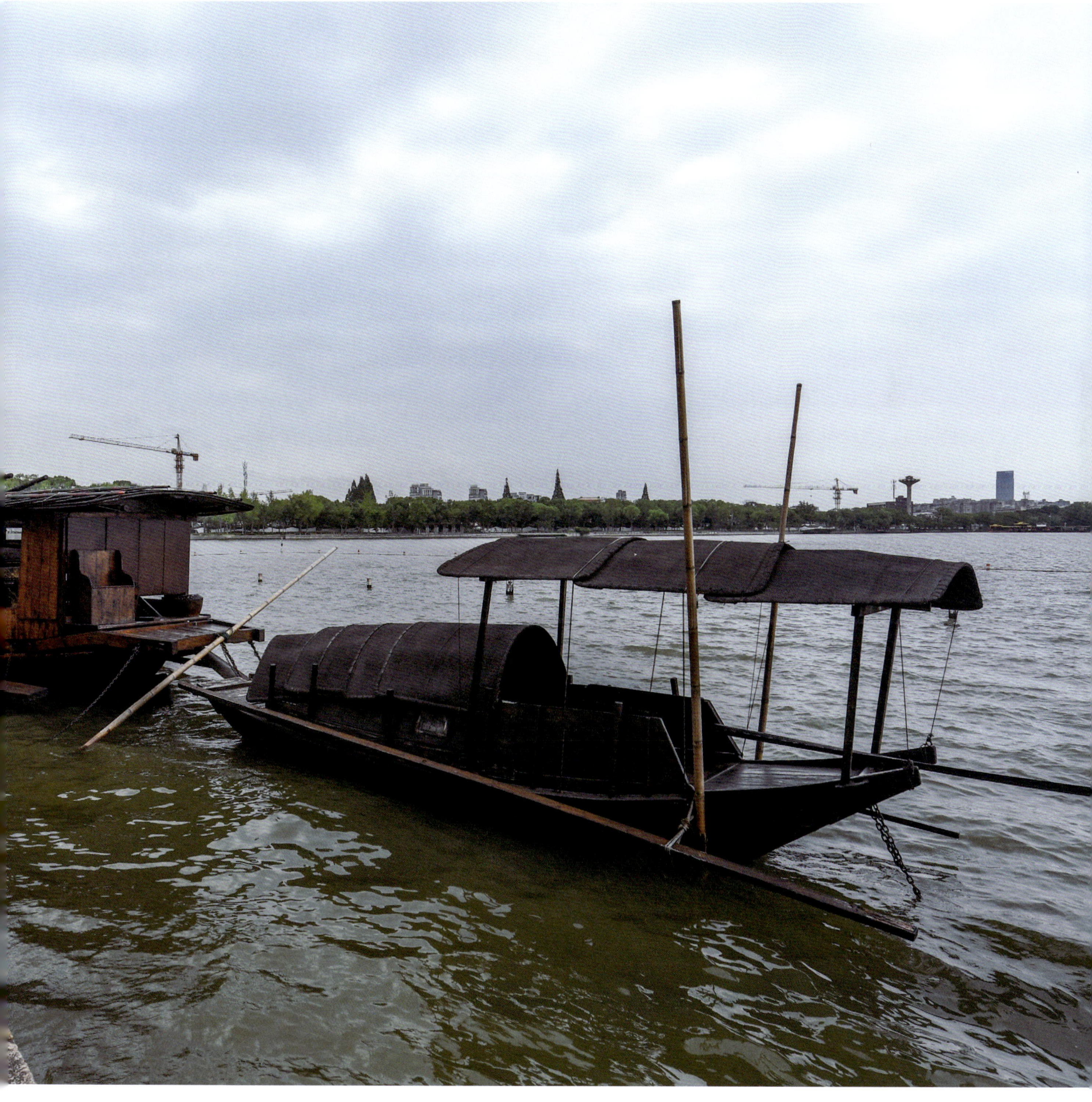

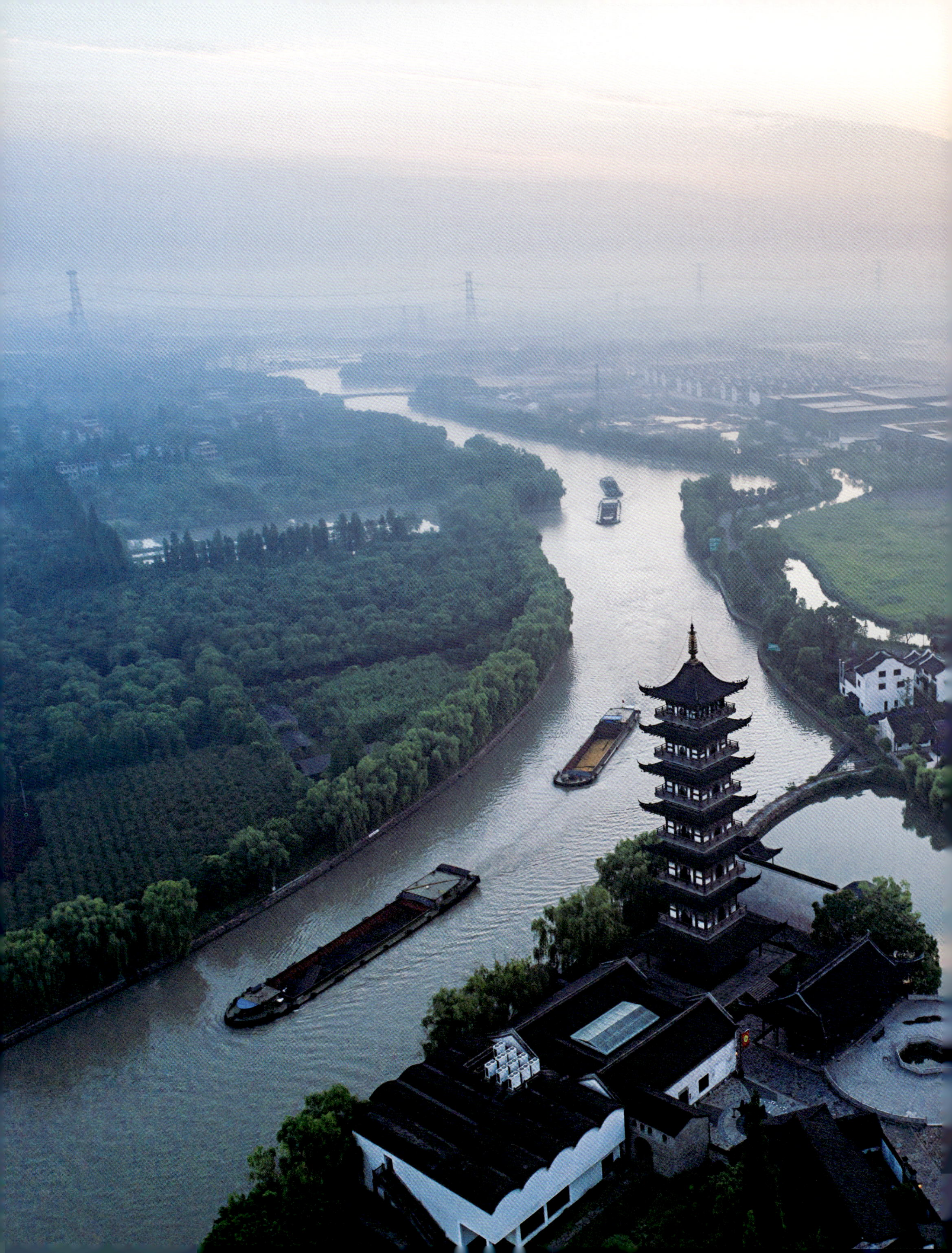

晨曦中的千年水乡——嘉兴乌镇 新华社记者 徐昱/摄

烟雨江南，水墨乌镇，置身其中，感受到的是传统与现代的碰撞，古朴与前沿的对话。自2014年以来，这里就成为世界互联网大会永久会址。千年水乡枕"网"而居。种下互联网基因的乌镇，正迸发出无穷活力，绽放出智慧城市的别样韵味，探索更多触摸未来的可能，让世界的目光在此驻留。

贰　种下一分绿，守住千番景

嘉兴是水乡，湖州也是水乡，还是"湖笔"之乡。湖笔也称"湖颖"，被誉为"笔中之冠"，与宣纸、徽墨、端砚并称"文房四宝"；湖州更是生态之乡，尤以安吉县最为引人注目。这个三面环山的小县城，在40余年间经历了从"挖石头"到"赏风景"的巨大变化。曾经，这里开山采石、烟尘笼罩、污水横流；现在，这里绿水青山、桃红柳绿、鸟语花香。

1978年，安吉全县人均地区生产总值仅336元。急于摘掉穷帽子的安吉，把目光转向了工业。其中，"靠山吃山"的安吉余村最有代表性：开矿采石、办水泥厂。虽发展了经济，但这种粗放式发展带来的污染，让人们的生存条件日渐恶劣。2003年6月，浙江在全省启动"千村示范、万村整治"工程，推动了事关千万农民民生的农村人居环境建设大行动。借着"千万工程"的东风，余村停掉了矿山、关掉了水泥厂。

如今，漫步余村，青山叠翠、流水潺潺，还可以看到不少农家乐和创意小楼。同样是"靠山吃山"，今昔对比，却有着本质不同。安吉素有"中国第一竹乡"的美誉，但在环境恶劣的时候，当地人想找到一棵饱满的笋，都要花上大半天时间。近年来，大片竹林恢复了生机，饱满的春笋已经随处可见。大竹海依山傍水，满目苍翠，碧波起伏，呈现一幅层层叠叠的竹画长卷。风起时竹浪翻涌，风止后万籁俱静。随着当地空气、土壤、水质越来越好，安吉的白茶产业也越来越壮大。

"绿水青山就是金山银山"。

安吉人种下一分绿，守住千番景，当地的绿色发展之路越走越宽广。

从60万米高空俯瞰2020年安吉县余村风貌

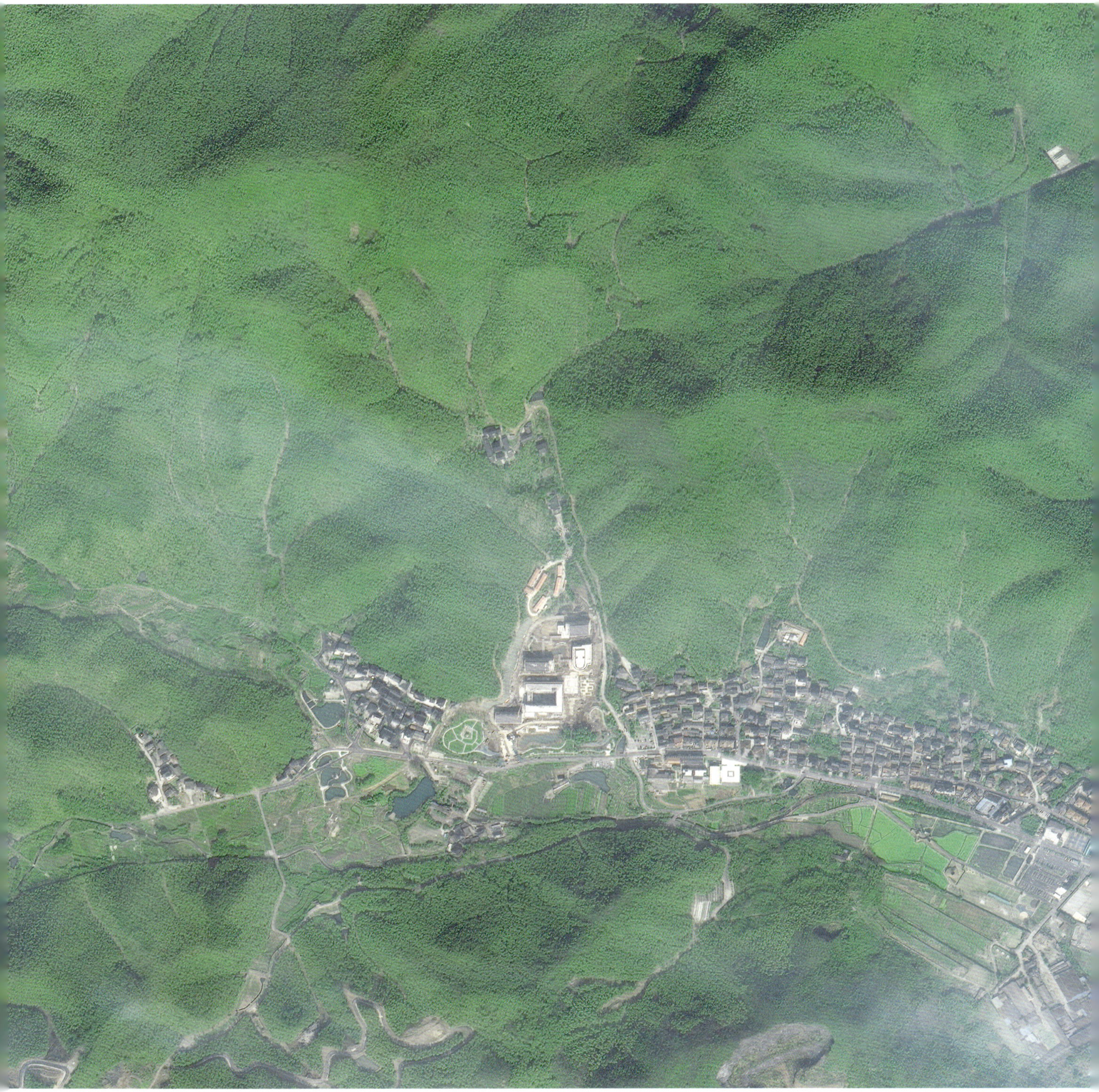

叁 忆江南，最忆是杭州

走过风雨兼程、砥砺奋进 70 余载的之江两岸，有着说不完的故事。除了嘉兴、湖州，这里还有以港口而被世人熟知的宁波，因文化流传而跨越时空限制的绍兴，以"义乌模式"开创世界小商品中心的金华义乌，以"唐诗之路"创造奇特文化现象的台州，以及因民营经济发展速度而享誉海内外的温州。省会杭州，更因互联网而名震全球。

早在南宋定都之时，杭州就曾一跃成为全国的政治、经济、文化中心。现如今，一场二十国集团领导人杭州峰会（简称"G20 杭州峰会"）的愿景，一座"颜值城市"的"实力担当"，一套全球治理的"中国方案"，在"三面云山一面城"的闲致中，以"一江春水穿城过"的磅礴迎面而来。位于杭州滨江的杭州国家高新技术产业开发区，更被称为"天堂硅谷"，以不到浙江千分之一的土地面积，培育了全省十分之一的高新技术企业，在全国软件企业百强榜中占据八席，成为中国区域经济发展的第三代样本。

杭州之美，美在文化，美在创新。

我国第一座"三自"水电站——新安江水电站，倚着千岛湖（即新安江水库）一湖秀水。湖中千余大小岛屿形态各异，群岛分布疏密有致。千岛竞秀、群山叠翠；峡谷幽深、溪涧清秀，因其山清、水秀、洞奇、石怪，而被誉为"千岛碧水画中游"。

"忆江南，最忆是杭州。"西湖美景，更加让人沉醉，白居易有诗云："未能抛得杭州去，一半勾留是此湖。"唐代以后，西湖经过苏轼等人整治，使杭州稳固了在江南的地位，宋代以后杭州与苏州并称为"江南双璧"，俗语"上有天堂，下有苏杭"，绝非虚言。当下，杭州再次扬帆起航，引领中国商业、科技发展新天地，成为名副其实的文化之城、科技之城、数字经济之城。

这就是浙江，干在实处，走在前列，勇立潮头。初心似锦照红船，之江潮起再扬帆。

1990—2019年杭州变迁

西湖像地上的一颗星，千百年来，杭州围绕着这颗璀璨的"星"运转。进入新时代，杭州转变发展思路，调整以西湖为圆心的"圆规式发展"，将钱塘江作为长期发展的永久性主线，向东部扩展，拥抱钱塘江，从"西湖时代"，迈入"钱塘江时代"，打造钱江新城。

1990年

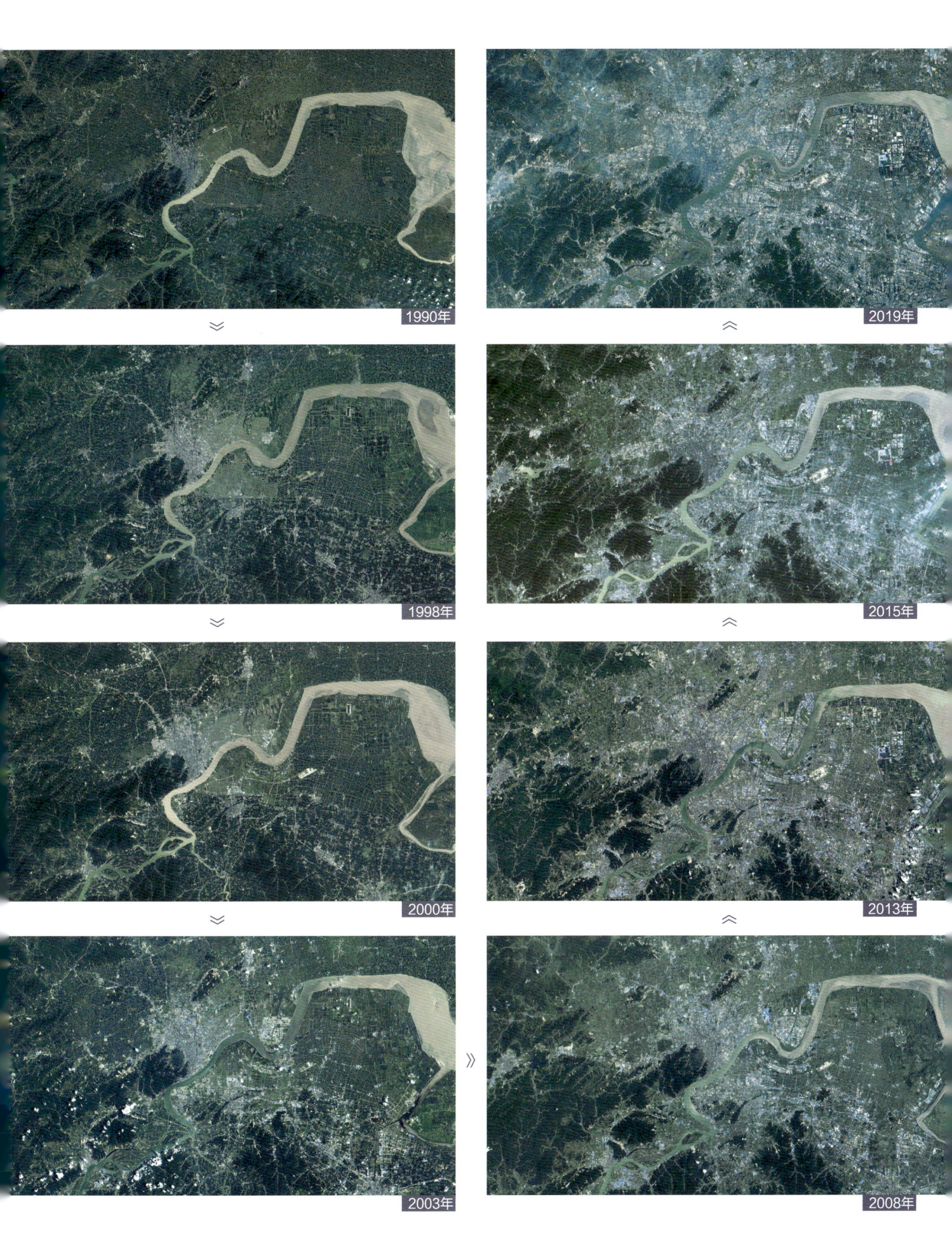

2019年

1998年

2015年

2000年

2013年

2003年

2008年

№.13

CHINA FROM OUTER SPACE

山海相交·潮涌八闽

自然保护区面积：44.5
占辖区面积比重：3.2%

耕地面积：133.69

2017　　　　2017

福建省在中国的位置示意图　　　福建省耕地、森林及自然保护区概况

FUJIAN

福建

森林面积：811.58
森林覆盖率：66.8%

城镇人口：2 594
乡村人口：1 347

地表水与地下水水资源重复量：244.2
人均水资源量：1 982.93 立方米
地表水：777
地下水：245.7

铁路：900
内河航道：3 700
公路：51 100

铁路：1 600
内河航道：3 200
公路：58 300

铁路：2 100
内河航道：3 200
公路：91 000

铁路：3 200
内河航道：3 200
公路：104 600

铁路：3 500
内河航道：3 200
公路：108 900

2018
单位：万公顷

2018　2018
人口　单位：万人

2018
水资源　单位：亿立方米

2000年　2005年　2010年　2015年　2018年
交通　单位：千米

数据来源：国家统计局、福建省统计局

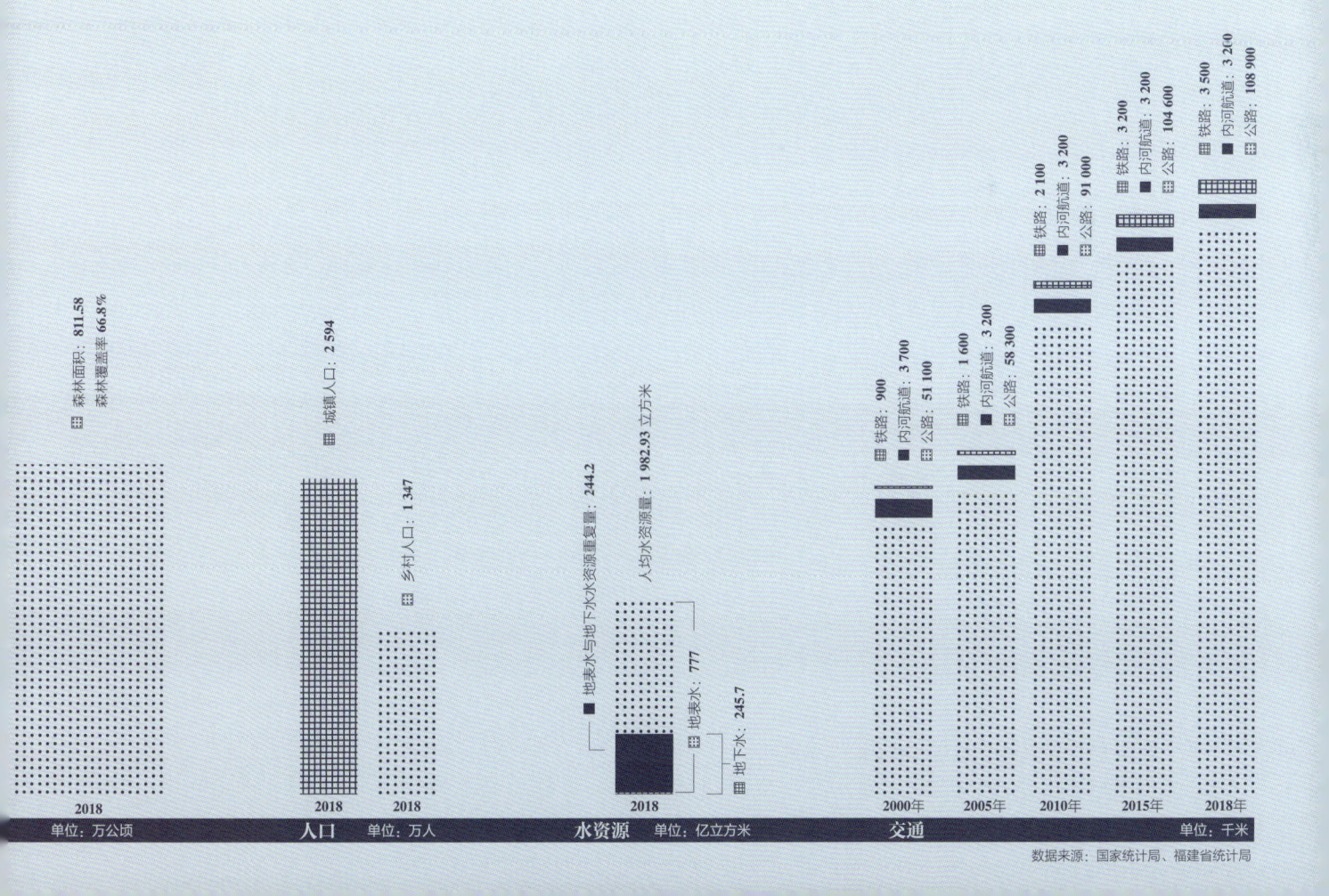

森林覆盖率连续40年领跑全国，空气质量平均达标天数比例超98%，各大河流水质持续保持为优，这就是福建，全国首个国家生态文明试验区，山与海塑造的热土。

从60万米高空俯瞰，福建三面环山，一面临海，这种特殊的地理环境令人向往，但在古代却造成它在很长一段历史时期对外交通阻隔，只能通过众多山口关隘，打开对外的通道。因此，福建开发较晚，境内长期人口稀少，直到南陈永定年间（557—559）才开始独立置州。唐开元二十一年（733），为加强边防武装，朝廷在这里设置了军事长官经略使，从闽江流域的福州和建州各取一字，命名为"福建经略军使"。"福建"这个名称第一次载入史册。

正是在唐代，不仅进入福建的旧有道路得到改造，对外交通得到长足发展，海外交通方面也全方位开放，外加社会安定，大批北方人口涌入，加速了全境开发。唐元和年间（806—820），福建自成一道，从此开始逐渐发展成独立经济区。

福建拥有全国最曲折的海岸线，曲折率高达1∶7。也就是说，如果你沿着海岸走了7千米，直线距离只有1千米。绵长的海岸造就了无数的天然良港，是福建人通向世界的大门。为了招徕海外商人来唐贸易，从唐太和八年（834）开始，泉州港对外全面开放，允许外商自由贸易。到唐末五代期间，随着人口大幅增长，福建一下子增设了11个县。

北宋时期，随着东南沿海的泉州、福州、漳州等港口的兴盛，对外贸易日益发达，福建经济得到巨大发展，财力大增，开始大规模修路架桥，排险设渡。而福建的建州也随之升为建宁府，并增设了南剑州和邵武、兴化二军，外加当时已经存在的福州、泉州、漳州、汀州，共有一府五州二军。从此，福建有了"八闽"之称。八闽中，福州、泉州、漳州延续至今，建宁府、南剑州和邵武融合发展为今天的南平，汀州古城端坐龙岩，而兴化辖境大致与今天的莆田相当。

右页图为福建省地形及主要水系分布示意图

N
武夷山
武夷山
鹫峰山
戴云山
玳瑁山
博平岭
北溪
富屯溪
南浦溪
建溪
沙溪
九龙溪
闽江
水口水库
大樟溪
汀江
雁石溪
九龙江
南平
三明
宁德
福州
莆田
龙岩
泉州
漳州
厦门
金门岛
台山列岛
马祖列岛
海坛岛
南日群岛
湄洲岛
东山岛
东海
台湾海峡
图 例
省级行政中心
地级市行政中心
1∶2 700 000

壹

"万里茶道"的起点

大自然给福建历史时期的发展带来了许多障碍，但也造就了"奇秀甲东南"的武夷山水。在数亿年地壳运动的影响下，武夷山脉隆起于今天福建和江西的交界地带。碧绿清澈的九曲溪蜿蜒淌过群峰，山回水转，一派灵秀淡远的天然画卷。书院和茶园，又将这画卷描绘得更为生动。

在武夷山，书院是理学家讲学的场所。宋代理学家朱熹在武夷山生活长达40余年，并在此创建武夷精舍，潜心著书立说，广收门徒，聚众讲学。这是武夷山冠有"理学名山""道南理窟"的缘由。

始于唐代、兴于宋代的书院，在宋文化史上留下了浓墨重彩的一笔。而这些书院也成为宋代茶文化中心，盛行茶道。鸿儒学子时常品茶论道，以茶喻学，以茶寓理。茶叶的普及成就了武夷山，武夷山又为茶园提供了天造地设的"土壤"，孕育出声震古今、享誉内外的乌龙茶和红茶。

早在唐代，福建就是主要的产茶区之一，并以茶为贡品。至唐末，建州北苑（位于今南平市管辖的建瓯市市区）开始出名茶。到五代南唐时，宫廷曾专门派使臣到北苑指导制作团茶，并用特制的龙凤图案模压印，作为"龙团"贡茶。从此，福建建茶名闻天下。到了元代，福建的茶产中心逐渐移向武夷山。元大德六年（1302）在武夷山九曲溪设御茶园，并设置焙局，焙制"龙团"作为贡品。清代时，晋商来此买山置园，投资种茶，开创了以武夷山为起点的"万里茶道"。茶叶先集中于九曲溪上游的下梅、星村等地，经过加工、打包，外销到13 000千米之外的恰克图（今属俄罗斯）。

武夷山天游峰一带九曲溪河道走向示意图
"三三九曲水，六六溪环绕，曲曲山回转，峰峰水抱流。"这就是发源于武夷山的九曲溪。武夷山坐拥鬼斧神工的碧水丹山、神秘纷繁的千古名胜、源远流长的三教文化，以及世所罕见的珍木异兽，是世界文化与自然双重遗产，也是首批国家公园体制试点之一。

243

贰 光辉印记

在以武夷山脉和玳瑁山脉为主的福建西部山区，遍布着众多的山间小盆地。盆地内部地势较为平坦，集中了山区的主要聚落和耕地，而盆地外部群山环抱，构成其天然屏障。

龙岩市上杭县的古田镇就位于这样的小盆地中。1929年12月下旬，120多位红四军代表聚集在这里，举行中国共产党红军第四军第九次党的代表大会，即"古田会议"。

两天时间里，会议先听取了毛泽东、朱德、陈毅的报告，并展开热烈讨论。大会改选了红四军前委，遵照中央的指示，选出了以毛泽东为书记，朱德、陈毅、林彪、罗荣桓、谭震林等11人为委员，杨岳彬等3人为候补委员的红四军新的前敌委员会。大会通过了毛泽东起草的《中国共产党红军第四军第九次代表大会决议案》，即著名的《古田会议决议》。古田会议解决了党和军队建设的根本原则问题。

在古田会议召开之前，红四军曾经走过很多弯路。1929年1月，毛泽东率领红四军离开井冈山，向赣南闽西进军。随着形势发展和革命队伍的扩大，红四军及其党组织加入了大量农民和其他小资产阶级出身的同志，加上环境险恶、战斗频繁、生活艰苦，部队得不到及时教育和整训，极端民主化、重军事轻政治、不重视建立巩固的根据地、流寇思想和军阀主义等非无产阶级思想在红四军内滋长严重。毛泽东曾力图纠正这些错误的思想倾向，但没能为红四军领导层的大多数同志所接受。在红四军第七次党代会上，毛泽东落选前委书记，陈毅当选新的红四军前委书记。

1929年9月，陈毅抵达上海，向党中央如实汇报了红四军的工作。中央政治局专门召开会议，听取了陈毅关于红四军全部情况的详细汇报，决定由周恩来、李立三、陈毅3人组成专门委员会，深入研究讨论红四军的问题。经过一个月的讨论，形成了陈毅起草、周恩来审定的《中共中央给红四军前委的指示信》，即著名的"中央九月来信"。"中央九月来信"肯定了红四军建立以来所取得的成绩和经验，要求红四军前委和全体干部战士维护朱德、毛泽东的领导，明确指出毛泽东"应仍为前委书记"。

就是在这样的历史背景下，古田会议召开了。它为全军的建设制定了一条马克思主义路线，是人民军队建设的伟大纲领，它的基本精神在今天仍然具有重大的指导意义。

在人民军队90多年的发展历程中，古田会议被认为是一座光辉的里程碑。

龙岩市上杭县古田会议旧址 新华社记者 姜克红/摄

背靠逶迤苍茫的社下山,白墙青瓦的古田会议会址身姿庄重。

叁 世界民居奇葩

在龙岩深处的大山中，藏着一种奇特的民居建筑，其风格独特，结构奇巧，功能齐全，内涵丰富，是"世界民居奇葩"，也是客家历史文化的一个重要载体。它们原本没有统一的称谓，因为以夯土外墙为主要特征，多层聚居为主要功能，而被称作"土楼"。

现存的福建土楼有数千座之多，主要分布在福建西南部，尤其在龙岩市永定区和漳州市南靖县交界的博平岭东西两侧，大约有600平方千米的溪谷地带最为集中。

作为大型闭合式聚居建筑，土楼内可以容纳大量的人口，既有大家族聚族而居，也有多姓家庭的合股同居。在土地稀缺的闽西南山区，土楼可以在有限的空间里聚居尽可能多的人口，所以成为当地流行的民居样式。

福建土楼形态各异，以圆形和方形为主。它产生于唐代，在明末、清代才逐渐成熟，并一直延续至今。现在，福建最古老的客家土楼是龙岩市永定区湖雷镇下寨村的"馥馨楼"。它建于唐大历四年（769），迄今已有1 200余年。

土楼的建设伴随着早期迁徙至闽西的客家先民所承受的颠沛流离之苦。那时，在这崇山峻岭、与世隔绝的蛮荒之地，他们只能搭建简易茅庐，遮阳避雨。随后他们为了生存，披荆斩棘，开荒垦殖。经过几代人的煎熬与奋斗，闽西客家先民在这块土地上建设起自己的家园，并开始构筑虽显简陋但却相对牢固的住房——堡或寨，作为一地一族或几个家族躲避侵扰的防御性居所。这便是现今福建客家土楼演变的起点。

龙岩市永定区湖坑镇洪坑村土楼群全景 新华社记者 魏培全/摄

"高四层楼四圈,上上下下四百间,圆中圆,圈套圈,历经沧桑三百年。"在永定,这首关于土楼王——承启楼的民谣,几乎每一个人都耳熟能详。永定客家土楼规模宏大,与山水交融,与天地参合,聚族而居,敦亲睦邻。

肆 多维度的千面之城

《山海经》记载："闽在海中。"

在这山海相交的地方，漳州、厦门、泉州、莆田、福州、宁德六市，自南向北，沿海岸线依次展布，以开放之姿迎来送往。

汉唐时期，福建最大的港口是位于闽江下游的福州。闽江及其支流深入福建中北部腹地，入海则汇入东南沿海。江海交际的福州，早在2 000年前就与中南半岛、日本等交通往来。宋元时期，福建最大的港口是位于溪流密布的泉州。泉州港有着得天独厚的自然环境，这里地处东南沿海，周围拥有泉州湾、深沪湾、围头湾等诸多天然港湾，在这些港湾中又有很多天然港汊，可以建成适宜各种船只停泊的港口码头。到元代时，泉州港发展到了鼎盛时期，成为世界上最大港口，也是当时世界上最大的国际贸易中心，与亚非90多个国家和地区都有通商关系。多元的民族文化和宗教文化也随之在这座城市里交汇融合。这是福建古代历史上最辉煌的一页。明末清初，新的巨港在闽南地区的九龙江口孕育。漳州月港率先兴起，成为闽南商人的出海贸易港。厦门也终于登上历史的舞台，在清代崛起为福建海关的正口。

厦门位于九龙江入海口，古称"下门"，自明朝始筑，就与海相伴相生。城在海上，海在城中。临海听风，气象万千。因其独特区位与历史际遇，厦门与近现代中国的命运紧紧勾连：19世纪40年代，西方列强的舰炮"敲"开了封闭的中国大门，厦门成为"五口通商"口岸之一，以一种屈辱的方式被迫向近现代社会艰难转型。

随着各国侨民纷至沓来，厦门岛旁的鼓浪屿成为外国人的居留区，世界各地风格迥异的建筑随之拔地而起。伴随着西方文明的传入，钢琴、小提琴等音乐文化元素也在"海上花园"落地生根，鼓浪屿由此获得了"音乐之岛"的美称。

这座中西合璧的小岛，有着闽南韵味、南洋气息和欧陆风情，于2017年7月获批列入世界文化遗产名录，以"历史国际社区"吸引着全球目光。

右页图为从60万米高空俯瞰鼓浪屿
伴着徐徐吹来的清新海风，漫步在鼓浪屿，风情各异的历史建筑，令游客如入画卷。

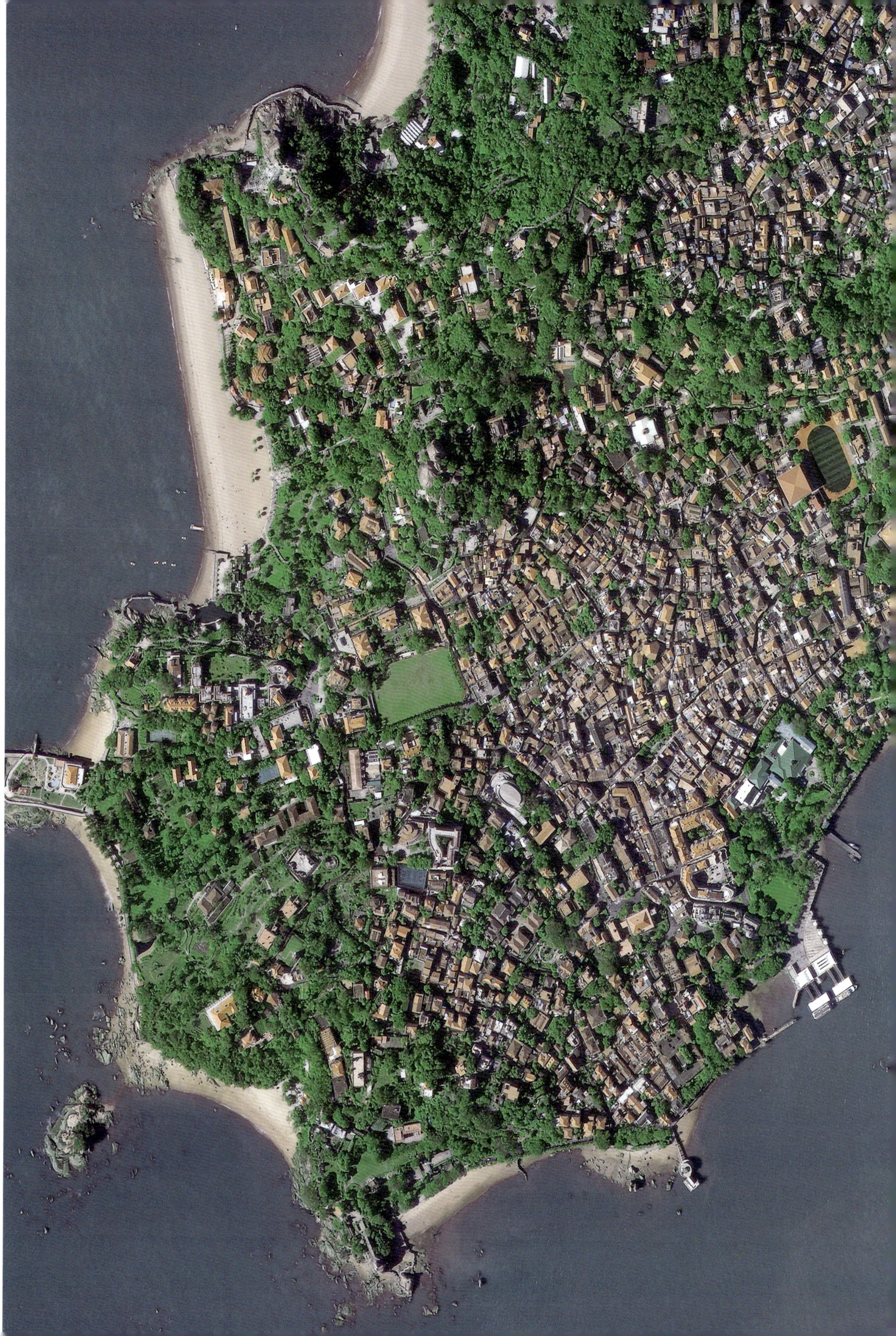

厦门不大，它是全国 15 个副省级城市中面积最小的一个。但这座海岛小城，于风云际会中紧抓机遇、勇担重任，逐渐崛起为一座有格局、有追求、有魅力的特色之城。不同于千城一面，厦门是多维度的千面之城：它因灵动而魅力多彩，因鲜明而彰显个性，因文化而别具韵味，因开拓而格局一新。

20 世纪 80 年代初，厦门成为全国经济特区之一，开始用自己的探索和实践书写对外开放的新篇章。自 1997 年起，每至金秋 9 月，美丽的鹭岛厦门就会迎来一年一度的"9·8"时间，吸引着海内外资本与客商的目光。

如今，走过 20 届光辉历程的中国国际投资贸易洽谈会风华正茂。从国门初开时的区域性展会，到如今全球规模最大、功能最完善、影响力最广的双向投资促进盛会，投洽会一路与时俱进，不断转型提升。这把伴随中国大门越开越大的"金钥匙"正熠熠生辉。

福建有 3 700 多千米长的曲折海岸，厦门港更是中国四大国际航运中心之一，港内的远海自动化码头，是中国第一个智能、安全、环保，具有完全自主知识产权的全自动化集装箱码头。

曾经的海滨小城变身国际大港，34 条"丝路海运"航线在此开行，港通天下，扬帆远航。

右图是厦门国际会议中心及周边景色 新华社记者 姜克红/摄

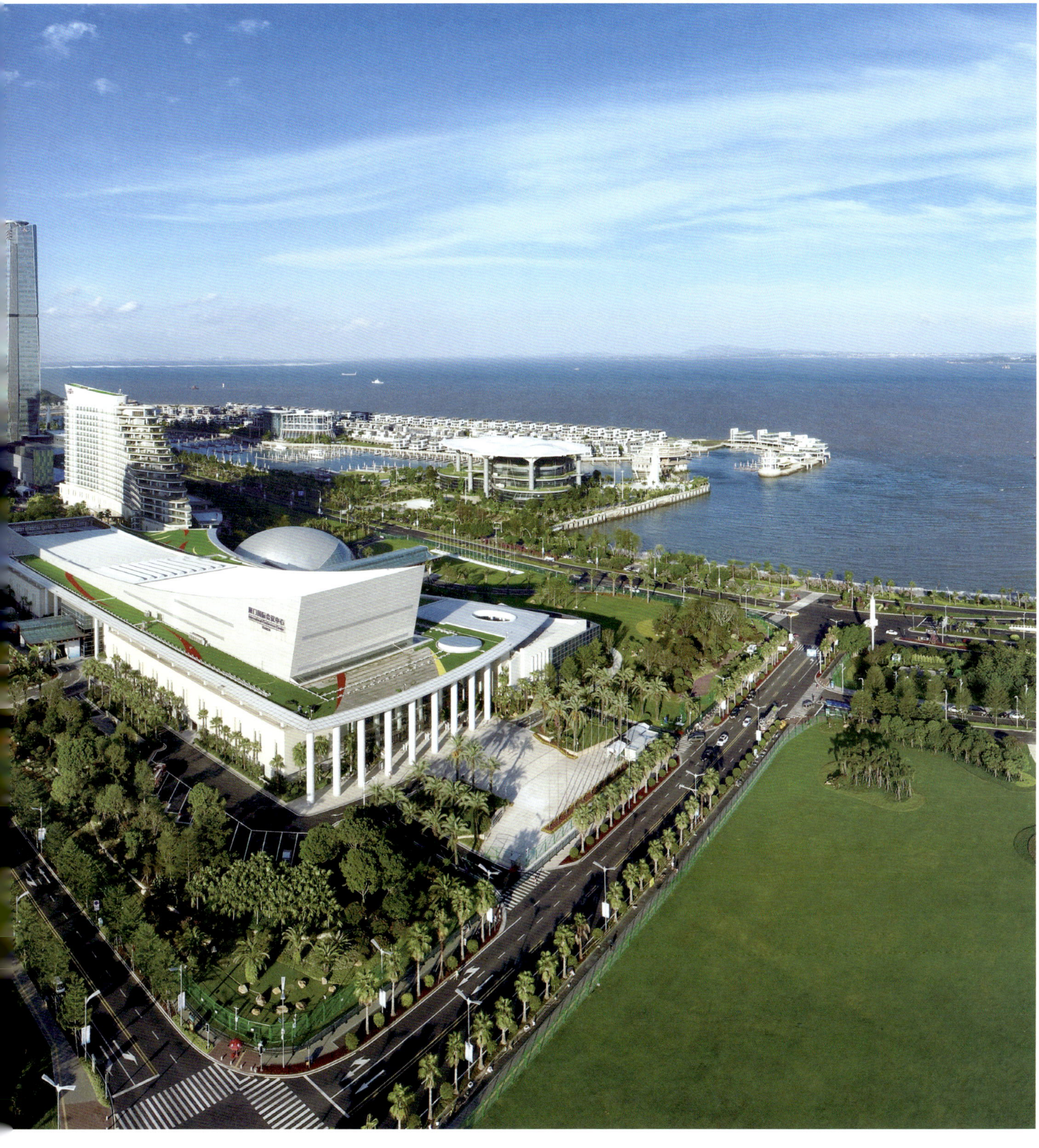

伍 大陆离台湾本岛最近的地方

福建和台湾一水之隔,海峡两岸同根同源,血脉相连。自明朝后期开始,福建沿海民众就开始批量向台湾岛移民,寻求新的生存空间。20世纪初的调查显示,百分之八十台湾同胞的祖籍在福建,福建也正努力建成台胞台企登陆第一家园。

无论过去还是现在,两岸唇齿依存。在福建中部海岸的福州境内,有一个状若麒麟的"千礁岛县"——平潭,距离台湾岛仅有68海里,是大陆距离台湾本岛最近的地方。由于地理位置特殊,每到冬季,平潭都会饱受东北季风折磨。雪上加霜的是,海岸前沿风力更大,极易形成飞沙和流动沙丘。于是,"光长石头不长草,风沙满地跑"这句民谣就成了平潭过去的真实写照。经过长期的综合治理和生态建设,如今,这座位于福建东部的海岛以秀丽旖旎的风光展现在世人面前。

从60万米高空俯瞰平潭海峡公铁大桥

跨越海坛海峡的平潭海峡公铁大桥,全长16.34千米,是世界最长的跨海公路铁路两用大桥。中国人用智慧和勇气,突破"造桥禁区",大大缩短福州至平潭的时空距离,榕岚半小时经济生活圈呼之欲出。

253

中国黄金海岸线的中点

"海者，闽人之田"。

"八山一水一分田"，陆上重山阻隔的福建，面向的却是浩瀚海洋，600多条江河从山地奔向大海。环山抱海，是宁德的资源禀赋。在其东部的三都澳为天然良港，是中国黄金海岸线的中点，"世界不多，中国仅有"，它通往全国各沿海主要港口，面朝广袤的太平洋。

三都澳本来是宁德东部三都岛周遭的海域，近代作为茶叶出口港而名扬世界，逐渐成为宁德、福安、霞浦、罗源四县市环抱的内海湾的总称。

这里是我国最大的大黄鱼养殖基地，受黑潮和台湾暖流的影响，盐度较高，适合渔业生产。沿海人民的主要渔业活动包括外海捕捞和滩涂养殖。福建渔民有丰富的拖网、绳钓等捕捞经验，除了闽东、闽南等渔场之外，舟山群岛等也是他们出海捕捞的重要场所。

这里原本就是野生大黄鱼的故乡，洋流环境非常适合大黄鱼的生存和繁殖。但是，过度捕捞导致了大黄鱼资源的枯竭。1991年，大黄鱼人工养殖在三都澳的官井洋获得成功，为闽东海洋经济注入了新的活力。如今，放眼望去，三都澳渔户相连，绵延数十千米，渔排网箱一片欣欣向荣。渔旅结合，海清水净的海上田园风光不再是梦。

山风海涛间，福建承中原文脉厚重源流，开海洋文化外向气度，秉两岸融合与国强民富的历史担当，高素质高颜值的新福建正阔步向前。

右页组图为三都澳1998—2016年变迁

255

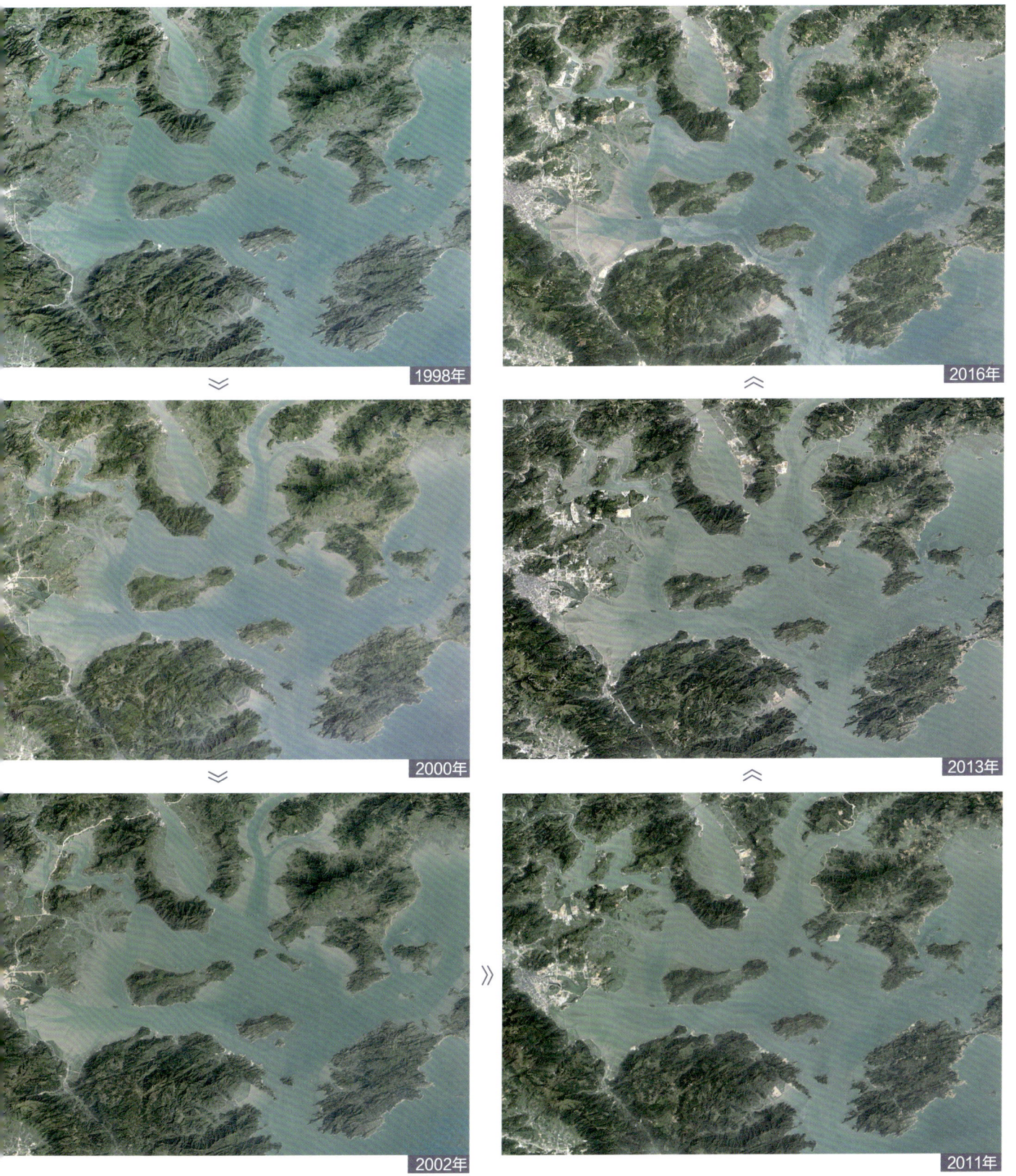

1998年

2016年

2000年

2013年

2002年

2011年

№台.14

CHINA FROM OUTER SPACE

状似芭蕉貌似岛·兰花蝴蝶鱼米乡

台湾省在中国的位置示意图

TAIWAN

台湾

这里有山峦起伏、森林茂密、溪壑纵横的阿里山，
也有三面环海、物种繁多、珊瑚礁林棋布的垦丁；

这里有山峦环绕、水道蜿蜒、樱花漫布的日月潭，
也有蕈状石、烛台石、棋盘石、姜石、壶穴、海蚀洞
绵延罗列的野柳地质公园；

这里有丘陵起伏、飞鱼滑翔的兰屿，
也有远山一脉青葱、稻田与大海相接的东西海岸。

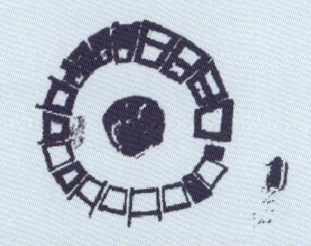

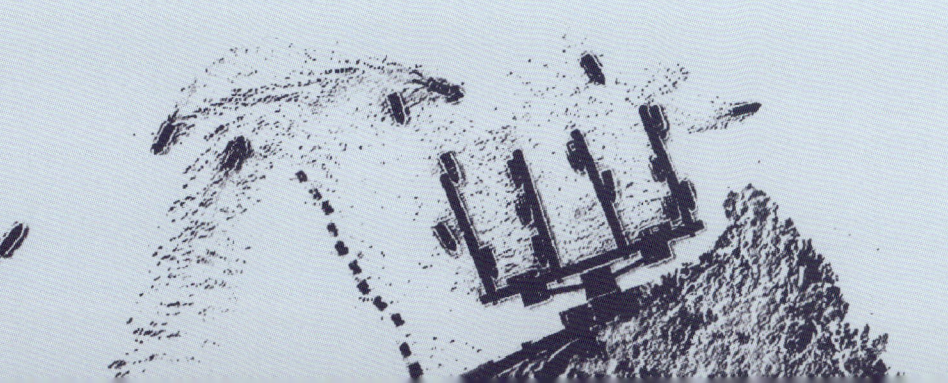

水系专题台湾省资料暂缺。

宝岛台湾与祖国大陆同基同体，同为华夏构造体系，由台湾岛和周围属岛，以及澎湖列岛等岛屿组成，状似芭蕉貌似岛，兰花蝴蝶鱼米乡。

中生代时期，台湾与福建、广东紧紧地挨在一起，直到新生代第三纪，由于地壳下陷，海水入侵，才出现了横亘在台湾岛与祖国大陆之间的台湾海峡。但在距今约200万年前的新生代第四纪，由于冰期来临，海面下降，台湾海峡的海底重现，不仅成为动物群迁徙的通道，还将台湾岛与大陆重新连在一起。冰期结束后，海面随之上升，海岛复现，并与大陆相望至今。

台湾岛是台湾省的主岛，也是中国第一大岛。它地处亚欧大陆板块与菲律宾海板块的接触带，二板块的相互运动造成台湾岛中央山脉和海岸山脉隆起，使得全岛地势由中央山脉向东西两侧递降，由此形成全岛山地、丘陵和平原三区组成的地形格局。

山地主要分布在台湾岛中部和东部海岸地区，由数条平行的山脉组成，由东而西依次为：花东海岸山脉、中央山脉、雪山山脉、玉山山脉、阿里山山脉五个系统。由于作为全岛主要分水岭的中央山脉和雪山山脉位置偏东，台湾岛上的河流发育东短西长，多为东西流向，一般而言，河身短，坡度大，水流急，最长的浊水溪长仅186千米。

丘陵台地主要分布在台湾岛西部地区，但丘陵地形极为零星，加上河川切穿，且断层频仍，使丘陵地带成为极度破碎而崎岖的地域；而平原低地则主要分布在近海及河流两侧地区。

南北向的山脉与东西向的河流，使台湾岛被切割成许多不相连续的地理空间单位，同时也塑造了岛上丰富多彩的自然地貌景观。

这里有山峦起伏、森林茂密、溪壑纵横的阿里山，也有三面环海、物种繁多、珊瑚礁林棋布的垦丁；这里有山峦环绕、水道蜿蜒、樱花漫布的日月潭，也有蕈状石、烛台石、棋盘石、姜石、壶穴、海蚀洞绵延罗列的野柳地质公园；这里有丘陵起伏、飞鱼滑翔的兰屿，也有远山一脉青葱、稻田与大海相接的东西海岸。

右页图为阿里山森林小火车 新华社记者 陈斌/摄
阿里山位于台湾中南部，以神木、樱花、云海、日出四大盛景而驰名，四季景色，美不胜收。开行上百年的森林小火车穿梭在阿里山茂密的森林和起伏的山峦中，搭乘小火车欣赏美景已经成为阿里山一张靓丽的名片，深受游客青睐。

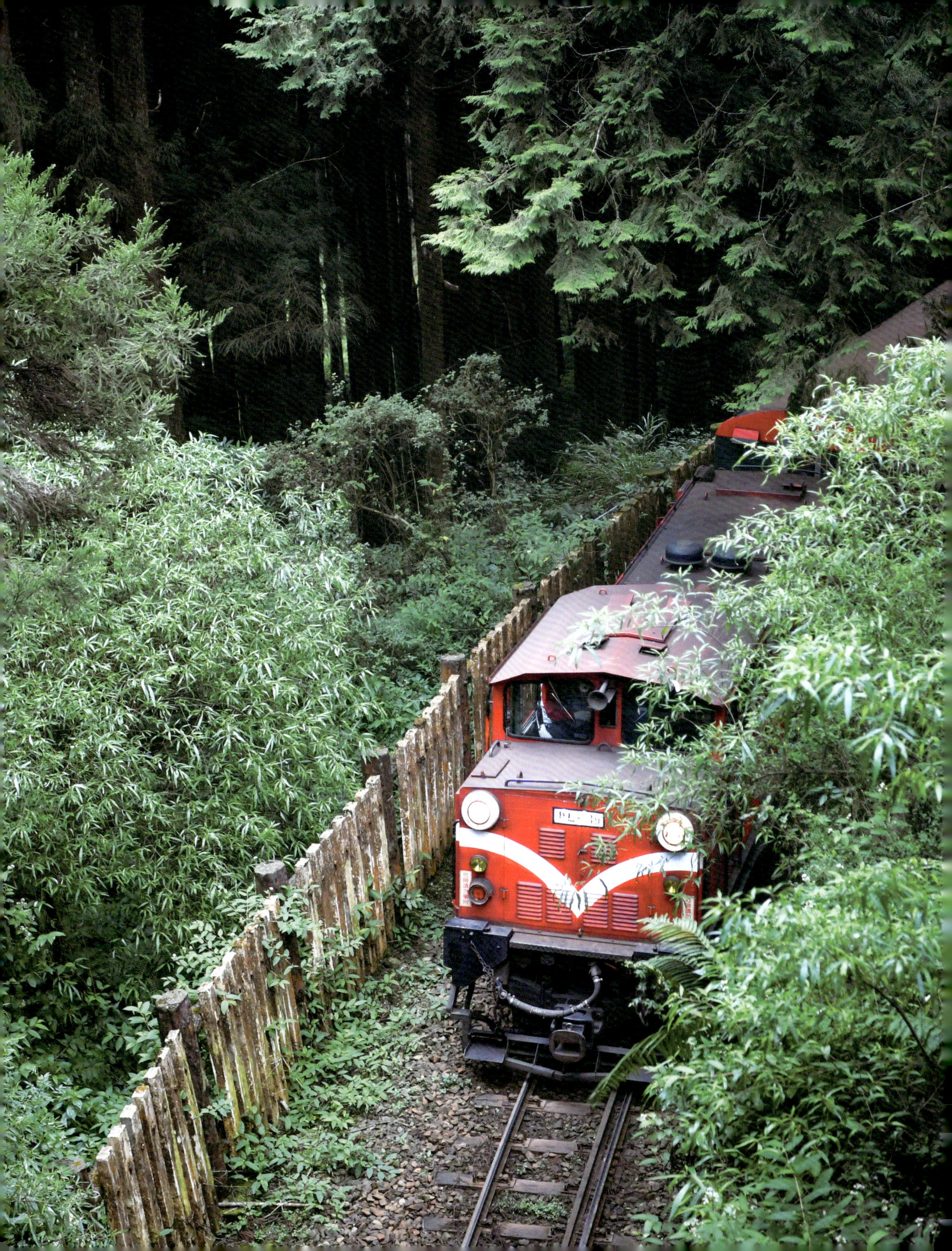

从60万米高空俯瞰台湾日月潭拉鲁岛

日月潭位于台湾岛中部、阿里山以北,海拔约748米,是台湾岛最大的湖泊,水域面积约793万平方米。图中圆形地标即位于日月潭中心的拉鲁岛。以拉鲁岛为界,日月潭北半侧形如日轮、南半侧状似月钩,因而得名。

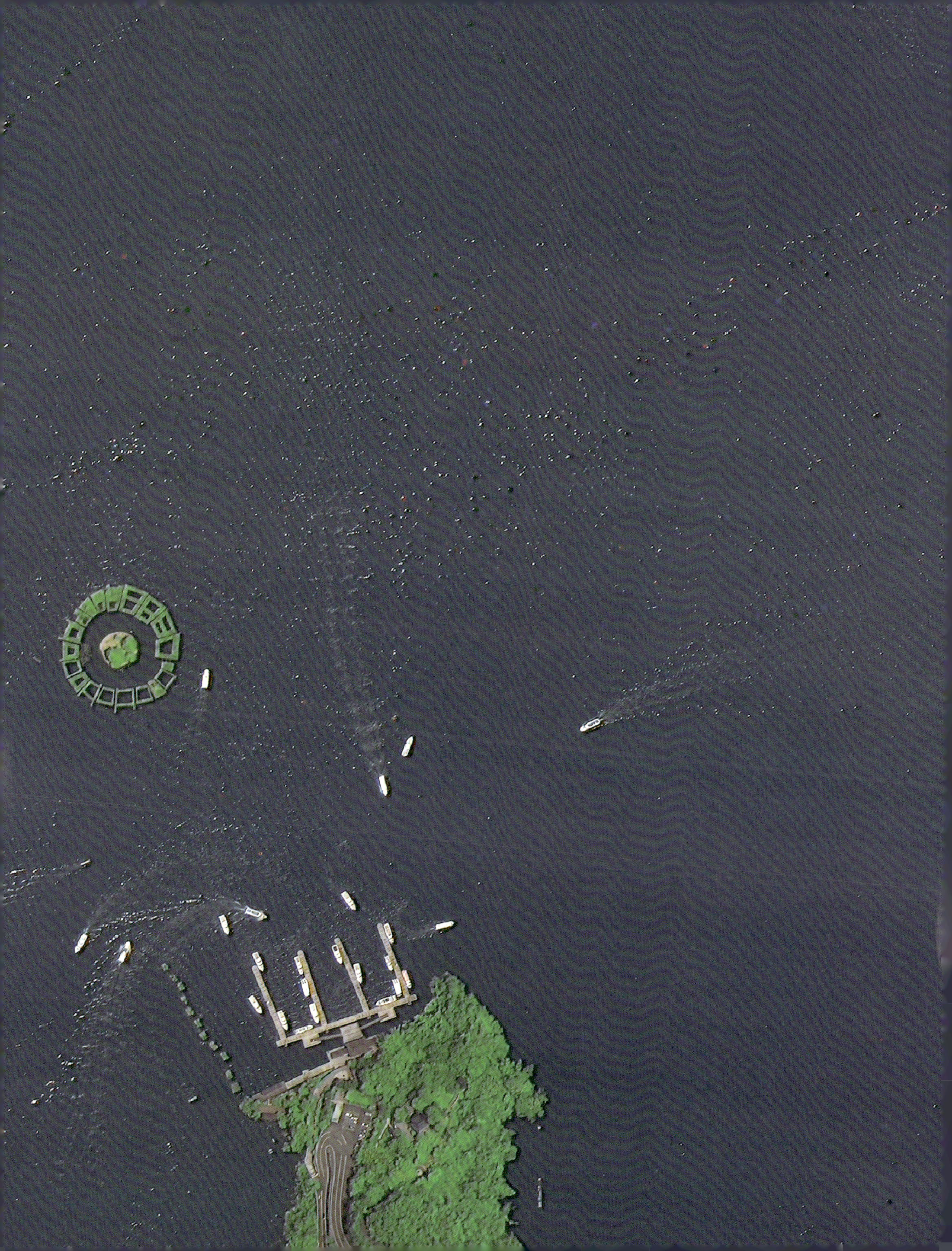

在台湾北海岸野柳地质公园拍摄的蕈状石
新华社记者 金立旺/摄

台湾的东、北海岸除了宽广的海洋之外,还拥有许多鬼斧神工的天然海蚀地景。这里海岸受到海水长年的冲击,产生侵蚀、搬运及堆积作用,地形非常丰富,进而雕塑出种种天然之美的海蚀奇景。这些形状怪异的古老砂岩,历经了沧海变桑田的千万年历史,成为世界上现存的完整"活化石"。

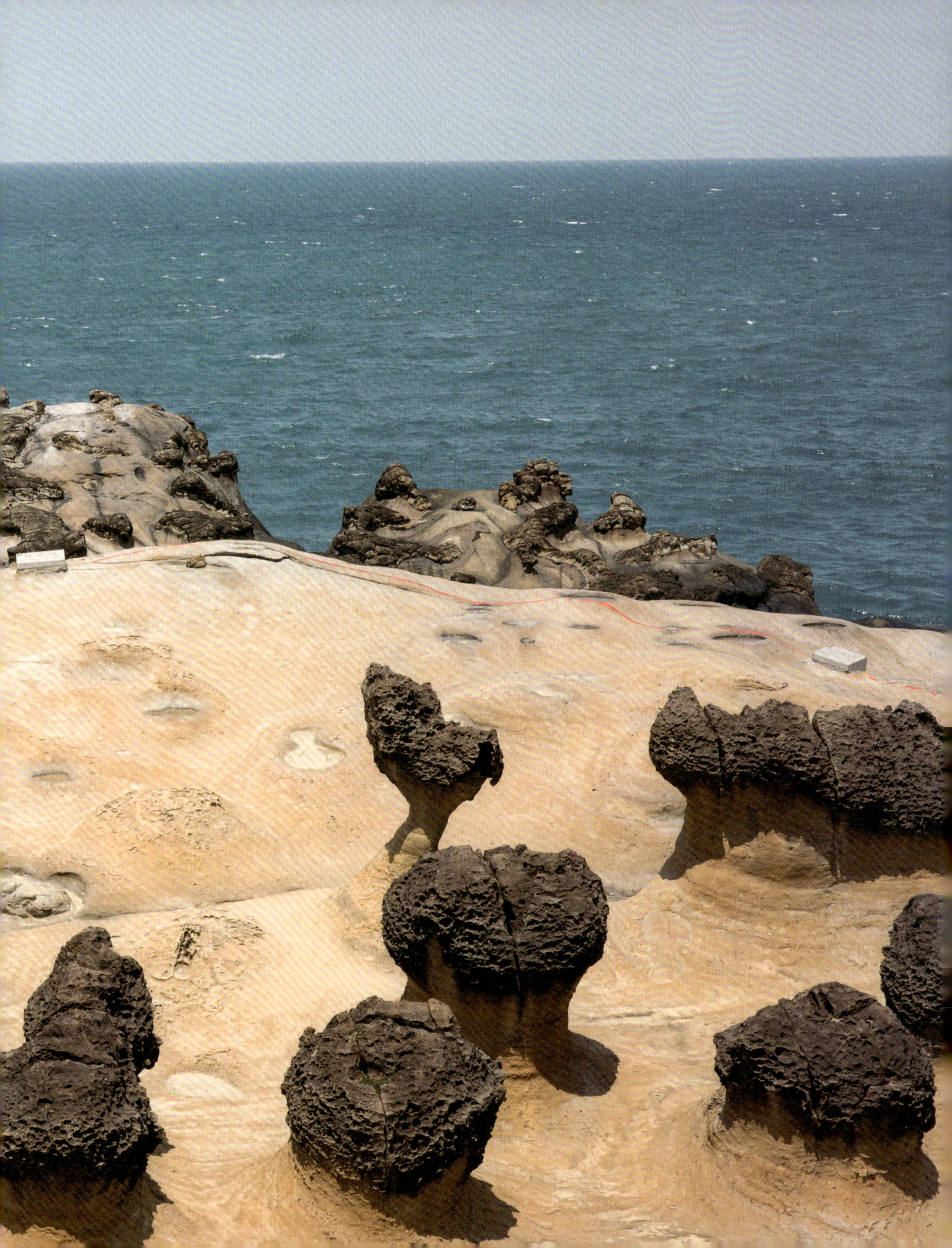

在台湾花莲县丰滨乡航拍的稻田景色,稻田与海水构成一幅美丽的图画 新华社/发

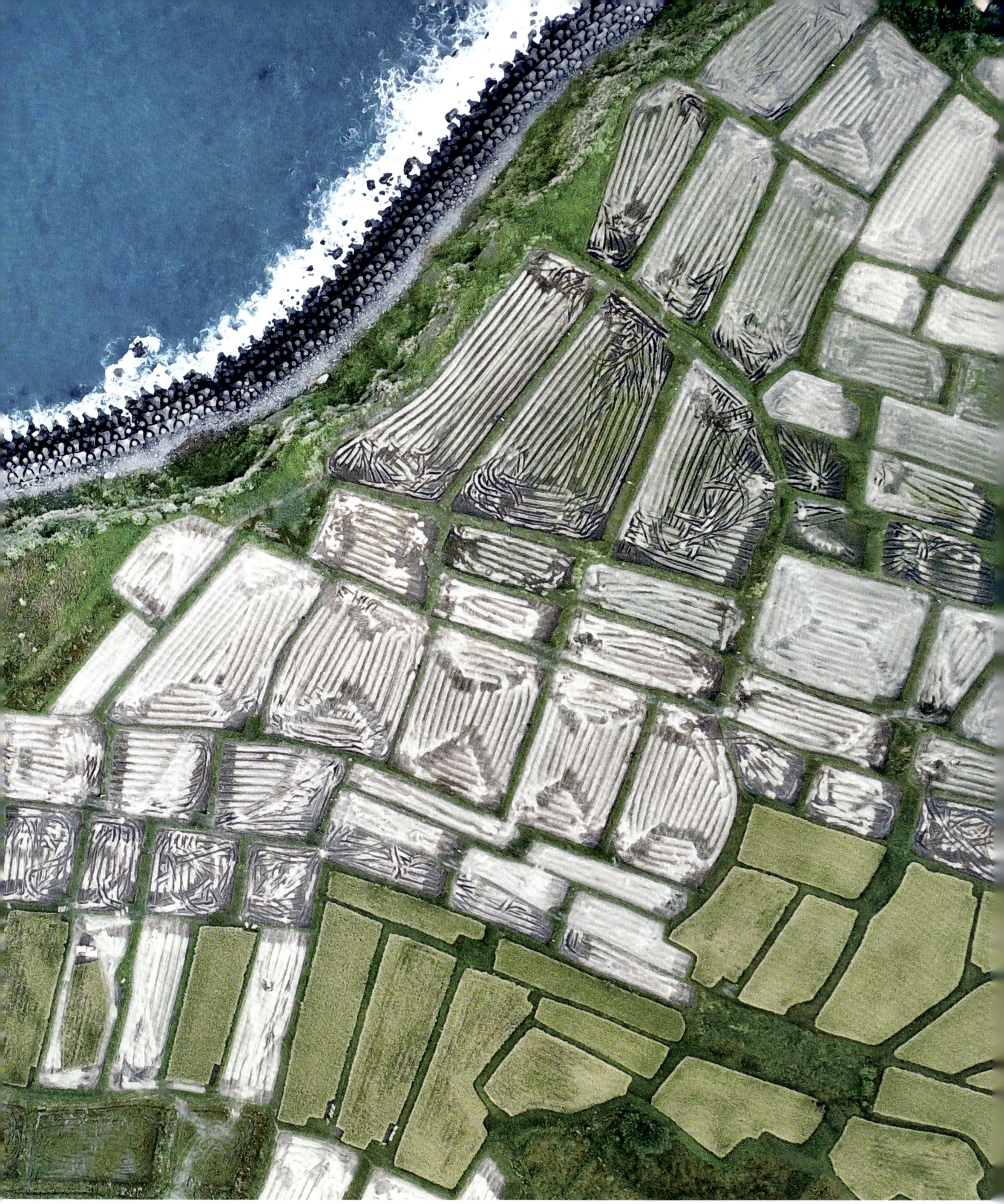

N⁰赣.15

CHINA FROM OUTER SPACE

红色江西 · 绿色崛起

自然保护区面积：122.4
占辖区面积比重 7.3%
2017年

耕地面积：308.6
2017年

江西省在中国的位置示意图

江西省耕地、森林及自然保护区概况

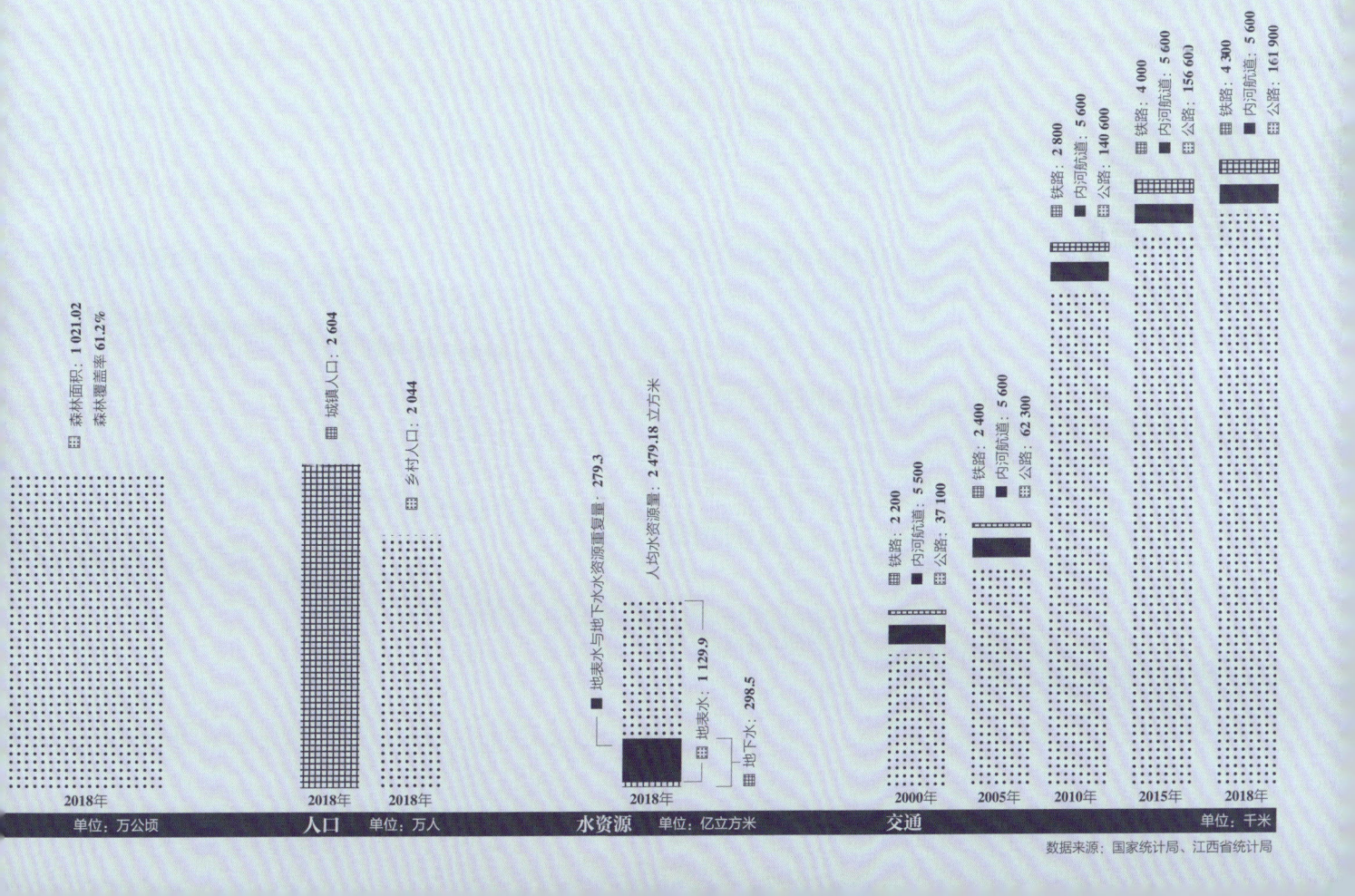

JIANGXI 江西

	2018年	2018年	2018年	2018年	2000年	2005年	2010年	2015年	2018年

森林面积：1 021.02
森林覆盖率：61.2%

城镇人口：2 604
乡村人口：2 044

地表水与地下水资源重复量：279.3
人均水资源量：2 479.18 立方米
地表水：1 129.9
地下水：298.5

铁路：2 200　内河航道：5 500　公路：37 100
铁路：2 400　内河航道：5 600　公路：62 300
铁路：2 800　内河航道：5 600　公路：140 600
铁路：4 000　内河航道：5 600　公路：156 600
铁路：4 300　内河航道：5 600　公路：161 900

单位：万公顷　　人口　单位：万人　　水资源　单位：亿立方米　　交通　　　　　　　　　　　　　　单位：千米

数据来源：国家统计局、江西省统计局

中国有一片"三色"土地，火红燎原，古色古香，翠绿如珠。人们称它为赣鄱大地——江西。它三面环山，一面临江，地处江南，东倚怀玉山和武夷山脉，与浙江、福建相邻；南与广东共享身处南岭的大庾岭；西有罗霄山脉、幕阜山和九岭山，与湖南、湖北两湖区隔。三山环绕之下，赣鄱大地流星赶月一般，拖出长长的赣江彗尾，入鄱阳，出庐山，在九江境内与湖北、安徽共抱万里长江。

而赣江，源出武夷山西麓，由南往北纵贯江西全境，为江西第一大河，并以赣州、吉安新干县为界，分上、中、下游三段。赣州以上为上游，山地纵横，支流众多。其东源正是流经瑞金的绵水。绵水西南方向流，在赣州市会昌县与南来的湘水汇合，始称贡水，为赣江正源。贡水自东向西穿过赣州市境内的于都，被于都人亲切地称为"于都河"。过于都后，贡水又流经赣州市的赣县区和章贡区，而后以赣江之名一路向北，奔赴鄱阳湖。

赣江下游，蕴藏着江西古老的文化。早在商周时期，万年文化与吴城文化就持续在饶河、信江交叉地带和赣江下游累积勃兴，从而否认了"商文化不过长江"之说，也改变了人们对赣北"吴头楚尾"区域定位的陈见。特别是 20 世纪 80 年代以来，在江西万年县的万年仙人洞和吊桶环遗址，考古发现了一万年前的人工栽培稻遗存，有力印证了"水稻起源于中国"之说，也从侧面说明了江西历史之悠久。而西汉海昏侯墓的惊世大发现，再次印证了江西当时地处全国边缘地带。海昏侯刘贺的南迁开了江西人口迁入性流动的先锋。

南宋以来，全国经济中心开始南移，江西地位急剧上升。这期间，昌南镇开始正式烧制官窑，所产瓷器"白如玉、薄如纸、明如镜，声如磬"，名扬京华。宋真宗特赐"景德"年号给昌南镇，这便是今天景德镇的名称由来。

明清以来，多次激烈的战争以及人口大规模外流，赣江黄金水道原有的辉煌不复存在，江西开始走向衰落。直至中华人民共和国成立后，江西才随着新中国第一架飞机、第一枚海防导弹、第一辆柴油轮式拖拉机、第一辆军用边三轮摩托车在这里的诞生，起飞、升腾、驶向光辉的未来，一跃成为创造新中国发展奇迹的红土地。

右页图为江西省地形及主要水系分布示意图

图 例

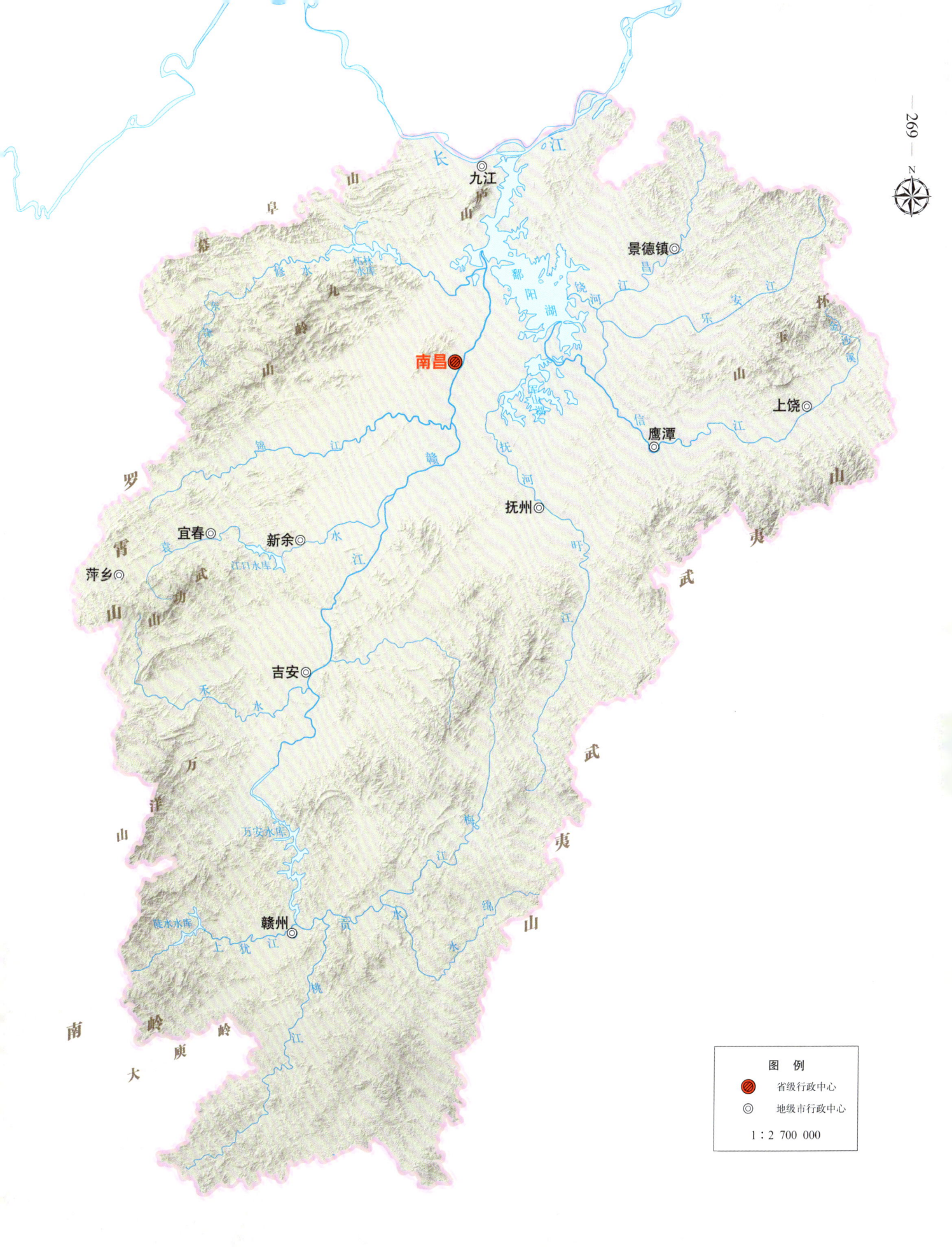

● 省级行政中心
◎ 地级市行政中心

1 : 2 700 000

壹

火红燎原：这是一片充满红色记忆的土地

1927年8月1日，南昌起义打响武装反抗国民党反动派的第一枪；

1927年9月，湘赣边界秋收起义第一次亮出共产党旗帜；

1927年10月，毛泽东率秋收起义的部队抵达井冈山，创立了第一个农村革命根据地。

自此，历史的地图有了新的海拔，民族的精神崛起新的峰巅。

井冈山，地处罗霄山脉中段，被500多座大大小小的峰峦包围。她是一座山，又不只是一座山。

90多年前，中国共产党人在这里开辟"农村包围城市、武装夺取政权"的革命道路，井冈山精神照耀神州。40多年前，一场新的伟大革命——改革开放开启，井冈山精神感召着井冈山儿女和亿万中国人民在新的长征路上不断走向胜利。

今天，这里立体交通网四通八达：国家第一条四车道盘山公路蜿蜒在崇山峻岭间；山里25户以上的村庄村村通了水泥路；铁路在山脚下延伸；通航10余年的井冈山机场2018年再次扩建，一天平均20多个航班直飞全国各地。

2017年2月26日，井冈山在全国率先脱贫"摘帽"。昔日"人口不满两千，产谷不满万担"的井冈山，如今已成为有17万人口的旅游城市，生态旅游、绿色食品、电子信息等产业风生水起……

"红色最红、绿色最绿、脱贫最好。"今日的井冈山，随处可见这样的标语。这是老百姓对美好生活的憧憬，也是井冈山因地制宜探索出的高质量发展之路。

从60万米高空俯瞰井冈山黄洋界

1928年8月30日,黄洋界保卫战打响,英雄儿女,前赴后继,用自己的今天,换来更多人的明天。

走进江西瑞金叶坪谢家祠堂,仿佛推开了一扇厚重历史的大门。祠堂内一台座钟定格在下午3时。1931年11月7日,当指针指向这一刻,一批来自全国各地的劳苦大众和红军代表走进这里,宣告一个崭新的国家政权——中华苏维埃共和国临时中央政府成立。刚满10岁的中国共产党在这里首次以国家形态登上中国政治的舞台,开始治国安民的伟大预演。

在这里,共产党人设立了外交、军事、财政、土地、劳动等九部一局,今天的50多个中央机关和国家部委从这里走来。

500余平方米的谢家祠堂,"装"下整个中华苏维埃共和国的首脑机关。一张木桌、一把木椅、一张木床,几块木板隔成的小屋,就是今天一个国家部委最初办公的地方。

在这里,共产党人颁布了自己的第一部宪法大纲,明确苏维埃全部政权是属于工人、农民、红军兵士及一切劳苦民众的,还制定了选举法、劳动法等上百部法律法令。

在这里,共产党人开展了政权建设、经济建设、文化建设,发行货币、兴办学校、惩治腐败……

一个个冠以"人民"称号的"部委",造就当时精干的政府,兴建列宁小学3 199所;兴修水利,垦荒造林,修桥筑路……

从人民共和国的伟大预演到中华人民共和国成立70余年,始终不变的是以人民为中心的执政理念,不断延展的是为人民创造美好生活的壮丽征程。

岁月递嬗,翻天覆地。80多年前,美国记者斯诺谈到瑞金建政时感慨:"在没有港口,没有码头,没有铁路的山林里建立起一个共和国,这是建国中的奇迹!"

右页上图是位于江西瑞金的叶坪谢家祠堂 新华社记者 胡晨欢/摄

右页下图是位于江西瑞金的叶坪谢家祠堂内景 新华社记者 周密/摄

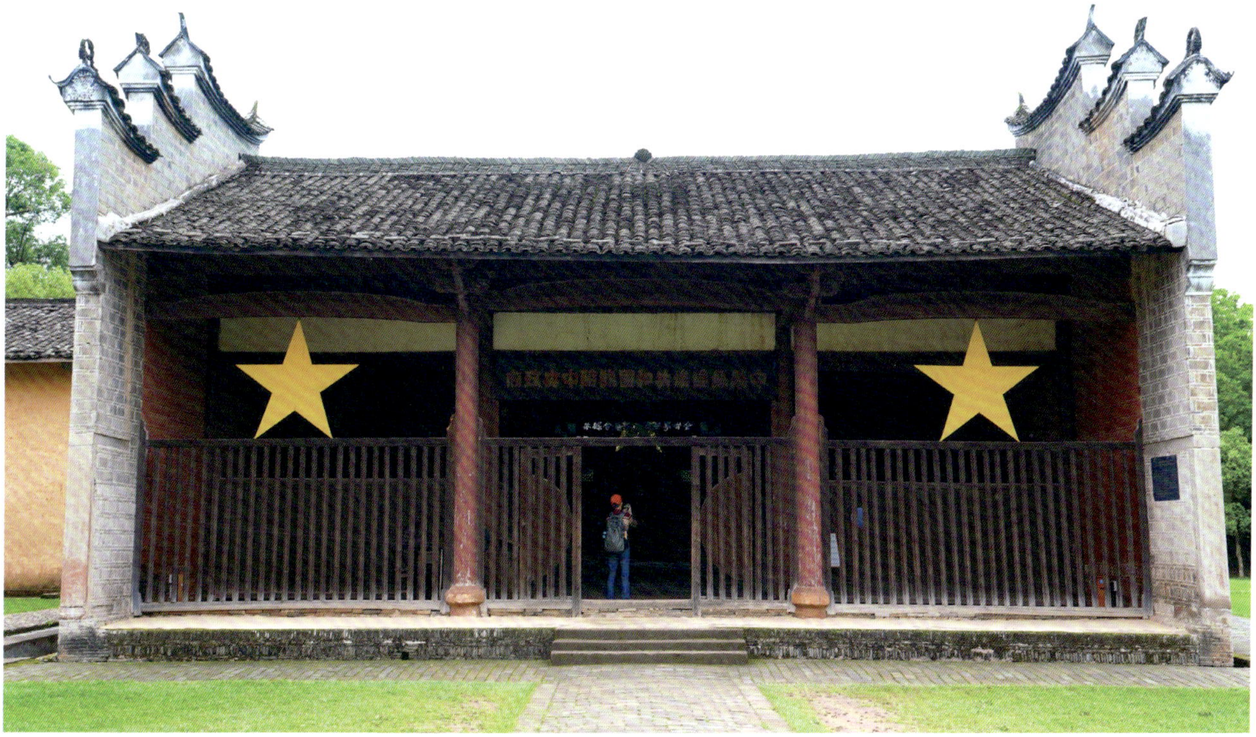

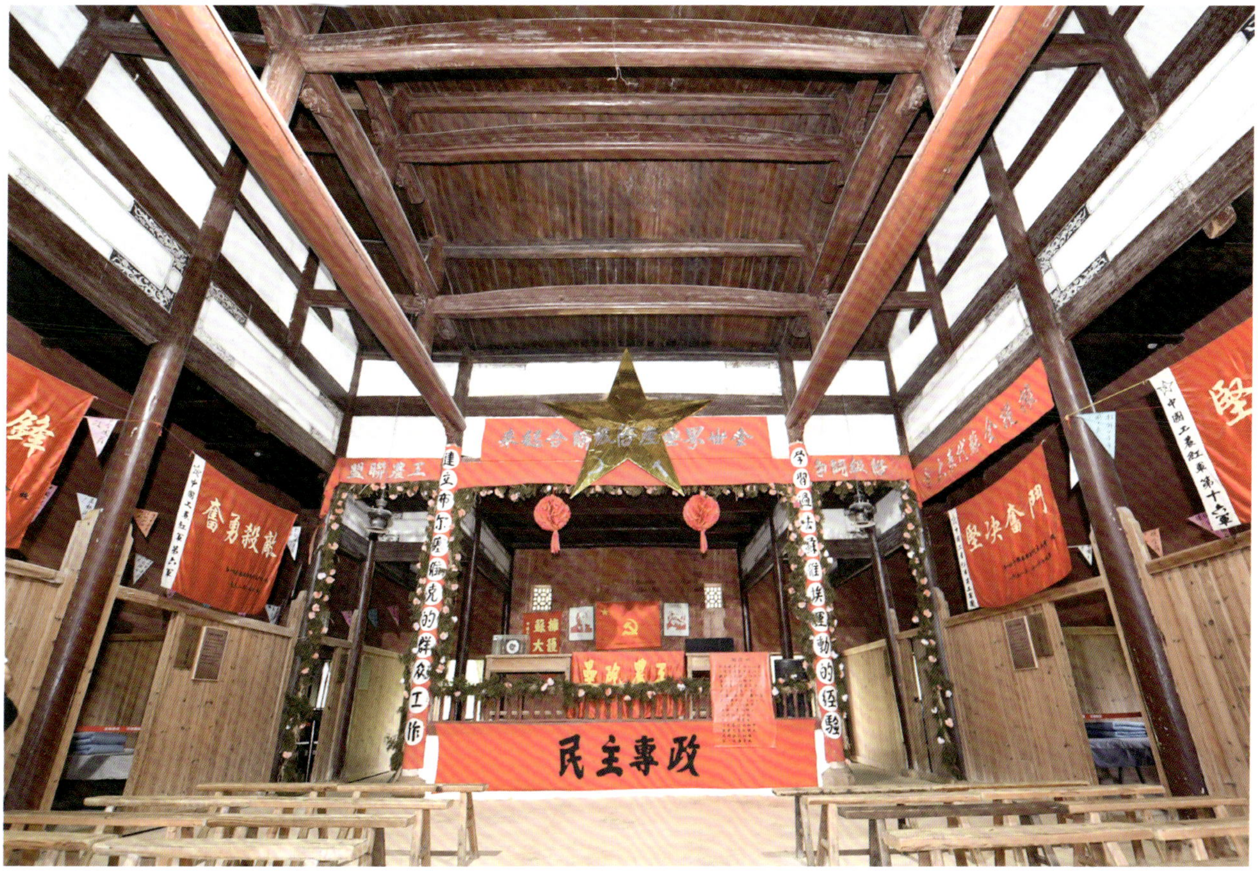
民主專政

"一送（里格）红军，（介支个）下了山，秋风（里格）细雨，（介支个）缠绵绵……"

1934年10月，第五次反"围剿"失利后，中央机关、中央军委和中央红军主力从于都出发，开始长征。为了支援红军，老百姓夜以继日打草鞋、筹军粮。于都河上没有桥，群众捐出了家中的门板、床板、房梁，甚至寿材，在30千米的河段上架起5座浮桥。

这是一次没有退路的战略转移。中国革命已到了最为曲折艰难的至暗时刻，在敌军重兵围堵、步步紧逼下，红军面临的几乎是不知路在何方的困境。

就是这样一次逆境中的大出发，为中国共产党、中国工农红军、中国革命带来了新生的契机，走出了无数个感天动地的初心故事。在此后两年中，中国工农红军战胜千难万险，付出巨大牺牲，完成了震撼世界、彪炳史册的二万五千里长征。

徜徉在于都县城，长征大道、长征大桥、长征源小学……以"长征"命名的建筑随处可见。这浓浓的红色情怀，令尘封的往事一幕幕鲜活起来。中央红军长征出发纪念馆中陈列的那一件件革命纪念物，无声地诉说着与初心有关的故事。

牺牲，是对初心最严厉的考验。一串串数字背后，是用信仰武装起来的血肉之躯，是用生命捍卫的朗朗初心。

自1934年10月至1936年10月，参加长征的近20万红军将士，到达陕北时只剩下3万多人。历史长河滚滚向前，孕育革命火种的地方必将点亮新时代的荣光。

位于江西省赣州市于都县的中央红军长征出发纪念碑 新华社记者 周密/摄

于都河畔,万里长征第一渡。80余年前,红军在这里集结北上,长征精神从此代代相传、生生不息。

古色古香：这是一片孕育瑰丽文化的土地

　　一黛青山、一抹平芜，柔婉清碧的曲流、青瓦粉墙的民居……位于江西省南部，九连山麓桃江河畔的龙南市，南有小武当山的奇秀，北有龙头滩之幽丽，而更令人惊叹不已的是在这块神奇的土地上至今还保存着376座充溢着浓郁客家风情、形态各异的围屋。它与北京的"四合院"、陕西的"窑洞"、广西的"干栏式"建筑、云南的"一颗印"，合称为中国传统民居的五大建筑。

　　龙南围屋始建于明末清初，在龙南1 641平方千米的土地上随处可见。其数量之多、风格之全、保存之完好都是其他地方无法相比的，因此荣获"大世界基尼斯之最——拥有客家围屋最多的县"的殊荣，被称为"围屋之都"。

　　雕梁画栋，充分显示出古代客家人深厚的文化渊源和高超的建筑雕刻艺术；幽深的枪眼，森严的炮楼，让人回味客家人千百年生存斗争中血与火的岁月！燕翼围那高达15米的宏大建筑历经300多年风雨依然巍然屹立着；目前保护最好、结构最完整、面积最大的方围——关西新围犹如"东方古罗马城堡"傲然挺立。

　　走进一座座客家围屋，就如同走进了一个个不同的天地，感受到各不相同的情调和神奇，感受到客家人的聪明才智和他们丰富多彩的情感世界与生活。围屋孕育了龙南人"吃苦耐劳、开拓进取、崇先报本、和衷共济"的客家精神。而龙南的另一朵金花"重稀土"，则为龙南经济的腾飞注入了勃勃动力。龙南已探明离子型重稀土的储量占世界离子型重稀土储量的70%，质量居世界之首，被誉为"重稀土之乡"。

从60万米高空俯瞰赣州龙南市关西新围

这里是客家摇篮，这里是世界橙乡。一座座古老的客家围屋，如颗颗珍珠洒落在赣南，国字形的关西新围，呈现着建筑与自然的和谐之美。一木一瓦，一轮一廓，都在无声诉说着忠诚和信仰，苦难与辉煌。

"中华向号瓷之国，瓷业高峰是此都。"

2 000多年的冶陶史，1 000多年的官窑史，600多年的御窑史，景德镇的小巷、烟囱浸润着文化的气息。千年窑火不熄，孕育瑰丽的陶瓷文化；万里碧海扬帆，远播璀璨的中华文明。景德镇瓷器是世界认识中国、中国走向世界的文化符号。它曾鲜明注解着陶瓷的昔日辉煌，也曾在现代化进程中经历迷茫。

2019年，景德镇国家陶瓷文化传承创新试验区建设正式拉开大幕。景德镇，这座千年瓷都再展宏图——打造一座与世界对话的城市。

历史上，景德镇的瓷器由昌江进入鄱阳湖，经长江转运后，通过丝绸之路的陆上通道或"瓷器之路"的海上航线销往世界各地，为中国走向世界打开一扇窗。今天，景德镇呈现出了新风貌、新气象，每年5 000多名"洋景漂"来到这座千年瓷都，汲取文化养分，实现艺术梦想。

从60万米高空俯瞰景德镇古窑民俗博览区
千年瓷都景德镇，一炉窑火千年不熄。如今，3万多名"景漂"常年聚集于此，让景德镇成为世界体验中国发展、感知中国文化的新窗口。

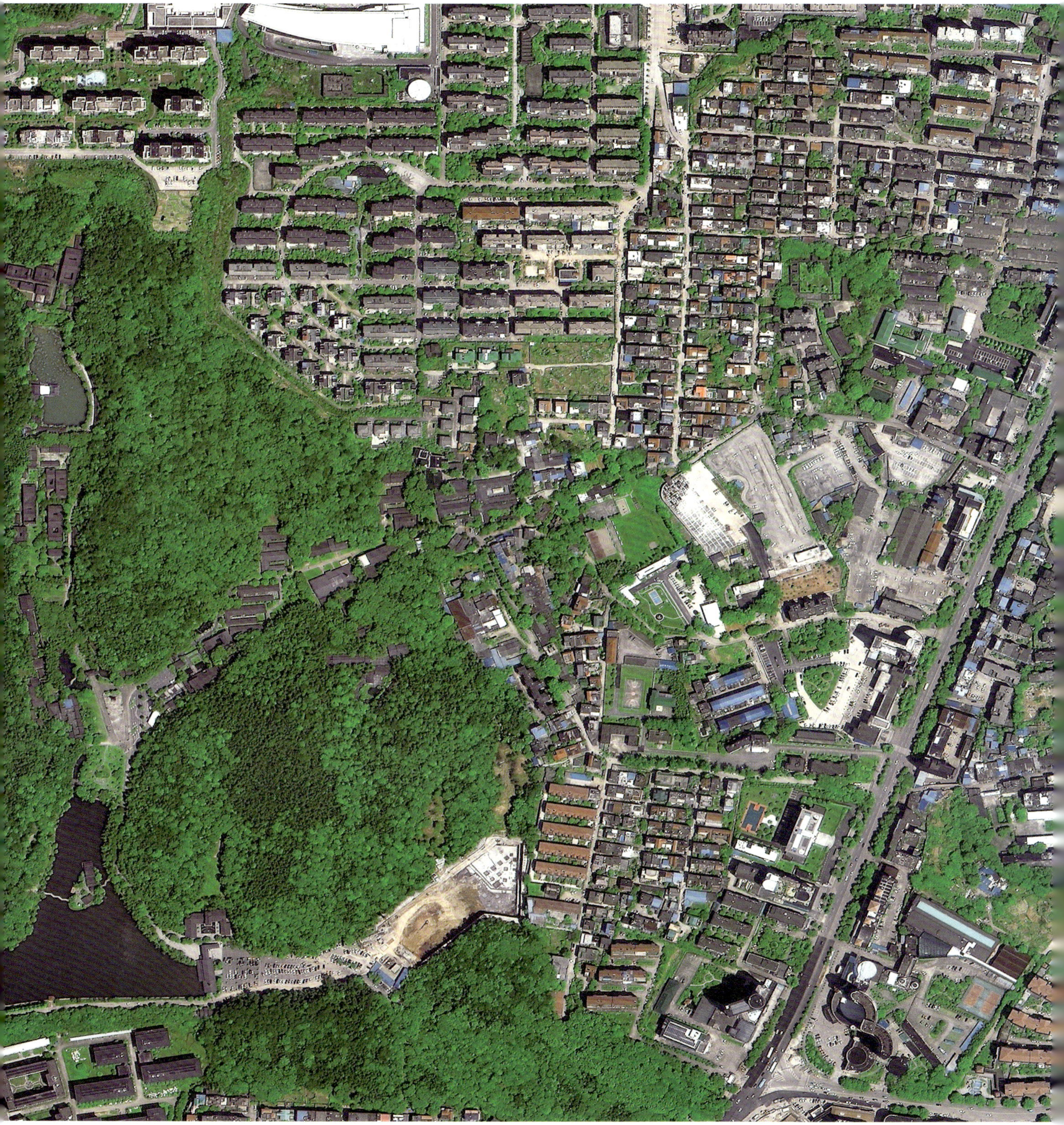

叁 翠绿如珠：这里是风光奇秀的候鸟天堂

鄱阳湖位于江西省北部，东、西、南三面高山阻隔，北临长江天险，不仅是重要的生态湿地，还是中国第一大淡水湖。它汇聚赣江、抚河、信江、修水和饶河等水系，调蓄后由湖口注入长江，从而形成完整的鄱阳湖水系。以江西省九江市境内的松门山为界，鄱阳湖分南北两个部分，南部宽广，是主湖区；北部狭长，为入江水道。因此，每逢汛期水位上升，湖面陡增，水面辽阔；枯期水位下降，洲滩裸露，水位归槽，湖面仅剩为数不多的几条水道，形成"枯水一线，洪水一片"的湖泊景观。

"鄱湖鸟，知多少？飞时遮尽云和月，落时不见湖边草。"一曲悠然传唱的民歌，描绘出数十万只候鸟在鄱阳湖安然越冬的情景。候鸟低飞，渔舟唱晚，自然美景的背后，离不开数十年如一日的爱护。

候鸟的钟情是鄱阳湖生态的成就，而鄱阳湖的诞生则是得益于赣江水系的发育和鄱阳湖盆地的形成。那是一段遥远且漫长的岁月，但却成就了鄱阳湖盆地与庐山的情谊。

庐山位于鄱阳湖以西，在漫长的地质形成过程中，它与鄱阳湖盆地一者造山一者造盆，相伴相生。随着古赣江发育，鄱阳湖逐渐形成，在山水掩映下，多少游人过客流连忘返。

右页图为秀美纤柔的庐山黄龙潭瀑布
庐山天下悠，奇秀甲天下。庐山的美，是不一样的美，峭壁陡崖飞瀑布，奇峰秀岭绕云烟。

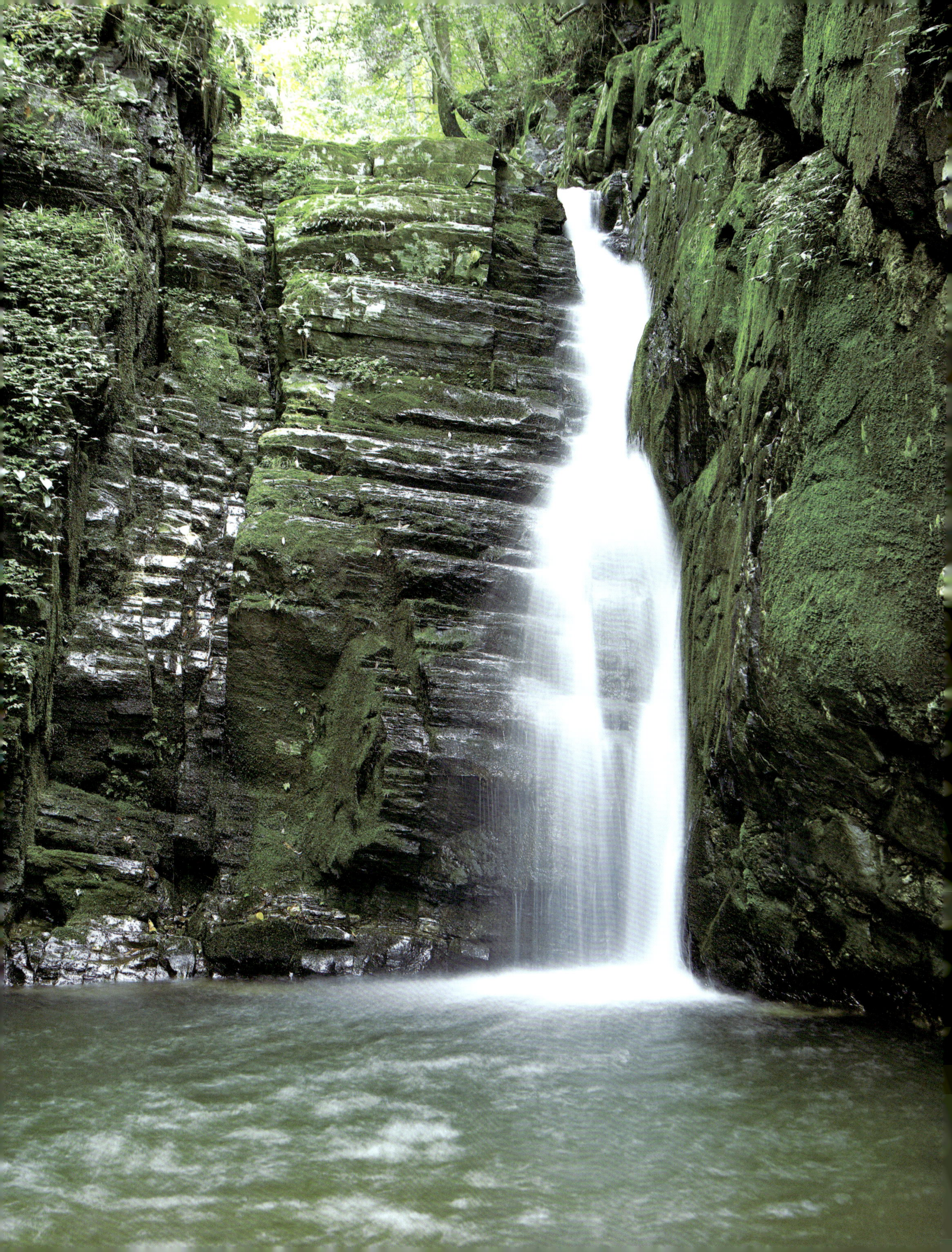

鹤鸣鹬舞鄱阳湖 新华社/发 傅建斌/摄

寒冬时节,鄱阳湖成了候鸟的乐园。来自各地的候鸟聚集于此,嬉戏飞翔,场面蔚为壮观。白鹤原有东、中、西三条迁徙路线,在鄱阳湖区越冬的白鹤沿着东部迁徙路线,从西伯利亚东北的繁殖地南飞,途经过俄罗斯远东和中国北方。不幸的是,中、西部两条迁徙路线已经几近丧失。鄱阳湖区良好的生态系统和生物多样性,为白鹤提供了适宜的栖息环境和丰富的食物供给。

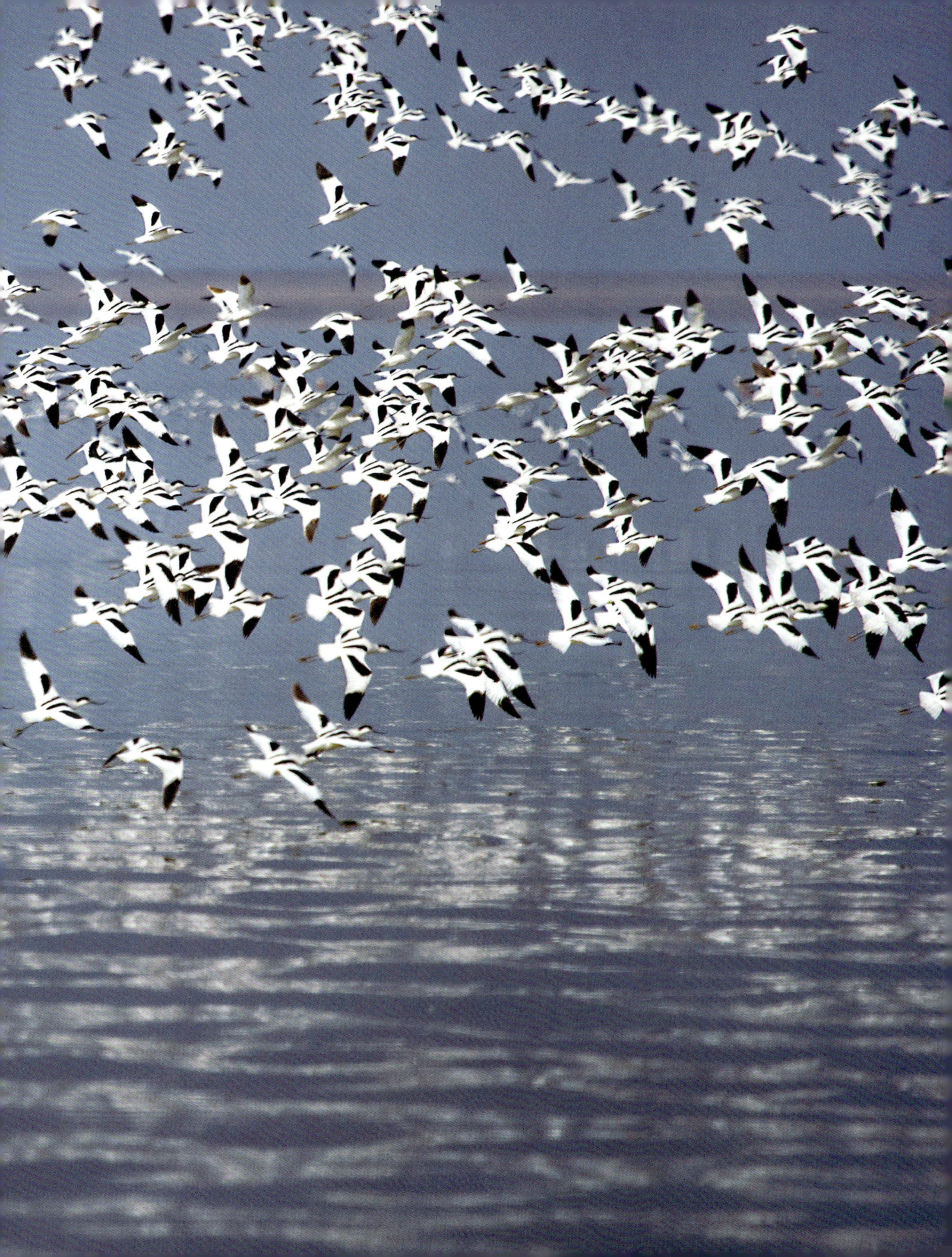

N粤.16

CHINA FROM OUTER SPACE

珠江起风帆·改革再出发

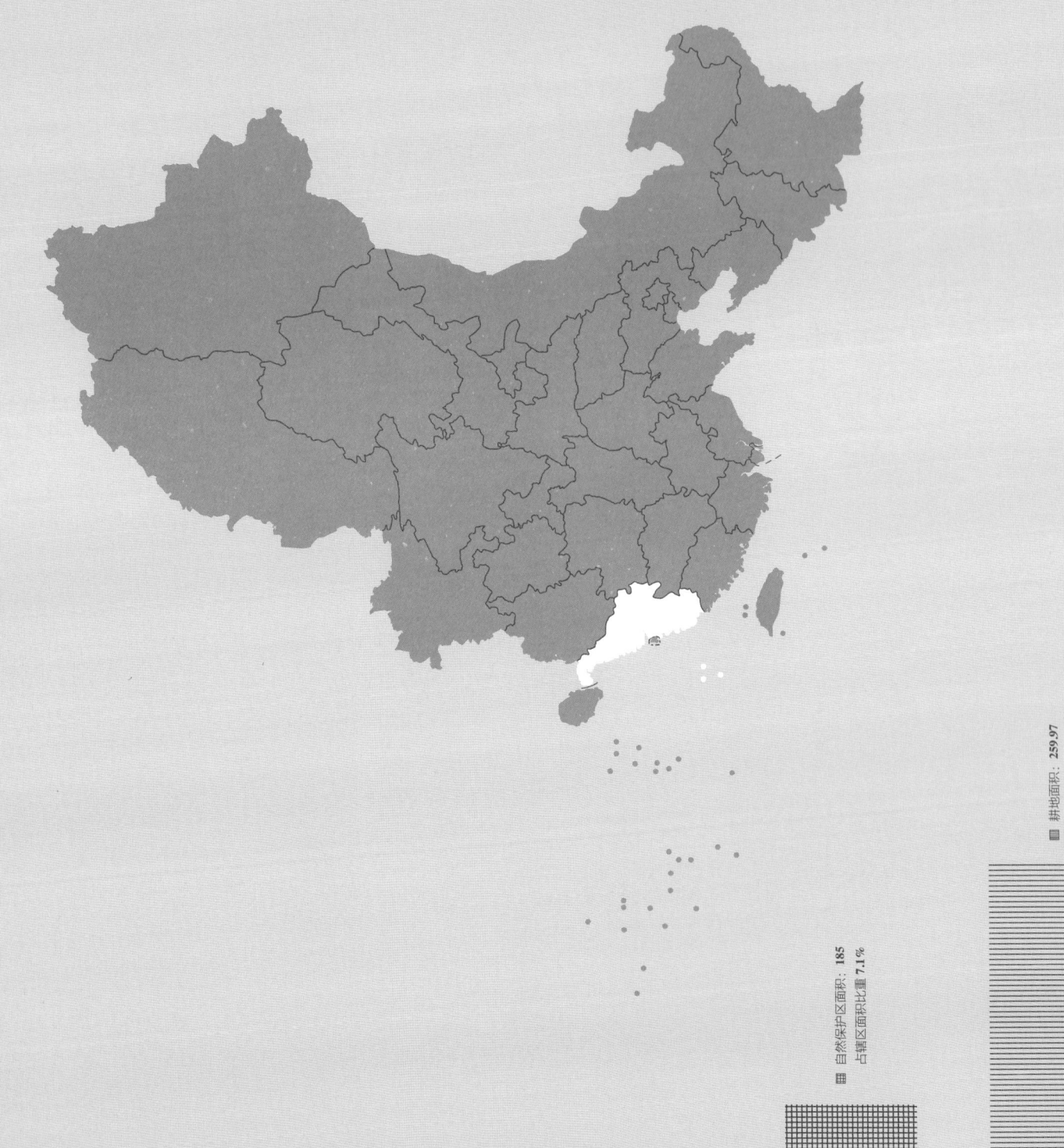

广东省在中国的位置示意图

广东省耕地、森林及自然保护区概况

耕地面积：259.97

自然保护区面积：185
占辖区面积比重：7.1%

2017年　2018年

GUANGDONG

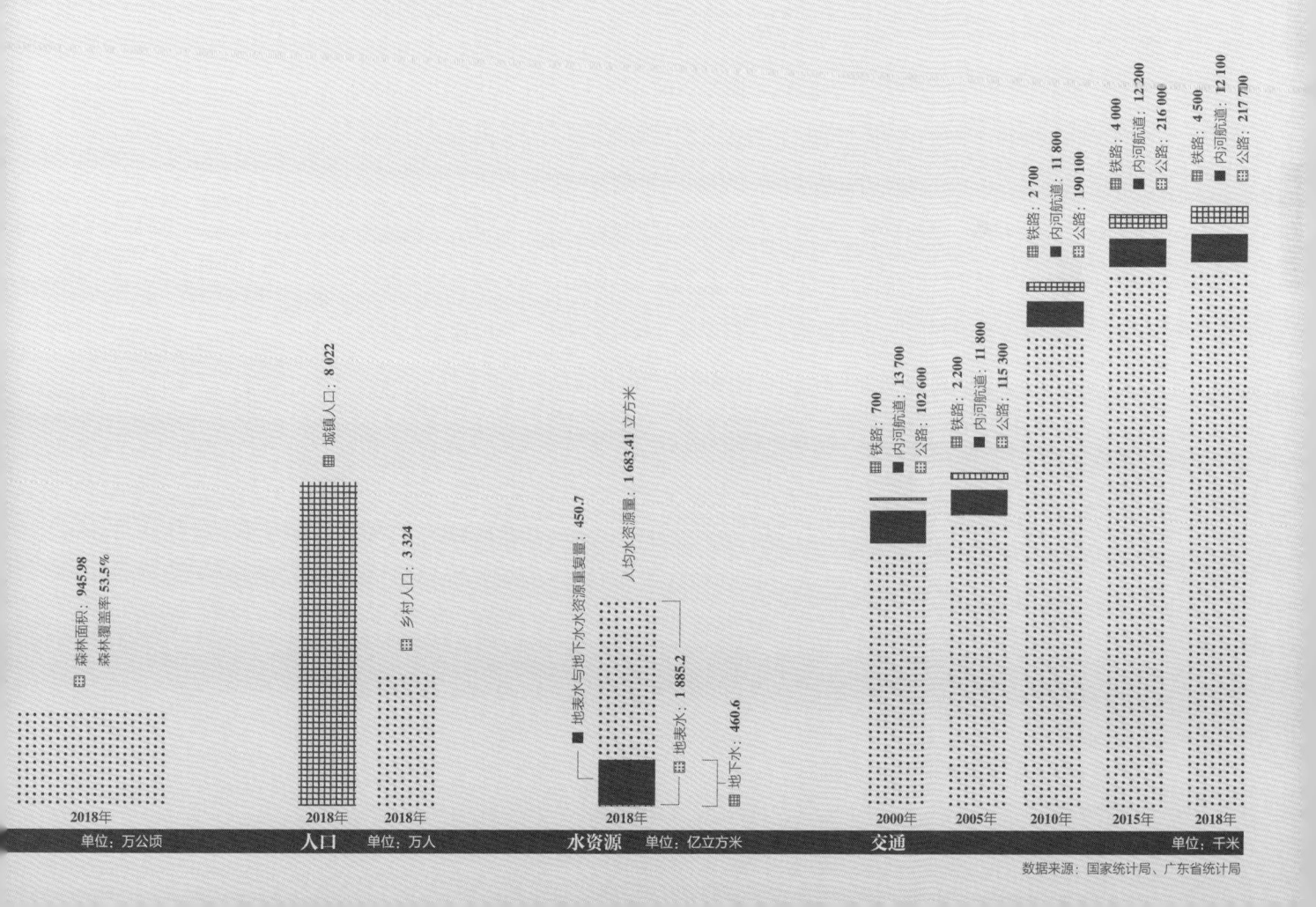

广东

单位：万公顷 | 人口 单位：万人 | 水资源 单位：亿立方米 | 交通 单位：千米

森林面积：945.98
森林覆盖率：53.5%
2018年

城镇人口：8 022
乡村人口：3 324
2018年

地表水与地下水资源重复量：450.7
人均水资源量：1 683.41 立方米
地表水：1 885.2
地下水：460.6
2018年

铁路：700
内河航道：13 700
公路：102 600
2000年

铁路：2 200
内河航道：11 800
公路：115 300
2005年

铁路：2 700
内河航道：11 800
公路：190 100
2010年

铁路：4 000
内河航道：12 200
公路：216 000
2015年

铁路：4 500
内河航道：12 100
公路：217 700
2018年

数据来源：国家统计局、广东省统计局

这里是典型的山水岭南、滨海之地，地形地貌表里山河，山水风光旖旎多姿。

这里是"人文中国"的荟萃之地，古老文明凝重深厚，现代文化绚丽多彩，融汇中西。

这里是"开放中国"的先驱之地，改革开放引领潮流，经济"领先"与科技"领先"，蓬勃繁荣。

从60万米高空俯瞰，三条大河、三片山区、一座半岛清晰地在中国大地上勾勒出广东的基本轮廓。

三条大河一东一西一北，东为东江，西为西江，北为北江，均属珠江水系干流，并在珠江三角洲汇合，注入广袤的南海。珠江，广东的母亲河，千万年孕育着南粤大地，千百年滋养着岭南人民。地理上它是东江、西江、北江与珠江三角洲诸多河流水系的总称，年均径流量仅次于长江，位居全国七大江河第二位。在这南海风起、潮涌珠江的三角洲上，由广东中部近邻香港、澳门和广东省内广州、深圳、珠海、佛山、惠州、东莞、中山、江门、肇庆九个"珠三角"城市组成的一个世界级城市群——粤港澳大湾区，正在崛起。

紧紧环绕珠江三角洲的三片山区，也是一东一西一北。东为莲花山脉、罗浮山脉与九连山脉所在的粤东山区，再往东即是福建；西为云开大山和云雾山脉所在的粤西山区，再往西即是广西；北为"五岭逶迤腾细浪"中五岭所在的粤北山区。五岭，也称南岭，是广东与其北部近邻江西、湖南的界山，由越城岭、都庞岭、萌渚岭、骑田岭、大庾岭五条主要山岭组成。而广东大地上那一座半岛，正是位处祖国大陆最南端的雷州半岛，西临北部湾，南隔琼州海峡与海南岛相望。这里沿海滩涂广阔，拥有我国沿海红树林面积最大的自然保护区。

广东省地形及主要水系分布示意图

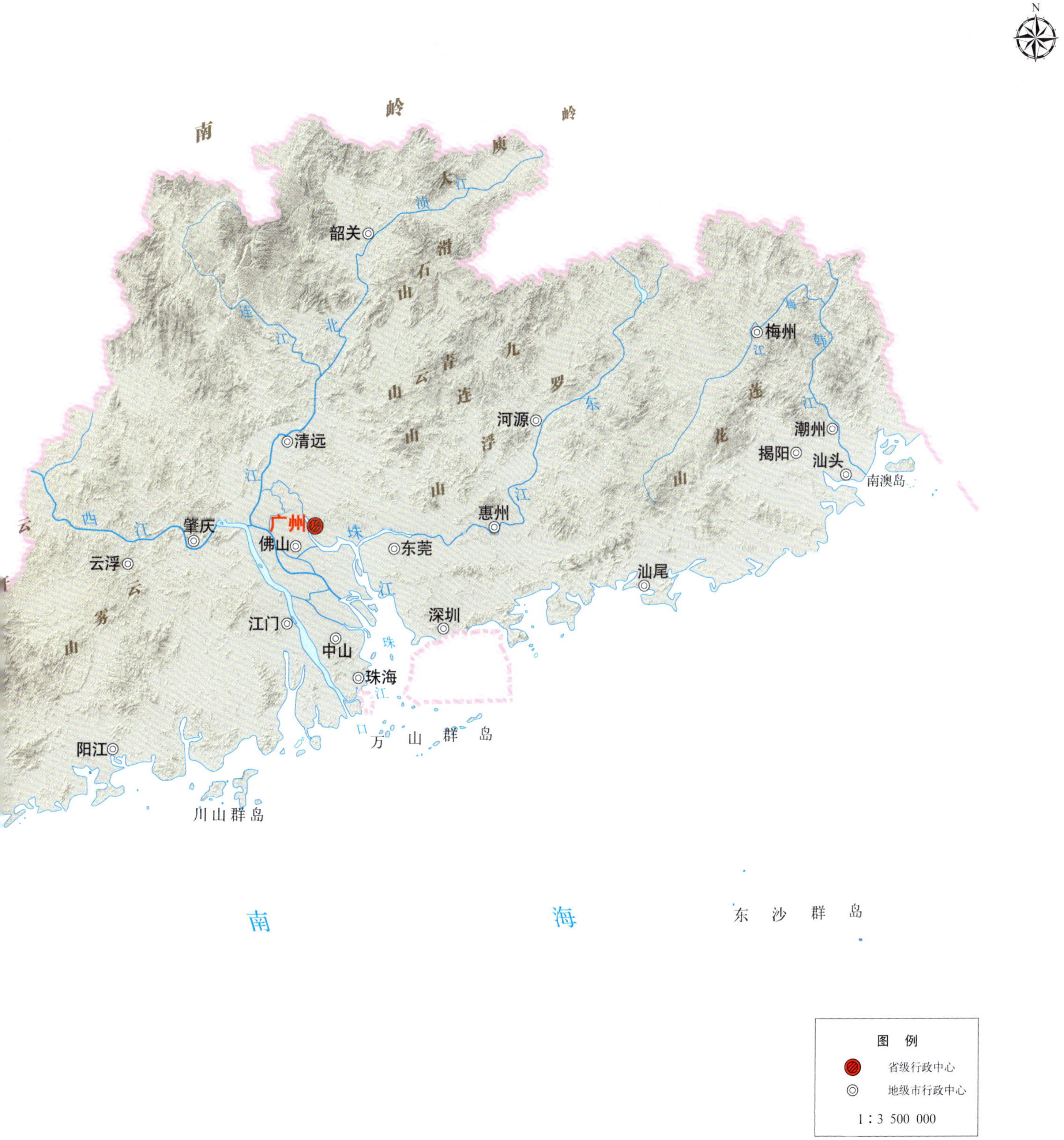
N
南岭
南岭
大庾岭
浈江
韶关
滑石山
连江
北江
青云山
九连山
罗浮山
东江
河源
清远
梅江
韩江
梅州
莲花山
潮州
揭阳
汕头
南澳岛
云开大山
西江
肇庆
广州
佛山
珠江
东莞
惠州
云浮
云雾山
汕尾
江门
深圳
中山
珠海
珠江口
万山群岛
阳江
川山群岛
南海
东沙群岛
图例
省级行政中心
地级市行政中心
1∶3 500 000

壹

这里曾响起中国改革开放第一声"开山炮"

一座城市，高度浓缩一个时代精华。

如同施展了法术，在短短 40 余年的时间里，从一个默默无闻的边陲小镇到拥有常住人口 1 300 多万的现代化国际都市，深圳奇迹般崛起于中国南方，绽放夺目光彩。

是什么造就了深圳？

是改革开放的浩荡春风，是改革开放释放的强大活力，让深圳焕发出前所未有的生命力。改革开放，是深圳实现跨越式发展的"基因"，也是读懂一个国家、一个民族实现命运伟大转变的"密码"。

深圳地理位置优越，位处广东省南部，毗邻香港，东临大亚湾和大鹏湾，西濒珠江口和伶仃洋，辽阔的海域连接着南海及太平洋。但在改革开放之前，广东还是贫困地区。

1979 年仲夏，伴随深圳蛇口建港填海的"开山炮"轰鸣炸响，中国第一个外向型工业园区——招商局蛇口工业区，从滩涂中奠基起步。

1980 年 8 月 26 日，第五届全国人大常务委员会第十五次会议批准设置经济特区，并通过《广东省经济特区暂行条例》，经济特区在中国正式诞生。

"特区是个窗口，是技术的窗口，管理的窗口，知识的窗口，也是对外政策的窗口。"历史的鸿篇巨制一旦开启，每一页都是崭新的。经济特区的尝试率先在蛇口工业区 2.14 平方千米的土地上疾行，南粤大地开始展露新的生机。

右页上图：改革开放前深圳蛇口一瞥（资料照片） 新华社记者 李长永/摄
右页下图：2015年2月26日拍摄的广东自贸区深圳前海蛇口片区 新华社记者 毛思倩/摄

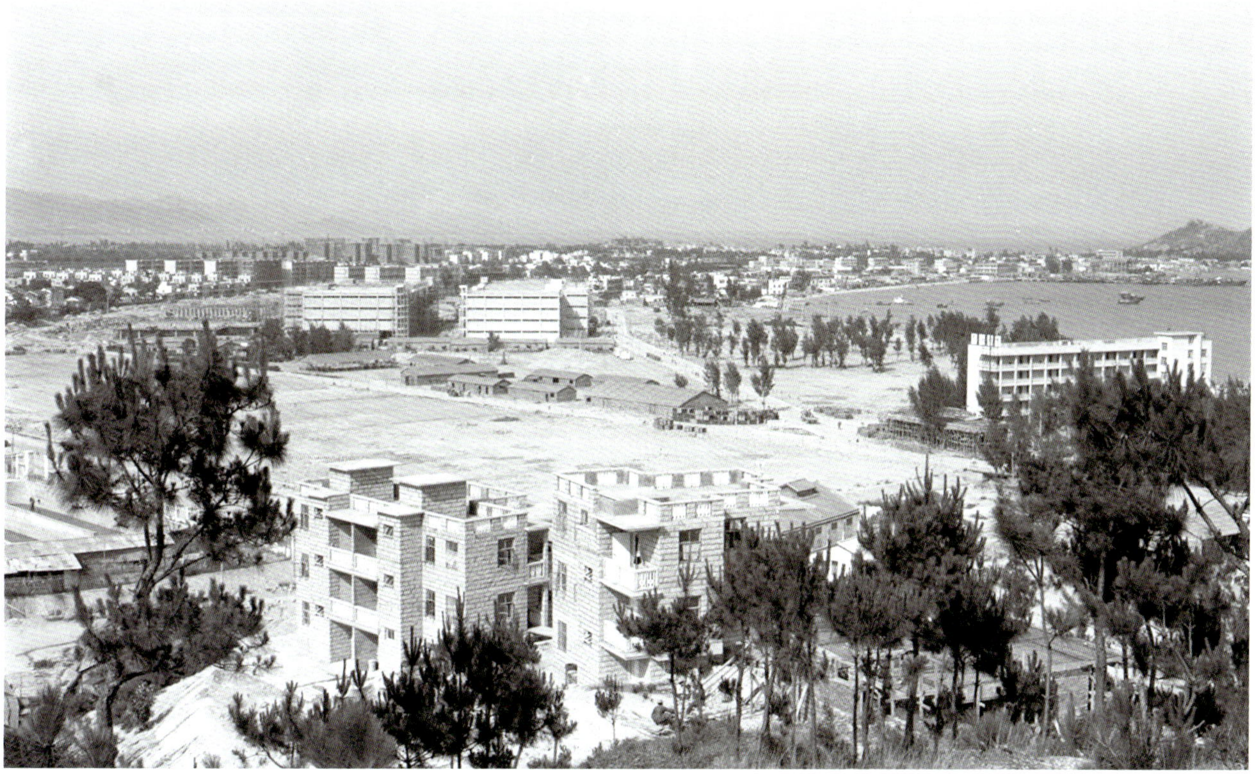

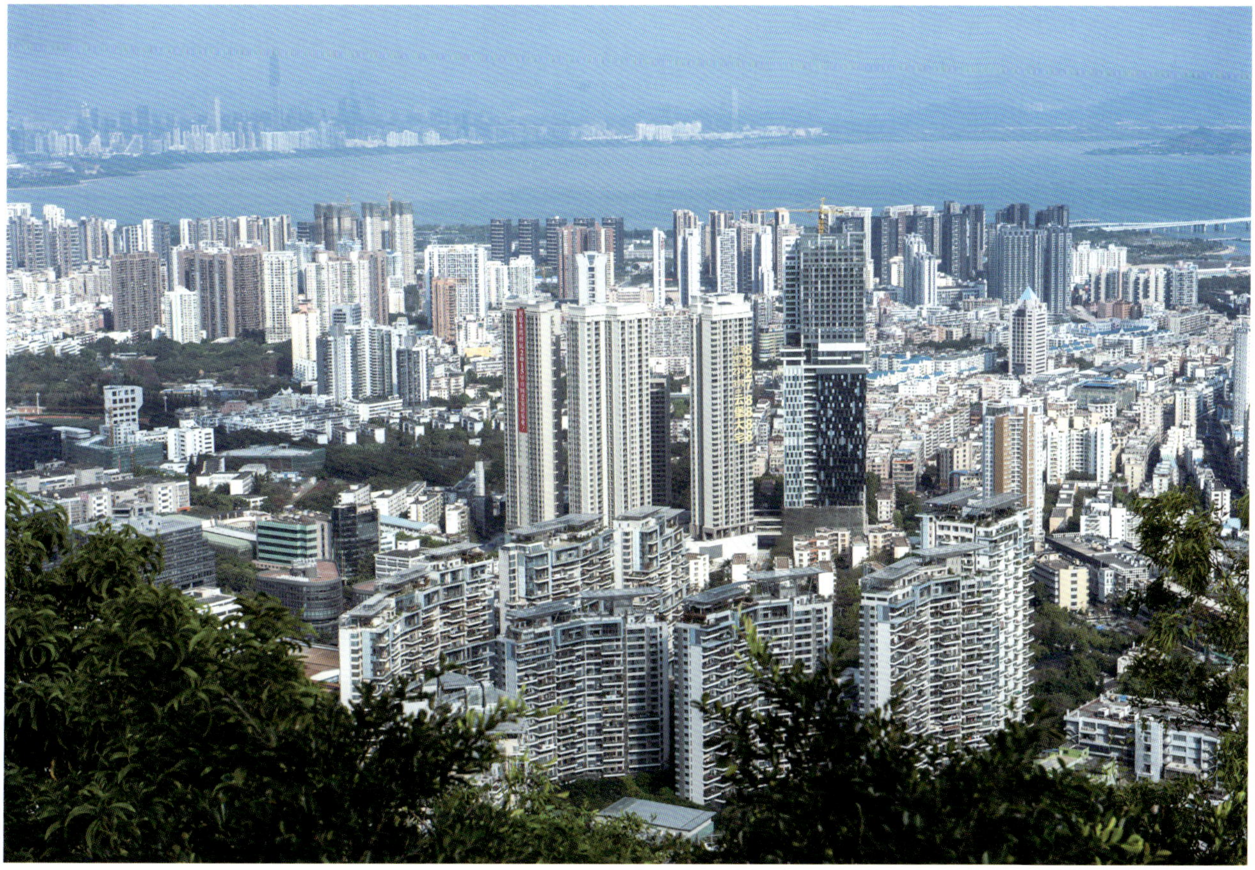

1985年底,一幢楼宇在深圳竣工,彼时的国贸大厦以"三天一层楼"刷新了中国建筑史上的纪录,成为"深圳速度"的象征。

夜幕降临,沿着深南大道行驶,平安国际金融中心、招商银行总部、腾讯大厦……一路高楼林立,流光溢彩,整个城市犹如铺展开的一幅缤纷画卷,勾勒出美丽的天际线。这条路见证着深圳的光荣梦想,昭示着深圳经济特区乃至中国改革开放的道路越走越宽广。如果说,"三天一层楼"的速度曾让深圳闻名全国,那么追求高质量发展所带来的创新活力越来越让这座城市扬名世界。今天的深圳,平均每平方千米有5.6家国家级高新技术企业,平均每天有51件发明专利获得授权……

深圳何以成为创新之都?

曾有人这样比喻,创新仿佛是盛开的美丽花朵,需要充足的阳光雨露、适宜的温度湿度等环境,而发展环境的营造,归根结底要靠体制机制的改革、理念的更新。"时间就是金钱,效率就是生命。"1981年底,这个巨型标语牌矗立在蛇口工业区最显眼的地方。这一口号出现在庆祝中华人民共和国成立35周年国庆游行的彩车上,被亿万中国人叫响。

改革开放40余年,中国最引人瞩目的实践是经济特区。全世界超过4 000个经济特区,头号成功典范莫过于"深圳奇迹"。在石破天惊中实现突进,在敢为人先中寻求突破,经济特区的"特"就体现在"闯"上。第一个打破平均主义"大锅饭"工资制度,第一家外汇调剂中心成立,第一家股份制保险企业创办……40余年里,深圳创出约1 000个"国内第一"。生产力得到如此大的释放。深圳的国内生产总值从1979年的1.97亿元上升到2018年的2.42万亿元,仅次于上海、北京。今天的深圳,已成为一座具有影响力的国际化都市,拥有全球第三大集装箱港、亚洲最大陆路口岸、中国五大航空港之一,拥有多家世界500强企业。

从"深圳速度"到"中国高度",这座在南海之滨拔地而起的城市不断书写时代传奇,改革开放为中国特色社会主义事业不断开创新局面提供不竭动力。深圳,这座平均人口年龄仅有32.5岁的年轻城市,也正以饱满的活力拥抱新的时代。

右页是一组拼版照片:深圳1987年和2016年发展对比

1987年

2016年

贰 这里是中国外贸的"晴雨表"和"风向标"

摊开A字形的珠三角地图,跨过港珠澳大桥,掠过虎门大桥,直至南沙大桥,俯瞰粤港澳大湾区,广州就位于湾区之顶,处于地理几何中心。

中华人民共和国成立70余年来,广州东进南拓,一路向海,将城市建成区推向了珠江入海口,实现了从滨江城市到滨海之都的历史性跨越。如今,广州再出发,向大湾区科创高地进军。

北起越秀山,经过中山纪念堂、人民公园、海珠广场,南抵珠江边,这一条近3千米长的城市传统中轴线,见证了广州2 200多年的历史变迁。在快速的城市变迁中,一批批工业区向城市周边蔓延,特别是20世纪60年代黄埔港的建设,牵引着广州沿着珠江北岸不断向东发展。

广州城市空间结构演化在1987年迎来关键节点。借助中华人民共和国第六届运动会的举行,广州建设了大型体育赛事场馆——天河体育中心,进而带动了天河新城区的迅速发展。如今,从天河路商圈到珠江新城,已成为整个广州经济、金融、商务活动的新中心。在羊城之巅,高耸入云的广州塔引领着新中轴线上的建筑群落,相对而立的东塔和西塔,犹如广州的新门户,花城广场则成为新的城市会客厅。

在广州,这一变化被称为"变轴",广州也因此"双轴"并存。传统的中轴线通过改造提升,依旧生机勃发,与活力十足的现代轴线交相辉映。

位于中心城区的海珠湿地与城市地标广州塔遥相呼应 新华社/发 谢惠强/摄

海珠湿地位于广州市中心城区，总面积约 11 平方千米，是中国特大城市中心规模最大、保存最完整的生态绿核，被誉为广州"绿心"，曾获评"2016 年度中国人居环境范例奖"。海珠湿地前身"万亩果园"曾被严重"蚕食"，经过 8 年保护修复，海珠湿地产生巨大的生态、经济与社会效益，成为中国生态文明建设和粤港澳大湾区城市可持续发展的窗口。

由于西部紧邻佛山，向西扩展受到抑制，长期以来，广州城市空间一直向北、向东发展，形成了沿白云山和珠江发展的 L 形空间结构。

2000 年，广州北部的花都、南部的番禺撤市设区，解决了城市空间发展的门槛。同年，广州首次提出了"南拓、北优、东进、西联"八字方针。

大门南开，琶洲会展中心、国际生物岛、大学城等一个个功能空间相继崛起。得益于 2010 年广州亚洲运动会的举行，亚运城更是成为广州南拓轴上的一个控制性节点工程，南拓从此一往无前。然而，因海而兴的广州城市建成区，在历史上始终与大海有"一步之遥"。

南沙区的出现填补了历史遗憾。2005 年，雄踞珠江四大出海口和粤港澳大湾区地理几何中心的南沙区正式成立。经过 10 多年的发展，曾隶属于番禺区的南沙经济技术开发区羽翼日益丰满，逐渐成长为广州的城市副中心。自此，广州跃升为具有"山水城田海"特色的大山大海自然格局，滨江城市升格为滨海城市。

向海而进的文化基因，让广州人从未停止对外开放的脚步。如今，南沙港已成为中国南部最大的单体港区，广州港口货物吞吐量达全球第五，全球航运枢纽地位愈加凸显。得益于开放发展，广州 40 余年来经济总量翻了近 500 倍，人均国内生产总值接近发达国家水平。作为粤港澳大湾区的核心城市，广州带着建设科创高地的新使命，已然扬起风帆，再次出发。湾区所向，港澳所需，广州所能。

1957 年，"中国进出口商品交易会"在广州创办，世界各地的采购商到这里"买全球、卖全球"。广交会（"中国进出口商品交易会"的简称）也随之成为中国外贸的"晴雨表"和"风向标"。随着广交会的发展，欧美客商、非洲客商也逐渐走进展馆。第 90 届广交会，已有来自五大洲 151 个国家和地区的 12 万多客商参加。至今已举办 127 届的广交会，经历和见证了我国改革开放 40 余年来的发展步伐。

右页上图是广州港南沙港区第四期工程概念图（资料照片 新华社/发）
据悉，在南沙港区第四期工程中，将建造使用第五代移动通信系统（简称 5G）的全自动码头。

右页下图是从60万米高空俯瞰位于珠江畔的中国进出口商品交易会展馆

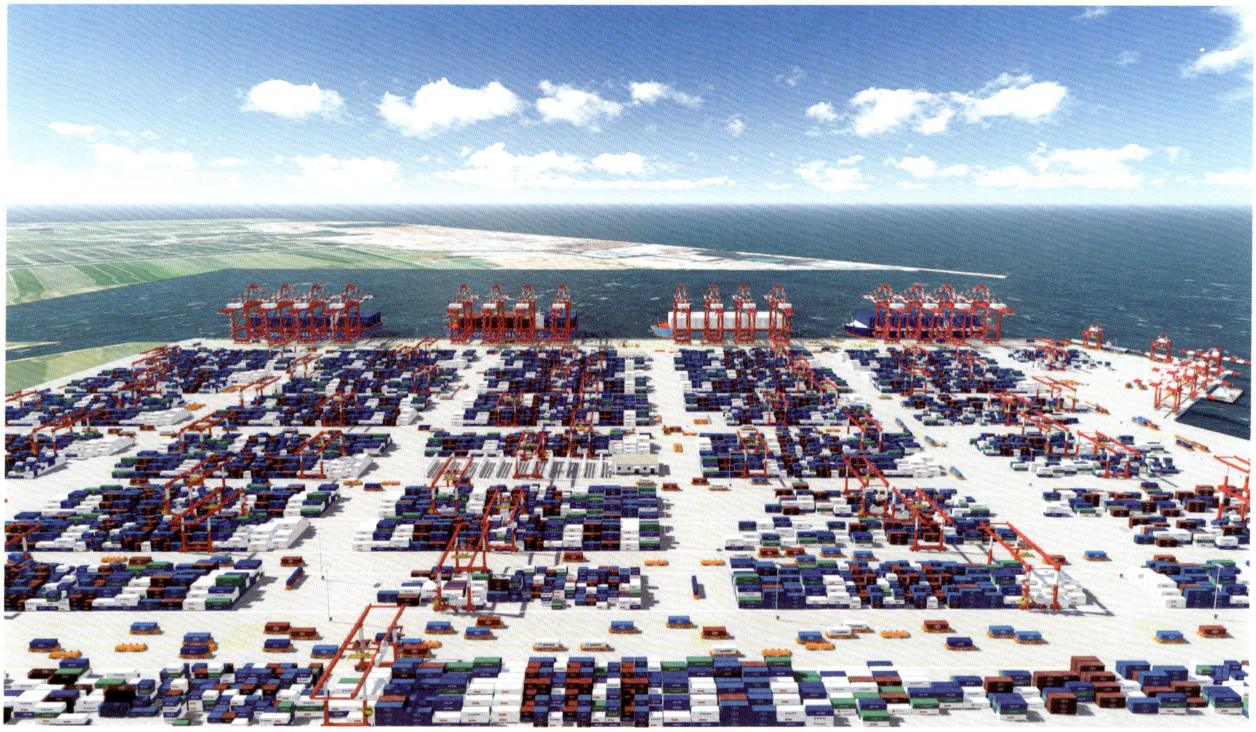

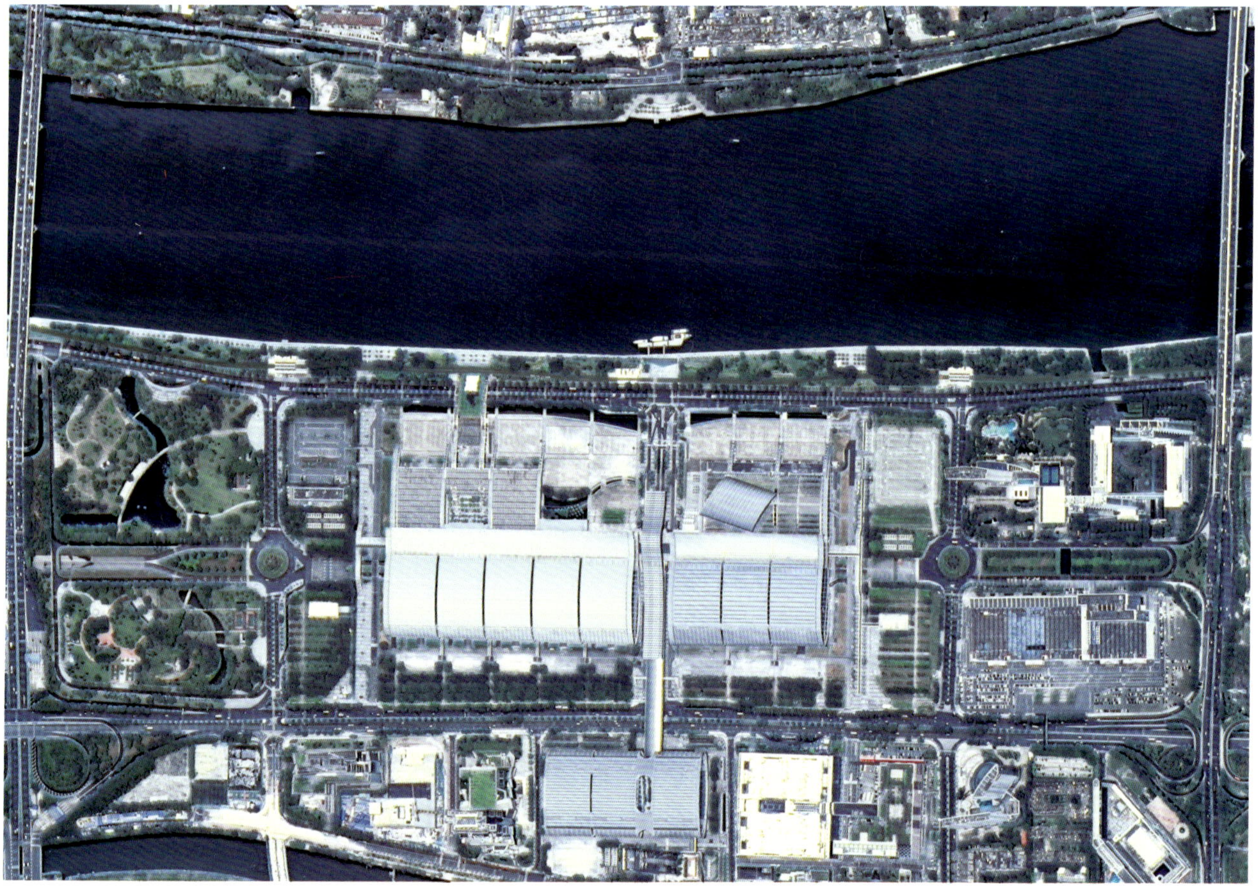

这里有个诞生两家"世界500强"的小镇

佛山，紧邻广州，位处珠三角腹地，拥有6 000多年的历史，人文荟萃，是中国近代民族工业的发源地之一，诞生了中国第一家新式缫丝厂。中华人民共和国成立后，改革开放更使这座传统的岭南重镇制造业蓬勃发展，一举成为中国重要的制造业大市。

这是一个有制造业传统的城市，陶瓷业、铸造业已有上千年历史，在手工业时代诞生了一代又一代能工巧匠。迈入工业化时代，大工厂和自动化取代了手工作坊，但工匠精神却传承至今。

南海作业平台上，原油泵中的叶片飞速旋转，原油随之被分离出来，在强水流的推动下被运往储藏地。在这个工序中，带动水油分离的原油泵发挥了核心作用。2014年之前，这个关键部件依赖进口，如今它们打上了"佛山制造"的印记。这枚印记同样烙印在广州、佛山之间的一个小镇身上，这就是佛山市顺德区北滘镇。

曾经，水稻种植才是这里的主要产业。改革开放之初，北滘镇开始发展"三来一补"，即来料加工、来件装配、来样加工和补偿贸易，乡镇企业开始在这里落地生根。1992年，北滘乡镇企业纷纷改制，进入蓬勃发展期。短短40余年，北滘便从穷乡僻壤蜕变为中国唯一拥有两家"世界500强企业"的经济强镇。

从农业到工业，再到智能制造，北滘完成了堪称奇迹的蜕变。

右页上图是著名摄影家吕厚民1959年8月在广东顺德拍摄的北滘公社社员抢收被淹早稻的画面 新华社/发

右页下图是位于北滘镇的世界"500强企业"——美的集团总部 新华社/发 周焯杰/摄

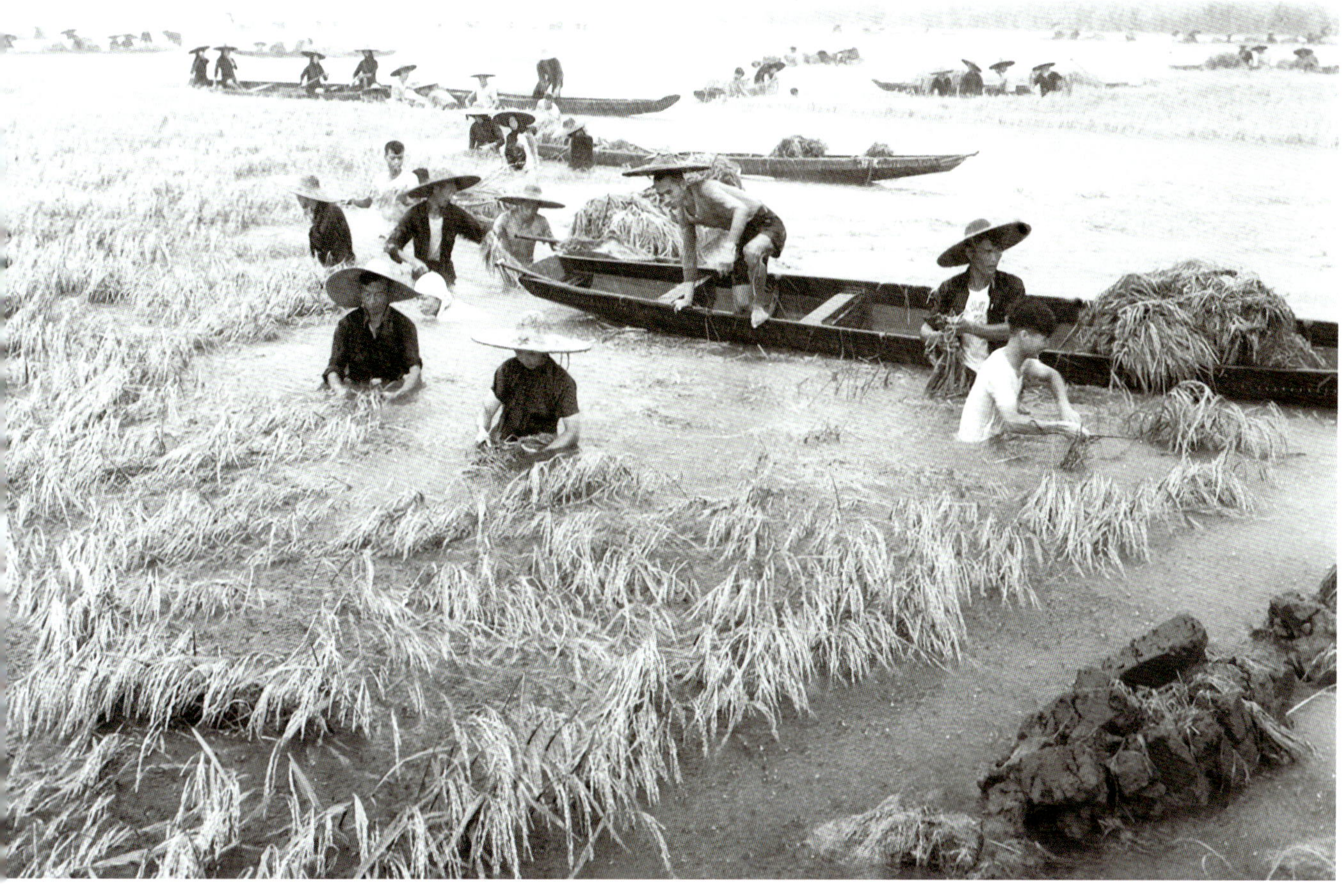

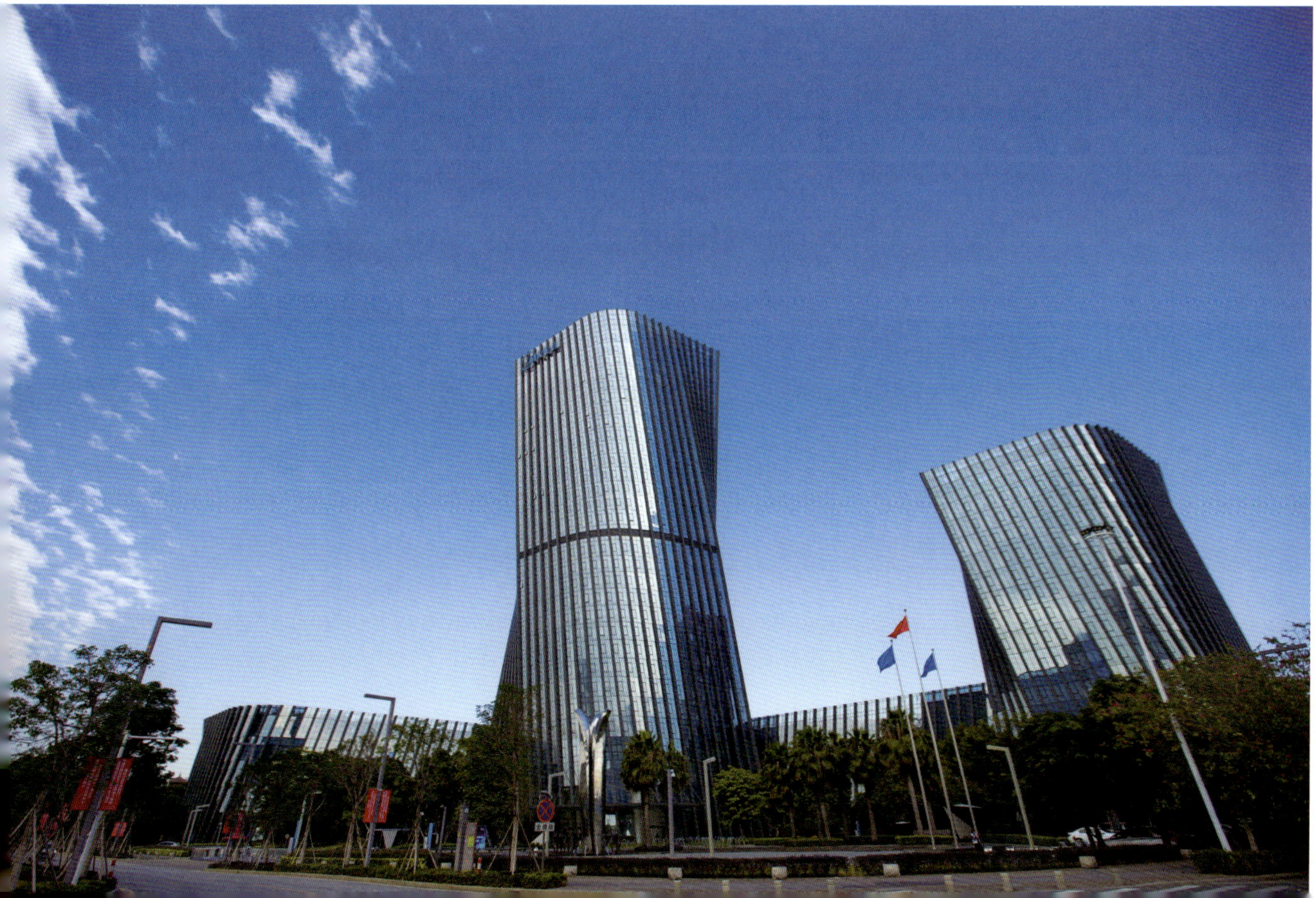

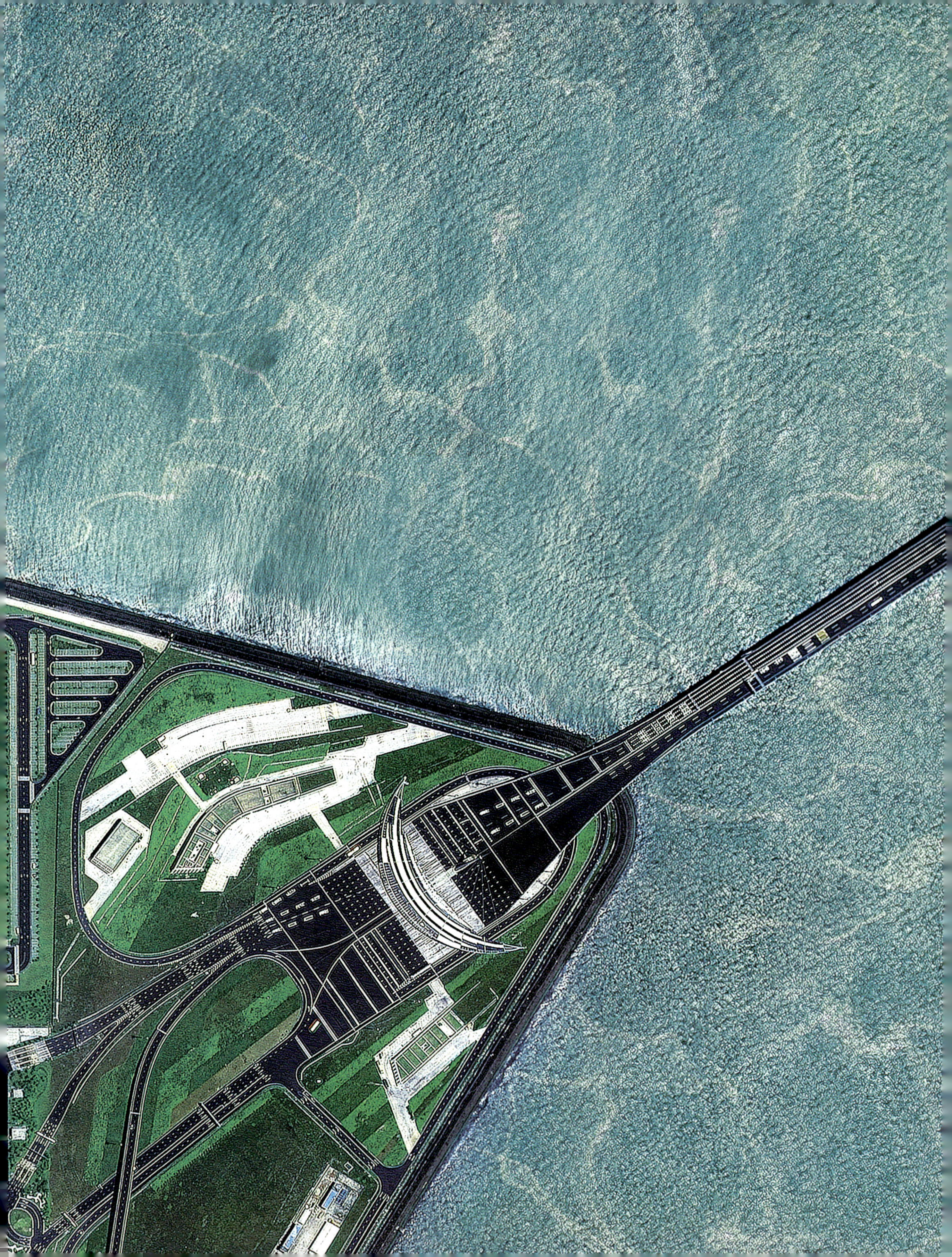

肆 这里将亲历粤港澳大湾区崛起的时代胜景

伶仃洋，位处珠江口之外，也是全球最繁忙的航道之一，每天4 000艘各类船舶在此航行穿梭。烟波浩渺中，一条巨龙伏波，若隐若现。9年的艰苦建设，全长55千米的港珠澳大桥，飞架伶仃洋，天堑变通途。超级工程，国之重器，中国智慧，中国力量，堪称中国桥梁建设史上的奇迹。

这座粤港澳三地首次合作共建的跨海通道，是世界最长的跨海大桥、最长的钢铁大桥、最长的海底隧道，以及最大、最深、最精准深海无人对接的沉管隧道。它圆了始于20世纪的伶仃洋联通之梦，使珠三角成为路网完整的发展区域，点燃了粤港澳大湾区融合发展的引擎，并成为大湾区在"一国两制"下跨境协作的参考范例。

湾区，既是地理概念，也是经济现象。著名的纽约湾区、旧金山湾区、东京湾区，都是带动全球经济发展的重要增长极和引领技术变革的领头羊。而粤港澳大湾区，对标美国纽约湾区、旧金山湾区和日本东京湾区"世界三大湾区"，将建成世界级城市群。

珠江水浩浩荡荡，奔流汇入伶仃洋。江海交汇，融为一体，蔚为壮观。这里曾见证国家民族的百年沉浮，而今将亲历粤港澳大湾区崛起的时代胜景。充满活力的世界级城市群、具有全球影响力的国际科技创新中心、"一带一路"建设的重要支撑、内地与港澳深度合作示范区、宜居宜业宜游的优质生活圈，将以磅礴之势华丽展现。在中国追梦的宏大叙事里，粤港澳大湾区将成为重要而闪亮的一章。

从60万米高空俯瞰港珠澳大桥珠海段
从珠海拱北口岸向东眺望，雄伟的港珠澳大桥把珠海、澳门、香港连为一体，使珠海成为唯一直接与港澳陆路相连的城市。有了港珠澳大桥，珠海和澳门从陆路前往香港的平均行程由约3小时缩短为约45分钟，港珠澳形成了"一小时交通圈"。

N澳.17 CHINA FROM OUTER SPACE

"莲"成一家 · 引以为"澳"

MACAO

澳门

从卫星，看澳门，

盛世莲花，冉冉升腾耀眼夺目；

建筑民居，鳞次栉比特色鲜明；

跨海大桥，水陆相接联通两岸；

观光高塔，遍览繁华风光无限。

莲花宝地，魅力澳门，

东西文化共融，传统现代交织！

水系专题澳门特别行政区资料暂缺。

在祖国的南海之滨，珠江入海口西岸，紧邻广东省珠海市，有一块面积仅 32.9 平方千米的土地，人称"莲花宝地"。

它是东西文化共融之地；

它是传统与现代交织之城；

它是"一国两制"成功实践的热土；

它就是澳门。

在金莲花广场中央，有一座高 6 米、重 6.5 吨的大型铸铜贴金雕塑——《盛世莲花》。这是中央政府赠送给澳门特别行政区的无价之宝。它落成于 1999 年 12 月 20 日，澳门回归祖国当天。每逢国庆和回归纪念日，这里都会举行隆重的升旗仪式，回望历史，展望未来。

空中俯瞰澳门，高楼鳞次栉比，中西文化在此汇聚。澳门人口约 67 万，每年有超过 3 500 万世界各地的游客纷至沓来。澳门人善良淳朴、热情好客，人们在这里和谐相处，其乐融融。

时光荏苒，岁月匆匆，历史在这里留下了斑驳印记。

一个世纪以来，澳门的陆地近三分之二面积都由填海造就。它由澳门半岛、氹仔岛和路环岛组成。其中澳门半岛与珠海陆路相连，氹仔岛和路环岛则与珠海的横琴岛隔海相望，并通过莲花大桥连为一体。而澳门半岛和路氹地区通过西湾大桥、友谊大桥等三条跨海大桥连接。一座座桥，畅通了澳门的经济血脉，把整个澳门连接成一个发展的整体。

右页上图：1999年澳门及周边地区
右页下图：2016年澳门及周边地区
20余年间，通过填海造地，氹仔岛和路环岛已彻底连为一个岛，路氹地区的面积也随之增加了一倍多。

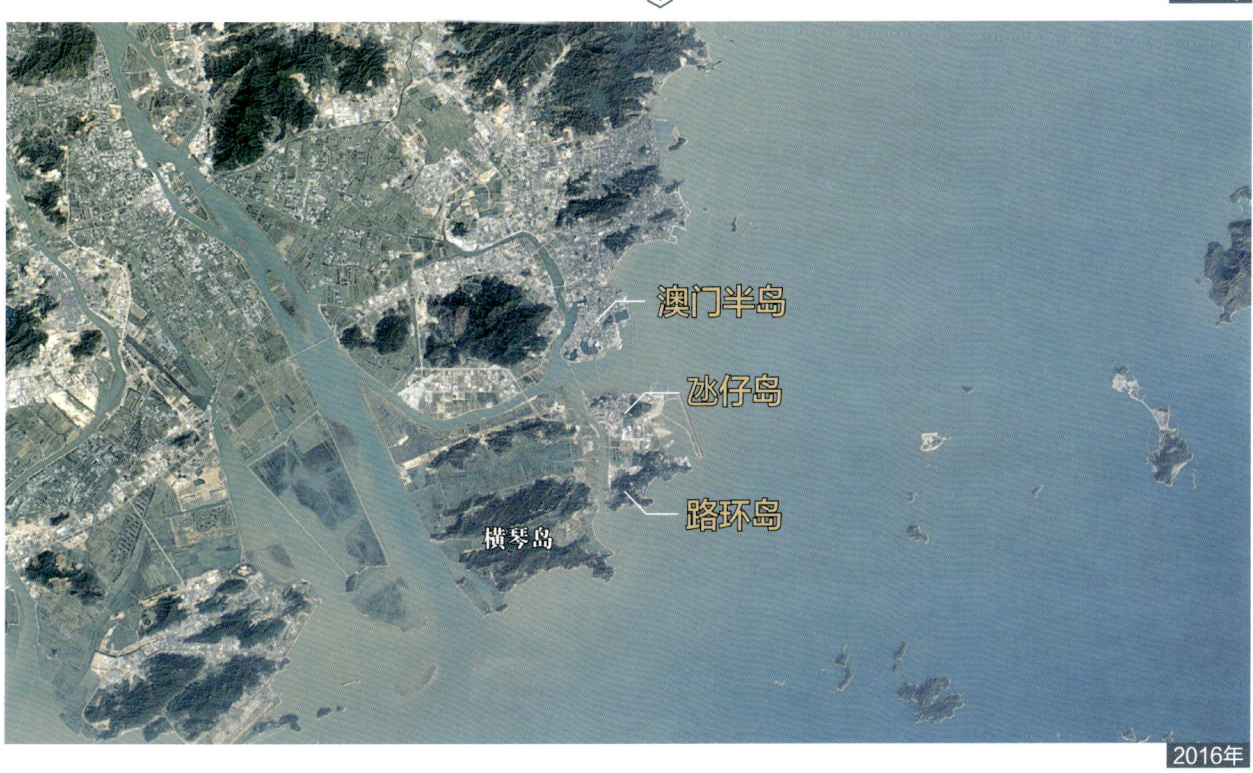

澳门半岛
氹仔岛
路环岛
横琴岛

1999年

澳门半岛
氹仔岛
路环岛
横琴岛

2016年

澳门旅游塔和珠海湾仔、横琴一带 新华社记者 张金加/摄

图中左侧高塔为总高度338米的澳门旅游塔。人们登高俯瞰，就能感受澳门那历经岁月的芳华。再从图上看，澳门旅游塔对望三区，一是由图中跨海大桥连接的氹仔岛东亚运圆形地一带，而这座跨海大桥正是著名的西湾大桥；其二是位于图片正前方的珠海横琴金融岛；其三是图片最右侧高耸的湾仔珠海中心大厦一带。

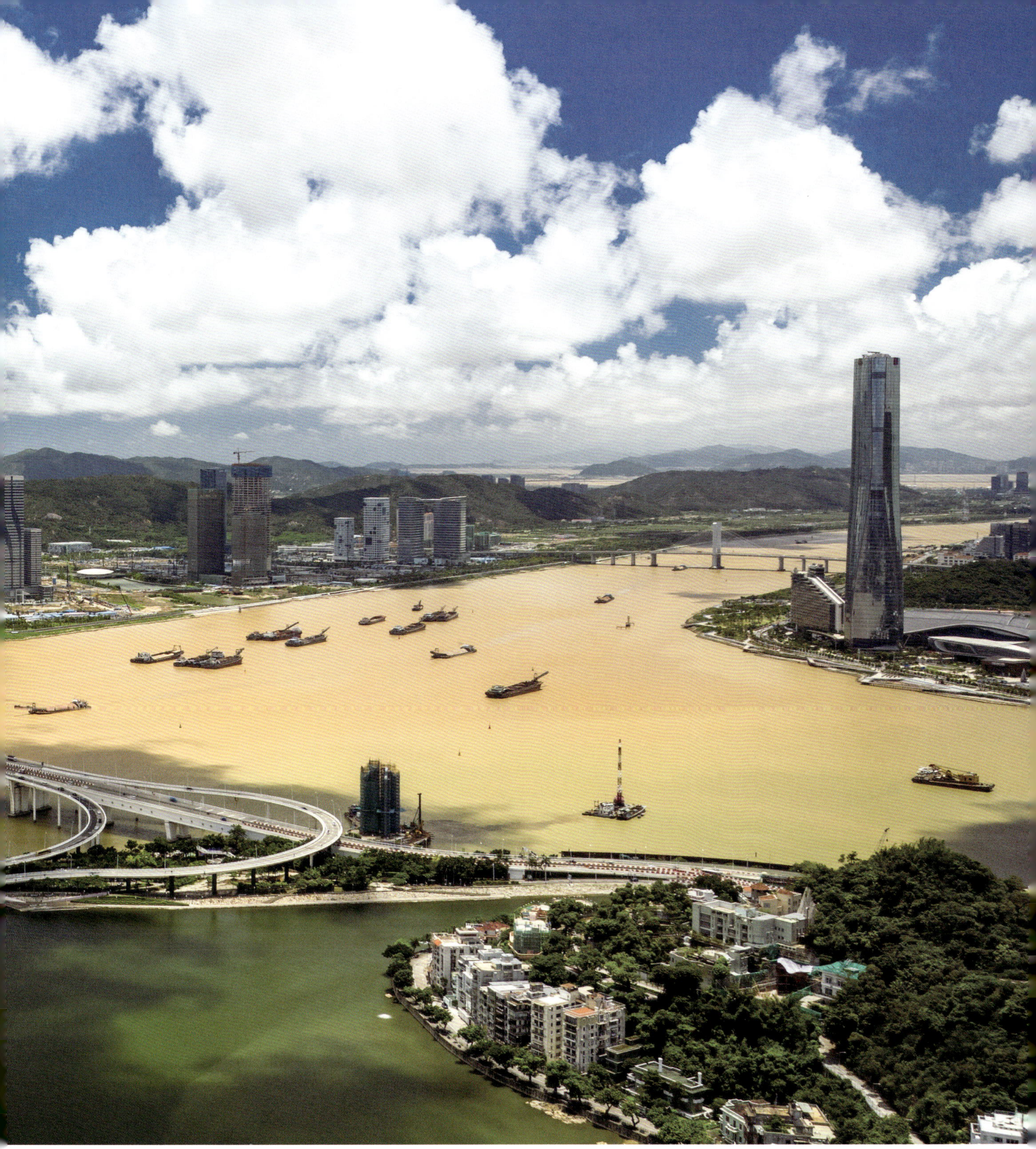

从60万米高空俯瞰东亚运圆形地一带

图中左岸为珠海横琴,右岸为连接西湾大桥的东亚运圆形地。

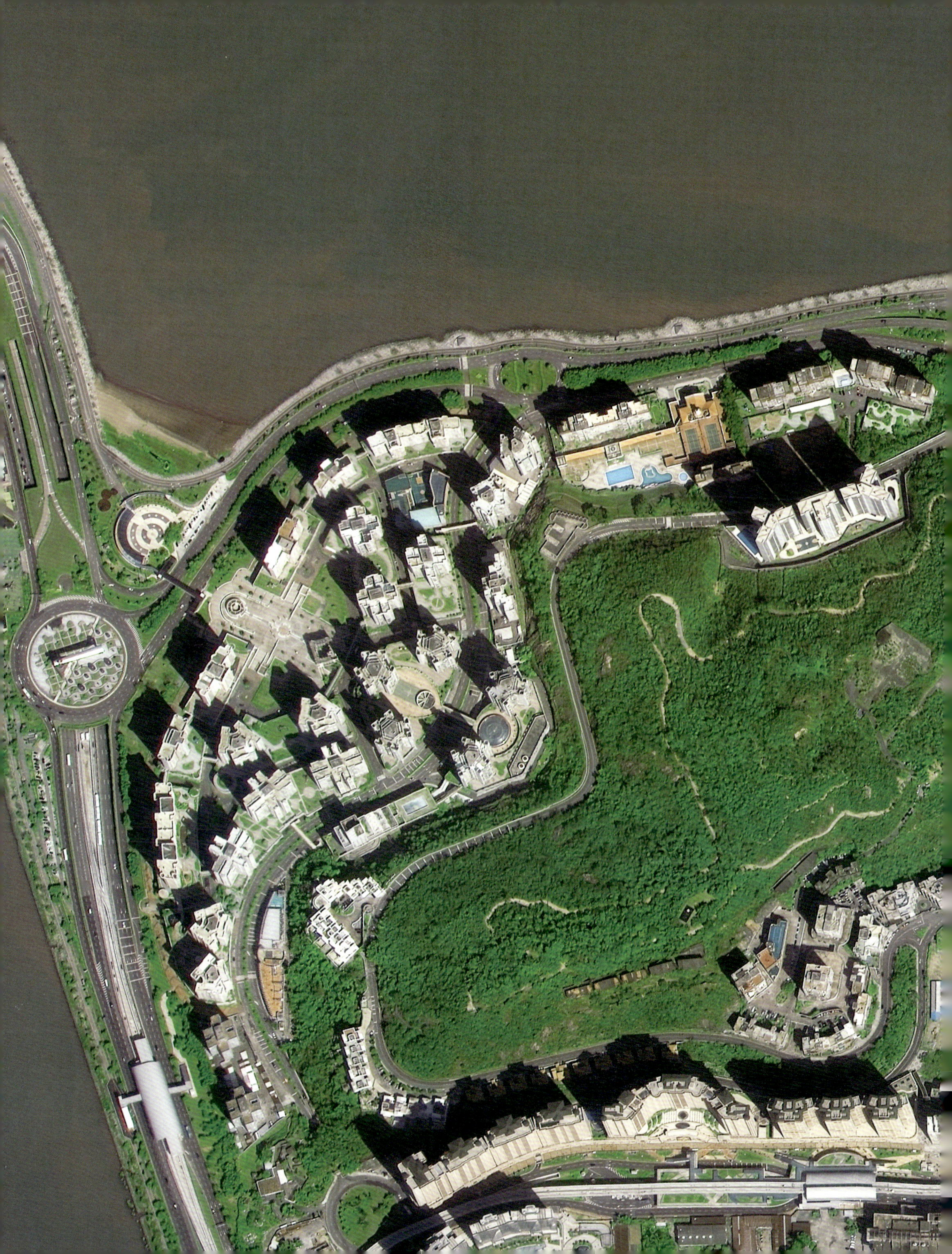

澳门是联合国教科文组织官方盖章的美食之都，葡挞、肉干、杏仁饼、葡国鸡，无论大街小巷，你都不难寻觅这些融汇中葡特色的美食，随时随地大快朵颐。

澳门也是现代与古老交相辉映的城市，连接氹仔和路环的路氹填海区，集中了澳门的商业娱乐建筑，车水马龙，人来人往。在澳门，有13%的土地以"澳门历史城区"的名义被列入世界遗产名录，受到精心保护。澳门历史城区位于澳门半岛，东起东望洋山，西至新马路靠内港码头，南起妈阁山，北至白鸽巢公园，包括妈阁庙前地、亚婆井前地、岗顶前地、耶稣会纪念广场等8个广场空间，以及妈阁庙、郑家大屋、何东图书馆、圣奥斯定教堂、大三巴牌坊、哪吒庙、东望洋炮台（含东望洋灯塔及圣母雪地殿圣堂）等22处历史建筑。

澳门历史城区"见证了西方宗教文化在中国以至远东地区的发展，也见证了向西方传播中国民间宗教的历史渊源"，"是中国现存最古老的西式建筑遗产，是东西方建筑艺术的综合体现"。它是西方宗教文化在中国和远东地区传播历史重要的见证，更是400多年来中西文化交流互补、多元共存的结晶。东西方历史、文化、信仰，在这里和谐共存。

在如此多古老的地标映衬下，正式通车的港珠澳大桥，不仅是一座雄伟的新地标，它的顺利运营，也为澳门加速融入粤港澳大湾区建设提供了新的机遇。

盛世莲花日日新，幸福濠江处处和。回归20余年来，澳门贯彻"一国两制"方针，经济快速增长，民生持续改善，社会稳定和谐，向世界展示了具有澳门特色的"一国两制"成功实践。

澳门，数不清的名胜，说不尽的故事。回家20余年的游子，正站在崭新的起点，以昂扬的姿态走向明天，走向辉煌。

澳门历史城区中的大三巴牌坊 新华社记者 张金加/摄

400多年前，葡萄牙人侵占了澳门，也把天主教带到这里，并建起了"圣保禄"教堂。葡语"圣保禄"发音接近粤语中的"三巴"，所以也称大三巴教堂。后来教堂两次毁于火灾，只剩下一座前壁，这便是今天的大三巴牌坊。

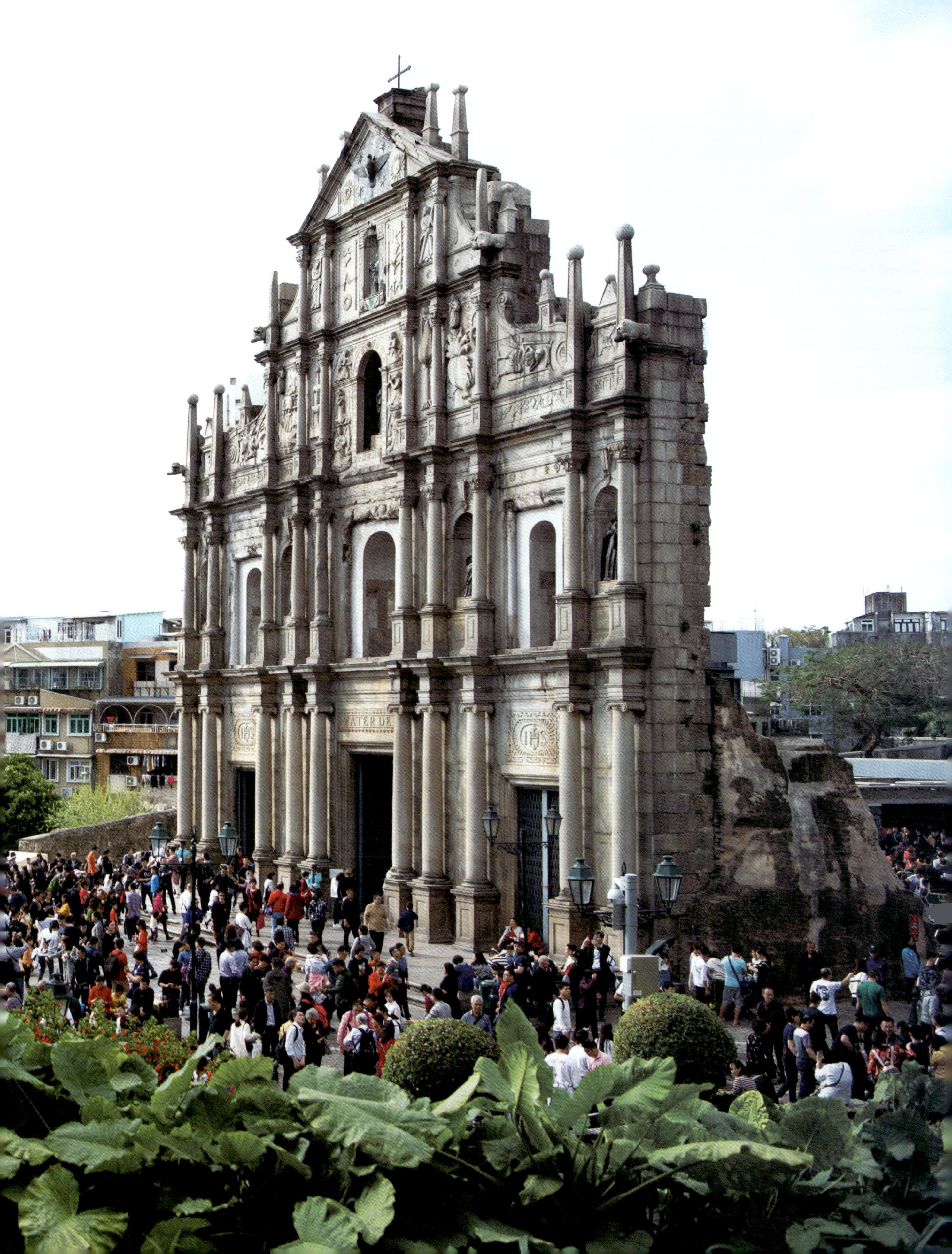

从组成澳门历史城区的东望洋灯塔遥望港珠澳大桥 新华社记者 张金加/摄
站在云天之巅欣赏澳门这座古朴与时尚共存的旅游城市，是一种崭新而独特的视觉体验。从高空俯瞰澳门，晚云在暮天上铺锦，涟漪在海面上流金。

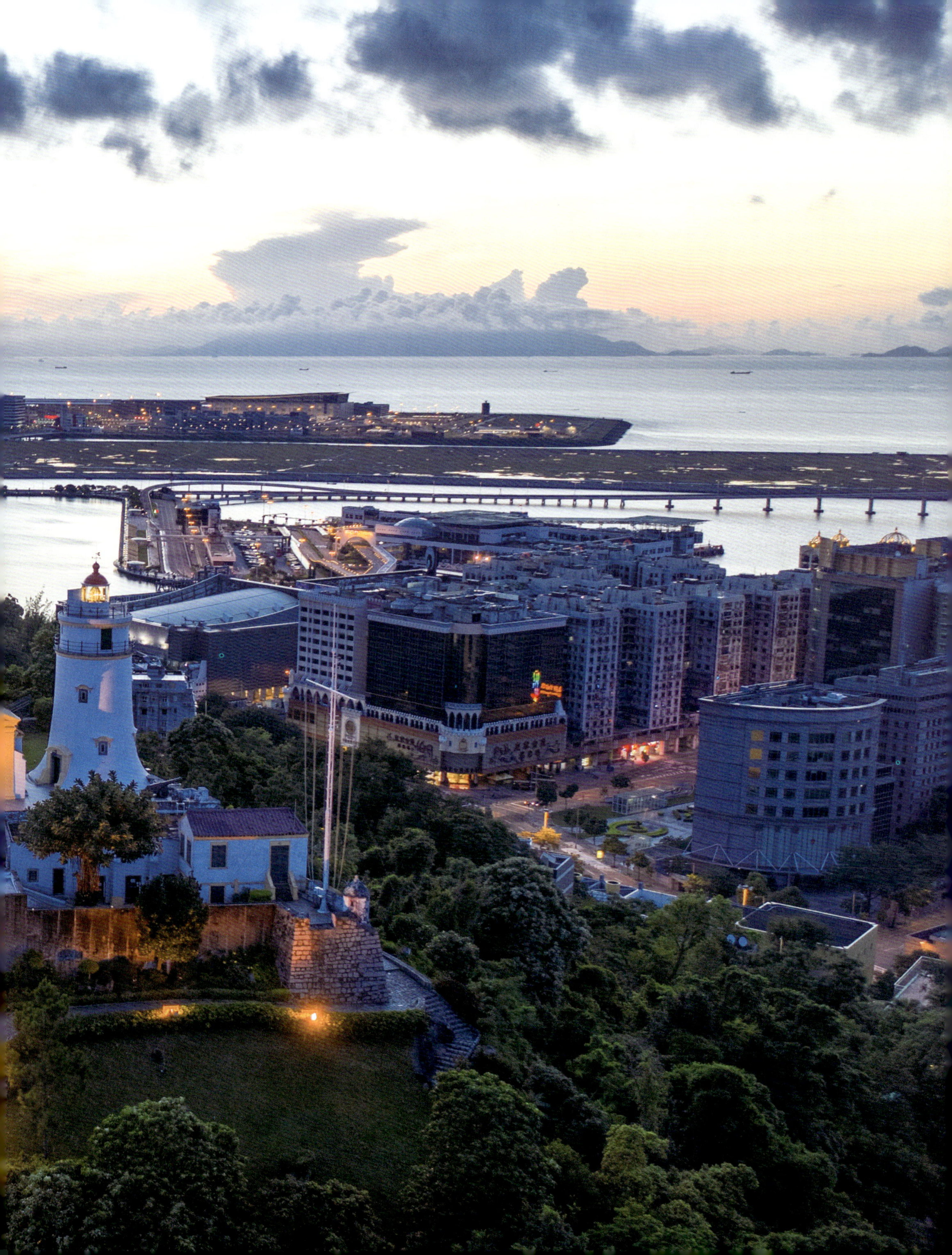

No.18

CHINA FROM OUTER SPACE

融通人文 · 亲近山水

中国地图

图例
- ★ 北京　首都
- ——— 未定　国界
- ——— 省、自治区、直辖市界
- ------ 特别行政区界

1 : 30 000 000

HONG KONG 香港

金紫荆广场上，
五星红旗与紫荆花区旗迎风高高飘扬，
祖国和香港，母子连心，
共同守护着这个家园，
努力创造更美好的明天。

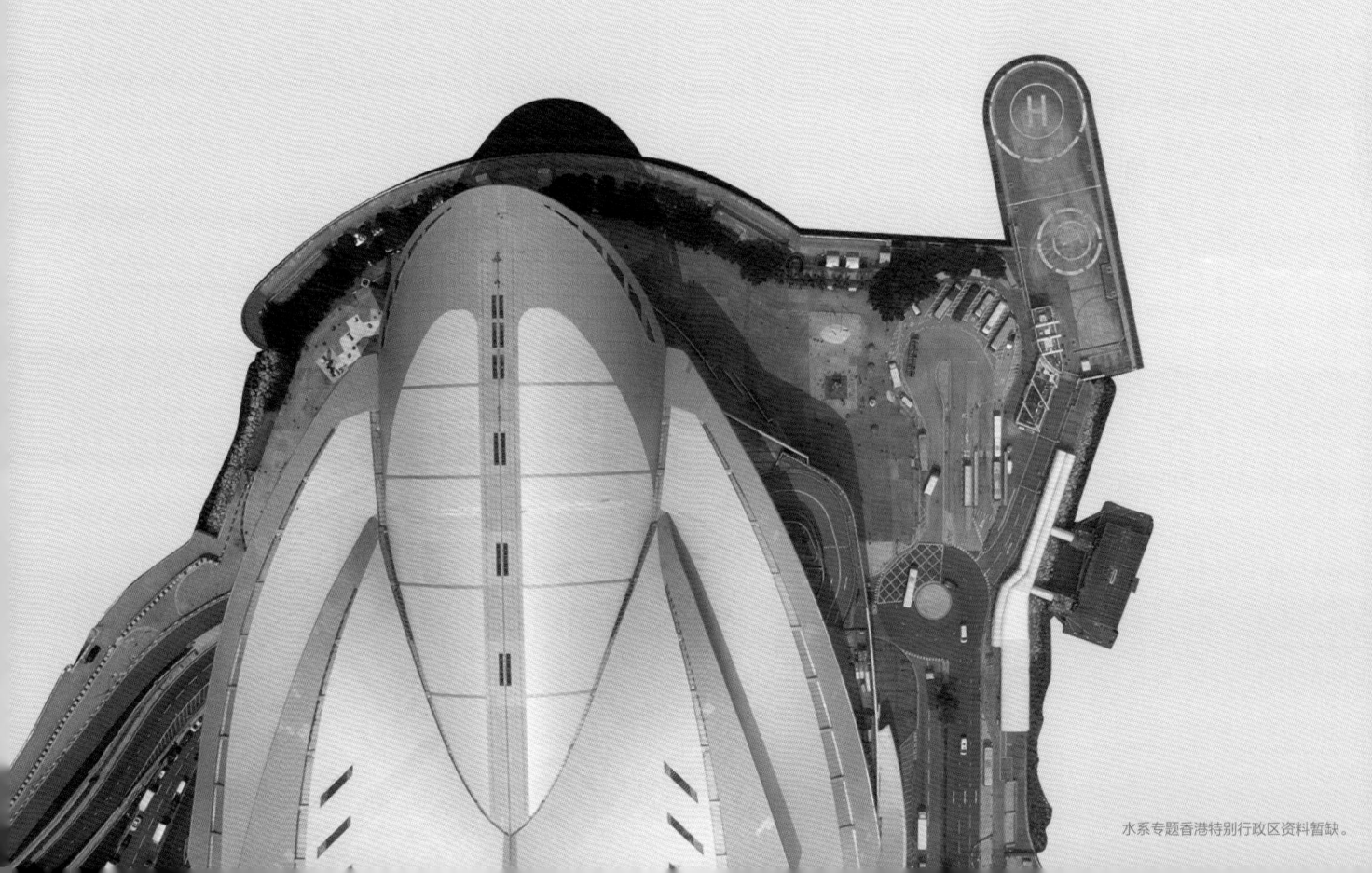

水系专题香港特别行政区资料暂缺。

在中国南海之滨、珠江口东岸，有一块沧海桑田变幻之地，那便是香港特别行政区。它由香港岛、九龙半岛、新界和周围众多岛屿构成，北与广东省深圳市陆路相连，西与澳门隔海相望，并经港珠澳大桥与珠海、澳门相连。

在它的众多地理组成单元中，与深圳仅有一河之隔的新界（含岛屿），占地面积最大，占香港陆地面积的近89%。全港面积最大的岛屿——大屿山在这里，全港最高峰——大帽山也在这里；香港的海运中心——葵涌货柜码头在这里，亚洲航空枢纽——赤鱲角香港国际机场也在这里。超过100家航空公司，超过220个通航城市，世界上最繁忙的航空港之一，这些无不展示着这座繁华之都云端上的骄傲。

如今，港珠澳大桥开通，香港国际机场也随之成为人们眼中大桥最东端的坐标。从它附近的香港口岸人工岛出发，横跨南海伶仃洋水域，途经东西人工岛连接的海底隧道，无须1小时即可抵达珠海、澳门口岸。这是令世人惊叹、国人骄傲的历史奇观。

深圳和香港落马洲河套地区及周边风光 新华社记者 毛思倩/摄

饱经沧桑的深圳河滚滚汇入伶仃洋，见证着奔涌向前的改革开放大潮，感受着粤港澳大湾区的炽热温度。

这是2018年10月18日拍摄的港珠澳大桥东人工岛 新华社记者 梁旭/摄

从港珠澳大桥东人工岛遥望西人工岛,中间是海底隧道。东人工岛连接香港,西人工岛连接主体桥梁,通往珠海、澳门。

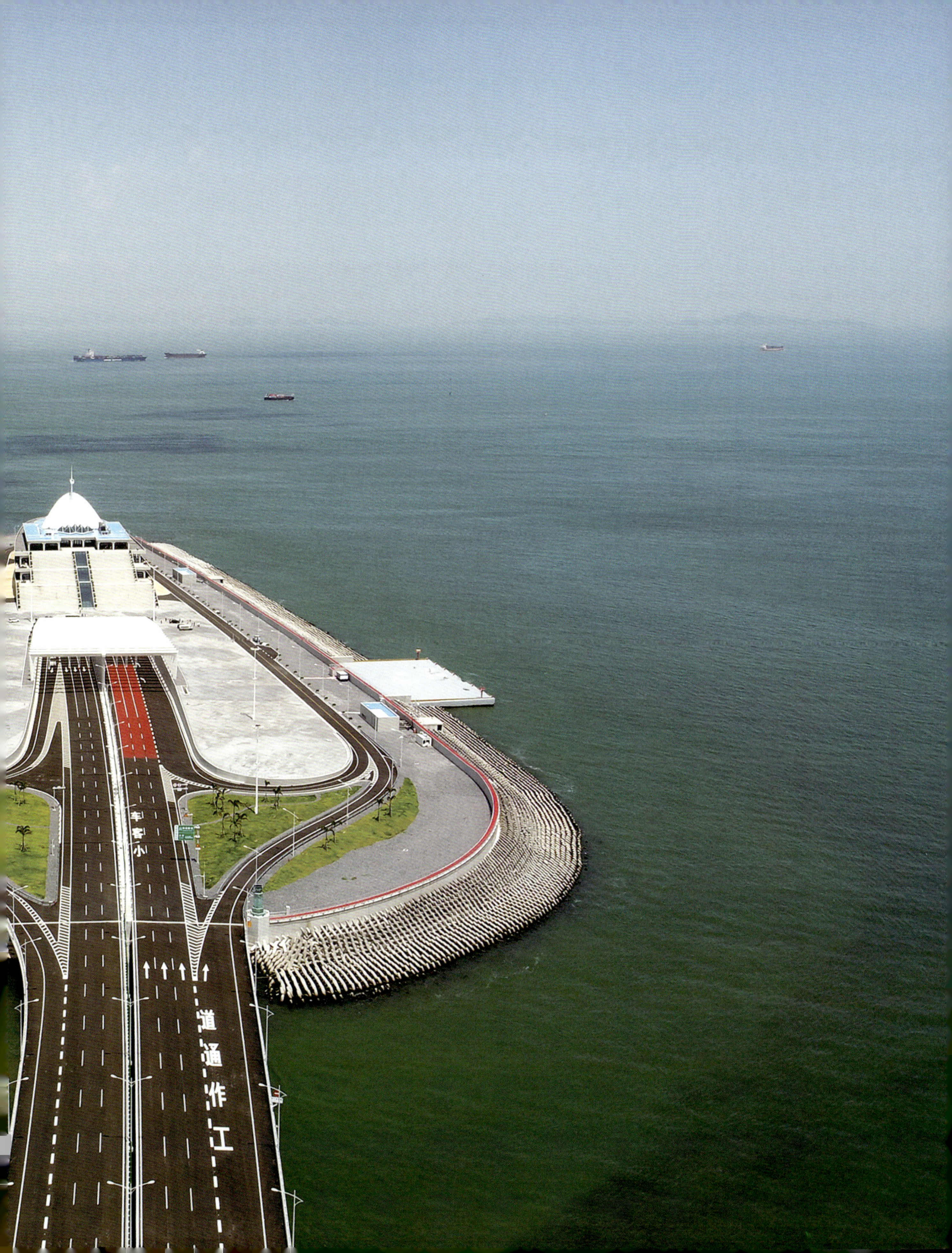
小客车
工作通道

新界往南是九龙半岛，九龙半岛再往南便是香港岛，而在香港岛与九龙半岛之间，穿梭于维多利亚港两岸的天星小轮缓缓驶过，摆渡着香港百年岁月，见证着香江奇迹。金紫荆广场上，五星红旗与紫荆花区旗迎风高高飘扬，祖国和香港，母子连心，同舟共济。

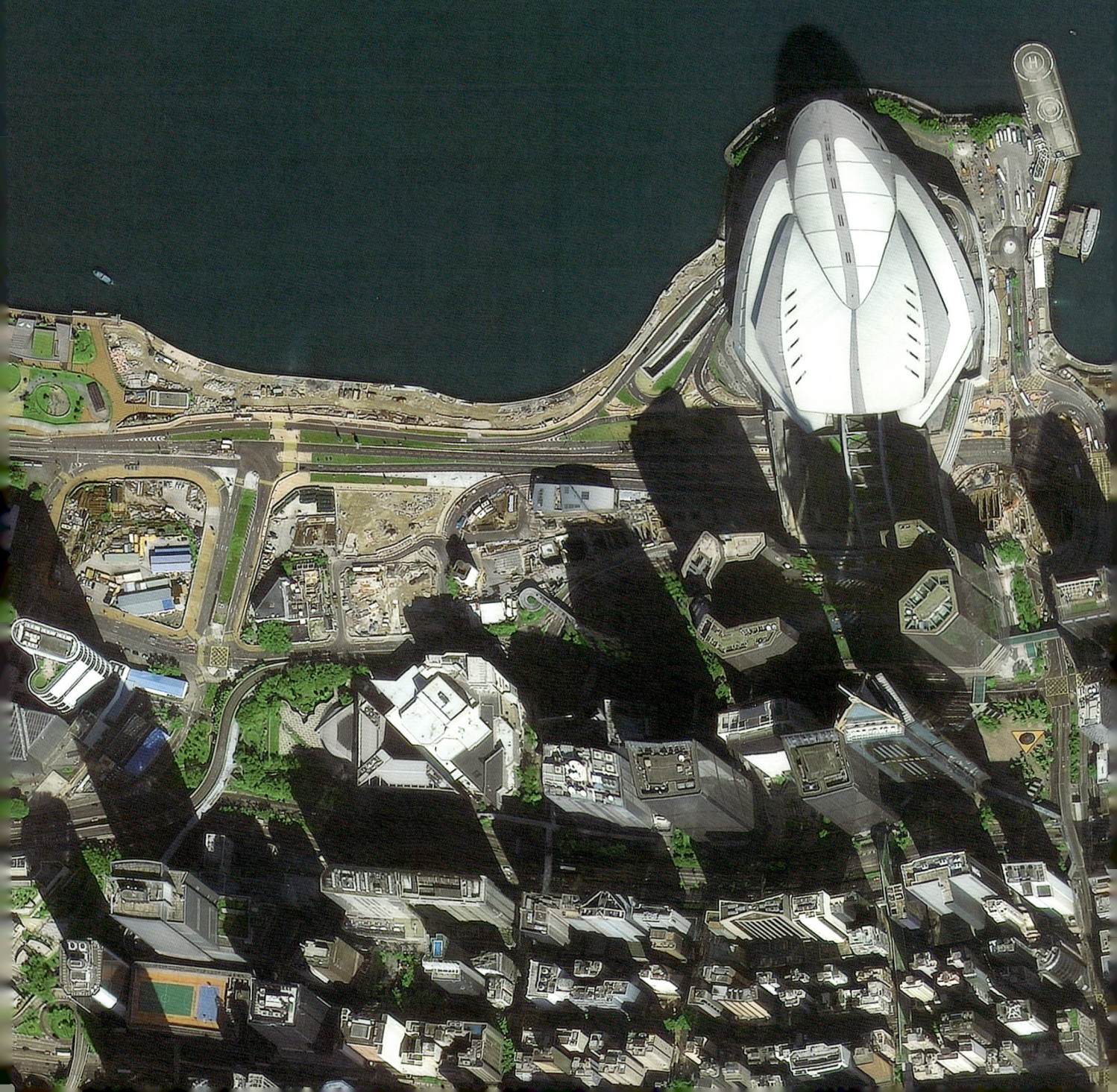

从60万米高空俯瞰坐落于维多利亚港南岸的香港会议展览中心与金紫荆广场

1997年7月1日,在香港会议展览中心,雄壮的国歌奏响,国旗与区旗冉冉升起,中华人民共和国香港特别行政区在一片喜悦欢腾中成立。《永远盛开的紫荆花》雕塑矗立在香港会议展览中心新翼前的金紫荆广场,面向大海,寓意着香港永远繁昌荣盛。

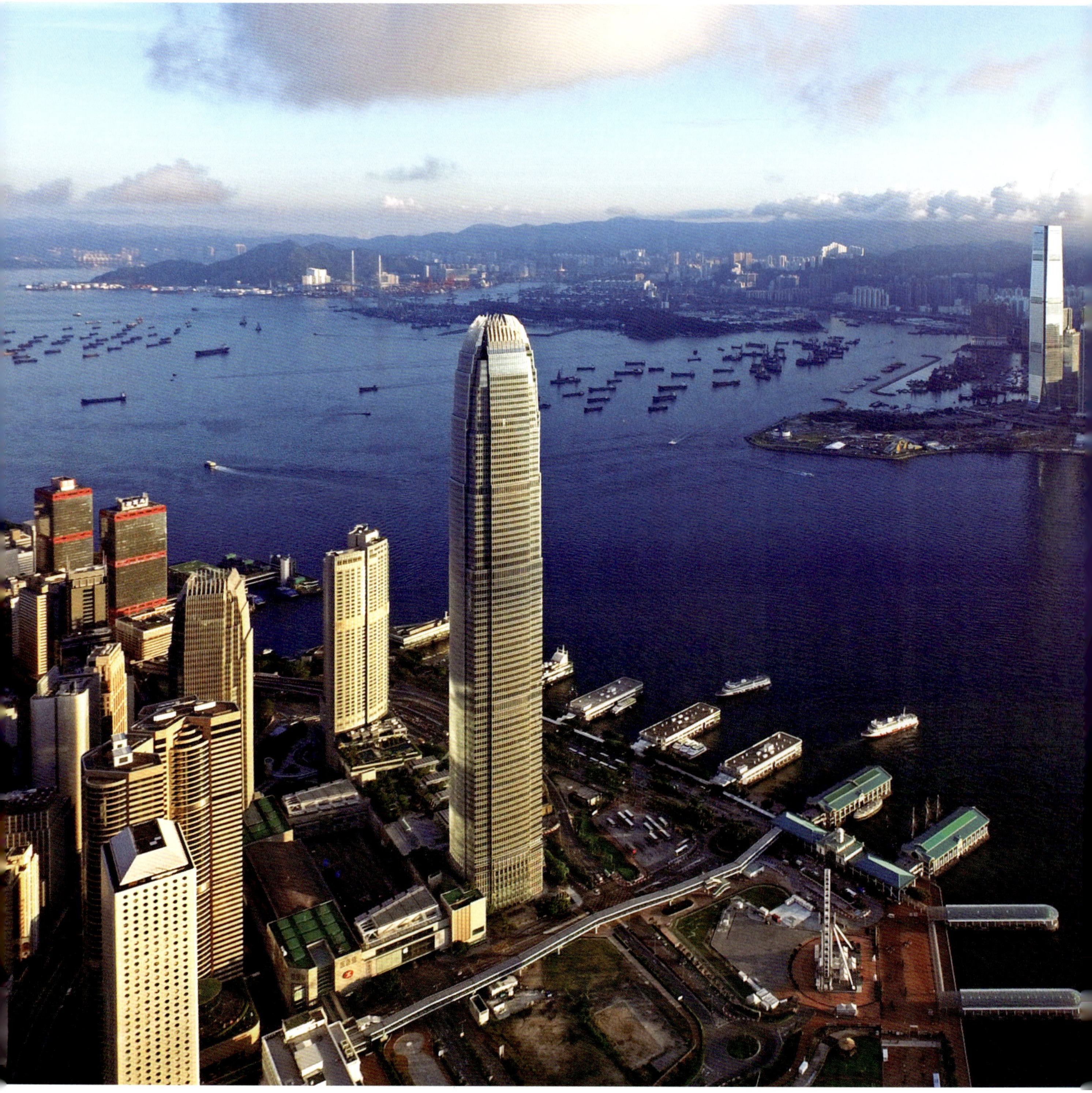

7 600多座高楼在维多利亚港上空勾勒出城市天际线，融合中西的独特饮食文化，构筑了南来北往食客们的"美食天堂"。而490米高的环球贸易广场，耸立于九龙半岛之西，与一湾海水之遥的国际金融中心交相辉映，尽览维港两岸的灯火辉煌。

海风吹拂一年又一年，回归祖国20余年来，夺目的"东方之珠"迎来了无数璀璨瞬间，也经历过几许风风雨雨。在数不清的悲喜交错、高低起伏中，香港同胞一起欢呼喝彩，一起迎难而上，共同守护着这个家园，努力创造更美好的明天。

左图为坐落于维多利亚港两岸的香港国际金融中心（左）与香港最高楼香港环球贸易广场（右）遥相呼应 新华社记者 秦晴/摄

在世界经济体系中，香港从区域金融中心和转口贸易港，变成物流管理中心，又逐渐发展成全球领先的国际金融中心。回归20余年来，香港在国家发展中的重要地位一直保持不变，其发挥的特殊作用随着时代变化而不断产生新内涵。

N琼.19

CHINA FROM OUTER SPACE

碧海连天远 · 琼崖尽是春

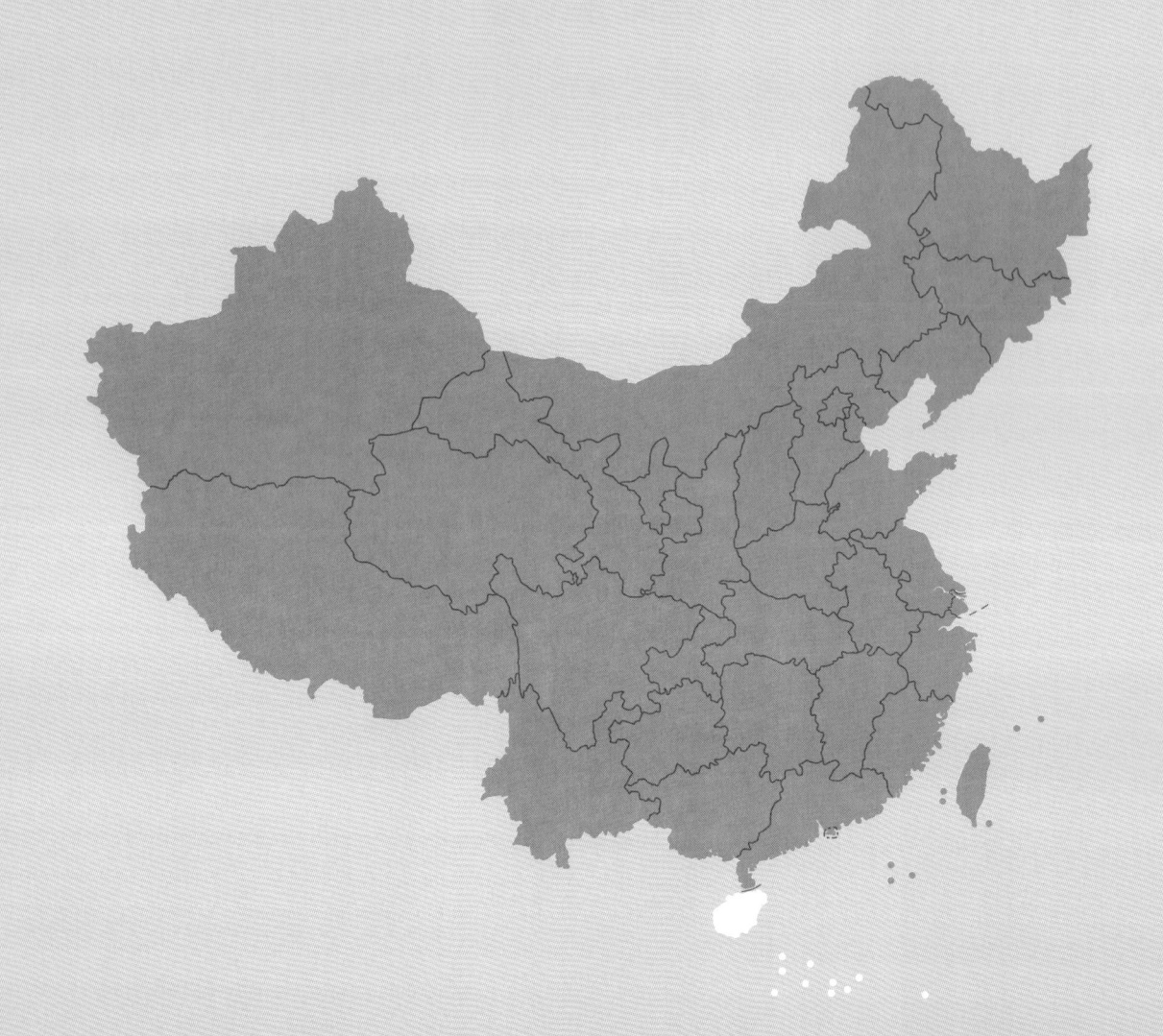

海南省在中国的位置示意图

海南省耕地、森林及自然保护区概况

自然保护区面积：270.7
占辖区面积比重：6.9%
耕地面积：72.24

2017年
2017年

HAINAN

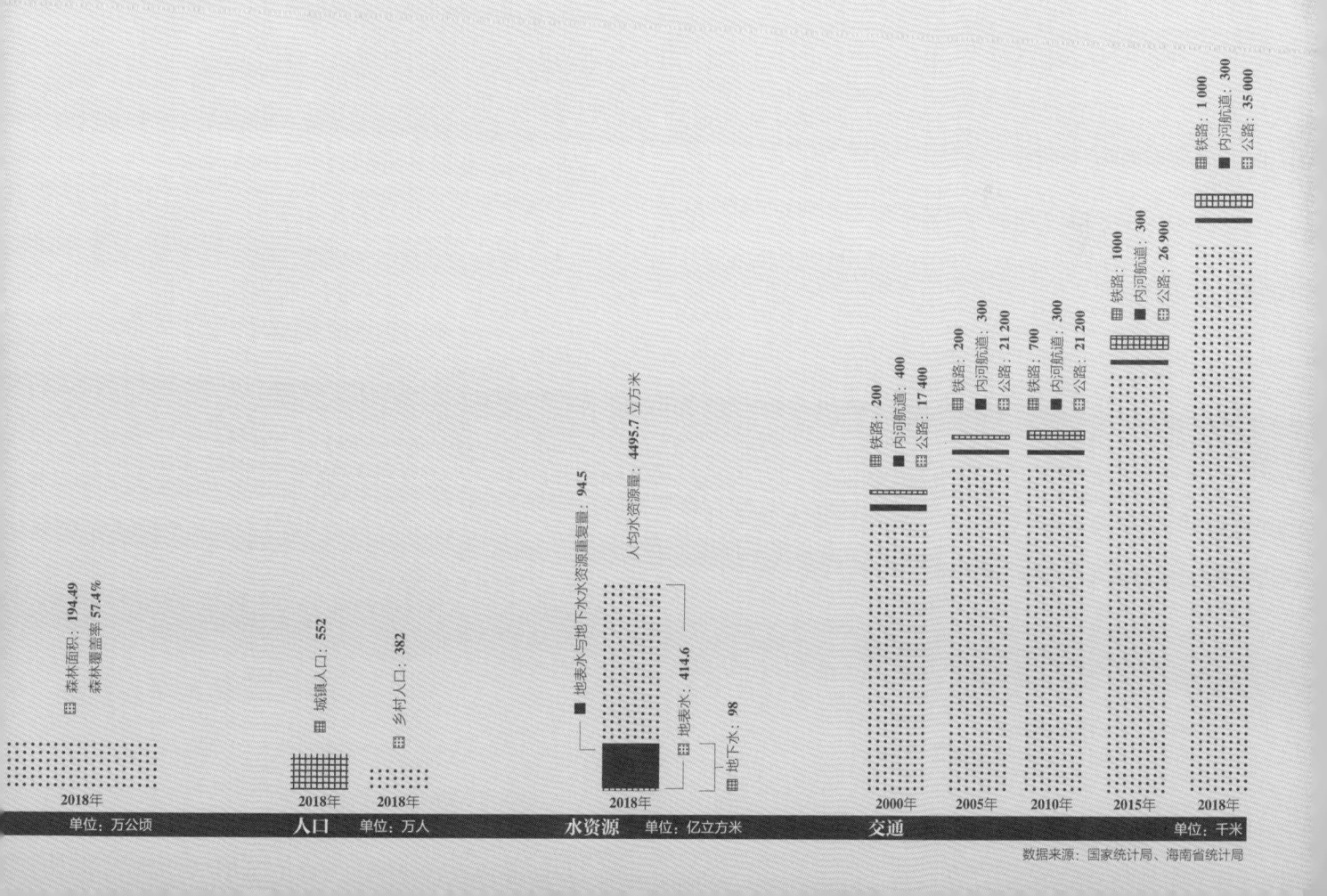

海南

单位：万公顷　　　人口　单位：万人　　　水资源　单位：亿立方米　　　交通　　　　　　　　　　　　　　　　单位：千米

- 森林面积：194.49
- 森林覆盖率：57.4%
- 2018年

- 城镇人口：552
- 2018年

- 乡村人口：382
- 2018年

- 地表水与地下水水资源重复量：94.5
- 人均水资源量：4495.7 立方米
- 地表水：414.6
- 地下水：98
- 2018年

- 2000年：铁路：200；内河航道：400；公路：17 400
- 2005年：铁路：200；内河航道：300；公路：21 200
- 2010年：铁路：700；内河航道：300；公路：21 200
- 2015年：铁路：1000；内河航道：300；公路：26 900
- 2018年：铁路：1 000；内河航道：300；公路：35 000

数据来源：国家统计局、海南省统计局

南海之滨，千帆竞发。

这里四季温暖如春，这里生态环境全国一流，这里改革开放潮头勇立，这里是全国最大的自由贸易试验区——海南。

海南省地处中国的最南端，隔琼州海峡与广东省相望。在琼州海峡以南，有一座形似大雪梨的海岛，这就是中国的第二大岛——"南海明珠"海南岛。在海南岛西北部的临高角，上千米海滩一边波涛滚滚，一边风平浪静。就像临高角突出的岬角造就不同的海面，70年前，历史在此发生转折——人民解放军主力部队大规模抢滩登陆，进而解放海南，创造了"木船打军舰"的奇迹。1950年4月30日，人民解放军一路南下，将红旗插到天涯海角。5月1日，海南全岛解放。

历史上，海南岛有珠崖、琼崖、琼州等不同的别称，其中又以带"琼"字的别称为多，如琼管、琼台、琼瑶、琼甸、琼郡、琼岛、琼海等，这也是海南简称"琼"的由来。而"海南"的得名，最早出现于北宋时期，苏轼有诗云"稍喜海南州，自古无战场"（《和陶拟古九首》），作为正式行政区划的命名则是元至元十七年（1280）设置的海北海南道宣慰司，属湖广行中书省，治所在今广东雷州市，海南岛为其管辖区域之一。直到1988年4月26日，海南作为一个省级行政区才正式成立。它因改革开放而生，因改革开放而兴，成立之时便已成为中国最大的经济特区。

70余年沧桑巨变，海南从昔日封闭落后的"蛮荒之地"，成为我国对外开放高地。2020年，在自由贸易试验区建设第二年，海南自由贸易港逐浪先行，以更加开放的胸襟走向世界，以勇气和担当，敢闯敢试，勇立潮头。

海南省地形及主要水系分布示意图

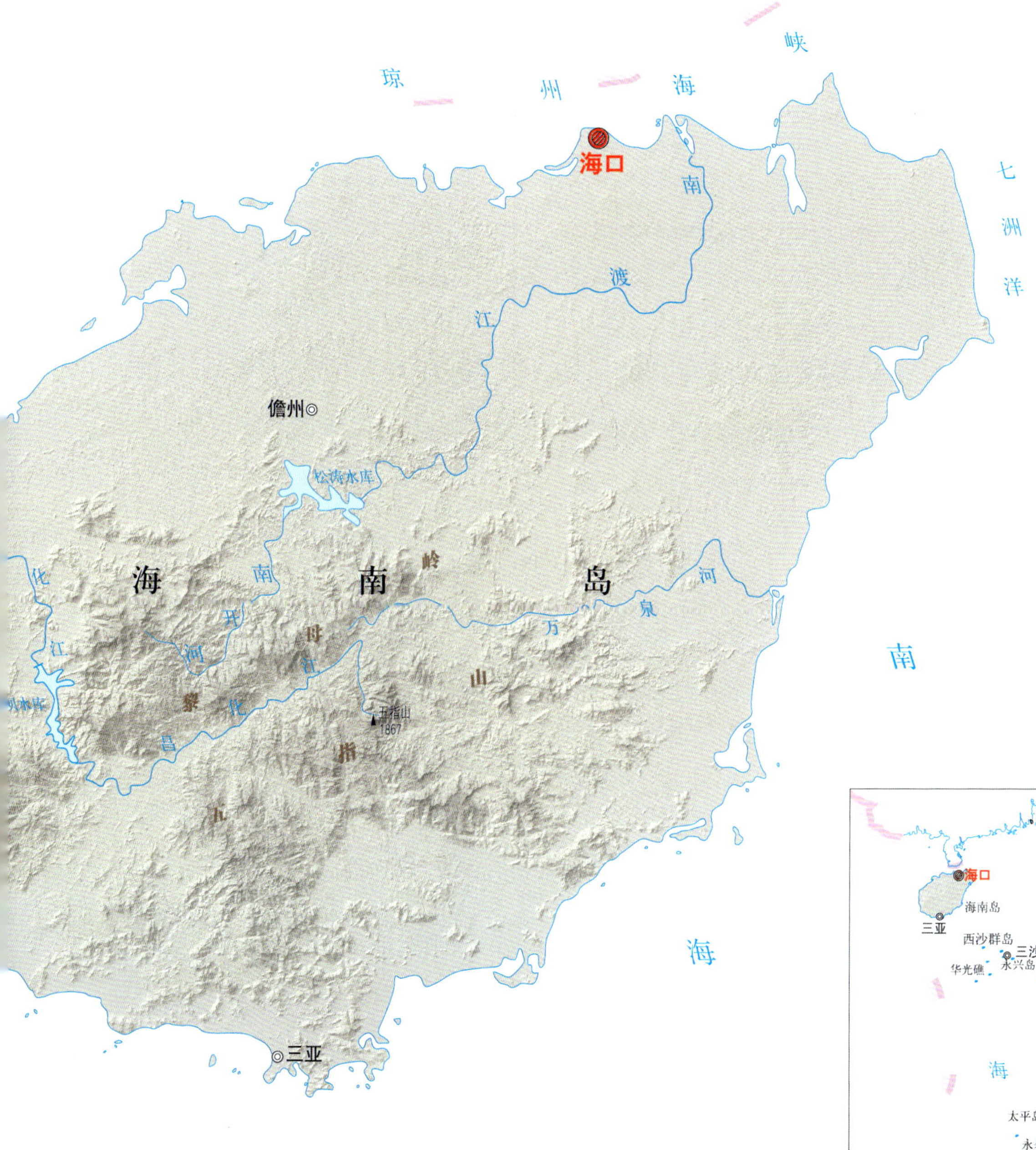

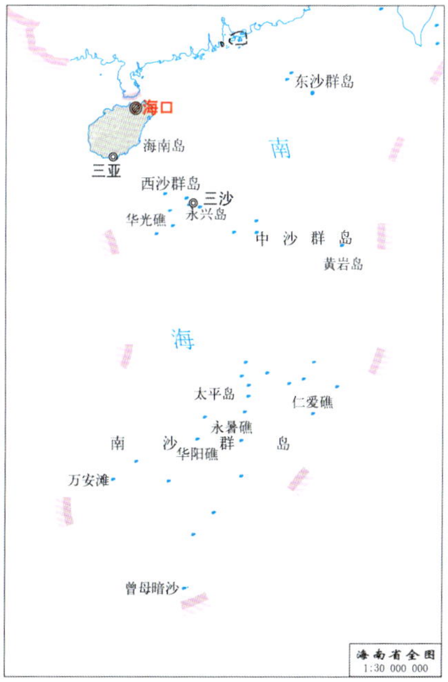

图　例

- 省级行政中心
- 地级市行政中心
- 特别行政区界
- 山峰

1：1 500 000

壹

祖国南海，璀璨明珠

从60万米高空俯瞰海南全境，地貌奇特多姿，水天一色，碧波万顷。在那云飞浪卷的南海上，一座座岛屿、礁盘和沙洲，就像漂浮在湛蓝波涛上的朵朵睡莲，让人如临仙境。

2012年6月21日，位于南海中南部、海南省南部的海南省三沙市设立，下辖西沙群岛、中沙群岛、南沙群岛的岛礁及其海域，是中国地理纬度位置最南端的城市，也是中国陆域面积最小、海域面积最大的城市。2012年7月24日，三沙市人民政府在永兴岛正式挂牌成立。三沙市，神秘而富饶。这里岛礁星罗棋布，海岸线曲折优美，海底世界色彩斑斓，美不胜收，如梦如幻。

历史上，海鸟不落西沙洲，三沙岛礁自然环境异常恶劣。如今，一片片荒芜变"绿洲"，一只只海龟上岸产卵，一群群海鸟盘旋筑巢。每年6月，红脚鲣鸟、大凤头燕鸥和黑枕燕鸥等海鸟陆续飞至三沙市七连屿的西沙洲产卵，漫天白羽掠影，各种鸣叫声像一支协奏曲，响彻整片海上绿洲。

空中俯瞰三沙市人民政府驻地永兴岛 新华社记者 查春明/摄

永兴岛是西沙群岛也是整个南海诸岛中最大的岛屿。它是一座由白色珊瑚贝壳沙堆积在礁平台上形成的珊瑚岛。自三沙市成立以来，永兴岛上的面貌发生了巨大变化，建有行政办公楼、邮电局、银行、商店、图书馆、宾馆、广播电视台、气象台、海洋站、水产站、医院、无土蔬菜大棚和休闲文化广场等生产和生活设施，移动通信信号已经覆盖整个西沙群岛。永兴岛上还建有环岛公路和可起降波音737客机的机场，以及可停靠5 000吨级船只的3座码头。

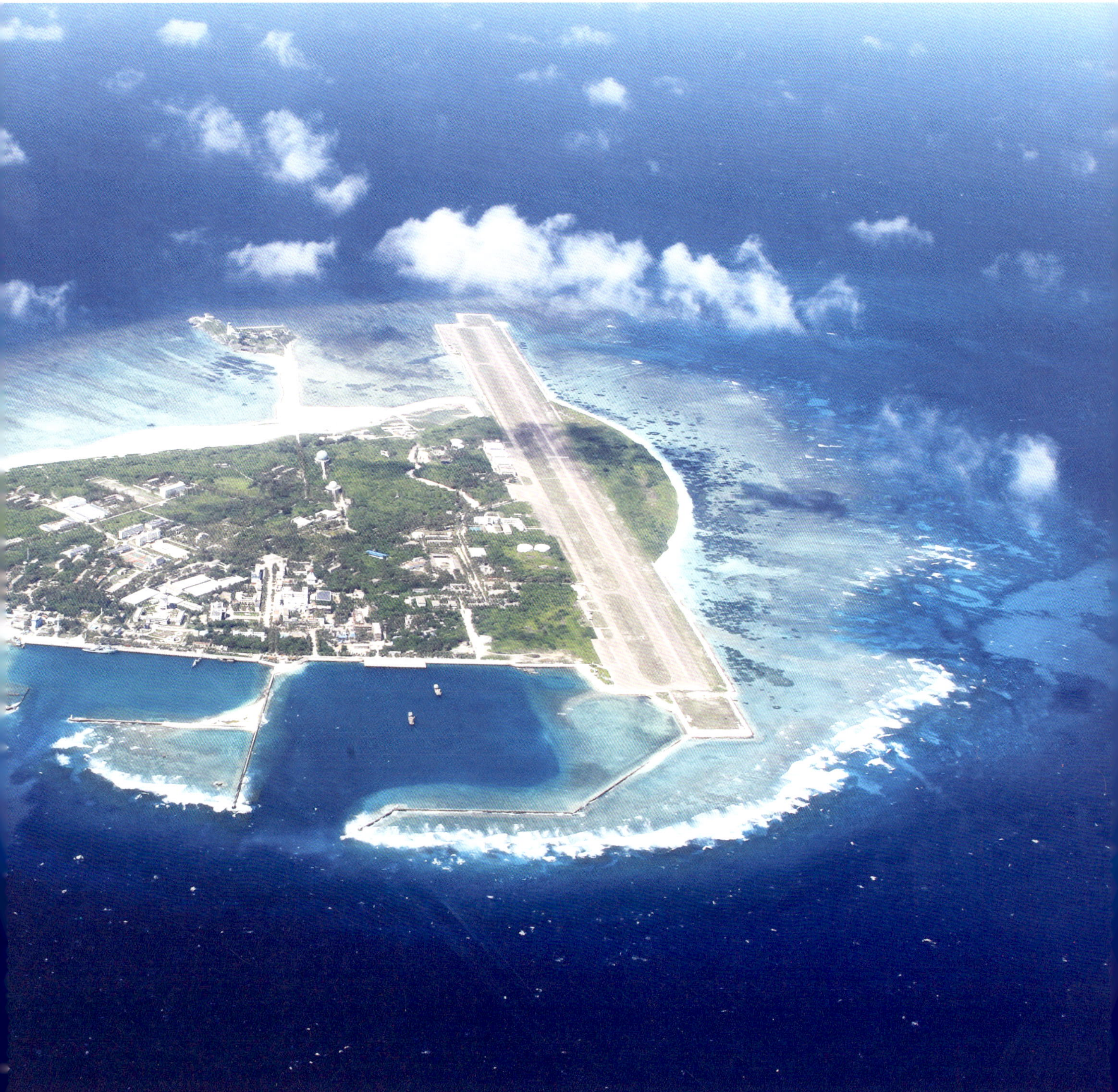

从60万米高空俯瞰七连屿中的南沙洲

美丽的西沙群岛,像一艘永不沉没的航空母舰,停泊在浩瀚无垠的南海中北部,古称千里长沙,也称七洲岛。它与东沙、中沙、南沙群岛一起构成共和国最南部的领土。七连屿就坐落其间,位于永兴岛西南侧。而南沙洲,位于七连屿南部,是七连屿的一个沙洲。

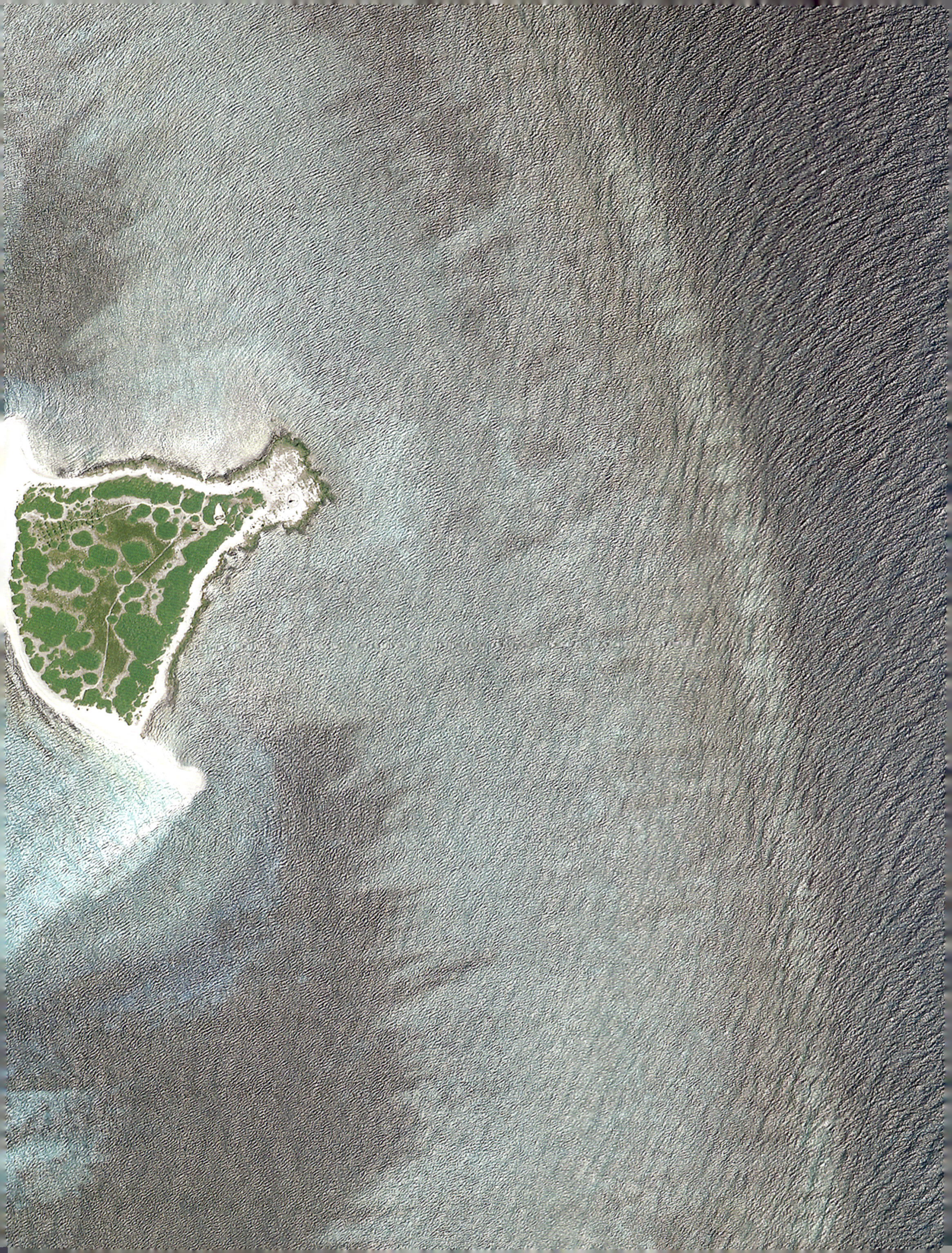

从60万米高空俯瞰海南省三沙市西沙永乐群岛的晋卿岛

从60万米高空俯瞰海南省三沙市西沙永乐群岛的甘泉岛

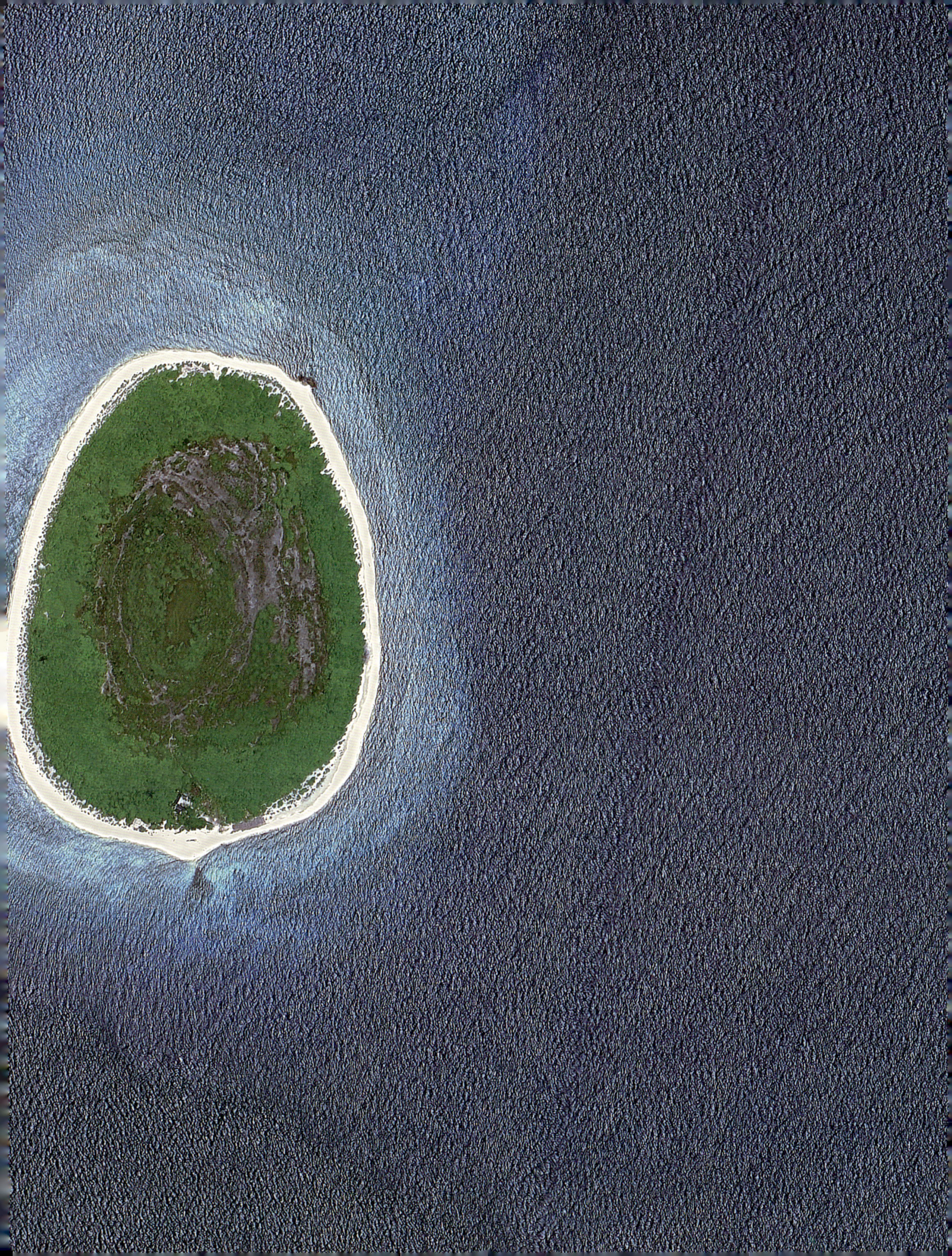

琼岛绿肺，自然宝库

海南岛中部高耸，以五指山、鹦哥岭为隆起核心，周围渐低，呈三级阶梯。岛上海拔超过1 000米的山峰有81座，大体上可分为五指山、鹦哥岭、雅加大岭三大山脉。

五指山位于海南岛中部，主峰海拔1 867米，是海南省第一高峰。鹦哥岭，方圆500多平方千米，是我国连片面积最大、保存最完整的热带雨林。"空中花园"附生植物、绞杀植物、红蹼树蛙、海南疣螈……这里已发现并记录到植物2 000多种、脊椎动物400余种，是全球34个生物多样性热点地区之一。它们有一个共同的身份，都属于海南热带雨林国家公园的组成部分。

在三维地图上，海南热带雨林就像一只南飞的蝴蝶。鹦哥岭的桃花水母游弋在丛林湿地；吊罗山小爪水獭重现故园；稀有乔木、藤和附生的兰、蕨、菌类缠绕叠生；霸王岭山间，人类最濒危的"近亲"海南长臂猿的数量已增长到逾30只……

左图是栖息在海南热带雨林国家公园鹦哥岭国家级自然保护区的蜡蝉 新华社记者 姜恩宇/摄

鹦哥岭国家级自然保护区，是海南岛面积最大的陆域自然保护区。这里生长着中国最完美的原始热带雨林，栖息着数以千计的昆虫和其他野生动物，孕育出海南第一大河南渡江和第二大河昌化江，是海南岛生态系统的核心区域。

右页上图是一只成年雌性长臂猿在树上活动 新华社记者 杨冠宇/摄

海南长臂猿是世界四大类人猿之一，它们仅生存在海南热带雨林国家公园霸王岭国家级保护区的原始热带雨林中，是研究人类起源和进化过程的重要对象。

右页下图是栖息在海南热带雨林国家公园佳西自然保护区的红蹼树蛙 新华社记者 姜恩宇/摄

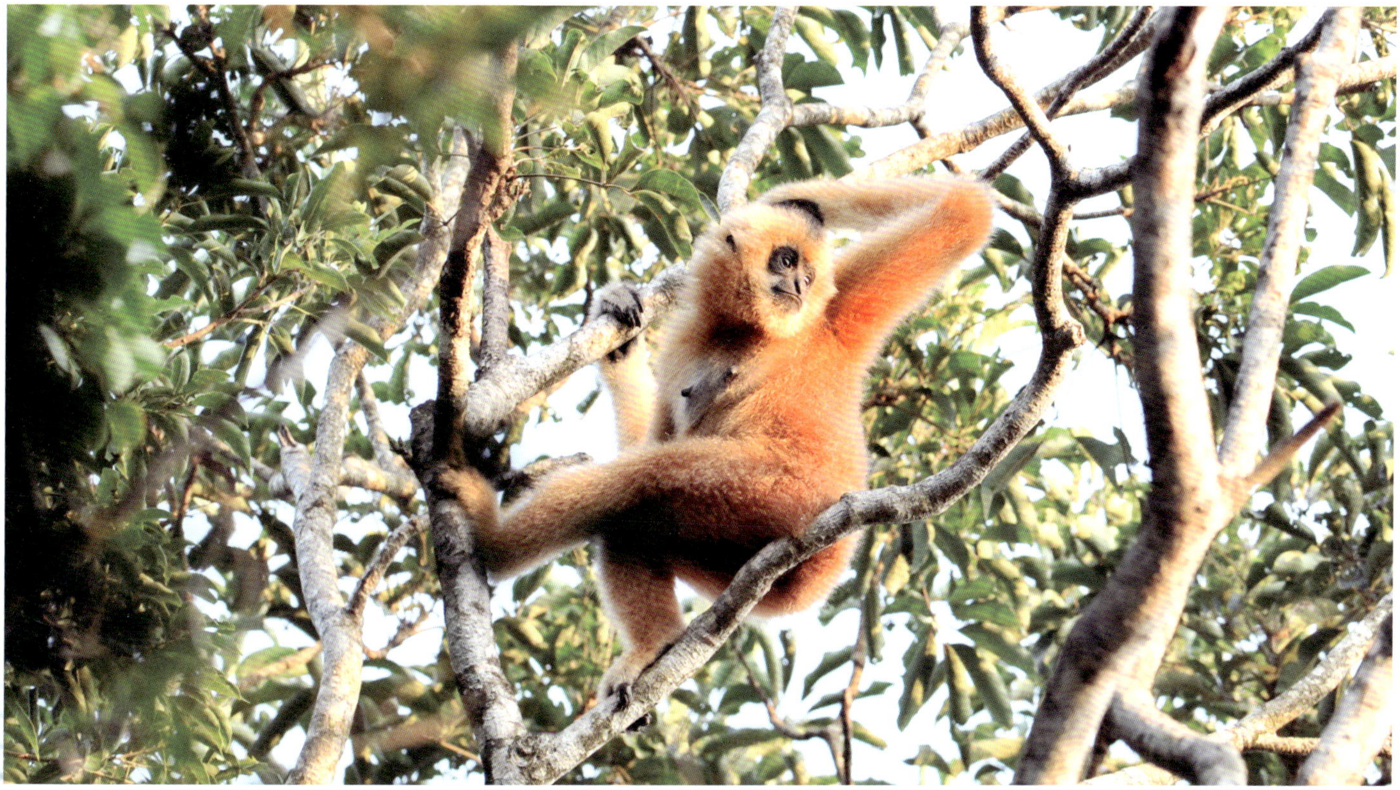

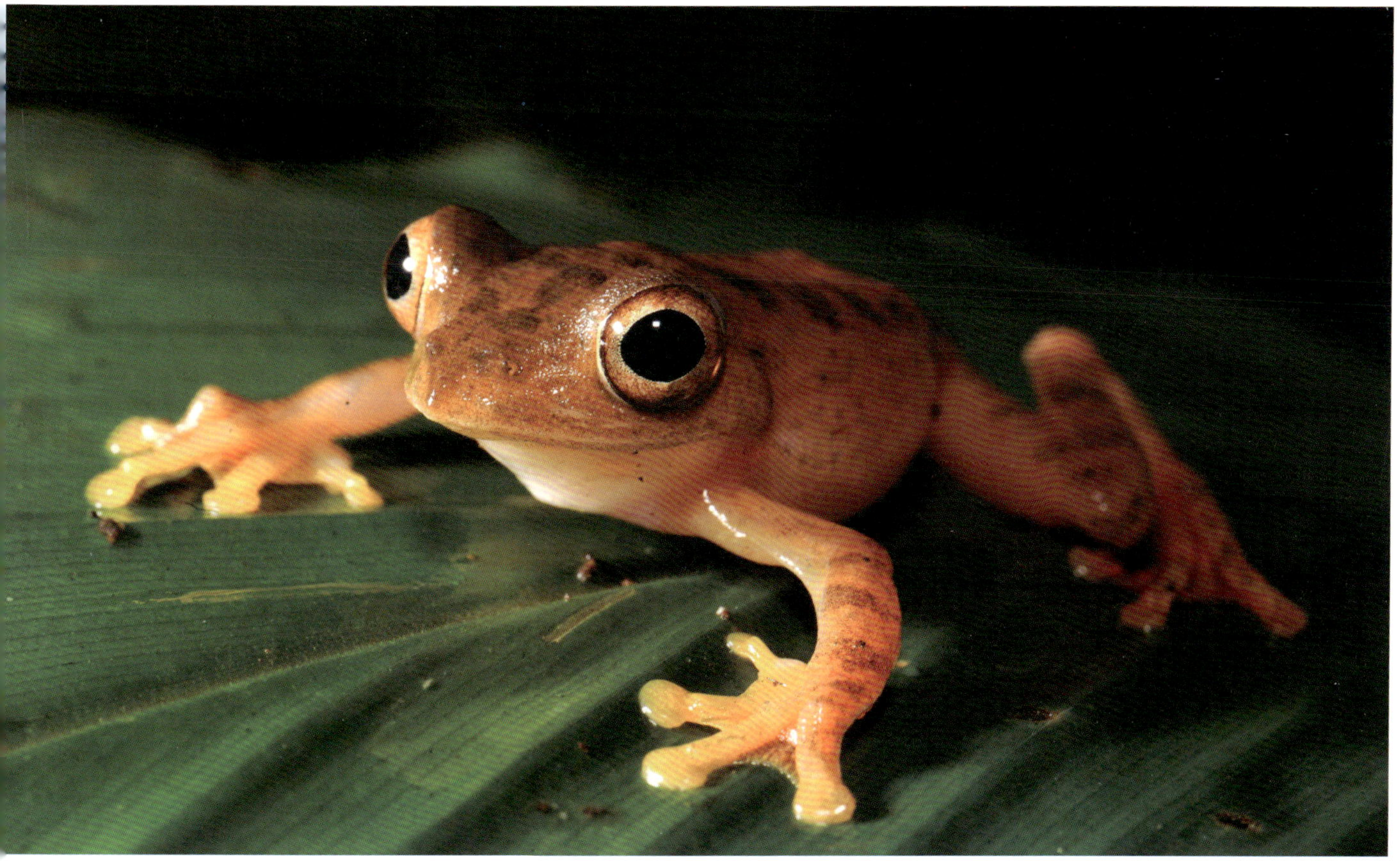

椰风海韵，阳光海口

天涯海角，荒远瘴疠，古人以为畏途，这是中华人民共和国成立前海南岛几千年来的写照和标签；度假天堂，开放高地，今人视为宜居置业之所，这是几十年来特别是建省办经济特区后海南发生的巨变。椰风海韵，水绿山青，物产丰饶，浪漫迷人，立于改革开放前沿的海南，击楫扬帆远航于浩瀚南海上，书写着美丽、灿烂的发展新篇章。

椰城海口，北濒琼州海峡，与广东湛江徐闻县隔海相望。这里环境优美、气候宜人，是"一带一路"重要支点城市，也是全球首批"国际湿地城市"。

海口依河傍海，丰富的水系和分布广泛的湿地是城市的灵韵所在。其中，最有代表性的，当数东寨港红树林湿地保护区。这里波光粼粼，白鹭翱翔，拥有全国连片面积最大、种类最多的红树林，被称为"中国红树植物基因库"，是海口的城市名片。

然而，一段时间以来海口湿地面积逐年减少，水体污染日趋严重，生态功能不断退化。为保护东寨港红树林湿地，海口设立了专门的管理机构，并出台多部法规，为红树林湿地划定了生态保护红线。短短几年时间，红树林湿地保护区的面积由30多平方千米增加至80多平方千米，红树植物增加到19科36种，占到了全国的97%；鸟类214种，软体动物115种，鱼类160种，虾蟹等甲壳类动物70多种，保护区已成为物种基因和资源的宝库。

这只是"湿地海口"的一角，如今海口凤翔湿地公园、五源河湿地公园、三角池公园陆续建成，湿地公园已是市民亲近自然、游憩休闲的好去处。未来，海口还将陆续建设4个国家级、3个省级湿地公园，打造45个湿地保护小区；海南自由贸易试验区重点先行区江东新区建设也将实现湿地入城。

这是海口市东寨港红树林湿地保护区中的红树林 新华社记者 杨冠宇/摄

肆

立足亚洲，面向世界

"万泉河水清又清，我编斗笠送红军。军爱民来民拥军，军民团结一家亲。"

革命战争时期，万泉河水哺育的红色娘子军，成为传唱至今的女性英模；和平年代，万泉河水，浇灌出开放之花。

海南岛上独流入海的河流有154条，南渡江、昌化江、万泉河为岛上三大河流，其中万泉河上游分南北两支，分别发源于五指山与风门岭，经琼中、万宁、屯昌至琼海龙江合口咀合流，至博鳌入海，全长163千米，为海南第三大河流。

万泉河水不仅哺育了红色娘子军，也滋养着南海之滨曾经鲜为人知的小渔村——博鳌。

2001年，博鳌亚洲论坛正式成立，如今每年一次的论坛年会已经成为具有世界影响力的高层次对话平台。江、河、海在这里交汇融合，中国、亚洲、世界的交响乐在这里奏响。昔日的小渔村也借着博鳌亚洲论坛的东风，发展为世界闻名的"外交小镇"，成为海南向世界展示开放形象的重要窗口。海南也紧紧抓住每一个机会，不断拓展国际"朋友圈"，当前国际友城数量增加至61对；截至2019年12月23日，海南已开通境外航线达100条，至其他国家及地区的邮轮航线和集装箱国际班轮航线也将持续增加。

从60万米高空俯瞰位于海南省琼海市博鳌镇的博鳌亚洲论坛永久会址

伍 美丽三亚，浪漫天涯

"请到天涯海角来，这里四季春常在……"

走出三亚凤凰国际机场，浓郁的热带风情扑面而来。这是中国非省会地级市第一个旅客吞吐量达2 000万级的机场，1994年建设通航时旅客吞吐量仅6.9万人次。增长近300倍的数字，见证着三亚和海南走向更广阔的世界。

海棠湾、亚龙湾、三亚湾、大东海……作为中国唯一的热带滨海旅游城市，三亚聚集着中国最密集的世界级高端度假酒店群，全球最大的单体免税店，通达世界多地的国际机场，举办了一批又一批国际性文化体育赛事活动，全球各地的游客慕名前来。

三亚从偏僻落后的小渔村成长为国际知名的度假天堂，这也是海南旅游业从无到有、由弱到强的一个缩影。长期以来，海南岛属于中国最贫穷落后的地区之一，在封建时代甚至是人们视之畏途的流放之地、瘴疠之岛。新中国成立初期，海南没有一家宾馆，更没有旅游产业。20世纪60年代，为了接待回国探亲的华侨和来琼的外国人，才建设了当时海南唯一的涉外酒店华侨大厦。建省前夕的1987年，海南仅有旅游景点10个，旅游饭店31家。

依托得天独厚的自然生态优势，海南持续挖掘擦亮旅游这张最靓丽的名片，已培育形成了海洋旅游、康养旅游、科技旅游等十大旅游产品体系；建成9个滨海旅游度假区和酒店集群，正在建设36个重点旅游度假区。从看海看山、观光旅游到休闲度假、免税购物，再到正在建设具有世界影响力的国际旅游消费中心，海南旅游的品质和内涵也在不断转型升级。如今，中国文昌航天发射场箭指太空，三亚国际邮轮港码头万吨邮轮矗立，环岛高铁如巨龙飞驰……一张张享誉世界的"海南新名片"闪闪发亮。数十载春秋，海南始终走在改革开放的前沿，从天涯海角的边陲岛屿，发展成为中国最开放、最具活力的地区之一。

海南，正在诠释新的奇迹。

从60万米高空俯瞰三亚北部海棠湾内的蜈支洲岛
受益于得天独厚的自然优势以及先进的发展理念，三亚蜈支洲岛旅游区以鲜明的"运动型海岛景区"获得2017中国旅游IP高峰论坛"年度最佳IP口碑景区"称号。

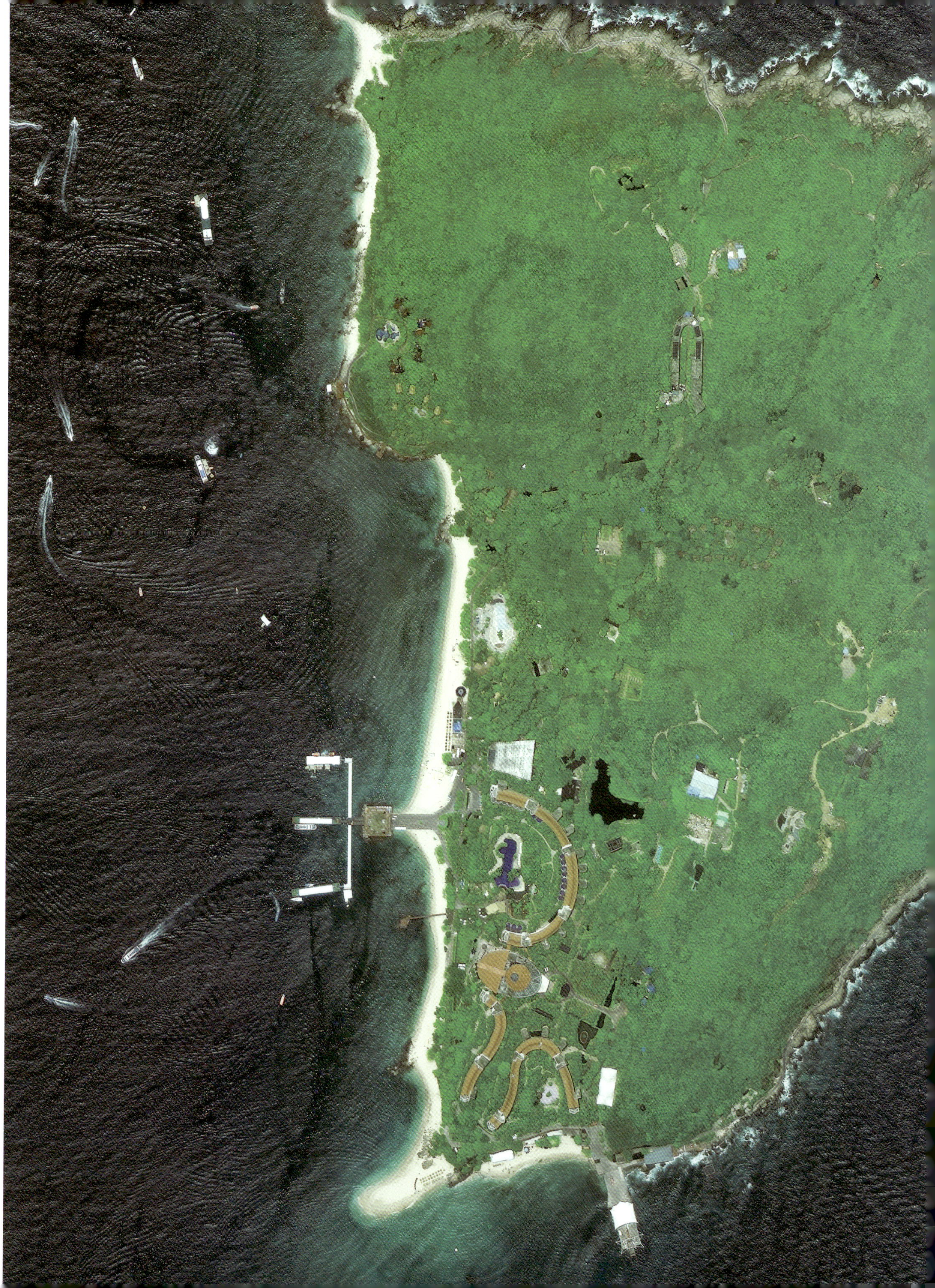

N桂.20

CHINA FROM OUTER SPACE

江 海 合 鸣 · 壮 美 广 西

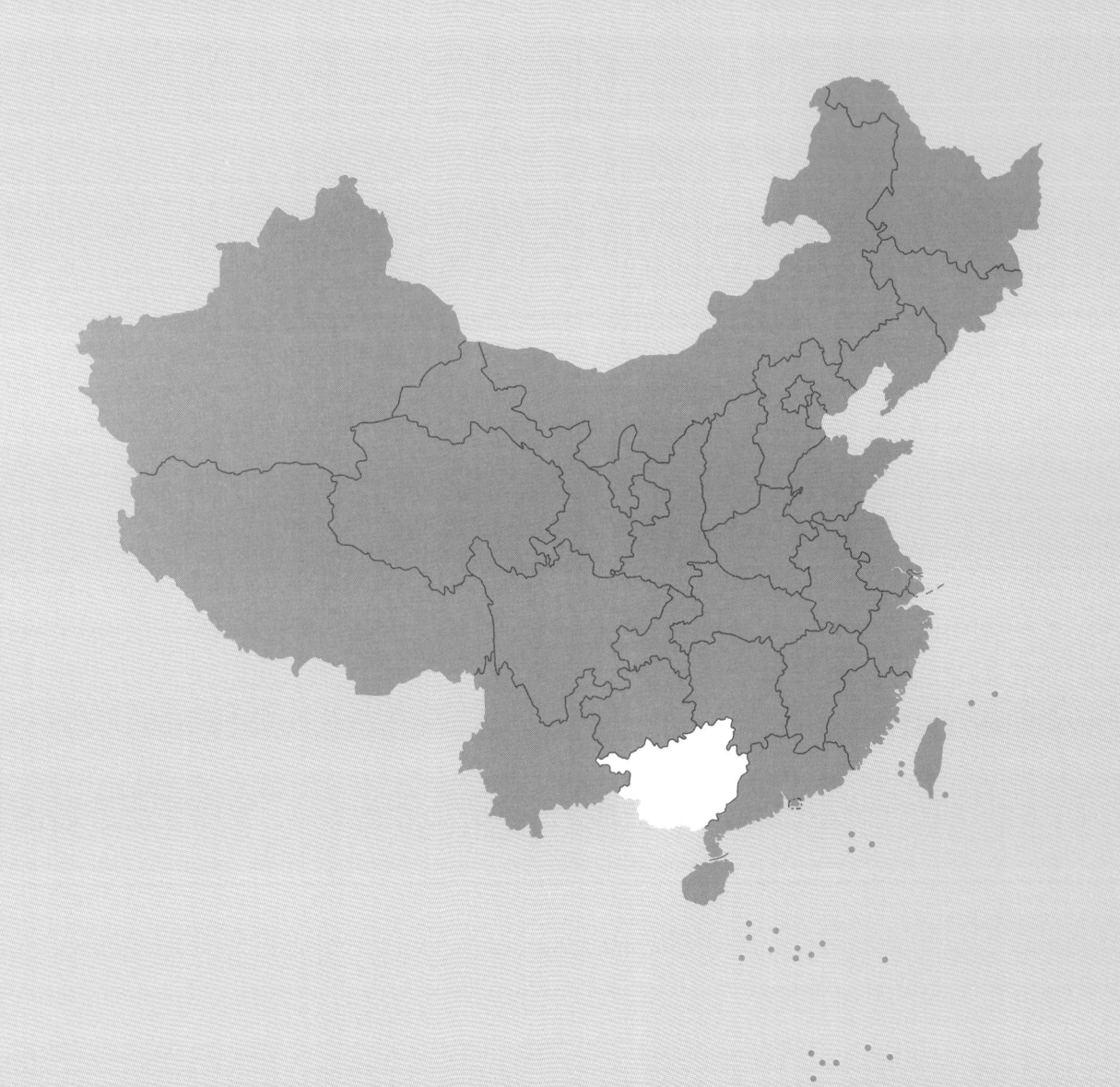

广西壮族自治区在中国的位置示意图

广西壮族自治区耕地、森林及自然保护区概

GUANGXI

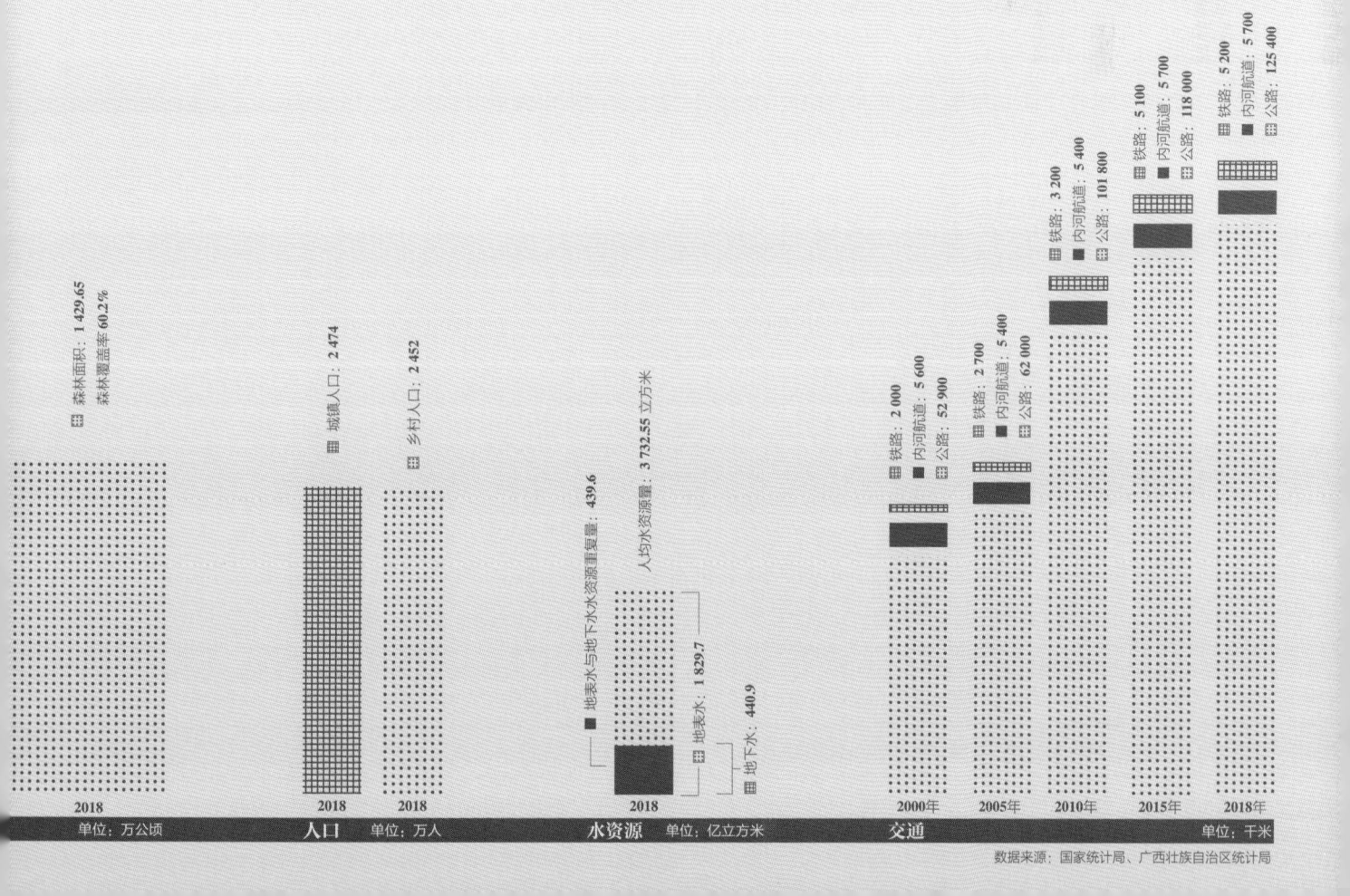

广西

森林面积：1 429.65
森林覆盖率 60.2%

城镇人口：2 474
乡村人口：2 452

地表水与地下水资源重复量：439.6
人均水资源量：3 732.55 立方米
地表水：1 829.7
地下水：440.9

铁路：2 000
内河航道：5 600
公路：52 900

铁路：2 700
内河航道：5 400
公路：62 000

铁路：3 200
内河航道：5 400
公路：101 800

铁路：5 100
内河航道：5 700
公路：118 000

铁路：5 200
内河航道：5 700
公路：125 400

2018   2018   2018   2018   2000年   2005年   2010年   2015年   2018年

单位：万公顷   人口   单位：万人   水资源   单位：亿立方米   交通   单位：千米

数据来源：国家统计局、广西壮族自治区统计局

一湾相挽十一国，良性互动东中西，广西的区位优势得天独厚，东、北、西三面分别毗邻广东、湖南、贵州、云南；西南与越南毗邻；南面濒临北部湾，隔海与海南拱望，既有密布的水系，也有广阔的大海、绵长的边境线，是我国唯一既沿边又沿海的少数民族自治区。从高空俯视，广西宛如一颗宝石，镶嵌在我国的南疆。

它的地形略成一个四周高、中间低的盆地。盆地外部为凤凰山、九万大山、天平山和南岭山脉等组成的北部弧形山脉，以及六诏山、十万大山等组成的南部弧形山脉。而盆地内部则被大瑶山、大明山等组成的中部弧形山脉（著名地质学家李四光称其为"广西弧"）所分隔，形成中部弧形山脉以北的桂中盆地，以及中部弧形山脉以南的右江盆地、南宁盆地、郁江平原、浔江平原，呈现出"大盆地套小盆地"的奇异景象。因此，广西山岭连绵、山区广大、岩溶广布、山水奇特、平原狭小、丘陵错综、海岸曲折、岛屿众多。简言之，"八山一水一分田，外加一片海"。

因为地处热带、亚热带地区，广西降水量丰富，江河犹如分布在广西大地上的血管，为它注入了无垠的生机与活力。它与广西的喀斯特地貌交相辉映，造就了广西别具一格的秀美山水，其中"桂林山水甲天下"正是山与水最佳结合的产物。在众多江河中，西江（广西境内河段名称为红水河、黔江、浔江）是流经广西最主要的河流，自西北向东南奔流，是广西肌体上的主动脉。

西江发源于云南省曲靖市沾益区的马雄山，在云南境内称南盘江，流入广西后称红水河，一路上汇集了柳江、郁江、北流江、桂江等上千条大小河流，以浔江之名从梧州进入广东，才正式称为西江。其在广西境内的流域面积达20万平方千米，约占广西陆地面积的84.2%，是广西当之无愧的"精血"，也是现代岭南壮侗语族各民族的母亲河。

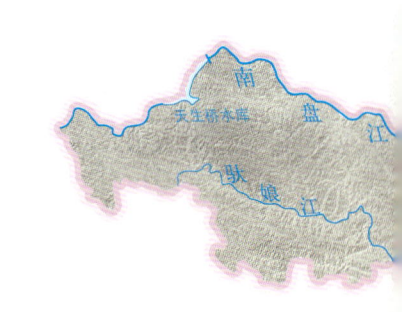

广西壮族自治区地形及主要水系分布示意图

N
越城岭
湘江
灵渠
海洋山
南
都庞岭
岭
天平山
九万大山
凤凰山
都阳山
大瑶山
大明山
六万大山
十
云开大山
龙
山
桂林
河池
柳州
来宾
贺州
梧州
百色
贵港
南宁
玉林
崇左
钦州
防城港
北海
融江
洛清江
龙江
柳江
漓江
桂江
贺江
红水河
岩滩水库
黔江
浔江
郁江
邕江
右江
左江
西津水库
北部湾
涠洲岛
图例
省级行政中心
地级市行政中心
运河
1：3 400 000

广西位于岭南西部，其古称要么根据南岭山地命名（如岭西），要么以地理方位命名（如粤西），要么以气候命名（如炎徼），要么以物产命名（如八桂）。

"广西"正式得名始于宋代。北宋统一岭南地区后，在今两广地区和海南岛设立广南路，随后又划分为广南东路和广南西路，大致以贺江和云开大山为界，基本上奠定了今天两广的分界线。其中广南西路简称"广西"。宋代的"广西"比今天广西的行政区域要大很多，包括今广西、广东的雷州半岛和海南岛。

1949年新中国成立后，沿用"广西"称谓，先设立广西省，后改为广西壮族自治区，简称"桂"，又称"八桂"大地。这里的"桂"，既非"桂花"，也非"桂圆"，而是指肉桂，是以物产来命名。而"八桂"一词最早出现于《山海经》："桂林八树，在贲禺东。"晋代郭璞注释说："八树而成林，言其大也。"可见先秦时期今广西境内已经生长着很多肉桂。秦始皇统一岭南后，在今广西境内设置桂林郡，也是受此影响。所以宋人周去非在《岭外代答》中说："南方号桂海，秦取百粤，号曰桂林。桂（即肉桂）之所产，古以名地。"

今天广西仍然是我国最大的肉桂产区，肉桂种植面积和产量占全国一半以上，被称为"肉桂之乡"，这无疑是历史物产传承的生动反映，也是广西简称"桂"的文化底蕴。

当然，广西深厚的历史文化底蕴绝非"肉桂"可以代言。

考古发现，大约在80万年前的旧石器时代，广西右江河谷已有人类活动，这是广西境内古人类活动的最早原点。特别是百色盆地发现了80万年前的手斧，比欧洲手斧还早30万年，一举打破了统治国际学术界半个多世纪的"莫维斯理论"，表明东亚直立人同样拥有先进的石器制作技术和行为能力，宣告了广西大地上的远祖先民曾经走在同时期人类的前列。

此后，有关古人类在广西境内活动的考古发现连绵不绝，分布于广西各地，书写了广西人生生不息的历史篇章，有力地证明了"广西是中国早期古人类不间断活动的主要地区之一"。新石器时代广西出现了原始农业，各地出土大量石斧、石锛、石刀、石杵、石铲等，这是广西先民进入锄耕时代使用的生产工具。

著名古人类学家裴文中教授说："中国可以成为世界上古人类学的中心，广西是中心的中心。"

与中原华夏文明在夏商周时期进入青铜器时代基本同步，广西也迎来了自己的青铜器时代。广西的考古工作者曾在武鸣县马头乡（今武鸣区马头镇）元龙坡和安等秧发掘出商周至战国时期

左图是在百色盆地出土的石制手斧和玻璃陨石 新华社记者 陈天湖/摄

专家们正是通过对与石器共存的玻璃陨石的测定,才准确断定了石器的制造年代大约在80万年前,从而将东亚石器时代推前了30多万年。

右图(上)是在广西宁明县花山岩画附近出土的战国时期的铜碗 新华社记者 陈天湖/摄

右图(下)是在广西崇左市境内出土的战国青铜器 新华社记者 陈天湖/摄

的墓葬436座,由此推算出该地当时至少有常住人口1 500人,在先秦时期应是方国都城的规模。为此,著名考古学家苏秉琦说道:"广西也有自己的夏商周。"充分证明了广西在中国历史上的重要地位。而今,承载着古老文明的广西山水,正续写着八桂大地的传奇。

壹

漓江、灵渠与桂林山水

俯瞰漓江两岸，宛如一幅完美的中国山水画。

漓江是广西东北部的著名河流，发源于越城岭上的猫儿山，是中国乃至世界上最美丽的河流。它与峰林地貌和谐交融，形成"江作青罗带，山如碧玉簪"的奇妙景观。桂林之所以能够成为世界著名的旅游胜地，正是漓江与喀斯特峰林共同作用的杰作。800多年前，南宋诗人王正功发出"桂林山水甲天下"的感慨，无疑是对漓江山水做出的终极评价。桂林也被称为"喀斯特地貌的故乡"，加拿大学者施瓦尔茨说："信仰基督教的人，一定要朝拜耶路撒冷；研究岩溶的人，一定要朝拜桂林。"但是如果没有漓江，那么喀斯特地貌也就失去了它的精魄和灵魂。

漓江通过灵渠（湘桂运河）与湘江相连，贯通了长江水系和珠江水系，灵渠也因此成为2 000多年来沟通岭南与中原地区水运联系的枢纽工程。灵渠是人类文明史上开凿最早、影响最深远的运河之一，比举世闻名的巴拿马运河和苏伊士运河要早2 000多年。它设计独特，因地制宜，见证了中国人在水利工程设计方面的独特理解。灵渠陡门的设计原理，为此后世界各大运河的梯级船闸设计提供了经验和智慧，被称为"世界船闸之父"。

桂林漓江秀美如画 新华社/发 王崔荣/摄

桂林喀斯特峰林和峰丛挺拔于江流溪水之间，造就了"桂林山水甲天下"的胜景。1973年，桂林成为中国首批对外开放的旅游城市，经过几十年的发展，桂林已成为国际旅游胜地、国家生态文明先行示范区、国家可持续发展议程创新示范区……新的美丽征程正在铺展。

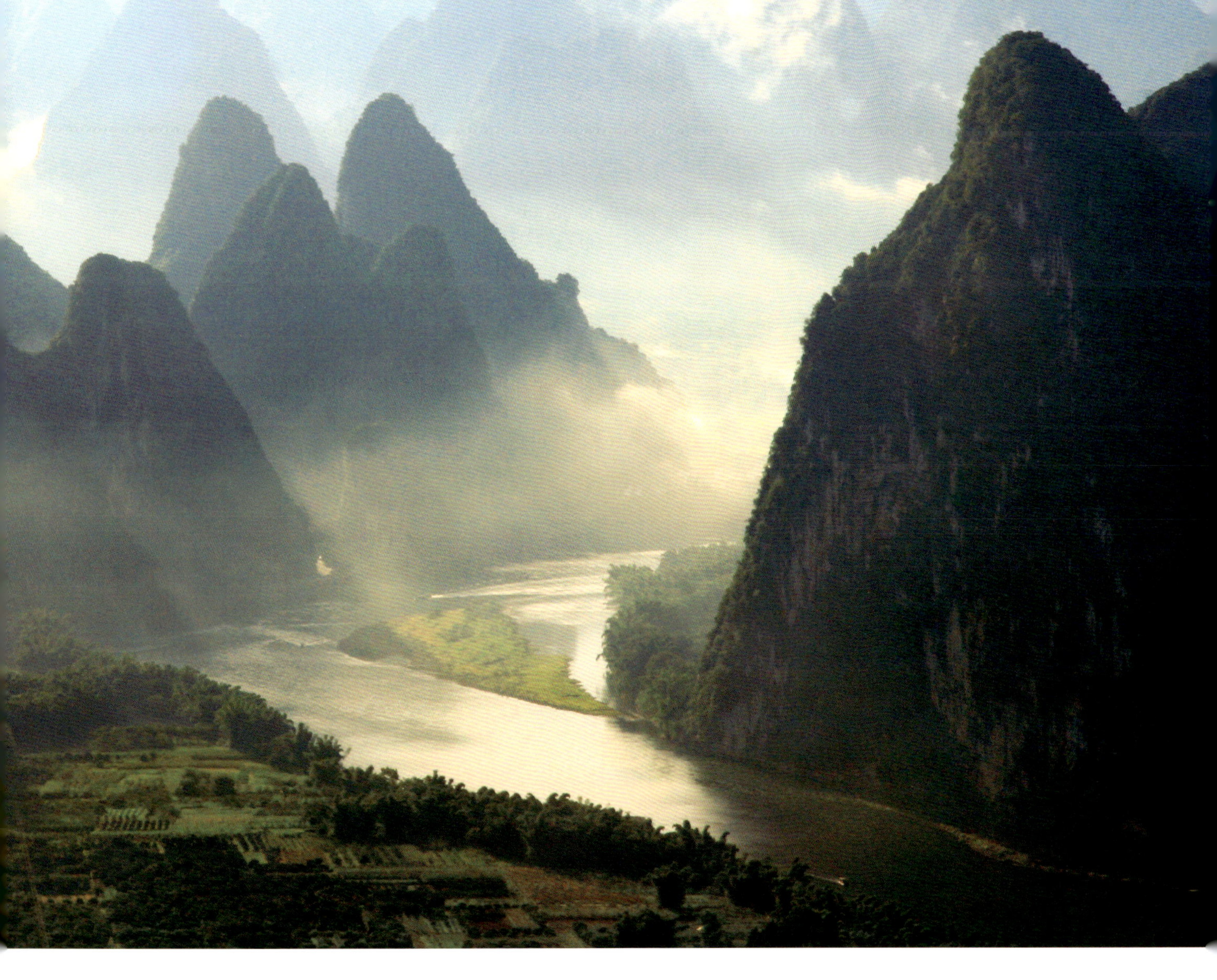

百里柳江与工业重镇

柳江，广西"主动脉"西江的第二大支流，发源于贵州省独山县的九十九个潭，是沟通广西、贵州的水上运输纽带，也是柳州城市建设发展的依托和见证。汉时，柳州治所位于柳江南岸，后移至北岸，使得西、南、东三面水环如带，江水绕城而去，形成天然屏障，但又沟通内河贸易，逐渐成为广西腹地的一大重镇。

辛亥革命以后，内河贸易更加兴旺，近代工业也逐步兴起，柳州工业城市的雏形开始形成。新中国成立后，尤其是改革开放以来，柳州的工业进入飞速发展时期，但重化工业为主的粗放发展模式，给柳州带来可观经济收益的同时，也让它成为当时中国"四大酸雨区"之一。柳州病了，柳江也病了。这座城市不得不停下脚步，开始思考向绿色蜕变的门路，一场旷日持久的"环境保卫战"随之轰轰烈烈地展开。

一面调整工业布局，一面加速绿化建设与柳江治理，经过20余年的努力，柳城市区变身"紫荆花城"。从"酸雨之都"到环境空气质量达国家二级标准城市，柳州面貌堪称巨变。

如今的柳州，依然是西南工业重镇、全国五大汽车生产基地之一，但却实现了山水与工业同在。这里既有五菱、柳钢、柳工等大型工业企业，也有"百里柳江百里画廊"和紫荆盛放的迷人景致，以及让人沉醉的民族风情。

一江碧水入画来： 柳州市柳江边的人工瀑布群 新华社/发 黎寒池/摄

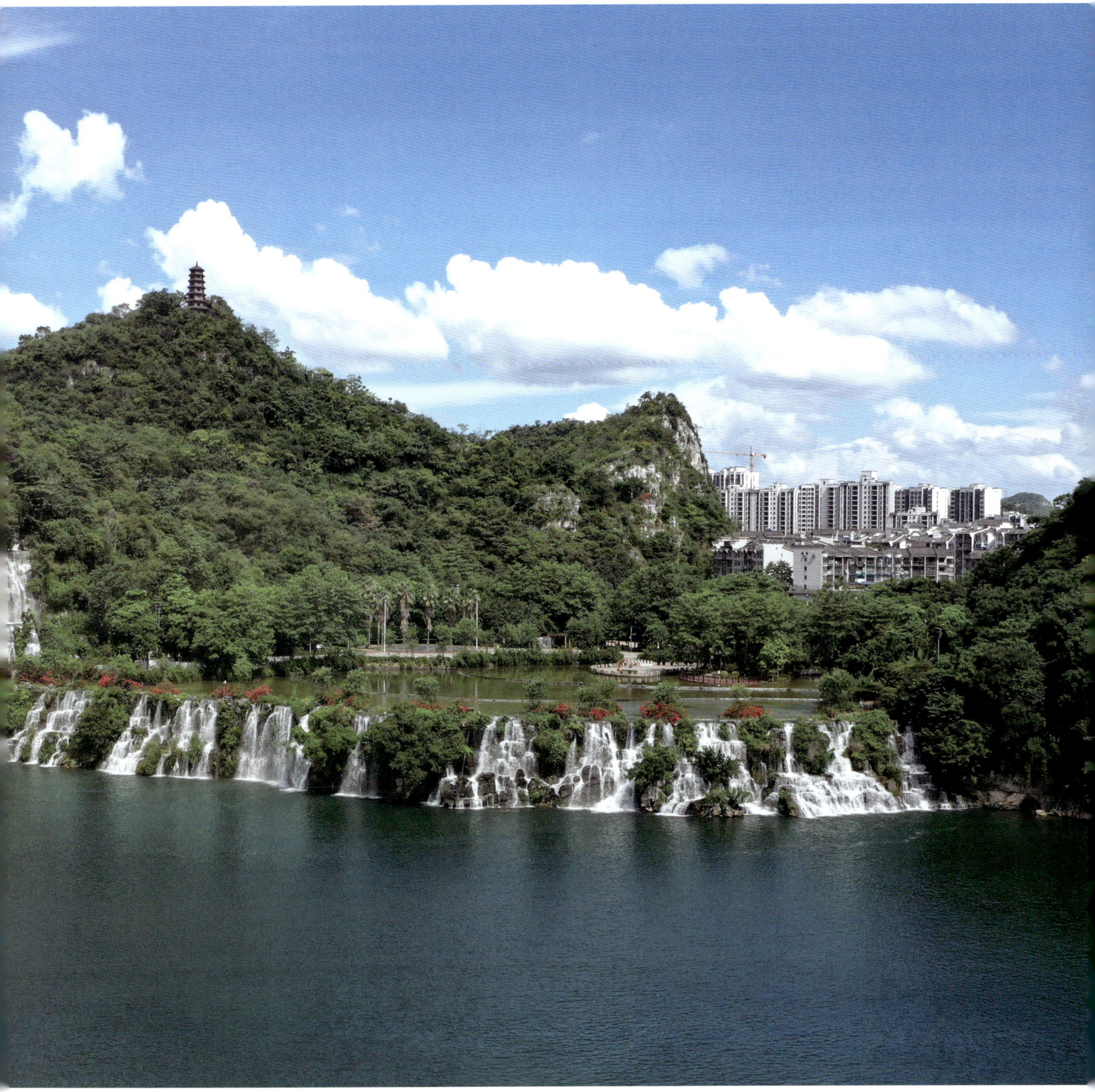

叁

左江右江与世界之窗

左江、右江是广西西南部最大的两条河流,左江、右江谷地不仅是壮族先民的发祥地和重要聚居地,也因为90余年前的百色起义、龙州起义和左右江革命根据地而闻名于世。千姿百色,绽放南国,红色基因传承,脱贫攻坚力量凝聚,数十年间,这里累计减贫200多万人。

左江、右江出左、右江谷地,交汇后称为邕江,流经广西首府南宁,南宁因此简称"邕"。邕城南宁素有"中国绿城"的美誉,是"联合国人居奖"获得城市、"全国文明城市"。这里建成区绿化覆盖率近44%,"南宁蓝"的天气也随之成为常态。

这里是天下民歌眷恋的地方,也是中国—东盟博览会永久举办地,2004年至今,已成功举办16届盛会。面向东盟、对话世界的"南宁渠道"越走越宽阔。这是广西全区拼搏的结果,但也得益于地理区位的成就。历史时期,这里经历了由从属岭南地区到从属西南地区的转变。今天,广西处在华南、华中、西南三大地理区划之间的交错地带,正是历史上广西地理区位曾经发生较大转换的生动反映。如今,广西作为中西部地区唯一有沿海大港的省区,正发挥一头连接华南、华中、西南,一头连接东盟各国的区位优势,努力打造成为中国南部沿海经济增长的新一极。

中国—东盟博览会永久会址——南宁国际会展中心 新华社记者 李鑫/摄

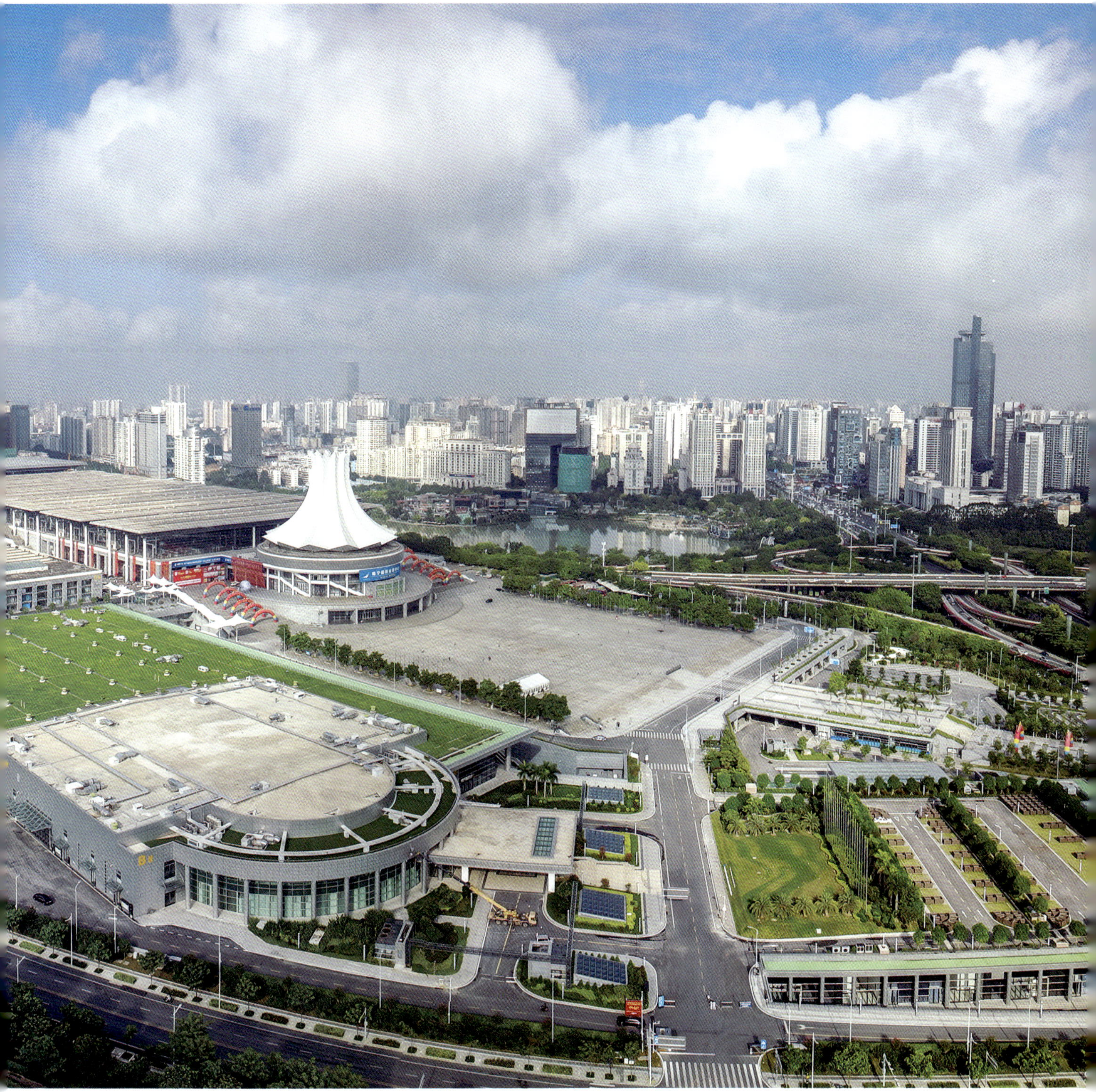

南流江与北部湾

南流江是广西南部的重要河流，发源于大容山南麓，流经合浦，注入北部湾。南流江在广西南部独流入海的诸多河流中流程最长、流域面积最大、水量最丰富，航运条件也较优越。早在秦汉时期，南流江就是沟通北部湾海路与中原地区的重要水运通道，使合浦港成为汉代南方海上丝绸之路的重要始发港。

北部湾既是宝贵的珠场、盐场、渔场，也是自汉代以来广西人民拥抱海洋、走向外部世界的重要水路通道。作为中国古代海上丝绸之路始发港和中国首批沿海开放城市之一，北海的向海经济方兴未艾。三港合一的广西北部湾港踏上新征程，西部陆海新通道国际门户加快建设，促进"一带"与"一路"有机衔接。北部湾千帆竞发，向海之路波澜壮阔。2006年至2018年，广西北部湾经济区地区生产总值增长近4倍，年均增速逾14%，成为我国沿海产业新基地。

70余载风雨，70余载辉煌，广西发生历史性巨变，在这个我国少数民族人口最多的省区，12个世居民族和睦相处，"九口之家、情融五族"比比皆是，成就民族团结进步典范；贫困人口从2 100万减少到150多万，贫困发生率由70%下降到不足4%；在我国少数民族自治区中首开高铁、地铁，高铁通达12个地级市，县县通高速公路率超90%；食糖、桑蚕、木材、水果等产量居全国前列，是名副其实的"菜园子""糖罐子""果篮子"。西部陆海新通道、中国（广西）自由贸易试验区、面向东盟的金融开放门户、中国—东盟信息港……当前广西迎来又一轮新机遇，"南向、北联、东融、西合"，全方位开放发展新格局加快形成，5 600多万（户籍人口）壮乡各族儿女万众一心，正朝着"建设壮美广西，共圆复兴梦想"的总目标砥砺前行。

右页上图是航拍的广西钦州保税港区码头 新华社记者 黄孝邦/摄
广西北部湾港是中国内陆腹地通往东盟国家的便捷出海门户，防城港、北海港、钦州港等北部湾三大港已实现与广西铁路网全网互通。

右页下图是夕阳西下时，渔船从广西北海市银滩风景区出海作业 新华社记者 李鑫/摄
北海银滩是中国南疆的一颗明珠和世界著名海滩，是广西自然旅游资源的一张亮丽名片，有"北看桂林阳朔，南赏北海银滩"之说。北海银滩沙质银白，滩长24千米，面积达38平方千米，远超北戴河、厦门海滨浴场的总和，足以媲美美国夏威夷的怀基基海滩、保加利亚瓦尔纳的金沙滩。

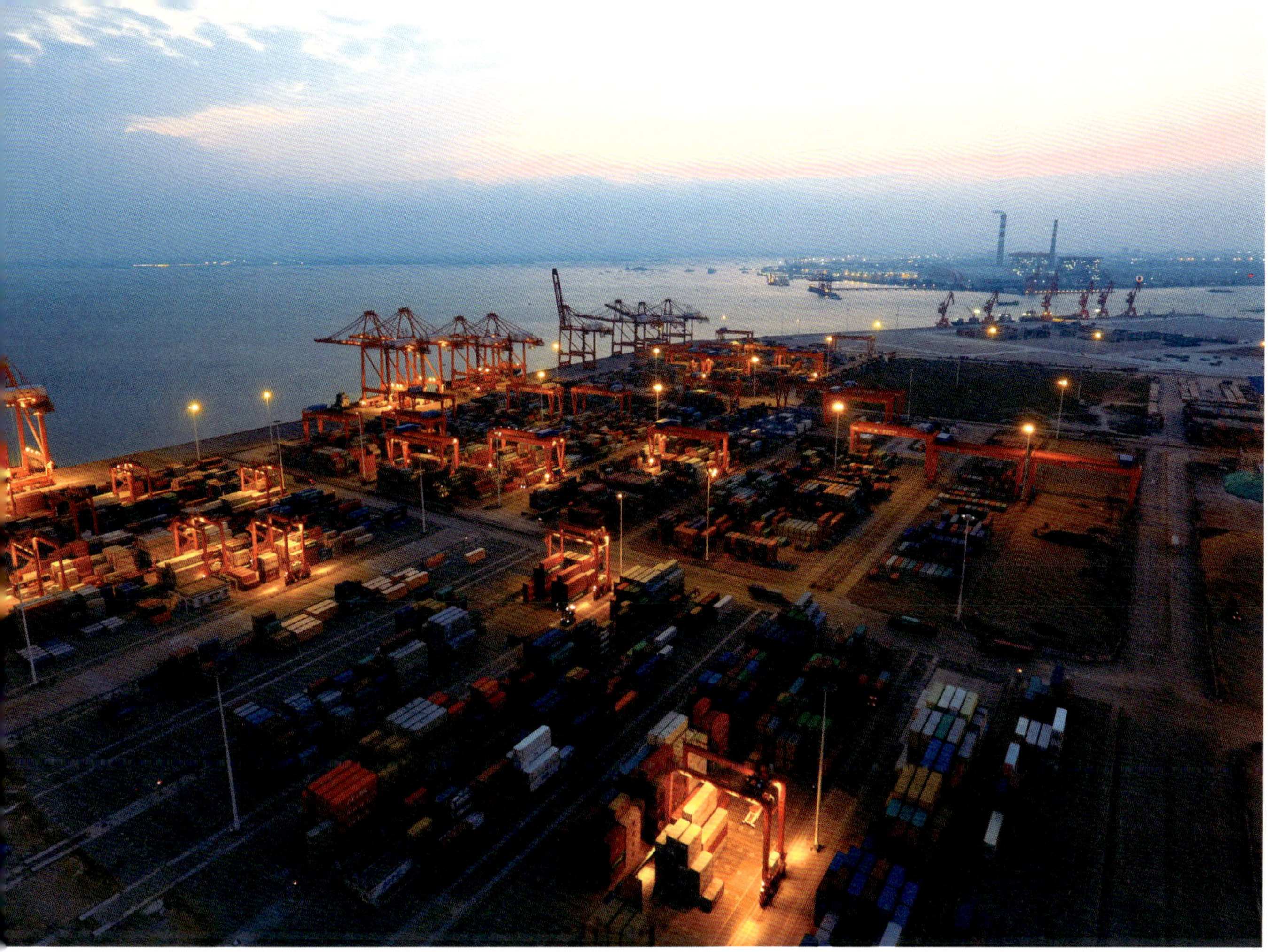

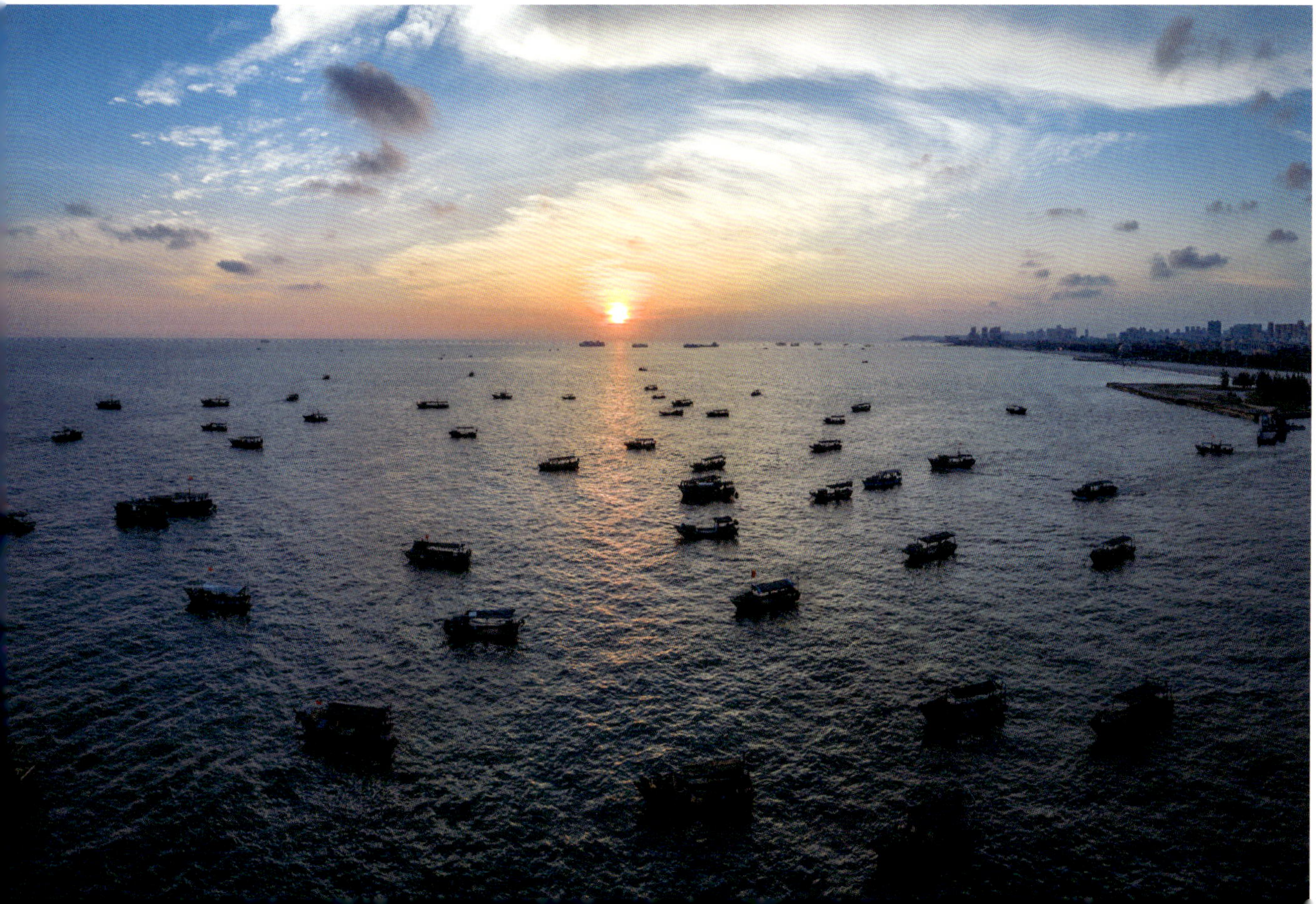

NO.21 CHINA FROM OUTER SPACE

一湖三湘四水情·芙蓉国里尽朝晖

自然保护区面积：122.5
占辖区面积比重 5.8%
2017年

耕地面积：415.1
2018年

湖南省在中国的位置示意图

湖南省耕地、森林及自然保护区概况

HUNAN

湖南

单位：万公顷 | 人口 单位：万人 | 水资源 单位：亿立方米 | 交通 单位：千米

数据来源：国家统计局、湖南省统计局

森林面积：1 052.58
森林覆盖率：49.7%
2018年

城镇人口：3 865
乡村人口：3 034
2018年

地表水与地下水资源重复量：327.1
人均水资源量：1952.01 立方米
地表水：1 336.5
地下水：333.5
2018年

铁路：2 300
内河航道：10 000
公路：60 800
2000年

铁路：2 900
内河航道：11 500
公路：88 200
2005年

铁路：3 700
内河航道：11 500
公路：228 000
2010年

铁路：4 500
内河航道：11 500
公路：236 900
2015年

铁路：5 100
内河航道：11 500
公路：240 100
2018年

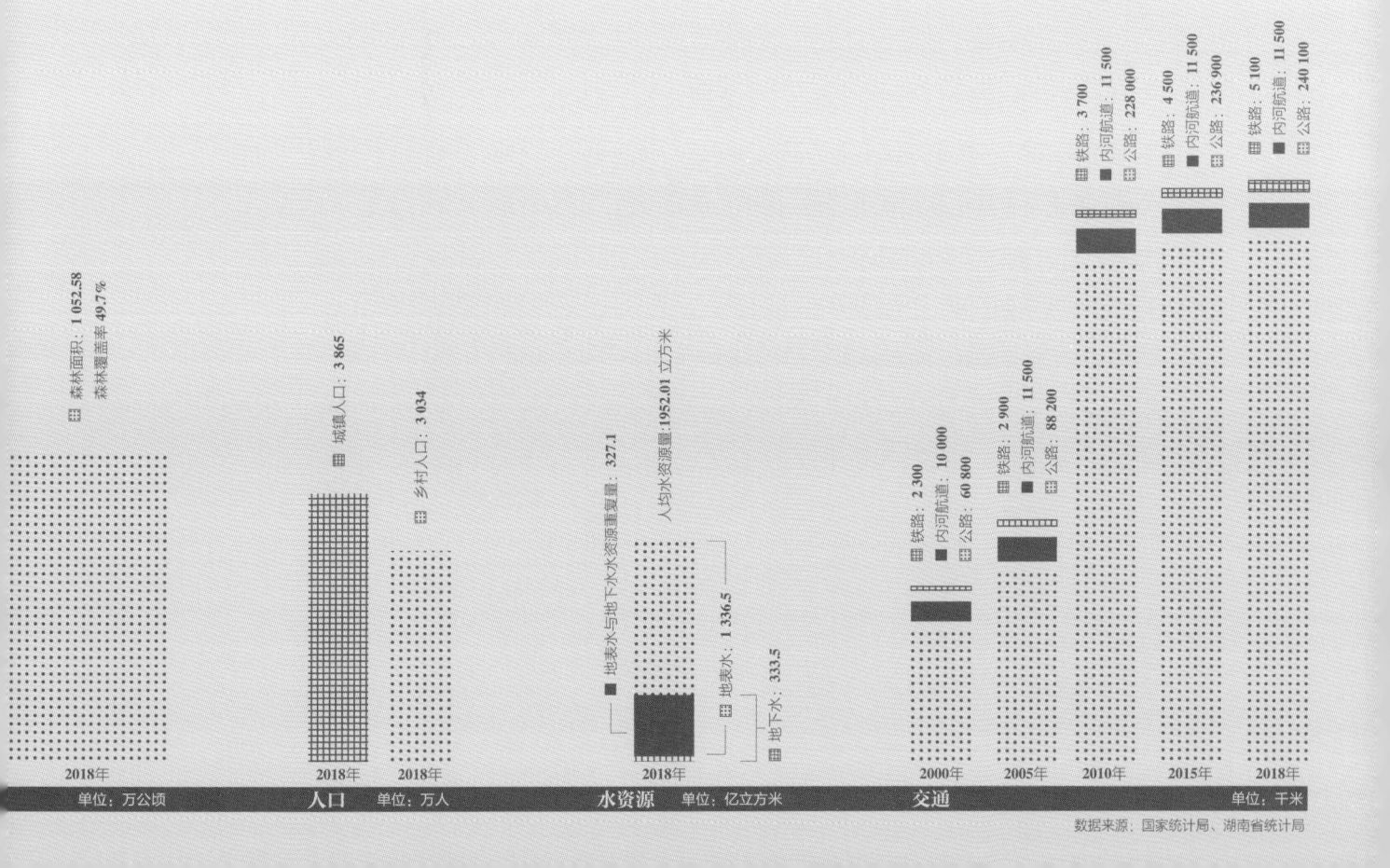

湖南，自古人文荟萃之地，揽绮丽江山之风光，抒敢为人先之情怀，伟人故里，红色热土，三湘四水，漫江碧透。它得名于唐代中后期设置的湖南观察使一职，自此"湖南"二字作为政区名目，相沿至今，但其作为省份名称被载入史册却要到清代。

春秋战国时，楚国势力逐步扩展到湖南。秦统一六国后，在今湖南境内设苍梧郡（湘江、资水流域）和洞庭郡（沅江、澧水流域），初步显现出湖南境内湘、资二水流域与沅、澧二水流域，两地不同的发展轨迹。

两汉时期，湖南隶属荆州，到了唐代先后隶属江南道和江南西道。唐广德二年（764）设立湖南观察使，治所位于衡州（今衡阳），后来移至潭州（今长沙）。辖区大概相当于湘江、资水流域，包括今长沙、益阳、衡阳、郴州、永州、邵阳等地区。

北宋咸平二年（999），朝廷在洞庭湖南北设置了荆湖南路和荆湖北路，简称湖南、湖北。荆湖南路地域与唐代湖南观察使的辖区大体相同，只是今湖南西北部的沅江、澧水流域当时还属于荆湖北路。虽然在南宋绍兴元年（1131）改变南北分路的旧制，一度设置了荆湖东路和荆湖西路，但仅仅持续数月，便因地势、人情不便，重新划分为荆湖南路和荆湖北路。元代，湖南隶属湖广行省。明代，今湖南、湖北两省同属湖广，入清后才随着湖广分治，大体以洞庭湖为界，划分出湖北、湖南两个省份。"湖北"和"湖南"也才分别作为各自省份的名称被载入史册，沿用至今。

湖南位处华中要地，地势西南高，东北低，是三面环山、向东北开口的丘陵性盆地。其东为湘赣山地，与江西相倚；北为洞庭湖平原，与湖北一江之隔；西北属武陵山脉，与重庆为邻；西南是雪峰山脉，紧接贵州；南部是南岭山地，背靠广东、广西；而湘中则是大片丘陵和平原。湘江、资水、沅江、澧水及其支流在这些山间盆地与平原上迂回奔波、蜿蜒流淌，注入泱泱洞庭湖，沟通万里长江。

从60万米高空俯瞰湖南湘楚大地，一湖三湘四水，美不胜收。

右页图为湖南省地形及主要水系分布示意图

注：吉首是湖南省湘西土家族苗族自治州的首府。

长江
岳阳
洞庭湖
张家界
常德
大连湖
万子湖
益阳
长沙
湘潭
株洲
娄底
怀化
吉首
邵阳
衡阳
永州
郴州
武陵山
雪峰山
衡山
阳明山
骑田岭
九嶷山
都庞岭
萌渚岭
南岭
澧水
沅江
资水
湘江
汨罗江
浏阳河
耒水
洣水
潇水
清水江
柘溪水库
东江水库
图例
省级行政中心
地级市行政中心
自治州行政中心
县级行政中心
1∶3 000 000

壹

大自然的魔法窗口

张家界，镶嵌在湘西北武陵山脉中段的一颗璀璨明珠，1992年被联合国教科文组织列入《世界自然遗产名录》，是世界各地游客的"天然氧吧"，也是全球极限运动爱好者的圣地。大峡谷玻璃桥蹦极、天门山盘山路"漂移"，武陵奇峻，引无数勇敢者竞攀登。

在长达数亿年的形成过程中，由于地壳上升，张家界的地表水向下切割作用强烈，使得这里沟谷交错，溪涧纵横，砂岩峰林密布，姿态万千。金鞭岩、定海神针、南天一柱、百丈绝壁、天书宝匣、雾海金龟、九重仙阁、天桥遗墩……三四个字就是一处大自然鬼斧神工的瑰丽奇峰。而仅在张家界国家森林公园，这样的奇峰就有3 000多座，奇峰之间，溪涧、山泉久旱不枯，久雨不浊，故而有"三千奇峰，八百秀水"的美誉。然而张家界不只有溪涧、山泉、奇峰，还隐匿着清潭瀑布。潭水清澈如镜，倒映碧空；瀑布飞流直下，宛若"天悬白练"。

张家界也从不令人失望，大自然给予它好山好水，它便回馈大自然丰富的动植物资源。这里有古老的开花植物珙桐，西方曾形象地称其为"中国鸽子花"，它是"第四纪冰期"地球上为数不多的幸存者，因此被称为孑遗植物。在张家界，像珙桐这样的孑遗植物还有叶如马褂的鹅掌楸。

这就是张家界，"以峰称奇，以谷显幽，以林见秀"。

这是张家界如梦似幻的天门山 新华社/发 向韬/摄
雨过天晴的天门山云雾缭绕，峰峦浮上云端，如梦似幻，宛如仙境。

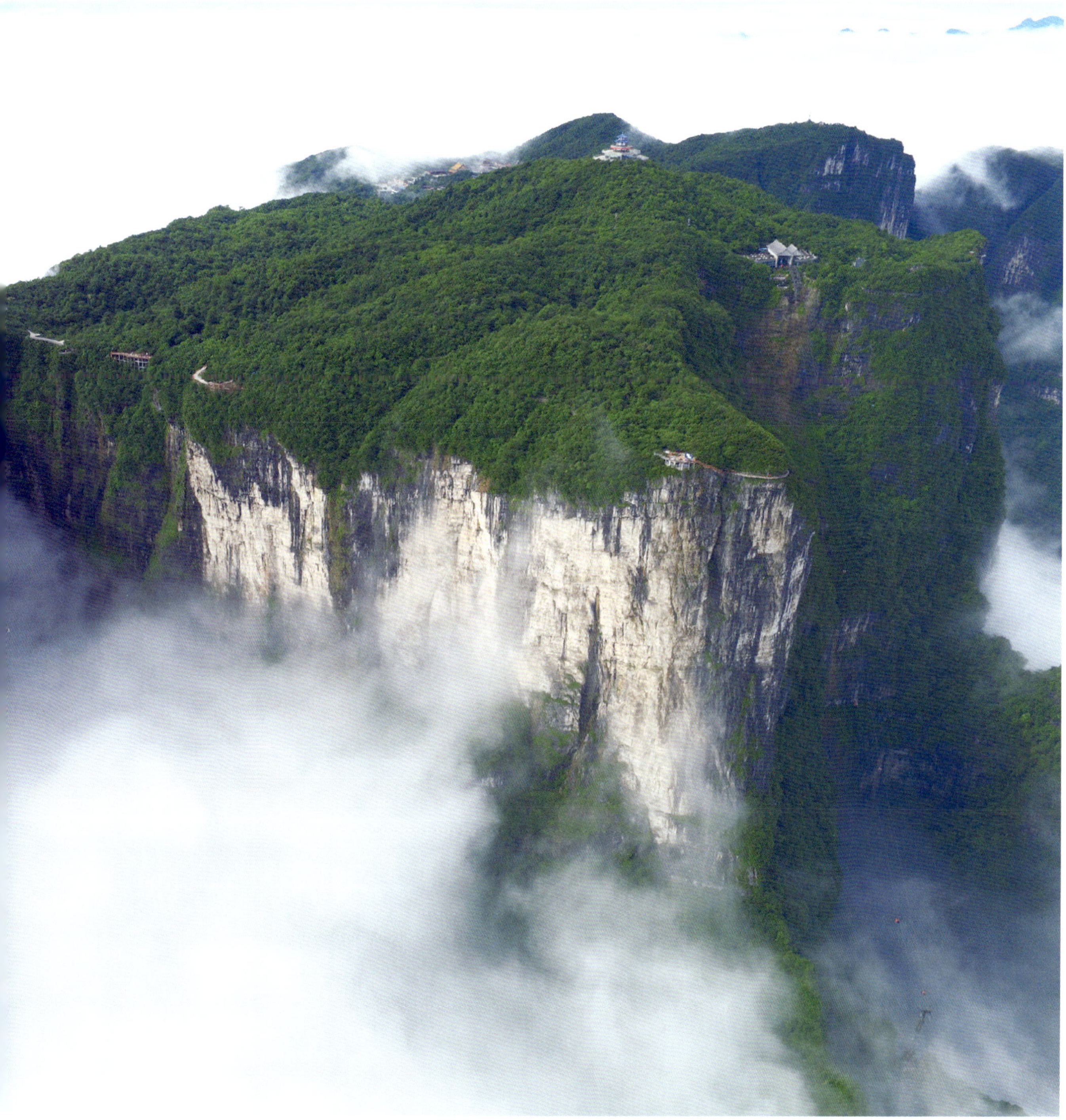

贰 红色摇篮，伟人故里

湘江孕育了湘潭，湘潭拥抱着韶山。

湖南韶山，一代伟人毛泽东的故乡。他在这里创建了中国共产党最早的农村支部之一，也写下了"为有牺牲多壮志，敢教日月换新天"的诗句。

这是一方英雄的土地：1 500 余人为革命献身，144 人被认定为革命烈士。这也曾是一方贫瘠的土地：山脉虎踞龙盘，山谷沟壑众多，偏僻艰苦。

"韶山冲来冲连冲，十户人家九户穷。有女莫嫁韶山冲，红薯柴棍度一生。"这首打油诗曾是韶山真实的写照。但在许多老一辈韶山人的记忆中，最鲜活的却是一首打夯号子："团结起来，诶嘿！大办水利，诶嘿！"

1956 年夏天，久旱不雨的韶山晚稻减产五成，随后掀起大修水利的热潮，一直持续到 20 世纪 70 年代。人们背起铺盖，担着簸箕，住到工地上。几千人干活，靠的就是肩挑手搬。八九个人才能抬起一个夯，大家喊着号子，劲往一处使。

1958 年至 1962 年，大约 5 年间，当时的韶山人民公社累计投劳 72 万个工日，建成 3 座水库，整修 1 000 余口山塘，使有效灌溉面积逾 33 平方千米。

接二连三的自然灾害，曾让韶山的经济严重受损。可是，这里的人民怀着战胜贫瘠的迫切愿望，肩挑手搬，自力更生，为韶山后来的"蝶变"打下基础。

改革开放以后，家庭联产承包责任制在这里实施，老百姓过上了能吃饱饭的日子。不久后，粮食开始年年有余。

1981 年，韶山村村民做起了钢笔刻字的生意，"参观韶山留念"，刻 6 个字五分钱，生意红火。从那时起，韶山人开始走向市场，做起了生意。渐渐地，小山冲里，一栋栋商店、楼房立了起来。1997 年，韶山成为湖南省第一个"农村基本小康县（市）"；20 世纪末，韶山村成功晋级为湖南首个"小康村"。然而过去粗放式的发展，给韶山留下许多陈旧老化的饭店旅馆，韶山村随即打响了环境整治的战斗。如今走进初秋的韶山村，青色的石砖路平整宽阔，金黄的桂花纷飞飘落，古朴的建筑整齐排列，房前屋后一尘不染……这片红土地风雨兼程、顽强拼搏，穷山沟换了新颜。作为全国爱国主义教育示范基地的韶山，日新月异的"山乡巨变"让无数人为之向往。

上图为1953年拍摄的湖南省湘潭市韶山村一角 新华社记者 柯善文/摄

下图为2019年拍摄的湖南省湘潭市韶山村一角 新华社记者 陈宇箫/摄

新中国成立以来,肯拼敢干的韶山人用自己的双手创造了奇迹。如今的韶山,街市繁华,田园秀美,花果飘香,村容整洁,呈现出一派欣欣向荣的景象,彻底改变了过去穷山村的面貌。

叁 "精准扶贫"的首倡地

在湖南省武陵山脉腹地，有一个时常被误以为是"方位"的地级行政区——湘西土家族苗族自治州，人们常叫它湘西。这里沱江风光碧波荡漾，苗乡风情旖旎多姿。湘西，在沈从文的书里，在黄永玉的画里，是神秘边城，是魅力古镇。

山，是湘西大地的肌理，也是凤凰古城的源起。在湘西州西南部，有一座酷似凤凰展翅的大山——凤凰山，古城故而得名"凤凰"。这座历经300余年风雨的边陲小城，大到一座城门楼、一段古城墙，小到一条小巷子、一块红石板，都见证着它的过往，记录着它的历史，无声诉说着它的传奇，并以"北平遥、南凤凰"之名，传遍祖国各地。

山，是湘西大地的脊梁，也是人们奔向小康的屏障。武陵山脉腹地，一个苗族村寨因山中溶洞众多而得名，又因摆脱贫困、走上小康生活而广为人知。它就是花垣县十八洞村。困于大山，走出大山，又回归大山……这是十八洞村人与大山的纠缠，是一个村寨与千年贫困的抗争，也是一段为着小康梦想接续奋斗的历史。

"地无三尺平，多是斗笠丘"，这曾是十八洞村人共同面临的困境。一方水土养不活一方人，要活命，就得找生计。于是，人们扛起锄头，背上扁担、箩筐、筛子和干粮，蹬着草鞋，一头钻进山洞挖岩灰。洞里伸手不见五指，地势险峻，有时还会遇上湍急的暗河，人们就用嘴叼着火把，手脚并用地探路。优质的岩灰是天然肥料，人们冒着生命危险挖出100斤岩灰，也只能换10来斤米。但苗家有句古话，叫"锄头落地养一家"。走不出大山的人们，凭一身力气，用一把锄头，开辟了一条活路。

20世纪90年代，市场经济的海洋里，人们追风逐浪，十八洞村的年轻人也翻山越岭，去寻找更多机会。走南闯北的日子里，十八洞村人像飞出大山的鸟，哪里不受穷，就往哪里飞，四处漂泊，没有方向。

2013年11月3日，习近平总书记在十八洞村首次提出"精准扶贫"重要论述，脱贫攻坚的号角吹响，全国各地奔小康的步伐越走越快。这一次，十八洞村走在了前列。宽阔的水泥路连通了山里和山外，水电网都通了，破旧房屋修葺一新，游客络绎不绝，外出打工的年轻人也接连重回大山，建设大山。2016年，十八洞村整村脱贫。衣食足，产业兴，乡村美，作为"精准扶贫"的首倡地，湘西走出了一条可复制、可推广的扶贫道路。

这是2020年4月24日拍摄的十八洞村一角 新华社记者 薛宇舸/摄

2014年以来,作为"精准扶贫"首倡地的十八洞村逐渐蜕变。泥泞山道变沥青马路,自来水进村入户,十八洞村众人抱薪,探索出不少特色产业的发展门路。2016年,十八洞村迎来整村脱贫,村里的建档立卡户,纷纷迎来脱贫后的幸福新生活。

肆 八百里洞庭的新生

"遥望洞庭山水翠，白银盘里一青螺。"

长江流经湖南的河段长163千米，是长江荆江段的最后一段，与荆江南岸的洞庭湖相连相通。因而，洞庭湖也被称为"长江之肾"，是长江出三峡进入江汉平原后的第一个通江湖泊。它同时接纳湖南境内的湘江、资水、沅江、澧水，以及长江位于荆江段的松滋口、太平口、藕池口的径流，在湖南省岳阳市的城陵矶汇入滔滔长江。

历史上，洞庭湖曾与江西的鄱阳湖交替成为中国第一大淡水湖，润泽"鱼米之乡"。

宋代以前，长江荆江段分流口大多数在北岸，洪水季节水、沙主要排向北岸，大江南岸的洞庭湖区则由于下降速度超过填淤速度，相应地便由战国、两汉时期夹在沅湘（沅江和湘江）之间不太大的区域，扩大到北魏郦道元撰写《水经注》时的"周围五百里"，而后更进一步扩大到宋代的"周围八百里"，也才有了"八百里洞庭"的别号。元、明以后，长江荆江段北岸穴口相继堵塞，南岸陆续开浚了太平、调弦、藕池、松滋四口，荆江水、沙改为主要排向南岸，由四口输入洞庭湖，洞庭湖也随之逐渐填淤。

此后，在粗放的经济发展过程中，工业污染物、农业污染物、生活污染物持续不断注入洞庭湖。与此同时，"挖沙吸金""圈湖为王"等资源掠夺手段层出不穷，洞庭湖的生态和环境遭到严重破坏。湖沙一度被称为"水中软黄金"，高峰时，洞庭湖里最多的就是挖沙船、运沙船，岸上最多的是洗沙场、堆沙场，运载货物最多的就是沙石料，洞庭沙洲被蚕食殆尽，水体遭受污染，江豚无处栖息。

随着我国推进长江经济带"共抓大保护"，湖南开始刮骨疗毒，全面修复洞庭湖生态环境，加强生态保护，守护一江碧水，并对长江岸线进行整治和复绿，探索经济动能转型，加快绿色发展。一年又一年，"长江之肾"重获新生，不断变化。

变化来自决心。矮围，是湖中建起的堤坝。筑坝圈湖后，矮围里的鱼、芦苇、沙石等自然资源被占为私有。2018年，湖南掀起洞庭湖矮围拆除行动，一举拆除472处非法矮围网围，一湖洞庭水终归自由。

变化来自探索。湖南省益阳市的沅江市素有"芦苇之乡"美誉，为避免污染，湖南引导洞庭湖区造纸产能全面退出，用于造纸的芦苇从财富变成了"包袱"。但沅江人通过观察芦苇地里野生菌获得灵感，他们"模仿自然"触发的芦菇产业，受到市场热捧。

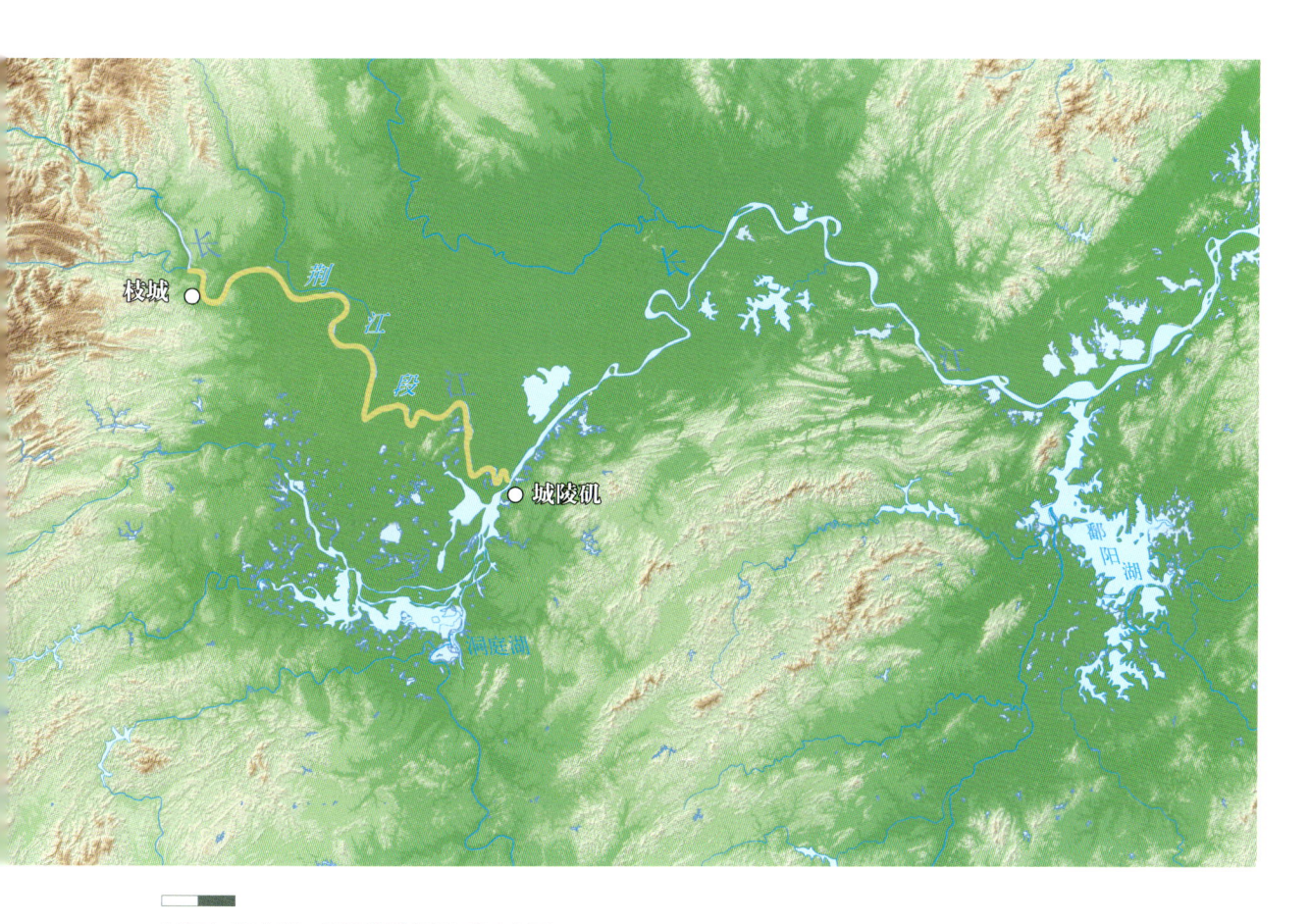

长江与洞庭湖、鄱阳湖位置关系示意图

洞庭湖与鄱阳湖合称"长江双肾",是长江中游段最为重要的水量补给来源。

    变化来自觉醒。2008 年,渔民付锦维被一些人毒害候鸟的行为所刺痛,开始从事候鸟保护。在他的带动下,越来越多的渔民和他一样成了护鸟人。人水相依,保护自然,就是保护我们的子孙后代。

    洞庭湖,这里的改变静悄悄,这里的改变不简单。"沙鸥翔集,锦鳞游泳;岸芷汀兰,郁郁青青",千古名篇《岳阳楼记》描述的情景已然再现。

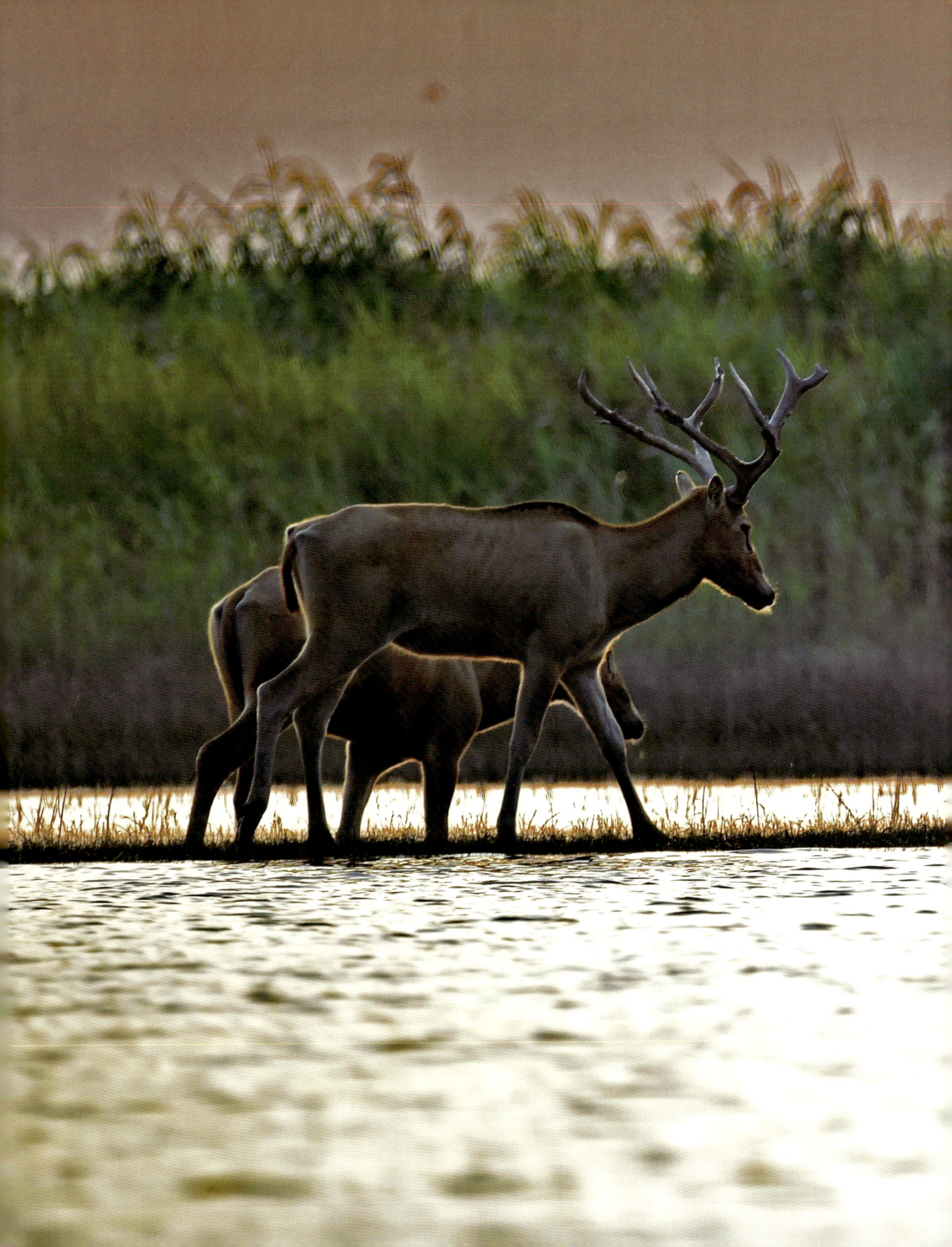

洞庭湖区身世最传奇的物种——麋鹿 新华社记者 杜华举/摄

1998年，湖北20多头圈养麋鹿因躲避洪水来到洞庭湖区，在此野化并繁衍生息。麋鹿是中国特有物种、世界珍稀动物，曾一度在中国消失。如今，在洞庭湖湿地深处，在青草露珠之间，麋鹿种群不断繁衍壮大，成为全国最大的自然野化麋鹿种群。

伍 长江中游城市群的重要组团之一

"先天下之忧而忧，后天下之乐而乐。"

吟立志之句，颂屈子之歌，看湖湘儿女，敢为人先。

在湖南这片土地上，先民们很早就劳作与繁衍。早在旧石器时代和新石器时代，湖南境内尤其是澧水流域，遍布大量人类活动遗址，其中澧县城头山遗址是中国年代最早的城址之一，也是湖南这片土地早有初步开发的证据。在漫长的历史时期内，湖南的开发是中国古代经济重心南移的一个重要环节。宋代以来，湖南开发的主要动力是江西移民及其后裔。大约从五代十国开始，历经两宋、元、明，江西移民持续进入湖南。清代以后，湖南开发成熟，外地移民湖南的趋势下降。大量的人口涌入并定居、繁衍，对湖南农业发展产生了巨大的推动作用。

南宋时，流行"苏湖熟，天下足"，说明当时太湖平原农业开发逐渐成熟；明代中期，"湖广熟，天下足"的流传，表明两湖平原开发成熟，成为粮仓，太湖平原则转而经营经济作物；清代乾隆时，又有"湖南熟，天下足"的流传，湖南的洞庭湖平原在全国粮食生产中的地位更趋重要。

中华人民共和国成立后，历经70余年砥砺奋进，传统农业大省湖南已拓展升级，农业、工业、服务业蓬勃发展。2018年，湖南生产总值3.64万亿元，排名全国第8位。并且，早在20世纪80年代，湖南就已经开始积极推动长株潭（长沙、株洲、湘潭）一体化发展。

作为长江中游城市群的重要组团之一，长株潭城市群位于湘江中下游，长沙、株洲、湘潭三市呈"品"字形分布，两两相距30~40千米，在一体化发展方面具有先天的"地利"之便。三座城市优势互补，各有千秋。

在湘潭，"智造之城"正在崛起，这里是全国文明城市、全国科技进步先进城市。华菱湘钢、泰富重装、吉利汽车……相继进入湘潭，这座全国重点建设的工业城市之一，正在逐渐形成协调发展、特色鲜明的产业体系。

在株洲，老工业基地变身"动力之谷"，以供给侧结构性改革为主线，打造经济增长新动能，形成轨道交通、航空、汽车三大动力产业集群。在这里，全球首个产值突破1 000亿元的轨道交通基地，正在奋力跑出"中国速度"。

在长沙，湖湘文化孕育出一座"艺术之都"。它连续获得"东亚文化之都""世界媒体艺术之都"殊荣，11次获评"中国最具幸福感城市"。在这里，湖湘精神书写文化自信，"电视湘军""出版湘军"影响远播海外。

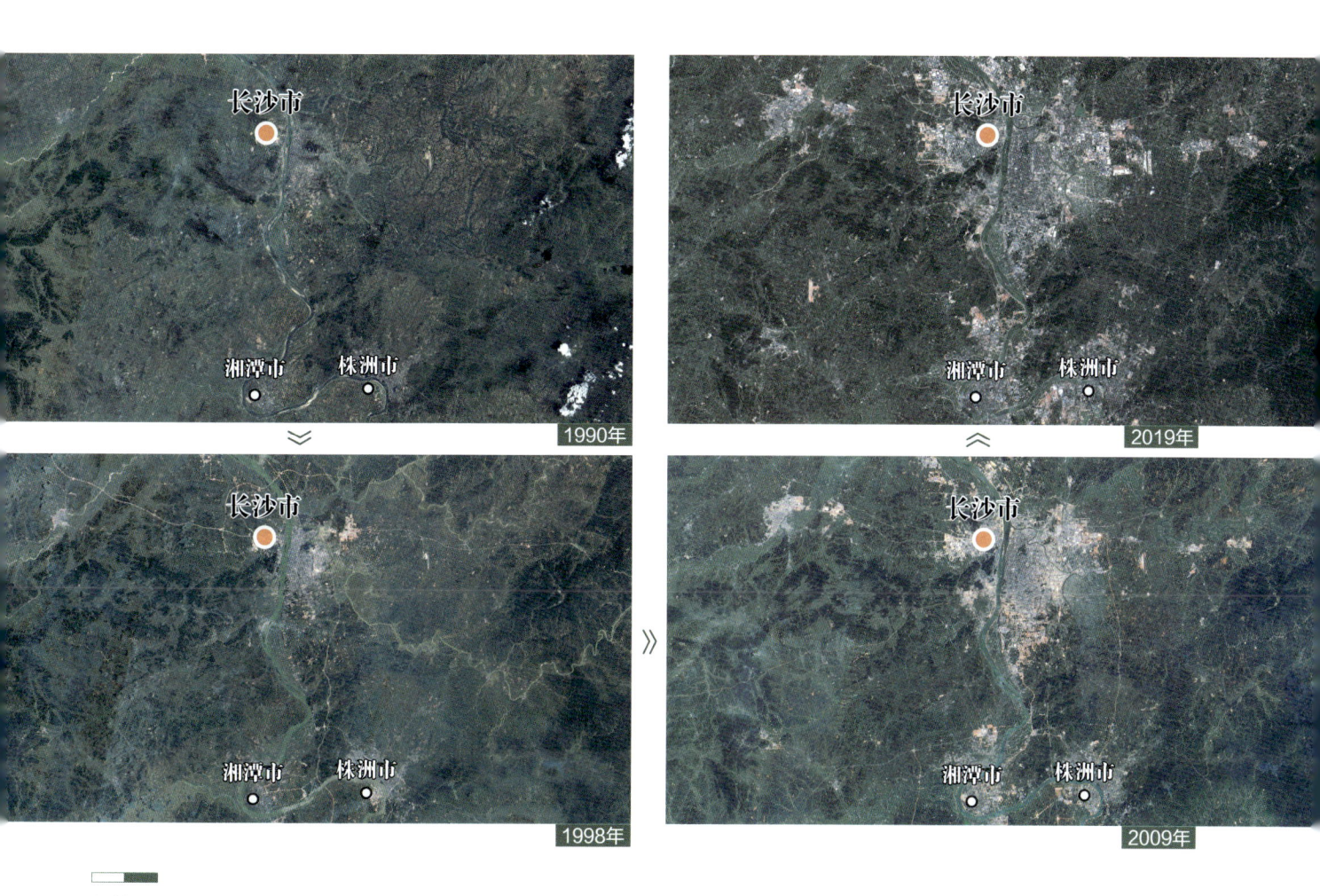

长株潭城市群1990年、1998年、2009年和2019年发展对比

要素和平台不断集聚碰撞，大大促进了创新式发展。超高速列车、超级计算机、超高产杂交稻等"世界级"的科技成果，工程机械、轨道交通、汽车及零部件等"千亿级"主导产业，近年来在长株潭城市群如雨后春笋不断涌现。

湘江潮涌两岸阔，扬帆而上风正酣。7 300万（户籍人口）湖湘儿女，创造了一个又一个奇迹，正着力书写"富饶美丽幸福新湖南"崭新篇章，三湘儿女正怀着"问苍茫大地，谁主沉浮"的壮志豪情，逐浪前行。

№.22 鄂

CHINA FROM OUTER SPACE

临 江 而 兴 · 因 水 而 灵

湖北省在中国的位置示意图

湖北省耕地、森林及自然保护区概况

自然保护区面积：106.3
占辖区面积比重：5.7%

耕地面积：523.59

2017年　　2018年

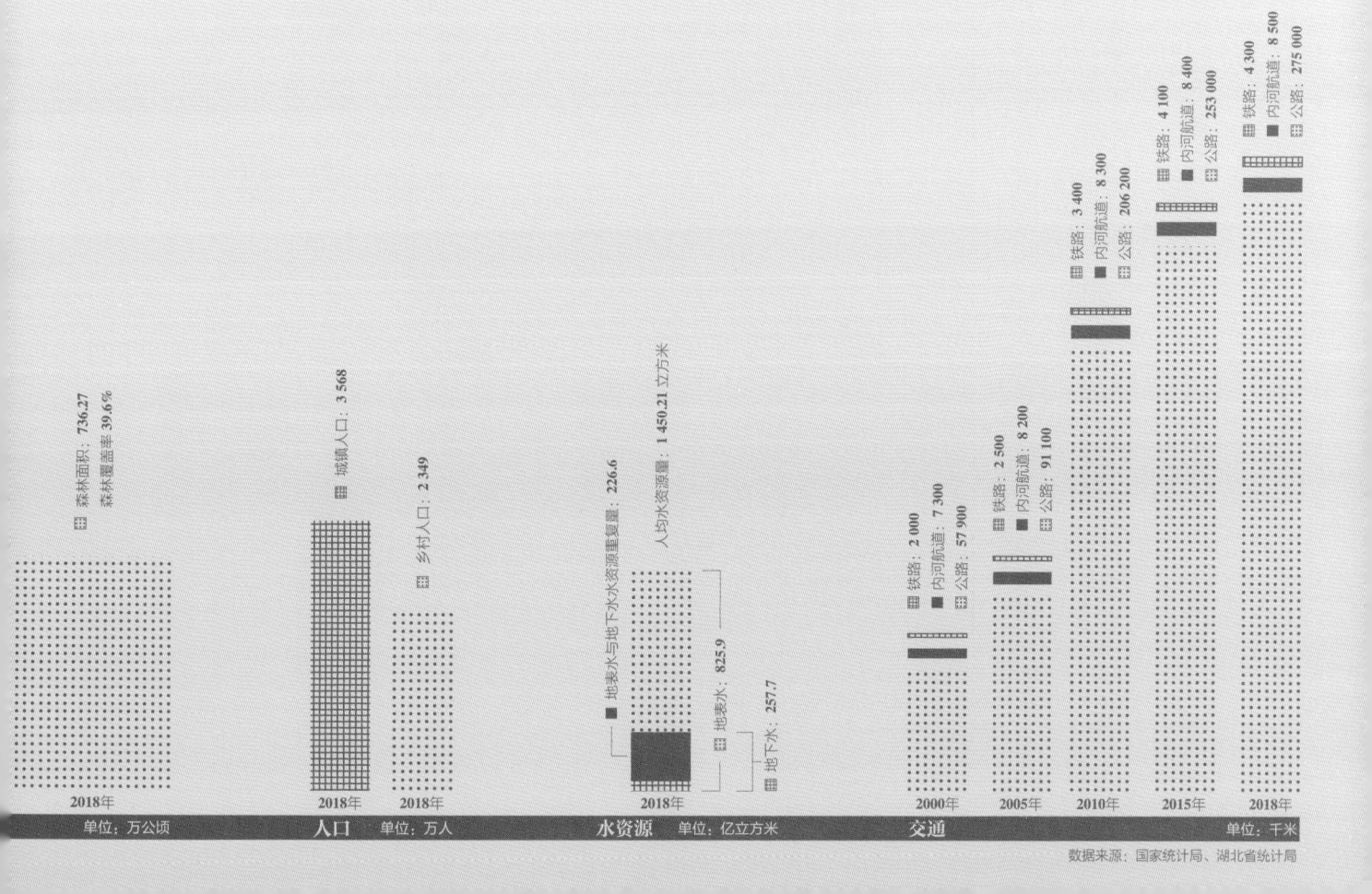

HUBEI 湖北

森林面积：736.27
森林覆盖率：39.6%
2018年
单位：万公顷

人口 单位：万人
城镇人口：3 568
乡村人口：2 349
2018年

水资源 单位：亿立方米
地表水与地下水资源量：1 450.21 立方米
人均水资源量：226.6
地表水：825.9
地下水：257.7
2018年

交通 单位：千米
2000年
铁路：2 000
内河航道：7 300
公路：57 900

2005年
铁路：2 500
内河航道：8 200
公路：91 100

2010年
铁路：3 400
内河航道：8 300
公路：206 200

2015年
铁路：4 100
内河航道：8 400
公路：253 000

2018年
铁路：4 300
内河航道：8 500
公路：275 000

数据来源：国家统计局、湖北省统计局

滚滚长江，东流入海。从60万米高空俯瞰全长6 300千米的长江，宛如一条巨龙，横贯神州东西。地处"龙腰"的湖北，是长江干流流经最长的省份，在历次跨水、驯水、护水、调水过程中，演绎着不同时代的人与江河的交响。

这是一片因水而兴的土地，从旧石器时代开始，就是古人类生存繁衍的重要地域之一。在距今7 500—2 500年前，地球进入全新世大暖期，气候温暖湿润，年平均气温比今天高2°C，降水丰沛，森林茂密，为气候最适宜期。在大自然的加持下，人类文明获得高速发展。新石器时代早中期，长江中游地区发展起了四大文化体系，其中最为人熟知的就是位于湖北汉江中游地区的屈家岭文化系统，它在中华文明起源上具有重要地位。

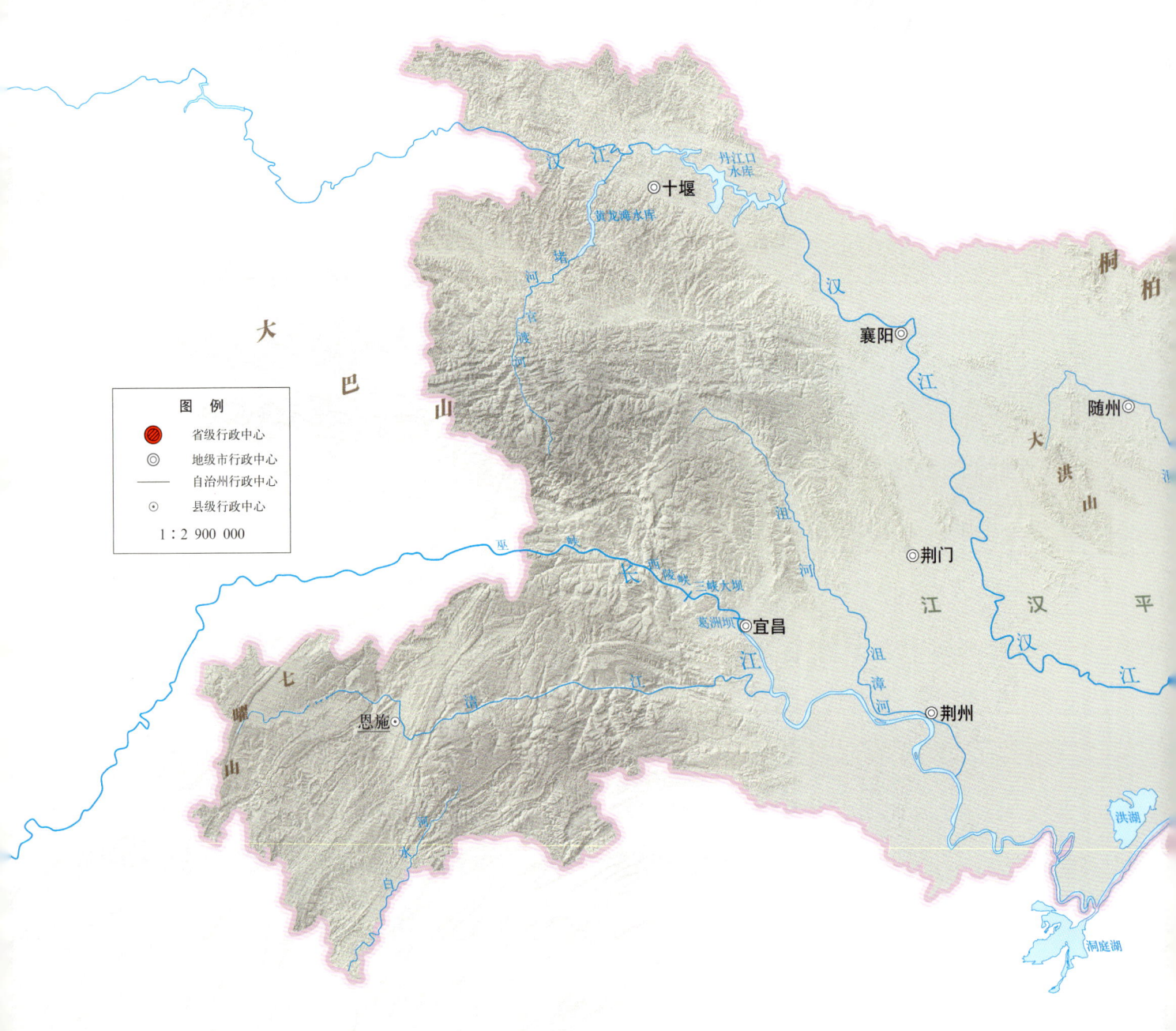

图 例
◉ 省级行政中心
◎ 地级市行政中心
— 自治州行政中心
⊙ 县级行政中心
1∶2 900 000

商朝在长江、汉江交汇处以北建立盘龙城（今武汉黄陂区境内），成为商王朝统治长江中游广大地区的中心。西周时，周势力进入江汉地区，封邦建国，形成了西周的南土疆域。东周时，此地诸侯国——楚国兴起，极盛时曾一统长江中下游地区和淮河流域，为秦汉大一统奠定了基础。西汉王朝承秦制，融楚俗，遂形成统一的中华文化。到了汉末，位居中部、联通南北东西的江汉地区成为各方势力的必争之地。及至南北朝，位处汉江中游的湖北襄阳，因其战略地位得到充分发展，一举成为中国历史上著名的军事重镇。

从汉末一直到唐朝，因为中原大乱，北方人口大量南迁，长江和汉江形成的江汉地区经济、社会与文化也逐渐得到长足发展。南宋以后，经济文化重心南移，并在明清时期，兴起垸田，使得两湖平原得到深度开发，成为天下粮仓。一时间"湖广熟，天下足"的谚语传遍四海。进入近代，张之洞先后创办了汉阳铁厂和汉阳兵工厂，武汉遂成为中国近代工业的重要发源地，在中国工业发展史上占有重要地位。1911年，辛亥革命在武汉爆发，终结了长达2 000多年的封建帝制时代。1949年，中华人民共和国成立，湖北由此揭开了全新的篇章。

长江中游地区周围有众多山脉环绕，形成巨大的两湖盆地，长江横贯其中。盆地底部地势低洼，广布湖沼，后来演变为著名的洞庭湖。洞庭湖和长江将两湖盆地分为南北两个部分。

湖北的地形为西、北、东三面环山，中间低平，向南敞开，与湖南连成一片。东南部的山区是蜿蜒于湖南、湖北和江西三省交界处的幕阜山脉，而湖北东部的山区正是大名鼎鼎的大别山脉，翻过此山便到了安徽。大别山脉呈西北—东南走向，西段与湖北北部的桐柏山相接。桐柏山地跨湖北、河南两省，是秦岭向大别山的过渡地带。

与湖北东南部、东部和北部山区相比，湖北西部的山区地势较高、范围较广，是中国地势二、三级阶梯的分界线。这一区域的最北端是秦岭的东延部分和大巴山的东段，最西南端是云贵高原的东北延伸部分。这里群山叠嶂，森林茂密，河谷幽深，令人耳熟能详的武当山、神农架、荆山、巫山等山脉就位于这片山区。

湖北省地形及主要水系分布示意图

注：恩施是湖北省恩施土家族苗族自治州的首府。

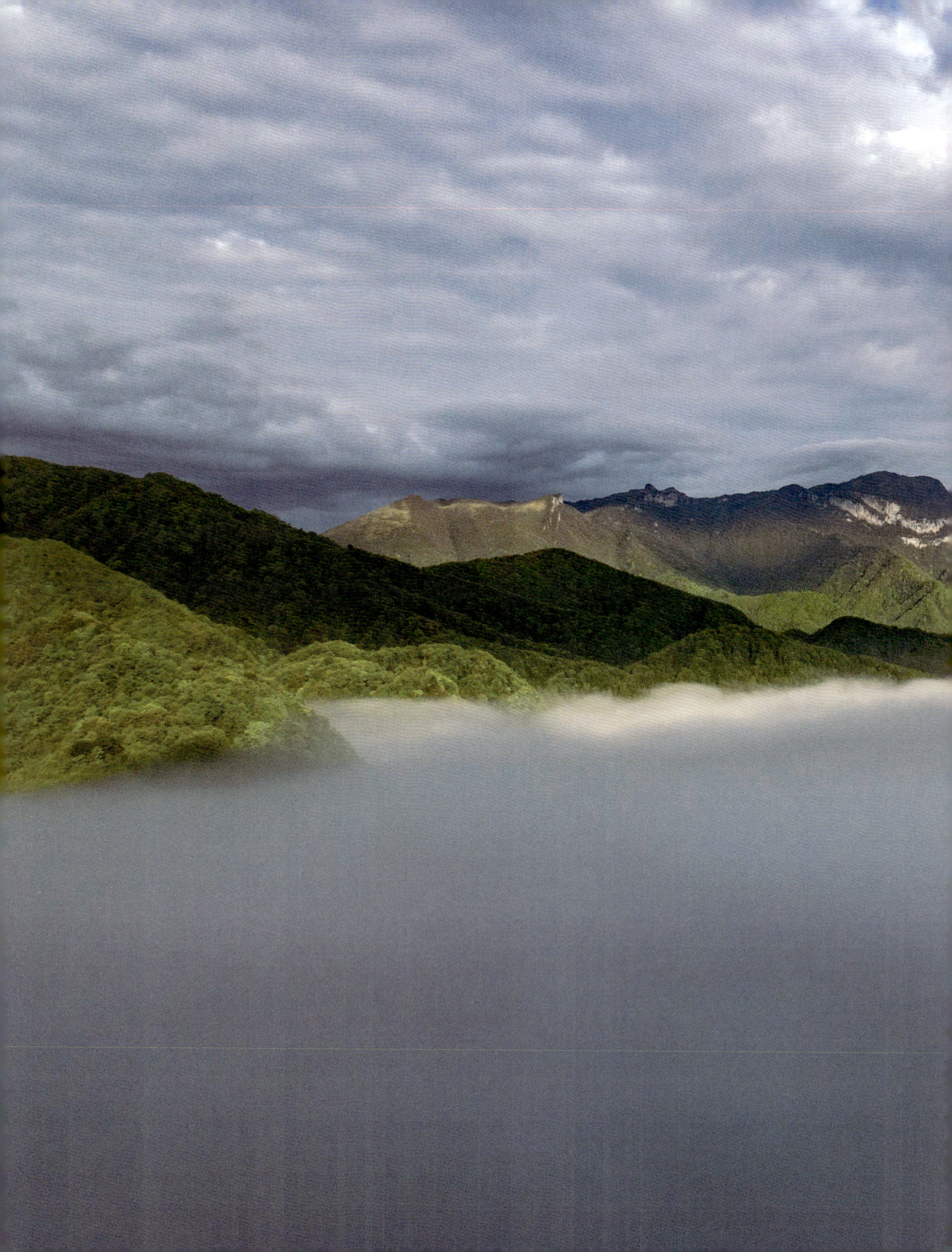

神农架国家公园大九湖高山湿地风光 新华社记者 董江辉/摄

神农架保存有全球北纬 30 度带最完好的北亚热带森林植被，被誉为北半球同纬度上的"绿色奇迹"，具有完整的亚热带森林生态系统和丰富的生物多样性，是中国首个获得联合国教科文组织人与生物圈自然保护区、世界地质公园、世界遗产三大保护制度共同录入的"三冠王"名录遗产地。在这里，生活着大约 4 000 种植物，它们每小时通过光合作用释放的氧气量，大约可以满足 300 人一生的需求。正因为这样，神农架又被称为"中国天然氧吧"。在神农架深处有一片高山湿地，一条小溪串起九个湖泊，故名"大九湖"。这里群山环绕，风光秀丽，宛如世外桃源。

壹

凝聚百年梦想的丰碑

湖北是长江干流流经最长的省份，长江从恩施州巴东县边域溪入境，至黄冈市黄梅县李家湾出境，流程1 041千米。边域溪至宜昌段即长江三峡中的巫峡和西陵峡，重山叠嶂，峡谷深幽，水势险要，建有著名的三峡水利枢纽，为世界最大的水利工程。

在这之前，历史上长江数次大洪水，沿江万千家庭彻夜难眠。中华人民共和国成立后，修建三峡工程被提上日程，经过多次选址、规划、论证，1994年12月举世瞩目的三峡工程正式开工。如今，一座凝聚百年梦想的丰碑在三峡崛起矗立。大国重器，千百年中国"驯水"之集大成，不仅结束了"自古川江不夜航"的历史，而且让我国水电技术实现从落后跨越到领跑，还成为长江防汛体系中的骨干工程，牢牢守卫着长江。

长江流域为何洪水多发？

长江是中国水量最丰富的河流，支流众多，流域面积超过180万平方千米，养育着沿岸超过4亿的人口。但大江奔涌东去，流经我国三大阶梯，在抵达位于第三级阶梯的长江中下游地区时，地势平坦，河道辽阔平缓，"极目楚天舒"，洪涝高频地区大多分布在此。同时每年6月中旬到7月中旬，长江中下游流域通常会迎来梅雨季，大范围降雨开始持续。随着雨带移动，支流陆续迎来汛期，就容易形成集中性的洪涝灾害。

2020年，受南方强降雨影响，鄱阳湖告急，太湖水位超警，多地启动防汛一级响应……进入主汛期以后，长江流域降雨量较常年偏多四成，长江中下游降雨量较常年偏多六成，排名1961年以来第一位。

长江流域的汛情牵动着每个人的心。治水抗灾，是长江流域入汛后面临的巨大挑战。洪涝高频地区遇上气候影响，让长江流域防汛压力陡增，防汛形势严峻。但如今，面临大洪水，我们不再束手无策！大国重器在握，坐镇江河。联合调度的水利工程和千千万万奋战在前方的逆行者，共同为我们筑起"最坚固的堤防"。

从60万米高空俯瞰三峡水利工程

三峡水库全长600多千米，正常蓄水位175米，总库容达393亿立方米，其中防洪库容221.5亿立方米。

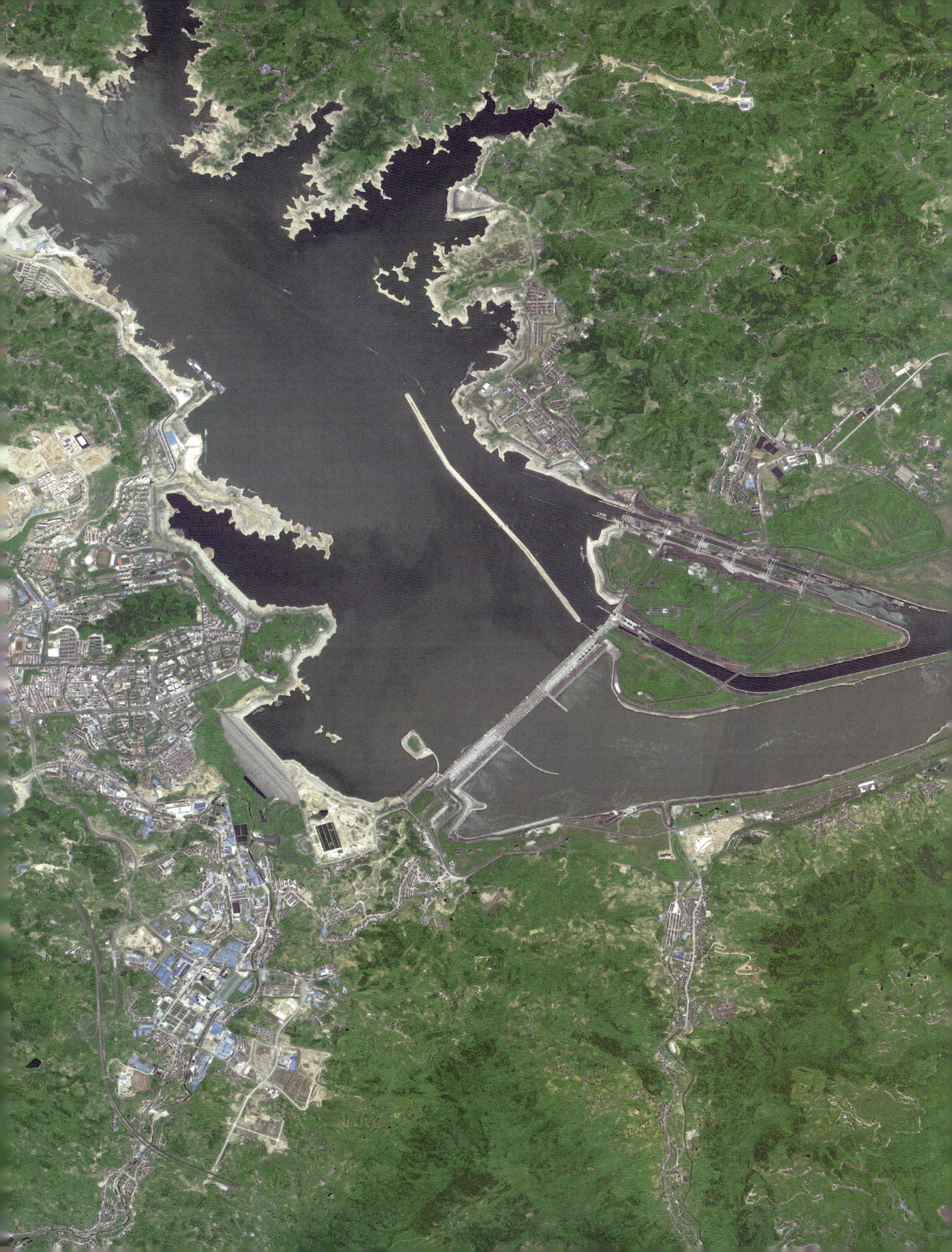

长江流域现已建成大型水库300余座，纳入2020年度长江流域联合调度范围的控制性水库41座，总防洪库容598亿立方米。作为世界上最大的水利水电枢纽，三峡工程是长江防汛体系中的骨干工程。截至2020年7月18日18时，三峡水库当年拦蓄洪水近100亿立方米，相当于拦住了700多个西湖。

但面对流域性洪水，只有水库还不够。传统的堤防和蓄洪区依旧发挥着重要作用。长江自湖北省宜昌市枝城至湖南省岳阳市城陵矶江段又称荆江，河道极为弯曲，号称"九曲回肠"，有"万里长江，险在荆江"之称。对于荆江河段，防洪体系实际上是由堤防、三峡工程、分洪区共同构成的。"不惧荆州干戈起，只怕荆堤一梦终。"历史上荆江大堤溃口平均10年一次，一旦决堤，对江汉平原人民和耕地来说，将是灭顶之灾。

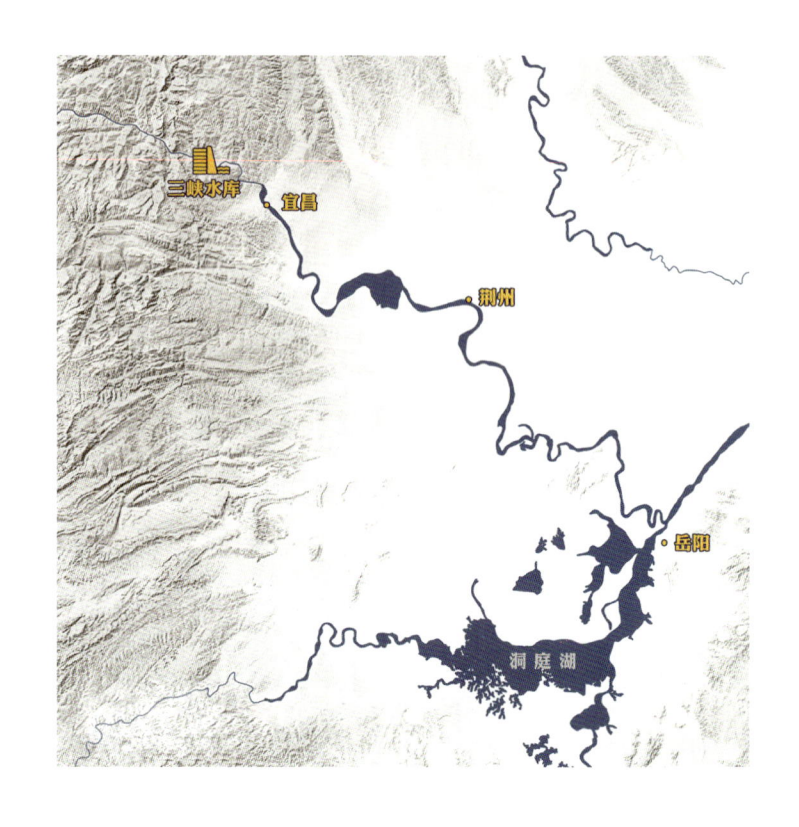

经历了1998年大洪水之后，目前荆江大堤堤身普遍加高1米到2米，堤面加宽3米到5米，所有的沙基堤段均筑有防渗墙，为长江流域防汛抗洪披上了一层"硬甲"。同时，作为防洪体系中"最后一道保险"，蓄滞洪区不可或缺。目前，长江中下游干流共有42处蓄滞洪区，总面积约为1.2万平方千米，有效蓄洪容积为589.7亿立方米。可见，防御全流域大洪水，是一项系统工程。上下游水库联合调度、相互配合，加上其他泵站限排、洲滩民垸、蓄滞洪区，与预报预警相结合才能发挥出最大效用。面对严峻汛情，广大军民奋战在抗洪一线，以如钢铁磐石般的决心，与洪魔拼抢速度，像一道看不见的大堤，守护着人民的生命财产安全。

左页图为三峡水库、荆江段、洞庭湖位置关系示意图 新华网5G富媒体实验室 思客/制图

右页图为2020年7月27日,长江三峡枢纽工程开启泄洪深孔泄洪 新华社/发 郑家裕/摄

2020年7月26日14时,受长江上游强降雨影响,三峡水库入库流量达50 000立方米每秒,迎来长江2020年第3号洪水,27日14时洪峰流量达到60 000立方米每秒,拦洪削峰近40%。

贰 九省通衢的奇迹之城

长江过城陵矶，出荆江段，在武汉与汉江交汇，形成一个极为重要的交通枢纽。这里不仅位处中国中部的中心地区，而且是长江水系和长江流域的中心，还是长江中游地区的中心，为三"中"合一之地，承东启西，接南转北，九省通衢，武汉由此而兴。

这是一座"浮"在水上的城市，两江交汇，为武汉与外界沟通提供了极大便利，也塑造了武汉独特的"港口"气质。武汉港横贯东西，沟通南北，通江达海，得"中"独厚，得水独优，成为长江中游城市群发展的重要支撑。港口是骨架，航线是动脉，武汉多条水运航线通达日韩、东盟国家等地，已成为中国中西部走向世界的枢纽港。

正如港口书写了武汉的气质，铁路也加速了武汉的发展。1957年，武汉长江大桥建成使用，贯穿腹地的南北大动脉正式联通，让武汉在普通铁路时代，就有了"九省通衢"的美誉。随着全国高铁线路的互联互通，位于交会位置的武汉，成为中国的"高铁之心"，并以京广线为"弦"，长江经济带为"箭"，构成了中国弓箭型经济发展空间格局。位于版图轴心的武汉，发挥着重要作用。作为中部门户机场，武汉天河机场更是直抵五大洲，2019年旅客吞吐量增幅居全国21个大型机场第一位。

中华人民共和国成立70余年来，身居交通枢纽位置的湖北武汉始终与祖国同奋进、共成长。如今，这里有中国第一颗自主研发的高精度北斗芯片；这里有中国第一个大规模生产存储芯片的武汉国家存储器基地；这里有全球第一大纤预制棒和光纤光缆供应商长飞公司；这里有由中国建筑第三工程局研发，以高效节能的绝对优势领跑全球的"空中造楼机"……这就是湖北的武汉。

右页图为从60万米高空俯瞰"武汉三镇"
从60万米高空俯瞰，长江从武汉西南角至东北角呈一条斜线，与汉江交汇后，将这座中部重镇分割成了武昌、汉口、汉阳三镇。

汉阳

汉口

长 江

武昌

从60万米高空俯瞰武汉长江大桥

武汉因水而兴，因江而魅。但长江天险，两江交汇，三镇鼎立，交通不便。以前，火车过江只能依靠轮渡。20世纪50年代，举全国之力，建起万里长江第一桥——武汉长江大桥，结束数千年来长江天堑有舟无桥的历史，实现数千年来在长江上"一桥飞架南北，天堑变通途"的伟大梦想，彻底解除沿江两岸人民的舟楫劳顿之苦，成为中国的第一个"百年大计"。中国现代大型桥梁建设也由此大步迈进。

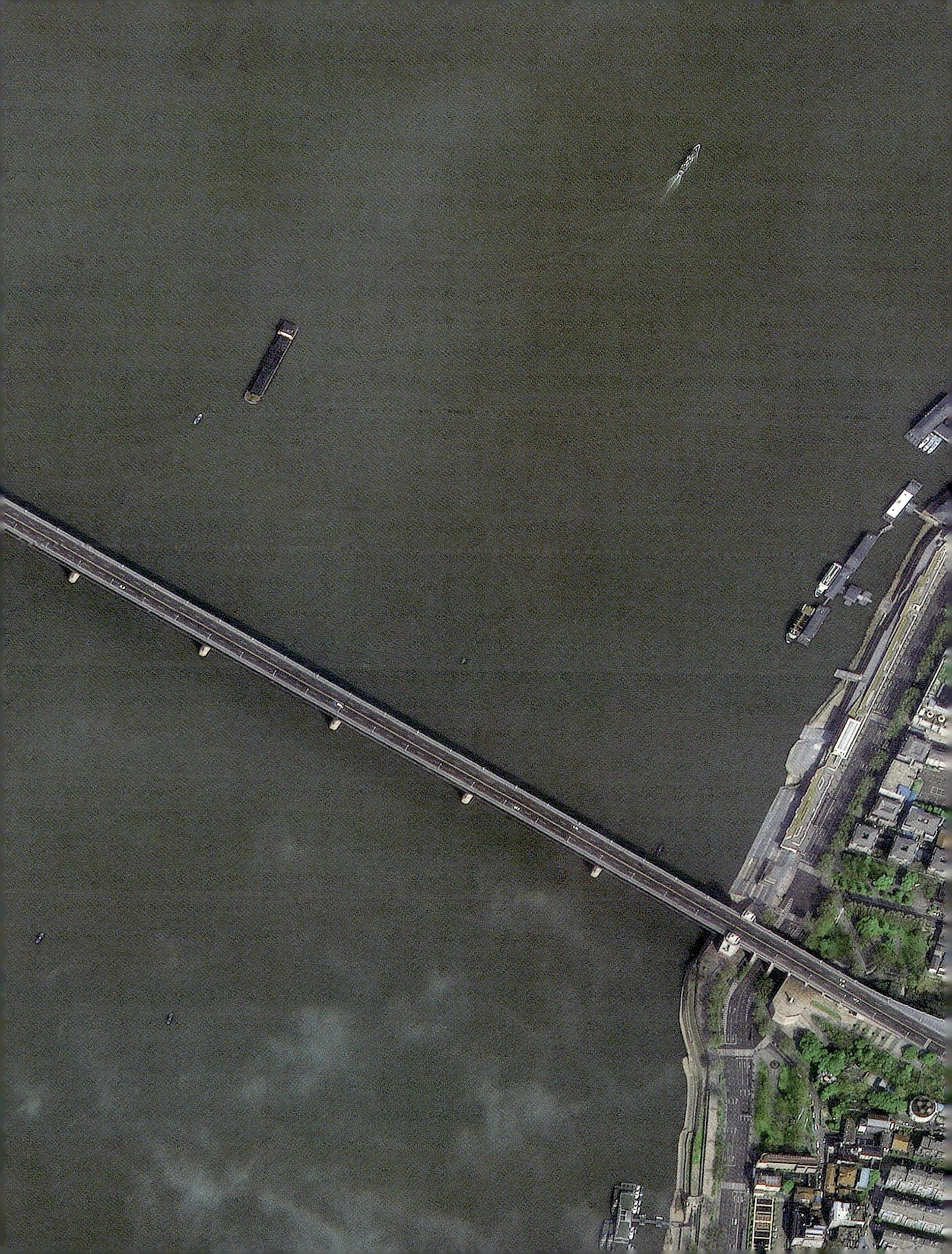

武汉市区11座长江大桥位置关系示意图

从武汉长江大桥建设至今，60多年过去了，在武汉市区已经建起了11座长江大桥。一座座"人间彩虹"跨越江水阻隔，成为长江主轴建设的重要纽带。

武汉白沙洲大桥
武汉市区第3座长江大桥

沌口长江大桥
武汉市区第9座长江大桥

军山长江大桥
武汉市区第4座长江大桥

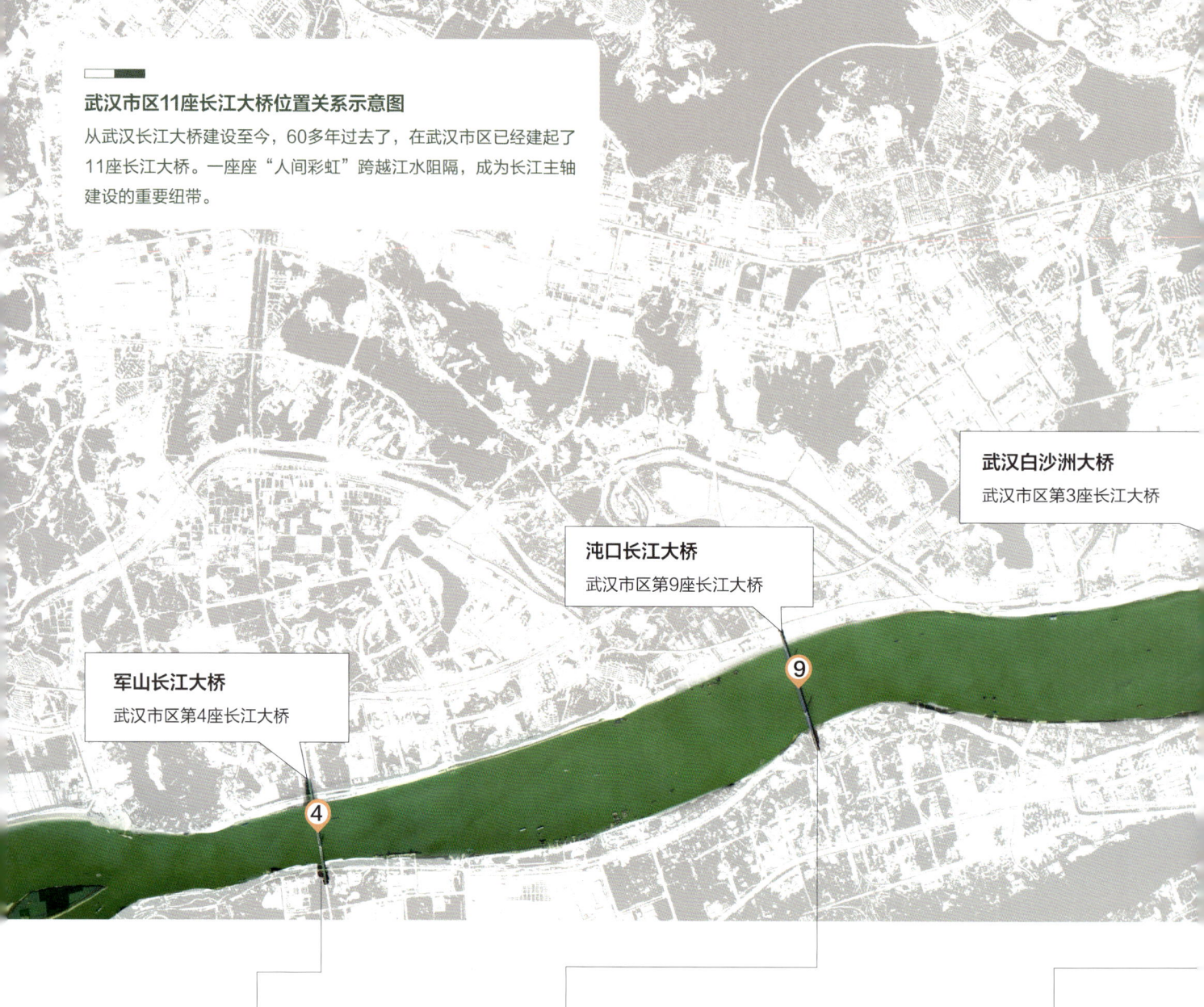

中国最宽的深水特大型公路桥梁
开工时间：1998年12月
通车时间：2001年12月
线路全长：4 881.178米
主桥长度：964米
桥面宽度：38.5米
车道规模：双向六车道

特大型公路斜拉桥
开工时间：2014年12月
通车时间：2017年12月
线路全长：8 599米
主跨长度：760米
桥面宽度：46米
车道规模：双向八车道

世界跨度第三大的双塔双索面斜拉桥
开工时间：1997年5月
通车时间：2000年9月
线路全长：3 586.38米
主跨长度：618米
桥面宽度：26.5米
车道规模：双向六车道

由大桥串起的城市环线，助推着武汉这座城市一步步向外生长。但在2020年，面对来势汹汹的新冠肺炎疫情，从2020年1月23日10时起，这座水陆空交通枢纽城市的公交、地铁、轮渡、长途客运暂停运营，机场、火车站离汉通道暂时关闭。直到2020年4月8日，它终于"重启"。

离汉通道从关闭到开启，76天。

在这76天里，武汉创造了生命的奇迹，过境武汉上空的卫星，从另一个角度诠释了载入史册的76天。

右图为2020年2月18日，从60万米高空俯瞰武汉天河机场
新冠肺炎疫情期间，武汉天河国际机场依旧繁忙。从2020年1月24日至2月29日，它共保障航班1 322架次，运输4.81万人，运送防疫物资66.5万件，共6 354.9吨，开启了守护生命安全的空中航道。

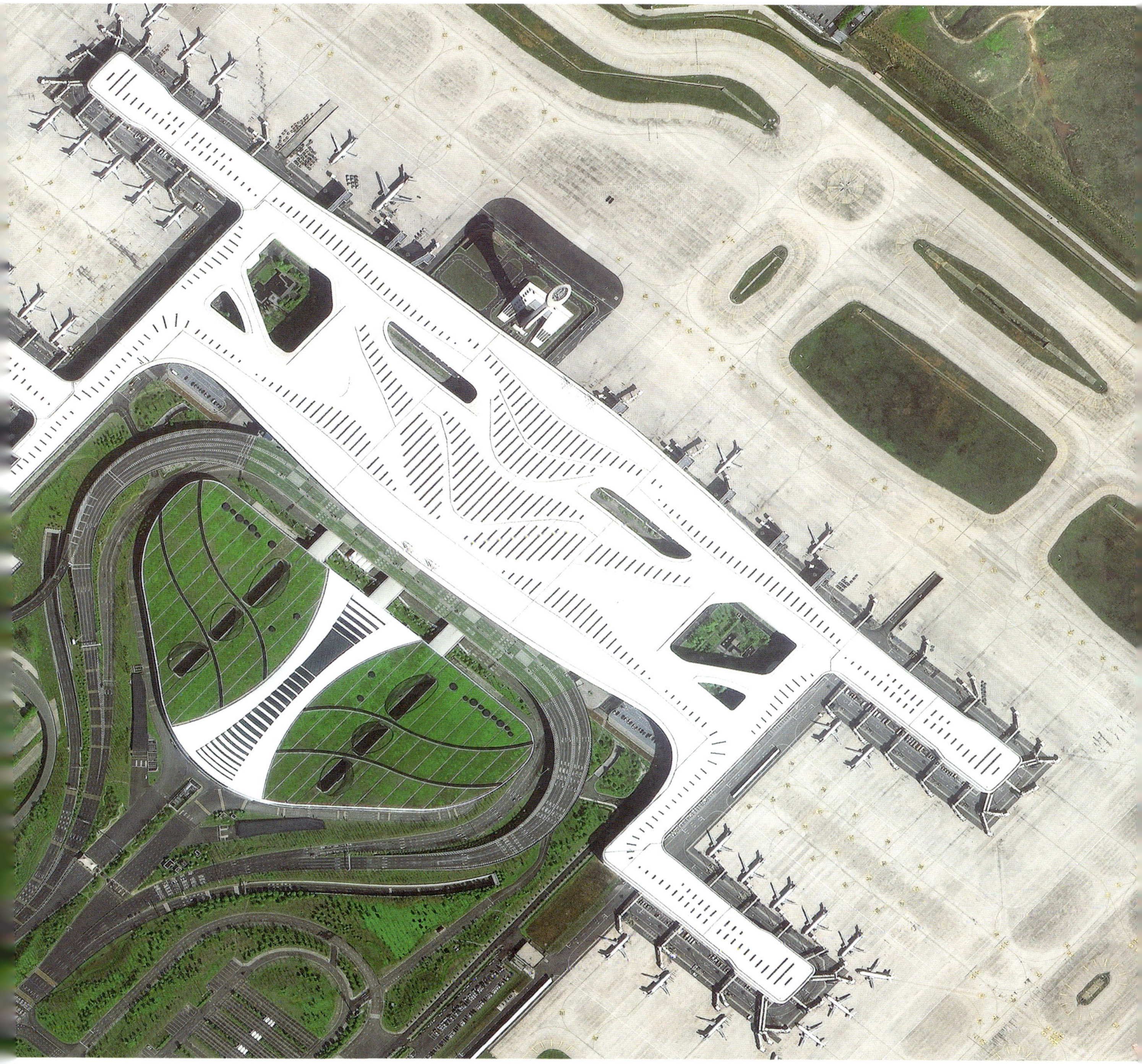

卫星记录着，10多个昼夜，武汉火神山、雷神山医院从无到有，两座医院加起来的总面积约11万多平方米。按照常规，3万多平方米的项目至少要建两年。而在火神山医院的建设中，短短几天，7000多名不同工种的工人陆续会聚起来，800多台挖掘机24小时昼夜不停施工。仅除夕当天，遍布藕塘、土堆的火神山5万平方米场地全部平整，面积相当于7个足球场大小；开挖土方15万立方米，足以填满57个标准游泳池。

卫星数据显示，这座城市医疗机构的热力分布更明显。一个月内，武汉市完成16家方舱医院改建，累计收治1.2万余人，实现"零感染、零死亡、零回头"，有力扭转了新冠肺炎疫情防控形势。

左图为2020年2月23日，从60万米高空俯瞰武汉火神山医院
火神山医院稳定运行73个日夜，于2020年4月15日正式休舱闭院。

右图为2020年2月23日，从60万米高空俯瞰由洪山体育馆改建成的武昌方舱医院
2020年3月10日15时30分，随着最后一批49名患者从洪山体育馆走出，运行了35天的武汉市首个方舱医院——武昌方舱医院正式休舱。

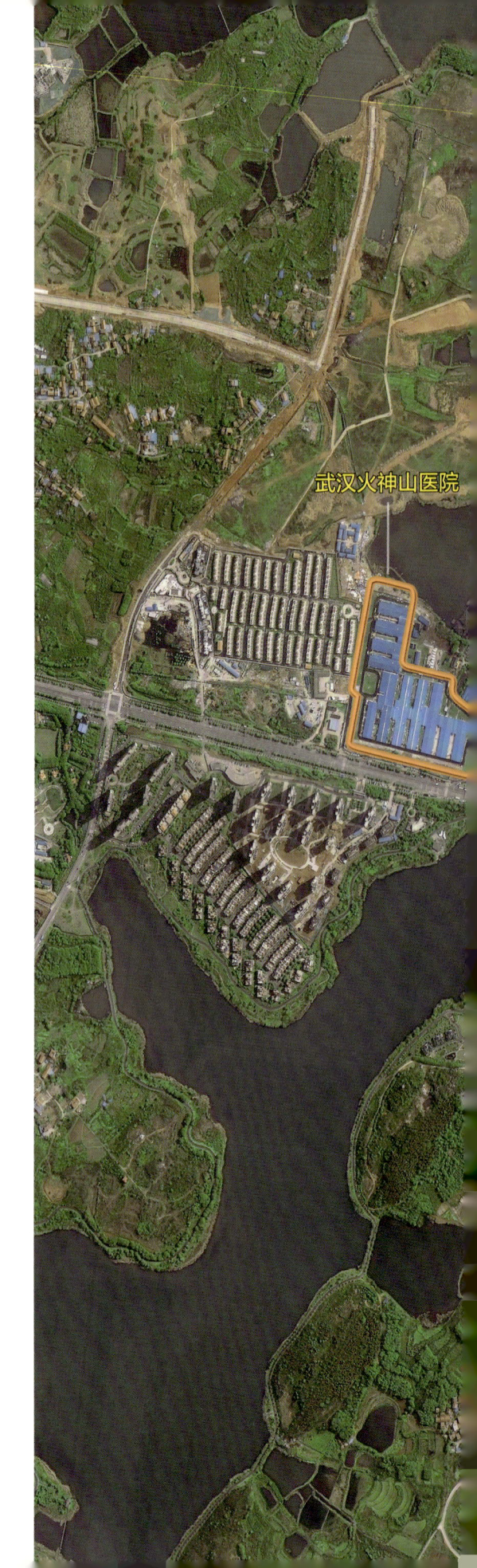

武昌方舱医院

透过黑夜中的光亮，卫星捕捉了武汉在夜间呈现的顽强而旺盛的生命力：电力等能源供应有效保障，市内路网通宵运行，机场车站物资高效转运，各大医院灯火通明……夜光背后是"宅家"坚守的900多万市民，是超过10万名奋战一线的工作人员。

76天里，武汉市实际供水量平均每天400万吨，日最大用电负荷平均每天470万千瓦，生活垃圾每天处理量6 000吨左右。4.45万名共产党员下沉到13 800多个"网格"，1.9万名民警维持着城市的秩序，3.6万名环卫工人保障了城市的整洁如故，2.4万名志愿者保障城市生活运行……这相当于平均每人对接服务上千人次。

在绝大多数人足不出户的情况下，武汉奇迹般地完成了物资调度和分发。

世界卫生组织总干事谭德塞曾在一日内用两个"世所罕见"来评价中国的疫情防控工作。他认为，中国行动速度之快、规模之大，世所罕见；中国体制之有力和中国举措之有效，世所罕见，令人敬佩。

2020年4月8日，武汉解除离汉离鄂通道管控措施，武汉天河国际机场"重启"。只相差一天，进出武汉的航班从32架次增加到229架次，上万人如愿踏上旅程。在地面，城市生产和生活更依赖货车运输，疫情最严重的时候，每天只有1 151个货车车次进入和离开武汉。解除管控措施后，每天进出这座城市的货车车次超过8万个。卫星接收这些货车的定位信息，发现它们在武汉和563个城市之间往来，而在2020年1月26日，这个数字，只有87个。航天技术和信息技术的进步，赋予我们观察世界的全新手段，也让世界知晓，这是一座怎样伟大的城市。

右页上图：天河国际机场"重启"前后航班信息对比图

"解封"前后，只相差一天，进出武汉的航班从32架次增加到229架次，上万人如愿踏上旅程。

右页下图：离汉通道"重启"前后货车运输信息对比图

在2020年1月26日，当天只有87个货车车次进入和离开武汉。解封后，每天进出这座城市的货车车次超过8万个。

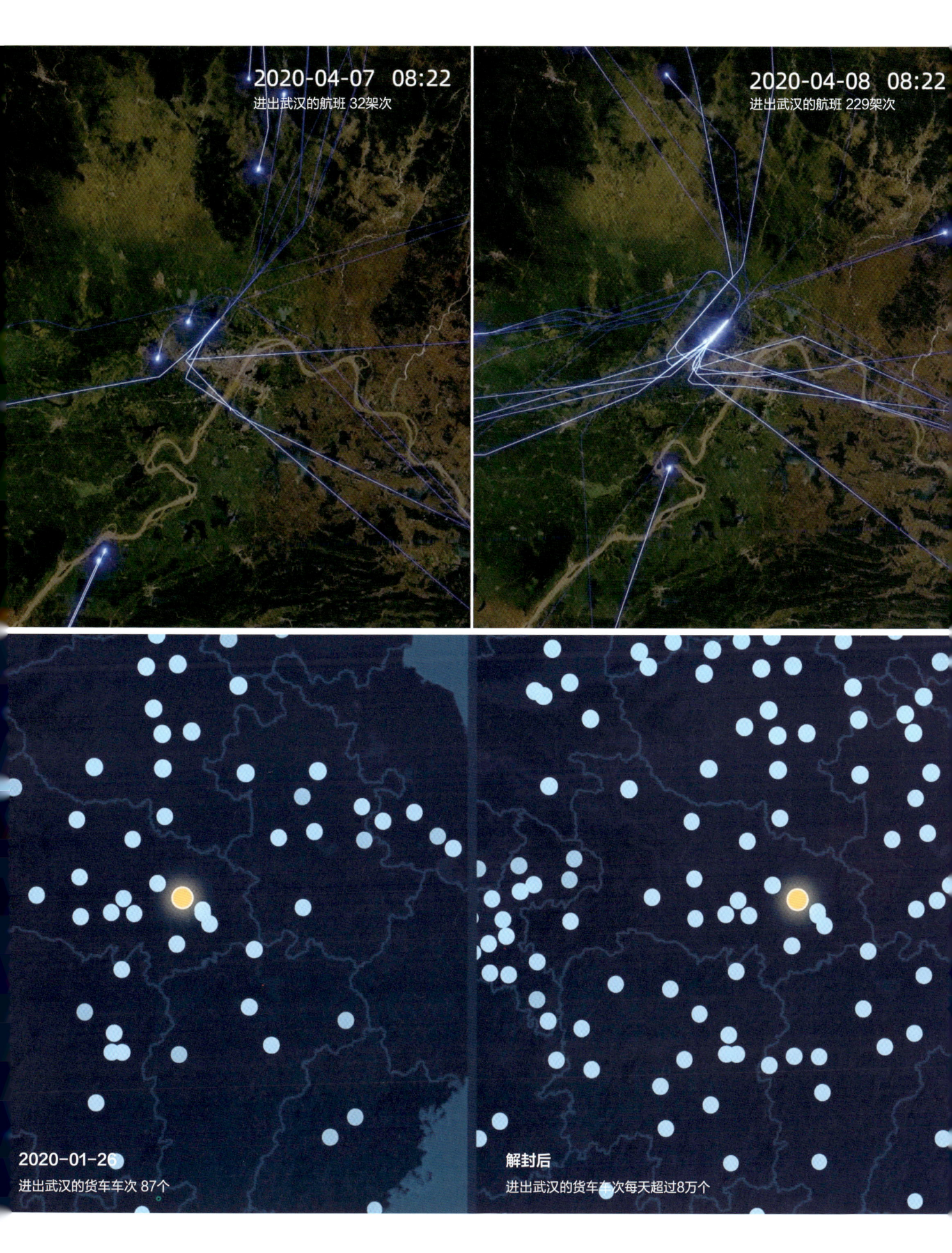

2020-04-07　08:22
进出武汉的航班 32架次

2020-04-08　08:22
进出武汉的航班 229架次

2020-01-26
进出武汉的货车车次 87个

解封后
进出武汉的货车车次每天超过8万个

叁 南水北调中线水源地

在长江大小数百条支流中，汉江是最长的支流。长江与汉江冲积而成的江汉平原，水流汇注，河网交织，湖泊星罗棋布，自古就是鱼米之乡、中部粮仓。

30年前，没人会预料到克氏原螯虾这一外来物种，会引发席卷中国各大城市的"小龙虾潮"。如今，全国平均10只小龙虾，就有5只半产自湖北。长江与汉江的灵动，赋予荆楚居民活泛的品性，让他们依靠辛勤劳动，充分享受自然的馈赠。

从长江与汉江交汇处，往汉江上游行进约550千米，是丹江口水库。它是亚洲第一大人工淡水湖，也是国家一级水源保护区，享有"亚洲天池"的美誉。进入21世纪后，这里更是国家南水北调中线工程的核心水源区所在地。

2014年，南水北调中线正式通水，清澈甘冽的汉江水从丹江口水库北上，湍湍跋涉1 400多千米，流入京津冀地区千家万户。截至2019年，仅北京就累计接收"南水"40亿立方米，超过1 200万市民直接受益。

守护一江清水东流、一库净水北送，湖北责任重大。近年来，蓝天、碧水、净土三大保卫战齐出，一江碧水、两岸青山的美丽画卷，徐徐铺展。

70余年，光阴飞逝，沧海变桑田。

70余年，日新月异，旧貌换新颜。

高空俯瞰湖北70余年沧桑巨变，依江为伴，临江而兴，因水而灵，以水为傲。围绕长江经济带高质量发展，荆楚大地正在奏响新时代的长江之歌。

右页图为从60万米高空俯瞰位于湖北十堰丹江口市的丹江口水库大坝
丹江口水库是南水北调中线水源工程，大坝加高完成后丹江口成为南水北调中线工程的调水源头。而丹江口水库地跨湖北、河南两省，由湖北境内的汉江库区和河南境内的丹江库区组成。

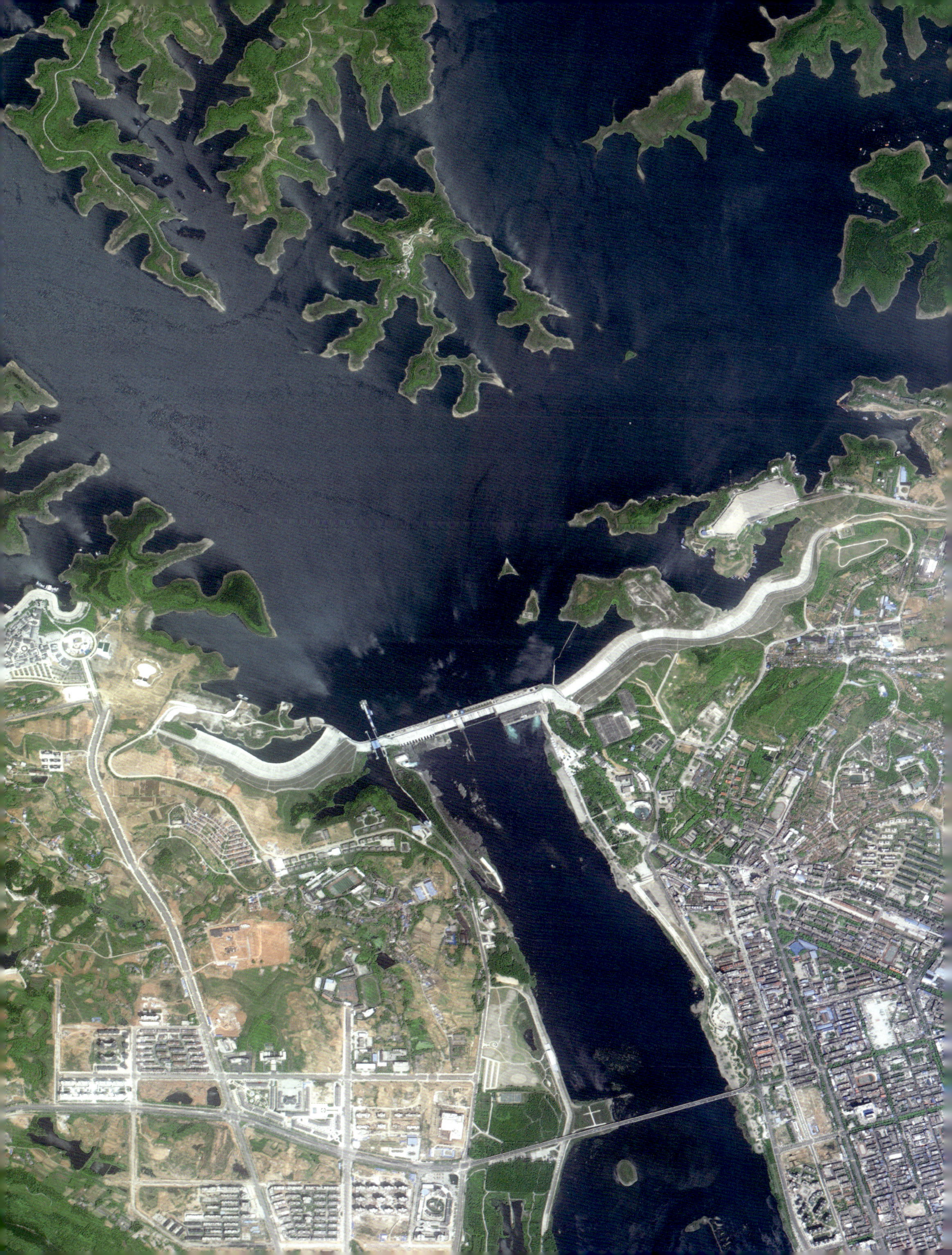

N豫.23

CHINA FROM OUTER SPACE

中 部 崛 起 · 正 当 时

自然保护区面积：77.8
占辖区面积比重 4.7%

耕地面积：811.23

2017年　　　　　2017年

河南省在中国的位置示意图　　　河南省耕地、森林及自然保护区概况

HENAN

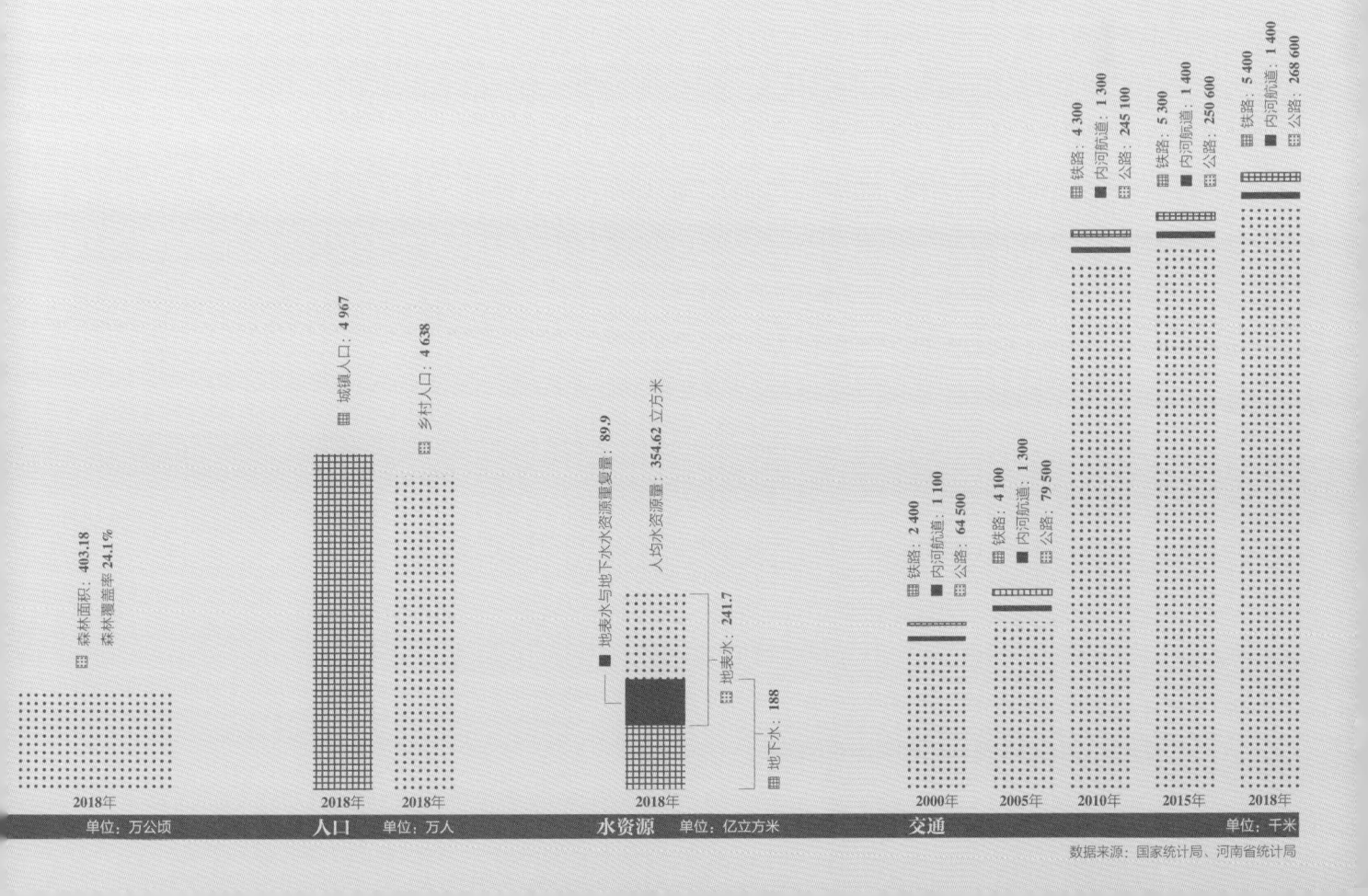

河南

单位：万公顷 | 人口 单位：万人 | 水资源 单位：亿立方米 | 交通 | 单位：千米

- 森林面积：403.18
- 森林覆盖率 24.1%
- 城镇人口：4 967
- 乡村人口：4 638
- 地表水与地下水水资源重复量：89.9
- 人均水资源量：354.62立方米
- 地表水：241.7
- 地下水：188

2000年
- 铁路：2 400
- 内河航道：1 100
- 公路：64 500

2005年
- 铁路：4 100
- 内河航道：1 300
- 公路：79 500

2010年
- 铁路：4 300
- 内河航道：1 300
- 公路：245 100

2015年
- 铁路：5 300
- 内河航道：1 400
- 公路：250 600

2018年
- 铁路：5 400
- 内河航道：1 400
- 公路：268 600

2018年 | 2018年 | 2018年 | 2018年

数据来源：国家统计局、河南省统计局

大河之南，天地之中；皇皇华夏，岁月悠悠。这里留存了数不尽的故事，也赋予了它敦厚隽永的品格。这里是河南，位处中国中部偏东，黄河中下游地区，因辖境大部分地区在黄河之南而得名。

截至2019年底，河南总人口10 952万人，常住人口9 640万人。这样大的一个河南，不仅是全国重要的经济大省、综合交通枢纽和人流、物流、信息流中心，而且是全国农业大省与粮食转化加工大省，农产品主产区与重要的矿产资源大省，还是全国重要的通信枢纽、能源基地，更是华夏历史文明之源，以及中国姓氏的重要发源地。

如此光辉璀璨的河南，同样有着令人艳羡、称奇的自然地理面貌。这里的地势西高东低、南拱北坦，横跨我国第二、三级阶梯，是中国唯一地跨长江、淮河、黄河、海河四大江河流域的省份，无论地形地貌还是水资源分布情况，都是中国的一个缩影。

河南境内河流大多发源于西部、西北部和东南部山区，1 500多条河流纵横交织，母亲河黄河横贯中北部，境内干流长711千米，流域面积占全省面积的五分之一以上，是豫中北部生产生活的主要水源。而省境中南部的淮河，源于桐柏山区，支流众多，水量丰沛，境内干流长340千米，流域面积约占全省面积的一半以上，是境内最大的水系。省境北部的卫河、漳河向东北流入海河，是全省最小的水系。西南部的丹江、白河、灌河等，为汉江支流，属长江流域，流域面积约占全省面积的16%。

即便有这样多的河流，河南年平均水资源量只排在全国第19位，人均水资源占有量不足全国平均水平的五分之一。但这并不妨碍新中国考古第一铲从这里挥起，并由此揭开"一部河南史，半部中国史"的序幕。

右页图为河南省地形及主要水系分布示意图

河南省地图

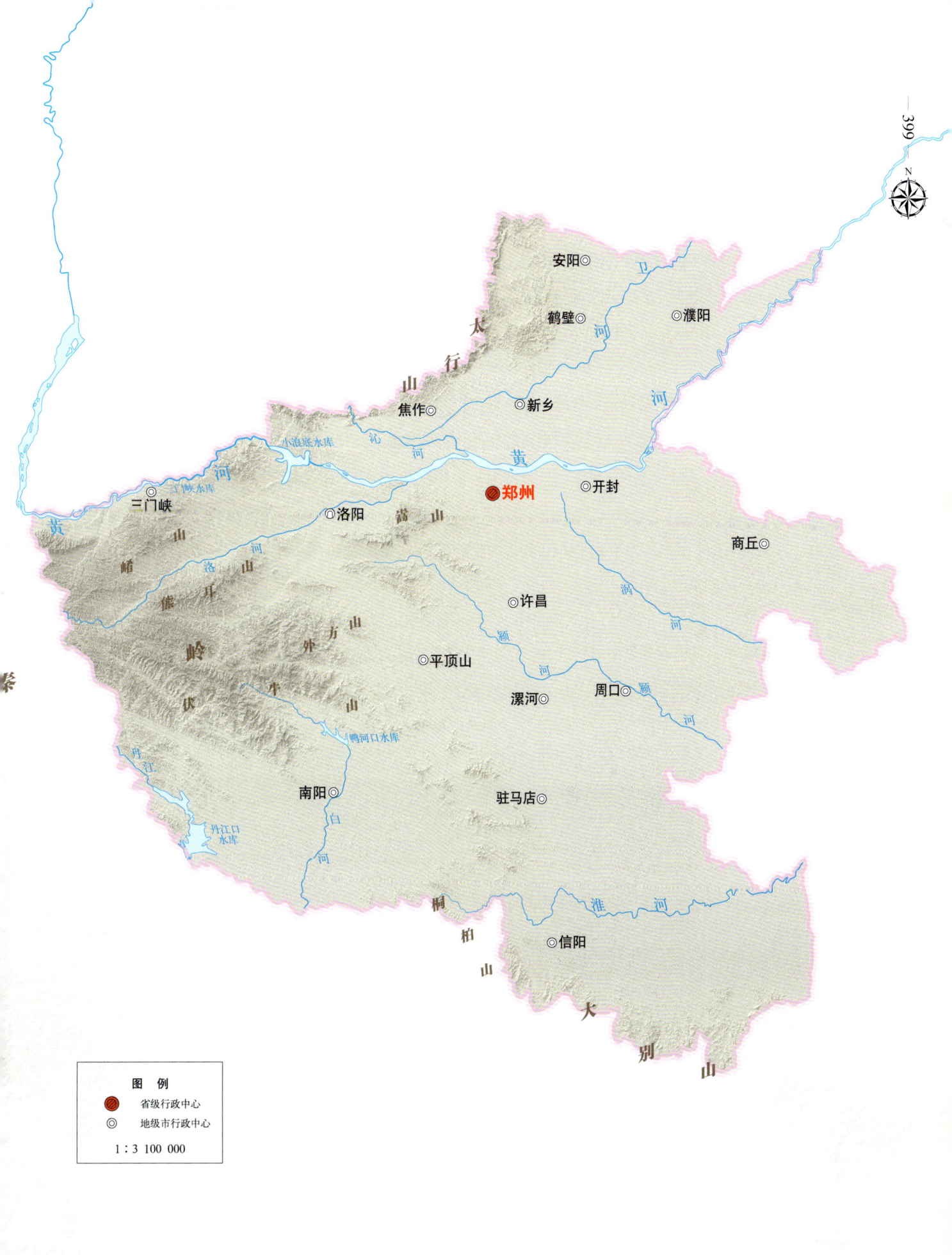

主要城市
- 郑州（省级行政中心）
- 安阳
- 鹤壁
- 濮阳
- 焦作
- 新乡
- 三门峡
- 洛阳
- 开封
- 商丘
- 许昌
- 平顶山
- 漯河
- 周口
- 南阳
- 驻马店
- 信阳

主要山脉
- 太行山
- 嵩山
- 崤山
- 熊耳山
- 伏牛山
- 外方山
- 桐柏山
- 大别山

主要河流及水库
- 黄河
- 卫河
- 沁河
- 洛河
- 颍河
- 涡河
- 丹江
- 白河
- 淮河
- 小浪底水库
- 三门峡水库
- 鸭河口水库
- 丹江口水库

图例
- ⬤ 省级行政中心
- ◎ 地级市行政中心

1 : 3 100 000

壹 这里是中国历史文化的缩影

从60万米高空俯瞰，河南自然景观得天独厚，犹如一幅风光旖旎的天然画卷，山川融南秀北雄于一体。从黄河中游到下游既有三门峡水库的碧波荡漾，又有郑州滔滔黄河东逝水的波澜壮阔，更有开封高出地面14米的"悬河"景观……正是在这美不胜收的中原大地上，奔腾的黄河串联起文化明珠，华夏文明在这里孕育生发。

河南是中华民族和华夏文明的重要发祥地，在中国早期发展过程中处于历史舞台的核心地位。中华民族的人文始祖黄帝诞生在今河南新郑。中华文明的起源、文字的发明、城市的形成和统一国家的建立，都与河南有着密不可分的关系。这里有中国迄今发现的最早的契刻符号，这里有最早的"中国"——二里头夏都遗址，以及世界上最早的文字——安阳殷墟甲骨文。

在5 000多年中华文明史中，河南作为全国政治、经济、文化中心的年代长达3 000多年，先后有夏、商、东周、东汉、曹魏、西晋、北魏、唐至北宋20多个朝代在此建都。中国八大古都，河南占据四席，即十三朝古都洛阳、八朝古都开封、殷商古都安阳、商都郑州。"若问古今兴废事，请君只看洛阳城"，这座十三朝古都，见证了夏朝都城二里头的兴衰，铭刻了大运河与古丝绸之路的脉动，亲历了隋唐的盛世繁荣。"汴京富丽天下无"，北宋时期的东京城（今开封），城郭宏伟，人口逾百万，商业贸易额占全国之半，极一时之盛，为公元10世纪世界最大的城市。一幅《清明上河图》中，商船云集、马帮驼队络绎不绝，展现了当时东京城"八荒争辏，万国咸通"的兴盛景象，道不尽大宋王朝的盛世繁华。

右图为二里头夏都遗址博物馆 新华社记者 李安/摄

二里头遗址位于河南省洛阳市偃师二里头村，距今3 800—3 500年，是经考古学与历史文献学考证的中国最早王朝——夏朝中晚期的都城遗存。对研究中华文明的起源、王朝的兴起、王都的规制、宫室制度等涉及中华文明发展的重大问题都具有重要参考价值。2019年10月19日，二里头夏都遗址博物馆正式开馆，"最早王朝"揭开了神秘面纱。青铜器、陶器、玉器、绿松石器、骨角牙器等2 000余件藏品，集中展示了二里头遗址作为"华夏第一王都"的丰富内涵。

401

上图为河南安阳殷墟宫殿宗庙遗址 新华社记者 李安/摄

殷墟的第一次发掘，被视为"中国考古学诞生的标志"。它是中国连续发掘时间最长、清理遗迹最多、出土文物最丰富的古遗址。作为中国20世纪百项考古大发现之首，殷墟价值之大、地位之高、意义之重不言而喻。

左图为河南安阳殷墟出土的一片甲骨文实物
新华社记者 姚玉洁/摄

100多年前，在河南省安阳市西北郊小屯村的殷墟宫殿宗庙遗址，发现了3 000多年前的成熟汉字，因所有文字均刻在兽骨、龟甲上，所以被称为甲骨文。甲骨文的发现，宣告我国在殷商时期就已形成较成熟的文字体系，从而震惊了国际学术界和考古界。

河南是全国重要的文物大省，地下文物数量全国第一，地上文物数量全国第二，有"中国历史天然博物馆"之称。这里有全国重点文物保护单位358处，国家考古遗址公园13处。自1990年"全国十大考古新发现"评选以来，河南共有45项考古发现获此殊荣，位居全国首位。

全国历史文化名城中，河南占8座（洛阳、开封、商丘、安阳、南阳、郑州、浚县、濮阳），此外，还有国家级历史文化名镇、名村12个，中国传统村落123处。河南还拥有龙门石窟、安阳殷墟、登封"天地之中"历史建筑群、丝绸之路河南段、大运河河南段5处世界文化遗产，二十四节气、皮影戏两个项目（为共同申报项目）列入联合国教科文组织人类非遗代表作名录，113个项目列入国家级非遗名录。

河南有记载着祖先在中原大地繁衍生息的裴李岗文化遗址、仰韶文化遗址、龙山文化遗址；有"人祖"伏羲太昊陵、黄帝故里和轩辕丘；有最古老的天文台周公测景台；有历史上最早的关隘函谷关、最早的国家监狱汤阴县羑里城、最早的佛教寺院白马寺、最早的琉璃塔开封"铁塔"，等等。中岳嵩山的茂林之中，坐落着世界文化遗产、千年名刹少林寺，这里是中国佛教禅宗祖庭，也是少林功夫发源地。作为中国文化的一张特色名片，少林功夫广受世界各国人民的喜爱，多个少林文化机构先后在海外设立，不仅发挥了对外交流的重要作用，也将中国人的精神气质传递给世界。中国古代四大发明均源自河南，更是从这里走向世界，极大推动了人类文明进程。

一位僧人在少林寺内清扫积雪 新华社记者 李嘉南/摄

位于河南省郑州市登封市嵩山五乳峰下的少林寺，是中国汉传佛教的"禅宗祖庭"和少林武术的发源地。

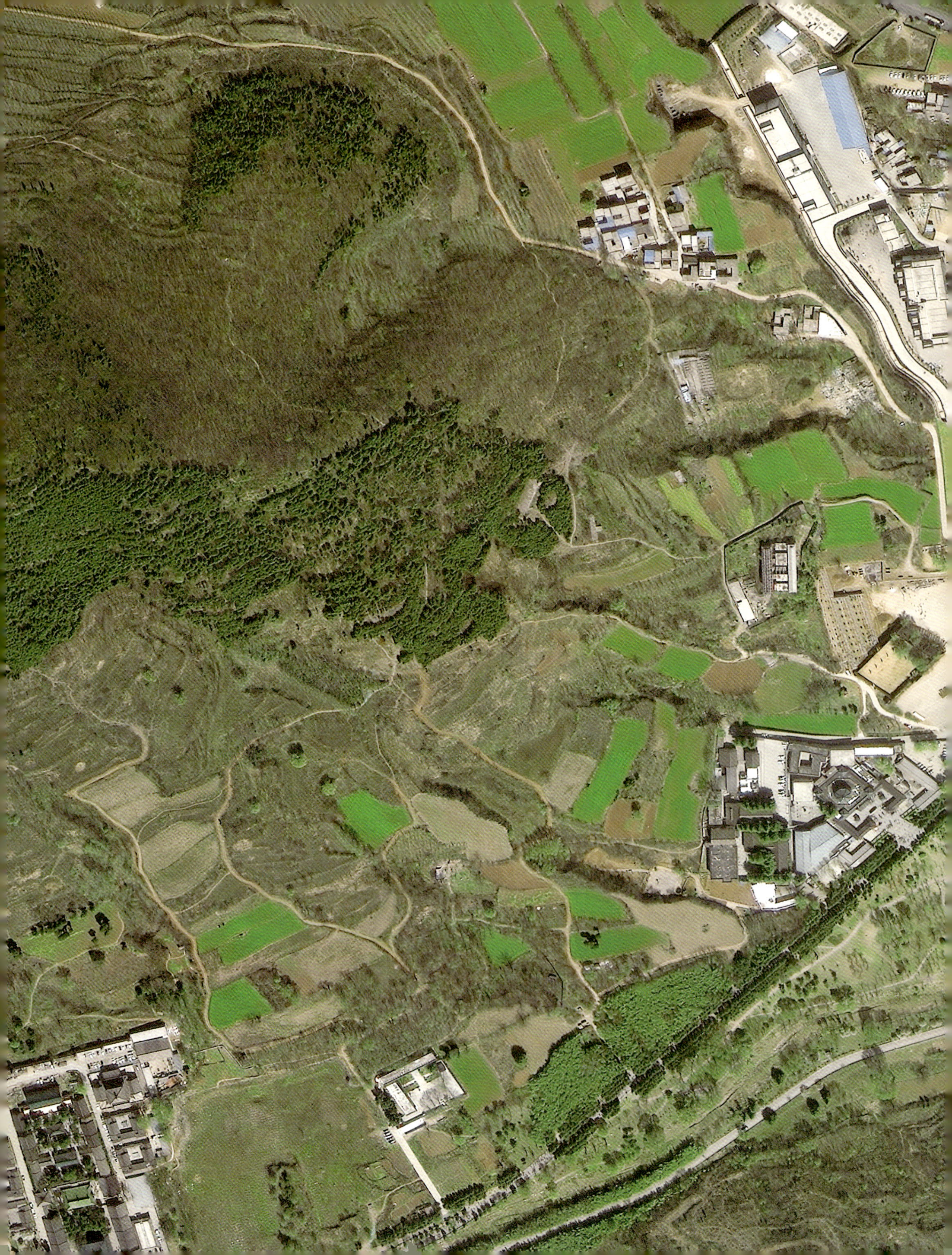

从60万米高空俯瞰嵩山少林寺局部

贰 这里是新中国建设的精神高地

中原大地孕育的风流人物灿若群星，光耀史册的名人不胜枚举。在新中国的建设中，焦裕禄精神、红旗渠精神……犹如一座座丰碑，矗立在中原河南大地。

九曲黄河最后一道弯，是河南省开封市兰考县。曾经的它，沙丘遍布，贫困凋敝，"县委书记的榜样"焦裕禄来到这里，用生命向内涝、风沙、盐碱宣战。如今的它，从"风沙窝"变成"金银铺"，焦裕禄当年亲手种下的那棵"焦桐"，依旧伟岸挺拔，俨然一座丰碑。

焦裕禄在这个世界上只生活了短短 42 年，却感动了几代中国人。

兰考县地处豫东黄河故道，是个饱受风沙、盐碱、内涝之患的老灾区。焦裕禄踏上兰考土地的那一年，正是这个地区遭受自然灾害较严重的一年，全县粮食产量下降到历年最低水平。焦裕禄从到兰考第二天起，就深入基层调查研究，拖着患有慢性肝病的身体，在一年多的时间里，跑遍了全县 140 多个大队中的 120 多个。在带领全县人民封沙、治水、改地的斗争中，焦裕禄身先士卒，以身作则。风沙最大的时候，他带头去查风口，探流沙；大雨瓢泼的时候，他带头蹚着齐腰深的洪水察看洪水流势；风雪铺天盖地的时候，他率领干部访贫问苦，登门为群众送救济粮款。他经常钻进农民的草庵、牛棚，同农民同吃同住同劳动。他把群众同自然灾害斗争的宝贵经验一点一滴地集中起来，成为全县人民的共同财富，成为全县人民战胜灾害的有力武器。

焦裕禄常说，共产党员应该在群众最困难的时候，出现在群众的面前；在群众最需要帮助的时候，去关心群众、帮助群众。他的心里装着全县的干部群众，唯独没有他自己。他经常肝部痛得直不起腰、骑不了车，即使这样，他仍然用手或硬物顶住肝部，坚持工作、下乡，直至被强行送进医院。

1964 年 5 月 14 日，焦裕禄被肝癌夺去了生命，年仅 42 岁。他临终前对组织上唯一的要求，就是"把我运回兰考，埋在沙堆上。活着我没有治好沙丘，死了也要看着你们把沙丘治好"。

河南省开封市兰考东坝头乡张庄村及周围的麦田 新华社记者 冯大鹏/摄

历史上这里曾是兰考县最大的风口，沙丘遍布，贫困凋敝。如同中国成千上万个张庄一样，在共产党的带领下，随着脱贫攻坚、乡村振兴战略的实施，一个新时代的新张庄赫然呈现在世人面前。

焦裕禄去世后，一代代共产党人在兰考接力奋斗，不仅实现了焦裕禄治好沙丘的遗愿，更是让这片土地发生了翻天覆地的变化。2017年3月，兰考成为河南首个脱贫"摘帽"的贫困县，利用焦裕禄当年带领大家栽下的泡桐树制作乐器、家具等，也成为兰考致富奔小康的一项重要产业。

从兰考遥望黄河北岸，在巍巍太行的山崖上，有一道水渠蜿蜒而行，它就是河南省林州市的"人工天河"——红旗渠。红旗渠被誉为世界第八大奇迹。在最困难的年代里，林县（今林州市）人民历时十年，绝壁穿石，挖渠千里，将一面"顽强奋斗、自强不息"的精神之旗，插在太行山巅。

缺水是千百年来林州最深、最痛的记忆。从明朝建县起，林州县志上就频现"大旱""连旱""凶旱""亢旱"等字眼。

对水的渴望有多迫切，林州对开渠人的感念就有多深挚。明初知县谢思聪开凿不足10千米的洪山渠，受益百姓筹资建"谢公祠"，并将"洪山渠"改名为"谢公渠"。但苦难的缺水历史并没有终结，直到新中国成立后。31岁的县委书记杨贵站出来了，多方考察后，县委决定从山西平顺县引浊漳河水入林县。

1960年，红旗渠开挖不到4个月，就遇到了大麻烦。炸过的悬崖，山石松动，不时掉下的石头造成人员死伤，这时以任羊成为首的凌空除险队站了出来。"除险英雄任羊成,阎王殿里报了名。"一次，吊在半空的他被飞石砸到门牙，他掏出手钳一把拔掉，继续除险。十万个像任羊成一样的开山者，削平1 250座山头，开凿211个隧洞，刨出的太行山石，可以修一条高3米、宽2米连接哈尔滨和广州的"长城"。

从苦难走向辉煌，中国人素来有坚定的意志、坚实的步伐、坚强的毅力，让不可能成为可能，这是坚持不懈的超凡耐力。林州人都说，红旗渠里流淌的是精神。红旗渠，让磨砺千年的民族精神化为有形的"人工天河"，奔流至今。

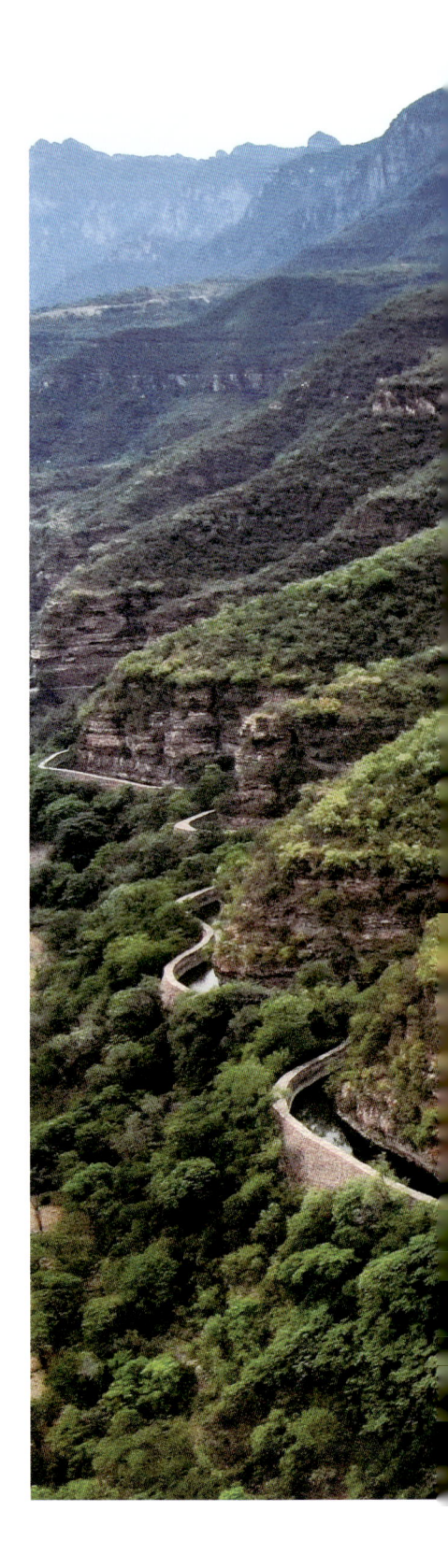

蜿蜒穿行于太行山间的红旗渠总干渠 新华社记者 李安/摄

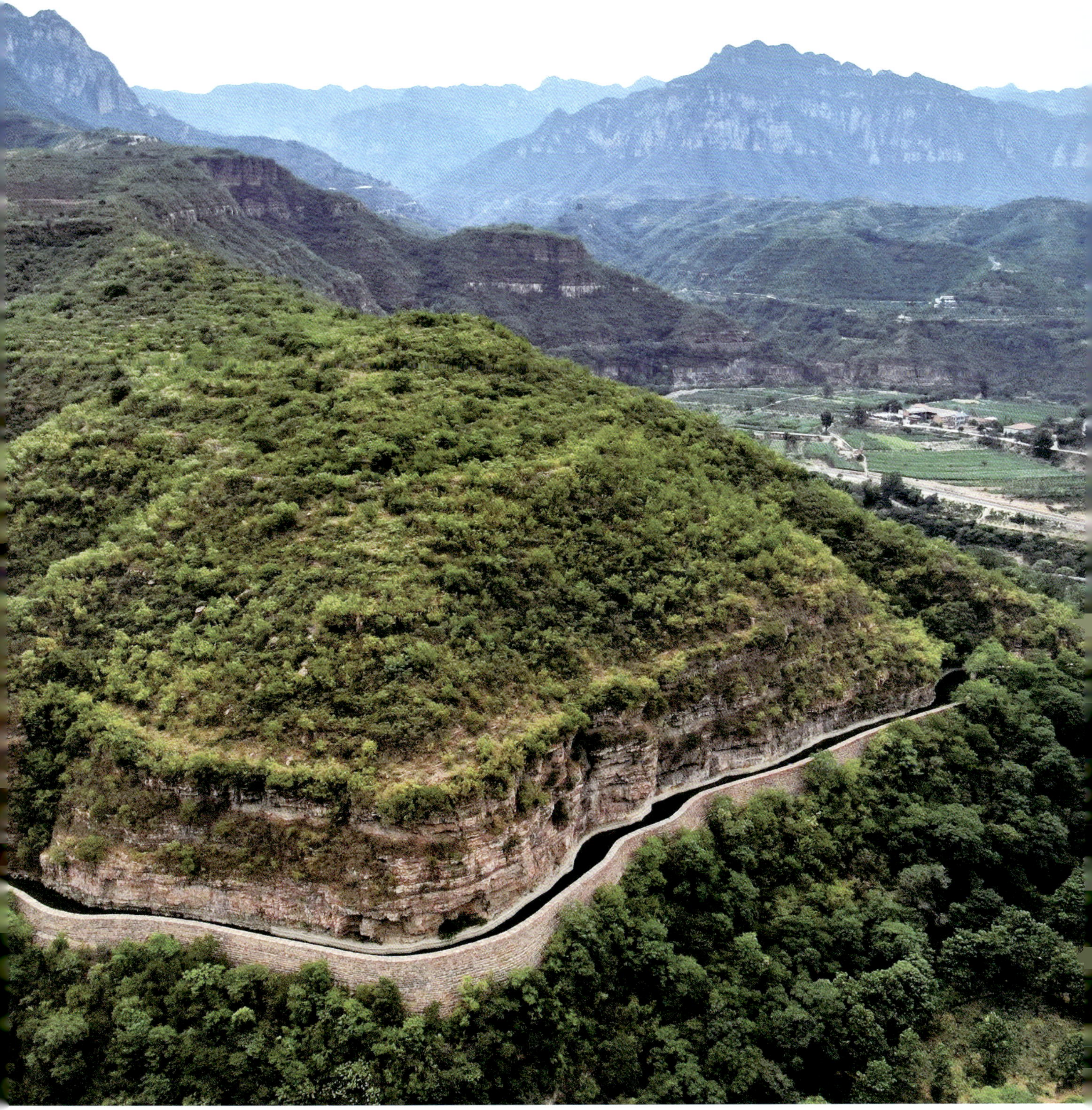

这里是中部崛起的门户

从空中俯瞰，以郑州为中心的河南"米"字形高铁网已然成型。这张覆盖逾7亿人的高铁网，在10年前还只是"纸上蓝图"，如今正在加速变为"地上通途"。

曾经京广、陇海两条铁路大动脉在此交会，使这里获得了"中国铁路心脏"的美誉。

进入高铁时代后，2010年通车的郑西高铁（郑州—西安）、2012年通车的京广高铁（北京—郑州—广州），加上2016年通车的郑徐高铁（郑州—徐州），又构成了新世纪郑州的高铁"十字枢纽"。随着2019年郑合高铁（郑州—合肥）通车，以及郑太高铁（郑州—太原）、郑济高铁（郑州—济南）与郑万高铁（郑州—万州、重庆）的加速建设，以郑州为中心的"米"字形高铁辐射网络，不只是"通四面"，而是"走八方"。

这个巨大的"米"字，以京广为"竖"，郑西、郑徐作"横"，郑万为"撇"，郑合为"捺"，郑太、郑济作"起笔两点"。从京汉、陇海铁路旁的小小郑县，到如今的国家中心城市，郑州正在以无比蓬勃的姿态走向世界。

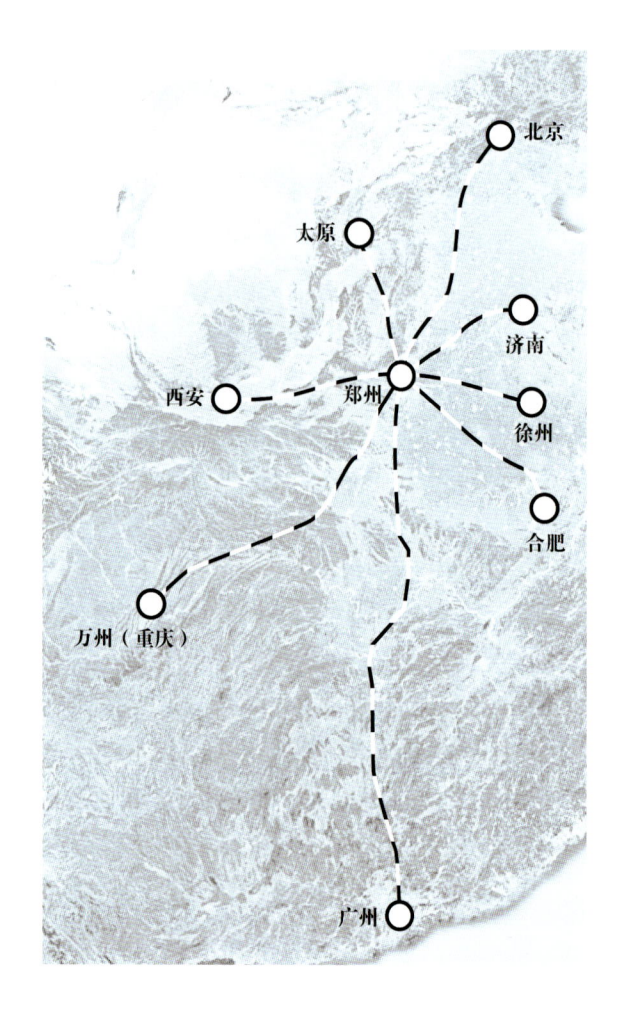

左图是以郑州为中心的河南"米"字形高铁网示意图

右页图为从60万米高空俯瞰郑州东站
郑州东站始建于2009年，2012年正式投入运营，是中国大陆特大型铁路枢纽站之一。

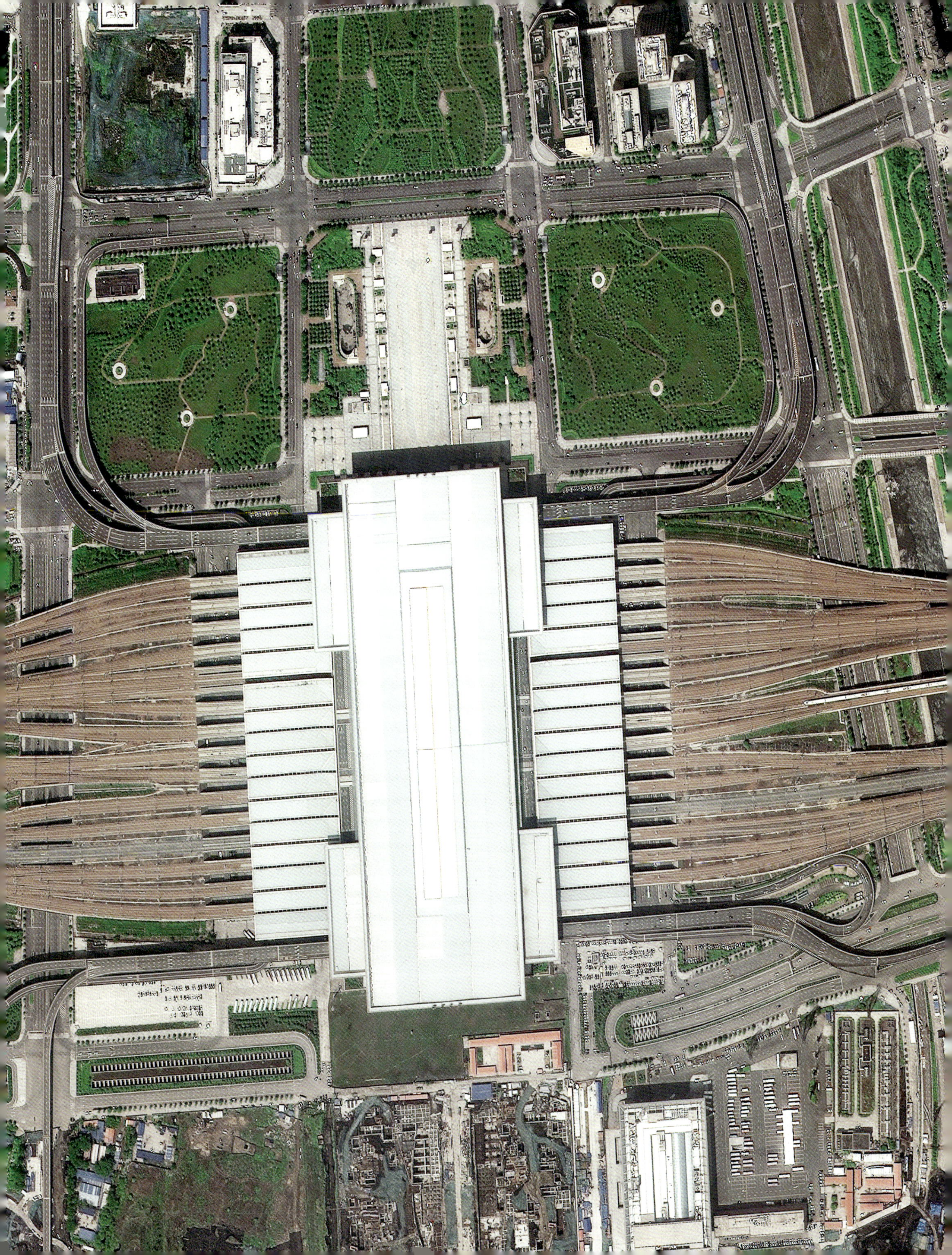

在"米"字形高铁网的加持下,河南四条"丝绸之路"的建设稳步推进,郑州已逐步成为国际性综合枢纽、内陆对外开放高地。

在郑州,空中丝路越飞越广。在"空中丝绸之路"等国家战略支持下,郑州的上空日益繁忙。2018年,郑州新郑国际机场开通航线230条,初步形成横跨欧美亚三大经济区、辐射全球近200个城市的国际枢纽航线网络;货邮吞吐量达51.5万吨,居全国大型机场第7位,客运量2 730多万人次,居全国大型机场第12位。

在郑州,陆上丝路越跑越快。中欧班列(郑州)实现了每周"去九回八"高频次运行,2018年开行752班,累计货值32亿美元,货重34吨,主要指标保持全国前列,新开通中亚、东盟线路。

在郑州,网上丝路越来越便捷。郑州跨境电商通关能力实现每秒500单,日峰值处理能力可达1 000万单,"买全球、卖全球"的国际贸易服务体系不断完善。

在郑州,海上丝路越来越顺畅。郑州至沿海港口的海铁联运班列已实现多点常态化运行。2018年,郑州至连云港、青岛、天津等港口的海铁联运班列累计开行206班。

新丝绸之路的联动、互为支撑,形成郑州对外开放合作新优势,奠定了郑州国际性综合枢纽地位。作为郑州发展的主要支撑腹地,河南省有1亿人口,每年有超过150万农村人口转化为城镇人口;以郑州为中心的2小时高铁经济圈,覆盖4亿人口的货物集散和消费圈;以郑州为中心的2小时航空经济圈,覆盖全国90%以上人口和市场。

放眼中原大地,淮河最大的支流颍河畔的周口港,一派繁忙。这里是河南省最大的内河港口,拥有东、中、西三个作业区,77个千吨级泊位。由此,豫货出海有了新门户,中原地区通江达海有了新起点。

中华人民共和国成立70余年,中原河南交出发展答卷。从不沿边、不靠海的内陆腹地,到连南贯北、承东启西的开放高地,空中、陆上、网上、海上,四路协同发展,航空港、货运港、物流港,凝聚起中原更加出彩的合力。中原崛起,正当时。

这是2014年4月23日拍摄的"汉新欧"铁路国际货运班列 新华社记者 肖艺九/摄

贯通丝绸之路经济带的"汉新欧"铁路国际货运班列从武汉东西湖铁路集装箱中心站出发,经郑州、兰州、乌鲁木齐,到达新疆边境口岸阿拉山口出境,穿越哈萨克斯坦、俄罗斯、白俄罗斯,最后抵达波兰罗兹站。

N°.24 CHINA FROM OUTER SPACE

表里山河壮美·文化源远流长

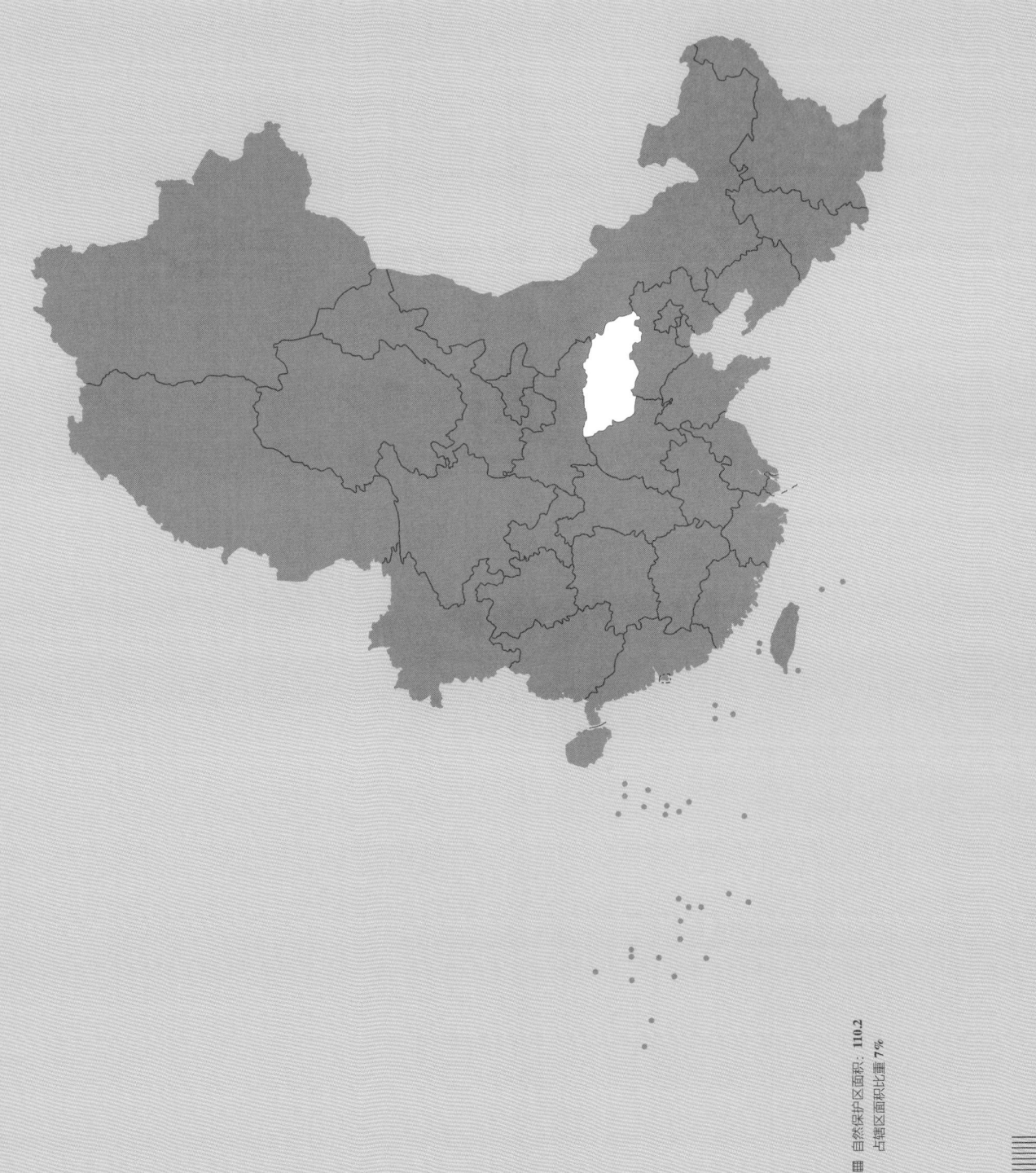

自然保护区面积：110.2
占辖区面积比重 7%

耕地面积：405.63

2017年　　　2017年

山西省在中国的位置示意图　　山西省耕地、森林及自然保护区概况

SHANXI

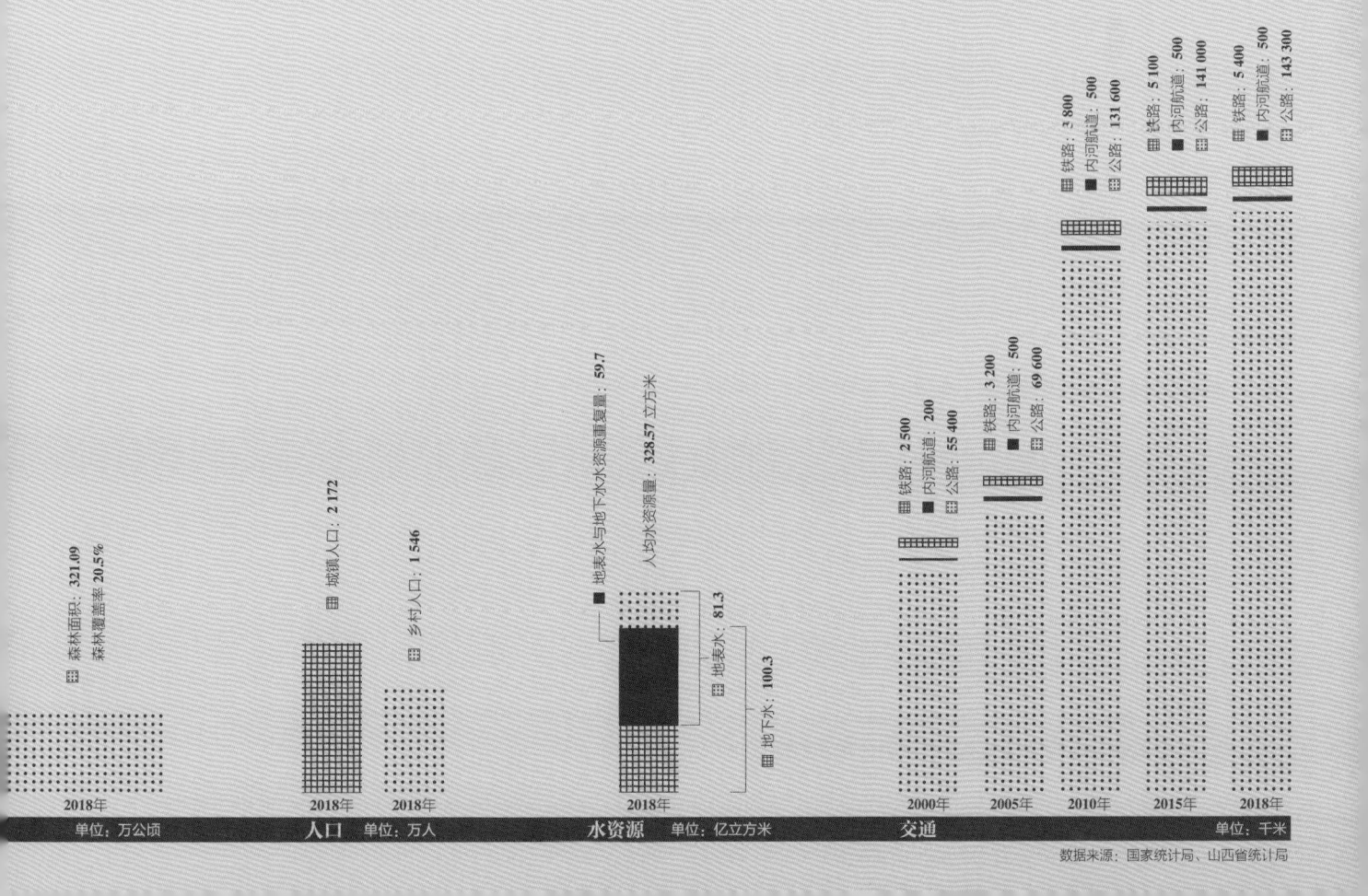

山西

森林面积：321.09	城镇人口：2 172	地表水与地下水资源重复量：59.7		铁路：3 800 铁路：5 100 铁路：5 400
森林覆盖率：20.5%	乡村人口：1 546	人均水资源量：328.57 立方米	铁路：2 500 铁路：3 200 内河航道：500 内河航道：500 内河航道：500
		地表水：81.3	内河航道：200 内河航道：500 公路：131 600 公路：141 000 公路：143 300
		地下水：100.3	公路：55 400 公路：69 600	
2018年	2018年 2018年	2018年	2000年 2005年 2010年 2015年 2018年
单位：万公顷	人口 单位：万人	水资源 单位：亿立方米	交通 单位：千米

数据来源：国家统计局、山西省统计局

壹

这里人称表里山河

人说山西好风光，地肥人美五谷香。

山西地处黄土高原东缘，是一个黄土覆盖、起伏较大的山地型高原，山区面积广大，占全省总面积的近70%。整个山地由一系列南北向雁阵式断块山与断裂谷组成，可谓"断崖万仞如削铁，飞鸟不度山石裂"。纵贯南北的晋中断裂带将三晋大地分为东西两部。东部山区以太行山、太岳山为主体，西部山区则以吕梁山脉为主体。东西山地之间的断裂带被分割为五大串珠状盆地，自北而南依次为大同盆地、忻定盆地、太原盆地、临汾盆地、运城盆地，其中以太原盆地为最大。

从60万米高空俯瞰，发源于昆仑山脉的滔滔黄河，犹如飞龙天降，蜿蜒东出，绕道贺兰山，一路北进，在阴山南侧转身东去，浊浪排空，孕育出河套地区的一川沃土，而后在内蒙古呼和浩特市的托克托县猛然调头，冲入晋陕大峡谷，纵横南下，由西而南，包络三晋大地，不仅勾勒出山西与陕西、河南的省界，成为三省界河，更在巍峨的北方大地留下了一个"几"字形的大弯。

位于山西省忻州市偏关县西北角的老牛湾正是黄河入晋的第一湾。在这里，自山海关蜿蜒西来的明长城与奔腾不息的黄河水初次相遇，深情一握。同样是在这里，发源于内蒙古的杨家川河，自东北方向汇入黄河。两河夹涌，冲刷出牛头形状，便有了"老牛湾"这个名字。深邃壮阔的晋陕大峡谷由此发端，河谷两岸壁立千仞，河道之中水波荡漾，河岸之上长城耸立，风光壮美无限。

由于受山西地势和山脉走向的影响，山西省内的河流多是发源于境内的外流河，分属黄河与海河两大水系。汾河、沁河等河流属于黄河水系。汾河是山西省内最大的河流，是山西人民的"母亲河"，它发源于山西省忻州市宁武县管涔山的雷鸣寺泉，纵贯几乎整个山西，流经忻州、太原、晋中、临汾、运城等地，最后汇入黄河，全长713千米。

右页图为山西省地形及主要水系分布示意图

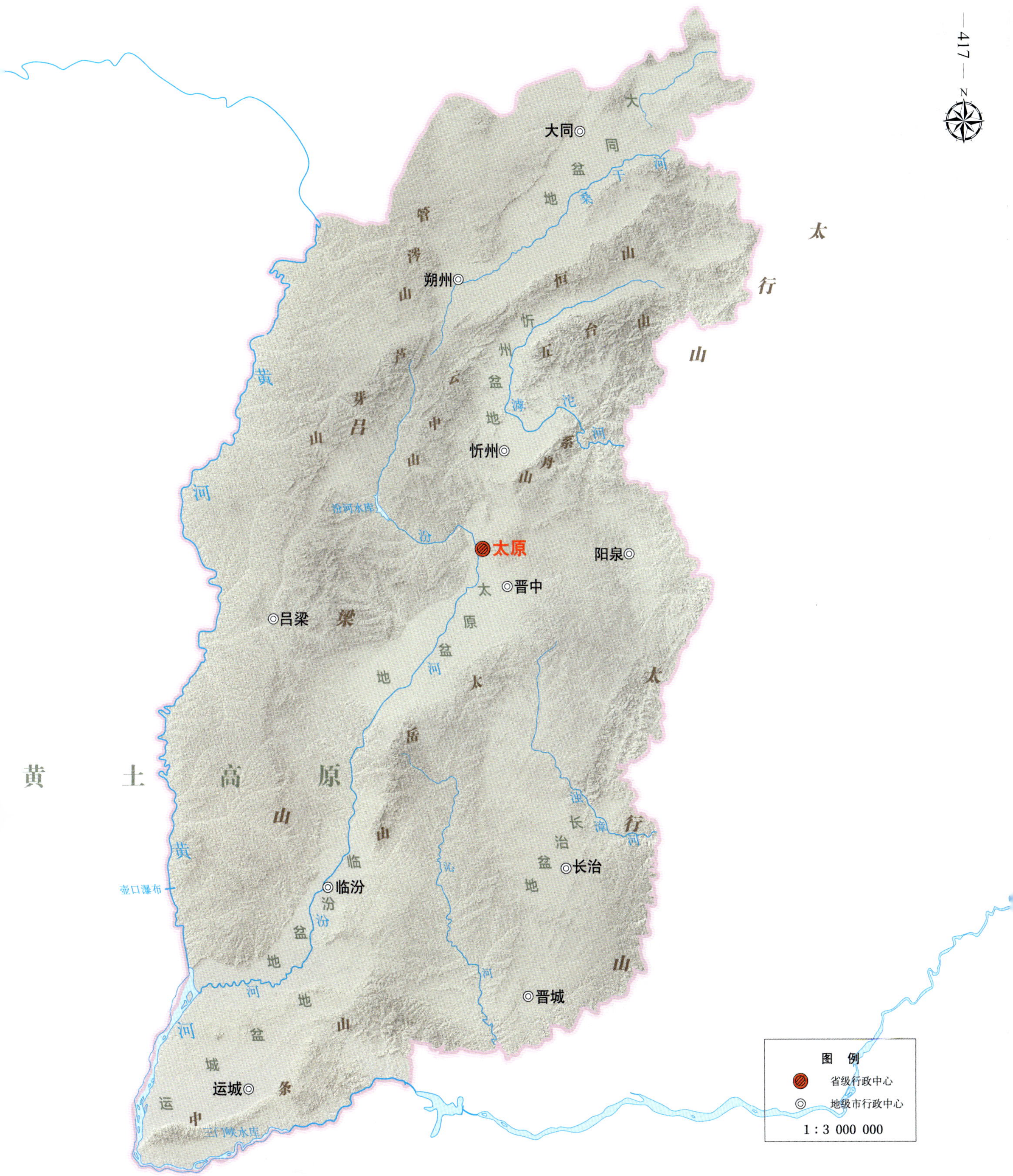

大同
大同盆地
桑干河
管涔山
朔州
恒山
太行山
五台山
忻州盆地
滹沱河
芦芽山
云中山
吕梁山
忻州
系舟山
汾河水库
汾河
太原
阳泉
晋中
吕梁
太原盆地
太岳山
黄土高原
黄河
浊漳河
长治盆地
长治
临汾
临汾盆地
壶口瀑布
沁河
晋城
运城
运城盆地
中条山
三门峡水库
图例
省级行政中心
地级市行政中心
1∶3 000 000

从60万米高空俯瞰山西老牛湾

老牛湾，黄河与长城握手的地方。大自然的鬼斧神工，与古人的智慧在这里碰撞。

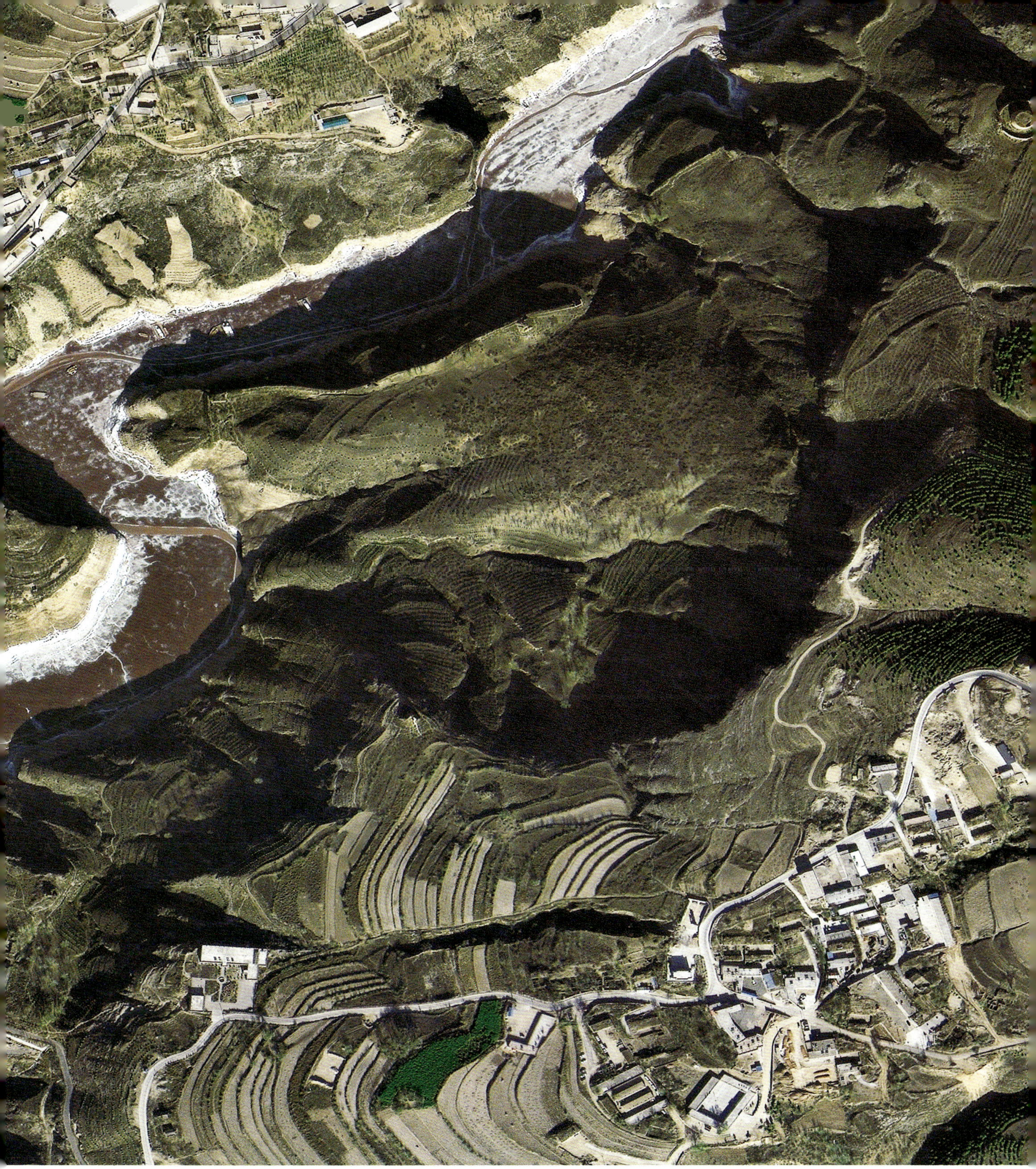

贰 这里也曾黄沙漫卷

尽管有大河哺育，但山西地势高亢、山峦起伏，气候垂直变化显著，南北差异明显。加之降水量年内季节变化很大，夏秋多而冬春少。降水量极为不均，干旱时常发生，多地有"十年九旱"之说，春旱几乎年年都有。

受惠于多样的自然环境，山西在很早以前曾是草木繁茂之区。晋西北的许多山地，几百年前还是古木参天、林荫蔽日，但随着人口增加以及乱砍滥伐，森林覆盖率急剧下降，水土流失极为普遍，土地沙化现象严重。位于晋蒙交界、毛乌素沙地边缘的朔州市右玉县就是这样一方土地，解放初期森林覆盖率不到0.3%，可谓风沙肆虐的不毛之地。曾有到此饱受其苦的外国专家断言，这里不适宜人类居住，建议举县搬迁。

扎根还是搬离？这是70多年前摆在中共右玉县第一任县委书记张荣怀面前的一张考卷。

"要想风沙住，就得多种树。"张荣怀和当地干部群众经过深入调研后如此作答。自张荣怀起，右玉县20任县委书记展开绿色接力，一任接着一任干，一张蓝图绘到底，率领干部群众坚持不懈植树造林，一干就是70多年。

水的命脉在山，山的灵魂在树。在支离破碎的黄土高原，有的地方"种树比养孩子还难"，狂风肆虐，黄沙漫卷，生存条件恶劣。但右玉人就是那一棵棵小叶杨，耐寒抗旱，代代扎根，筑起锁住风沙的绿色长城。绿进一尺，沙退一寸，如今的右玉，估算有1亿棵树，按照一米一棵的距离测算，排起来相当于10万千米，可绕地球赤道两圈半。这里的林木覆盖率也已经达到近55%，全县1 969平方千米荒芜的塞上高原奇迹般变成了绿色海洋。有近百公里古长城的右玉，又拥有了一道锁定风沙的绿色长城。

"山无头，水倒流"，右玉境内的苍头河，不像其他河流那样东流或南奔，而是倔强地掉头北上。"河水能倒流，荒漠变绿洲"——这就是右玉人的精神气概。

右页图1为治理前的右玉县右卫老城北城墙一带的景象（资料照片）
右页图2为2017年7月22日拍摄的右玉县右卫老城北城墙一带的景象 新华社记者 詹彦/摄
右页图3为治理前，右玉县随处可见半流动沙丘（资料照片）
右页图4为2017年7月29日拍摄的右玉县牛心山周围治理后的荒沙地，如今已经草木繁茂 新华社记者 詹彦/摄

①

②

③

④

叁

这里地上文物众多

身为表里山河之地、形势完固之区，山西特殊的地理环境与区位特征营造出了悠久灿烂的历史文化。这里是中华文明最重要的发祥地之一，位于芮城县境内的西侯度遗址是目前中国已知最古老的一处旧石器时代遗址，距今约180万年。代表新石器时代晚期龙山文化类型的陶寺遗址（今属襄汾县）更为驰名，距今约4 500—3 900年。

西周初年，周成王封弟叔虞于唐，后改称晋。随后，晋不断兼并周边小国，疆土日阔，春秋时期长期是黄河流域第一流的强国。春秋末，韩、赵、魏三家分晋，拉开了战国诸雄兼并的大幕，山西的地位一落千丈。直到魏晋南北朝时期，山西才迎来了高峰。

崛起于内蒙古草原的北魏政权迁都平城（今大同市），此后逐步统一北方。正是在这一时期，云冈石窟的开凿被提上日程。从北魏文成帝复法启开凿之始，到北魏正光年间终结，营造这片盛景历经了60多年之久。而如今透过45个主要洞窟、209个附属洞窟、1 100多个佛龛、18 000余平方米雕刻面积，我们依然能够感受到扑面而来的恢宏雄浑。盛大之外，别有匠心，大大小小的造像最高者17米，最小者仅2厘米。万千雕凿费尽工夫，刻画出的是历史的模样。多元文化的融合，成为琳琅满目的线条与雕饰。令人目眩的不只是艺术上的登峰造极，更有历史、建筑、音乐等内容徐徐铺展。

顺着历史的河流回望，我们愈发折服于它无与伦比的美，更愈发惊叹于它的价值。它是中国第二个规模巨大的石窟群，是东方石雕艺术的精魂，也是中西文化融合的典范，代表着公元5~6世纪佛教艺术的最高成就，与敦煌莫高窟、洛阳龙门石窟并称为中国三大石窟，它是当之无愧的中国瑰宝。它也是当之无愧的世界遗产，与印度阿旃陀石窟、阿富汗巴米扬石窟并称为世界三大石雕艺术宝库。

大同云冈石窟，一座洞窟的石壁上刻着数千尊大小石雕佛像 新华社记者 王颂/摄
云冈石窟坐落于山西省大同市，众多石雕造像依山而凿。历史上，云冈石窟见证了不同文明的融合。而今天，借助数字技术，云冈石窟迎来了新生。

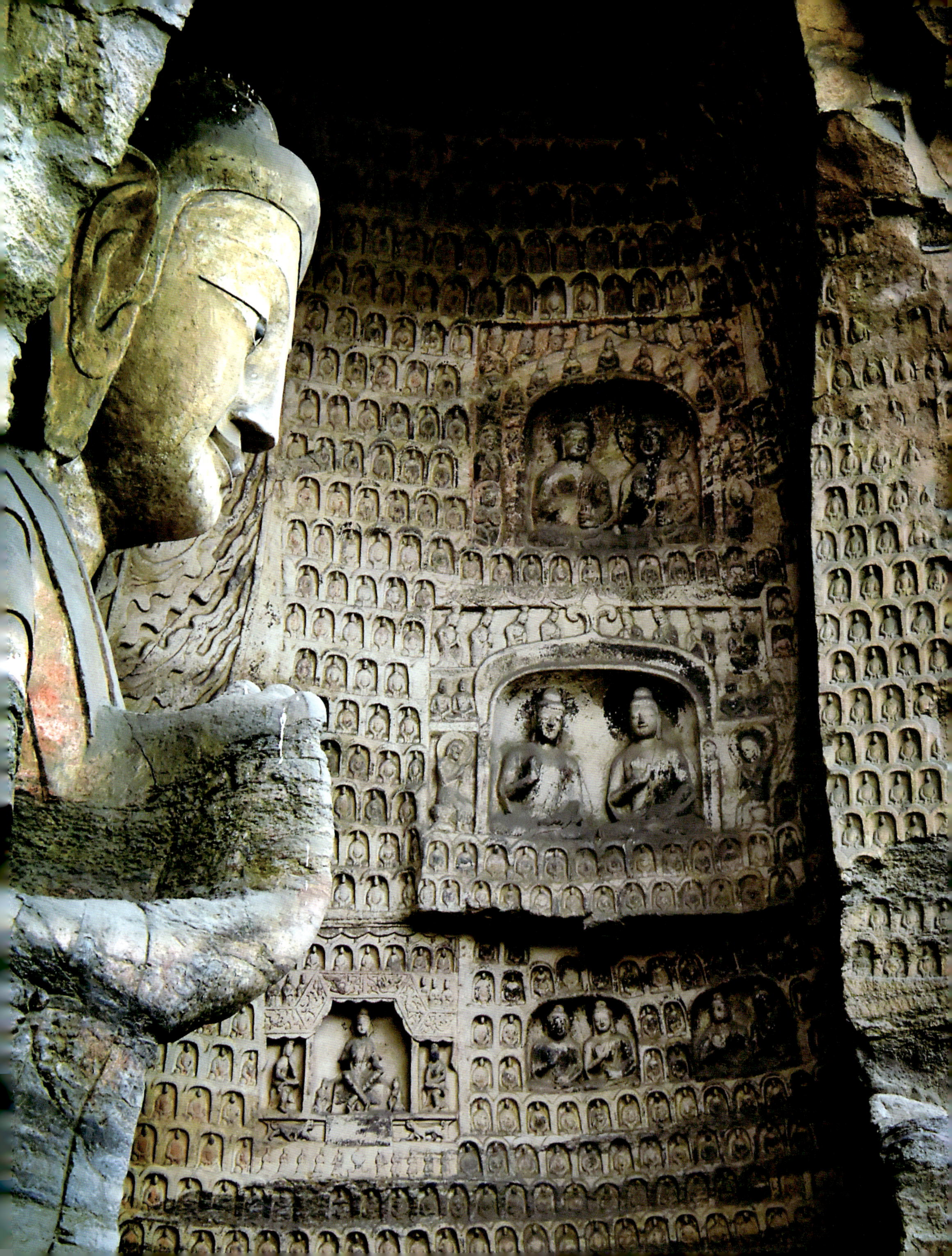

进入隋唐时期，中国重归一统。这时山西的地位虽没有南北朝时期重要，但仍丝毫不容小觑。山西乃唐王朝发迹之地，以晋阳（今太原）为北都，是仅次于长安、洛阳的第三政治中心，有"天王三京，北都居一"之说。唐末五代时期山西再次变得十分重要，五代的五个朝代中，后唐、后晋、后汉均是以太原府为根据地建立的。

隋唐时代的山西经济发达、文化昌盛，我国四大佛教名山五台山附近的南禅寺、佛光寺均建于唐代，遗存至今。在众多历史遗迹的辉映下，五台山不仅是世界文化遗产、佛教名山，还是中国唯一一个青庙黄庙交相辉映的佛教道场。这里可以触摸历史——佛光寺东大殿，是中国现存唐代木结构建筑中规模最大、保存最完整的一座。梁思成先生言其"斗拱雄大，出檐深远"，称颂其为"中国第一国宝"。这里可以连接世界——以佛文化为纽带，五台山成为中外文化交流的平台。

山西省忻州市五台山寺庙群 新华社记者 王学涛/摄

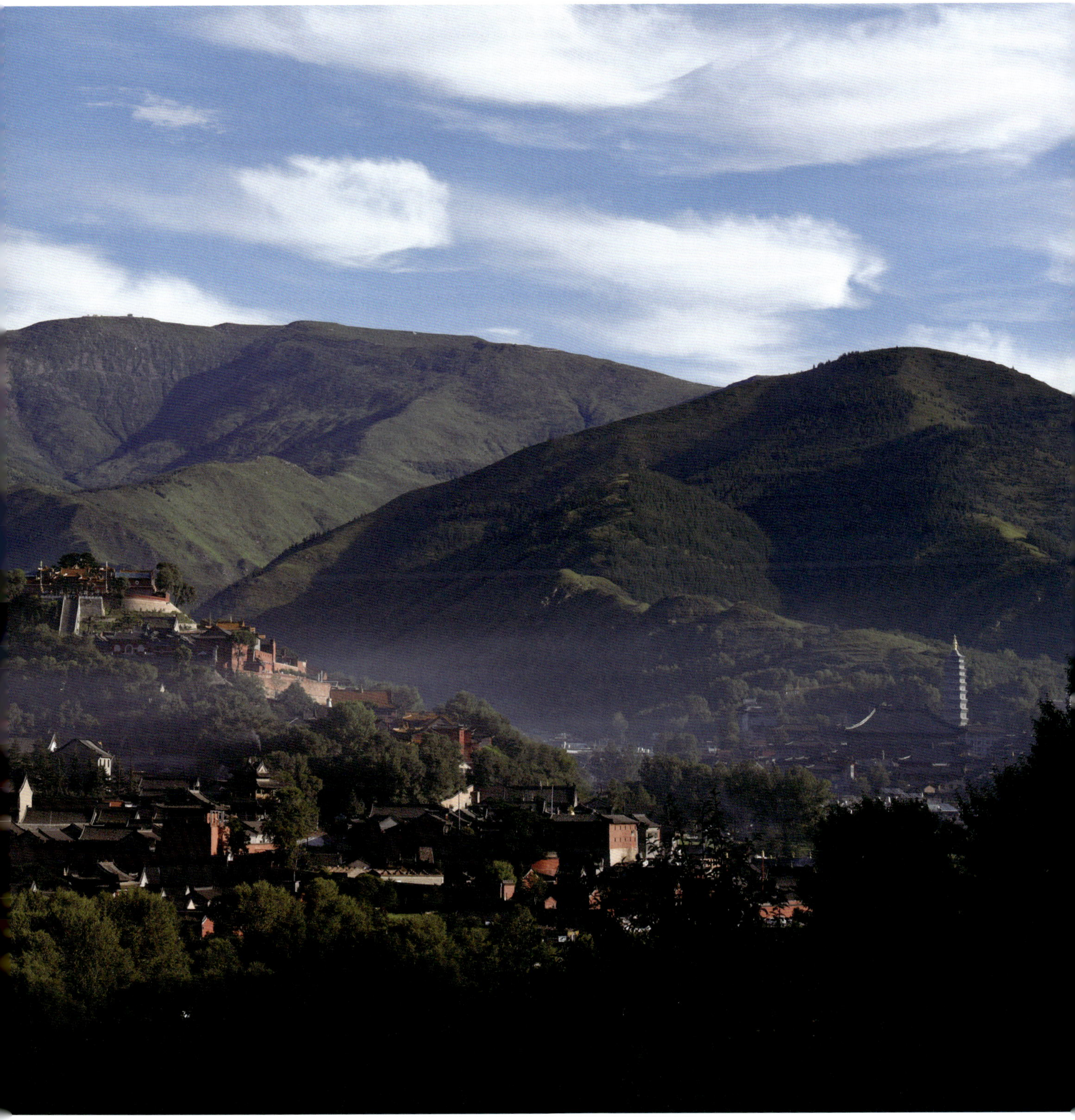

到了北宋，山西以雁门关为界分属宋、辽两国。在宋初进行的统一战争中，北宋消灭的最后一个割据政权就是以晋阳为都的北汉，宋太宗将该城火烧水淹，一代名城遂成废墟，日后不得不在唐明镇重建城池，此即今天太原城的前身。

由于北宋时期，宋辽之战多发生在山西，广为传颂的杨家将故事正是在这样的背景下形成的。金元时期的山西地狭人稠，经济文化相当发达，平阳（今临汾市）是金代印刷业中心，科举昌盛，出现了元好问、刘祁等一流的文人学者，这里的戏曲业也十分繁荣，今天的晋南一带依然遗留有大量的金元戏台，令人向往。

明清时，山西乃是京师右臂。明代初年，山西人口稠密，而太行山以东的华北平原迭经战乱，人口稀少，朝廷于是实行了将山西民众外迁他省的大移民，也许是当时大部分移民先在临汾市洪洞县集中，然后外迁，故而时至今日，华北平原地区仍流传着"问我祖先来何处，山西洪洞大槐树"的民谚。洪洞大槐树下已然成为无数移民后代的"故园"标志，被称为我国辐射范围最广、影响最大的移民发源地，移民姓氏涵盖了李、王、张、刘等北方常见的100多个姓氏。这不仅是山西移民的家园符号，也是中华民族发展进程中民族凝聚的象征。

这一时期，朝廷在北方边镇实行以盐、茶为中介，招募商人输纳军粮、马匹等物资的"开中法"。大量山西商人运粮至边塞，以此换取盐引并逐利四方。明代文献说"平阳，泽潞，豪商大贾甲天下，非数十万不称富"，说的正是富甲天下的晋商。

到了清代，山西票商又凭借明礼诚信的晋商精神称雄全国，开设票号者多是山西平遥、祁县、太谷的商人，全国各地甚至国外都有他们的分号，一度控制了全国的金融业，发展成为中国商帮之首。昔日的创业者们早已消失在浩渺的历史星河中，但晋商遗迹随处可见，尤以晋商大院最为有名。驻足其间，人们可以看出昔日主人的富甲一方，也能探寻到晋商称雄商界数百年的精神。深深的院落不但错落有致、气势宏大，而且雕刻精美、寓意祥和。山西晋中市祁县乔家大院和灵石县王家大院就是杰出典范。

乔家大院红门堡建筑群

乔家大院、王家大院、常家大院……大院是一个家族的兴衰史,是晋商文化的典型代表,也是山西乃至全国的金融史。

晋商大院留下的是一代商界传奇，是晋商荣归故里的小家建设，而在这身处边陲要塞的三晋大地之上，也曾掀起过声势无比浩大的筑城浪潮，平遥古城即是这一浪潮遗留至今的活证。晋商缔造的中国第一家票号"日昇昌"，正是在这里诞生。

平遥古城位处太原盆地西南、山西省中部晋中市的平遥县，是现存最完整的古代县城，遗世独立、固若金汤。因地处太行、吕梁两山中央，据雁门、云中之塞，控南北之要地，历史上曾是一处兵家必争之地。

2 800多年前，西周大将尹吉甫驻军于此，北伐猃狁南征供赋。北魏太武帝时，这里更有"皇城"之美誉。明洪武三年（1370）平遥城池扩建，逐渐由军事之城转变为商业之城，曾堪称全国金融中心。

这是一座活着的古城，每一个地名都是时代和文化的浓缩；它是沉淀的历史，是厚重的底蕴。横亘绵延的城墙、青石铺就的深巷、翘檐凌空的市楼、古朴典雅的客栈，其保存之完好、数量之众多，举国罕见。1997年，平遥古城以整座古城入选《世界文化遗产名录》。联合国教科文组织当时这样评价：平遥古城在中国历史的发展中，为人们展示了一幅非同寻常的文化、社会、经济及宗教发展的完整画卷。

平遥古城并不遥远，今天仍有3万多居民住在保存完整的近4 000座明清民宅里，城内外有各类遗址、古建筑300多处。四大街、八小街、七十二巷、八卦方位布局、土字形的街道，遍布南北长、东西窄的北方四合院……每一处历史的褶皱里都承载着汉民族建筑、吏制、宗教、票号、民俗、饮食、艺术文化。这里朱红大门、古色古香，让人浑然置身于历史之中；这里庭院深深、商户猎猎，买卖做了千年依然人影如织。

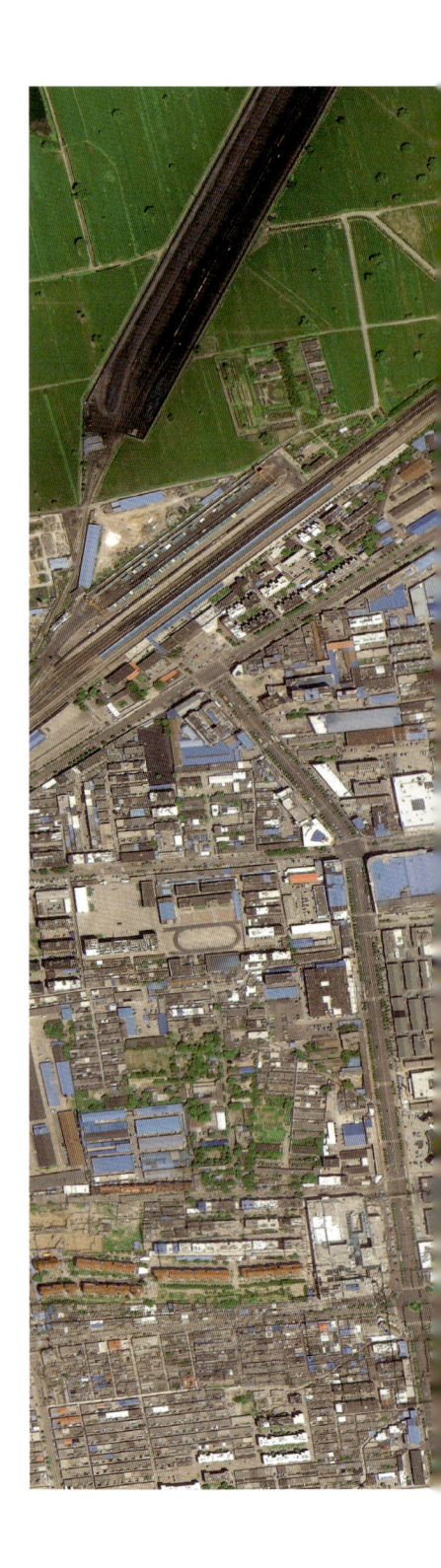

从60万米高空俯瞰平遥古城

平遥古城既有旧时的风韵，也有年轻的活力。它没有走失在百转千回的岁月里，反而在历史的长河中，绽放出斑斓的华彩。

肆 这里红色基因代代相传

进入近代，山西与全国一样，迭遭内忧外患之扰，民生凋敝，社会失序。在这样的时代背景下，山西应运成了一片红色的土地。这里有我们耳熟能详的"晋西北"，也有指挥抗战的八路军总部，还有闻名遐迩的平型关。

平型关属明长城内长城的一部分，内长城也称"二边""次边"，从偏头关经宁武关、雁门关到平型关再到娘子关（固关），依托管涔山、恒山、五台山和太行山北段，形成防御工事。在恒山和五台山之间有条带状低地，平型岭横在这条带状低地上，因地形如瓶，古称瓶型寨。明正德六年（1511）朝廷在岭口建关城，称平型岭关，后称平型关。这里是灵丘和繁峙两县的交界，向南进入繁峙县有平型关村，为当年戍兵驻扎之地。

今天，在位于山西省大同市灵丘县的平型关大捷纪念馆里，参观者络绎不绝。馆内循环播放着《义勇军进行曲》："起来！不愿做奴隶的人们！把我们的血肉，筑成我们新的长城……"

平型关可以很好地诠释什么是"新的长城"。

中国共产党领导的人民军队，在这里第一次投入抵御外侮的战争中，击败一支从甲午战争起就在中国横行的日本侵略军，这是华北战场上中国军队主动寻歼敌人的第一个大胜仗，它打破了"日军不可战胜"的神话，振奋了全国人心。此后，这支新型人民军队就在这片土地扎下根来，以牺牲捍卫尊严，以信仰唤醒民众，在古长城之上，用血肉筑成我们新的长城。

平型关大捷后，根据中共中央安排，聂荣臻率一一五师一部留在晋东北，扎根于人民之中，开辟了晋察冀抗日根据地。晋绥边区屹立于黄河东岸，筑起一道日寇难以逾越的屏障，时刻保卫着延安，守护革命的火种。

平型关的关楼和明代古城墙 新华社记者 王颂/摄

伍 这里的能源革命鏖战正酣

"花花真定府,锦绣太原城。"古称并州的太原,建城已有 2 500 多年,史上也曾"山光凝翠,川容如画"。中华人民共和国成立后,太原长期承担国家能源重化工基地功能。山西当了 58 年"煤老大",有过"点亮全国一半灯"的历史贡献,也遭遇结构失衡、生态破坏等切肤之痛,山水一度失色,就连山西第一大河——汾河,也一度污水横流、鱼绝鸟去。

没有水,城市也似没了灵气。当时的太原,东西两山矿坑无数,植被破坏严重,城中煤烟四起,空气里都是呛人的味道,道路、城建落后……

没有好环境,哪来的全面小康?于是,山西担当起新时代能源革命排头兵重任,紧锣密鼓推出一系列重大举措,一场以"减、优、绿"为突破口的能源革命攻坚战,在山西全面打响,昔日"煤老大"迸发出新的蓬勃生机。

"汾河流水哗啦啦,阳春三月看杏花。"如今的汾河,重现碧波荡漾的大河风光。被称为"华北第一人工湖"的晋阳湖也在悄然生变。这个最初为电厂冷却用水而建的人工湖,经过数年治理,已成为北方难得一见的水域公园。汾河碧水长流,晋阳湖波光潋滟,人水相亲,移步易景。

水变,山也在变。位于太原西山地区的玉泉山一带,原有石膏矿、采石场等矿产企业百余家,形成了 200 多处、近 100 万平方米的破坏面,刮风扬黑灰,下雨流污水,成为城市一大污染源。经过长达十余年的修复治理,废矿山变成了绿意盎然的"后花园"。十余年间,像玉泉山这样的生态嬗变在太原东西两山接连上演,已初步形成 30 处城郊森林公园。如今的龙城太原,一座座"网红桥"横跨汾河两岸,一张靓丽的城市名片,展现在世人面前,而再现"锦绣太原城"盛景的梦想也一定能够实现。

右页图为太原 1995 年和 2019 年发展对比
一年一个样,将能源革命进行到底,再现"锦绣太原城"。

1995年

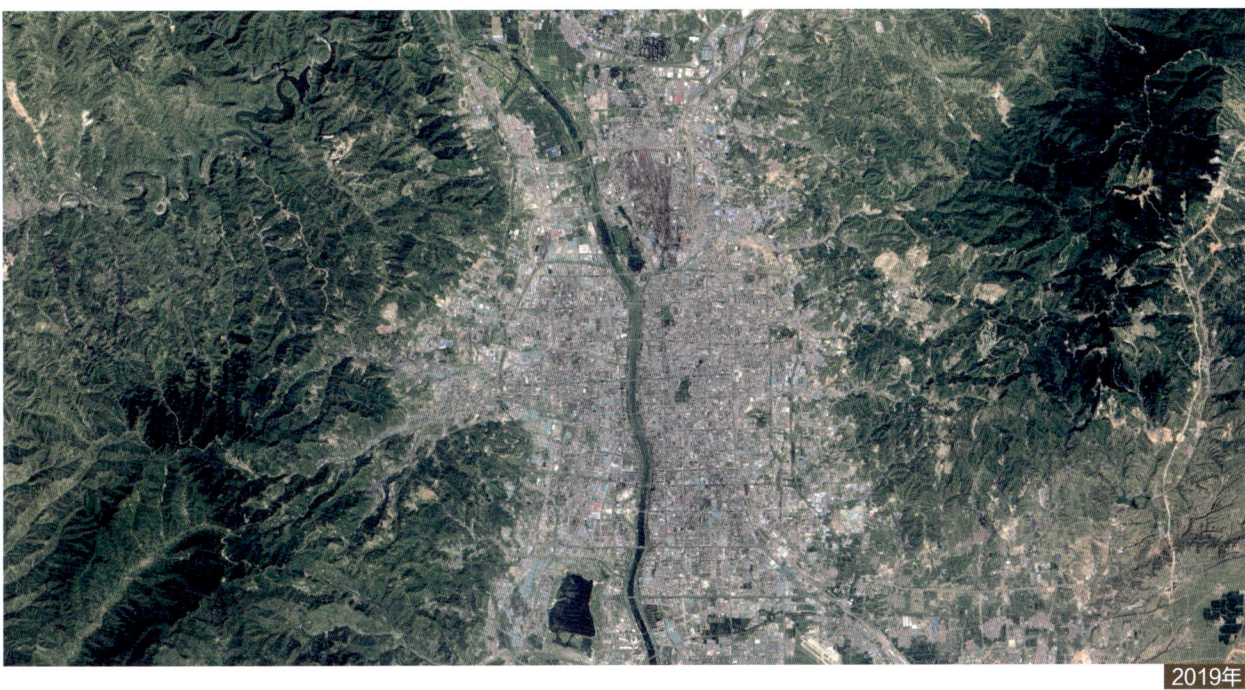

2019年

NO.25 CHINA FROM OUTER SPACE

一岭分南北·一城通古今

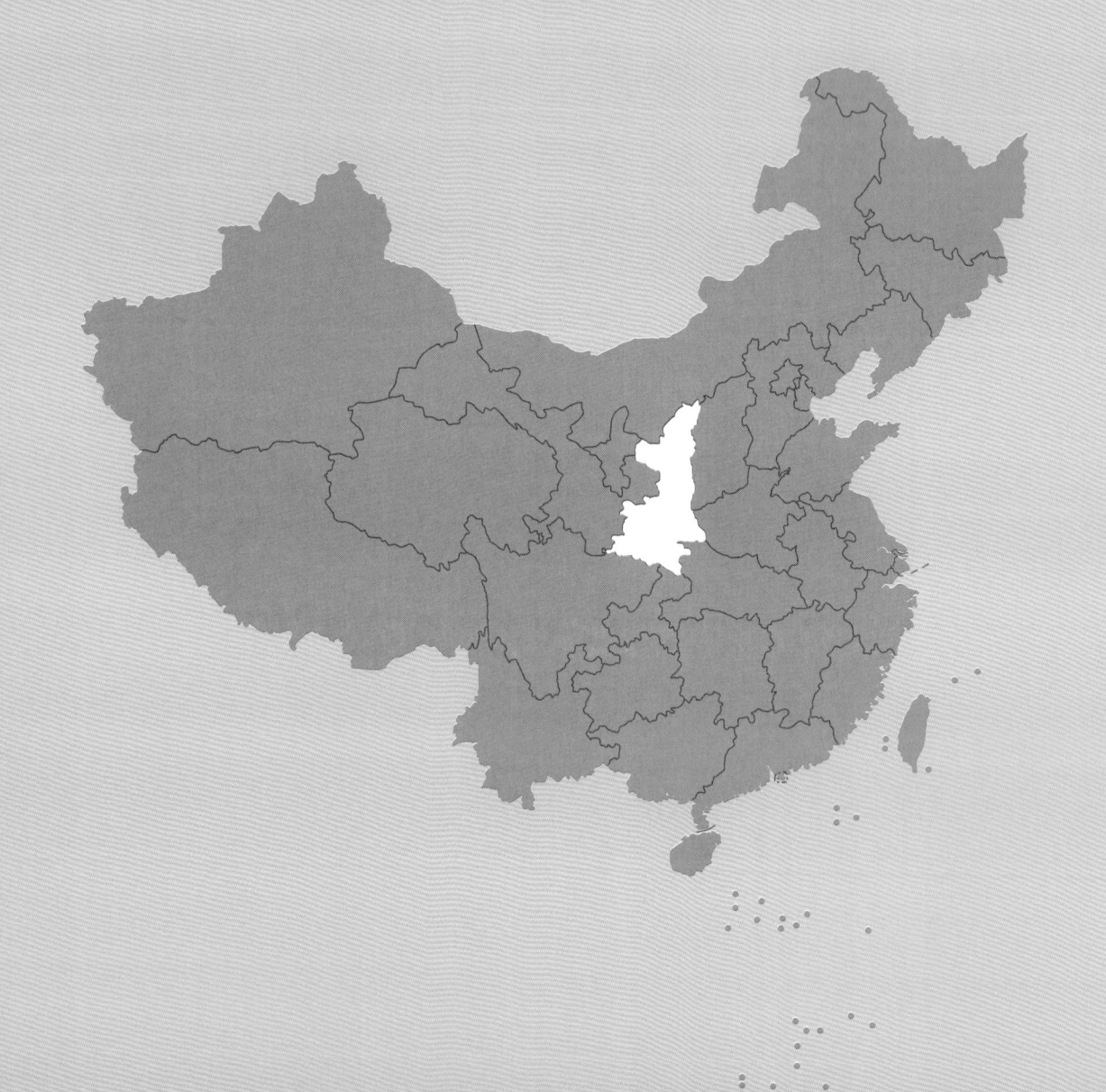

陕西省在中国的位置示意图

陕西省耕地、森林及自然保护区概况

自然保护区面积：113.1
占辖区面积比重 5.5%
2017年

耕地面积：398.29
2017年

SHAANXI

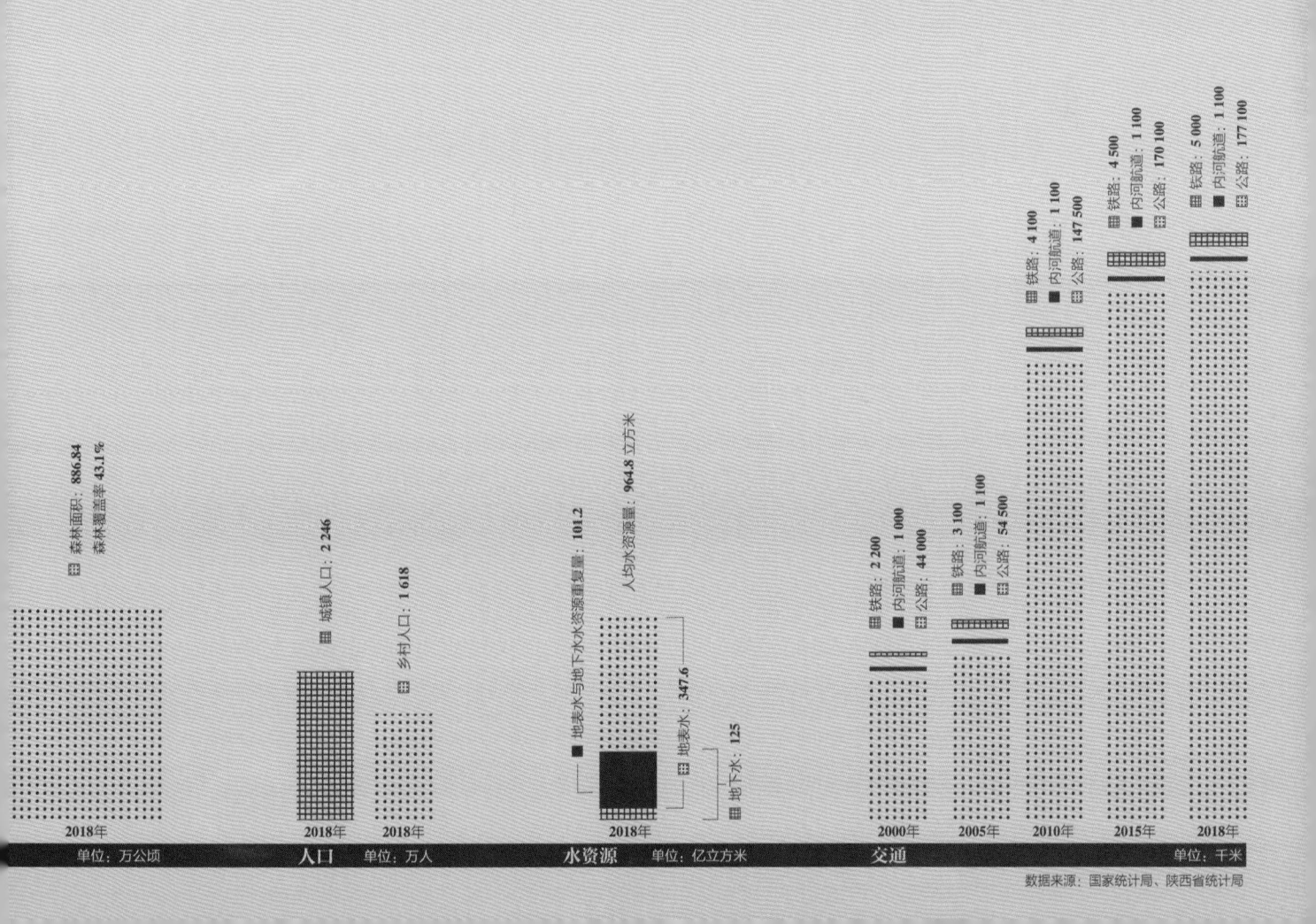

陕西

森林面积：886.84 森林覆盖率：43.1%	城镇人口：2 246 乡村人口：1 618	地表水与地下水资源重复量：101.2 人均水资源量：964.8 立方米 地表水：347.6 地下水：125	铁路：2 200 内河航道：1 000 公路：44 000 / 铁路：3 100 内河航道：1 100 公路：54 500 / 铁路：4 100 内河航道：1 100 公路：147 500 / 铁路：4 500 内河航道：1 100 公路：170 100 / 铁路：5 000 内河航道：1 100 公路：177 100	
2018年	2018年 2018年	2018年	2000年 2005年 2010年 2015年 2018年	
单位：万公顷	人口 单位：万人	水资源 单位：亿立方米	交通	单位：千米

数据来源：国家统计局、陕西省统计局

泱泱中华，耀耀三秦，徜徉八百里关中，阅尽千年周礼秦风汉韵盛唐；革命圣地延安，成为中国共产党人的精神家园；巍峨秦岭，界定祖国南北。从60万米高空看陕西，穿越历史，领略新时代。

陕西，源于《公羊传》记载周代的周、召二公"分陕而治"，当时的陕西指陕原以西的泾河与渭河流域。陕原在黄河以南、今河南省三门峡市境内，由此向北越过黄河即是山西，由此往西翻越崤山即是陕西华山。

唐代安史之乱后设陕西节度使，陕西遂从地理名称转化为行政区名称。宋代在此置陕西路。元代置陕西行中书省，首次将秦岭南北区域划入同一个省级行政区中。明代时曾将甘肃和陕西合并，设立陕西布政使司。但清代康熙初年，又将陕西单独建省，并延至今日。因春秋战国时期，陕西是秦国治地，所以陕西除了"陕"这一个简称外，又简称"秦"。外加横贯陕西中部的主要山脉称"秦岭"，渭河平原称"秦川"，陕西又被称为"三秦"。

三秦大地南北狭长，纵跨三个气候带、三大地形区。北有黄土高原，沟壑纵横；南有秦岭、大巴山，逶迤挺拔；胸怀关中平原，沃野千里。因而"三秦"二字便随着时间推移有了新的含义，人们将其视为北部陕北、南部陕南与中部关中的合称。

三秦之内河流水系密布，并以秦岭为界，分属两大流域。秦岭以南分布着汉江、嘉陵江、丹江等1700多条河流，属于长江流域，更以汉江为首，形成长江最重要的支流，横贯陕西南部，出秦岭入湖北，在武汉汇入滚滚长江。

秦岭以北则分布着渭河、泾河、洛河、延河、无定河等2500多条河流，属于黄河流域。发源于甘肃的渭河横贯陕西中部，流经西安与泾河交汇（高陵区境）后，东入黄河。泱泱黄河自陕西最北端的榆林市府谷县黄甫镇墙头村入境，长驱南下，流经陕西省延安市宜川县时，骤然收缩河道，由300多米收为50多米，跌入30多米深的峡谷深槽，形成壮观的壶口瀑布。瀑布又在河床中央下切，形成了谷中谷，北至瀑布区，南达山西省吕梁市的孟门山，长约5千米，当地人俗称"十里龙槽"。

右页图为陕西省地形及主要水系分布示意图

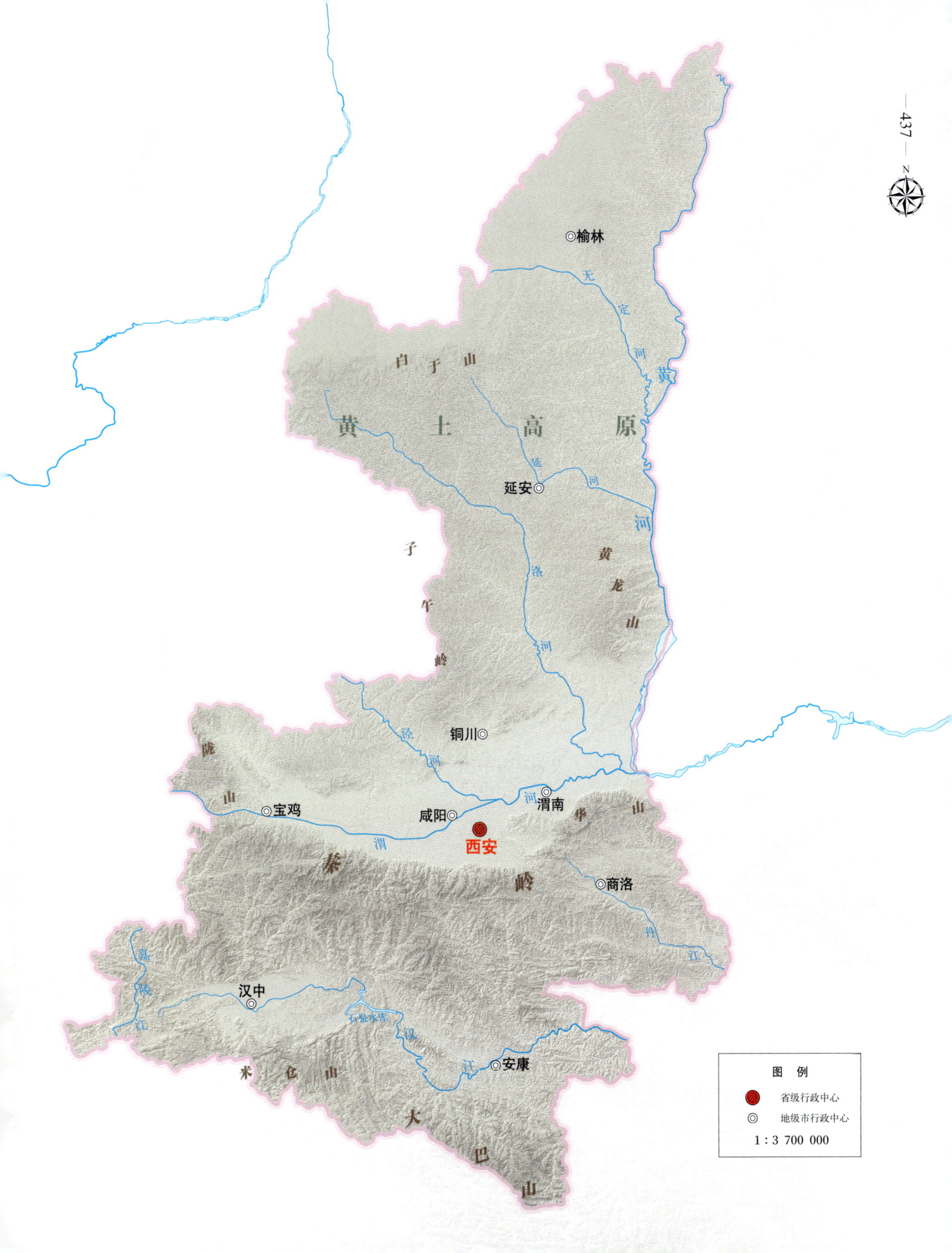

图　例
省级行政中心
地级市行政中心
1:3 700 000

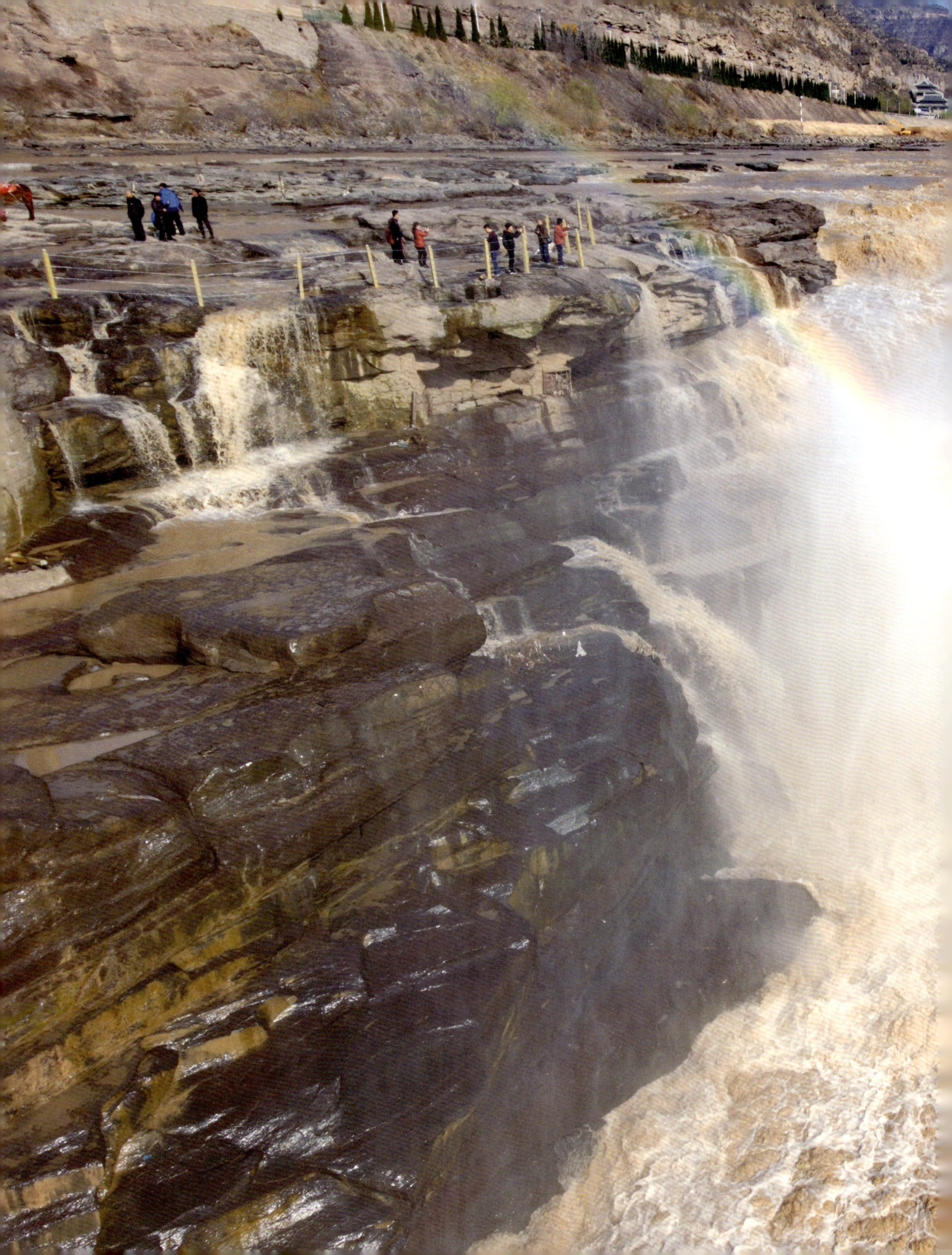

黄河壶口瀑布 新华社记者 曹阳/摄
千里黄河一壶收，泱泱大河奔腾咆哮的壮美景观令人赞叹不已。

壹　红星，从这里照耀中国

"红军不怕远征难，万水千山只等闲。"

1935年10月，从江西于都出发的中央红军，跨越逶迤五岭，攀登磅礴乌蒙，跋涉滚滚金沙江，征服滔滔大渡河，翻过皑皑岷山，历尽艰辛万苦，付出重大牺牲，终于抵达陕北。从此，红星，从这里照耀中国。

当时的陕甘革命根据地，是全国范围内硕果仅存的一块红色土壤。直罗镇战役成功粉碎了国民党对陕甘根据地的第三次"围剿"，使陕北成为夺取中国革命胜利的出发点。

立足陕北，瓦窑堡会议召开，确定了抗日民族统一战线的方针政策。

立足陕北，中国人民红军抗日先锋军东渡黄河，挥师东征。

立足陕北，中国共产党提出了在团结抗日的基础上和平解决西安事变的正确方针，最终促成抗日民族统一战线的建立。

立足陕北，中国共产党领导的人民抗日武装，成为抗日战争的中流砥柱。

漫漫长征路，在神州大地谱写初心永恒的英雄史诗。

巍巍宝塔山，为中华民族升起实现复兴的辉煌曙光，她是中国革命的精神标识。在她的见证下，延安发生着翻天覆地的变化。这里曾经"种一茬庄稼脱一层皮，下一场暴雨刮一层泥"。退耕还林20余年来，延安的植被覆盖度从2000年的46%提高到目前的80%以上。在绿色的逐年浸染中，延安大地经历了由黄变绿、由绿变美、由美变富的历史巨变。苹果已成为延安的"幸福果"，果业收入占到延安市农村居民人均可支配收入的一半，延安苹果已经插上品牌的"翅膀"，"飞"向世界各地。

右页图为延安1998—2018年植被分布变化

1998年

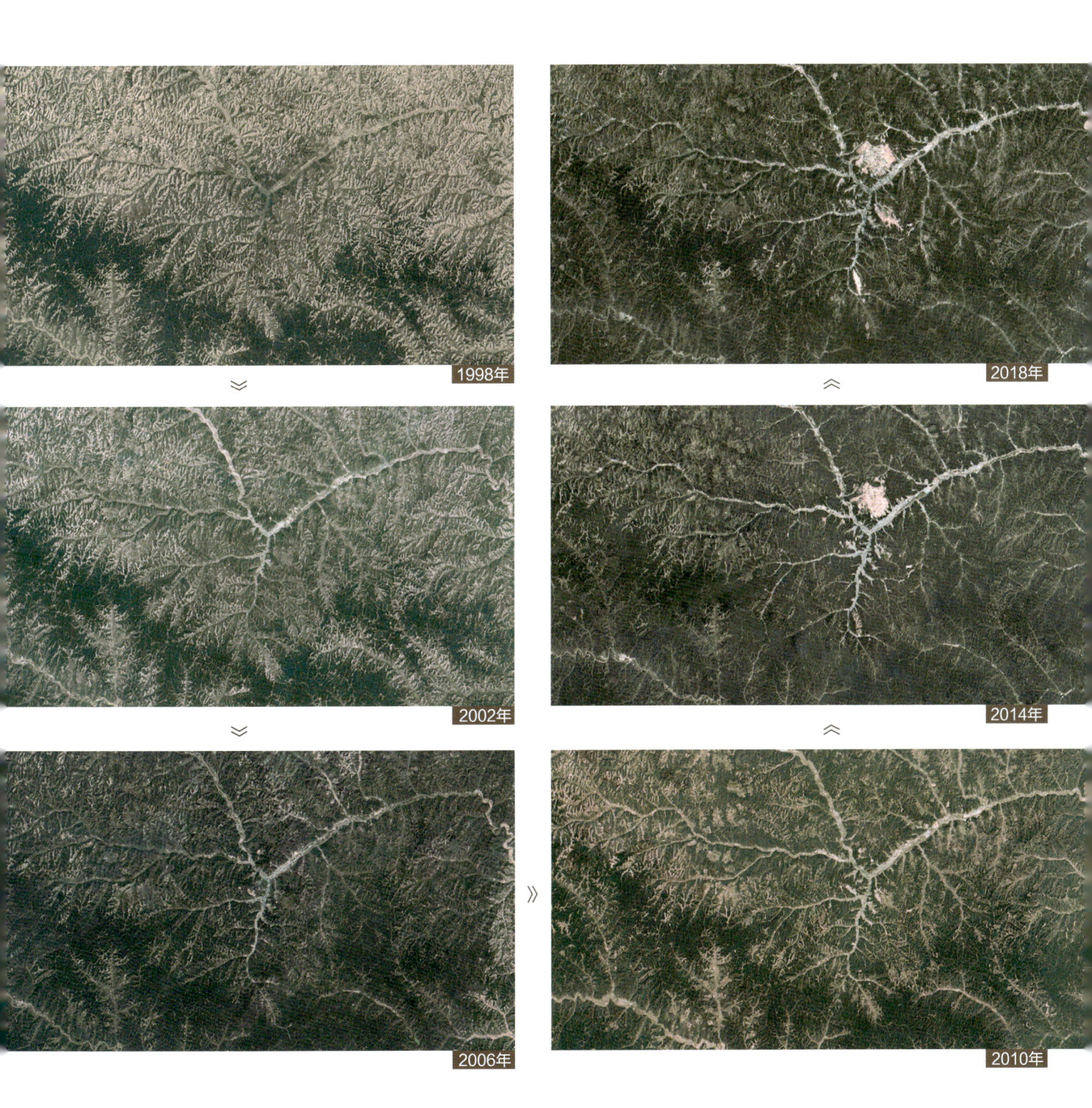

2002年

2006年

2018年

2014年

2010年

贰 "蜀道难"成为历史

莽莽云雾，巍巍高峰。秦岭撑起了陕南的骨架，划分出中国的南北，区隔开长江、黄河水系。它是无数人心中的梦之所在，也是悠悠华夏历史的脉络所系。

它东西绵延约1 500千米，山域面积40万平方千米，何其雄浑与辽阔。从告别昆仑山那一刻起，它便开启了逶迤东进的漫漫征途，最终形成了西起甘肃、穿越陕西、东至河南的庞大山系，成为中华大地上一道重要的生态屏障，发挥着调节气候、保持水土、涵养水源、维护生物多样性等诸多功能。

这里有"马头看桃花，马尾扫风雪"的迥异风光，这里还是珍稀野生动物最诗意的栖息乐土。憨态可掬的野生大熊猫、调皮可爱的金丝猴、高山上惬意玩乐的羚牛，以及湿地沼泽间纵身起舞的"东方宝石"朱鹮……都在这里安了家。

秦岭因其独特的高山天堑，成为军事要地，武关道、库谷道、陈仓道、褒斜道、傥骆道和子午道是穿越秦岭的六条谷道，南北军事力量之争，大都需要通过这些谷道进行，楚汉相争中的"明修栈道，暗度陈仓"就是秦岭重要军事战略价值的体现。

一句"尔来四万八千岁，不与秦塞通人烟"，道尽了秦岭的险峻。但如今，"蜀道难"已经成为历史，作为穿越秦岭的首条高速铁路，西成高铁将陕西省西安市和四川省成都市的旅行时间，由过去普通火车约12小时，缩短至最快3小时左右。不仅如此，西成高铁还与大西高铁（大同—西安）共同形成华北至西南地区的新通道，成都至北京的铁路通行时间也由过去的约20小时压缩至最快不到8小时，四川盆地北上高速通道彻底打开。

右页上图为首条穿越秦岭的高铁动车组列车驶入西成高铁陕西汉中市佛坪站 新华社/发 唐振江/摄

右页下图为秦岭羚牛在秦岭中"漫步" 新华社记者 陶明/摄

秦岭被誉为中国的"生物基因库"，域内现有陆生野生动物580余种。被称为"秦岭四宝"的大熊猫、朱鹮、羚牛、金丝猴4种珍稀动物，其种群数量和栖息地面积近年来不断增长。

443

长安东西市的盛况重现

"关中自古帝王都",因渭河流域发达的农业耕作条件,结合潼关、大散关、萧关和武关镇守的军事地理优势,关中平原成为古代帝王建国立都的理想场所。唐代末期以前,关中一直是中国重要的政治、经济和文化中心,缔造了关中地区璀璨的历史和文化。

位于关中平原泾、渭二河交汇处的西安,又称"镐京"或"长安",曾作为十三朝古都,是世界上第一个人口过百万的城市,也是世界历史文化名城。西周时期,沣河两岸先后建立了丰京和镐京,为西安建城之始;周武王灭商建立的周王朝以"丰镐"为都,是当时全国最大的城市,也是西安作为都城之始。秦代咸阳城横跨渭河,在西安留下了规模宏大的秦始皇陵兵马俑。西汉又重修秦代兴乐宫和章台,更名为长乐宫、未央宫,并在此基础上建成了长安城。张骞通西域后,长安城作为丝绸之路的起点,是当时世界上规模最大的城市,其后近千年一直是东方文明的中心。隋代宇文恺经过考察,在汉长安城东南(今西安城)新建大兴城。唐改大兴城为长安城,并增修大明宫、兴庆宫等。隋大兴城和唐长安城城垣方正,街道平直,坊里齐整,所谓"百千家似围棋局,十二街如种菜畦"。城内建筑以昭阳门街—朱雀大街为中轴,东西对称;宫城、皇城、外郭城规制有序,开创了中国新的城市规划体系。

唐长安城延续了汉长安城的繁华,是当时世界商业交汇、文化汇集的国际大都市,以长安城唐人的饮食风尚、科技、城市形制等为代表的中国文化,对东西方诸国均产生了深远影响。然而唐末战乱摧毁了长安城池,长安城之繁华不再。五代时改称新城,宋为京兆府城,元为奉元城。明代重建长安城,改为"西安",一直沿袭至今。

右图为从60万米高空俯瞰明清西安城

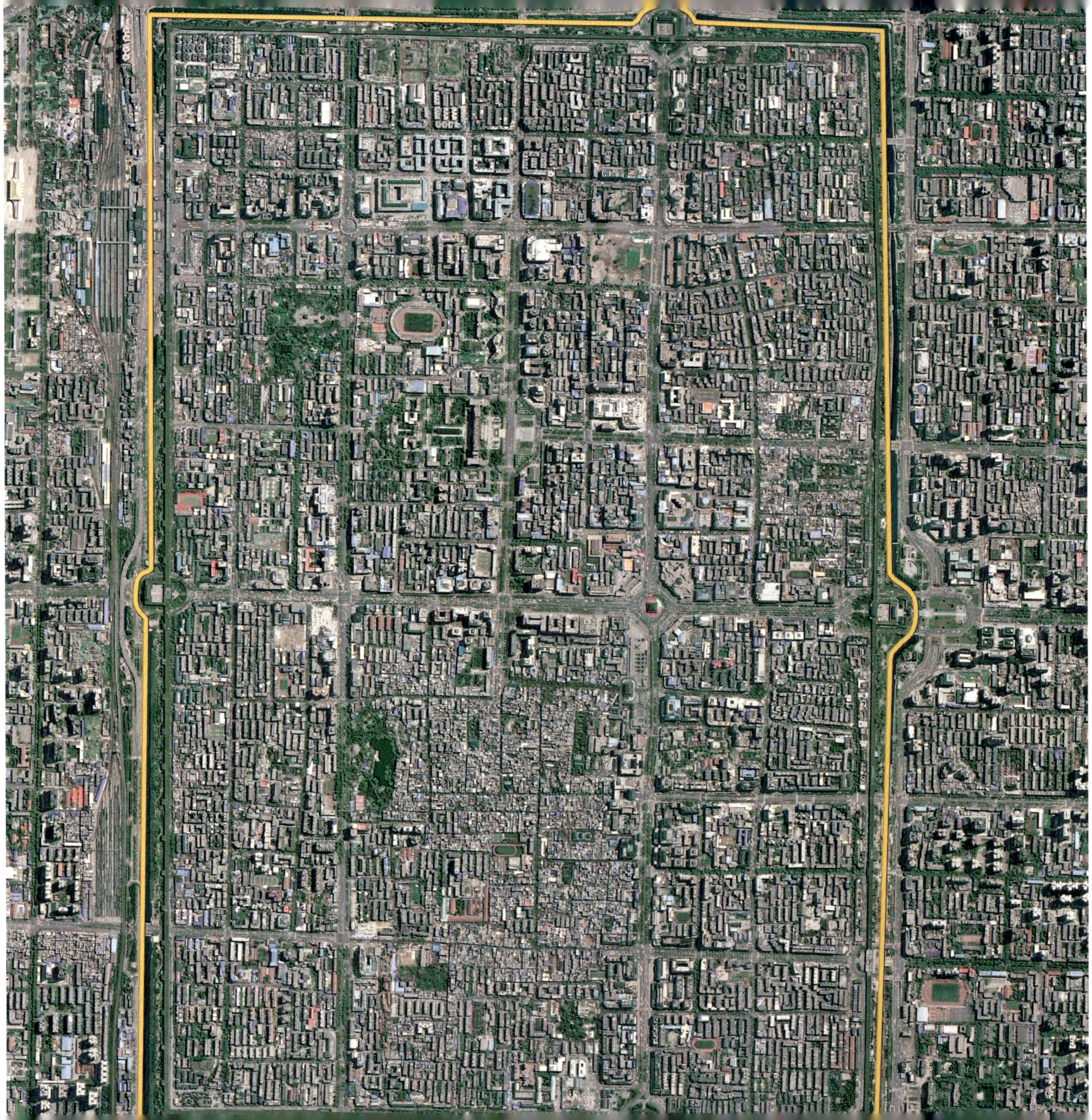

今天的西安，古老与现代交相辉映，传统与创新相得益彰。位于西安曲江的大雁塔，是我国现存最早、规模最大的唐代四方楼阁式砖塔；在西安城中心，建于明洪武十七年（1384）的西安钟楼，是西安地标性建筑，在中国古代遗留下来众多钟楼中，形制最大，保存最完整，是明初建筑的典范，成为西安人引以为傲的"家宝"。与钟楼遥相呼应的是鼓楼，是中国古代城市生活的象征。晨钟暮鼓，夜漏尽，天将明；昼漏尽，夜已临。

在钟鼓楼外，是气势壮阔的西安明城墙。这是一座功能设计周密、形制宏伟的军事防御设施，距今600多年，犹如一部厚重的历史典籍，记载着历代王朝的兴衰沉浮，又仿佛一位睿智的老人，穿越历史迷雾，向人们诉说着它曾经的辉煌。

在西安的临潼区，秦陵兵马俑这个地下军阵自发现以来，就承载与见证了中华古代文明与现代科技进步，成为中外文化交流的使者。如今的西安迎来了发展新机遇，在西安国际港务区，重现长安城东西市的盛况。"长安号"货运班列连接中亚，辐射欧洲，为中国商品出口、国外产品进口开辟了一条安全高效便捷的新通道。大到机械设备，小到柴米油盐，越来越繁忙的中欧班列，有力促进了陕西与"一带一路"沿线国家和地区之间的经贸往来。

在历史浸润的土壤中，在古丝路的辉煌和现代的发展中，在陆海内外联动、东西双向开放中，陕西正以更宽广的胸怀拥抱世界。

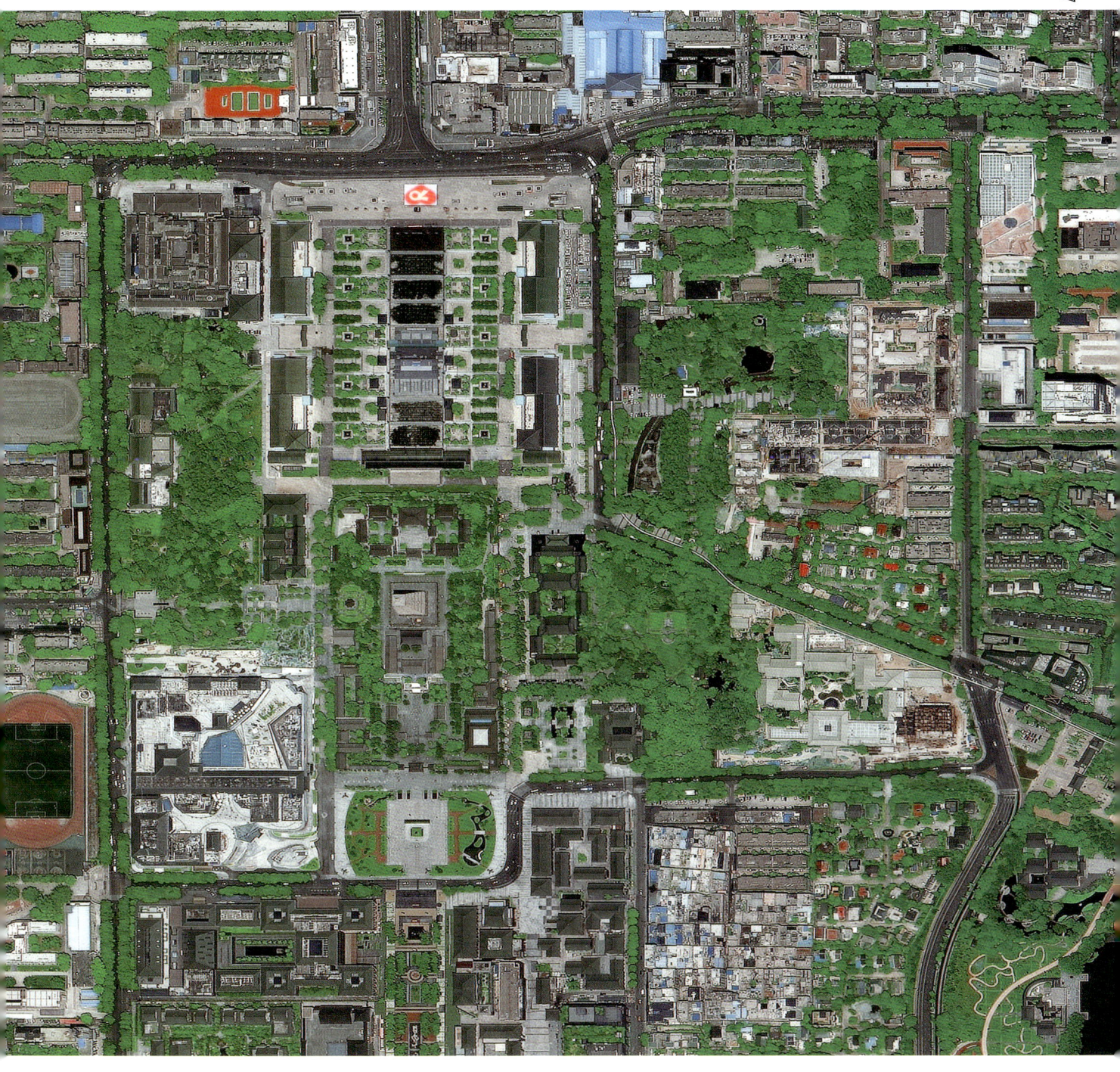

从60万米高空俯瞰西安大雁塔

你能找到大雁塔吗？可以试试用放大镜，会更加清楚的！

№.26

CHINA FROM OUTER SPACE

塞上江南·神奇宁夏

宁夏回族自治区在中国的位置示意图

宁夏回族自治区耕地、森林及自然保护区概

自然保护区面积：53.3
占辖区面积比重 8%
2017年

耕地面积：128.99
2018年

NINGXIA

宁夏

森林面积：65.6
森林覆盖率 12.6%
2018年
单位：万公顷

城镇人口：405
乡村人口：283
2018年
人口　单位：万人

地表水与地下水资源重复量：15.4
人均水资源量：214.6 立方米
地表水：12
地下水：18.1
2018年
水资源　单位：亿立方米

铁路：700
内河航道：400
公路：10 200
2000年

铁路：800
内河航道：100
公路：13 100
2005年

铁路：1 200
内河航道：100
公路：22 500
2010年

铁路：1 300
内河航道：100
公路：33 200
2015年

铁路：1 400
内河航道：100
公路：35 400
2018年

交通　单位：千米

数据来源：国家统计局、宁夏回族自治区统计局

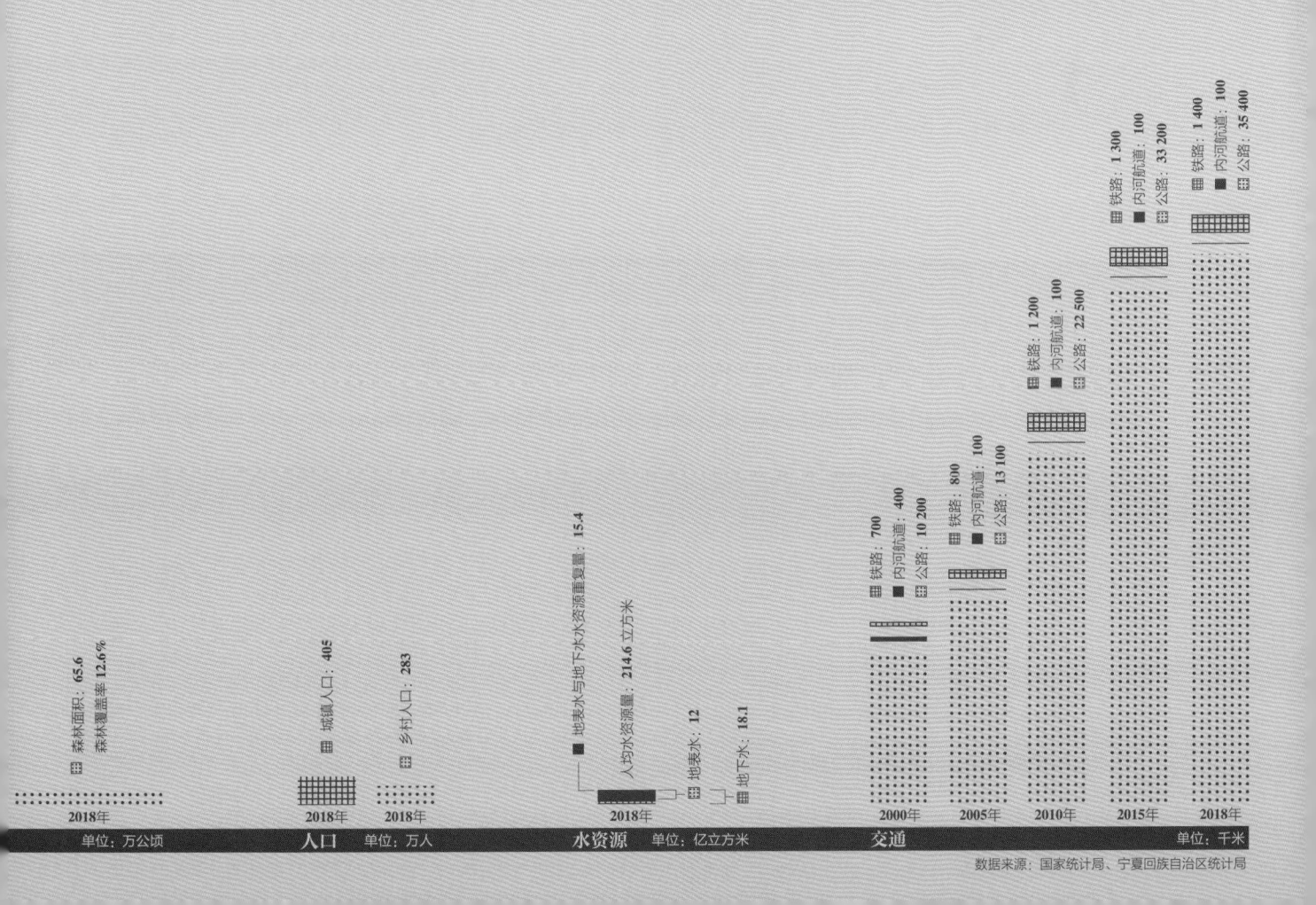

"宁夏川，两头子尖，东靠黄河西靠贺兰山，金川银川米粮川……"

从60万米高空俯瞰，地面最容易辨识的宁夏地标，正是偎依在黄河北流段的贺兰山。贺兰山南北走向，宛如一轮新月，环绕着山河之间的宁夏平原，最高峰海拔达3 556米。顺贺兰山向南进入黄土高原，便能看见南北走向的六盘山。

贺兰山与六盘山是宁夏回族自治区的北南两端，排列近似直线，与其西边的祁连山、东边的吕梁山及南边呈东西走向的昆仑山、秦岭山脉共同构成中国北部的大"山"字格局。贺兰山与六盘山居中，为大"山"字的脊柱。高大的山体阻隔了腾格里沙漠与乌兰布和沙漠的东进，成为宁夏平原的生态屏障。而山丘低矮的中卫地区，腾格里沙漠已逼至黄河岸边的"沙漠水城"——中宁。

通过大力推进封山禁牧和生态立区战略，宁夏在全国率先实现荒漠化逆转，从人沙相争走向人沙和谐共生。"塞上江南"描绘出一幅美丽的"沙"画奇观。从60万米高空俯瞰浩瀚的腾格里沙漠腹地，20世纪50年代修建的中国首条沙漠铁路——包兰铁路，宛若一条"钢铁"巨龙。60多年来，列车穿越一幅幅美丽动人的山河图画，拂过微微摇摆的绿色植被，轰鸣着驶向远方。黄河在沙坡头景区拐了一个U形大弯，60千米长的防风固沙林带让腾格里沙漠在这里戛然而止。大自然鬼斧神工，巧妙地把大漠、黄河、绿洲融为一体，沙为河骨，河为沙魂，相依相偎，和谐共处，兼具西北雄奇与江南秀美，成就了沙坡头。

"大漠孤烟直，长河落日圆"，黄河上羊皮筏子漂流，沙漠中滑着沙子"冲浪"，沙坡头的神奇让人流连忘返。顺着沙海边缘，一排排光伏板整齐矗立，在阳光照耀下熠熠生辉。得益于丰富的风能、太阳能，宁夏是全国最早建设沙漠光伏的省区之一。如今已形成8个大规模风电光伏产业集群，源源不断的"绿色电"与火电"打捆"被大规模外送，发展成为我国重要的电力外送基地。从这里沿着黄河一路向东，在中卫市中宁县有几十万亩的枸杞田。"天下黄河富宁夏，中宁枸杞甲天下"，从治沙到"用沙"，在不宜种植粮食作物的土壤环境中，发挥生物技术优势，利用独特的气候环境，把中宁孕育成"中国枸杞之乡"，凝聚了宁夏人民改造、利用生态环境的智慧和汗水。如今，从散户种植到万亩枸杞庄园，20多万人参与的枸杞产业，在这里涌动着勃勃生机。

右页图为宁夏回族自治区地形及主要水系分布示意图

乌兰布和沙漠
石嘴山
贺兰山
宁夏平原
银川
腾格里沙漠
毛乌素沙地
黄河
灵盐台地
吴忠
青铜峡水库
苦水河
中卫
清水河
黄土高原
固原
六盘山
图例
省级行政中心
地级市行政中心
1 : 1 900 000

从60万米高空俯瞰黄河在沙坡头景区的U形大弯，中国首条沙漠铁路——包兰铁路绕弯而过

"宁夏归来不看沙"，唐代大诗人王维笔下苍茫荒凉、雄浑壮阔的大漠景观，如今已成为宁夏特色旅游的一大看点。

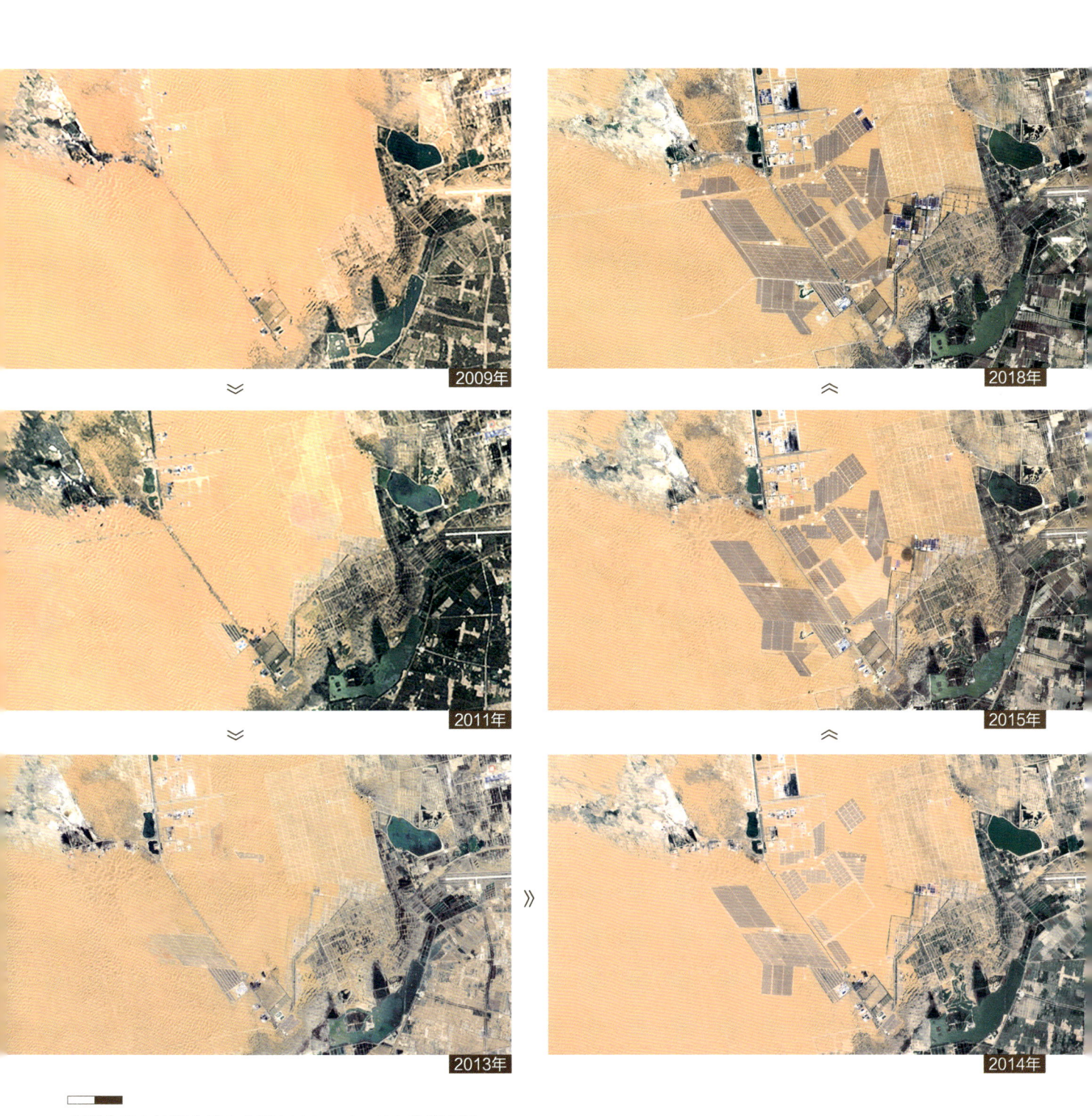

宁夏中卫市沙漠光伏产业园2009 — 2018年发展变迁

位于宁夏回族自治区中西部的中卫市地处腾格里沙漠东南前缘，素有"沙漠水城"之称，沙漠面积1 200平方千米，占全市国土总面积的近7%。2009年以来，当地在生态治沙的基础上，积极"用沙"，依托沙漠日照充足、地域广阔的优势，引进太阳能光伏组件制造、设备生产、光伏电站等企业，形成了"硅料+硅片+光伏组件+光伏发电"的全产业链发展规模，打造沙漠里的太阳能"硅谷"。

壹

高原"湿岛",因黄而兴

受地质构造影响,宁夏平原是贺兰山与鄂尔多斯台地之间的下陷地堑所成,亿万年的黄河冲积及河道游移作用在宁夏平原形成湖泊星罗棋布、河汊众多的湿地风貌,尤其是草、沙、湖、山相映并存的沙湖景观,成为宁夏自然环境下独特的风景。自西汉在宁夏平原开始凿渠屯田后,历经劳动人民数千年的改造、建设,逐渐形成渠道密集、稻麦俱产的引黄灌溉农业发展模式,成为西北地区著名的米粮仓。

宁夏引黄古灌区是中国历史最悠久、规模最大的灌区之一,至今已有2000多年的历史。自秦汉以来,以无坝引水为主的灌溉体系不断发展完善,灌区范围逐步扩大,目前灌溉面积达828万亩(5500多平方千米)。2017年,由银川平原(河西灌区)、卫宁平原和河东灌区组成的宁夏引黄古灌区,正式被列入《世界灌溉工程遗产名录》,这是中国黄河流域主干道上产生的第一处世界灌溉工程遗产。

与宁夏北部不同,宁夏中南部属于黄土高原地带,气候干旱少雨,地表径流稀少,成为水源缺乏地区。然而,正如贺兰山在宁夏北部创造的奇迹,六盘山也在宁夏南部的固原市创造了一个奇迹。它的最高峰海拔2942米,使得整个山体能有效阻挡水汽,形成相对丰富的降水量,成为泾河、清水河、葫芦河等河流的发源地,并造就了黄土高原上的一座"湿岛"。

右页图为宁夏回族自治区地形3D混合示意图

贺兰山　石嘴山市　引　黄　银川市　灵　盐　台　地　河　古　吴忠市　中卫市　区　黄　灌　黄　土　高　原　固原市　六　盘　山

青铜峡黄河大峡谷 新华社记者 冯开华/摄
青铜峡黄河大峡谷位于宁夏吴忠市的青铜峡市青铜峡镇,长10余千米,由石灰岩和砂页岩构成的黄河峡谷,内有宁夏引黄古灌区。

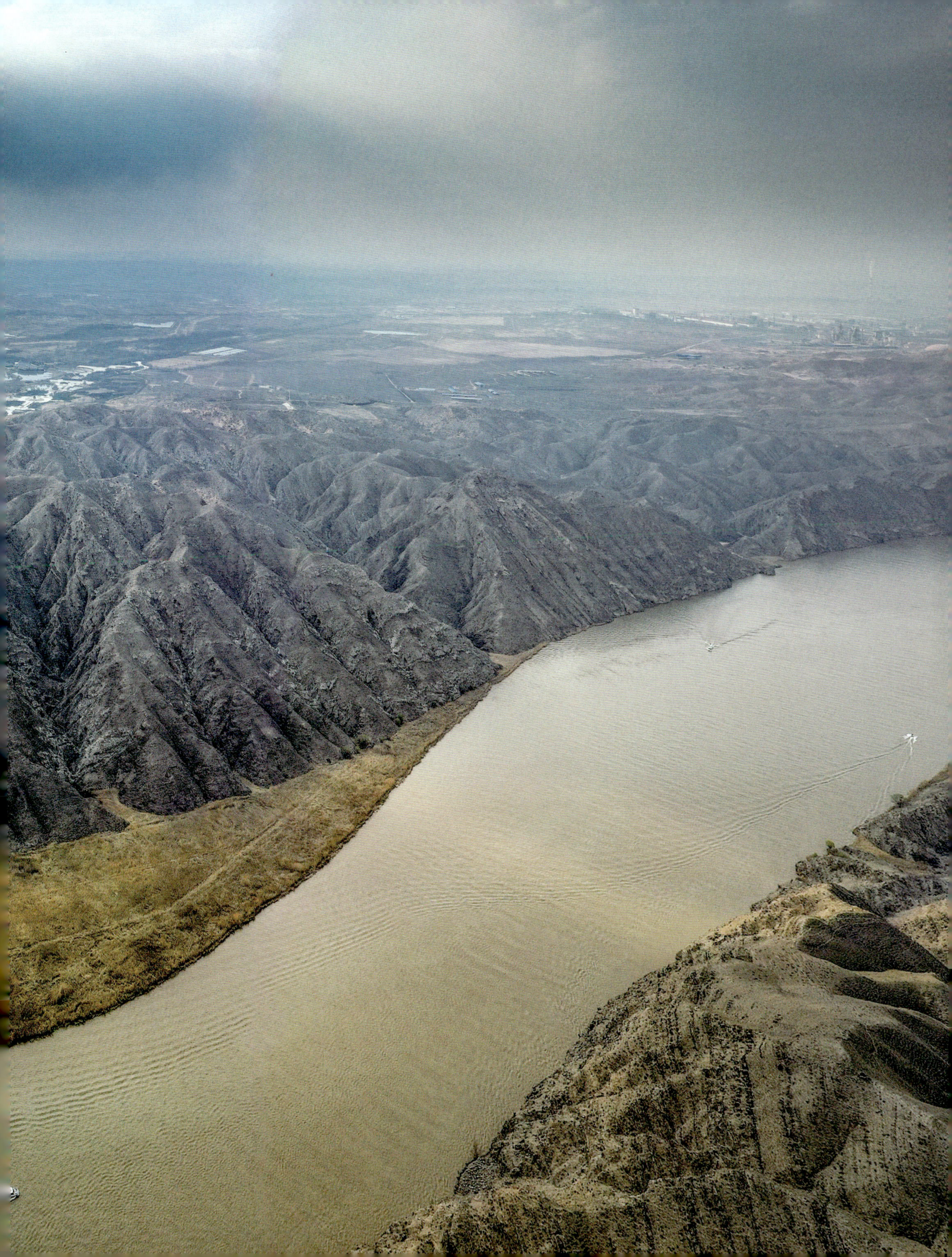

高原"湿岛"上的金鸡坪梯田雪景 新华社记者 杨植森/摄

2020年4月1日,宁夏固原市彭阳县普降瑞雪,梯田雪景,仿佛山花烂漫,美不胜收。

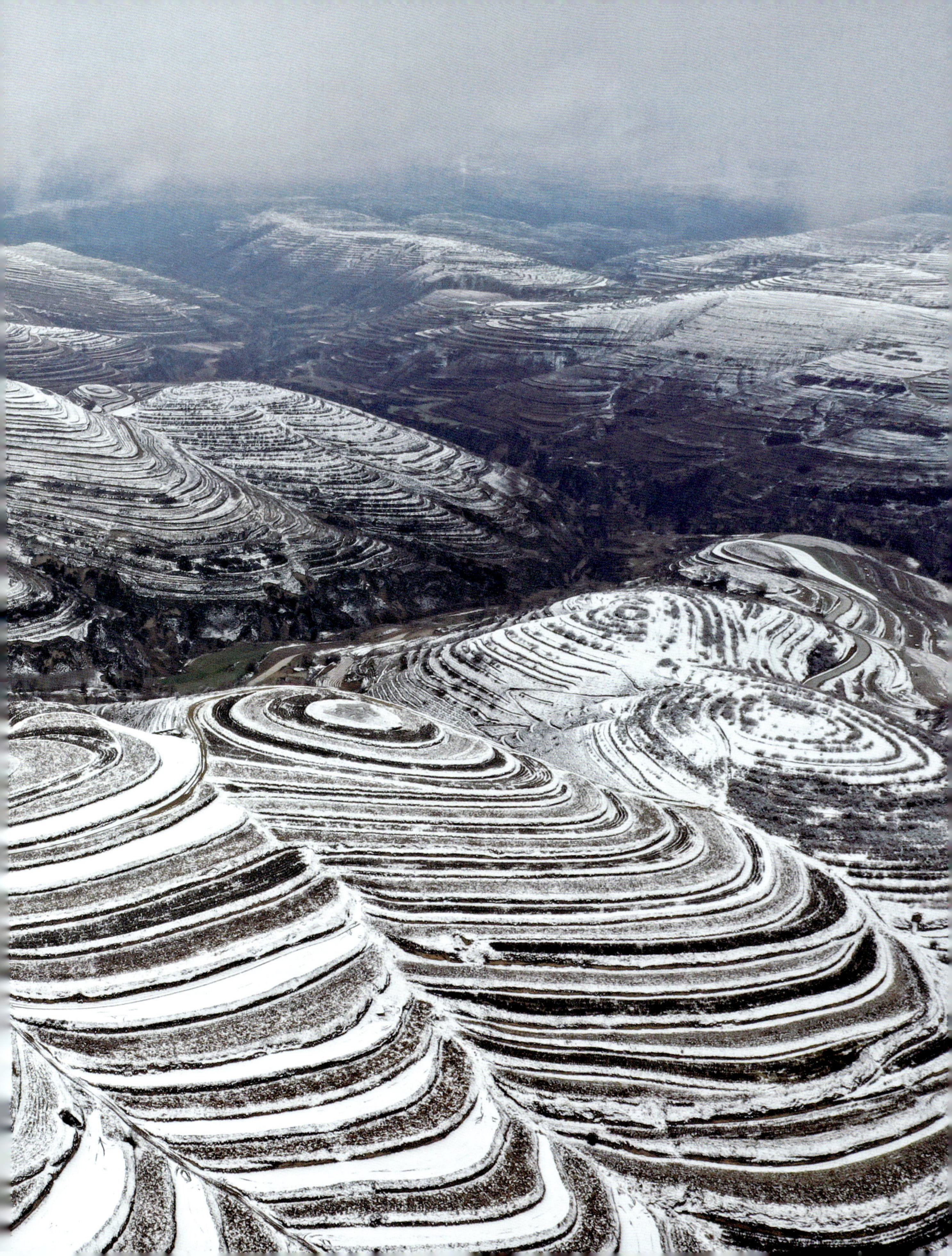

贰 西夏王朝，丝路关道

宁夏是东亚地区古人类文明的发现地之一。1923年，法国古生物学家德日进、桑志华等在宁夏灵武水洞沟发现古人类遗址，是我国最早发现的旧石器时期遗址，被誉为"中国史前考古的发祥地"。

地处农牧交错带的宁夏平原，由于农牧皆宜的生活环境，不仅是游牧民族自蒙古高原南下河西走廊、关中的重要通道，更是中原王朝西北屯垦防御的绝佳战略要地。现存有秦、隋、明等朝代修筑的长城遗迹，有"中国长城博物馆"之美誉。

明代北方设立的"九边重镇"中，宁夏、固原两镇都分布在今天的宁夏地域。贺兰山下曾是匈奴、鲜卑、铁勒、回鹘等多个游牧民族驻牧、生息之地。至宋代，党项羌人以今宁夏银川为都城建立西夏王朝，创制西夏文字，遗留下一百零八塔、西夏王陵等诸多历史瑰宝。神秘而独特的历史文化造就了今日世界瞩目的西夏学研究，目前留存于世的贺兰山岩画上万幅，生动再现古代游牧先民的生活场景和文化特性，是宁夏地域游牧历史的文化写照。

宁夏地域的多民族交流融合有力地推动了大一统国家的形成。唐初贞观年间，唐太宗在灵州（今宁夏灵武市西南）召见游牧部族首领，奠定了民族平等、交融互容的政治格局。明清两代，横城、石嘴子（今宁夏石嘴山市惠农区北部）、花马池（今宁夏吴忠市盐池县）等地开设互市贸易，加强汉、蒙古族群间互利互通的经济关系。

宁夏地处丝绸之路的重要节点，六盘山东南侧的萧关是古代"关中"的"四关"之一，它既是古代著名的军事要隘，也是古代丝绸之路西行的"萧关道"所经之地。"萧关道"西北所经的须弥山石窟，历经北魏、西魏、北周、隋、唐等朝代添凿，为全国十大石窟之一，是展示丝路繁盛时期的历史印记。固原博物馆所藏的北周时期鎏金银壶，壶腹浮雕有希腊人物图像构成的连环故事画面，是丝路时期中西文化交流的历史见证。

2017年11月24日拍摄的西夏王陵 新华社记者 王鹏/摄

西夏王陵是公元11~13世纪雄峙于亚洲北方农牧交接地带的西夏王朝的陵墓群，坐落于宁夏回族自治区贺兰山东麓的洪积扇上，由9座帝王陵园、271座陪葬墓及北端建筑遗址、防洪工程遗址组成，占地面积58平方千米。

繁花盛开，连湖渔歌

相比中国西北地区面积广阔的兄弟省份，宁夏回族自治区的面积显得极不显眼，甚至比重庆直辖市还小。但是"小个头"却有"大能耐"。作为全国煤炭资源储量的"大户"，贺兰山产出的"太西煤"作为优质无烟煤，一度成为宁夏煤炭产业的品牌"名片"。

宁夏河东地区的灵盐台地还埋藏着中国罕见的整装煤田，也成就着中国现代煤化工产业的精彩——宁东能源化工基地。这座拥有诸多"世界级项目"的"超级工厂"，正在不断积聚新动能，只为未来的繁花盛开⋯⋯

距此仅40千米的首府银川，也同样受到了宁夏大地的格外偏爱，湖泊湿地近1万公顷，河流湿地2.2万公顷，自然湖泊、沼泽湿地近200个⋯⋯河湖水系连通扩展，鸟瞰银川，一城湖光半城景，粼粼碧波映眼帘。

"连湖渔歌"是清代宁夏八景之一，如今更是银川引以为豪的生态景观。盛夏时节，鸣翠湖碧叶连天，百亩荷塘艳压群芳。每逢雨后初霁，阅海湖晨雾缭绕，烟波浩渺仿若仙境。斜阳西下时，北塔湖波光粼粼，水光湖影倒映万家灯火。

人、沙、水和谐，河、湖、田如画。

这就是塞上江南，这就是神奇宁夏。

贺兰山脚下的银川市阅海湖 新华社记者 王鹏/摄

NO.27

CHINA FROM OUTER SPACE

交响丝路·如意甘肃

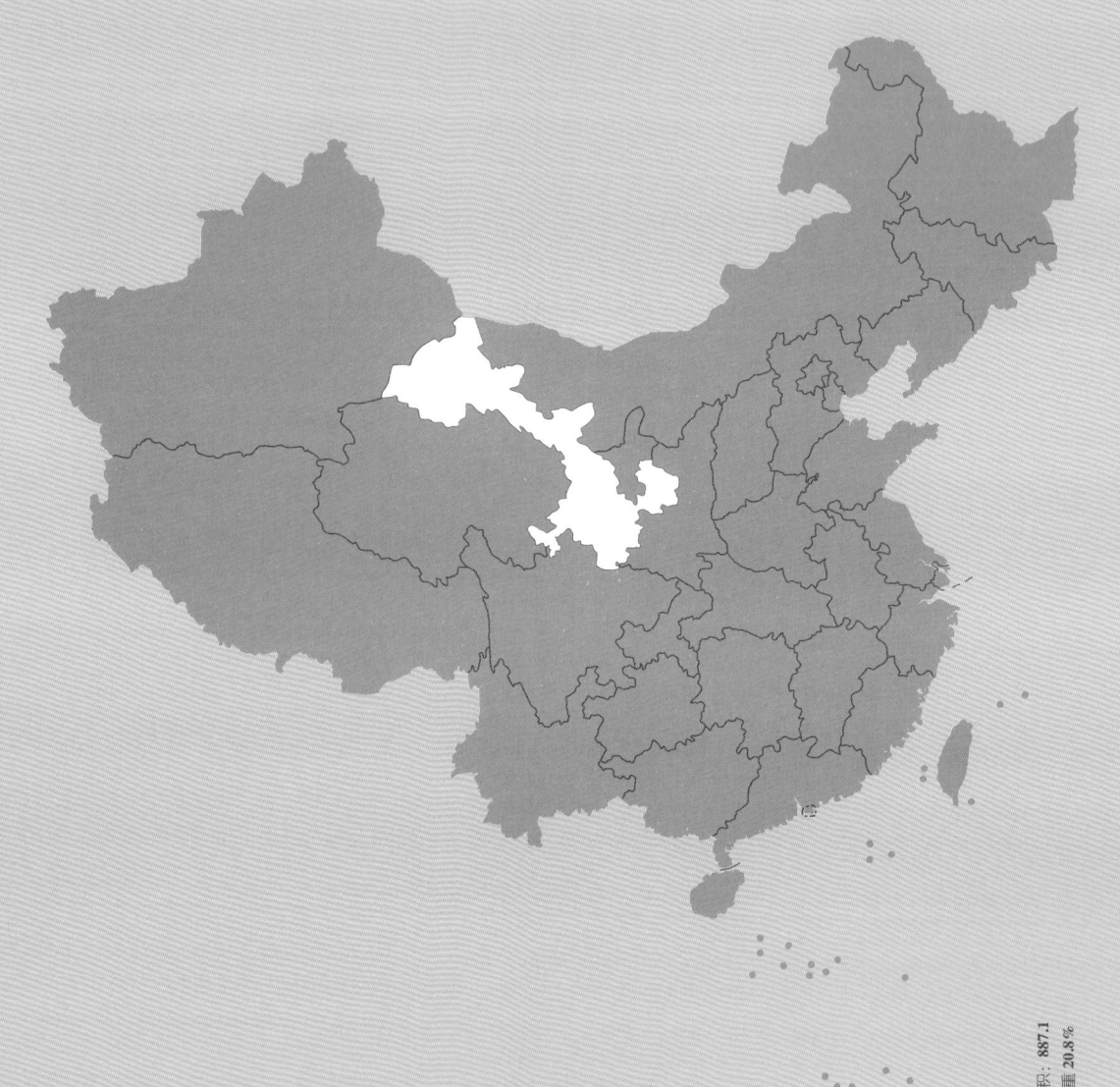

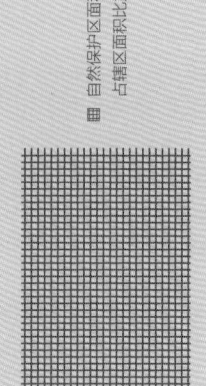

自然保护区面积：887.1
占辖区面积比重：20.8%
2017年

耕地面积：537.7
2018年

甘肃省在中国的位置示意图

甘肃省耕地、森林及自然保护区概况

GANSU

甘肃

单位：万公顷　　　　　　单位：万人　　　　　　单位：亿立方米　　　　　　　　　　　　　　　　　　　　　　　　　　单位：千米

森林面积：509.73
森林覆盖率：11.3%

城镇人口：1 258
乡村人口：1 379

地表水与地下水水资源重复量：158
人均水资源量：1 266.58 立方米
地表水：325.7
地下水：165.6

铁路：2 300
内河航道：1 300
公路：39 300

铁路：2 300
内河航道：900
公路：41 300

铁路：2 400
内河航道：900
公路：118 900

铁路：3 800
内河航道：900
公路：140 100

铁路：4 700
内河航道：900
公路：143 200

2018年　　　　　　2018年　2018年　　　　　　2018年　　　　　　2000年　　2005年　　2010年　　2015年　　2018年

　　　　　　　　　　人口　　　　　　　　　水资源　　　　　　　　交通

数据来源：国家统计局、甘肃省统计局

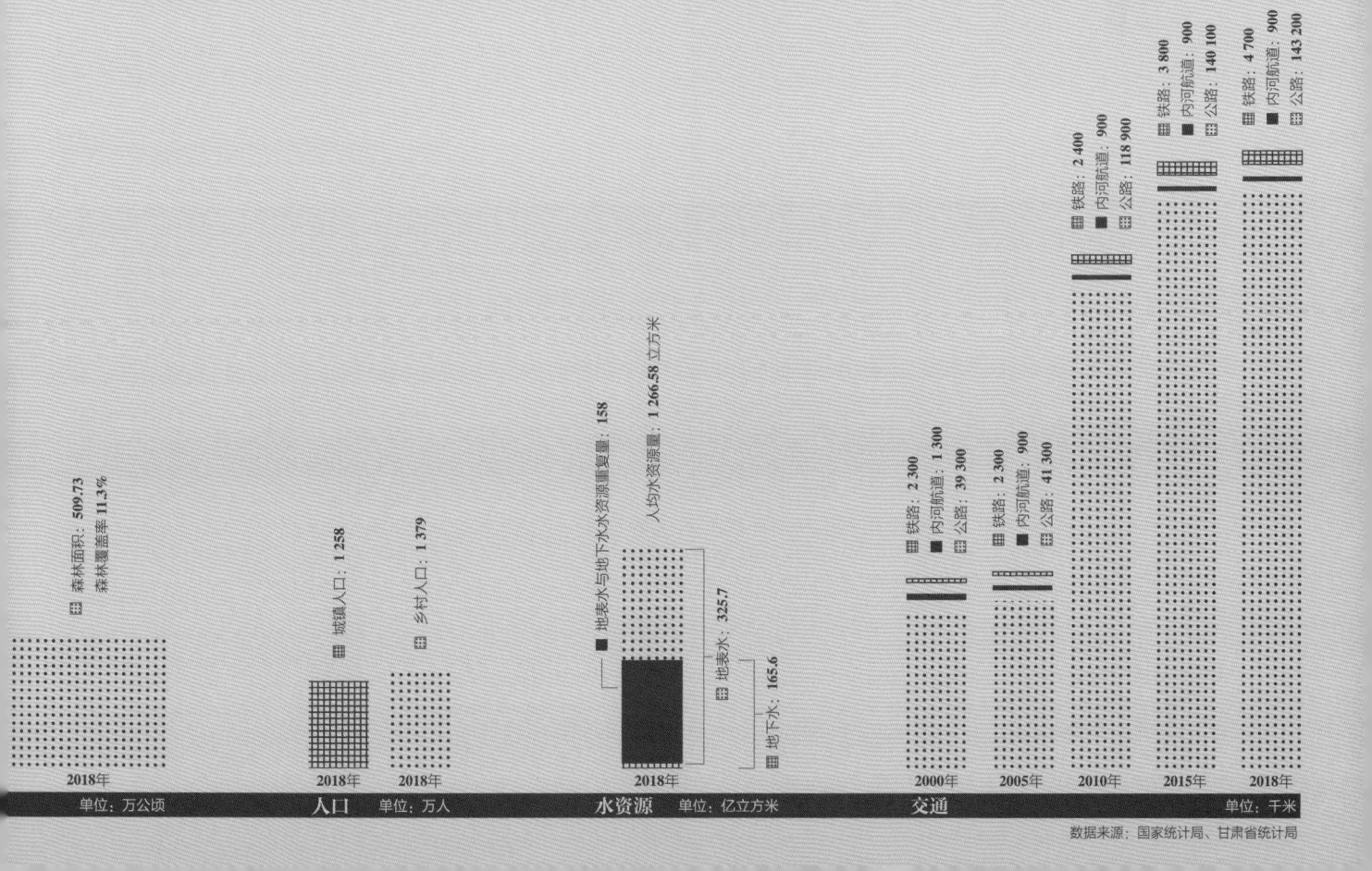

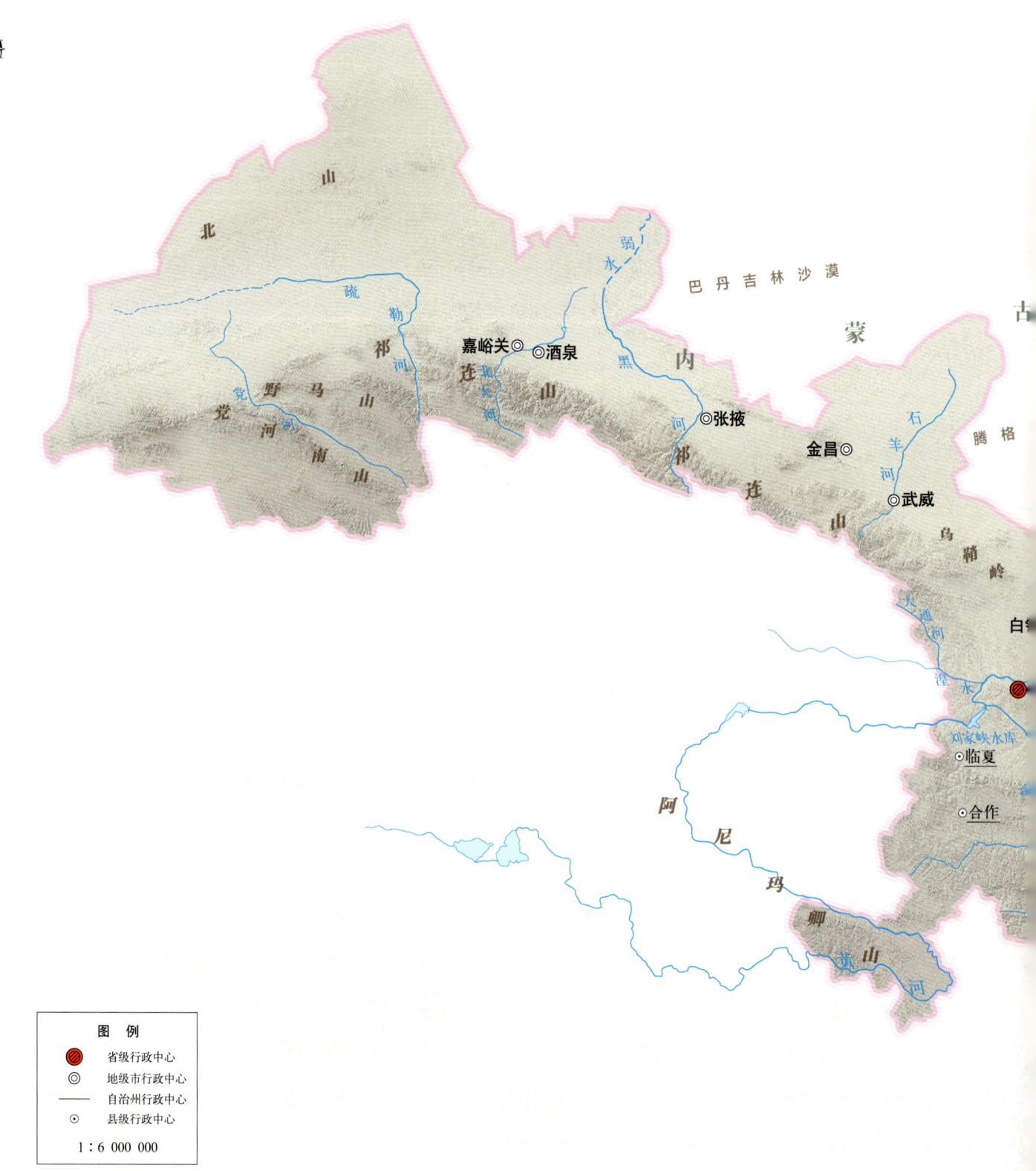

巴丹吉林沙漠

嘉峪关 ◎酒泉
◎张掖
金昌◎
◎武威

祁连山
疏勒河
党河
野马河
黑河
弱水
石羊河
大通河
乌鞘岭
湟水
刘家峡水库
◎临夏
◎合作
阿尼玛卿山
黄河

图　例
- 省级行政中心
- 地级市行政中心
- 自治州行政中心
- 县级行政中心

1：6 000 000

青藏高原、内蒙古高原、云贵高原与黄土高原，并称为中国四大高原，遍布在中国地势二、三级阶梯的分界线（大兴安岭—太行山—巫山—雪峰山）以西的广袤大地上。

甘肃，就位于青藏高原、内蒙古高原和黄土高原三大高原的交会地带，地形犹如一柄如意，镶嵌在中国内陆腹地。其省会兰州，正是中国陆域版图的几何中心。

这是一片神奇的土地：多种地形地貌在这里融合，东部季风区、西北干旱区、青藏高寒区等中国三大自然区划在这里交会，巴丹吉林沙漠和腾格里沙漠在这里牵手，祁连山和秦岭两大东西走向的连绵山地在这里遥相呼应，戈壁、冰川、草原等地貌形态也有非常典型的分布。此外，这里还汇集了黄河、长江、内陆河三大流域、九个水系。黄河流域干支流有黄河干流、洮河、湟水、渭河、泾河等五个水系；长江流域有嘉陵江水系；内陆河流域有石羊河、黑河、疏勒河三个水系。黄河干流更是在这里两进两出。不同的气候、地形条件杂糅在一起，注定了甘肃具有多副面孔。

在甘肃，你可以领略到西部大漠的干旱荒凉，陇上江南的温婉湿润，也可以体会到青藏高原的"高冷"，还可以深切感受到随着季风变化而富有节律的季节更替。这样多层次的自然体会，难能可贵。漫步其间，心旷神怡！

甘肃省地形及主要水系分布示意图

注：临夏是甘肃省临夏回族自治州的首府。
　　合作是甘肃省甘南藏族自治州的首府。

壹

山与塬的交响

在甘肃与宁夏、陕西交界处的庆阳市，有一块黄土层面积较大的平坦地形（塬），被称为董志塬。它是庆阳市第一大塬，也是黄土高原最大且黄土最厚的一块塬面，广阔无际，是古代中原文化与游牧文化的交融之地，素有"天下第一塬"之称。文人赋诗称颂："董志塬头显奇观，茫茫平原远接天。麦带金波连云涌，树幻绿舟逐浪翻。"这里的名胜古迹灿若星辰，原野风光引人入胜，尽显"塬景"之独特。

色彩斑斓的祁连山，镜子般反射阳光的是冰川，雪白如素练的是终年不化的积雪，翠绿如玉的是原始森林，淡绿如茵的是肥美草场，青黛深褐的是饱藏宝藏的矿床。这座绵延的山脉，不仅滋养着河西走廊，且有着"失我祁连山，使我六畜不蕃息；失我焉支山，使我嫁妇无颜色"的屏障作用。

骏马奔腾的山丹马场，就位于祁连山冷龙岭的北麓。这座曾由西汉骠骑将军霍去病始创的古老马场，如今是亚洲规模最大、世界第二大军马场。扬鞭起，卷沙万重，蓝天白云下，一匹匹雄健的骏马，如疾风，似骤雨，像海浪般，从一望无际的草场上呼啸而过，长鬃飞扬，响声如雷。

甘肃省地形3D混合示意图

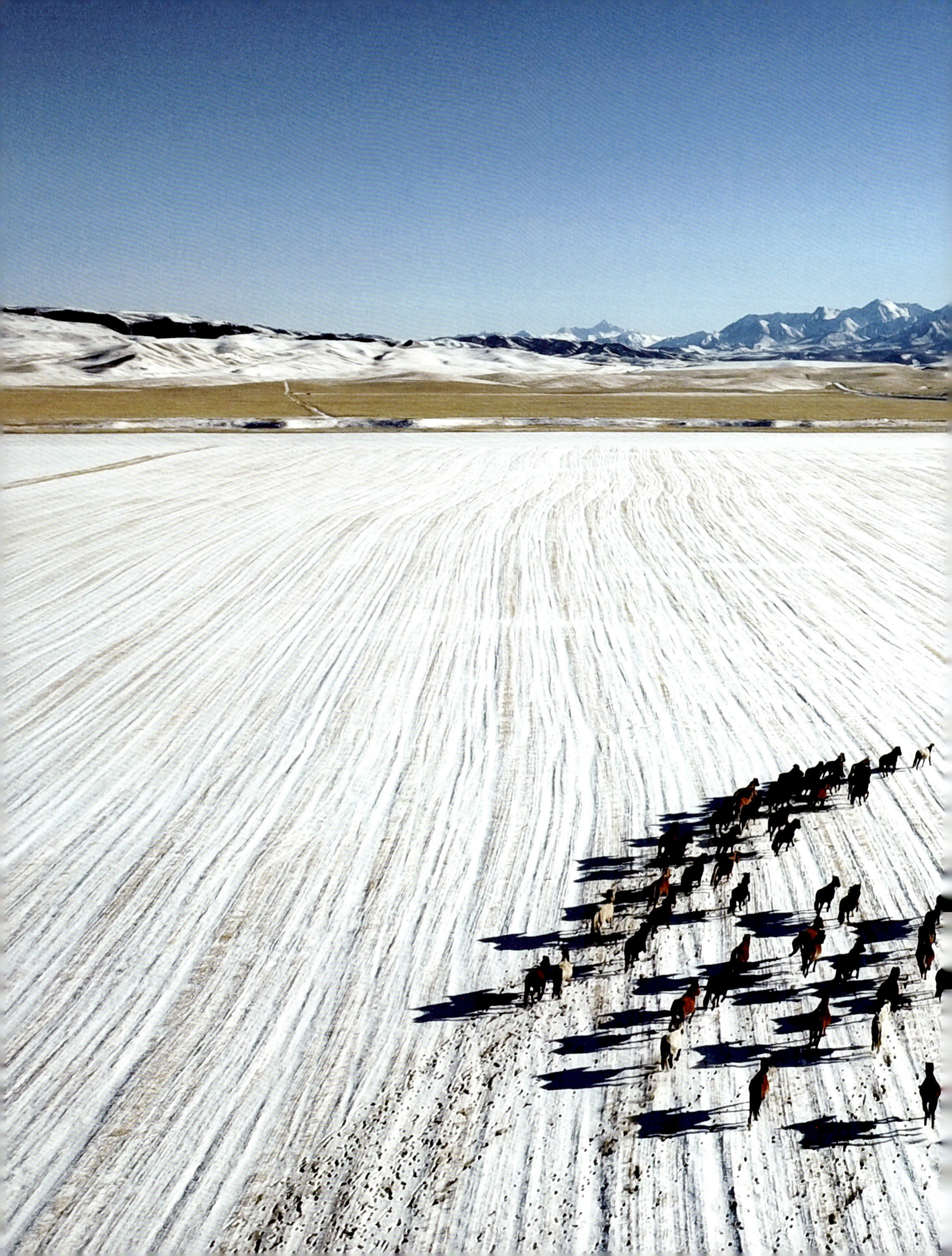

马群在山丹马场上奔跑 新华社记者 陈斌/摄

冬日时节,地处河西走廊中段、祁连山北麓的千年马场——山丹马场被皑皑白雪覆盖,宛如童话世界。

贰 诗与霞的走廊

甘肃历史悠久,文明源远流长。远在旧石器时代,先民就在这里繁衍生息。现已发现的新石器时代的文化遗址有1 000余处。这些考古发掘,都证明甘肃是中华远古文化孕育诞生的重要地区,是中华文明形成时期满天星斗中的一颗亮星。

装满诗韵的河西走廊,是一段通往文明的道路,一部波澜壮阔的史诗。千年河西走廊,东起乌鞘岭,西至玉门关,绵延上千里。当张骞凿空西域时,这条绵延在黄河以西的窄长通道,开始成为醉卧沙场的征途,商旅绵延的古道,中西文化交融碰撞的国际通道。车辚辚,马萧萧,驼铃阵阵,便是古代河西走廊的真实写照;"大漠孤烟直,长河落日圆","葡萄美酒夜光杯,欲饮琵琶马上催",更显它的意蕴。

在河西走廊西端,月牙泉和鸣沙山交相辉映,诉说着山泉共处、沙水共生的传奇。而今西出阳关不再伤感,黄金走廊已和世界互联。

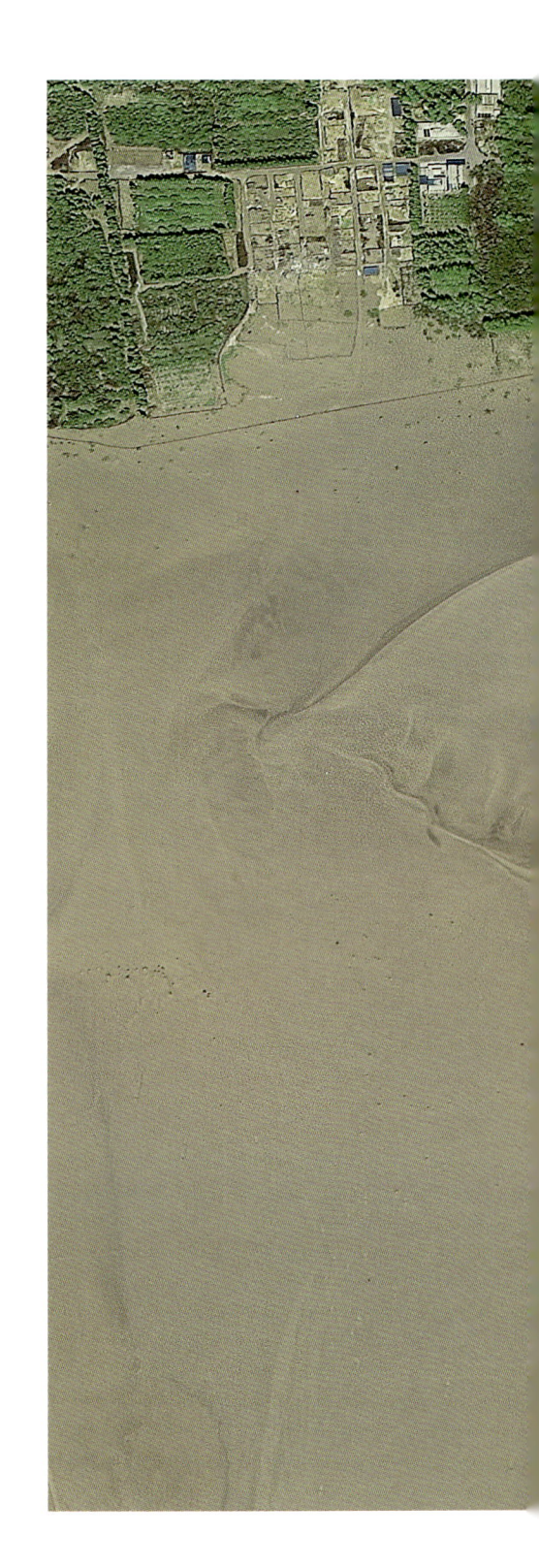

从60万米高空俯瞰河西走廊西端甘肃省敦煌市境内的月牙泉
月牙泉身后即是敦煌鸣沙山,它与宁夏回族自治区中卫市的沙坡头、内蒙古自治区的银肯塔拉响沙湾,以及新疆维吾尔自治区的巴里坤鸣沙山合称为中国四大鸣沙。

473

鸣沙山东麓，那时而掠过敦煌天空的漫漫风沙中，仿佛涌动着千年壁画的辉煌与神秘。敦煌莫高窟，这座沙漠中的美术馆，始建于十六国的前秦时期，自公元4~14世纪连续开窟造像，形成了南北长1 000多米的石窟群。一个个沉睡着千年宝藏的石窟，让多少游客魂牵梦萦，又让多少文物工作者甘愿用自己的芳华陪伴着敦煌。

"敦，大也；煌，盛也。"

这里是甘肃石窟文化的巅峰之所。甘肃的石窟寺数量居全国之首，素有"石窟艺术之乡"的美名。敦煌莫高窟、天水麦积山石窟位列全国四大石窟的第一位和第三位，武威天梯山石窟被称为"中国石窟之祖"，陇东一带的历代石窟群绵延达100多千米，号称"中国石窟长廊"。

2016年，"数字敦煌"资源库正式上线，全球观众可在线漫游30个经典洞窟的高清图像。现代科技让古老的莫高窟焕发出新的生命。丝绸之路（敦煌）国际文化博览会，让世界目光再度聚焦敦煌，古老丝绸之路正在焕发新魅力。

然而敦煌并不只是石窟文化的荟萃之地，也是华彩灿烂的中国书法艺术遗珍之所在。甘肃也不仅是个石窟大省，它还是简牍故乡，迄今共发现和出土的历代简牍有7万多枚，数量居全国之首，时代跨度大、内容广博、保存完好，备受历史和考古学界的重视。尤其是敦煌汉简，包罗万象，是走进汉代西北的钥匙，也是古代丝绸之路开拓兴盛的实物佐证。

从60万米高空俯瞰敦煌莫高窟

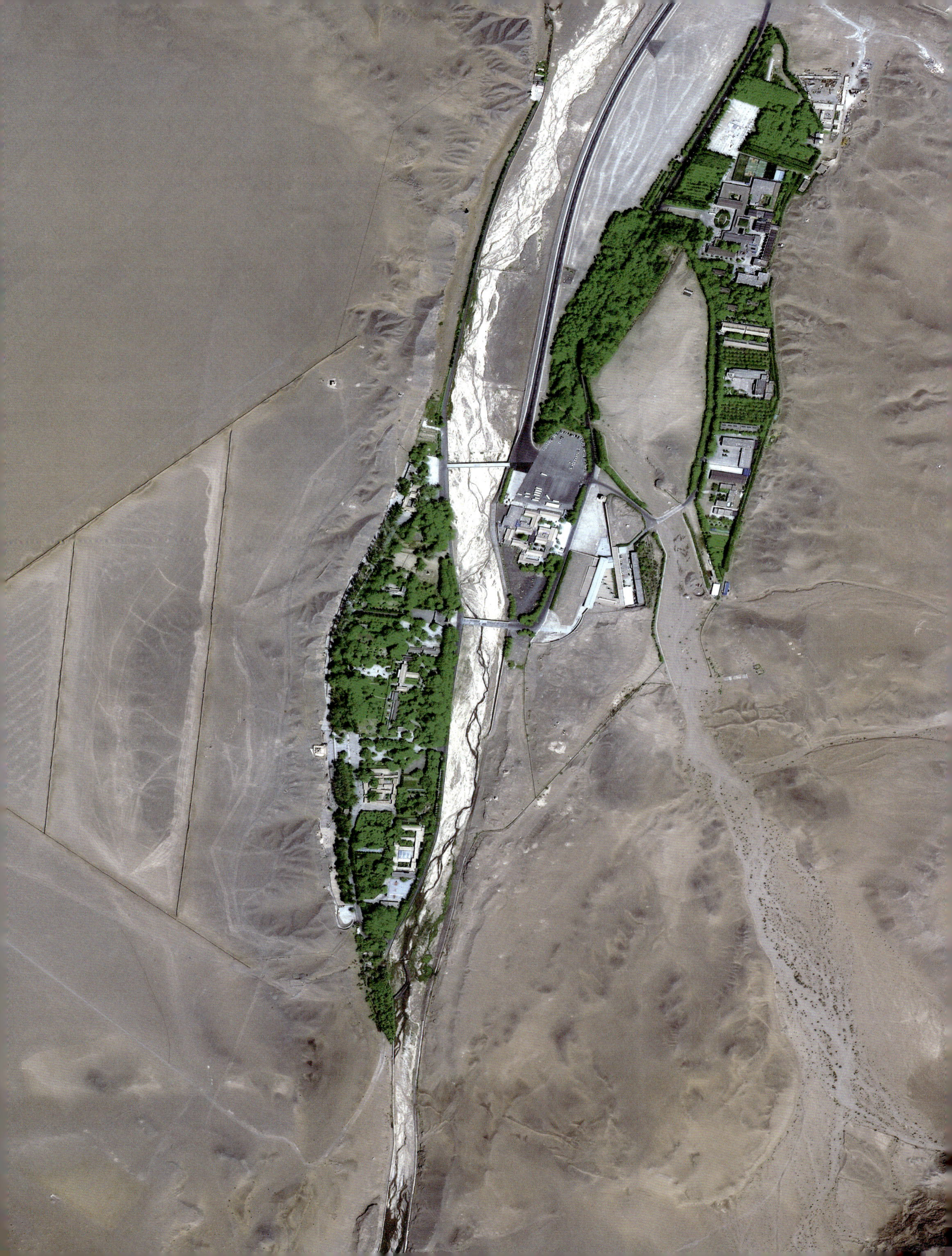

出敦煌，沿河西走廊往东的嘉峪关市，存续着长城之魂。甘肃境内的古长城纵横交错，全省现存长城总长度居全国第二，共计3 654千米，聚焦了秦、汉、明三代长城，以及晋、宋、西夏和元代的城障，成为华夏文明的魂魄所在。3 852个编码点段的保护范围和建设控制地带，已在2016年确定，这相当于为长城保护办理了独特的"身份证"。

如今沿古长城依然可见曾经分布的大量关隘城堡，其中玉门关、阳关扼丝路古道之咽喉。嘉峪关更是气势雄伟，堪称"天下第一雄关"。

从嘉峪关入城，到河西走廊中部，在那里，灿若明霞的张掖丹霞，色如渥丹，是国内唯一的丹霞地貌与彩色丘陵景观复合区。这里有万紫千红的风景，这里是世界的一抹胭脂。其气势之磅礴、场面之壮观、造型之奇特、色彩之艳丽，令人惊叹。置身其中，缤纷的色彩连绵起伏，相映成趣，镇魂摄魄，美得使人晕眩，堪称"七彩神仙台"，举世罕见。

如今张掖七彩丹霞是甘肃最受欢迎的景区之一，游客们在流连中感受自然之美，感悟和谐之道。

右图为从60万米高空俯瞰嘉峪关关城
始建于明洪武五年（1372）的嘉峪关，雄踞明代万里长城的西端起点，是河西第一隘口，也是古代"丝绸之路"上的必经关口。漫漫黄沙，日月更迭，600多年过去，大美雄关依旧巍然矗立。

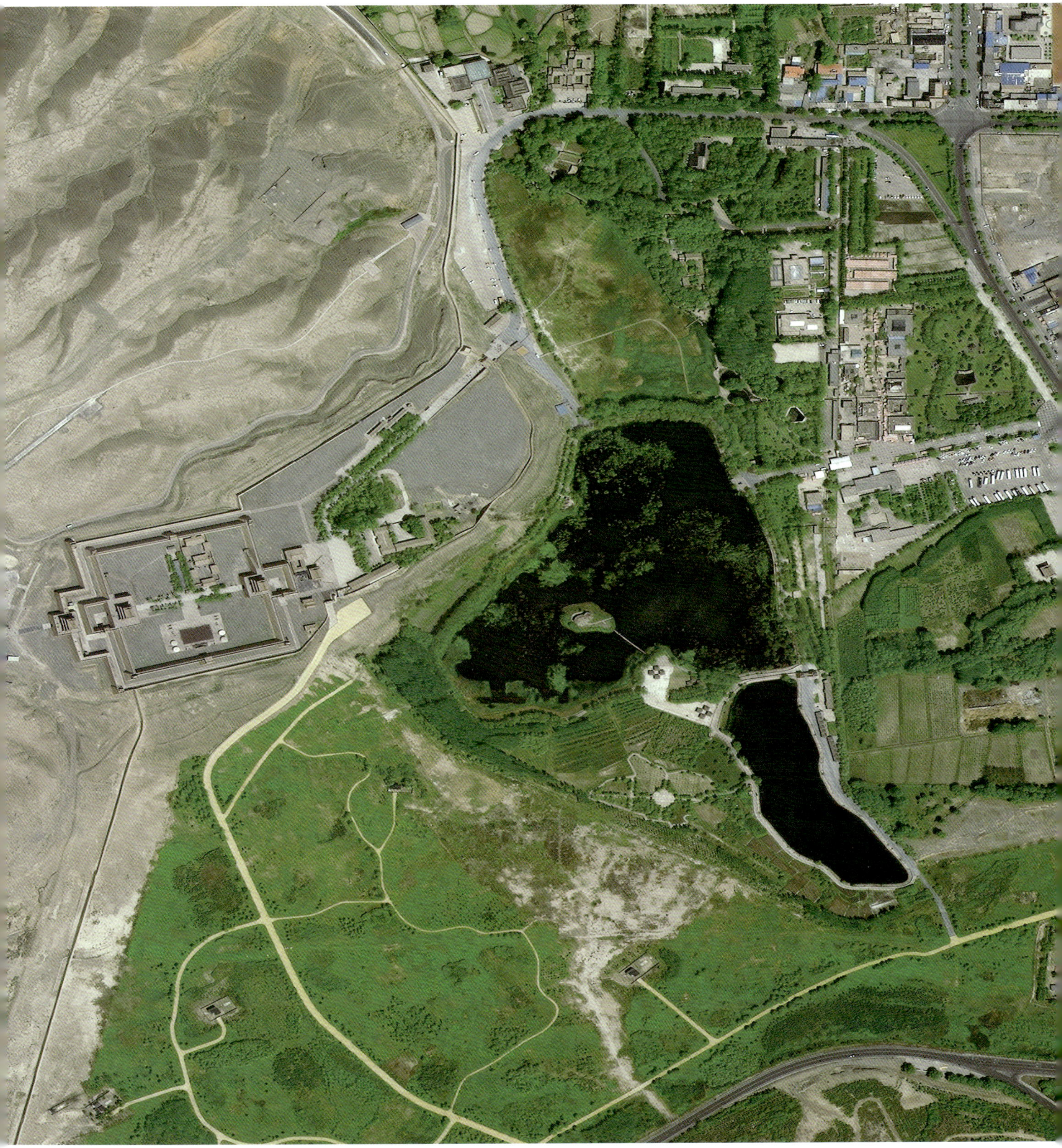

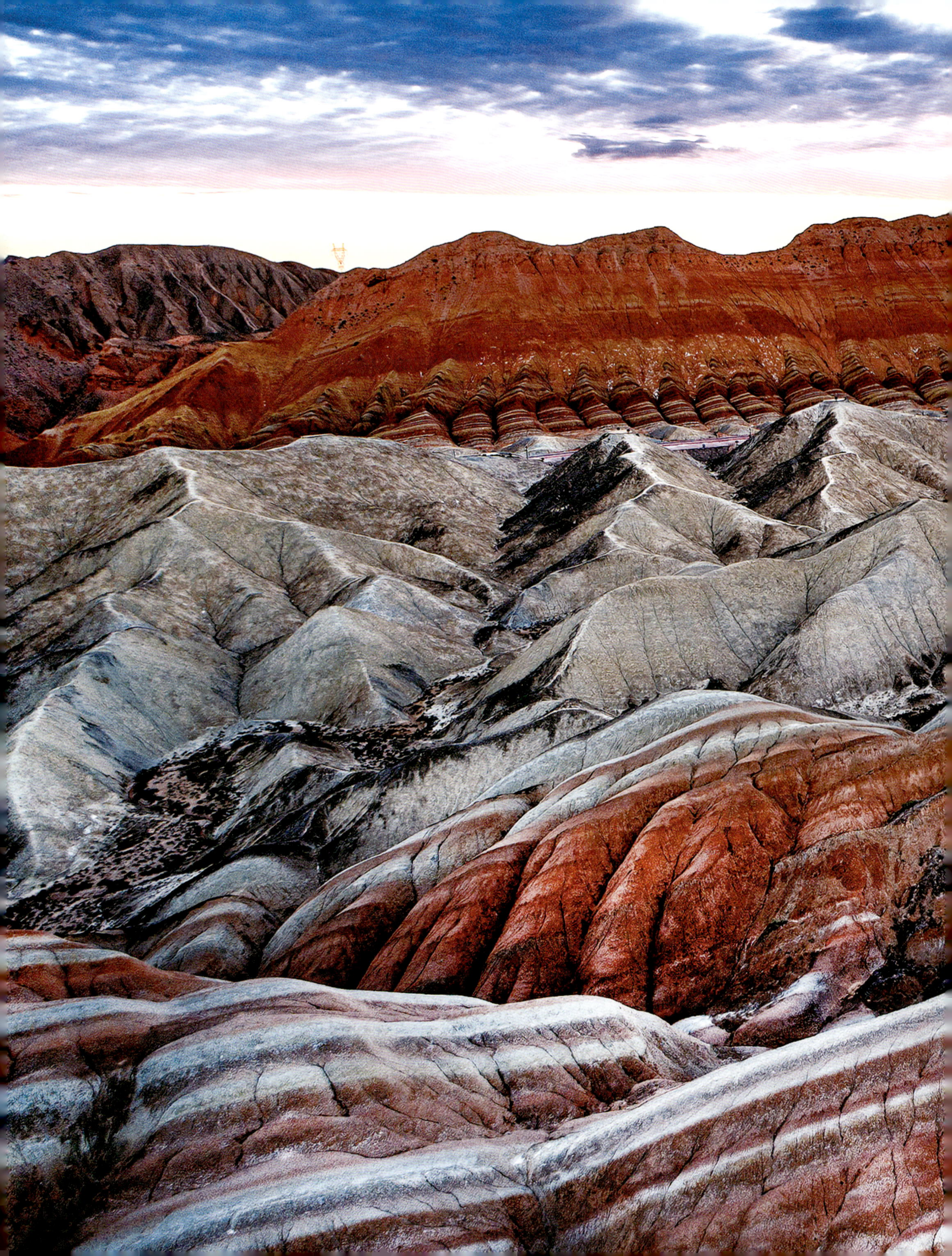

甘肃省张掖丹霞国家地质公园丹霞地貌 新华社记者 陶明/摄

位于祁连山北麓、河西走廊中部的张掖丹霞国家地质公园内的丹霞地貌，以层级错落交替、气势磅礴、形态丰富、色彩斑斓而称奇，置身其中犹如进入画境。

叁 天与地的征途

甘肃曾见证过河西走廊的辉煌，也曾见证过红军三大主力一、二、四方面军经历艰难跋涉，冲破重重险阻，在会宁实现胜利大会师，开启了中国革命崭新的篇章。如今，它正见证着中国建设生态文明与探索星辰大海的伟大征途。

在甘肃酒泉卫星发射中心，1970年，中国第一颗人造地球卫星"东方红一号"成功发射；1999年，中国第一艘神舟号无人实验飞船成功发射；2003年，中国第一艘载人飞船成功发射，圆了中华民族的飞天梦；2005年，神舟六号载人飞船成功发射，中国航天员真正开始尝试太空生活；2008年，神舟七号载人飞船成功发射，中国航天员有了第一次太空行走；2012年，神舟九号载人飞船成功发射，中国首次实现太空运输与补给；2013年，神舟十号载人飞船成功发射，实现首次应用性飞行；2016年，神舟十一号载人飞船成功发射，中国航天员首次实现太空中期驻留……

这座世界三大航天发射场之一，无限辉煌，但辉煌的背后，凝聚着无数人的心血和汗水。

从这片河西走廊中部的土地望向河西走廊的东头，兰州，一条河穿城而过，一碗面押出江湖。这座位于中国版图几何中心的城市，坐落于黄河之滨，演绎着百种风情。一场持续的"蓝天保卫战"让兰州市这座曾经"在卫星上看不到的城市"，如今有了"兰州蓝"的响亮招牌，一年中空气质量优良天数比例已稳达八成以上。

从这里开始，整个陇原大地都经历着沧桑巨变。文化兴，丝路再盛；生态美，游客纷至。绿色发展助力脱贫攻坚，甘肃省贫困人口由2012年底的692万，降到2018年底的111万。全长近7 000千米的陆上丝绸之路，在甘肃省境内绵延1 600多千米。甘肃作为丝绸之路经济带建设的黄金段，与"一带一路"沿线国家的合作不断加强，向西、向南开放速度不断加快。

交响丝路上，如意般的甘肃，也在追梦。

从60万米高空俯瞰兰州黄河铁桥——中山桥

兰州是中国唯一一座黄河穿越而过的城市。1909年,兰州黄河铁桥——中山桥正式竣工。如今在黄河兰州段,111岁的中山桥见证了中华人民共和国成立70余年来,20多座现代化桥梁连通两岸。

№ 新.28

CHINA FROM OUTER SPACE

同心筑梦映天山·咱们新疆好地方

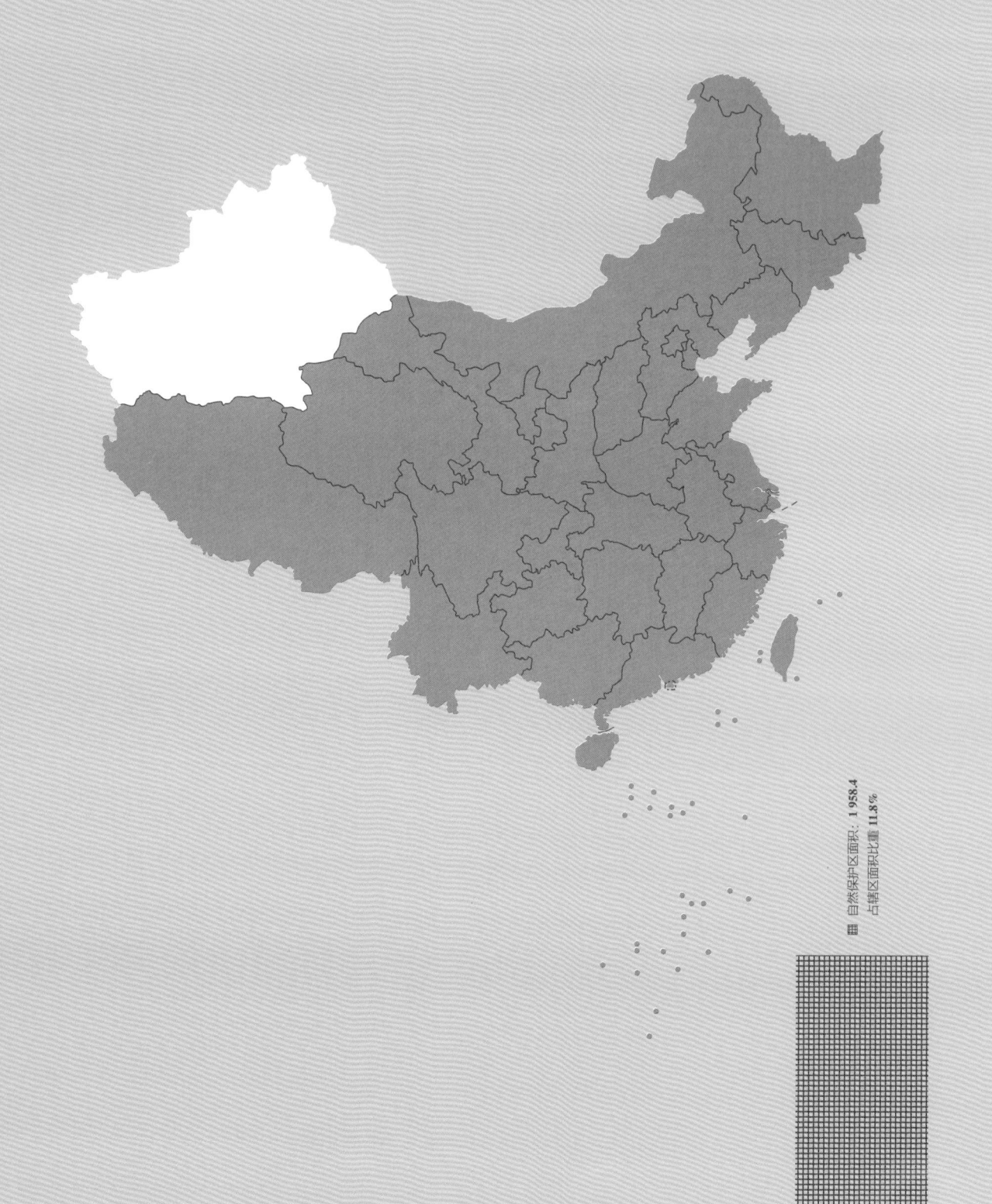

自然保护区面积：1 958.4
占辖区面积比重 11.8%

耕地面积：523.96

2017年　　2017年

新疆维吾尔自治区在中国的位置示意图　　新疆维吾尔自治区耕地、森林及自然保护区

XINJIANG

新疆

森林面积：802.23
森林覆盖率：4.9%
2018年
单位：万公顷

城镇人口：1 266
乡村人口：1 221
2018年
人口　单位：万人

地表水与地下水资源重复量：456
人均水资源量：3 482.56 立方米
地表水：817.8
地下水：497
2018年
水资源　单位：亿立方米

铁路：2 300
公路：34 600
2000年

铁路：2 800
公路：89 500
2005年

铁路：4 200
公路：152 800
2010年

铁路：5 900
公路：178 300
2015年

2018年
交通　单位：千米

数据来源：国家统计局、新疆维吾尔自治区统计局

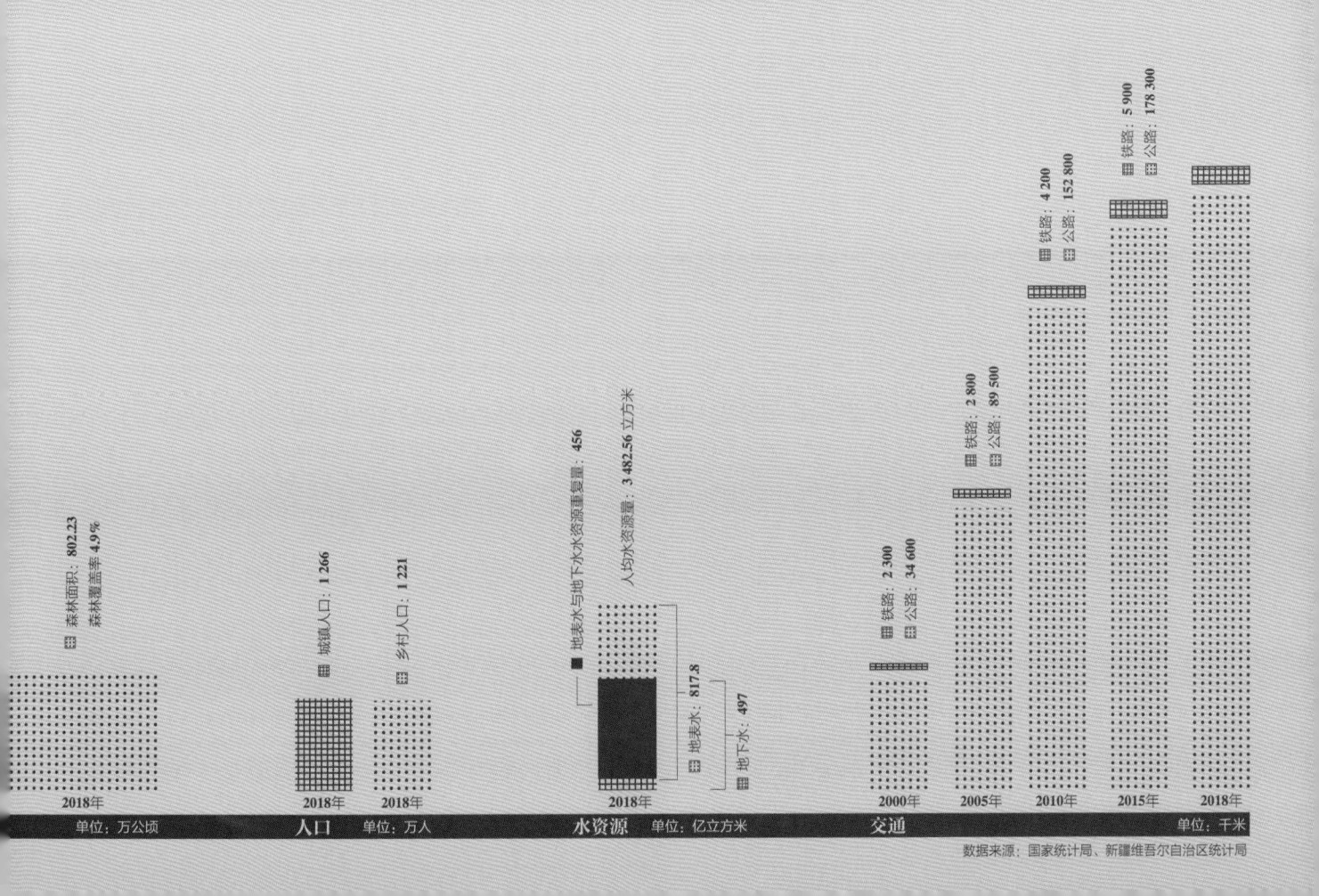

新疆维吾尔自治区，中国面积最大的省区，是丝路古道上的明珠，也是"一带一路"的核心区域。

凝视"疆"字，左形弓形曲折，好似新疆蜿蜒绵长的边境线；右形三山两盆，正对应着新疆大地上，由北向南排列的阿尔泰山、天山、昆仑山，以及三山间两相对望的准噶尔盆地与塔里木盆地。从 60 万米高空俯瞰这片美丽的土地，"疆"字之美，展现得淋漓尽致。

"三山夹两盆"的地貌特征使新疆拥有神奇独特的自然景观。高山湖泊天山天池，"人间仙境"喀纳斯，"空中草原"那拉提，地质奇观可可托海，浩瀚的沙漠、壮美的雪山、秀丽的草原遥相呼应，无不令人心驰神往。

从"金山银水"阿勒泰地区到"万山之祖"巍巍昆仑，从"死亡之海"塔克拉玛干沙漠到"塞外江南"伊犁河谷……新疆各族人民在广袤山河上共同绘就壮阔画卷。

右图为新疆维吾尔自治区地形3D混合示意图

— 485 —

新疆那提拉草原景致 新华社记者 沙达提/摄
位于新疆伊犁哈萨克自治州新源县的那拉提草原溪流河谷遍布、森林繁茂，被誉为"空中草原"。

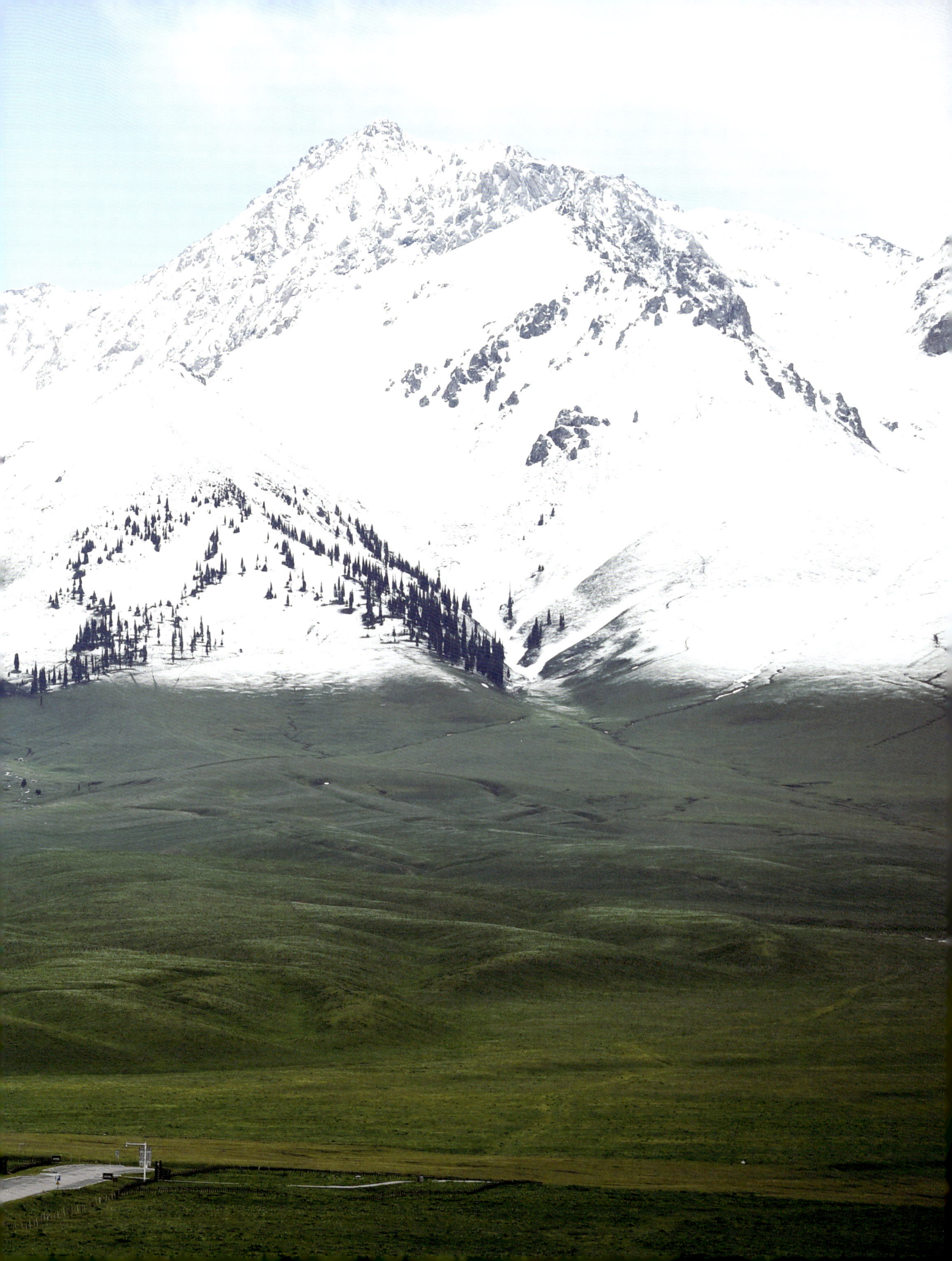

这是阿尔金山国家级自然保护区一角 新华社记者 胡虎虎/摄

坐落在新疆南部、与喀纳斯南北对望的阿尔金山国家级自然保护区，是与罗布泊、可可西里和羌塘齐名的四大无人区之一，东西长370.8千米，南北宽192.2千米，总面积达4.68万平方千米，是世界上不可多得的"高原野生动物基因库"。

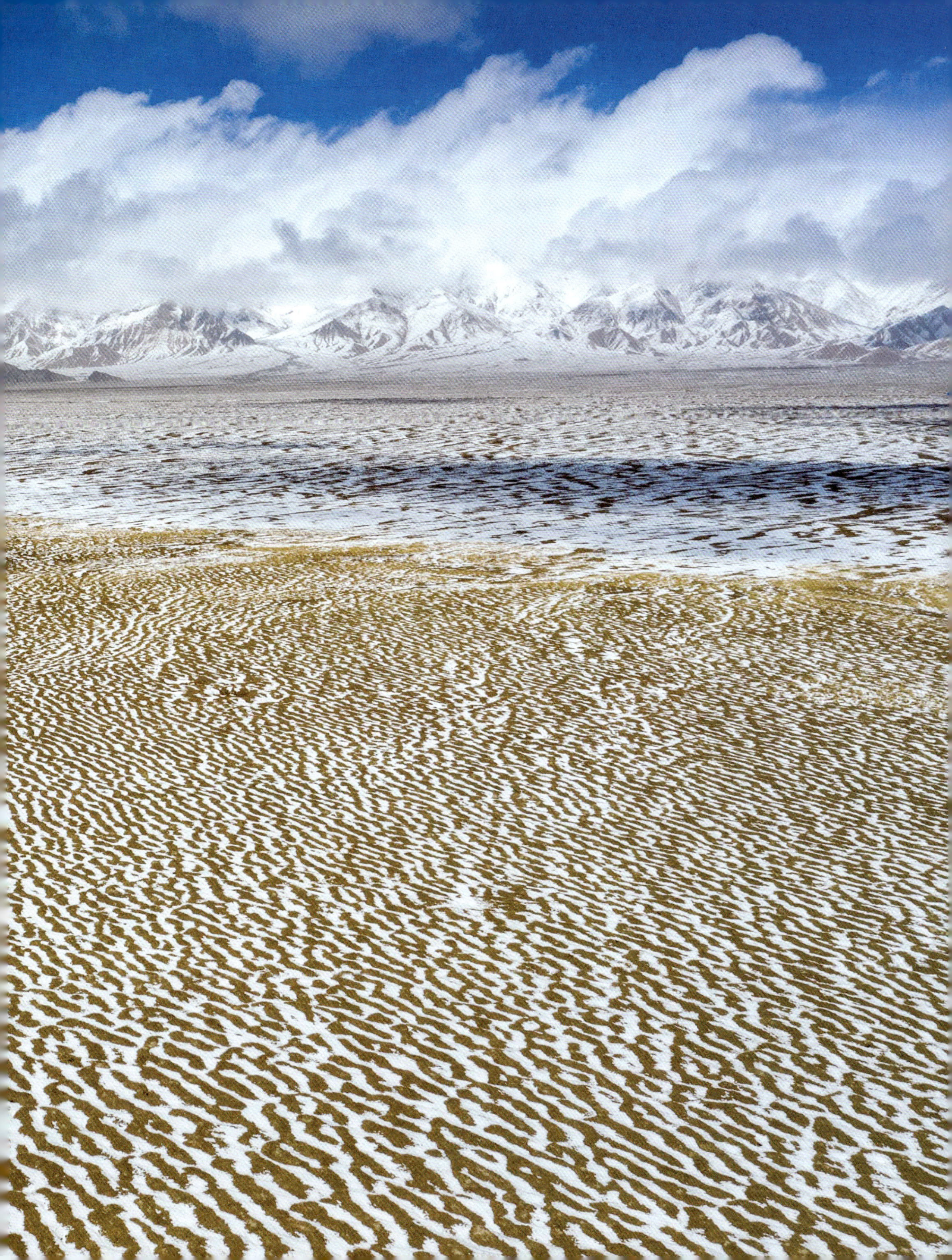

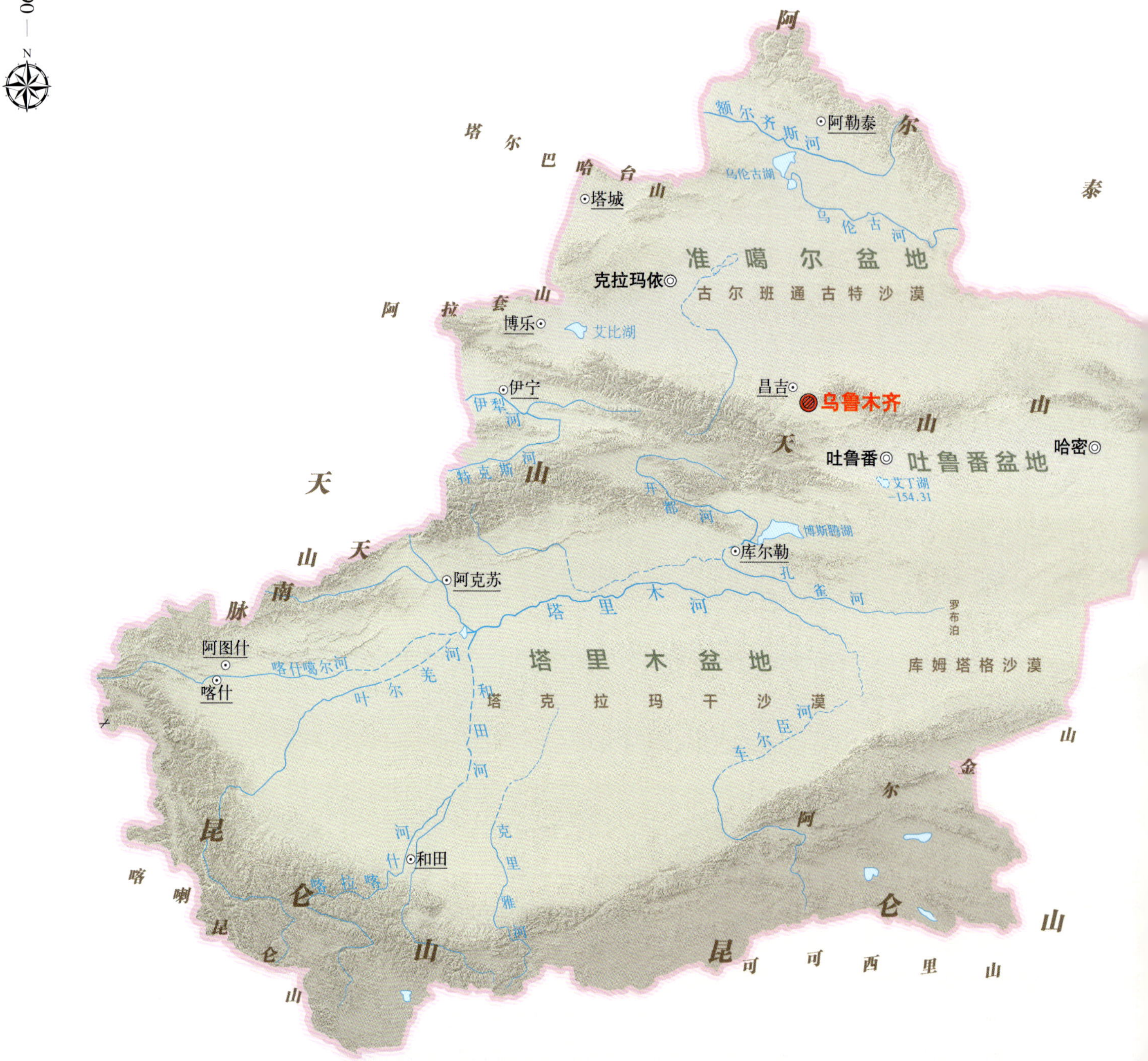

图 例

省级行政中心

地级市行政中心

自治州行政中心
地区行政公署驻地

县级行政中心

山口

1：9 500 000

壹 古今沙路交会的传奇

天山南北两大盆地中分别坐落着中国第一大和第二大沙漠。两大沙漠之外，新疆与甘肃交界处又有库姆塔格沙漠，虽然这处沙漠面积只有2.2万多平方千米，却为交通带来巨大困难。

新疆深处亚欧大陆腹心地带，气候极端干旱，除伊犁河谷地带年降雨量可达300~500毫米，全区大部分在200毫米左右，吐鲁番盆地年降雨量不足50毫米，而各地年蒸发量几乎都在200毫米以上，其中吐鲁番盆地可达3 000毫米。大自然赋予新疆大漠戈壁这片黄色的同时，也在天山、阿尔泰山、昆仑山山顶留下了白色的冰雪，正是这些冰雪融化而成的雪水滋润了山下的绿洲，为大漠荒原添加了生命之色。

绿洲的存在，支撑了道路的存在。由于自然地理环境复杂，古代丝绸之路新疆段由数条道路组成，其中行经塔里木盆地南北两侧的南道和北道开通最早，并连接着河西走廊西端的两个重要关口——玉门关、阳关。

无论西出阳关还是玉门关，都需要先穿过库姆塔格沙漠，然后到达楼兰，再从这里沿塔里木盆地边缘分为北道和南道两条分支。北道沿天山南麓西行，一路经行库尔勒、阿克苏至喀什。南道沿昆仑山北麓西行，经和田至喀什。南北两道均从天山南脉与昆仑山结合处的乌恰山口，沿喀什噶尔河进入中亚。

南道和北道是西汉时期张骞通西域后，丝绸之路最早开通的官方通道，继此之后，东汉明帝时期又开辟了一条新的通道，当时称为新道，后世将其称为新北道。其走向为出玉门关西北行，经哈密翻越天山，进入吐鲁番，最后会入北道。这条道路也被称为大海道，所谓的大海不是指蔚蓝色的海水，而是为黄沙覆盖的沙海。

到了唐代，一条连接新疆北部的道路随即开通，这条道路事实上是新北道西向延伸的结果，一直通到伊犁，被后世称为北新道。

左图为新疆维吾尔自治区地形及主要水系分布示意图

注：伊宁是新疆伊犁哈萨克自治州的首府；阿勒泰为新疆阿勒泰地区行政公署驻地；塔城为新疆塔城地区行政公署驻地；博乐是新疆博尔塔拉蒙古自治州的首府；昌吉是新疆昌吉回族自治州的首府；库尔勒是新疆巴音郭楞蒙古自治州的首府；阿克苏为新疆阿克苏地区行政公署驻地；阿图什是新疆克孜勒苏柯尔克孜自治州的首府；喀什为新疆喀什地区行政公署驻地；和田为新疆和田地区行政公署驻地。

南道、北道、新北道、北新道，这四条分支是古代丝绸之路新疆段的主要通行道路。数千年间，西行古道上留下无数脚印，其中有出使西域的使节，有戍边守土的将士，有西行求法的高僧，也有往来东西的商旅。

古代丝绸之路的出现不仅为新疆造就了文化基础，而且沟通了亚欧大陆东西之间的物质与文化交流。公元68年东汉王朝都城洛阳出现了第一座官方佛寺——白马寺，它的修建说明佛教已经通过丝绸之路传入中原内地。沿着丝绸之路一路东行，还留下了大量石窟佛寺。

通过丝绸之路传入中国的不仅是宗教，汉代胡桃、葡萄、胡瓜、胡椒、胡葱、胡桐、胡萝卜等水果、蔬菜来自西方。此外，罗马的玻璃器、西域的乐舞和杂技等也在丝绸之路的驼铃声中被带到东方。

通过丝绸之路，中国不仅引入了西方的物质与文化，也将诞生在中国土地上的丝绸、瓷器、茶叶乃至造纸、指南针、印刷术、火药四大发明输入西方。

今天，沿着塔克拉玛干沙漠边缘，从天山南麓向昆仑山北麓穿行，古老的丝绸之路南、北道间已再现新的通途。1995年，首条塔克拉玛干沙漠公路全线通车，这条世界上穿越流动沙漠最长的等级公路，北起西气东输起点轮台县轮南镇，南接和田地区民丰县，全长522千米，打通了新疆南部经济社会发展和塔里木油气资源勘探开发的交通命脉。

2008年，新疆第二条沙漠公路建成通车，全长424千米，纵穿塔克拉玛干沙漠西部，从沙漠北部阿克苏地区境内的阿拉尔市至和田地区和田市，将沙漠西北缘的阿克苏地区和西南缘的和田地区连接了起来。至此，两条平行于沙海之中的公路将塔克拉玛干一分为三，新疆南北之间的公路距离缩短500多千米，成为新疆南北运输沟通的捷径。如今，第三条沙漠公路在建，预计2021年通车。

从60万米高空俯瞰首条塔克拉玛干沙漠公路，即1995年贯通的轮南—民丰沙漠公路

和田河

首条塔克拉玛干沙漠公路

和田地区洛浦县红白山服务区

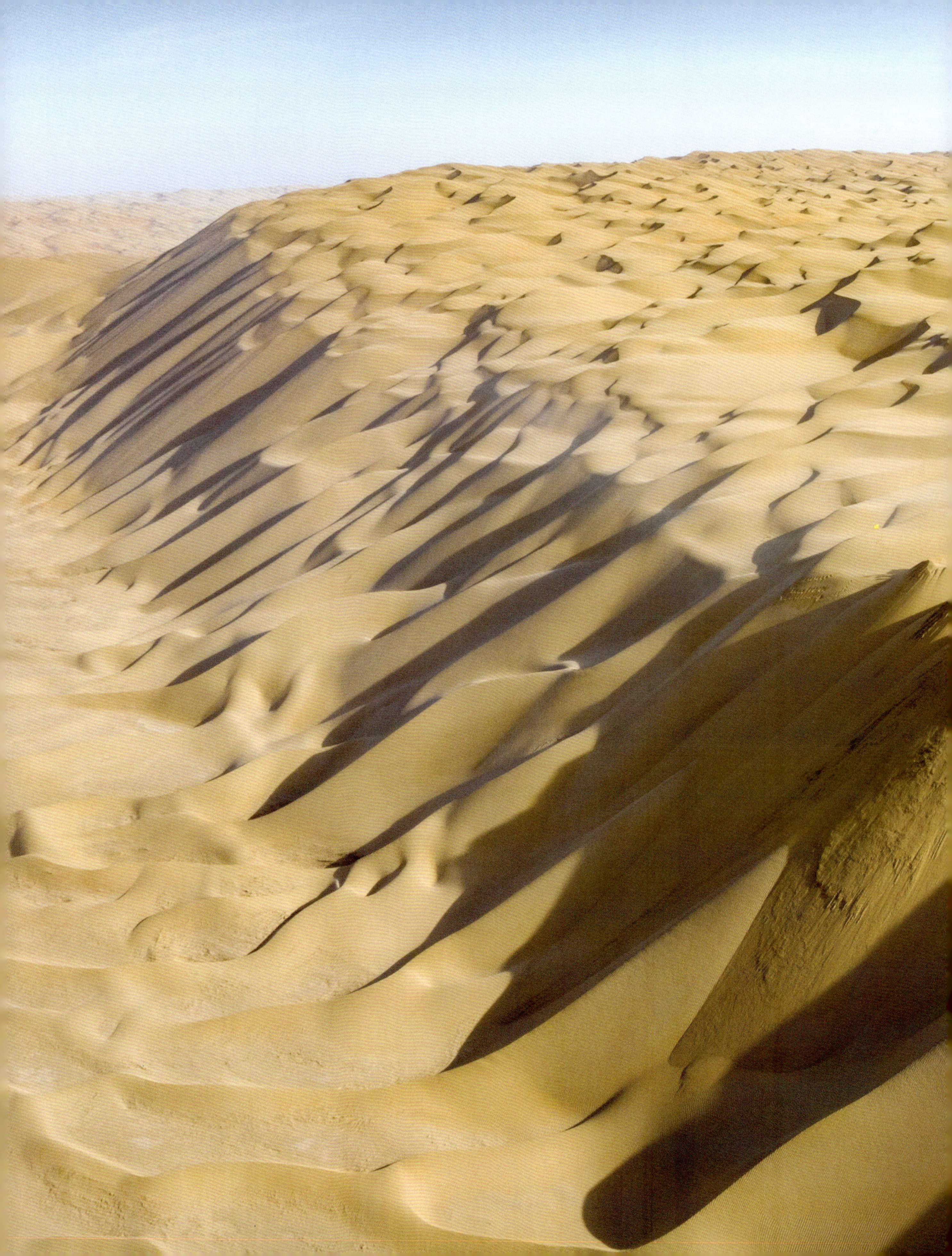

第三条贯穿塔克拉玛干沙漠南北的公路施工现场，工人驾驶大型推土机推平沙山 新华社记者 胡虎虎/摄

新疆尉犁至且末沙漠公路，全长330多千米，是第三条贯穿塔克拉玛干沙漠南北的公路。该公路建成后，有助于改善新疆南部百姓的出行条件，推动当地发展。

贰 丝绸之路的活体记忆

新疆，丝路古道上的明珠。这里东联西出，经济相融，人文相亲。

在丝路古道新疆段的西头，至少有400年历史的喀什老城，是世界上仍在使用的、最大规模的生土建筑群，土黄建筑，雕花门窗，布局灵活多变，街巷东转西折，还有迷宫式的城市道路，融合了汉唐、古罗马的丰富记忆，被誉为"丝绸之路的活体记忆"。随着"一带一路"倡议不断推进，这座古丝路上的名城重镇再显活力。

从这里循古丝路北道，沿天山南麓东行，一路经阿克苏至库尔勒，再转入东汉开辟的新北道，行至吐鲁番，然后沿唐代开辟的北新道，翻越天山，一直可抵达新疆伊犁哈萨克自治州的伊犁河谷。这里同样有座保存着丝绸记忆的古城——特克斯。

特克斯，是一座规模宏大、保存完整的"八卦城"，草原游牧文化与中原文化在此汇聚。伴随着通行的便利，全国各地的探秘者为一睹其真容也纷至沓来。伊犁河谷随之生机焕发。

漠风、驼影、丝路、西域……历史在时空中穿越，故事在岁月里延续，大自然的"匠心"，让世人惊叹。这里，古老安静；这里，也同样现代开放。

如今，在新疆辽阔的土地上，5 000多千米高速公路纵横天山南北。兰新高速铁路接轨中亚，直达欧洲；22座机场投射出一道道高效的弧线，与世界各地联通。

右页上图为从空中俯瞰新疆喀什古城 新华社记者 江文耀/摄

右页下图为从60万米高空俯瞰新疆特克斯县"八卦城"

497

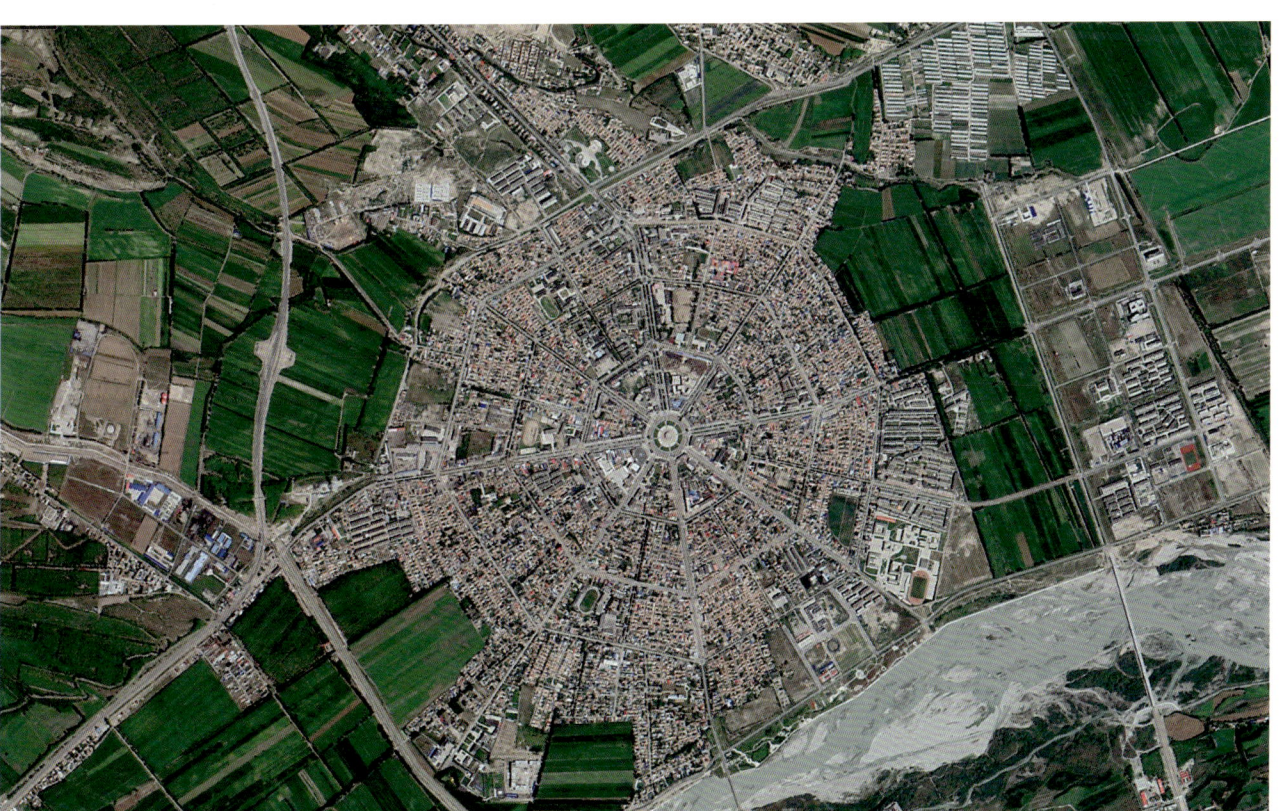

叁 中国长绒棉之乡

进入9月,位于天山南麓、塔里木盆地北部的阿克苏地区,广阔的棉田里棉桃开始吐絮,棉花收获的季节开始了。

曾经棉田里是"人山人海",眼下,新的变化正在发生,采棉机整齐开行,机械化转型让新疆棉纺产业加快了"走出去"的步伐。

到了春天,犁地、平地、播种、施肥、覆膜也开始由自动导航驾驶的拖拉机完成,智慧农业在这里初展身手。

为什么要让拖拉机自动导航驾驶?

在广阔的棉田里,如果播种不直、播行之间接行的距离宽窄不一,不仅影响土地利用率,后续给棉花进行打顶、收割时,那些同样具备自动导航驾驶功能的大型机械就难以"对行"进行作业。要实现棉花从播种、打药、田间管理到采摘的全程机械化,一开始播种的精度就必须要高。过去,播种直不直、接行准不准,全靠驾驶员的手和眼。但新疆都是大块的田地,一望无际,没什么参照,人工驾驶播种很考验驾驶员的本事,一不小心就会歪。于是有农民为了种地"直",小跑着跟在播种拖拉机后面,不停用尺子测量播行间距,非常辛苦。

国家统计局数据显示,2017年新疆棉花播种面积占全国的60%以上,产量占全国70%以上。其中,阿克苏地区的棉田面积约占全国的三分之一,是新疆主要的棉花生产基地。对于正处在从传统农业到机械化农业转型过程中的新疆来说,机械化和智慧农业所能带来的惊喜将会越来越大,这里也一定能够发展得越来越快。

在新疆阿克苏地区阿瓦提县乌鲁却勒镇拉依当村，一台大型采棉机在棉田里采摘棉花
新华社记者 沙达提/摄

阿瓦提县植棉历史悠久，是全国优质棉基地县、新疆区域原种繁育基地和棉花优质高产高效示范区，被称为"中国棉城""中国长绒棉之乡"。这里出产的棉花品质优良，不仅纤维长度长，还具有纤维强度高、色泽好、弹性好的特点，是纺高支纱和特种纺织工业不可缺少的原料。

从戈壁油城走向匠心之城

在天山与阿尔泰山之间，坐落着中国第二大内陆盆地——准噶尔盆地，1955年，随着我国第一个大油田在这里诞生，戈壁油田"克拉玛依"的名字传遍大江南北。

克拉玛依，维吾尔语意为"黑油"。60多年来，克拉玛依相继开发了30个油气田，建成国内最大的储气库，累计生产原油超过3亿吨。如今的克拉玛依油田，不仅具备强大的油气勘探、开发、炼化能力，而且具备了强大的、面向世界的油气技术服务能力。这座"因油而生，因油而兴"的戈壁油城，在一代代拥有"工匠精神"的克拉玛依人的打造下，城市面貌日新月异，人民生活水平稳步提高，正成为"一带一路"上一颗闪亮的明珠。

在克拉玛依市行政南广场，矗立着一座58米高的城市雕塑《克拉玛依之歌》。整个雕像以凤凰为基本形象，象征着老中青三代石油人艰苦奋斗的辉煌历程。在这座一多半常住人口都是油田职工的城市里，几代石油人艰苦创业，不懈努力，在用双手履行着"我为祖国献石油"庄严承诺的同时，也用无私奉献谱写着克拉玛依日新月异的发展篇章。

由于位处古尔班通古特沙漠边缘，这里气候恶劣，极度干旱缺水，植被稀疏。但在一代代克拉玛依"匠人"的努力下，如今的克拉玛依，茫茫戈壁变成绿树成荫，基本形成了"一条河、一片湿地、四片森林、六个湖泊"的生态系统，逐渐蜕变为天蓝水清地绿的宜居之城，成为真正的"沙漠美人"，创造了经济发展与生态改善齐头并进、互为促进的绿色发展奇迹。

同时，为破解大多数资源型城市"因油而兴，油竭而亡"的"资源诅咒"，早在2010年克拉玛依便提出"打造世界石油城"，着力建设油气生产、炼油化工、技术服务、机械制造、石油储备、工程教育"六大基地"，还从"地下"走向"云端"，建立了克拉玛依云计算产业园，逐渐形成以石油石化经济为主导、多元经济快速发展的产业格局。

克拉玛依的发展变化正是新疆和平解放70余年来的生动写照。70余载岁月如歌。历史天空下，一曲曲创业奋斗的壮歌、民族团结的欢歌、繁荣稳定的凯歌，在新疆大地交融，在天山南北各族儿女心中激荡。面积166万多平方千米的"疆"字上，山脉、河流、森林、盆地……组成了无限风光。咱们新疆是个好地方！

矗立在克拉玛依市行政南广场的城市雕塑《克拉玛依之歌》

N青.29

CHINA FROM OUTER SPACE

山宗水源·青海不远

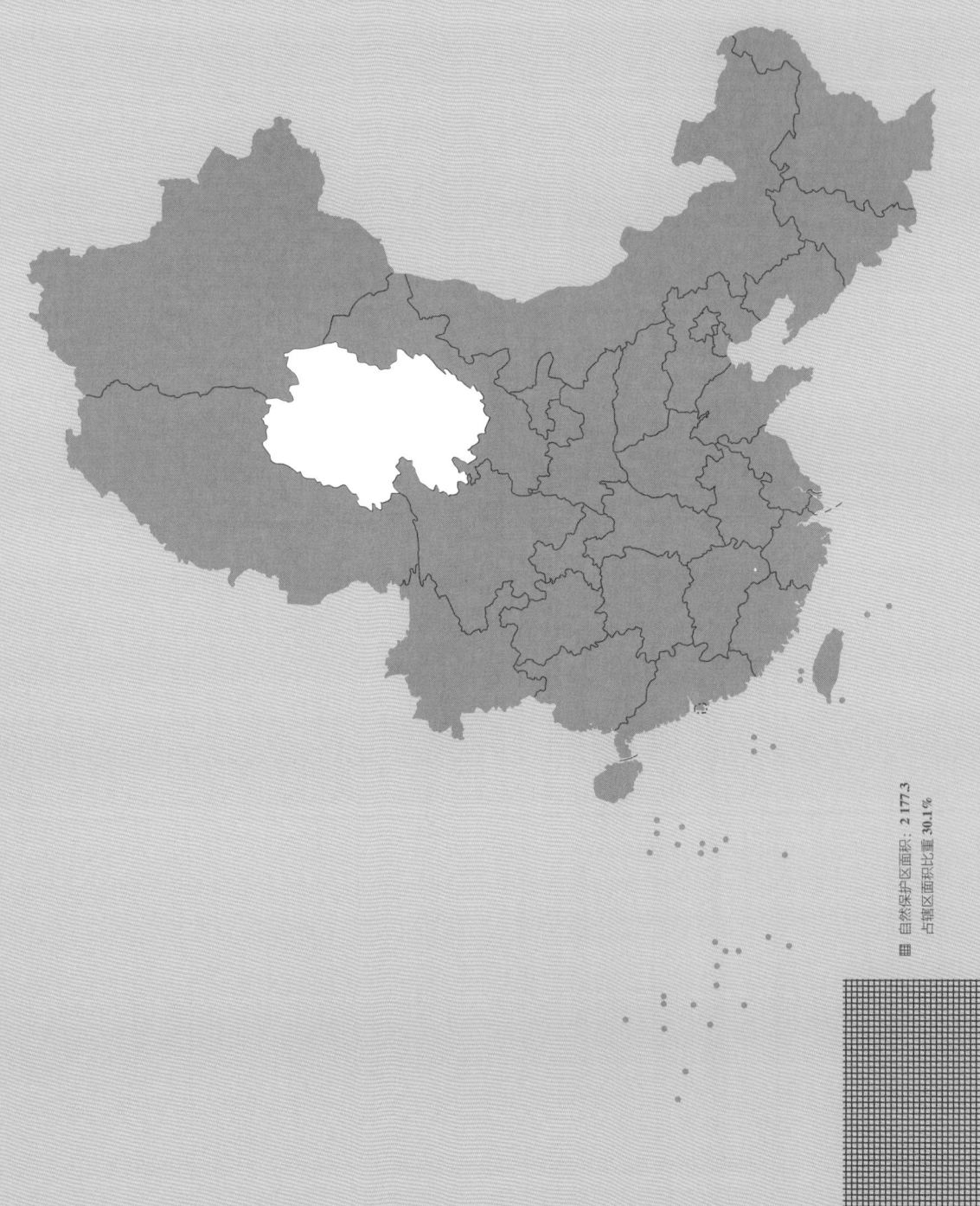

自然保护区面积：2 177.3
占辖区面积比重 30.1%

耕地面积：59.01

2017年　　　2017年

青海省在中国的位置示意图　　　青海省耕地、森林及自然保护区概况

QINGHAI

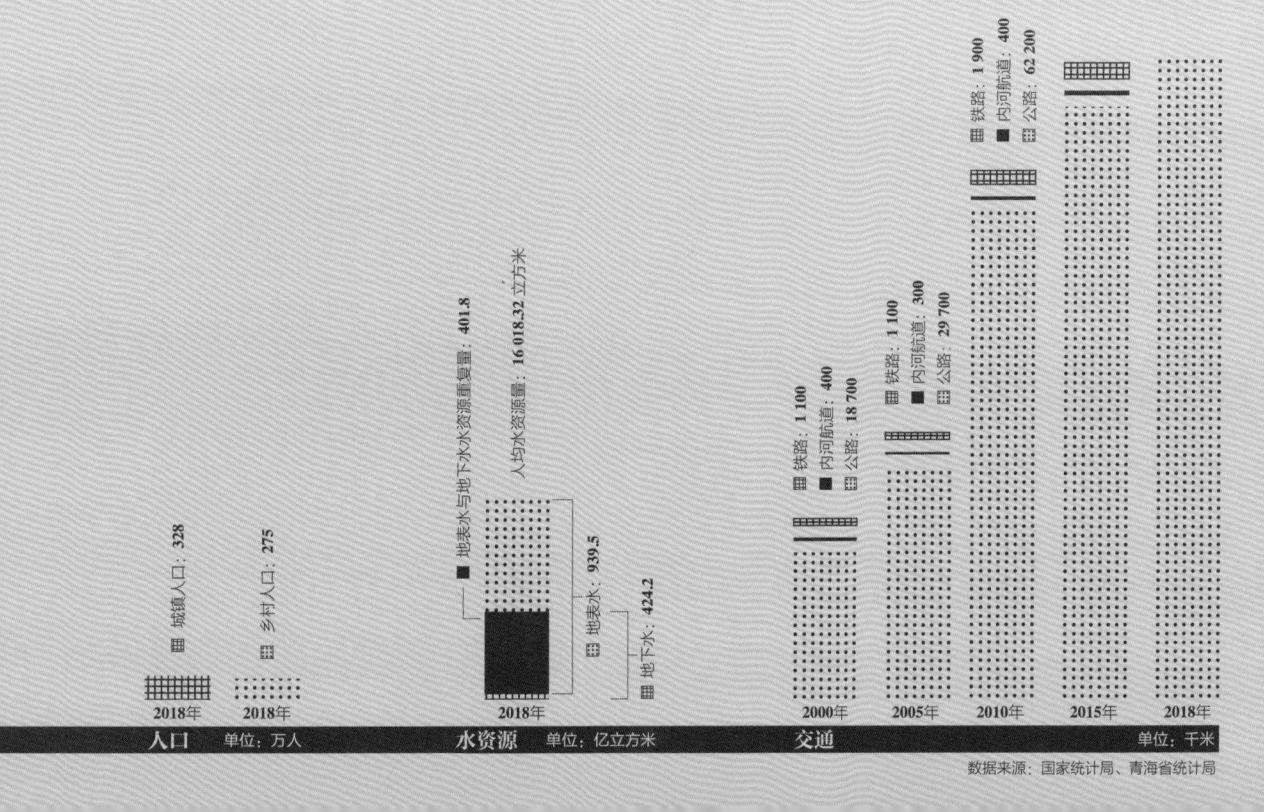

青海

森林面积：419.75
森林覆盖率：5.8%

2018年 单位：万公顷

城镇人口：328
乡村人口：275

人口 2018年 单位：万人

地表水与地下水水资源重复量：401.8
人均水资源量：16 018.32 立方米
地表水：939.5
地下水：424.2

水资源 2018年 单位：亿立方米

铁路：1 100
内河航道：400
公路：18 700

铁路：1 100
内河航道：300
公路：29 700

铁路：1 900
内河航道：400
公路：62 200

2000年　2005年　2010年　2015年　2018年

交通 单位：千米

数据来源：国家统计局、青海省统计局

图 例

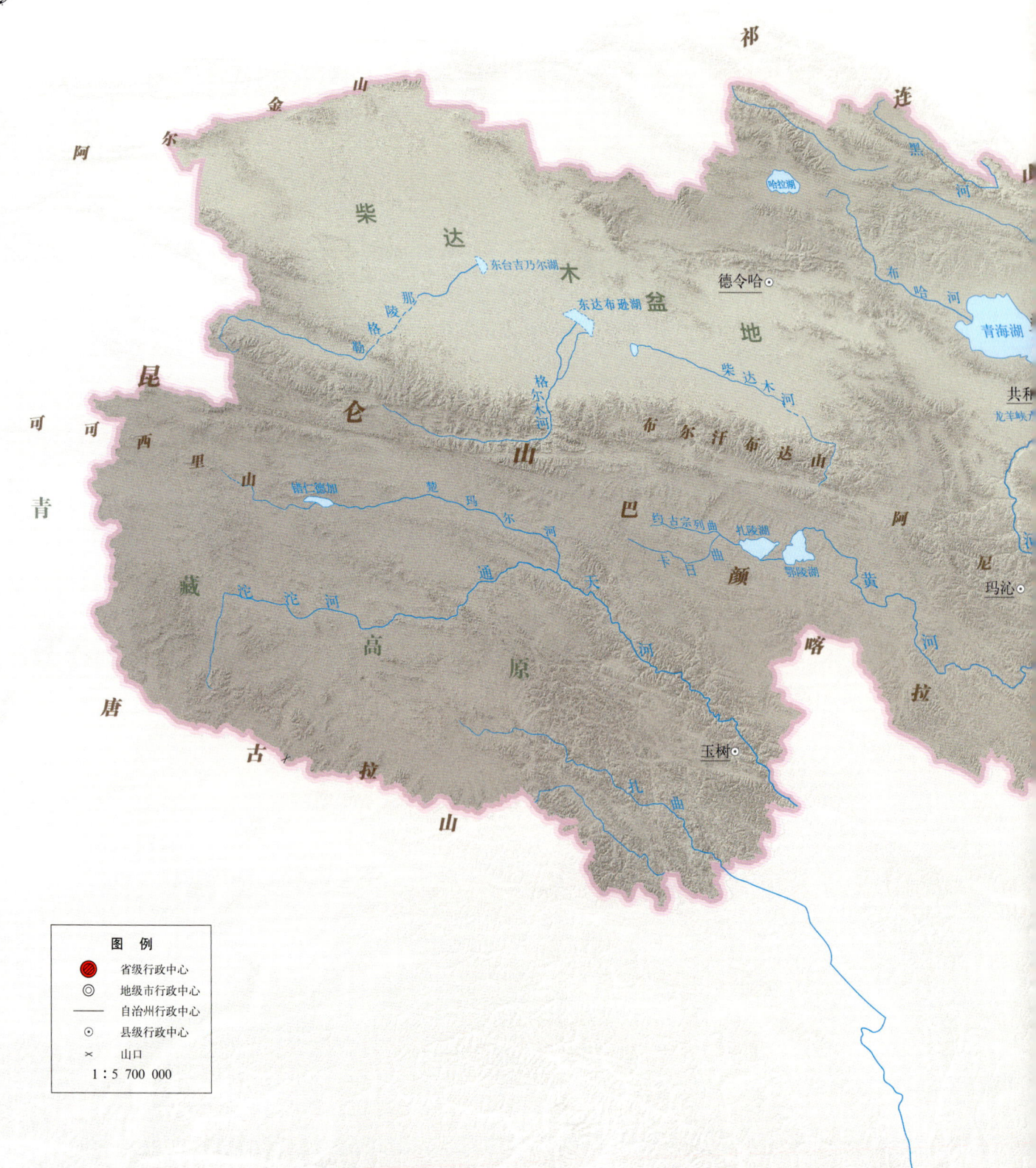

- 省级行政中心
- 地级市行政中心
- 自治州行政中心
- 县级行政中心
- × 山口

1:5 700 000

从高空俯瞰中国，你会发现有一个省份的行政区域，形似一只温顺可爱的玉兔，这就是地处青藏高原东北部的青海省。著名的青海湖便是这只玉兔的大眼睛，活灵活现，青海的省名正因这蓝色清澈的大眼睛——青海湖而得名，可谓因水而生、因湖得名。

青海湖古代称为"西海"，又称"鲜水"或"鲜海"。由于青海湖一带早先属于卑禾族的牧地，所以又叫"卑禾羌海"，汉代也有人称它为"仙海"，从北魏起才更名为"青海"。而当地游牧民族则以湖水的美丽命名它，藏语叫作"错温波"，意思是"青色的湖"；蒙古语称它为"库库诺尔"，即"蓝色的海洋"。无论哪一个名字，都形象地点出了这一高原湖泊的浩渺与美丽，不由让人心驰神往。

走出蓝色的青海湖，俯视大美青海，任谁都会感慨于它的辽阔、苍茫，折服于它的巍峨高耸、它的勃勃生机。青海省的面积可谓辽阔，东西长1 200千米，南北宽800千米，总面积72.12万平方千米，居全国第四位。

"青海最大的价值在生态、最大的责任在生态、最大的潜力也在生态"。

青海省被誉为"万山之祖"，这里高山纵横，雪山连绵，冰川林立，昆仑山、祁连山、唐古拉山、巴颜喀拉山、阿尼玛卿山等众多海拔5 000米以上的名山傲立于天地之间，任时光匆匆，依然庄严、肃穆而无比神圣。

青海省地形及主要水系分布示意图

注：德令哈是青海省海西蒙古族藏族自治州首府；玉树是青海省玉树藏族自治洲首府；共和是青海省海南藏族自治洲首府；海晏（实际在西海镇）是青海省海北藏族自治州首府；同仁是青海省黄南藏族自治州首府；玛沁是青海省果洛藏族自治州首府。

从60万米高空俯瞰青海湖（图中左侧白色湖泊为茶卡盐湖）

面积超过4 500平方千米的青海湖，如同一块镶嵌在高原的蓝宝石，造就了黑颈鹤、普氏原羚等野生动物"诗意的栖居"。星罗棋布的湖泊也让青海成为中国湿地面积最大的省区。

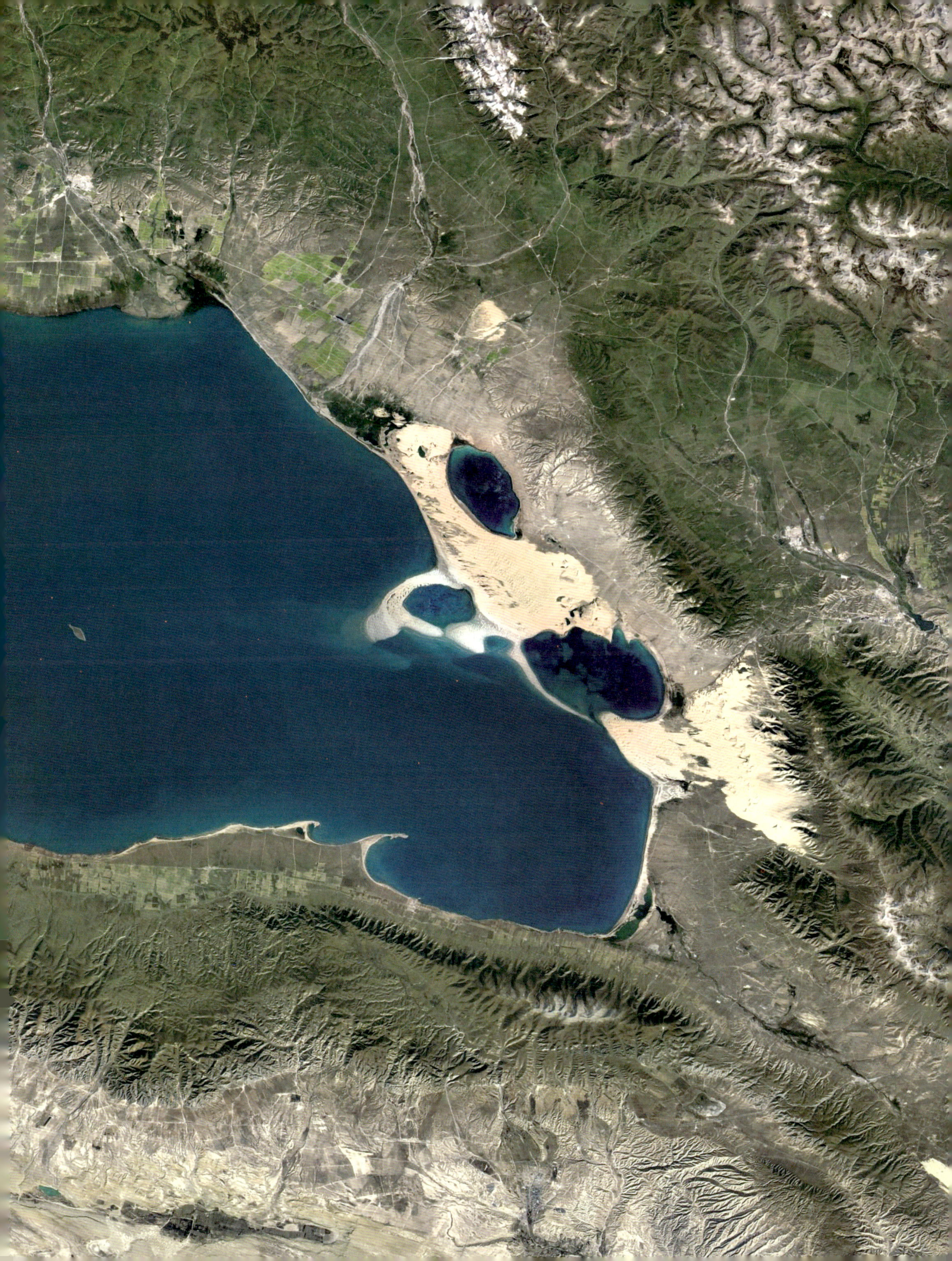

这是开始进入封冻期的青海湖 新华社记者 吴刚/摄

壹 万山之宗

"横空出世,莽昆仑,阅尽人间春色。"

博大雄浑、高峻沧桑的昆仑山以其气吞山河的气势被称为"龙脉之祖""亚洲脊柱"。昆仑之称出自匈奴语,意为"横山",东西长2 500千米,平均海拔在5 500米以上,东段最高处为位于青海与新疆交界处的布喀达坂峰,海拔6 860米,是青海省最高峰。昆仑山分东西两段,西段位于新疆与西藏境内,东昆仑则横亘于青海境内,长1 200千米。东昆仑在青海分成了几列山,较大和著名的有巴颜喀拉山、阿尼玛卿山。不断延伸的昆仑山脉恰好横卧于青海中部,几乎把青海一分为二,即昆仑山以南的青南高原区和昆仑山以北广袤的柴达木干旱区。

昆仑山的伟大在于它牵引出了许许多多神奇高大的山脉。昆仑山南侧,唐古拉山冰峰磅礴,气势恢宏;昆仑山北侧,祁连山冰川纵横、天高地阔、水草丰美、林木茂盛,素有"中国湿岛"之称,孕育了河西走廊的绿洲,成就了历史沧桑的驼铃声声和丝路漫漫。昆仑山的伟大更在于它用博大的胸怀造就了昆仑神话,孕育了华夏文明。

从空中俯瞰昆仑山 新华社记者 江文耀/摄

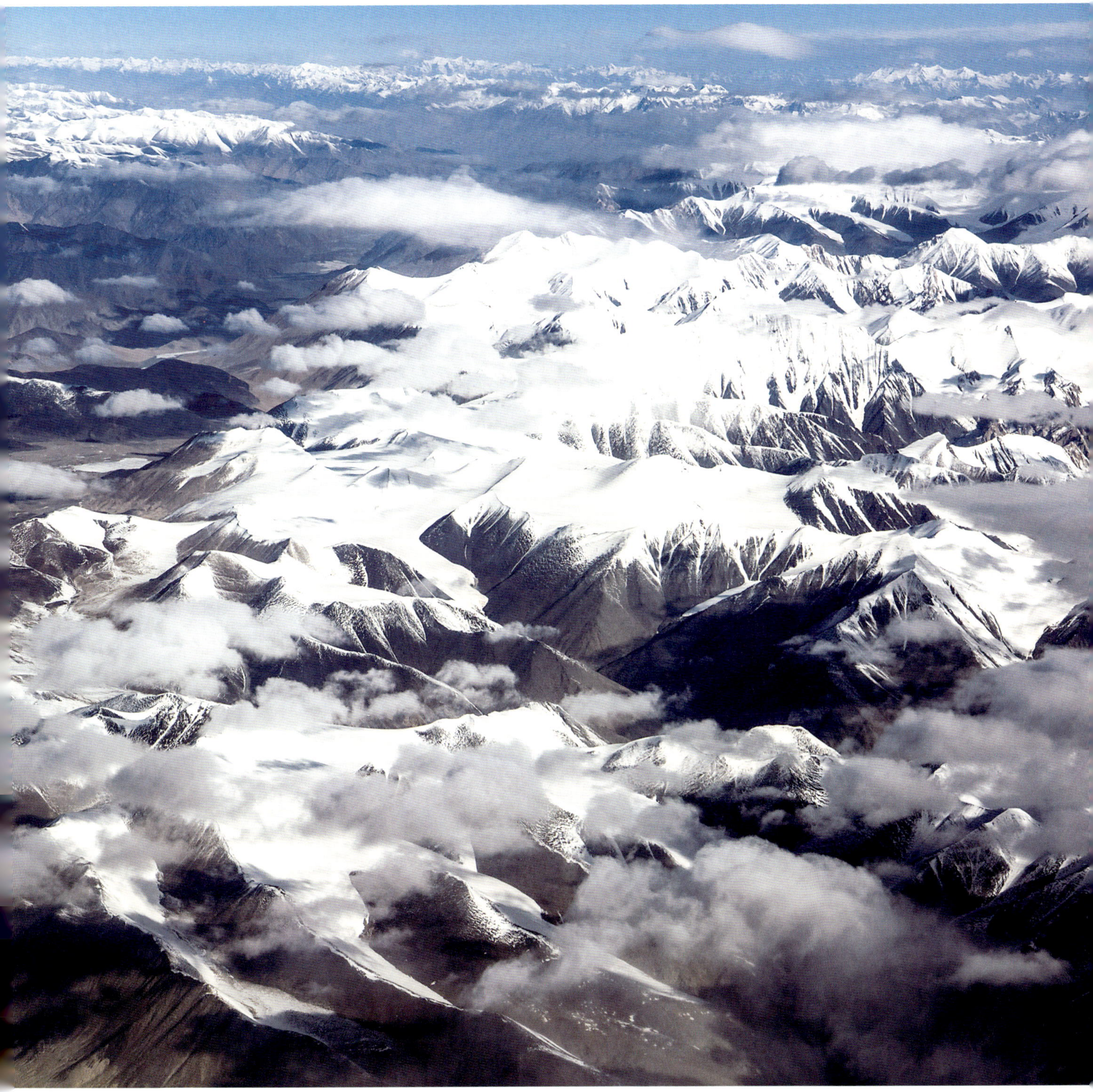

贰 万水之源

江河众多，湖泊密布，青海省处处孕育着生命，流淌着温柔与神奇。中国第一大河——长江发源于此；中华文明的母亲河——黄河发源于此；亚洲最重要的跨国水系、世界第七大河流——湄公河上游段澜沧江也发源于此。这便是闻名于世的三江源。青海因此享有"江河之源""中华水塔"的美誉。

三江源区主体位于青海省玉树藏族自治州和果洛藏族自治州，总面积39.5万平方千米，约占青海省总面积的54%以上。源区分布有大小河流180多条，大小湖泊1 800余个，雪山冰川2 400平方千米，沼泽湿地面积8 000多平方千米。黄河总水量的49%、长江总水量的25%、澜沧江总水量的15%均发源于此，每年向中下游供水高达600多亿立方米，是中国江河中下游地区和东南亚区域生态环境安全及经济社会可持续发展的重要生态屏障。

这里还是中国重要的高原野生动物保护区。国家一级重点保护动物有藏羚羊、野牦牛、雪豹等16种，国家二级重点保护动物有岩羊、藏原羚等53种。

因为生态环境如此重要，国家于2000年在此设立了三江源自然保护区，2003年1月，三江源自然保护区晋升为国家级自然保护区。如今，随着生态文明建设的大力推进，2016年起，该保护区承担起了国家公园体制试点建设的重任。国家公园的建设是我国在青藏高原大力推进生态文明建设的重大战略举措，体现出了尊重自然、顺应自然、保护自然的生态文明理念以及人与自然是生命共同体的生态文化价值观，其意义非同寻常。

三江源国家公园由三个园区构成，不同园区的生态特性、生态价值和生态功能各不相同。

三江源国家公园澜沧江源园区昂赛大峡谷 新华社记者 田文杰/摄

昂赛大峡谷位于青海省玉树藏族自治州杂多县,被认为是青藏高原发育最完整的白垩纪丹霞地貌景观。峡谷幽深,澜沧江奔流其间,激流险滩密布,生物多样,堪与美国科罗拉多大峡谷和黄石公园媲美,也称为"雪豹之乡"。

长江源园区，以楚玛尔河、沱沱河、通天河流域为主体框架，包括长江源头区域的可可西里世界自然遗产主要保护区域、三江源国家级自然保护区的索加—曲麻河保护分区。

这里海拔高度4 200米以上，生态系统敏感而脆弱，保存了较为完整的大面积原始高寒草原、高寒草甸和高原湿地，是藏羚羊的主要集中繁殖地和迁徙通道，是名副其实的"野生动物天堂"。作为世界上高海拔地区生物多样性最集中的地区，被誉为"高寒生物自然种质资源库"。

这里独特的地理环境孕育了丰富的水资源，区内河流众多，纵横交错，密如蛛网。区内冰川主要为大陆性现代冰川，据2014年数据统计，共发育有429条冰川，冰川储量为71.33立方千米，是众多湖泊以及通天河及长江一级支流楚玛尔河、当曲等河流的重要补给源泉。

俯瞰长江源区的长江南源当曲河道
新华社记者 吴刚/摄

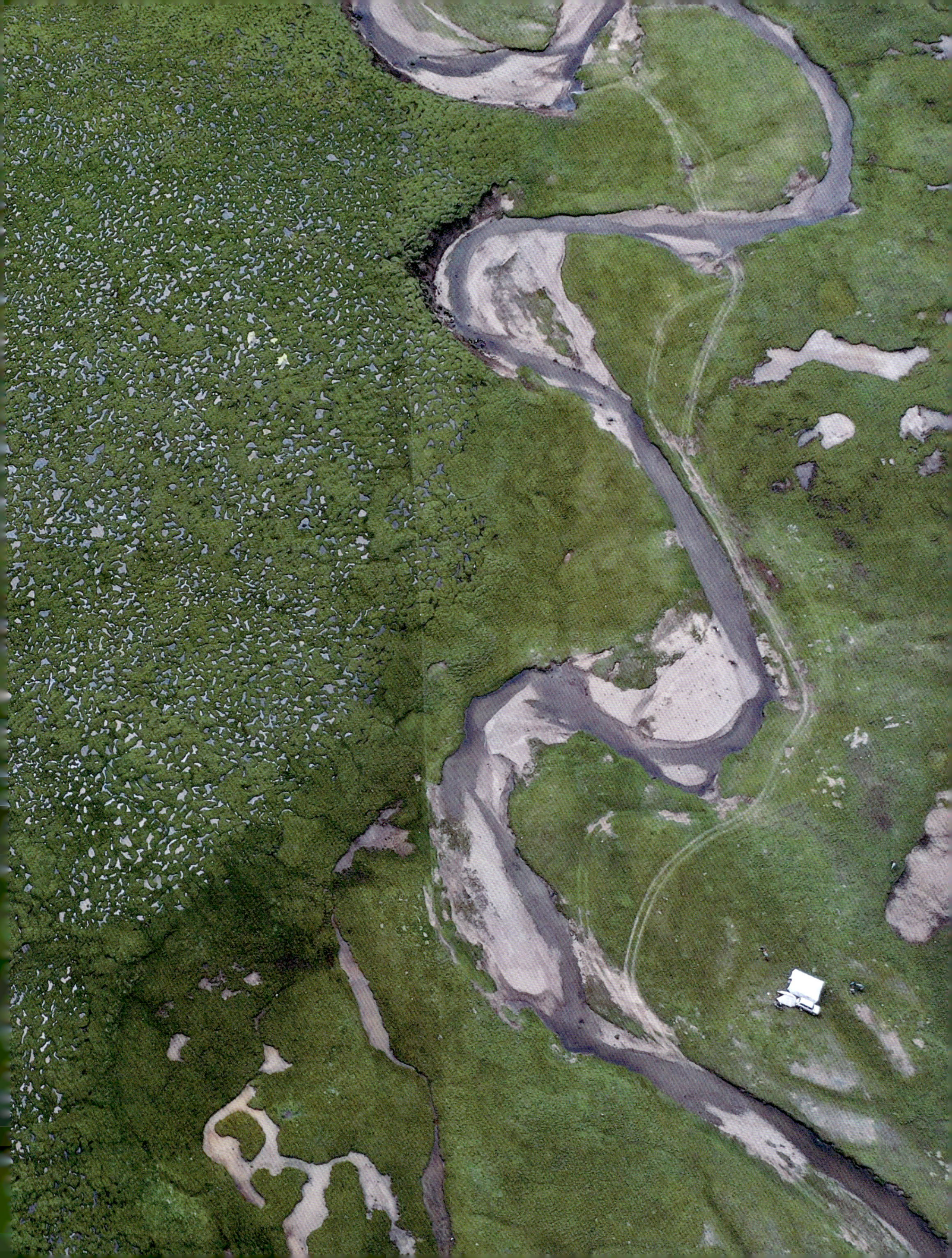

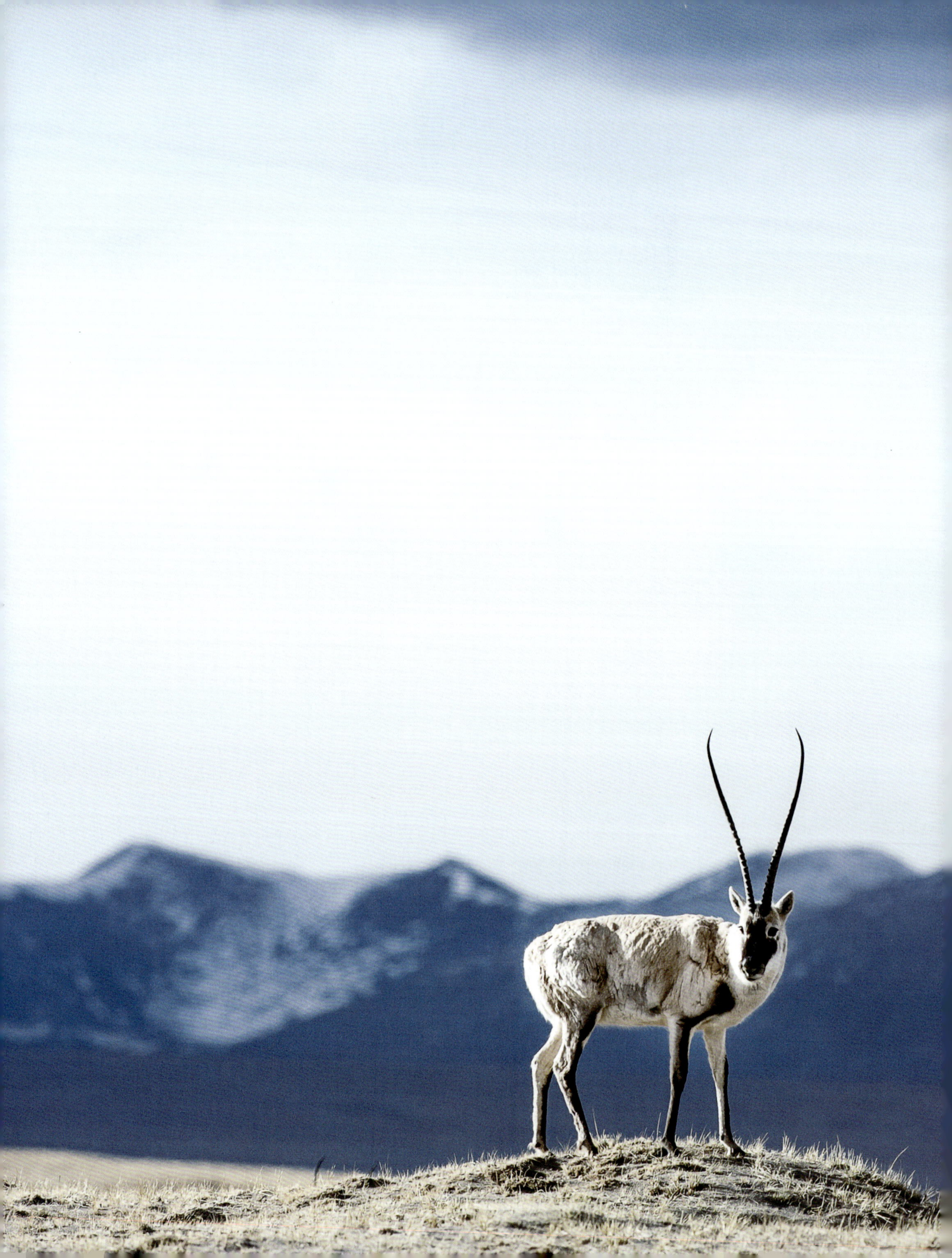

一只回迁藏羚羊在可可西里地区活动 新华社记者 吴刚/摄

澜沧江源园区，是国际河流澜沧江（湄公河）的源头区。这里由裸岩冰川、高寒草甸草原、灌木丛、大果圆柏林、湿地河流自上而下发育而成的垂直植被地貌景观，在三江源地区实属罕见，具有极为重要的水源涵养和径流汇集，以及生物多样性等生态服务功能。有着"澜沧江第一县"称号的杂多县，是三江源地区最为重要的水源涵养区之一。在这里，三江源自然保护区面积约占全县面积的61%，发育有长江南源——当曲、澜沧江源——扎曲，共有214条河流，河流总长度8 256.2千米。

澜沧江源园区的高原野生动植物同样极为丰富，区内有药用植物250余种，其中分布有名贵的药用植物雪山贝、知母、雪莲、红景天等，是冬虫夏草最富饶产地。这里还是雪豹最大的连片栖息地，园区内共有野生脊椎动物78种。特别是果宗木查保护区域分布的藏野驴、藏原羚、野牦牛等大型特有物种，以及昂赛保护区内的旗舰种雪豹、白唇鹿、岩羊、白马鸡等珍稀野生动物，种群数量呈现明显恢复增多的态势，具有极高的生物多样性科学研究和观览价值。

黄河源园区，地处三江源腹地，是中华母亲河黄河的源头区，境内湖泊星罗棋布，鄂陵湖、扎陵湖、星宿海、冬给措纳湖等汇成了丰富的水力资源，具有极为重要的水源涵养和径流汇集的生态系统服务功能。

鄂陵湖、扎陵湖是黄河流域两个最大的天然淡水湖泊，两湖蓄水量165亿立方米，相当于黄河流域年总流量的28%；星宿海保护分区沼泽面积大，具有重要的水源涵养功能。

在这片神奇广袤的土地上，其雄浑粗犷的高原原始地貌、高耸冷峻的冰川雪山、广袤无垠的高寒草甸草原、大种群分布的高原特有野生动物等，充分展现着完整的世界第三极自然景观。

青海不仅在试点建设三江源国家公园，目前，按照国家有关安排，地处青海省北部的祁连山国家公园体制试点正式启动，青海成为全国首个双国家公园体制试点的省份。

从空中俯拍的澜沧江源头区域的一处湖泊 新华社/发 刘晓晶/摄

澜沧江源头位于青海省玉树藏族自治州杂多县境内,源区河网纵横,湖沼密布。

叁 多元的民族文化

或许是受了高山伟岸的激励,或许是受了江河灵气的熏陶,青海自古以来就有人类繁衍生息于此。柳湾彩陶、喇家遗址、吐蕃墓葬、宗日文化、卡约文化、诺木洪文化等默默讲述着祖先在此艰辛的生存足迹和惊人的聪明才智。唐蕃古道、南丝绸之路等见证着过去的辉煌与繁荣。

巍巍雪山孕育出无数的江河,漫漫草原哺育了无数高原儿女。这里生活着的世居民族有汉族、藏族、回族、土族、撒拉族、蒙古族等,他们相互依存、相互团结、礼尚往来,多民族文化相互交融始终未曾停止。帐篷里、草原上、河畔旁,酥油茶、盖碗茶、奶茶,随着茶香情谊四散。

民族的生存与相互的交往,在这里留下了厚重而弥足珍贵的多元民族文化遗产。塔尔寺、隆务寺、瞿昙寺、结古寺、西宁东关清真大寺、循化街子清真大寺等各大宗教寺院凝聚着宗教的庄严与神秘,《格萨尔》史诗永不停息,"花儿会"满山遍野,"拉伊"情歌缠绵悱恻,"马头琴"悠扬婉转。羌姆、六月会、於菟舞、纳顿等民俗活动精彩纷呈;唐卡、堆绣、酥油花独具特色,代代传承。

多民族、多宗教、多习俗使青海民族文化自古就彰显着多元特征,由此,青海民族文化更加绚烂多姿、生命力更加旺盛,这是青海生生不息的源泉,是青藏高原的精神和魅力所在。

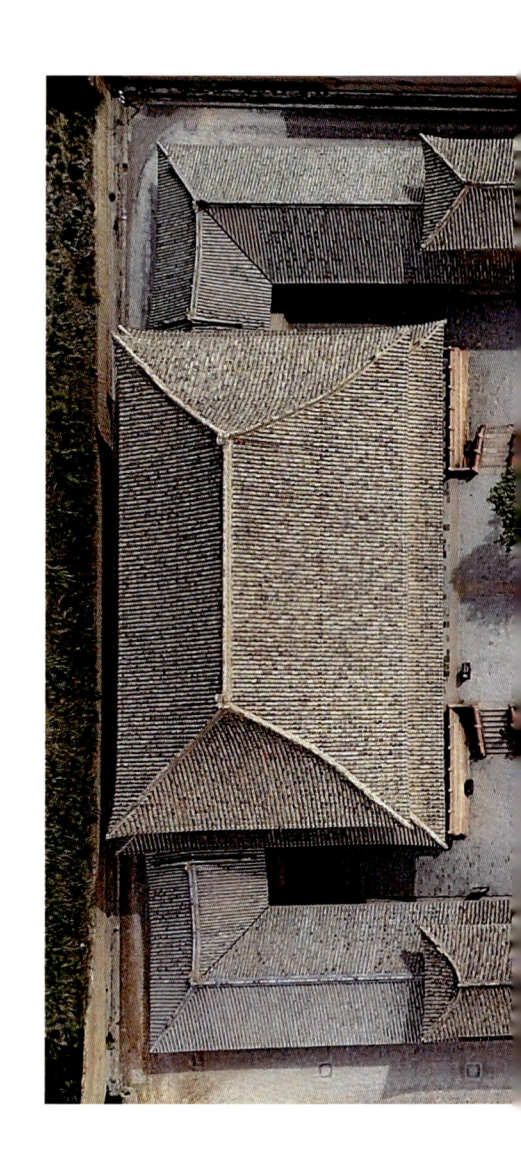

瞿昙寺的三进院落佛殿鸟瞰图 新华社记者 李安/摄

素有青藏高原"小故宫"之称的瞿昙寺，位于青海省海东市乐都区瞿昙镇，始建于明洪武年间，距今已有600多年的历史。瞿昙寺因所藏珍贵文物以及巨幅彩色壁画而闻名，是一座汉式宫廷建筑群，共有前、中、后三进院落，主要殿宇在中轴线上一一纵列，两侧游廊配殿对称环立，总体布局和建筑风格与北京故宫相似，是西北地区保存最为完整、规模宏大的明朝寺院建筑。

中国的夏都

青海的省会西宁是一座拥有2 000多年历史的高原古城，"西宁"这一名称最早出现于北宋崇宁年间，时称"西宁州"。西宁市地处青藏高原东北部边缘，黄河支流湟水上游，平均海拔2 250米，属大陆高原半干旱气候，年平均气温6.1°C左右，夏季平均气温18°C左右，是天然避暑胜地，被誉为"世界凉爽城市"和"中国夏都"。

西宁是一座典型的多民族聚居、多宗教共存、多种文化汇聚的高原之城，形成了开放包容的城市特性和璀璨绚丽的风土人情。这里是唐蕃古道与茶马古道的必经之地，这里是古丝绸之路青海道的重要起点。如今，它不仅是一座著名的高原旅游城市，还是一座总人口超200万的现代化中心城市，更是青藏铁路的起点城市。

2006年，青藏铁路全线贯通，并从西宁始发，将西藏与内地紧紧相连，这条天路不仅见证了雪域高原的沧桑巨变，也承载起亿万人心中的诗与远方。

大美青海，美在地域辽阔、山川秀丽，美在历史悠久、文化多样，美在资源丰富、蓄势待发。

如今，青海以自信开放的姿态融入国家发展战略，在坚持生态立省战略下，新能源、新材料、高原现代农牧业等绿色产业体系蓬勃发展，高铁和航空线路的不断拓展延伸，使得王洛宾笔下"在那遥远的地方"变得不再遥远。

2020年6月5日拍摄的青海省西宁市景观 新华社记者 张龙/摄

No.30 CHINA FROM OUTER SPACE

一眼望川 · 生生不息

四川省在中国的位置示意图

四川省耕地、森林及自然保护区概况

自然保护区面积：830.1
占辖区面积比重 17.1%
2017年

耕地面积：672.52
2017年

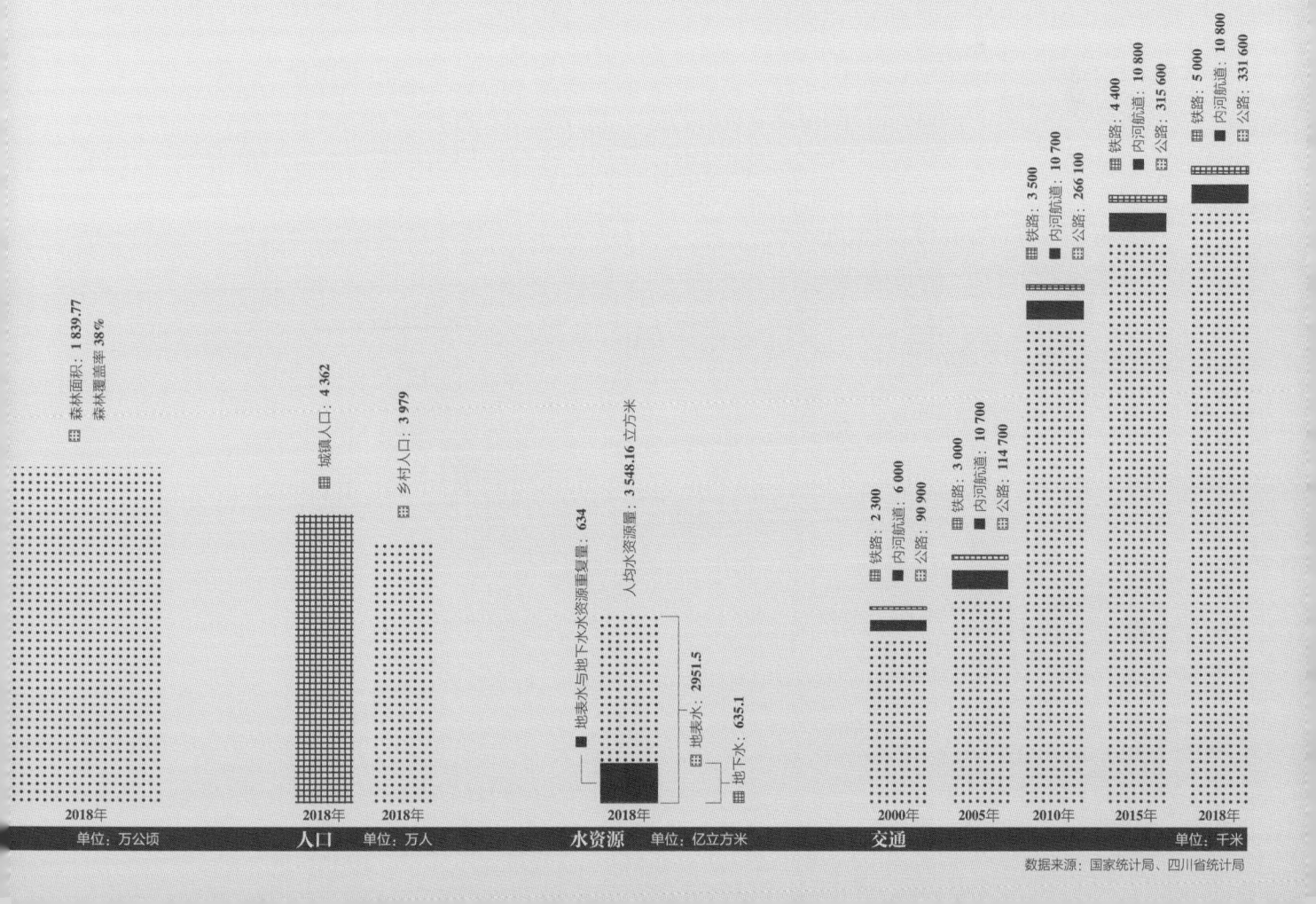

SICHUAN 四川

森林面积：1 839.77
森林覆盖率 38%

城镇人口：4 362
乡村人口：3 979

地表水与地下水水资源重复量：634
人均水资源量：3 548.16 立方米
地表水：2951.5
地下水：635.1

铁路：2 300
内河航道：6 000
公路：90 900

铁路：3 000
内河航道：10 700
公路：114 700

铁路：3 500
内河航道：10 700
公路：266 100

铁路：4 400
内河航道：10 800
公路：315 600

铁路：5 000
内河航道：10 800
公路：331 600

2018年 2018年 2018年 2018年 2000年 2005年 2010年 2015年 2018年

单位：万公顷 | 人口 单位：万人 | 水资源 单位：亿立方米 | 交通 单位：千米

数据来源：国家统计局、四川省统计局

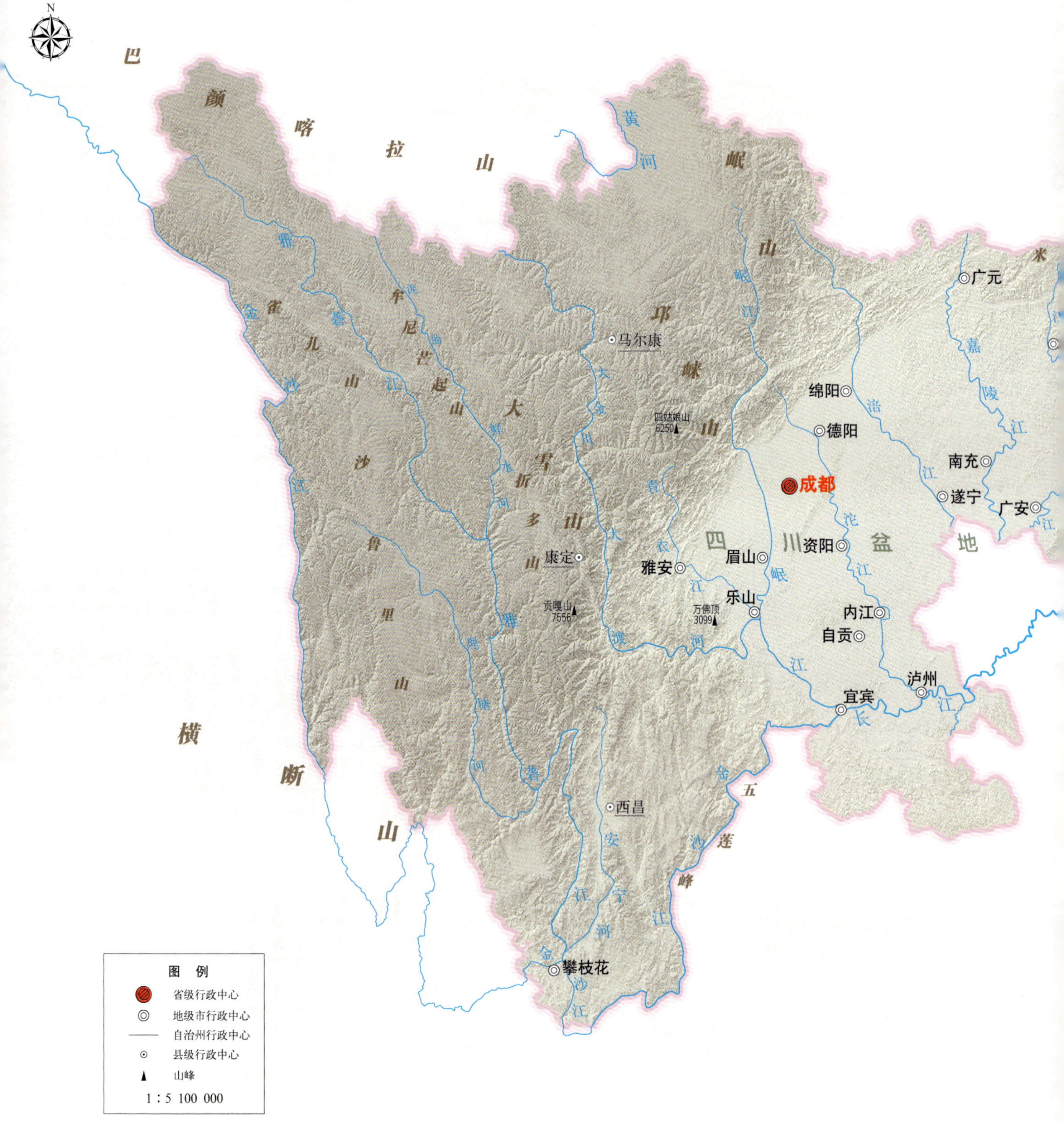
N
巴颜喀拉山
岷山
邛崃山
大雪山
沙鲁里山
雀儿山
牟尼芒起山
折多山
横断山
五莲峰
四川盆地
成都
绵阳
德阳
广元
南充
遂宁
广安
资阳
眉山
雅安
乐山
内江
自贡
泸州
宜宾
马尔康
康定
西昌
攀枝花
四姑娘山
6250
贡嘎山
7556
万佛顶
3099
黄河
雅砻江
金沙江
泥曲
鲜水河
大金川
大渡河
岷江
青衣江
涪江
嘉陵江
沱江
长江
理塘河
安宁河
图例
省级行政中心
地级市行政中心
自治州行政中心
县级行政中心
山峰
1：5 100 000

在中国的西南部，有这样一片瑰丽的土地，它既有巍峨高耸的雪山，也有肥沃辽阔的平原；既有广袤的荒野，也有繁庶的人口；既有历史悠久的古镇，也有时尚现代的新城……这就是四川，别号"天府之国"。

四川辖18个地级市、3个民族自治州，与广东省并列为我国管辖地级行政区数量最多的省份；共计183个县级政区，高居全国第一。四川被7个省份环绕：东北以大巴山、米仓山为界与陕西为邻，北由岷山直达甘肃，西北经巴颜喀拉山可抵青海，西部隔金沙江与西藏相望，南隔绵绵山、金沙江与云南相接，东南与贵州一水之隔，东部顺长江东流即入重庆。

"天下山水在于蜀。"

四川有形态各异的山峦。全省地势大致西高东低，地形多样，主要为川西高原、川南山地、四川盆地，并以山地为主要特色。川内名山无数，既有"秀甲天下"的峨眉山、号称"天下幽"的青城山，也有相对高差达6 200米的"蜀山之王"贡嘎山、世界自然遗产"东方圣山"四姑娘山。

四川还有密如蛛网的河流，除西北角属黄河水系外，绝大部分地区属长江水系。长江干流接纳了雅砻江、岷江、嘉陵江、沱江、赤水河等许多支流。在全国众多的长江支流中，四川囊括了水量最大、流域面积最广等"纪录"。这些河流不但为四川供给了充沛的饮用和灌溉水源，给水运提供了航行之便，还蕴藏着丰富的水力资源，是我国"西电东送"战略的重要支撑。

四川省地形及主要水系分布示意图

注：康定是四川省甘孜藏族自治州的首府。
　　马尔康是四川省阿坝藏族羌族自治州的首府。
　　西昌是四川省凉山彝族自治州的首府。

川藏公路南线位于四川省境内示意图

壹 这里的天路十八弯

"横断山,路难行。天如火来水似银。"从60万米高空俯瞰中国西南,在青藏高原与四川盆地过渡带,穿过海拔4 200多米的剪子湾山隧道,318国道在这里"凹"出了一套惊险奇绝的造型。"回头弯"一个连着一个,曲折回环缘山而下,这便是著名的"天路十八弯"。站在观景台,千山万壑尽收眼底,茶马古道古风犹驻。

天路——从成都到拉萨2 000多千米的川藏公路,它是旅行者的探险之路,是信佛群众的朝圣之路,是祖国内地向边疆雪域高原源源不断"输血"的生命之路,也是一代代修路人、护路人的精神传承之路。到2019年,川藏公路通车整整65周年,代代川藏线人和沿线的群众,用奉献、牺牲、善良、淳朴,共同在这条天路上书写传奇。东起成都西至拉萨,南线2 146千米,北线2 412千米。两条公路穿越横断山脉,连起雪域高原与四川盆地,沿途串起城市、集镇、田野、牧场,揽尽雪山、海子、森林、草甸……景色奇绝,大美不言。

崇山峻岭间,茶马古道已兴盛1 300年。但直到1950年,闭塞的雪域还与外界隔着千山万水,牦牛、马匹在20世纪上半叶,依然是主要的交通工具。

"将公路修到拉萨去!"中央一声号令,十万筑路大军历时4年,翻雪山,战江河,斗严寒,逢山开路,遇水架桥。天险二郎山、红色泸定桥、天路十八弯、滔滔金沙江、绝壁怒江沟、风雪雀儿山……数不尽的险绝、道不尽的艰难,终于串联出整条南线。

它是光荣之路,结束了西藏不通公路的历史,将古老文明带入新纪元;它是壮美之路,"溜溜山"下"溜溜城",一曲情歌传百年。全域旅游、生态发展,"情歌之乡"的文旅之路,如今越走越宽广。

今天的天路,故事仍在继续,从天路七十二拐到通麦天险,从雪线之上到国境之边,"两路精神""老西藏精神"代代相传。从60万米高空看川藏线,是一代代中国人努力写就的史诗,更是人类用意志创造命运的传奇。

从60万米高空俯瞰位于四川省甘孜藏族自治州318国道上的"天路十八弯"

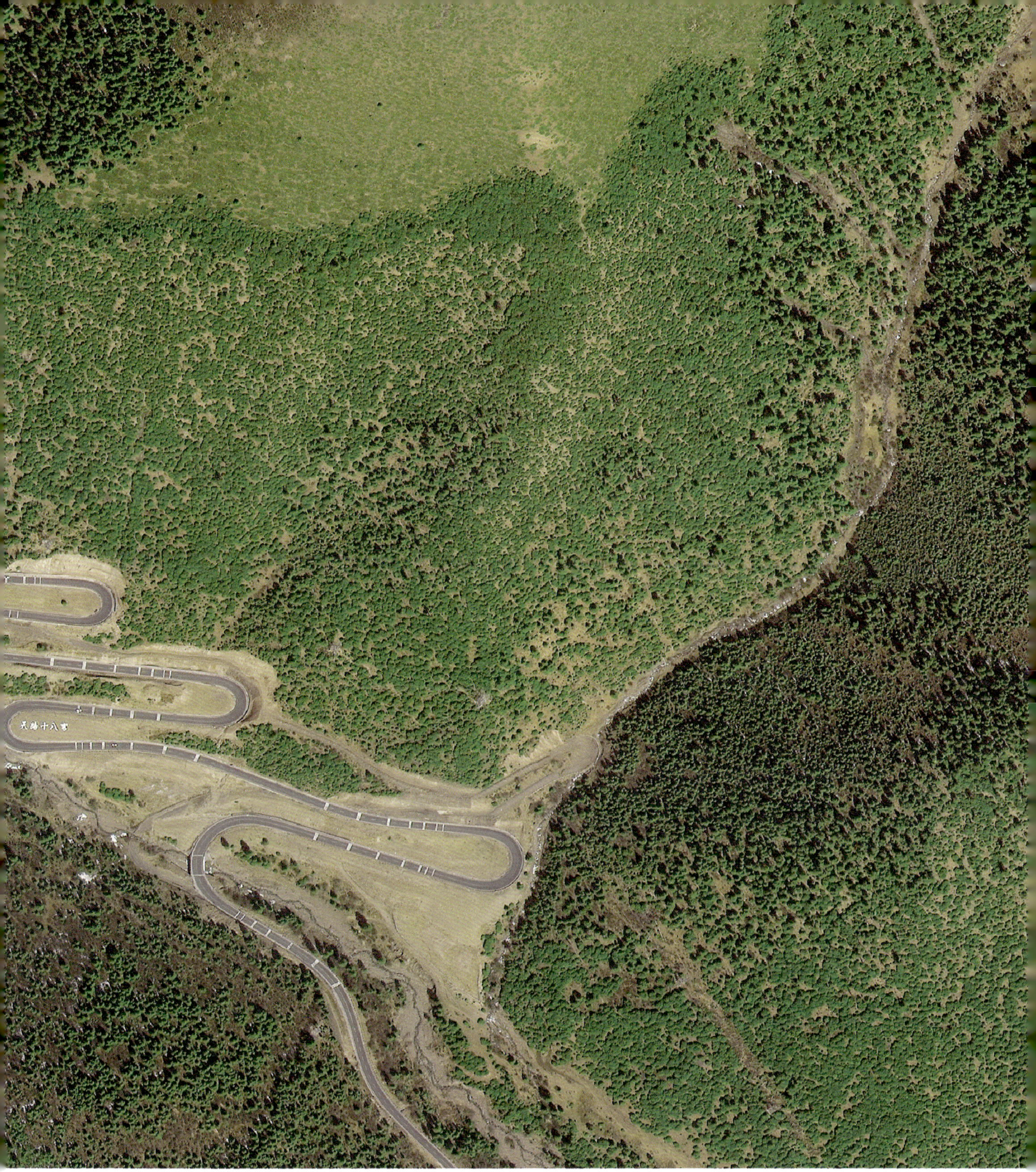
天路十八弯

贰 这里的九寨依然在

高山海子、悬泉飞瀑、皑皑雪峰、五色彩林……

千里岷山的皑皑白雪，孕育了神奇的九寨沟。它位于川北的高寒喀斯特地区，遍布着众多的岩溶湖泊，清澈的湖水与湖底广泛分布的钙华沉积物、藻类等共同构成了一幅绝美的画卷。这里的每个海子都神秘深邃，从不同角度望去，湖水或墨绿，或深蓝，或鹅黄，五彩缤纷，宛如一块变化无穷的碧玉，从天堂掉落在人间。

"九寨归来不看水。"然而就是这样一个地方，曾经几乎毁于人类的采伐，直到九寨沟自然保护区建立，才从消失的边缘逐渐恢复成今天的模样，更收获了"童话世界"的美誉。

2017年8月8日，一场7.0级地震再次打破了九寨沟的宁静。这片1992年入选世界自然遗产保护地的"童话世界"遭遇重创，景区被迫关闭并进入灾后恢复重建阶段，直到2019年9月27日才再度开放。

经过两年的灾后科学重建，九寨沟景区27处世界自然遗产点除火花海外，其余景观变化较小。下季节海、诺日朗瀑布、珍珠滩瀑布以及五花海等景点，秀丽景色与震前几无二致。在五花海处，清澈的湖水中矗立着密密麻麻的钙华，湖泊中间有几股清澈的水流从湖底冒出，这正是九寨沟的水"独步天下"的秘密之一。而在地震中几乎消失殆尽的著名景点火花海，如今也已开始恢复生机，并在下游形成新的瀑布景观。

高精度遥感图像显示出地震前后火花海地貌景观的巨大变化（图片由中国科学院空天信息研究院提供）

如今在九寨沟原来的景点双龙海处，水流从树林漫过，在断崖处倾泻而下，形成一个L形的瀑布。这个瀑布高8.4米，长85米。震前这个瀑布掩映在灌草丛中，规模小，鲜为人知。地震后瀑布规模扩大，形成了新景点。这个新瀑布的形成正与上游的火花海决堤有关。火花海犹如一个下沉十几米的篮球场，蓝色的溪水缓缓从缺口处流出。地震时火花海堤坝决堤，湖水冲向双龙海，冲走林下植被，形成了如今的双龙海瀑布。

2020年6月18日拍摄的"双龙海瀑布" 新华社记者 沈伯韩/摄

这一变化对九寨沟来说，正是它千万年形成、变化过程中的一瞬。九寨沟不少地貌景观的形成演化，都与地震活动导致的滑坡、崩塌和泥石流等堵塞河道所形成的堰塞湖密切相关，有些地段形成"海子"，有些地段形成瀑布，这是一种周而复始、不断循环的地貌景观形成过程。正因为这样，九寨沟不需要和以前完全一样，也不可能和以前完全一样，有的"地震伤痕"，只能由大自然来修复。

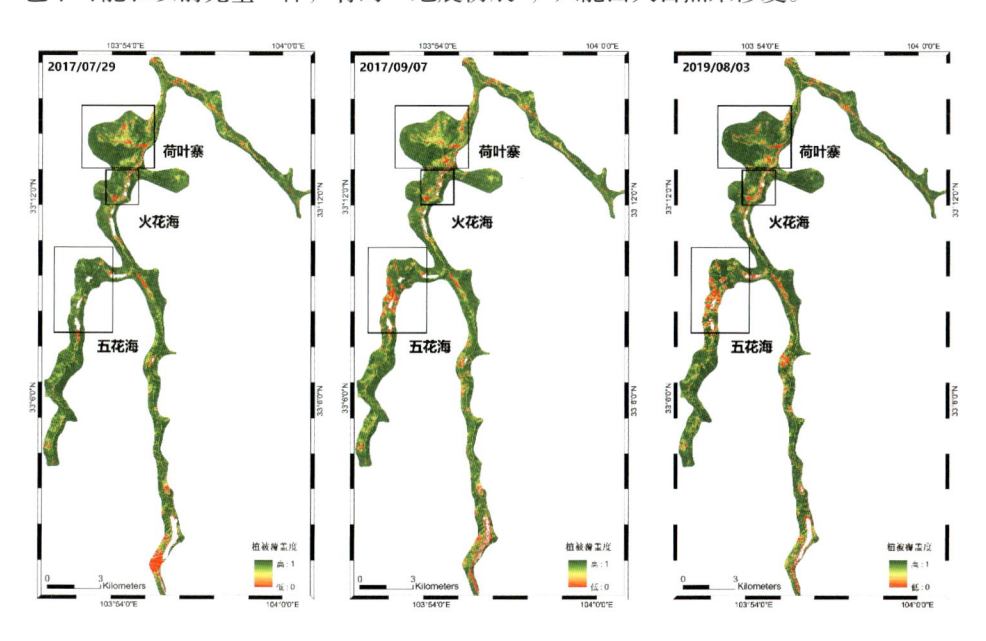

九寨沟植被覆盖度在受灾前后的变化（图片由中国科学院空天信息研究院提供）

地震前后遥感图像分析显示，世界自然遗产核心区的部分区域在地震之后植被覆盖度有所下降，但经过两年的自然修复，除了日则沟五花海周边外，九寨沟核心景区的植被生态景观已逐渐恢复至震前水平。

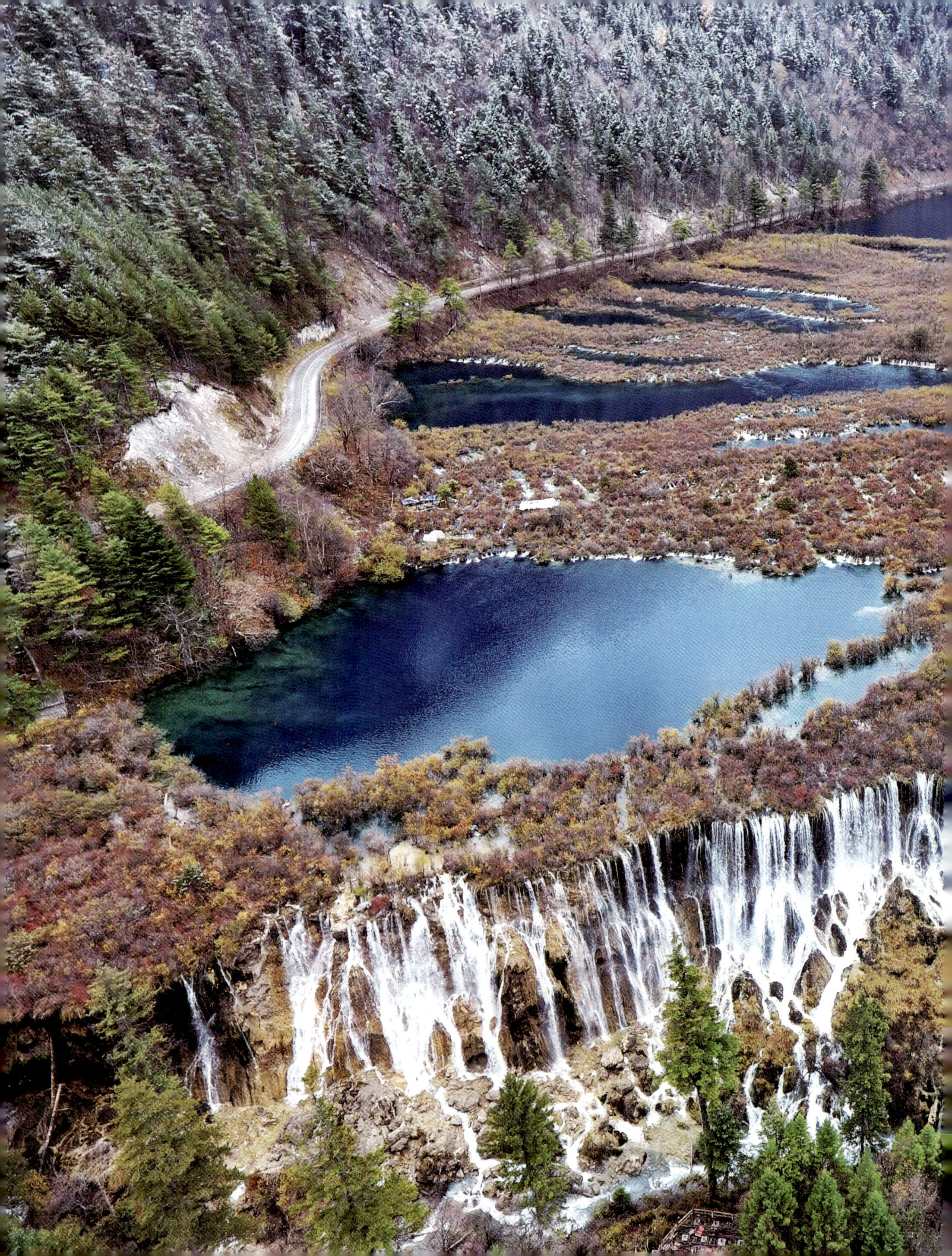

2018年11月6日拍摄的九寨沟景区诺日朗瀑布及诺日朗群海
新华社记者 刘坤/摄

诺日朗瀑布上方曾在2017年地震中形成一条16.5米长的裂缝，水流从裂缝漏走。如果不弥补裂缝，瀑布处可能受余震和水流冲蚀继续坍塌，并对上游的诺日朗群海19个湖泊及镜海造成破坏。2018年上半年，专业人员把震损的钙华体填充到裂缝之中，诺日朗瀑布景观也得以恢复。而在珍珠滩瀑布处，沟底还能依稀见到碎落的钙华体，但其保护和恢复方式是"尊重自然，顺应自然"——让大自然来修复。

叁 这里的新城映天地

从九寨沟，出岷山，顺岷江南流而下，汶川，一个让人无法忘怀的地方。

2008年5月12日下午两点二十八分，四川省阿坝藏族羌族自治州汶川县映秀镇发生里氏8.0级特大地震，最大烈度达11度。8万多人永远地离开了他们的至爱，30多万人受伤，1 500多万人无家可归……

汶川告急！！北川告急！！绵竹告急！！青川告急……

那一刻，灾情就是命令，时间就是生命。一幅惊天动地的抗震救灾长卷，迅速在全国展开。短短几日间，十万大军星夜驰援，"不抛弃、不放弃"的口号响彻千里河山。那抹军绿色蕴慰了无数心灵。

那一年，献血队伍排出百米。通往灾区的路上是数不清的装满物资、自发前行的私家车。各行各业、千家万户，有钱的捐款，有力的出力，唇依齿傍，心手相连……

人们永远记得灾难来临、山崩地裂，但在映秀漩口中学有一面国旗却始终未倒。灾区人民回忆说："悲痛和绝望中，这面红旗真的就是希望。"人们永远记得那些用生命履行"学为人师，行为世范"诺言的老师张米亚、谭千秋、瞿万容、向倩、张兰……生死一瞬间，把生的希望留给孩子们，是他们的唯一选择。人们永远记得那抹"逆着人群而上"的军绿色，为了从死神手中抢救生命，他们无所畏惧翻过了常人不曾翻越的大山，飞过了飞机从未飞越的航线。邱光华、柳德占、武文斌、李月、张鹏……他们永远长眠在抗震救灾的第一线。人们永远不能忘记，救援过后那些始终坚守灾区的建设者、劳动者，他们把青春芳华挥洒在了这里，让一幅幅蓝图变成现实。到2018年，10年时间于历史不过一瞬，但于灾区而言却是翻天覆地的巨变。废墟侧畔，一座座新楼拔地而起，新型的建筑材料和建筑方式，赋予了它们保护好生命的能力。每一栋房屋的精心搭建，每一条街道的细致规划，都让这里欣欣向荣、生机勃勃。

时光穿越疮痍，也见证重生。今天，映秀人喜欢叫自己的新城"天地映秀"。如今在这里，欢乐的锅庄跳出今天的欢愉，生态的底色点燃明日的希望。

上图为2018年5月5日拍摄的汶川县映秀镇 新华社记者 刘坤/摄

下图为2008年5月14日拍摄的地震后的汶川县映秀镇 新华社记者 陈凯/摄

肆 这里的水利誉全球

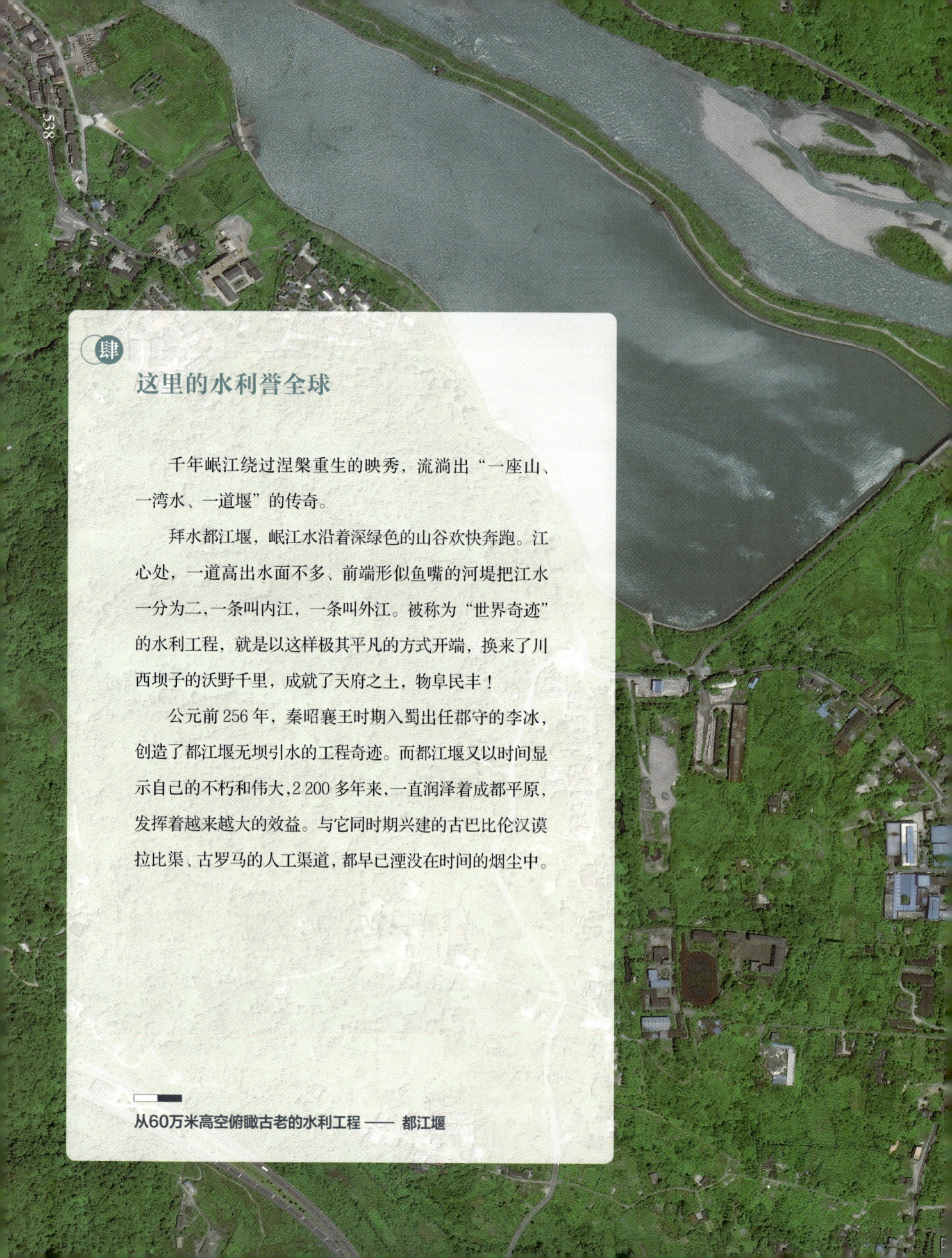

千年岷江绕过涅槃重生的映秀,流淌出"一座山、一湾水、一道堰"的传奇。

拜水都江堰,岷江水沿着深绿色的山谷欢快奔跑。江心处,一道高出水面不多、前端形似鱼嘴的河堤把江水一分为二,一条叫内江,一条叫外江。被称为"世界奇迹"的水利工程,就是以这样极其平凡的方式开端,换来了川西坝子的沃野千里,成就了天府之土,物阜民丰!

公元前256年,秦昭襄王时期入蜀出任郡守的李冰,创造了都江堰无坝引水的工程奇迹。而都江堰又以时间显示自己的不朽和伟大,2 200多年来,一直润泽着成都平原,发挥着越来越大的效益。与它同时期兴建的古巴比伦汉谟拉比渠、古罗马的人工渠道,都早已湮没在时间的烟尘中。

从60万米高空俯瞰古老的水利工程 —— 都江堰

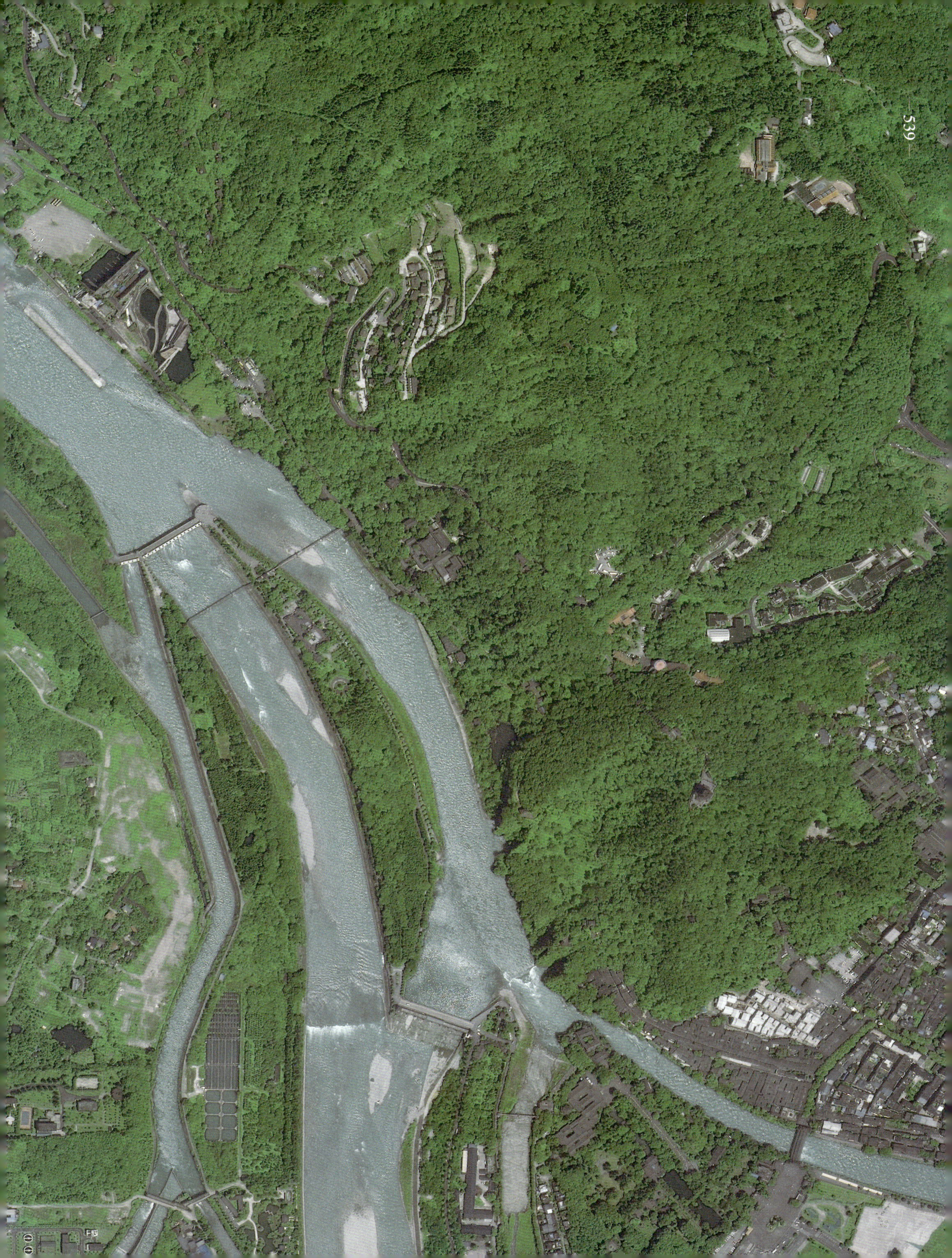

历史上，岷江从四川北部高原地区急流直下，流入成都平原后突然地势平坦，水流失去高山深谷的约束，挟带的大量沙砾石迅速沉积，壅高河床，加重水患。前方1 000多米处的玉垒山则阻挡着江水向东流入平原腹地，岷江河道于是沿平原西部边缘向南进入乐山市，造成成都平原西部地区洪涝灾害严重，广阔的中东部地区则赤地千里。

都江堰建成后，渠首工程位处成都扇形平原的顶点，占据成都平原的制高点，既是扼制岷江洪水的咽喉要害，又是控制平原地区灌溉用水的关键。而位于岷江江心的鱼嘴则把岷江分成内、外二江，内江为人工渠道，引入灌区，外江是岷江的自然河道，主要用于排洪。鱼嘴前方有一块沙洲，河流在沙洲中走成弯道，枯水季节岷江主流直冲内江，把水自动分成内江六成，外江四成；而当洪水到来时，沙洲被淹没，水流不再受河床弯道的制约，主流直奔外江，内、外江的分水比例就变成内江四成，外江六成，非常巧妙又极其自然地利用地形地势，完成了"分四六，平潦旱"的目的，并把治水与治沙结合起来，使它一直运行畅通。鱼嘴除了分水，还具有显著的排沙功能。在弯道环流的作用下，鱼嘴每年把岷江上游带来沙石总量的70%—80%从外江排走，最大限度地减少了内江河道的淤积。

在玉垒山的虎头岩上，有条没有凿通的凿槽，相传是鳖灵凿山的遗迹。李冰率众凿开了一个梯形引水口，这就是宝瓶口——都江堰灌区的总取水口。它起着束水壅水的作用，当上游来水过大时，宝瓶口就会使多余水量溢出飞沙堰，从而控制了进入灌区的水量，达到稳定引水量的目的。有了宝瓶口，成都平原得以免于大的洪涝之灾，岁岁安澜。

都江堰各级渠道都采用无坝引水，它们与天然河道一起在平原内构成了一个扇形的自流灌溉网，完善了自然环境。今天，都江堰水利工程已发展为特大型水利工程体系，它的干渠、支渠、斗渠、毛渠就如人体内的动脉血管、静脉血管和毛细血管，遍布于成都平原以及川中丘陵地区，共有干渠111条，总长3 664千米；有支渠260条，总长3 234千米；有支渠以下的各级末级渠道34 000余千米。灌溉面积由1949年的280多万亩，增加到现在的1 076万亩，最后灌溉面积将达1 519万亩。与此同时，都江堰还承担了成都市大部分人口的生活供水、城市工业用水和城市环境用水。

右页上图为都江堰鱼嘴分水堤 新华社记者 李桥桥/摄

右页下图为都江堰宝瓶口引水口 新华社记者 李桥桥/摄

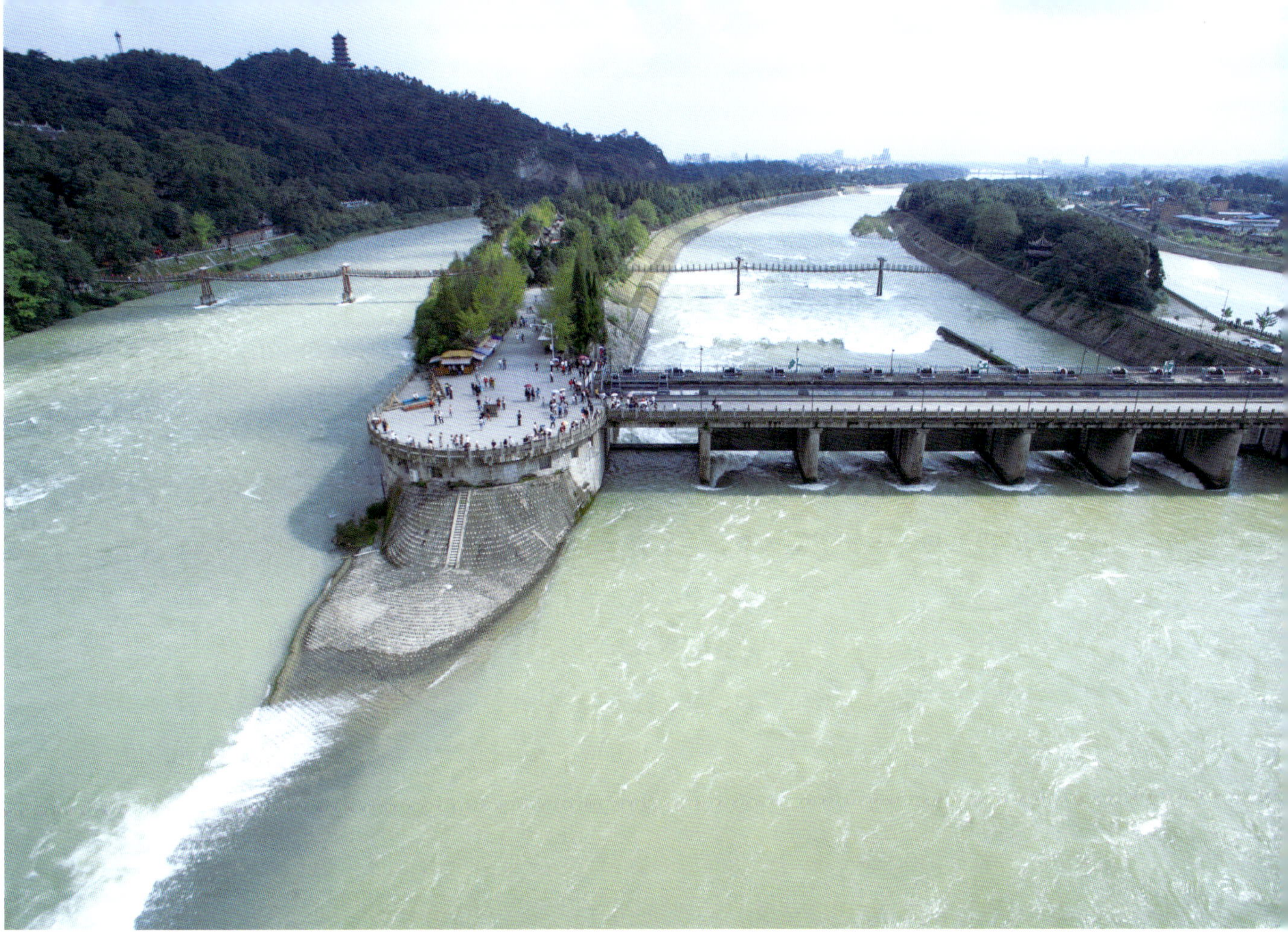

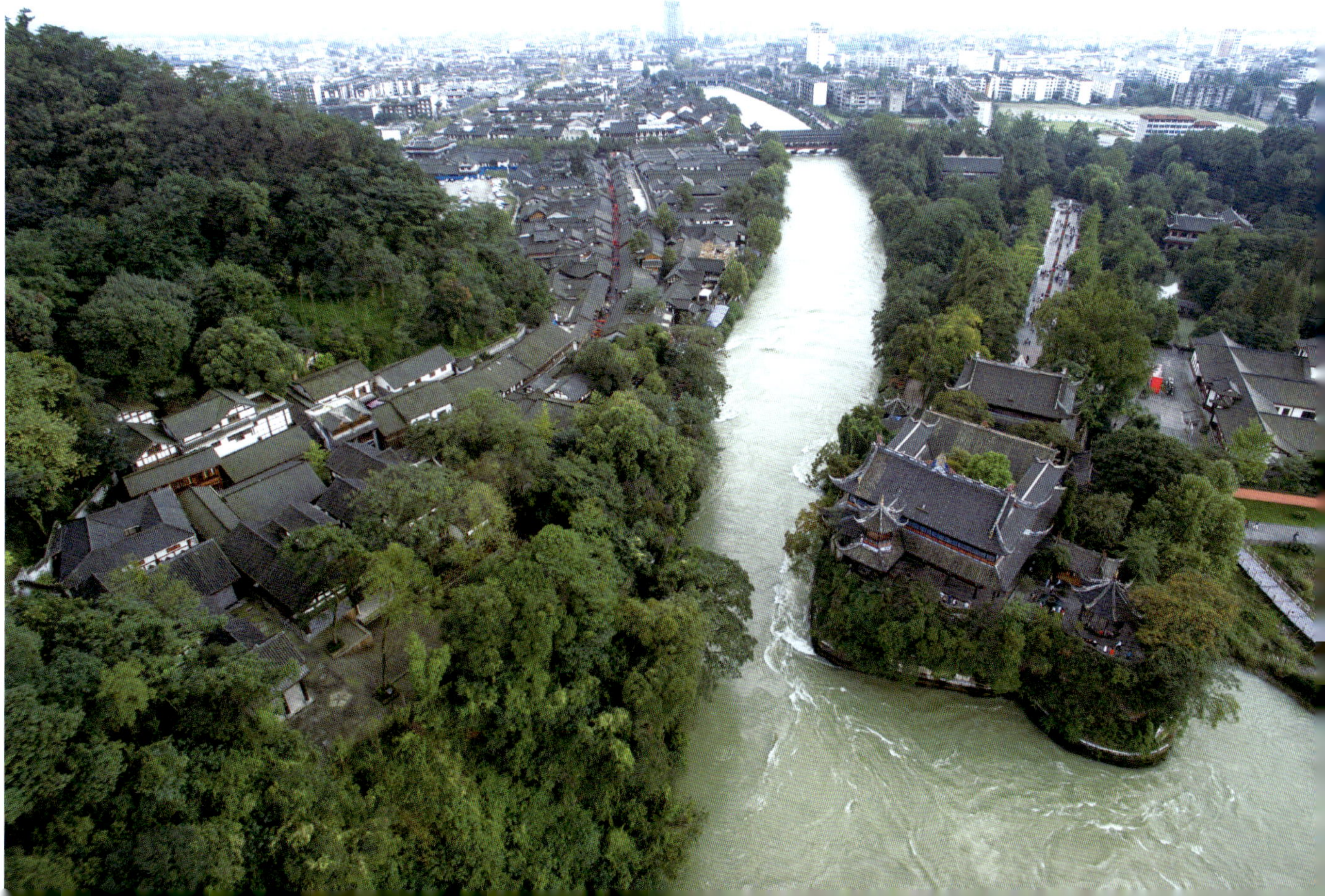

肆 这里的老城"盛民也"

岷江过都江堰,在乐山市与大渡河、青衣江"会师",而后直奔宜宾,涌入长江的怀抱。

在岷江、大渡河汇合之处,耸立着一尊乐山大佛,头与山齐,足踏大江,庄严雄伟。"佛是一座山,山是一尊佛",更顺势缓解了乐山市区三江合流的湍急,护佑一方平安。

在四川,向东南而行汇入长江的主要支流,除了岷江、沱江,还有嘉陵江。在嘉陵江支流渠江畔,一座川东小城因一位伟人而名扬四海,这就是广安——邓小平的故乡,如今已变成开放前沿。

由广安市西行,横渡嘉陵江与涪江,即是安坐于岷江和沱江之间的老成都。

"九天开出一成都,万户千门入画图。"

"老成都"的韵味,藏在宽窄幽巷的深处,藏在武侯祠的庄重肃穆里,藏在冒着烟火气、排着长队的火锅店中。在这里,一条南北贯通的天府大道,串起了"新天府"的光荣与梦想。

在近20年时间里,这条城市中轴线不断向北延、向南拓,从最初的13.5千米,已"长"到150千米。地处"一带一路"沿线和长江经济带发展的重要节点,成都天府新区也正在"起飞"。"城,所以盛民也。"

2 200多年前,面对"东旱西涝"的肆虐,蜀郡守李冰变"堵"为"疏",兴建都江堰水利工程系统,成都平原从此"水旱从人,不知饥馑"。

2 200多年后,面对一个常住人口达1 600多万的超级大都市,新时代城市建设者依然以"疏"破题,对空间格局进行一场"重塑",构建城市永续发展的新空间。

千百年来,龙泉山一直是成都东侧的生态屏障。如今,城市发展跨越龙泉山,将这座山变成城市绿心和"会客厅";沿着龙泉山"两翼",分别是中心城区和东部新区,位于东部新区的天府新机场正蓄势待发。此番进发,从面积而言,成都中心城区由原来的630平方千米,延展至3 677平方千米;从格局看,变"两山夹一城"的逼仄为"一山连两翼"的开阔……

从秦并巴蜀,几经战火和岁月磨砺,2 300多年来成都从未更名、迁址。今天,在"人民城市人民建"的理念下,这座城市继续焕发出澎湃的生机。

四川省成都市龙泉山城市森林公园丹景山观景台 新华社记者 王曦/摄

N渝.31

CHINA FROM OUTER SPACE

两江奔流处·山水魔幻城

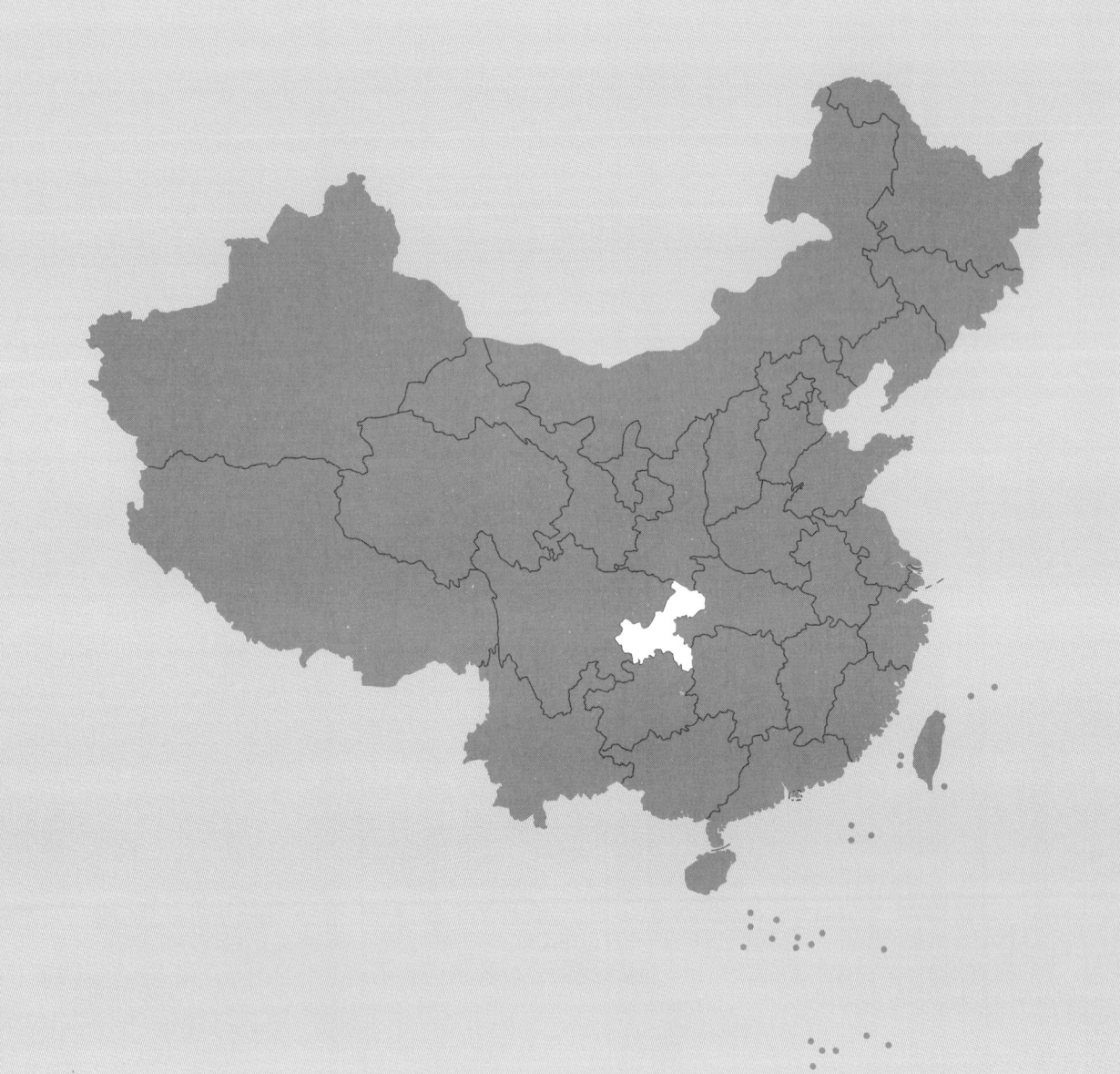

自然保护区面积：80.2
占辖区面积比重：9.6%

耕地面积：236.98

2017年　　　　　　2017年

重庆市在中国的位置示意图　　　　重庆市耕地、森林及自然保护区概况

CHONGQING 重庆

森林面积：354.97
森林覆盖率：43.1%

城镇人口：2 032
乡村人口：1 070

地表水与地下水资源重复量：104
人均水资源量：1 697.228 立方米
地表水：524.2
地下水：104

铁路：600
内河航道：2 300
公路：29 300

铁路：1 300
内河航道：4 100
公路：38 200

铁路：1 400
内河航道：4 300
公路：116 900

铁路：1 900
内河航道：4 300
公路：140 600

铁路：2 300
内河航道：4 400
公路：157 500

2018年 | 2018年 | 2018年 | 2018年 | 2000年 | 2005年 | 2010年 | 2015年 | 2018年

单位：万公顷 | 人口 单位：万人 | 水资源 单位：亿立方米 | 交通 单位：千米

数据来源：国家统计局、重庆市统计局

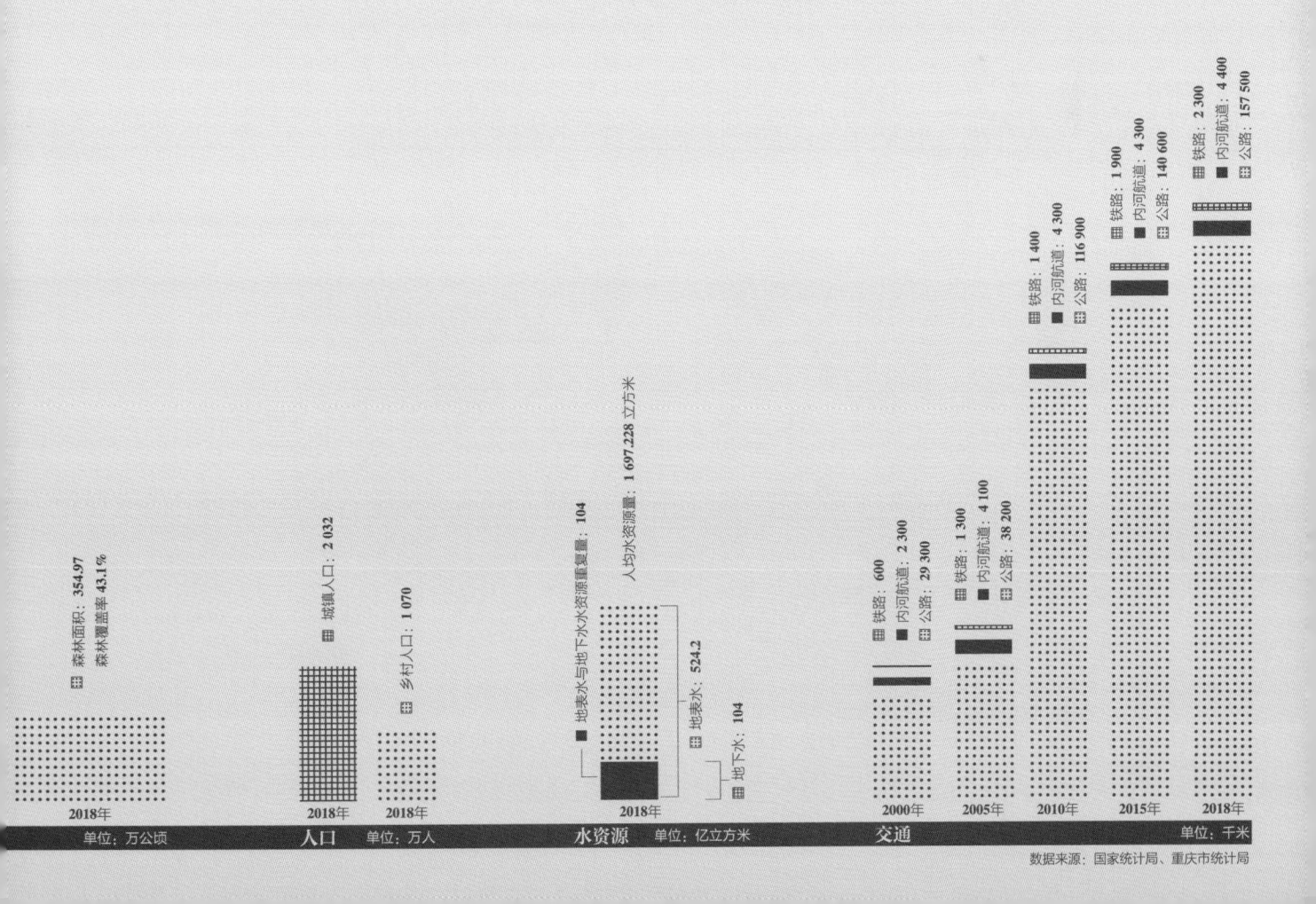

N
大巴山
城口
巫溪
大宁河
巫山
观面山
开州区
精华山
云阳
奉节
瞿塘峡
巫峡
巫山
万州区
梁平区
长江
方斗山
垫江
忠县
石柱
丰都
长寿区
涪陵区
黔江区
乌江
武隆区
彭水
毛坝盖
酉阳
秀山
涪江
嘉陵江
渠江
潼南区
合川区
铜梁区
北碚区
大足区
渝北区
江北区
璧山区
沙坪坝区
重庆
南岸区
大渡口区
九龙坡区
巴南区
荣昌区
永川区
江津区
南川区
綦江区
大娄山
图例
省级行政中心
县级行政中心
1∶2 600 000

从 60 万米高空俯瞰，重庆与四川、陕西、湖北、湖南、贵州等五省紧密相邻，长江干流自西南向东北横贯，嘉陵江自北汇入，乌江由南而来，水系分支几乎覆盖全境，成为山城重庆流动着的主动脉，将不同区域有机地联系在一起。但因地处青藏高原与长江中下游平原的过渡地带，重庆不仅多山，大巴山、巫山、武陵山、大娄山，山山环绕，而且山脉走向、高低各不相同，构成山地、丘陵等不同地貌，又将其切割为渝西、渝中、渝东北、渝东南四大地貌板块，促生了不同的板块文化与景观，孕育、滋养了 3 000 多年悠久历史，巴渝文化在此亘古绵延，生生不息。

早在先秦时期，重庆就是古代巴人的主要活动地区，曾长期作为古代巴国的都城，巴渝文化特征明显。战国时曾置巴郡、黔中郡，此后历经两汉，直至清末，行政建置虽然变化不大，但却从未停止过变化。在漫长的历史长河中，不同时期政区建置与调整，为重庆今日的政区格局奠定了基础，也深刻影响着今日重庆不同区域文化的形成与发展。

历史时期，重庆市内不同政区之间彼此联系又彼此区别，遂形成既相同又有差异的文化与景观，加之受四大地貌板块的地形长期影响，在人口流动、生产方式等多重因素共同作用下，最终形成今日所见主城都市文化区、渝西文化区、渝中文化区、渝东（北）峡江文化区和渝东南土家民族文化区五大文化板块。

左页图为重庆市地形及主要水系分布示意图

壹

山水桥城在这里融为一体

重庆的主城都市文化区，即今日重庆市主城九区（渝中、渝北、江北、南岸、沙坪坝、九龙坡、大渡口、北碚、巴南）范围所构成的文化区。

这一区域曾是古代巴人活动的主要区域，也是古代巴国都城所在地。重庆成为直辖市以来，这里更成为重庆市的行政、经济与文化中心。在城市建设、发展过程中，这里逐渐形成明清重庆移民文化、近代开埠文化与现代都市文化，既有湖广会馆、磁器口古镇、立德乐洋行旧址、英国亚细亚火油公司旧址、周公馆、解放碑、中国西部科学院旧址等历史文化景观，记录与展现重庆主城的过去；又有"上天入地"穿梭于城市中央的轨道交通、连接"两岸"的跨江大桥、"出入八方"的最复杂立交桥、"高低错落"的建筑与道路、依山而建的洪崖洞、解放碑都市商圈、重庆火锅、重庆小面等独具特色的现代山城文化景观与都市名片，兼具历史的厚重与都市的梦幻，成为一道亮丽的风景线，令人心驰神往。

右图为位于重庆主城都市文化区的洪崖洞民俗风景区
洪崖洞是依山而建的巴川传统建筑——吊脚楼代表之作。夜晚的洪崖洞景区灯火辉煌，被网友誉为电影中魔幻城堡的"现实版"。

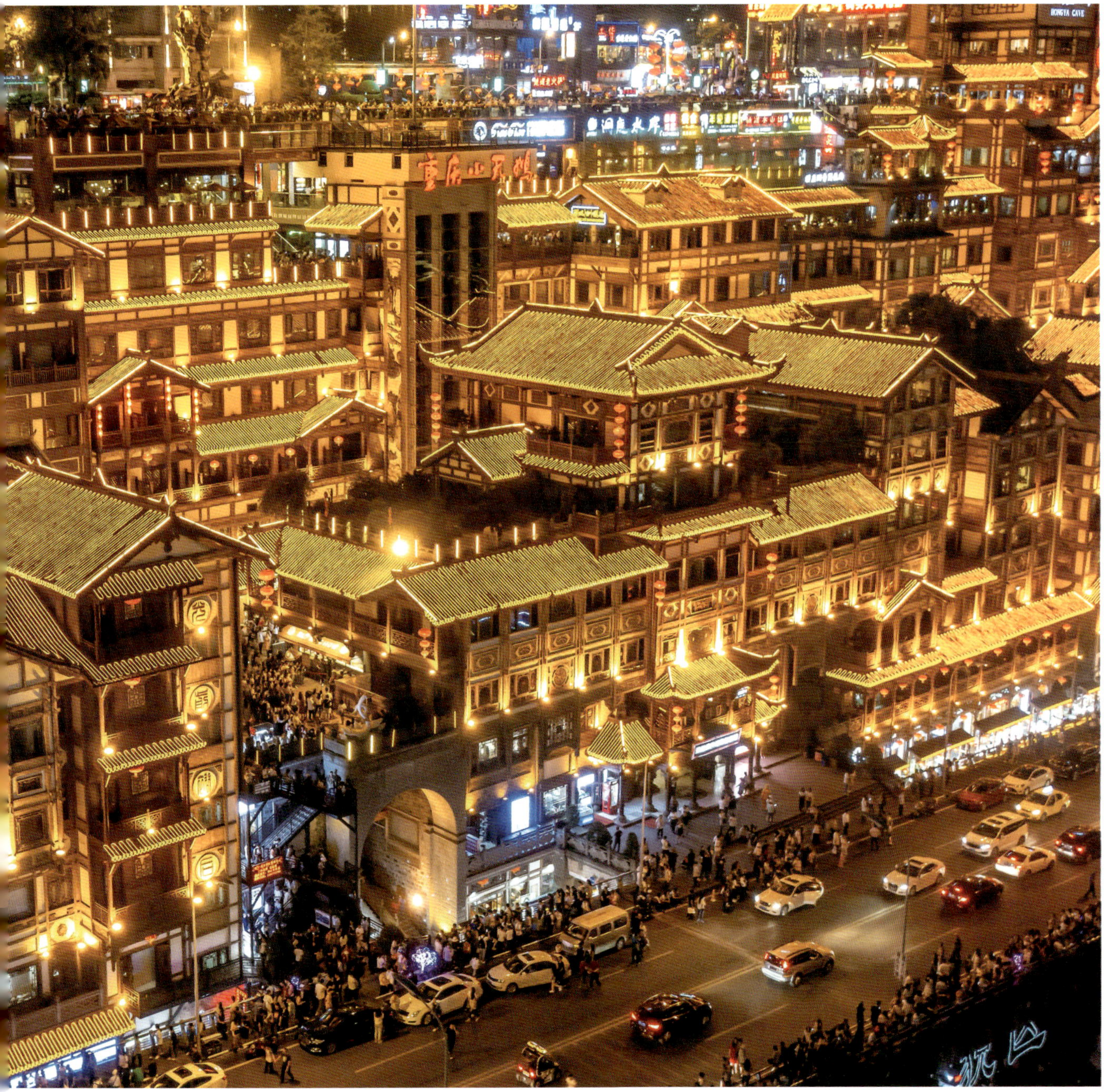
HONGYA CAVE

从60万米高空俯瞰李子坝站一条穿楼而过的轻轨交通线

重庆的轨道交通不仅能在"地下穿",还能在"天上跑"。嘉陵江边,李子坝站一条穿楼而过的"网红"轨道交通线就是其典型代表。李子坝站还是国内第一座与商住楼共建共存的跨座式单轨高架车站,设置在重庆轨道集团物业楼的八楼。

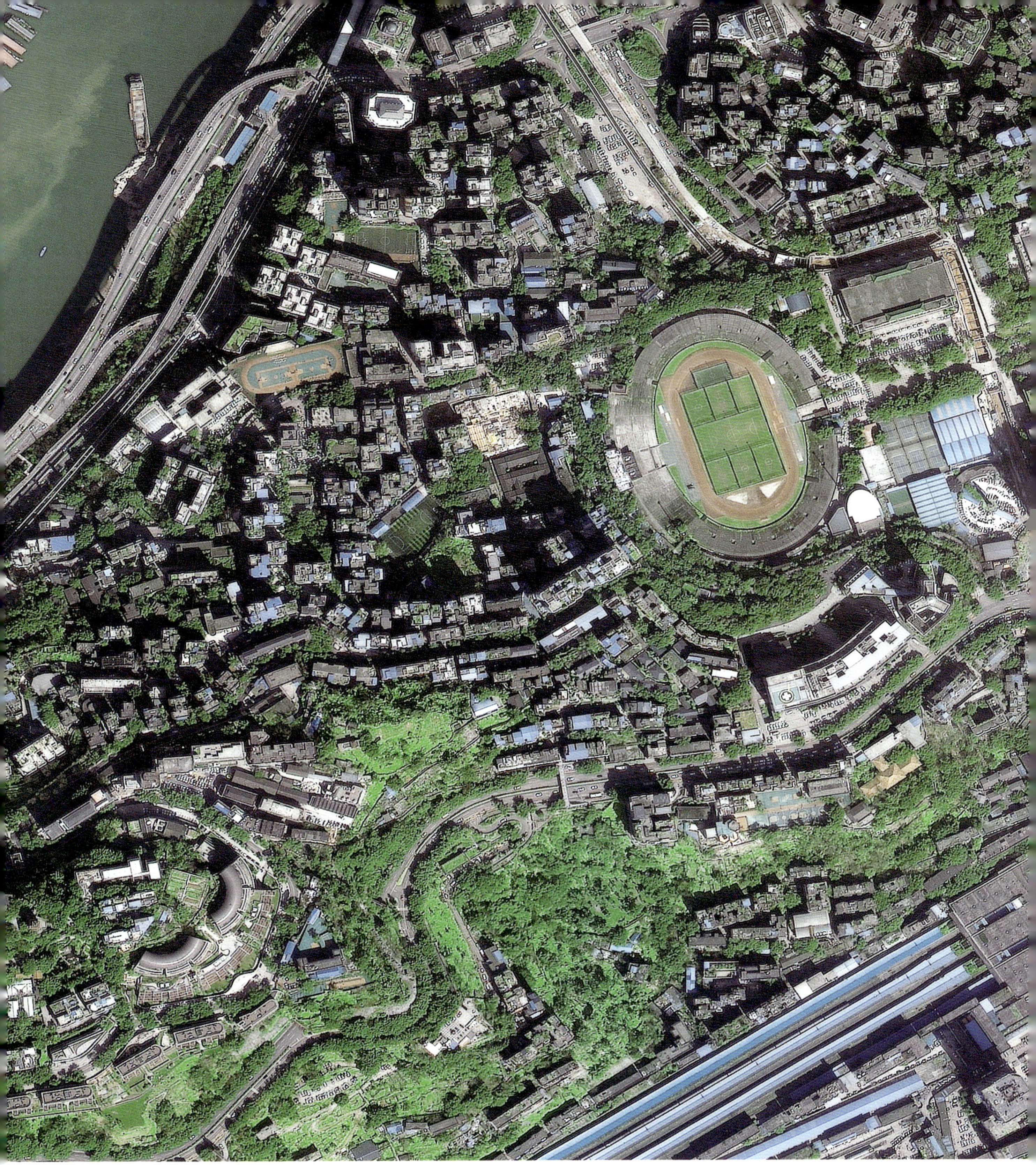

从60万米高空俯瞰千厮门嘉陵江大桥

千厮门嘉陵江大桥位于长江、嘉陵江交汇的朝天门附近,桥梁整体融入山水之中,充分展现这里"山水城桥"的美丽。大桥与洪崖洞毗邻,巴渝传统建筑与现代桥梁交相辉映。

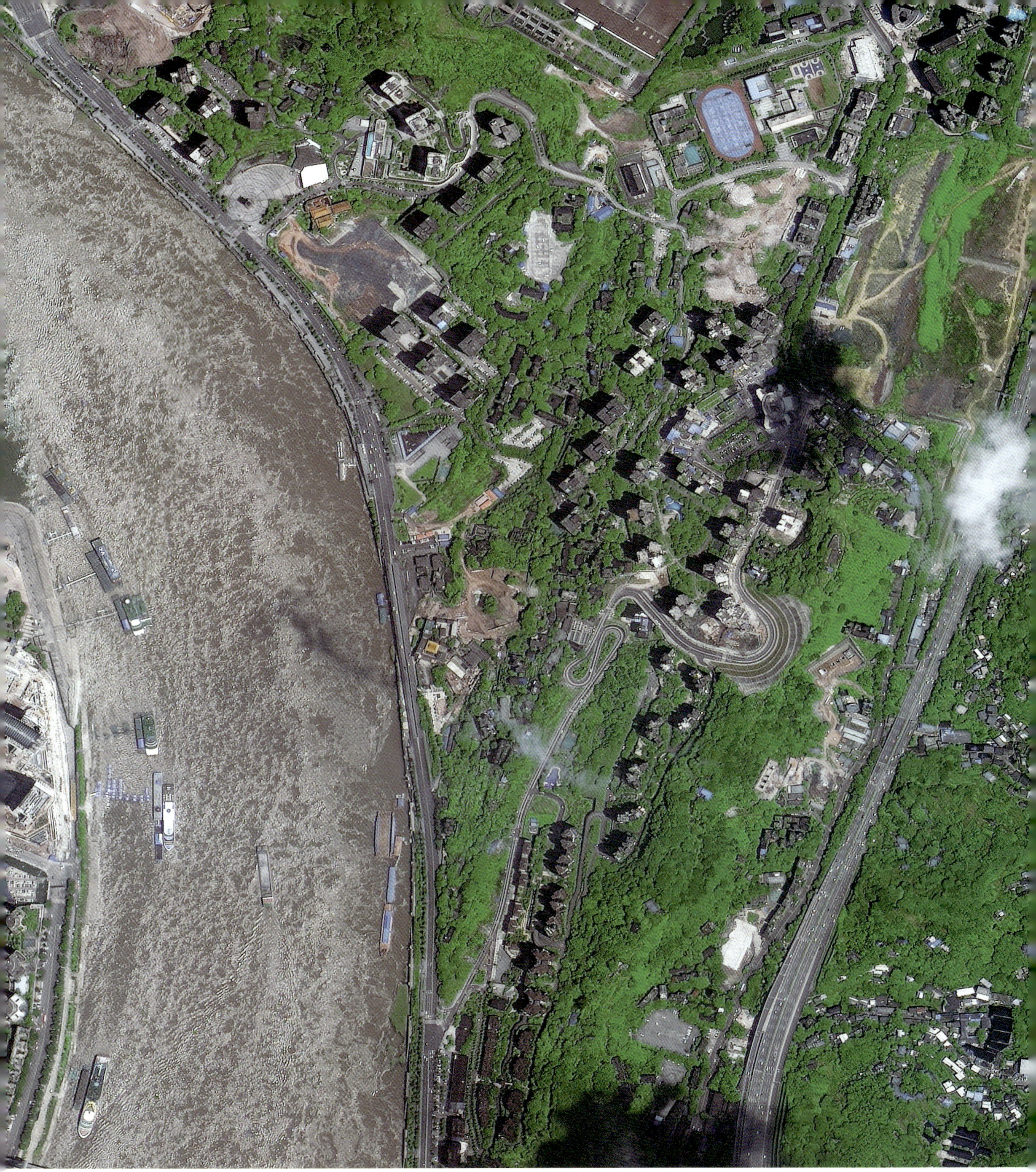

从60万米高空俯瞰朝天门长江大桥

在重庆,桥梁如同一根根主动脉,实现着山水城市的互联互通。朝天门长江大桥,主跨为世界跨径最大的拱桥,在大桥上瞭望朝天门,繁荣尽收眼底。

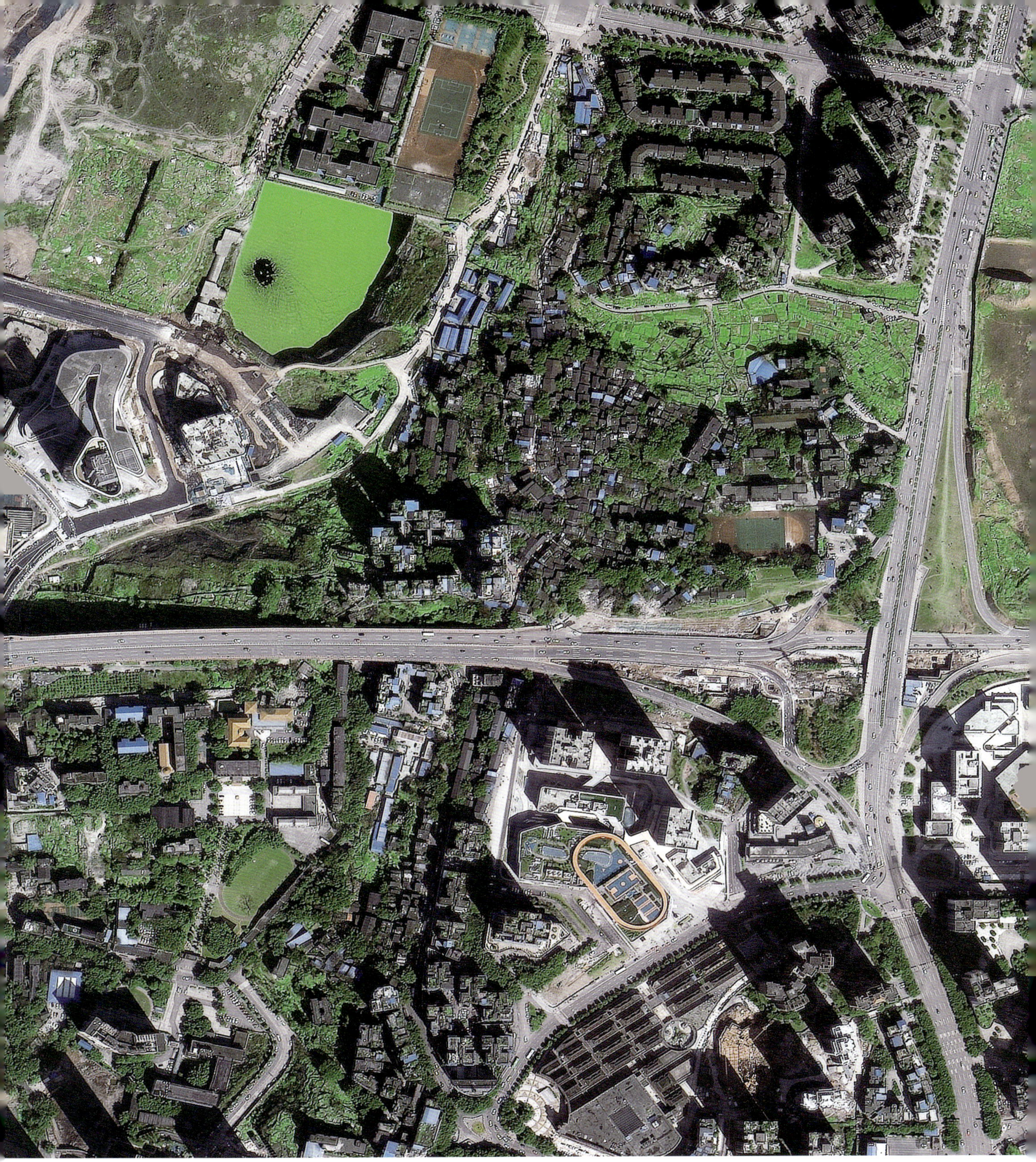

从60万米高空俯瞰黄桷湾立交桥

黄桷湾立交桥连接江北机场、朝天门长江大桥等，8个方向出口，高达5层，已开通20条匝道，被称为"最复杂立交桥"。走错一个口，会迎来重庆"一日游"。

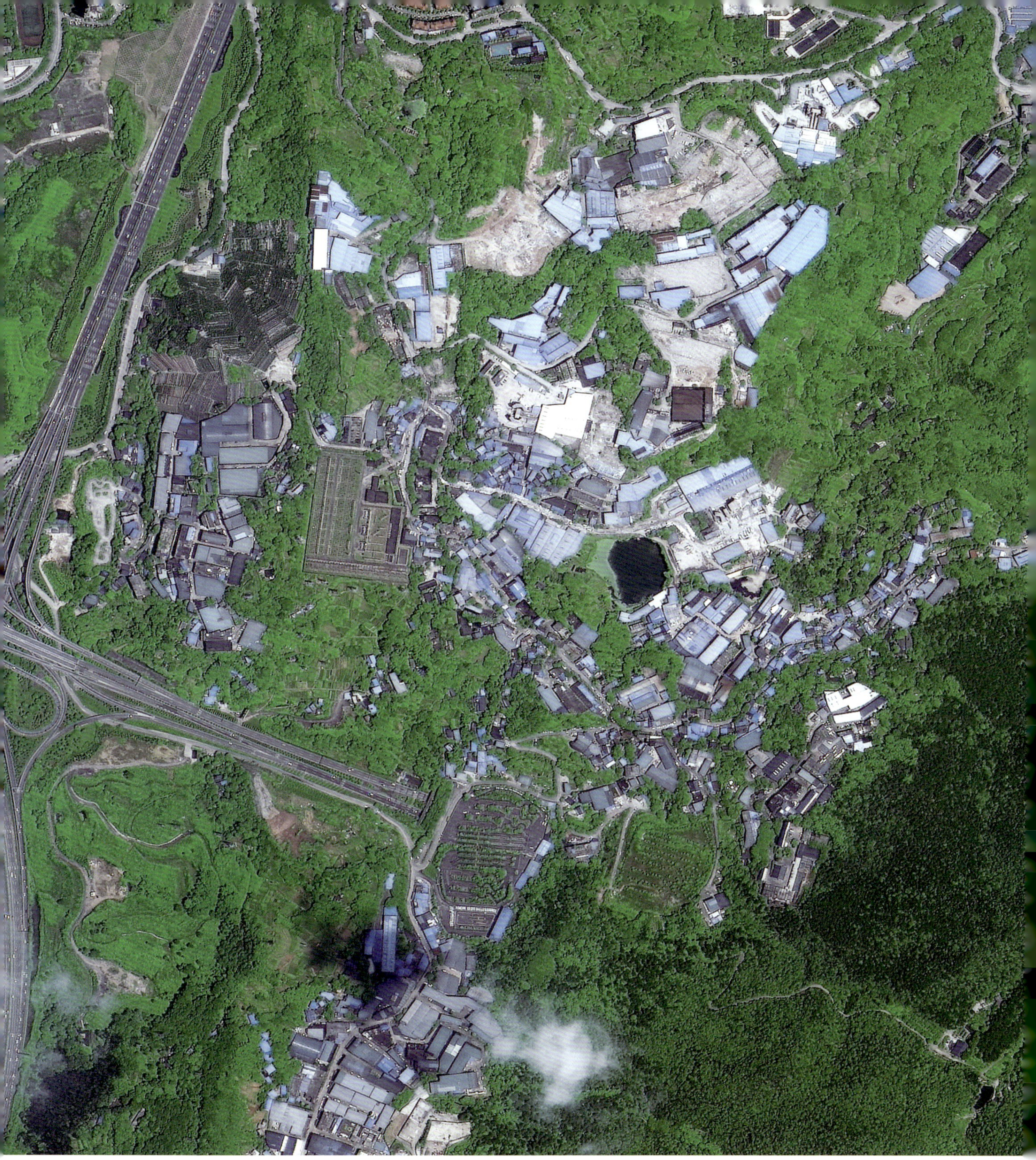

贰 古镇峡江在这里交相辉映

重庆的渝中文化区和渝西文化区分布在主城都市文化区东西两侧。渝西文化区包括江津、永川、璧山、铜梁、大足、潼南、合川、荣昌等区，地势较之重庆其他区域最为平缓，是古今重庆往来成都的重要通道。因此，传统农工商文化皆较为发达。在漫长的历史发展进程中，渝中、渝西两个文化区，留下了许多具有代表意义的历史文化古镇。

和渝中文化区紧挨在一起的，是渝东（北）峡江文化区和渝东南土家民族文化区。渝东（北）峡江文化区包括万州、开州、云阳、奉节、巫山、巫溪、城口等区县，区域历史悠久，既有巫山龙骨坡遗址、白帝城等历史文化景观，又有瞿塘峡、巫山小三峡等著名自然景观。而渝东南民族文化区则是重庆市唯一土家族、苗族聚居区。元明清时，区域内曾置土司治理，在酉阳、秀山、石柱等县境内留下了诸多土司遗址。同时，还创造了代表土家族非物质文化遗产的石柱土家啰儿调、摆手舞、黔江南溪号子、秀山花灯、秀山民歌、酉阳民歌、酉阳古歌等优秀的民族文化。

这座因长江、嘉陵江交汇而兴的山水之城，宛如一席"流动的盛宴"，大江与大山，孕育着奔腾不息的能量。

千里为重，广大为庆，这就是重庆。魔幻的山城，流动的盛宴。

瞿塘峡白帝城 新华社记者 王全超/摄
"朝辞白帝彩云间，千里江陵一日还。"这里是瞿塘峡西端的起点，由此往东，顺长江一直到巫山县大溪乡，怎一个雄奇、险峻了得。

559

N⟨黔⟩.32

CHINA FROM OUTER SPACE

天 地 对 视 · 一 眼 万 "年"

自然保护区面积：89.4
占辖区面积比重 5.1%
2017年

耕地面积：451.88
2017年

贵州省在中国的位置示意图

贵州省耕地、森林及自然保护区概况

GUIZHOU

贵州

森林面积：771.03
森林覆盖率 43.8%

城镇人口：1 711
乡村人口：1 889

地表水与地下水资源重复量：252.7
人均水资源量：2 726.18立方米
地表水：978.7
地下水：252.7

铁路：1 600
内河航道：2 100
公路：34 600

铁路：2 000
内河航道：3 300
公路：46 900

铁路：2 000
内河航道：3 400
公路：151 600

铁路：2 800
内河航道：3 700
公路：186 400

铁路：3 600
内河航道：3 700
公路：196 900

2018年　　　　　　2018年　　2018年　　　　2018年　　　　　2000年　　　2005年　　　2010年　　　2015年　　　2018年

单位：万公顷　　人口　单位：万人　　水资源　单位：亿立方米　　交通　　　　　　　　　　　　　　　　　单位：千米

数据来源：国家统计局、贵州省统计局

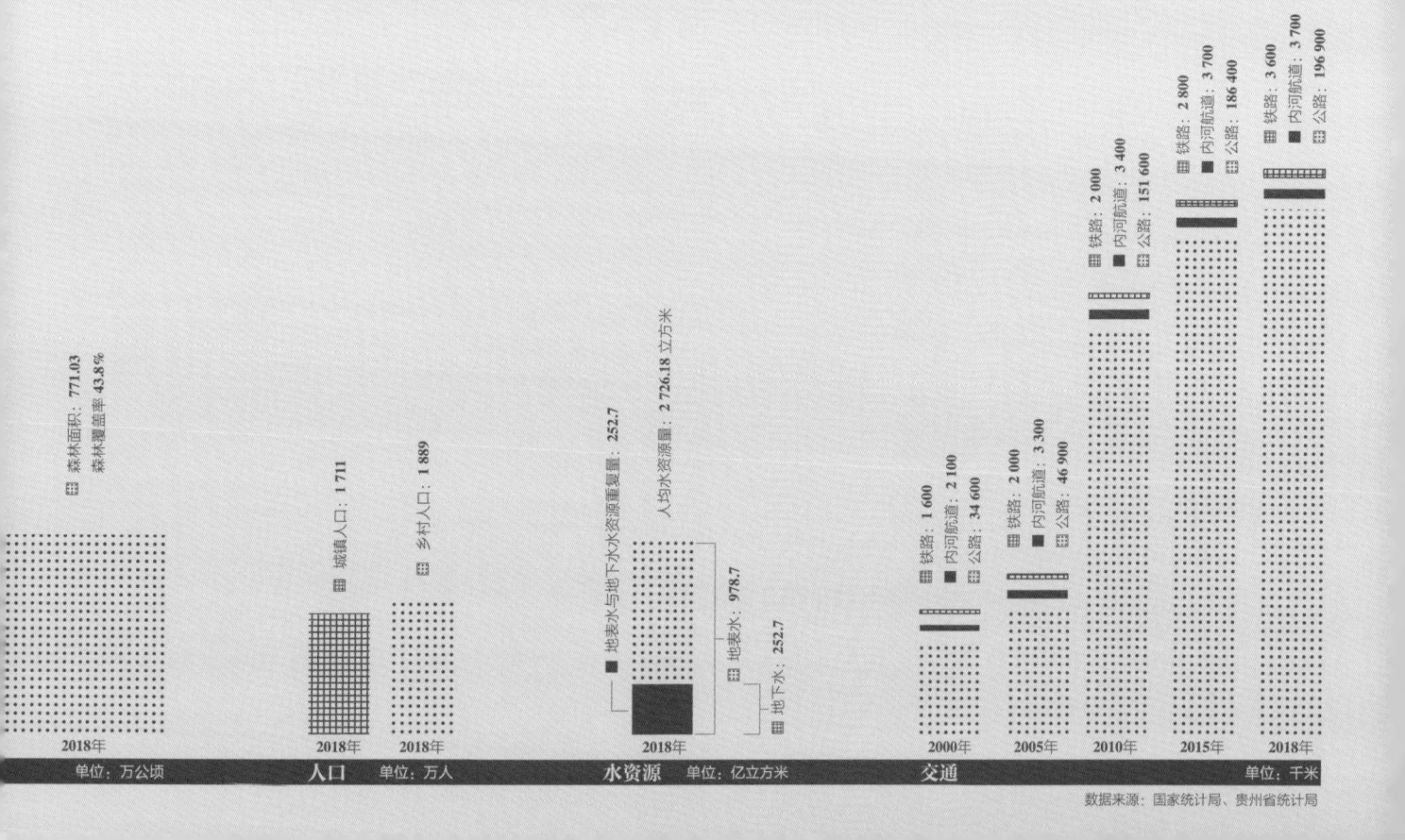

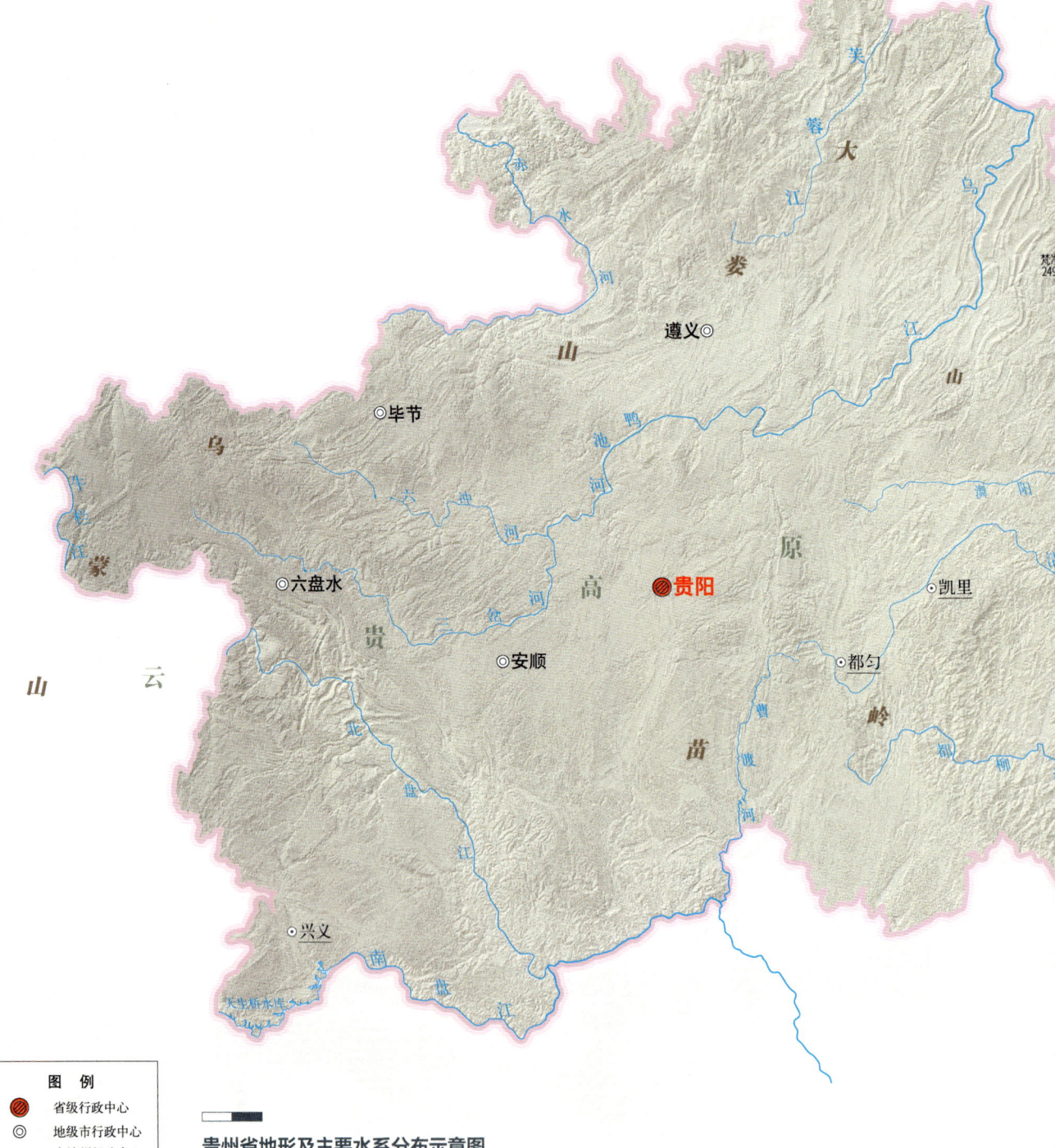

贵州省地形及主要水系分布示意图

注：凯里是贵州省黔东南苗族侗族自治州的首府。
都匀是贵州省黔南布依族苗族自治州的首府。
兴义是贵州省黔西南布依族苗族自治州的首府。

"江南千条水，云贵万重山。"

从 60 万米高空俯瞰，贵州境内山脉众多，重峦叠峰，绵延纵横。

贵州是全国唯一一个没有平原支撑的山地省份，山地面积约占全省的 87%，是名副其实的"山地王国"。北部有大娄山，自西南向东北斜贯北境，与重庆相连；中南部苗岭横亘，远眺广西；西部有高耸入云的乌蒙山，与云南相接；东北境有武陵山，由湖南蜿蜒入黔，主峰梵净山海拔 2 493 米。明代万历年间立《敕赐梵净山重建金顶序碑》中将梵净山誉为"立天地而不毁，冠古今而独隆"的"天下众名岳之宗"，是中国佛教五大名山之一。这里有国家保护的黔金丝猴、珙桐等 7 000 多种野生动植物，是野生物种的基因库，是地球同纬度生态保持最完好的地区之一。

山是贵州的"筋骨"，高原是贵州的"躯干"。贵州高原是云贵高原的一部分，隆起在四川盆地和广西丘陵之间的亚热带喀斯特高原山地地区，是中国地势第二级阶梯东部边缘的一部分，形成了著名的喀斯特高原—峡谷结构。

贵州的喀斯特地貌占全省面积的 73%，其中荔波喀斯特和施秉喀斯特是世界自然遗产"中国南方喀斯特"的重要组成部分。独特的地貌造就了贵州独特的自然景观，而在众多喀斯特地貌景观中，"天下山峰何其多，惟有此处峰成林"的万峰林奇观，是中国锥状喀斯特发育最典型、最完整、最集中的地方，被称为"中国锥状喀斯特博物馆"。在这里，万亩园林深藏万峰林中，大大小小因喀斯特溶解作用而形成的天然地漏，深不见底，被当地群众称为"地眼"。农田耕地以漏斗为中心，弧形展布，又构成奇异的"八卦"图案，故又被称为"八卦田"。

"旧说天下山，半在黔中青。又闻天下泉，半落黔中鸣。"贵州不仅有千重山，还有千条水，这些河流分属长江和珠江两大水系，苗岭以北属长江流域，主要河流有乌江、赤水河、清水江、潕阳河等河流；苗岭以南属珠江流域，主要河流有南盘江、北盘江、红水河、都柳江等河流。丰富的山水处处成景，亚洲第一大瀑布——黄果树瀑布就位于贵州省安顺市镇宁县，是典型的"喀斯特瀑布群"，瀑布高度为 77.8 米，其中主瀑高 67 米，瀑布宽 101 米，气势磅礴，景象壮观。

这就是大美贵州，壮丽山河更孕育着无穷活力。

从60万米高空俯瞰位于贵州省兴义市的万峰林八卦田

万峰林"峰内有谷,谷内有峰;峰里有田,田里有峰;峰下有寨,寨里有峰",群峰与八卦田交融,美不胜收。

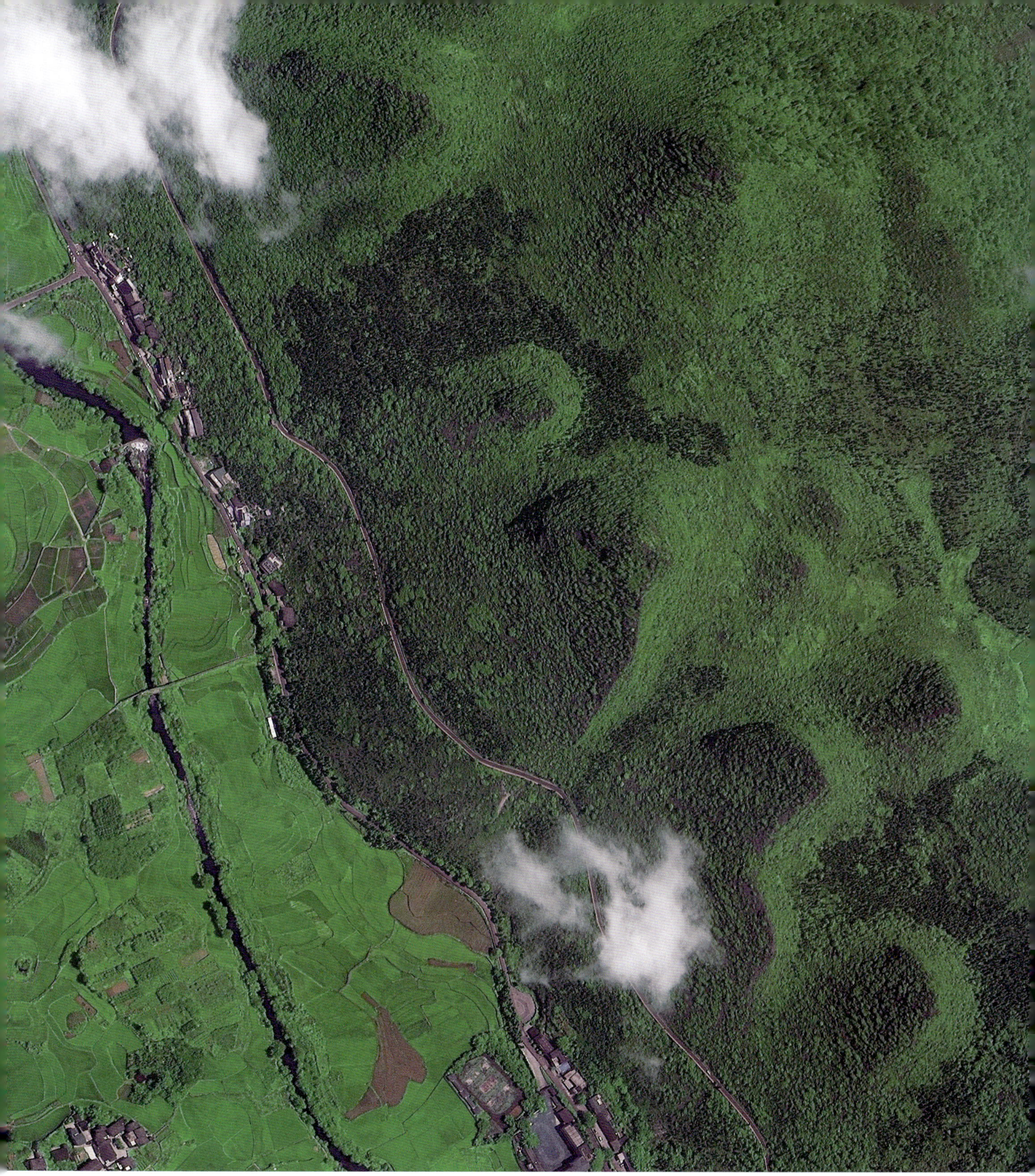

这里是世界三叠纪古生物王国

贵州高原是地球动物生命的重要发源地,地层中蕴藏着各个时代丰富的古生物化石,被誉为"了解和研究地球生命发展演化史的宝库"。

在贵州发现的"胡氏贵州龙""海百合""黔鱼龙"生物化石,则将贵州推上了世界三叠纪古生物王国的宝座。

而在贵州省黔南布依族苗族自治州瓮安县,科学家还发现了一枚形成于6亿年前的原始海绵动物化石——"贵州始杯海绵"。这一体积只有2~3立方毫米的微小化石,保存了精美的细胞结构和完好的水沟系统,是迄今为止全球发现的最古老的可靠海绵化石。它不仅将原始动物在地球上出现的实证记录从寒武纪向前推进了6 000万年,还意味着动物共同祖先的起源时间可能远远早于古生物学家的传统推测。

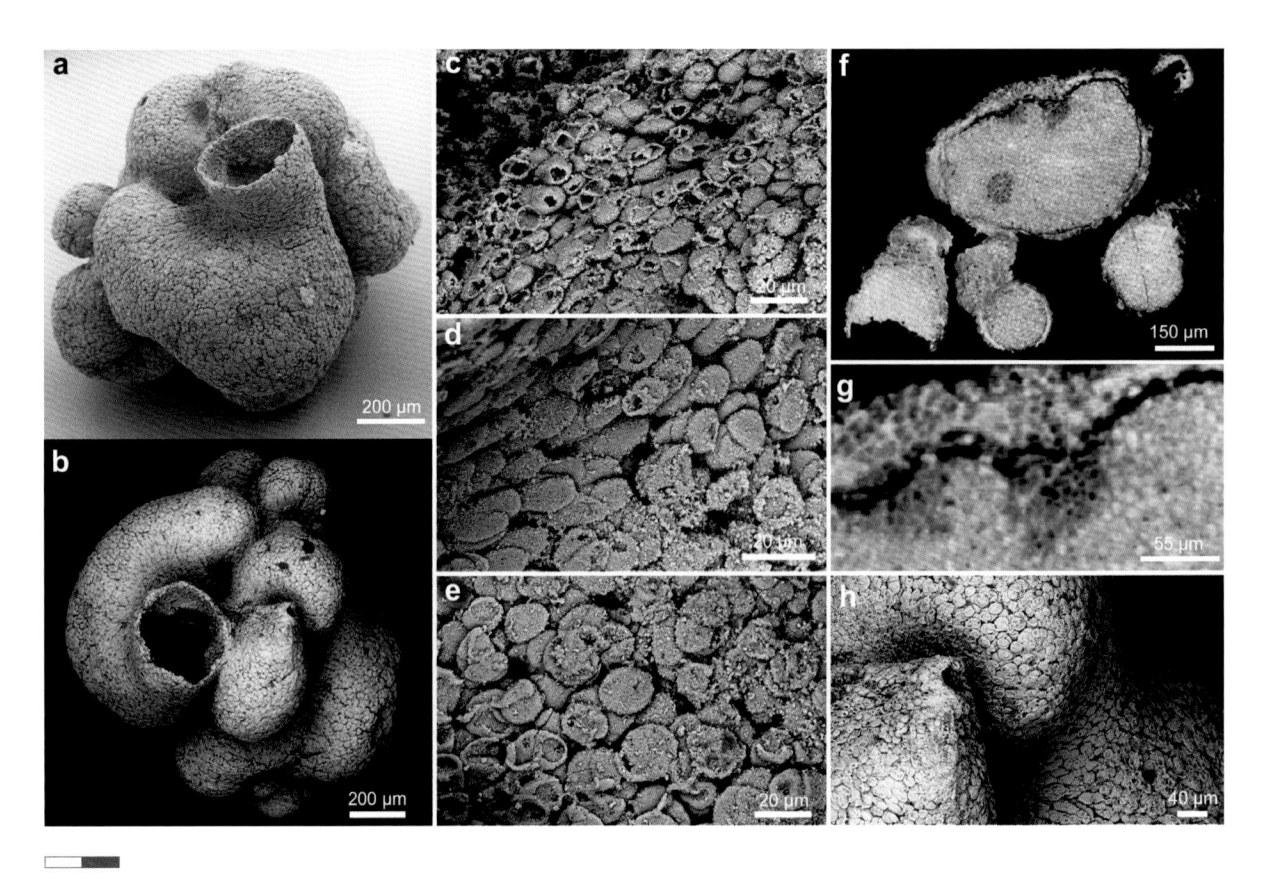

"贵州始杯海绵"及其局部的扫描电镜照片(a~e,h)和同步辐射数字切面(f~g)
新华社/发 (中国科学院南京地质古生物研究所供图)

贰 这里有世界上最大的苗族聚居村寨

正是在这样一片土地上，秦朝设立黔中郡，唐朝设立黔中道、黔州都督府，历来以"黔中"相称，又因黔州都督府治今重庆彭水，贵州之地尽在其南，故又把贵州称之为"黔南"，贵州建省之后，仍沿其旧，以"黔"为简称。

黔南大地不仅在古生物考古中拥有众多重大发现，而且在人类文明遗址的考古发掘中，同样硕果累累。在旧石器时代的考古中，这里发现史前洞穴遗址近500处，其中重要的遗址有黔西观音洞、盘州（原盘县）大洞、贵安新区牛坡洞等20余处，比较完善地建立了贵州早期人类发展年代的框架。在牛栏江、乌江、赤水河、清水江等流域还发现了一大批新石器时代至商周之际的史前旷野遗址，形成沿江河呈"条块状"分布的生存格局与生活模式。在这里，"夜郎文化""尹珍文化""阳明文化""影山文化""沙滩文化"等丰富多彩的地域文化，在中国文化史上熠熠生辉。

贵州贵安新区牛坡洞遗址出土的石器 新华社/发（资料照片）

宋明之际，播州杨氏、思州田氏、水东宋氏和水西安氏被称为贵州"四大土司"。这一时段的考古，以播州杨氏最为突出，不仅有海龙囤遗址的发掘，还有杨氏土司家族墓及其部属家族墓的发掘，构建了杨氏土司文化遗产。在第39届世界遗产大会上，贵州的海龙囤遗址和湖南永顺老司城遗址、湖北唐崖土司城遗址一起，获准列入世界遗产名录，成为世界文化遗产地。

今天，黔南大地上共有17个世居少数民族，文化多姿多彩，共融共生。这里有世界上最大的苗族聚居村寨——西江千户苗寨，依山而建的自然村寨相连成片，1 200多户木质吊脚楼随着地形的起伏变化，鳞次栉比，气势恢宏，保存了苗族"原生态"的文化。

这里还有中国最大的侗族村寨——肇兴侗寨，侗族大歌多声部合韵名扬世界，被誉为"天籁之音"，2009年更是被列入世界人类非物质文化遗产代表作名录。截至目前，贵州累计有724个村寨入选中国传统村落名录，数量位居全国第一。

坐落在贵州省黔东南苗族侗族自治州的西江千户苗寨 新华社记者 王颂/摄

民居，是中国人生活的基本空间单元。从一家之院到群居大院，中国民居见证了族群的繁衍和时代的变迁，成为千年不老的历史记忆，饱含着深厚的文化底蕴和历史信息。它不仅有中国传统的建筑艺术价值、历史文化价值、社会风俗价值和景观审美价值，更是中国数千年来各种文化交融共存、各民族相互学习、互帮互助、共同发展精神的缩影。

叁 这里的特殊地形成就了"中国数谷"

"连峰际天兮，飞鸟不通。"

千百年来，深山与沟壑阻断了贵州与外界的联通，先天资源劣势的制约，让贵州成为脱贫攻坚的主战场。

在与贵阳市一河之隔的毕节市，有一个南关村。南关南关，年年渡难关。在河谷一带开荒种玉米，不仅温饱没解决，还造成严重的水土流失。20世纪90年代开始，这里因地制宜种植橙子，贫瘠的土地变成"花果山"，当地也将村名改为了"橙满园"。多年以来，贵州不断探索发展的新路径，化劣势为优势，近5年来，591万人脱贫，减贫人数全国第一。

特殊地形曾经制约着贵州，如今却又成就了贵州。

这里虽然"地无三尺平"，但因地处西部内陆，地质构造稳定，气候凉爽，电力充沛，天然适合大规模物理机房建设，对建设数据中心来说，有着无可比拟的优势。贵州正是凭借这一优势，发力"换道超车"，培育和发展具有领先意义的战略性新兴产业。2014年以来，中国三大电信运营商及国内外知名企业纷纷把数据中心业务布局于此。2015年，"中国数谷"正式落户贵阳，贵州得以打造国家级大数据产业发展集聚区。

截至2019年，贵州已入驻9 500家大数据相关企业。

从60万米高空俯瞰位于贵州省贵阳市的大数据广场

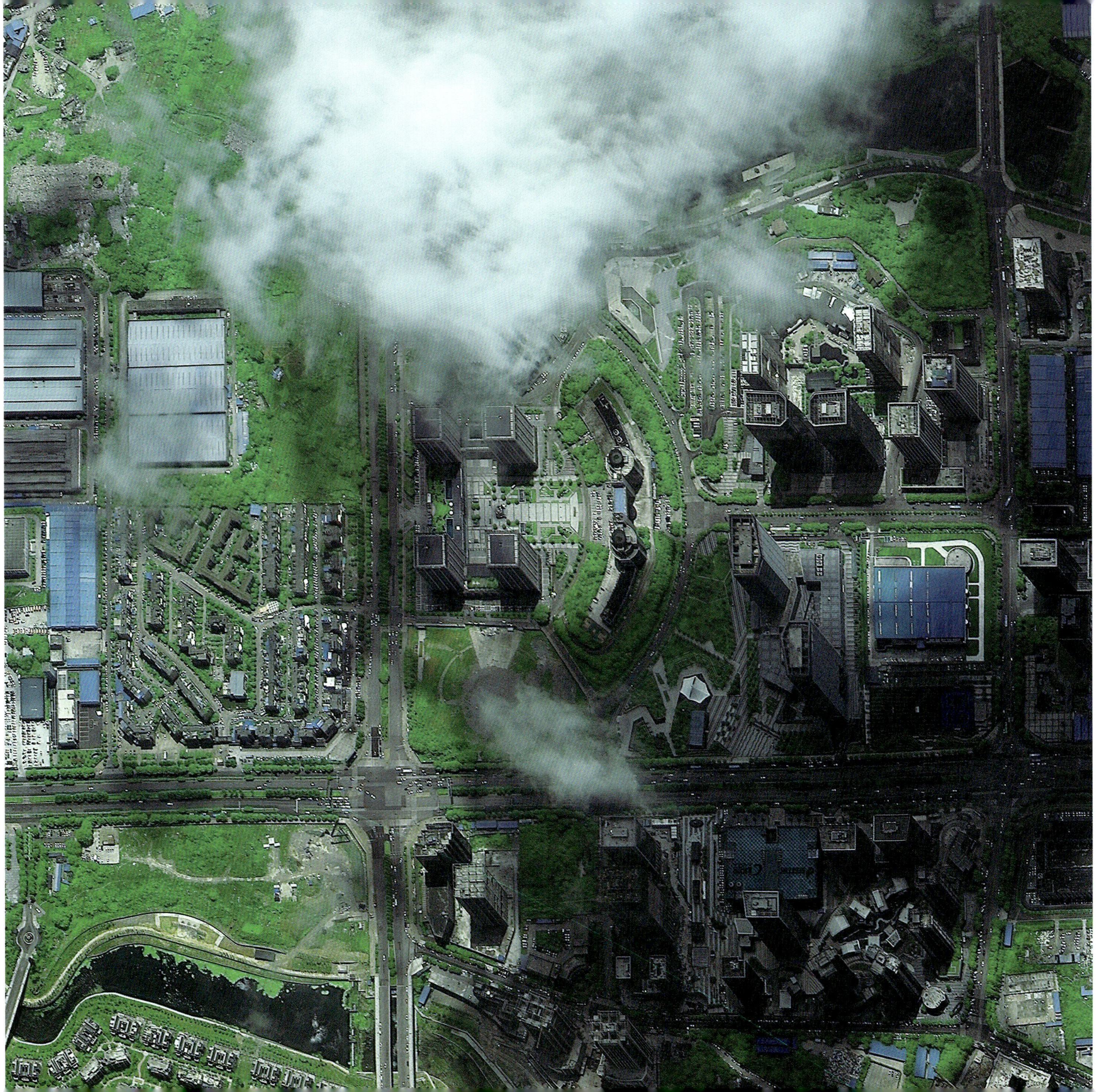

肆 这里的特殊地形也成就了"中国天眼"

遍布黔南大地的喀斯特地貌形成的天坑还成为人类探索宇宙的绝佳选址。正是在喀斯特地貌地形崎岖、起伏不平、四面环山的大窝凼,由中国著名天文学家南仁东率团队,从1994年开始选址和预研究,历经20余年,到2016年9月25日终于落成启用500米口径球面射电天文望远镜。这是世界最大单口径射电望远镜,是倾听来自宇宙的声音、探索宇宙生命的基地。人们形象地称其为"中国天眼"。它的灵敏度达到世界第二大射电望远镜的2.5倍以上,可有效探索的空间范围体积扩大4倍,使科学家有能力发现更多未知星体、未知宇宙现象、未知宇宙规律……

古人感叹,天边眼力破万里;而今,"天眼"的眼力破亿光年。它静若处子,除了反射面变形时上千个液压促动器一齐低吼,几乎不会动;它又迅若奔雷,每秒最高传输基带数据38G,每小时接收的平均有效科学数据约3.6T。

眼力决定眼界。

2020年1月11日,"中国天眼"通过国家验收正式开放运行,成为全球最大且最灵敏的射电望远镜,也意味着人类向宇宙未知地带探索的眼力更加深邃,眼界更加开阔。

2颗,11颗,43颗,93颗,102颗……从2017年10月"中国天眼"首次发现2颗脉冲星,到2020年1月11日召开的国家验收会上公布已发现102颗脉冲星,它两年多来发现的脉冲星超过同期欧美多个脉冲星搜索团队发现数量的总和。

敢当"梦潮儿"的中国科学家希望,借助"中国天眼"进行银河系及周边的星际介质巡天,全面更新脉冲星和近邻宇宙的气体分布图像。一旦它发现重要特殊意义的天体,就意味着发现全新的未知世界,将系统地拓展人类的宇宙视野。

从60万米高空俯瞰位于贵州省黔南布依族苗族自治州平塘县大窝凼的"中国天眼"
我们通过AR信息交互技术,在书中隐藏了一段"中国天眼"捕捉到的宇宙"心跳",你能找到它吗?

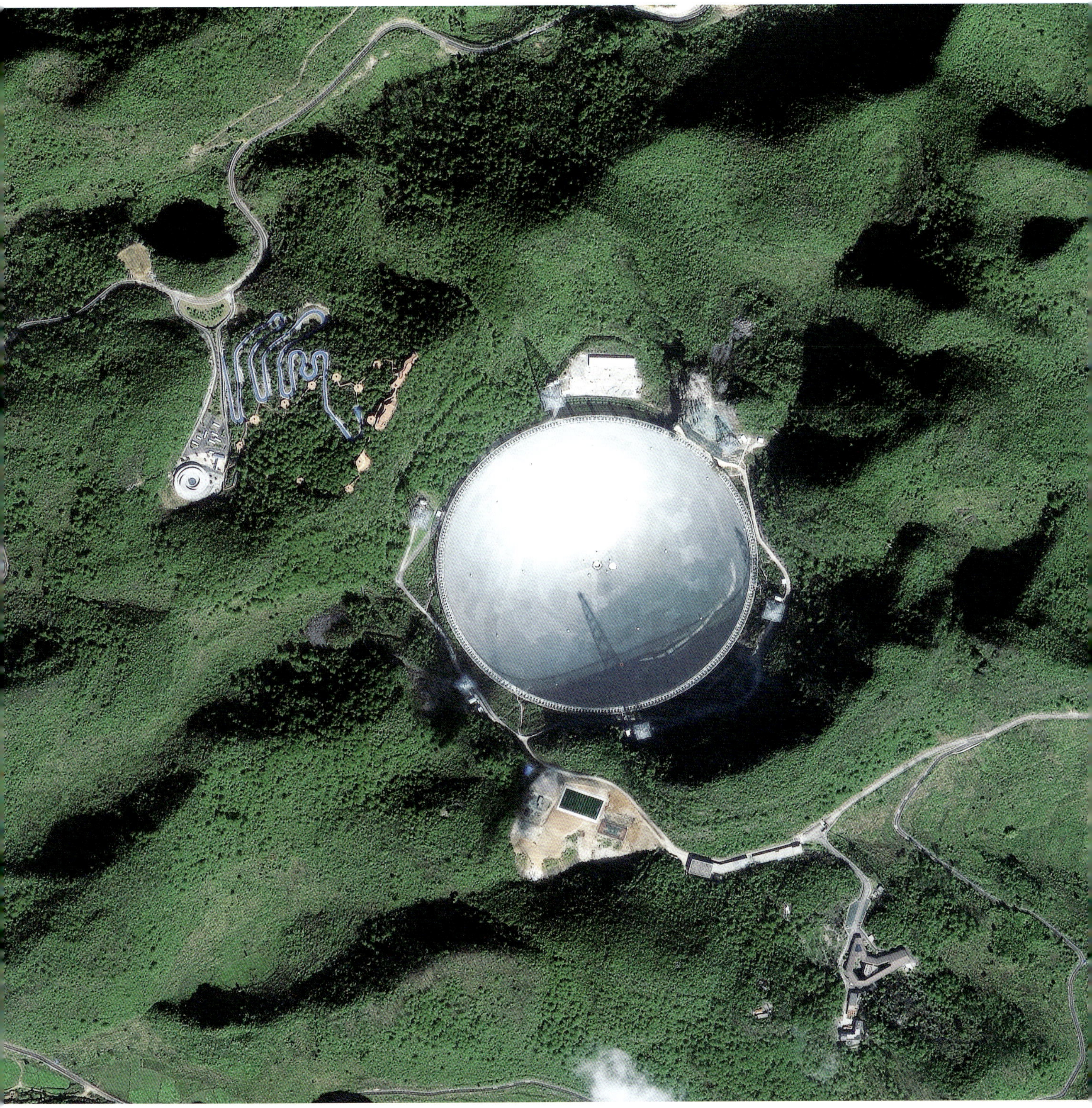

N滇.33 CHINA FROM OUTER SPACE

草木竞秀·彩韵云南

云南省在中国的位置示意图

云南省耕地、森林及自然保护区概况

自然保护区面积：288.2
占辖区面积比重：7.3%

耕地面积：621.33

2017年　2017年

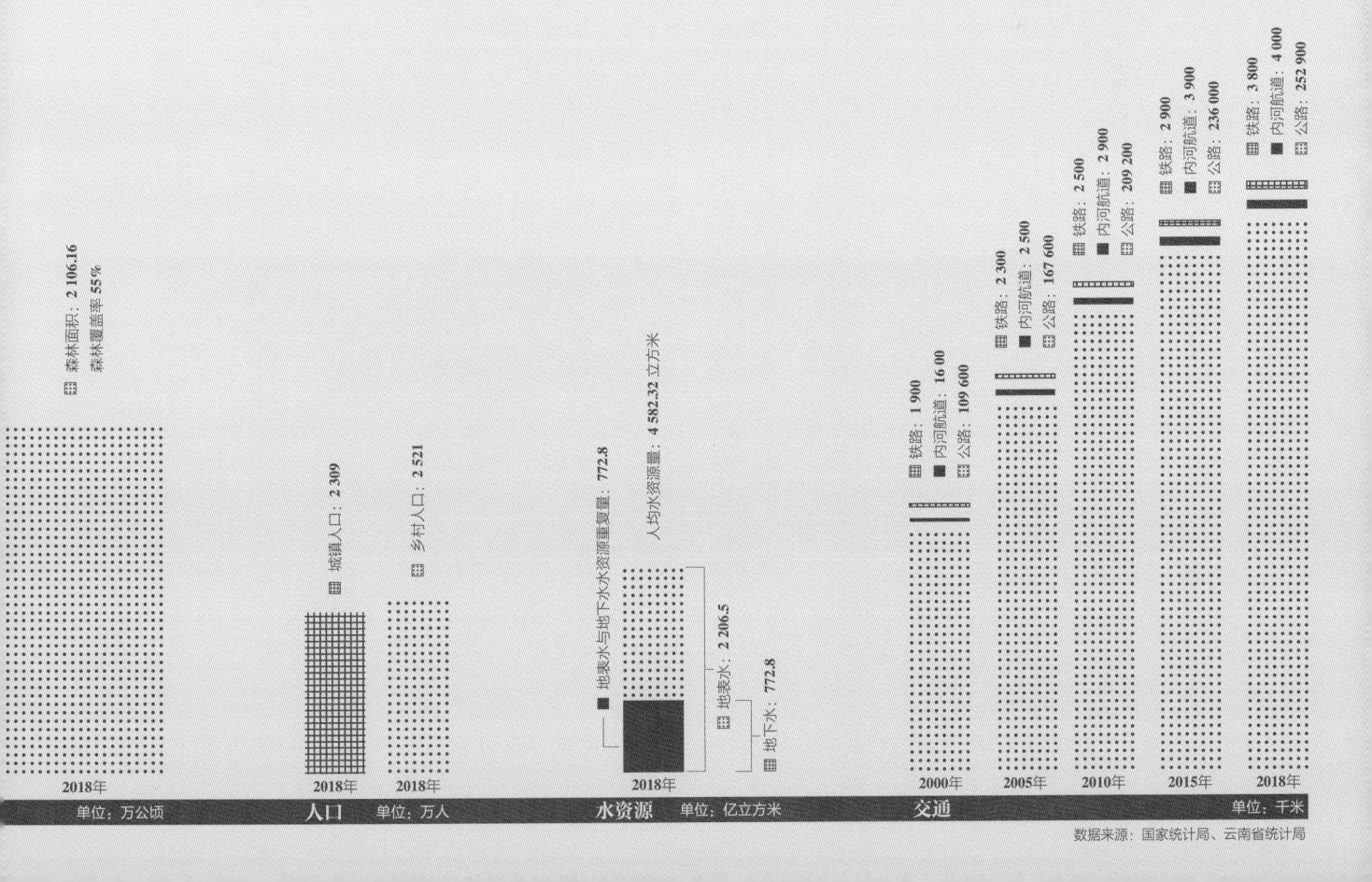

YUNNAN 云南

森林面积：2 106.16
森林覆盖率 55%

2018年
单位：万公顷

城镇人口：2 309
乡村人口：2 521

2018年 2018年
人口 单位：万人

地表水与地下水资源重复量：772.8
人均水资源量：4 582.32 立方米
地表水：2 206.5
地下水：772.8

2018年
水资源 单位：亿立方米

铁路：1 900
内河航道：1 600
公路：109 600

铁路：2 300
内河航道：2 500
公路：167 600

铁路：2 500
内河航道：2 900
公路：209 200

铁路：2 900
内河航道：3 900
公路：236 000

铁路：3 800
内河航道：4 000
公路：252 900

2000年 2005年 2010年 2015年 2018年
交通 单位：千米

数据来源：国家统计局、云南省统计局

云南省地图

图例
- ◉ 省级行政中心
- ◎ 地级市行政中心
- — 自治州行政中心
- ⊙ 县级行政中心
- ▲ 山峰

1 : 5 000 000

在中国西南，有一片美丽而神奇的土地，这里高山巍峨，大江奔腾，物种丰富，色彩斑斓，人们称之为"彩云之南"。

云南，地处云贵高原西部，地势上从北到南，逐渐降低，呈阶梯状分布，区域内深大断裂带十分发达。这些断裂带控制着云南地貌的格局和山河分布的大势，形成主要由丘陵状高原面和分割高原面交错构成的多山高原地貌。

在云南北部和中南部分布着许多磅礴的山脉，云岭、高黎贡山、无量山、哀牢山、乌蒙山、拱王山、百草岭……它们绵亘几十里甚至几百里。这些山脉大体呈西北向东南扩展，从而导引大江大河自西北往东、东南、南三面展开，形成金沙江、珠江、元江、澜沧江、怒江和伊洛瓦底江六大帚状水系。发源于青藏高原的金沙江、澜沧江、怒江，从云南西北部入境后，呈"川"字形自北而南纵流。而另外三条水系，珠江上游南北两盘江流经滇东北、滇东、滇南后进入广西；斜贯省境中部的元江流入越南；滇西和滇西北的一些河流则汇入缅甸的伊洛瓦底江。

在高大的山脉与磅礴的水系之间，高耸着海拔四五千米甚至更高的山岭，一年中很长时段甚至常年形成迷人的冰雪景象。它们中有滇藏界上的梅里雪山，有耸峙金沙江两岸的玉龙雪山和哈巴雪山，还有雄踞滇北的轿子山……

山与山之间，又分布着大大小小的盆地（坝子），面积达100平方千米以上的就有数十个，几平方千米至几十平方千米的不胜枚举，滇池坝子、陆良坝子、祥云坝子、大理坝子、曲靖坝子……都是它们中的一分子。山与水之间，还镶嵌着风光旖旎的高原断层湖泊。它们有的叫湖，有的称"池"，还有的名"海"，水域面积最大的为省会昆明依傍的滇池，水域面积第二的是大理苍山之麓的洱海。

这就是云南，从高空俯瞰，山、河、湖、坝水乳交融，莹白、碧绿、湖蓝、绯红、明黄……如同打翻了的调色盘。

左页图为云南省地形及主要水系分布示意图

注：香格里拉是云南省迪庆藏族自治州的首府；大理是云南省大理白族自治州的首府；泸水是云南省怒江傈僳族自治州的首府；芒市是云南省德宏傣族景颇族自治州的首府；楚雄是云南省楚雄彝族自治州的首府；蒙自是云南省红河哈尼族彝族自治州的首府；景洪是云南省西双版纳傣族自治州的首府。

洱海 新华社记者 胡超/摄

云南省大理市近郊的洱海，因形似人耳得名。苍山十九峰，巍峨雄壮，与秀丽的洱海风光珠联璧合。苍山横卧似屏，洱海静美如璧。近年来，云南开启洱海抢救保护模式，让"苍山不墨千秋画，洱海无弦万古琴"的美景永驻人间。

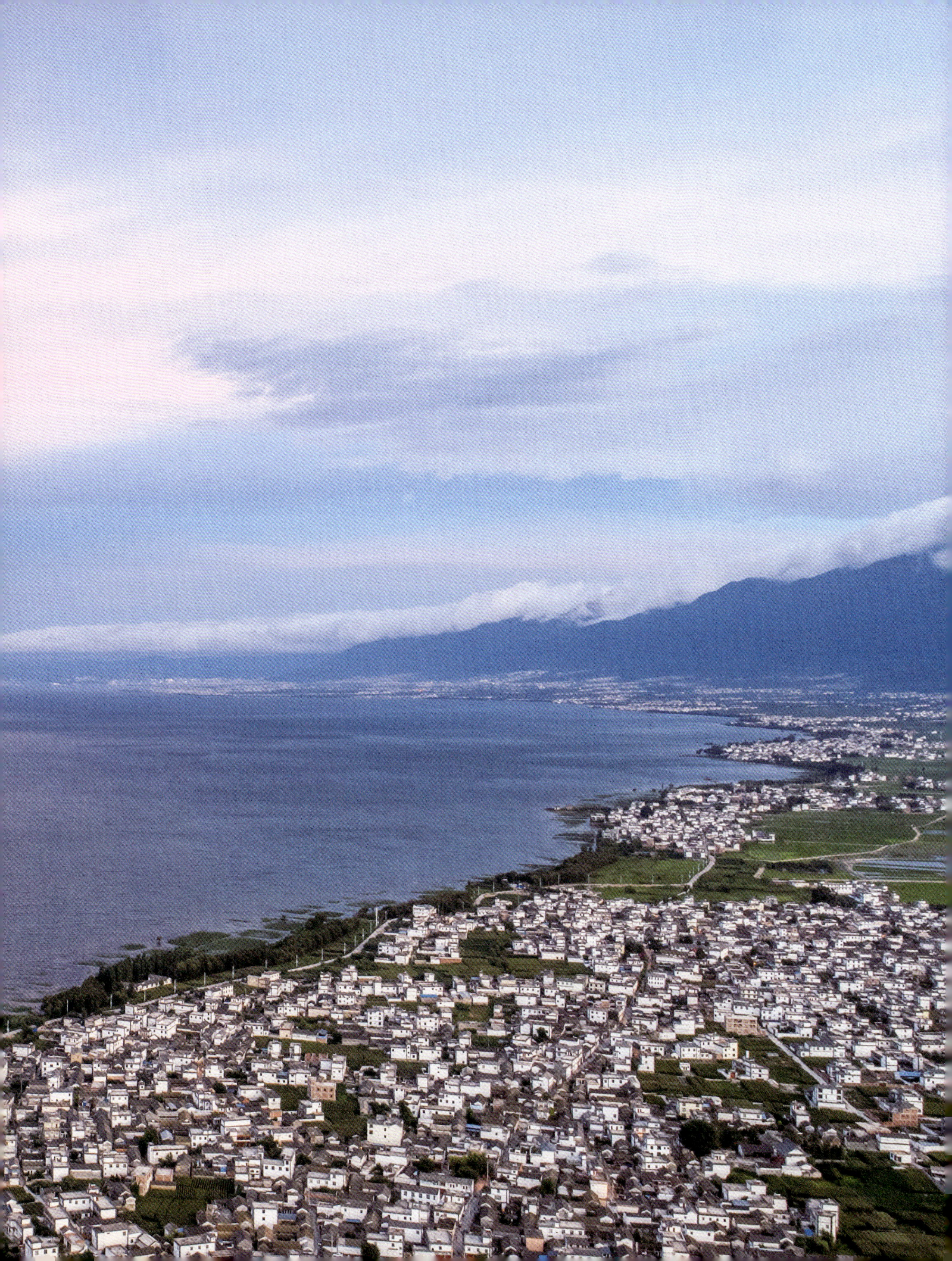

从遥远的时代起，云南这片土地就有人类活动。在元谋县发现的直立人化石，距今170多万年，是中国境内最早的古人类化石之一。进入文明史以来，这片土地上演绎了波澜壮阔、纷纭复杂的历史，一些重大历史事件，深深地印在了时间与空间构成的历史坐标系上。

战国中后期，楚将庄蹻率领军队经今湖南、贵州等地进入云南，进至滇池周边地区，征服当地土著民族，建立了"滇国"，史称"庄蹻王滇"。滇国的统治，给后来云南的历史留下了多方面的深刻影响。古滇国时期，今云南境内还存在若干部族王国或方国，如包有怒江和澜沧江中游广阔地带的"哀牢国"、洱海区域的"昆明国"等。

西汉汉武帝时，着力经略边疆，实施"重开西南夷"方略，遍置郡县，今云南大部分地方成为郡县统辖区域。这是古代王朝最早在今云南地区正式设置的政区，成为后世云南地区政区演变发展的重要基础。

蜀汉初期，当时被称为"南中"的云南及其周边，作为蜀汉的大后方局势不太稳定，于是诸葛亮统率军队兵分三路征南中，今滇东北、滇中一带皆卷入战事。诸葛亮在军事行动结束后，为加强、巩固对南中的统治，较大幅度调整了南中政区设置，确定了治理南中的一些策略，对后世产生了颇多的影响。

图为汉武帝赐给滇王的一颗金印，上刻"滇王之印"四字，出土于云南省晋宁县（昆明市晋宁区）石寨山 新华社记者 朱于湖/摄

8世纪前期，以洱海周边为中心，兴起了南诏政权，但它接受唐朝的册封，很快走向强盛，统治范围最大时据有今云南全境和四川、贵州部分区域。南诏灭亡后，经历了大长和、大天兴、大义宁三个短暂政权的更迭，过渡到"大理国"时期。大理政权的统治持续到蒙古势力南下，它的疆域大略与南诏鼎盛时相当。"大蒙古国"宪宗三年（1253），忽必烈率军从草原南下，越过贺兰山脉，穿青藏高原东南部险径，乘革囊渡过金沙江，迫使大理统治者投降。蒙古军队随之平定大理各部，经过两年多的战争，据有云南全境。元朝建立后，设立云南行省进行管辖，云南重新完全归入统一王朝的版图。

建于唐代南诏国时期的大理三塔 新华社记者 王颂/摄

大理三塔，又称崇圣寺三塔，位于云南省大理市崇圣寺内，被列为第一批全国重点文物保护单位。三座佛塔呈三角形排列，均为密檐式空心砖塔。大塔为"千寻塔"，方形16层，高69米。南北小塔均为八角形10层，高42米。

这是护国军部分将领合影（中为蔡锷） 新华社/发

17世纪中叶，农民起义的烽火摧垮了大明王朝，明朝遗臣相继拥立明宗室建立了四个小政权，其中之一为朱由榔在广东肇庆建立的永历政权。永历帝一路逃亡，后被大西军余部孙可望、李定国等迎入昆明，在云南维持了十余年的统治。清顺治末年，吴三桂统兵攻下昆明，俘获永历帝。吴三桂被清王朝封为平西王，镇守云南。随着清王朝政权逐步稳固，统一的中央集权与地方割据势力之间的矛盾日益激化。康熙十二年（1673），康熙帝下令削藩，不甘坐以待毙的吴三桂起兵反清。战争持续了八年之久，清朝逐渐由被动转为主动，最后平定了叛乱。

1912年，清帝退位，两千多年的帝制正式宣告结束。然而1915年12月，袁世凯又在北京宣布恢复帝制。这随即引起了各地的反对和声讨。当年12月25日，前云南督军蔡锷与唐继尧、李烈钧等通电全国，反对帝制，旋即成立云南都督府，组织护国军，分兵三路讨伐袁世凯。云南起义一经宣布，全省人民欢欣鼓舞，全国各地纷纷响应，通电促袁退位，袁世凯称帝83天后在唾骂声中离世。护国运动中，云南各族人民为保护共和做出了重大贡献。

壹 风情浓郁的民族文化

在漫长的历史时期中，云南从来就是一个多民族的大家园，除了汉族，还有25个世居的少数民族。

各少数民族都有自己的传统节日，如彝族的火把节、傣族的泼水节、大理白族的三月街和绕三灵、丽江纳西族的七月会、苗族的花山节、景颇族的目瑙纵歌节……各民族的传统节日又都蕴藏了祈福、祭奠、庆贺等一些特有内涵，一般都有隆重的仪式，往往伴随着独具魅力的欢歌劲舞。服饰，也是各少数民族及各支系最重要的一部分，深深烙印着他们在生产、生活、审美趣味和居住环境中的痕迹，别具风韵。在这片多姿多彩的土地上，如今各民族群众像石榴籽一样，紧紧抱在一起，携手奔向全面小康。

傣历泼水节，澜沧江上空数以万计的孔明灯齐飞 新华社记者 秦晴/摄

重焕光彩的高原湖泊

在云南省昆明市近郊，历经 300 多万年的滇池已然进入了一个湖泊的衰老期，但它依然是昆明的母亲湖，是云贵高原上的一颗明珠。

昆明之美，美在滇池；昆明之兴，兴在滇池。"五百里滇池奔来眼底，披襟岸帻，喜茫茫空阔无边"是滇池美丽的写照。湖不深而空灵，山不高而清秀，成就了昆明半城山色半城水的组合奇貌。滇池还被誉为昆明的"大空调"，使昆明四季凉爽，成就了"春城"的美誉。波光潋滟三千顷，莽莽群山抱古城，四季看花花不老，一江春月是昆明。

四围香稻、万顷晴沙、九夏芙蓉、三春杨柳，在上了年纪的老昆明人的记忆中，滇池畔就是最美的故乡。那时候，草海曾因为海菜花的繁茂而被称为"花湖"。依滇池而居，靠滇池而生，荡舟湖上，捕鱼拾菜，可谓人与自然和谐共生。然而 1970 年前后开始的滇池草海围海造田行动，最终填平了草海 3 万多亩的湖面。这是一段令昆明人至今难解心痛的往事。滇池八景的坝桥烟柳消失了，很多天然湿地消失了，

历经治理的滇池一景 新华社记者 蔺以光/摄

滇池的生态环境被破坏。经历了20世纪70年代向滇池要粮的狂热年代、80年代城市和企业升级的创伤年代，90年代滇池成为污染最严重的湖泊，留下无尽的伤痛。

昆明愿景，系于滇池。1988年，昆明就开始向滇池污染宣战。进入新时代，党的十九大指出，建设生态文明是中华民族永续发展的千年大计。必须树立和践行"绿水青山就是金山银山"的理念，坚持节约资源和保护环境的基本国策，像对待生命一样对待生态环境。滇池治理得以全力推进，生态终有逆转。2018年时，水质变为30年来最好；2019年时，已建成湖滨生态带36平方千米，增加水域面积11.5平方千米，生物多样性不断丰富。

每到冬季，数万只来自遥远北方的红嘴鸥，就会飞临这里越冬，持续30余年从未爽约，谱写了一曲充满温情的"人鸥之恋"。昆明温暖如春的气候、滇池湿地丰富的食物，为红嘴鸥越冬提供了绝佳的环境，市民游客爱鸥护鸥赏鸥喂鸥，形成人与自然和谐相处的典范。

叁 世代雕刻的坝上杰作

每年春节过后，位于滇东北曲靖市的罗平坝满目明黄，近百万亩油菜花竞相怒放，绵延数十里，流光溢彩。从空中俯瞰，层层叠叠、高低起伏的花海映入眼帘。漫步其间，宛如置身童话世界——黄花、碧水、群山、村舍相映成趣，透出浓浓春意。

这里位处滇桂黔三省（区）结合部，有"鸡鸣三省、滇黔锁钥、东方花园"之称，是中国春天最美丽的地方之一，也是每年春天，中国内地油菜花最先绽放的地方。

与中国很多地方人造景观不同，这里的油菜花是当地农民自发依山而种的。他们按照季节的呼唤和土地的形态，以质朴的方式种植着油菜花，让油菜花漫山遍野、铺天盖地生长，造就了一片片自然天成的花海景观。这里的农民甚至还保留着用耕牛的传统耕种方式。

大自然的造化，还让罗平的油菜花在南部和北部有着不同的特点。南部地区是平坝和峰林叠加，油菜花一开，绵延数十里，村落点点，而此起彼伏的喀斯特锥形山点缀在花海中。最有意思的是，这些山较矮，可以轻松爬上去，从高处俯瞰花海和开阔的群山。

北部山区则是梯田油菜花海。油菜种植从山顶一直到山脚，形成层层叠叠的黄色梯田景观。放眼望去，金灿灿的油菜花铺满梯田，绵延起伏，层次丰富。

北部地区海拔相对较高，气候较冷，因而油菜花开得较晚，一般南部的油菜花谢了，北部的山梯油菜花才进入盛花期。此时山间的桃花、梨花等也一起开放，竞相争艳。

罗平的油菜花田 新华社/发 毛虹/摄

自古以来，罗平的农民就有种植油菜花的传统，但是直到20世纪90年代末，随着铁路、公路等交通环境的改善，罗平油菜花的美丽才开始被外人所知。从1999年开始，这里才有了一年一度的罗平油菜花旅游节，并逐步发展成为今天集农业观光、自然风景揽胜、民族风情展演和商贸洽谈活动于一体的旅游活动。

肆 守望千年的农耕文明

每年春耕之后，在云南省红河哈尼族彝族自治州元阳县哀牢山南部，红河哈尼梯田绿意盎然，几千级梯田依山就势、层层叠叠。这是"雕刻大地"的哈尼族世世代代留下的杰作，是人类顺应和改造自然的智慧。2013年，红河哈尼梯田被列入世界文化遗产，成为中国世界遗产家族独特的以民族命名、以农耕稻作文明为主题的活态文化遗产。

登上元阳一处山顶，映入眼帘的便是长条环状的田块绕山而行，从山脚至山顶，埂回堤转、重重叠叠，倒映在蓝天白云下，仿若一架架闪亮多彩的天梯伸向天边。远处的村寨里，从蘑菇房升起的袅袅炊烟，缠绕住茂密的森林，勾勒出大地水墨画难以言喻的墨韵。

千百年来，哈尼族在每年插秧第一天，都要举行传统仪式"开秧门"，祈福风调雨顺。此后，哈尼梯田就进入忙碌的栽秧季，勤劳的哈尼族群众为梯田披上绿装。

这就是云南，雪山、湖泊、杉林、花海、田野……这里地理和气候类型多元，生态环境优良，自然风光秀美，人文风情浓郁……这就是草木竞秀的彩云之南。

红河哈尼梯田 新华社记者 胡超/摄
1300多年前，哈尼人就利用复杂的水渠系统将水从树木繁盛的山顶引到梯田内，创造了梯田农耕文明。围绕着梯田构筑和大沟挖掘，哈尼人从开沟挖渠、放水平田到水源管理、水量分配，无不体现出古老的用水节水智慧。哈尼梯田高山、流水、梯田、人家的农业生态景观，俨然绘就了一幅幅"春如翡翠秋如金"的七彩画卷。

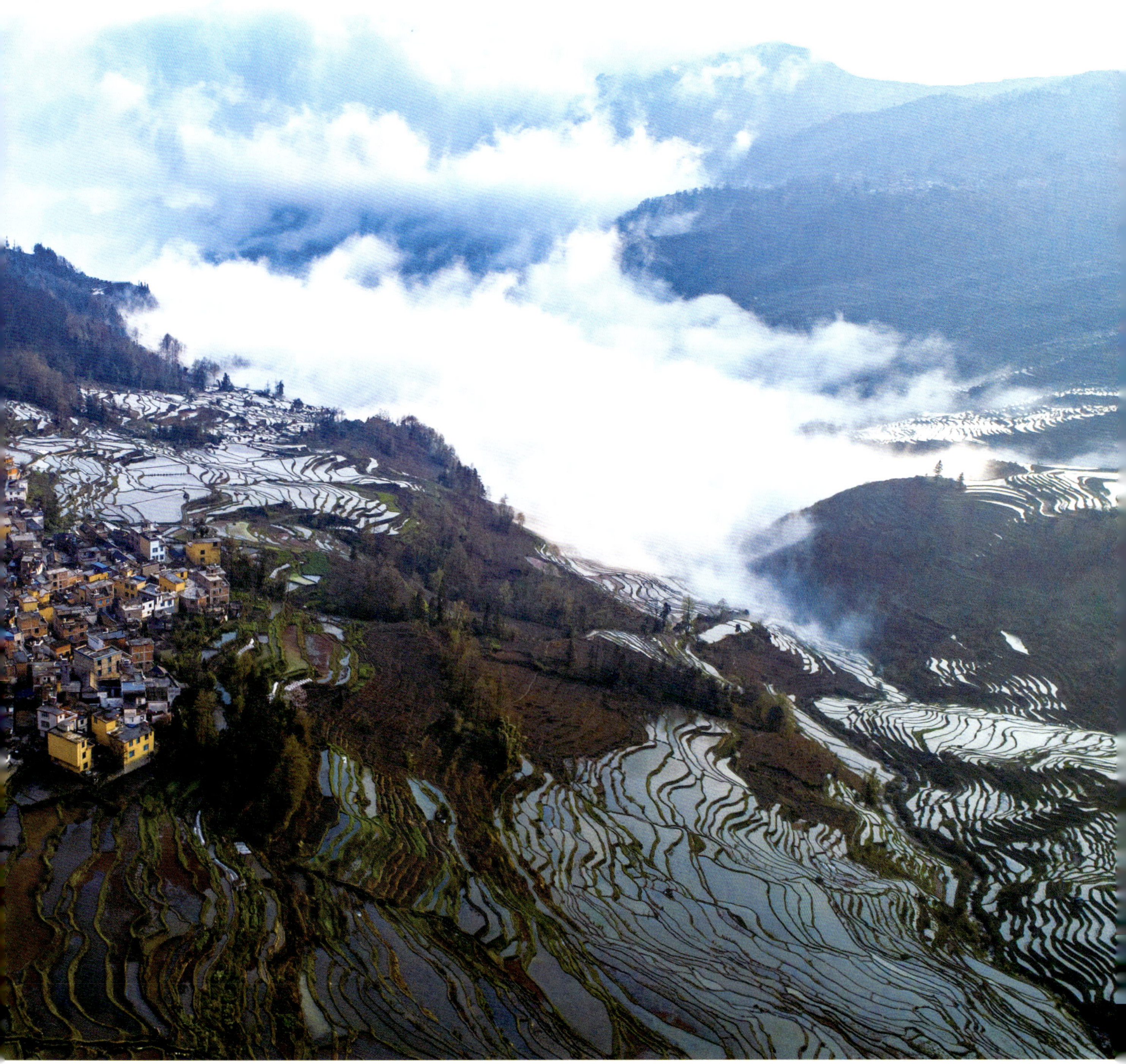

N藏.34

CHINA FROM OUTER SPACE

世 界 屋 脊 · 人 间 奇 迹

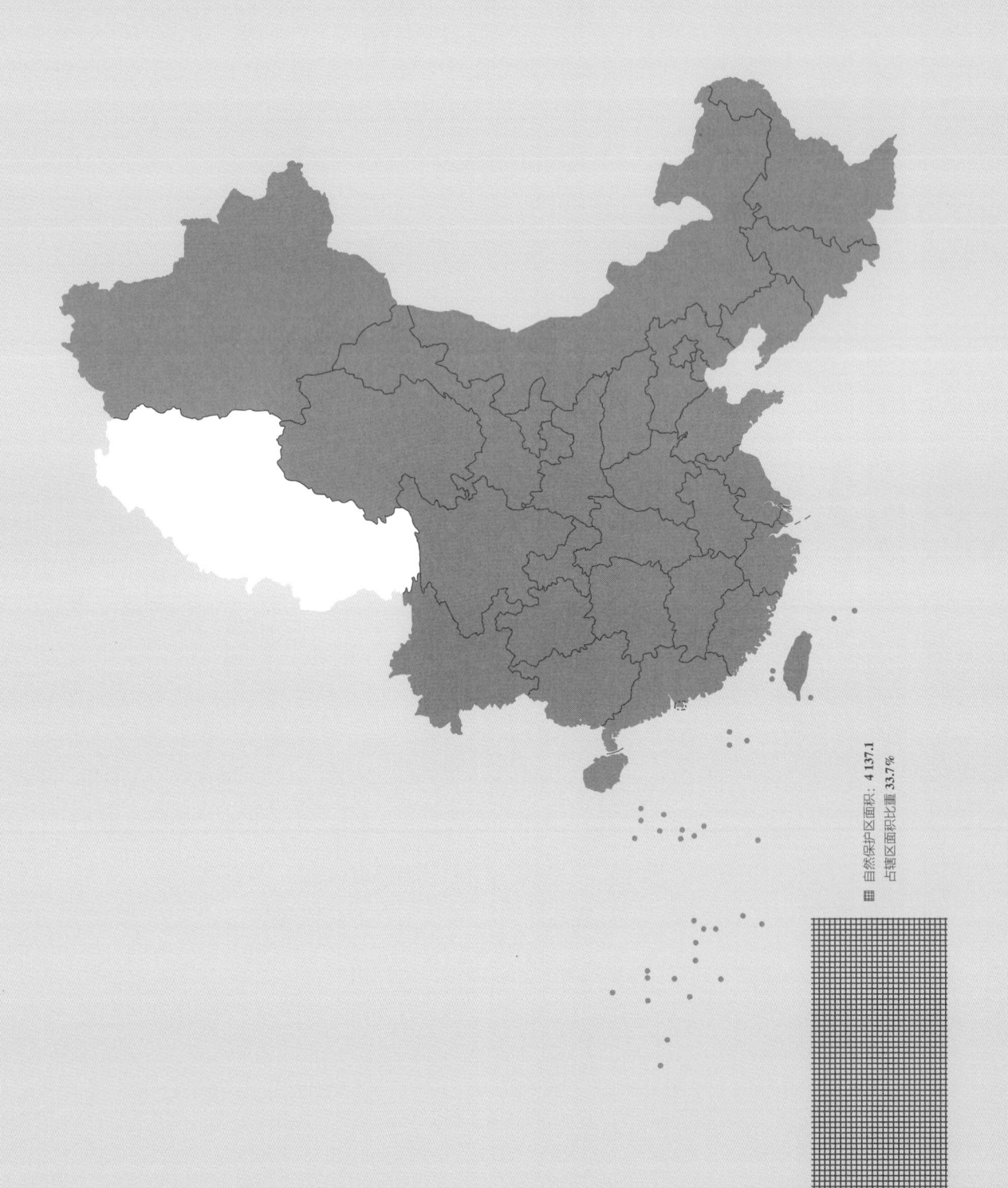

自然保护区面积：4 137.1
占辖区面积比重 33.7%

耕地面积：44.4

2017年　　2017年

西藏自治区在中国的位置示意图　　西藏自治区耕地、森林及自然保护区概况

西藏

XIZANG

森林面积：1 490.99
森林覆盖率：12.1%
2018年
单位：万公顷

城镇人口：107
乡村人口：237
2018年
人口　单位：万人

地表水与地下水资源重复量：1 105.7
人均水资源量：136804.7 立方米
地表水：4 658.2
地下水：1 105.7
2018年
水资源　单位：亿立方米

公路：22 500
2000年

公路：43 700
2005年

铁路：500
公路：60 800
2010年

铁路：800
公路：78 300
2015年

铁路：800
公路：97 800
2018年

交通　单位：千米

数据来源：国家统计局、西藏自治区统计局

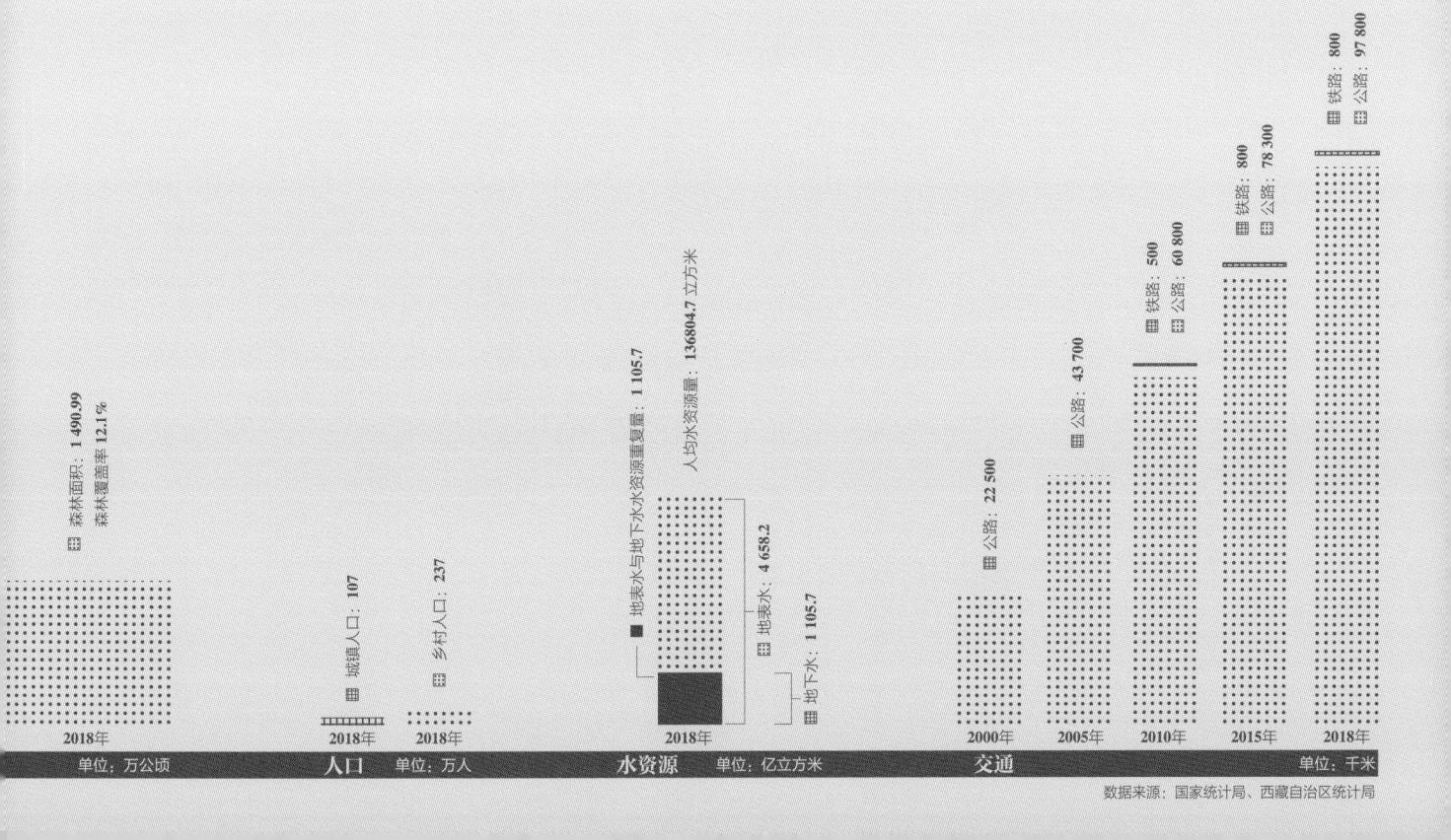

图 例

- 省级行政中心
- 地级市行政中心
- 地区行政公署驻地
- 县级行政中心
- ▲ 山峰
- × 山口

1:7 400 000

大约 6 500 万年前，印度板块和亚欧大陆板块发生剧烈碰撞，一个新的高原开始隆起，它就是青藏高原，被称为"世界屋脊"。

青藏高原是世界上海拔最高、中国面积最大的高原，约占中国陆地总面积的四分之一以上。它的出现彻底改变了中国的自然地理样貌。随着青藏高原的隆升，逐渐形成了今天中国西高东低，呈三级阶梯的地势。西藏正位于第一级阶梯上，平均海拔 4 000 米以上，境内山峦重叠，5 000 米以上的山峰大都常年积雪，冰川广泛发育，被藏族人民形容为"大山的海洋"。由一系列巨大的山系、高原面、宽谷和湖盆组成，拥有 80 多座海拔 7 000 米以上的高峰，5 座海拔 8 000 米以上的高峰。

从 60 万米高空俯瞰西藏大地，雪的故乡——喜马拉雅山，端坐西南；西北是喀喇昆仑山；北部是昆仑山和唐古拉山；东部是横断山脉；中部则是冈底斯山和念青唐古拉山。它们共同构成了西藏的骨架。

西藏自治区地形及主要水系分布示意图

注：噶尔为西藏自治区阿里地区行政公署驻地。

壹 这里滋养了几千年的灿烂文明

四面流淌着马泉河、孔雀河、象泉河、狮泉河的冈仁波齐峰，与其南麓的玛旁雍错被合称为西藏的"神山圣湖"。

"错"在藏语中就是"湖泊"的意思。西藏除了雄伟的山峰，还拥有世界上海拔最高、数量最多、范围最大的湖泊群，有大大小小的湖泊1 500多个，总面积约占全国湖泊总面积的三分之一。同时，西藏也是中国河流数量最多的省（区）之一。雅鲁藏布江、怒江、独龙江、象泉河、狮泉河等，各不相同的流向形成了"世界屋脊"典型的放射状水系。纯洁、清澈的河水滋养了下游沿岸长达几千年的灿烂文明。西藏还是世界上峡谷最多的地区，尤以雅鲁藏布大峡谷最为奇特。雅鲁藏布江沿冈底斯山与喜马拉雅山脉之间自西向东流过，至林芝市米林县与墨脱县交界处时，被南迦巴瓦峰挡住去路，只得折而向北，与易贡藏布汇合后又急转南下，形成了一个马蹄形的大拐弯峡谷，将南迦巴瓦峰囊括在内。

雅鲁藏布江从海拔2 800米左右的米林县派镇到海拔500米的墨脱县希让，只有200多千米的河段，海拔却下降了约2 300米，平均坡降达10%以上，最大坡降可达62%，最大流速可达16米每秒。湍急的河水在狭窄的河道内奔流直下，形成了一道奇观。

位于墨脱境内的雅鲁藏布江大拐弯峡谷 新华社发 刘凤英/摄
墨脱位于西藏自治区东南部林芝市，喜马拉雅山脉东端南麓。雅鲁藏布江劈山而过，在世界第一大峡谷中孕育出高原绿谷。在这里，人间净土，醉美林芝的巴松错如同镶嵌在群山中的碧玉，晶莹剔透，洁净无瑕。巍峨的雪峰下，缭绕的晨雾间，桃之夭夭、灼灼其华，春之高原，以惊艳的方式尽情绽放。

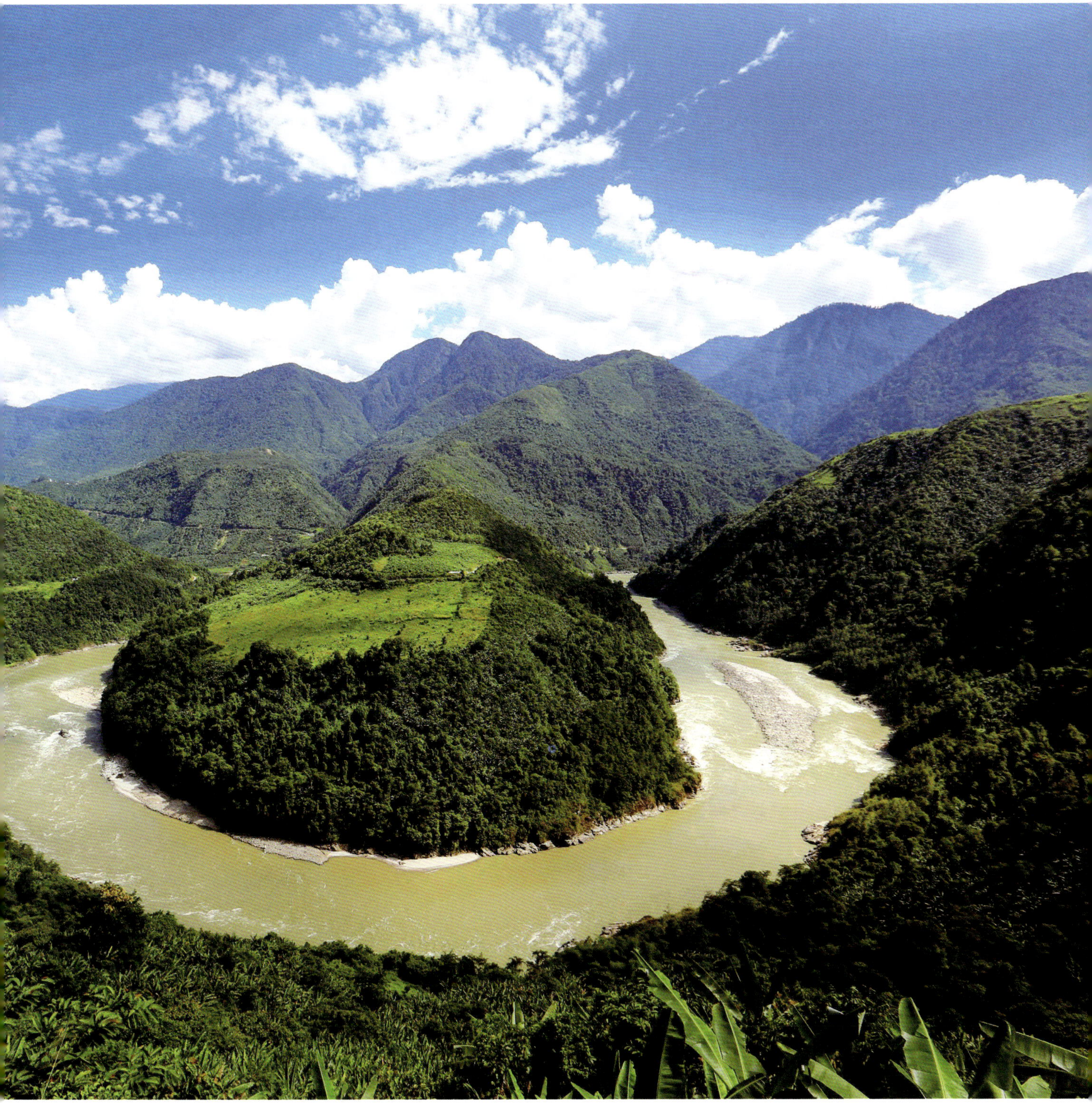

贰 这里土林环绕、新城崛起

千山之巅，万水之源，世界屋脊，大美阿里。

大约距今5 500万年前，青藏高原的第一座高大山脉冈底斯山脉，隆升到4 500米。此后的漫长岁月里，冈底斯山脉、喜马拉雅山脉、昆仑山脉等山川交会处，隆起了平均海拔4 500米以上的西藏阿里，人们称其为"世界屋脊的屋脊"。

曾经，藏族先民象雄部落在这里创造了辉煌的象雄文明。据少量汉文和藏文典籍记载，象雄王国至少在3 800年前开始形成，在公元7世纪前达到鼎盛。史料记载，9世纪中叶，吐蕃王朝崩溃，部分王室后人逃往阿里，其中德祖衮在10世纪前后建立古格王朝。如今，土林环绕的古格遗址，正注视着崛起的高原新城。由于这里年均降水量50至100毫米，自然环境比较恶劣，常年肆虐的风沙严重扰乱了人们的日常生活。20世纪七八十年代，阿里就启动了植树造林的计划。近年来，阿里大规模造林项目加快推进，生态环境明显好转。据不完全统计，2012年至2017年，阿里地区累计植树1 000余万株，造林总面积达40余平方千米。戈壁滩上的片片红柳，一如顽强的阿里人民，扎根大地，生生不息。

这是在西藏阿里地区拍摄的札达土林 新华社记者 詹彦/摄
土林是远古时期的湖盆沉积层受喜马拉雅造山运动影响的产物。札达土林位于西藏阿里地区札达县境内，千姿百态的土林与蓝天、白云相互映衬，壮美至极。

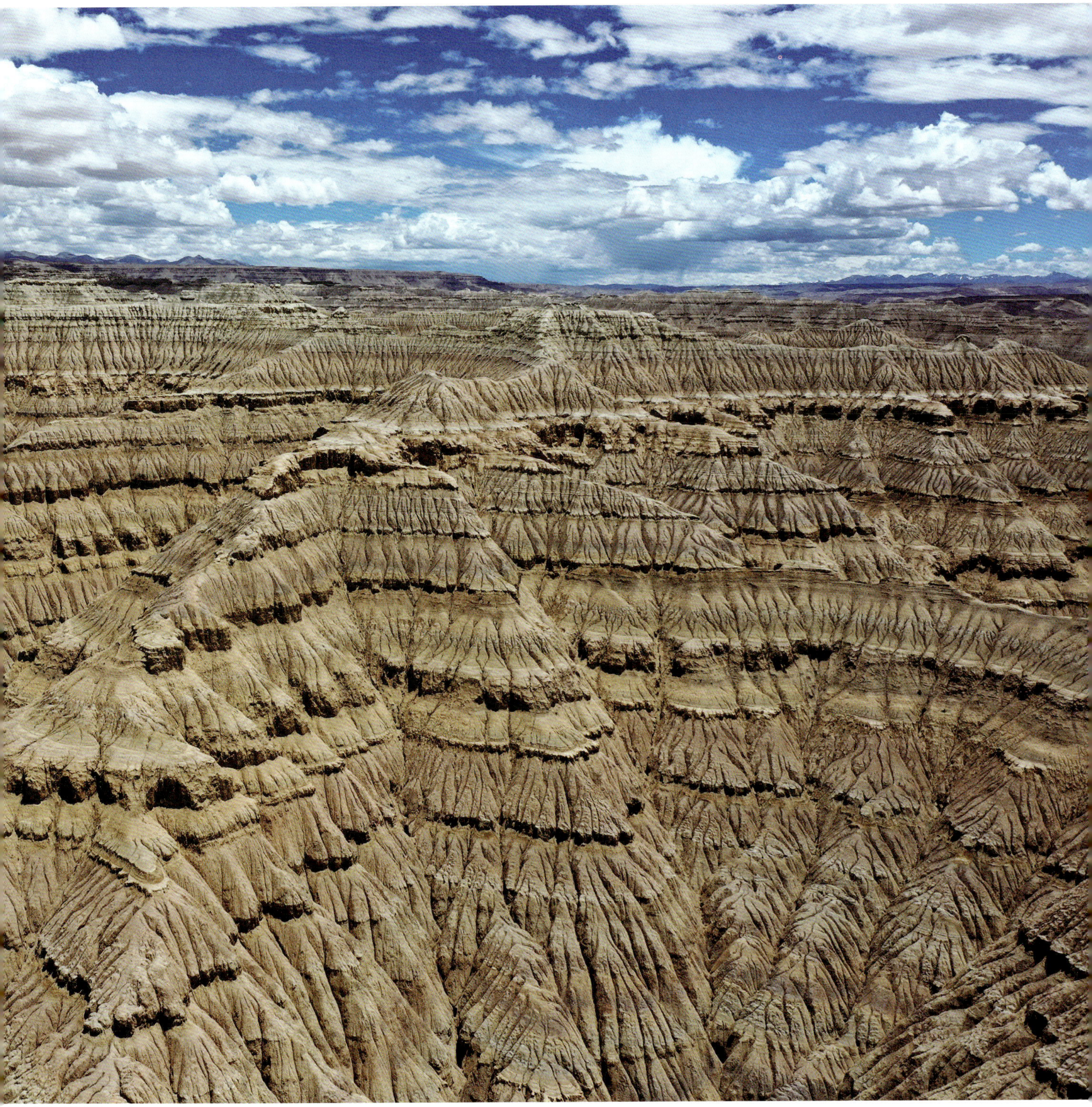

叁 这里山不再高，路不再漫长

在藏北这片广袤而又略显苍凉的土地上，青藏铁路，让人可以重温历史，也能展望未来。穿越戈壁、沙漠、盐湖、沼泽、雪山、草地，由青海西宁到西藏拉萨，绵延1956千米，其中海拔4000米以上的青海格尔木至西藏拉萨段达960千米，常年冻土路段超过500千米，这是世界上海拔最高、高原线路里程最长、运行环境最为恶劣的高原冻土铁路。

青藏铁路西宁至格尔木段1958年开工建设，1984年开通运营，前后历时26年，其中长度仅4.01千米的老关角隧道就修了25年，先后有50多人在此牺牲。青藏铁路格尔木至拉萨段于2001年开工建设，23支施工大军在多年冻土、生态脆弱、高寒缺氧的环境下，逢山开路，遇水架桥，破解了一个又一个世界难题，终于在2006年将梦想之路铺上了雪域高原。

今天，海拔4000多米的青藏高原上，这条钢铁天路已经安全运行十多年，每天呼啸而过的列车，用越来越快的速度刷新着高原铁路运行的世界纪录。2014年拉萨至日喀则铁路通车；2018年拉萨至林芝铁路开始铺轨。钢铁巨龙蜿蜒群山之间，灵秀神秘的西藏不再遥远。

同样是在这里，20世纪中叶，11万筑路大军，3000多名英烈，筑就了川藏公路，也筑就了西藏公路大动脉的雏形。在青藏铁路和川藏公路"两路"精神的鼓舞下，西藏境内9.78万千米的通车里程，遍布高山深谷、高原天路，联通南北东西；5个机场，100多条航线，连接国内外。天上的"路"和地上的"路"，让世界屋脊山不再高，路不再漫长。

西藏农牧特色产业，随着交通体系的完善，从小到大快速发展；20多个门类的现代工业体系，从无到有成长壮大，增速全国第一。瞩望高原大地，万家灯火，璀璨夺目，延伸62个县（区）的主电网，实现用电人口全覆盖。灯光照亮一栋栋宽敞的藏式民居，6000多个高原村庄，美丽、静谧、祥和。

几十载弹指一瞬，数十年换了人间，一个富裕、和谐、幸福的新西藏，一个法治、文明、美丽的新西藏，在祖国怀抱中创造着一个又一个伟大奇迹，迈进新时代，书写新篇章。

从60万米高空俯瞰青藏铁路拉萨河特大桥

拉萨河特大桥是青藏铁路两处标志性建筑之一，全长928.85米。桥上的三跨连续钢拱，宛如三条洁白的哈达，飘飞在拉萨河上，迎接人们的到来。

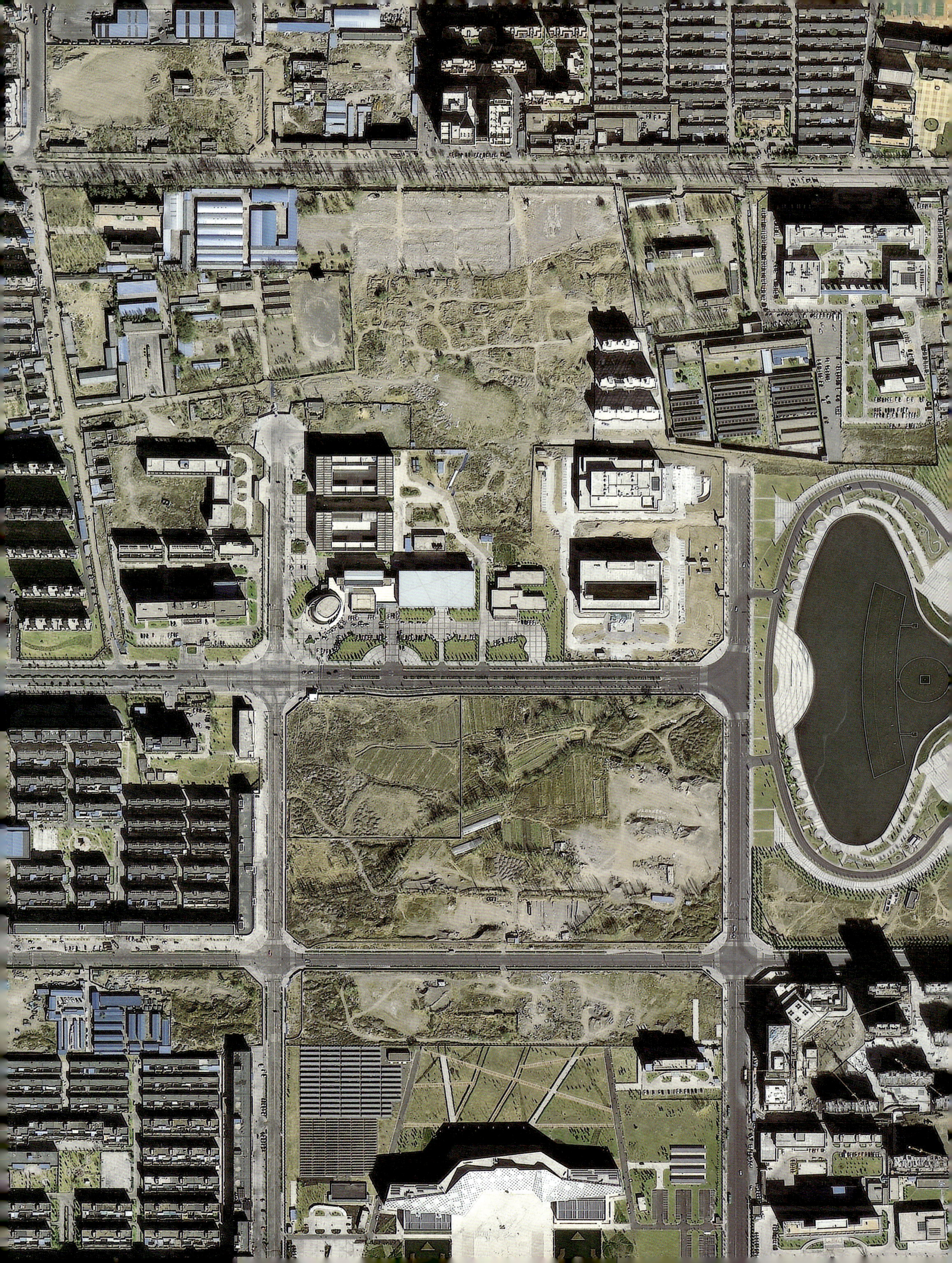

从60万米高空俯瞰位于西藏自治区拉萨市的西藏会展中心
俯瞰拉萨新城，西藏会展中心如同一朵盛开的格桑花，成为拉萨市的新地标。

这里见证了地球之巅的决战

　　万年之峰，耸立"世界屋脊"。在这座依旧在剧烈变化的年轻高原——青藏高原上，珠穆朗玛峰的岩体高度仍在逐年缓慢地抬升，并一次次见证着一群顽强、乐观、奉献的勇士登顶测高的传奇。

　　2020年4月30日，在海拔5 200米的珠峰大本营，中国庄严向世界宣布：正式启动2020珠峰高程测量！

　　这是时隔15年后，中国再次重返珠峰之巅测高，也是新中国成立以来开展的第7次大规模的测绘和科考工作。

　　在藏语中，"珠穆"有"女神""仙女"之意，这座屹立在喜马拉雅山脉中部的高大雪峰并不容易亲近。山脚下海拔四五千米的工作环境，山体上变幻无常的天气，无时无刻不考验着测高勇士们的意志。

从60万米高空俯瞰珠穆朗玛峰及周边地貌
我们使用卫星和3D混合的技术，制作了一条从北坡登顶珠峰的线路指南，并通过AR（增强现实）信息交互技术隐藏在书中，你能找到它吗？

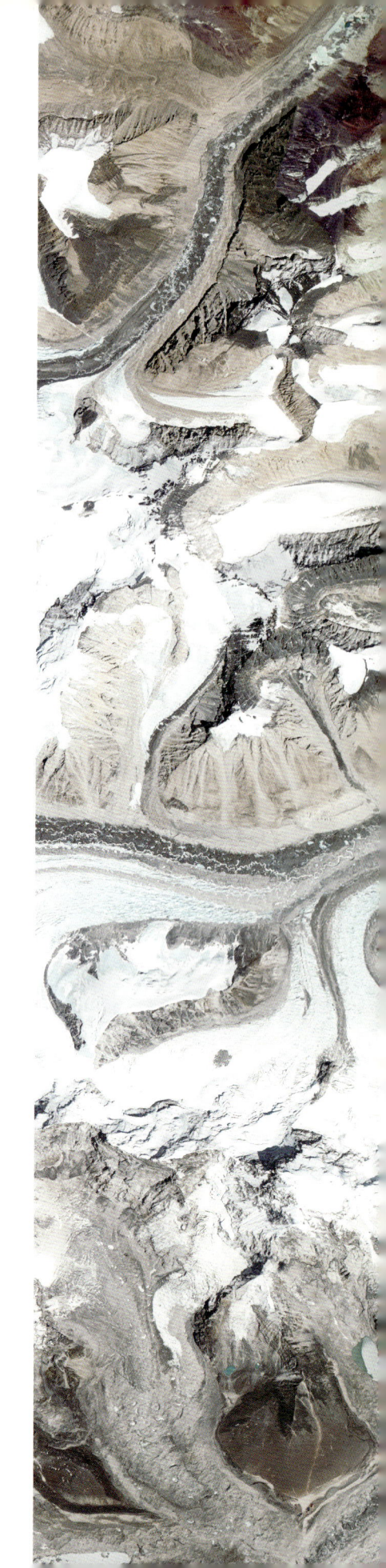

珠峰大本营

珠穆朗玛峰

2020年5月6日

新华社记者 普布扎西/摄

2020珠峰高程测量登山队30多名队员从海拔5 200米的珠峰大本营出发,开启珠峰冲顶测量。

2020年5月7日

新华社特约记者 扎西次仁/摄

测量登山队抵达海拔6 500米的前进营地。

2020年5月8日

新华社特约记者 拉巴/摄

测量登山队在海拔6 500米的前进营地休整、调试设备。登山向导出发向海拔7 028米的营地运输高山氧气、燃料等物资。

2020年5月9日

新华社记者 孙非/摄

受天气影响，测量登山队原定前往海拔7 028米营地的计划取消，全体队员分两批从海拔6 500米的前进营地撤回大本营休整。修路队（即在山体上拉保护路绳，后续登山者可借助路绳攀登）和运输队继续留在前进营地等待好天气，以通过北坳冰壁，完成修路和运输任务。

2020年5月10日 新华社记者 孙非/摄

修路运输队员突破北坳天险。11日把路绳铺设至海拔8 600米左右的位置。但12日,受天气影响,未能修通至峰顶的路线,被迫往海拔6 500米的前进营地下撤,等待天气窗口。

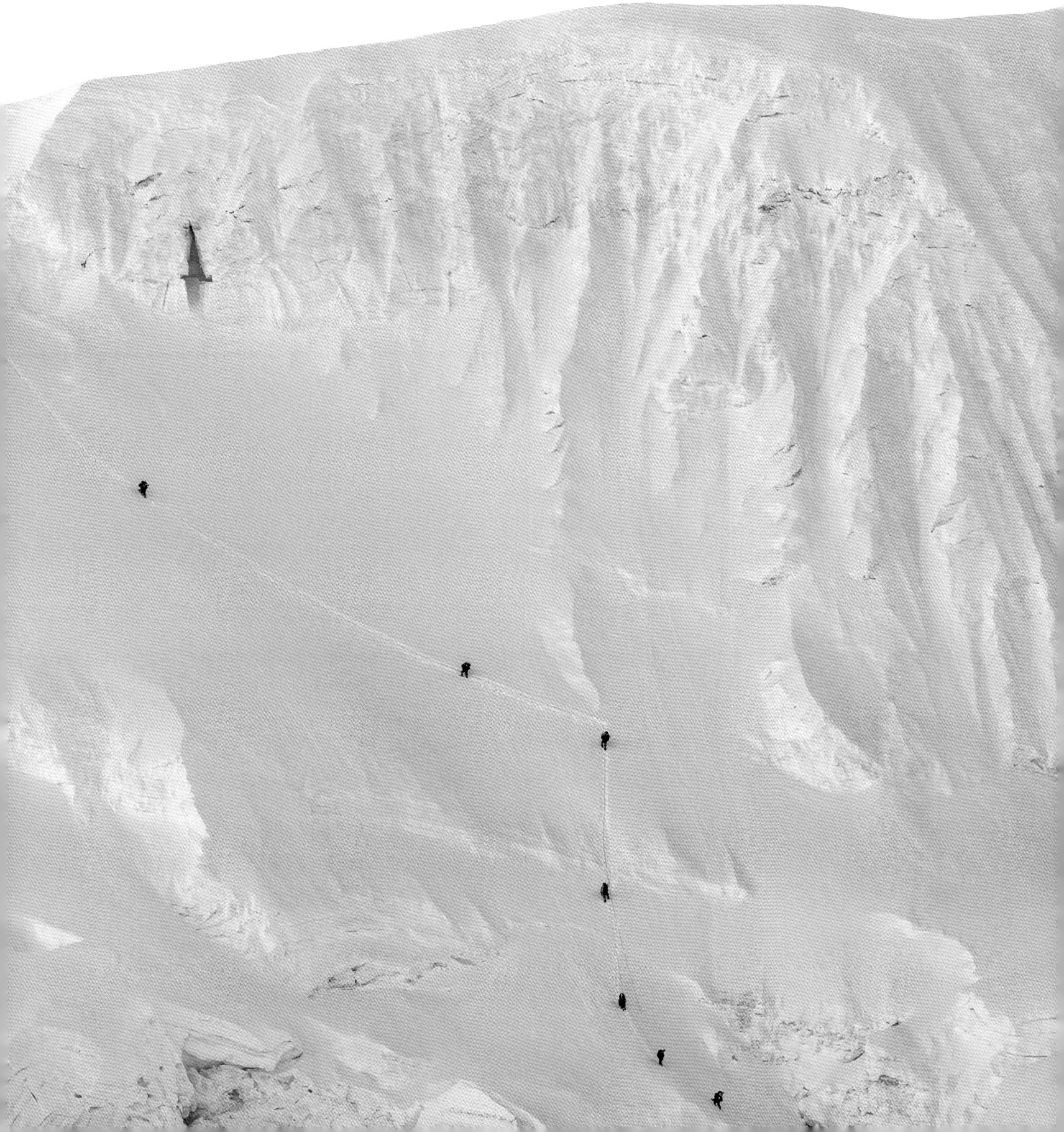

2020年5月16日14时

新华社特约记者 拉巴/摄

测量登山队从海拔5 200米的珠峰登山大本营出发,再次向珠峰峰顶发起挑战。17日11时左右,从海拔5 800米的过渡营地出发,用时近5个小时,到达海拔6 500米的珠峰前进营地。18日,队伍在前进营地进行休整,并对人员进行分工,成立冲顶组、支援组、接应组,召开冲顶前的分工会议和动员大会。

2020年5月21日

新华社特约记者 边巴/摄

修路队因珠峰海拔7 790米以上区域持续强降雪,且路线上积雪过深,未能打通至顶峰的攀登路线。为保障队员安全,测量登山队决定撤回海拔6 500米的前进营地,休整待命。

2020年5月24日

新华社特约记者 拉巴/摄

测量登山队冲顶组部分人员从海拔6 500米的珠峰前进营地出发,开启第3次冲顶测量尝试。此前,冲顶组曾计划在12日和22日冲顶测量,但均因高海拔地区降雪量大,有雪崩和落石危险,加上高空风力过大等原因,两次推迟冲顶计划。

25日,队员行进至7 500米的大风口时,风力变大,队员们无法正常攀登,只能趴在路线上慢慢前进。

2020年5月26日

新华社特约记者 扎西次仁/摄

8名最新冲顶队员从海拔7 790米的二号营地出发，并于当日抵达海拔8 300米的突击营地。同日16时35分，6名修路队员将攀登路线打通至珠峰峰顶。

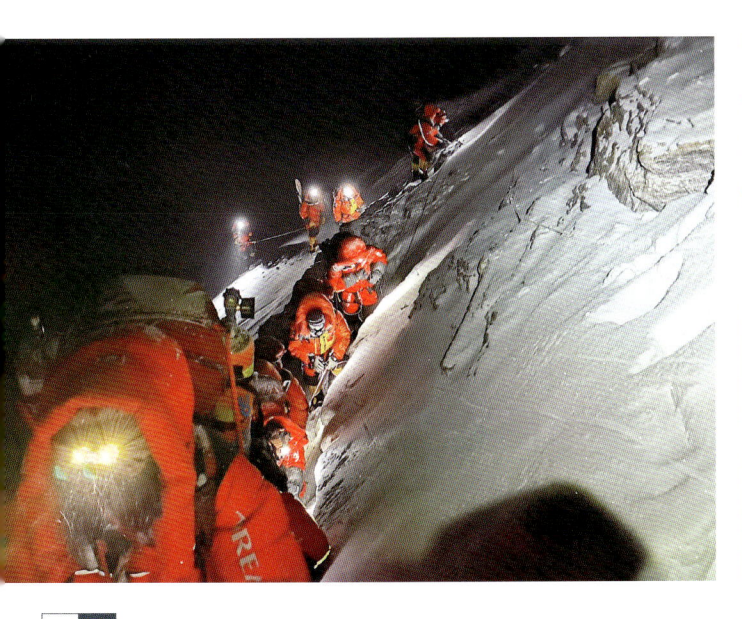

2020年5月27日2时10分许

新华社特约记者 边巴/摄

测量登山队8名队员陆续从海拔8 300米的珠峰突击营地启程向顶峰进发。

2020年5月27日9时许

新华社特约记者 扎西次仁/摄

测量登山队员通过"中国梯"。

上图：2020年5月27日11时 新华社特约记者 边巴/摄

2020珠峰高程测量登山队8名冲顶队员全部成功登顶珠穆朗玛峰。请记住他们的名字：次落、袁复栋、李富庆、普布顿珠、次仁多吉、次仁平措、次仁罗布、洛桑顿珠。

右页图：2020年5月27日 新华社特约记者 扎西次仁/摄

队员在峰顶停留150分钟，顺利完成峰顶测量任务，创造了中国人在珠峰峰顶停留时长新纪录。登顶测量成功的背后，凝结着新时代测绘、登山工作者的心血和汗水，彰显了不同凡响的精神价值。世界屋脊又一次见证了中国人不懈探索和笃定前行的坚韧。